SAHIH AL - BUKHARI

صحيح البخاري

BEING THE TRADITION OF SAYING AND DOINGS OF THE PROPHET MUHAMMAD AS NARRATED BY HIS COMPANIONS

BY **IMAM**
ABI ABDULLAH MUHAMMAD BIN ISMAIL AL - BUKHARI
(194-256) A.H. — (810-870) A.D.

RENDERED INTO ENGLISH
BY
Dr. MUHAMMAD MATRAJI

CORRECTED AND REVISED
BY
F. AMIRA ZREIN MATRAJI

VOL. IV

Islamic Book Service

SAHIH AL-BUKHARI

Collected by: Imam Abi Abdullah Muhammad Bin Ismaiel Al-Bukhari

ISBN: 81-7231-171-0 (Set)

First Edition: 1995
Reprint Edition: 2005

Published by *Abdul Naeem* for
Islamic Book Service
2241, Kucha Chelan, Darya Ganj, New Delhi-110 002 (INDIA)
Ph.: 23253514, 23261230, 23286551,55350867, Fax: 23277913
E-mail: islamic@eth.net & ibsdelhi@del2.vsnl.net.in
Website:www.islamic-india.com

Our Associates

I.B.S. USA Inc.
136, Charlotte Ave., Hicksville, N.Y. 11801
Tel.: 516-870-0427, ***E-mail:*** ibsny@conversent.net

Al Munna Book Shop Ltd.
Sharjah Tel.: 06-561-5483 & **Dubai Branch** Tel.:04-352-9294
E-mail: nusrat@emirates.net.ae

Azhar Academy Ltd
Continenta House, Cooks Road, London E15 2PW
Tel./Fax: 020 8534 9191, E-mail: sales@azharacademy.com

Printed at: Noida Printing Press, C-31, Sector-7, Noida (Ghaziabad) U.P.

INDEX

55. THE BOOK OF WILLS AND TESTAMENTS

56. THE BOOK OF FIGHTING FOR ALLAH'S CAUSE

60 - THE BOOK OF THE PROPPHETS

In the name of Allah, the Most Gracious, the Most Merciful

بِسْمِ اللَّهِ الرَّحْمَٰنِ الرَّحِيمِ

بسم الله الرَّحمٰن الرَّحيم

٥٥- كتاب الوصايا

١ - **باب** الوصايا، وقولِ النبيِّ ﷺ: «وصيةُ الرَّجُلِ مكتوبةٌ عندَه»

وقولُ الله تعالىٰ: ﴿كُتِبَ عليكم إذا حَضَرَ أحدَكُم الموتُ إنْ تَرَكَ خيراً الوَصيَّةُ لِلوالِدَينِ والأَقرَبينَ بالمعروفِ حقّاً على المتَّقِين. فَمَن بَدَّلَهُ بَعدَ ما سَمِعَهُ فإنما إثمهُ على الذينَ يُبَدِّلونَهُ، إنَّ الله سَميعٌ عليم. فمَن خافَ مِن مُوصٍ جَنَفاً أو إثماً فأَصلحَ بَينهم فلا إثمَ عليه، إنَّ الله غَفورٌ رحيم﴾ جَنَفاً: مَيلاً. متجانف: مائل.

٢٧٣٨ - **حدثنا** عبدُ الله بنُ يوسفَ أَخبرَنا مالكٌ عن نافعٍ عن عبدِ الله بنِ عمرَ رضيَ الله عنهما أَنَّ رسولَ الله ﷺ قال: **«ما حَقُّ امرىءٍ مُسلمٍ لهُ شيءٌ يُوصِي فيهِ يَبِيتُ لَيلَتَينِ إلاّ وَوَصِيَّتُهُ مكتوبةٌ عندَه»**.

تابَعَهُ محمدُ بنُ مُسلمٍ عن عَمرٍو عنِ ابنِ عمرَ عنِ النبيِّ ﷺ.

باب ١ - قوله: (متجانف) ضبط بالجر أيضاً على الحكاية وروي بدل قوله مائل متمايل.

٢٧٣٨ - قوله: (يبيت) من قبيل قوله تعالى: ﴿ومن آياته يريكم البرق﴾ ورواية النسائي: أن يبيت أي ليس حقه **البيتوتة في** حال إلاّ والحال أن الوصية مكتوبة عنده وجعله القسطلاني صفة أخرى لامرىء على أنّ الخبر محذوف بعد **إلاّ أي إلاّ** المبيت فيكون المعنى: أن المسلم البائت ليلتين ليس حقه كذا ولا يخفى لكاكته والعجب منه أنه قال: **مفعول يبيت** محذوف تقديره آمناً والحال أن يبيت من الأفعال اللازمة.

55 - THE BOOK OF WILLS AND TESTAMENTS

1 - CHAPTER: The Wills and the saying of the Prophet (the blessing and peace of Allāh be upon him): «The will of a man must be written down with him

Allāh's saying (the Exalted and Almighty): «It is written on you; when death approaches any of you, if he leaves wealth, that he make a bequest to parents.. (up to) and the next of him, according to reasonable usage; this is due from the God-Fearing.

If anyone changes the bequest, after hearing it, The guilt shall be on those make the change. For Good hears and knows (all things).

But if anyone Fears partiality or wrong-doing on the teastator, and makes peace between (the parties concerned). There is no wrong in him: For God is oft-forgiving. Most Merciful. (2:180- 182).

2738. 'Abdullah bin 'Umar (may Allāh be pleased with him) narrated: «Allāh's Apostle (the blessing and peace of Allāh be upon him) said: «There is no right for any Muslim who has something to will, to stay for two nights without his will written down with him».

٢٧٣٩ - **حدثنا** إبراهيمُ بنُ الحارثِ حدَّثَنا يحيىٰ بنُ أبي بُكَيرٍ حدَّثَنا زُهَيرُ بنُ مُعاويةَ الجُعْفِيُّ حدَّثَنا أبو إسحاقَ عن عمرِو بنِ الحارثِ خَتَنِ رسولِ الله ﷺ أخي جُوَيريةَ بنتِ الحارثِ قال: «**ما ترَكَ** رسولُ الله ﷺ عندَ مَوتهِ دِرهَماً ولا دِيناراً ولا عَبداً ولا أَمَةً ولا شيئاً، إلَّا بَغلتَهُ البَيضاءِ وسِلاحَهُ وأَرضاً جَعَلَها صدَقة».

[الحديث ٢٧٣٩ - أطرافه في: ٢٨٧٣، ٢٩١٢، ٣٠٩٨، ٤٤٦١].

٢٧٤٠ - **حدثنا** خلّادُ بنُ يحيىٰ حدَّثَنا مالكٌ حدَّثَنا طَلْحَةُ بنُ مُصَرِّفٍ قال: «**سأَلتُ** عبدَ الله بنَ أبي أوفىٰ رضيَ الله عنهما: **هل كانَ النبيُّ ﷺ أوصىٰ؟ فقال: لا. فقُلتُ: كيفَ** كُتِبَ على الناسِ الوَصيَّةُ أو أُمِروا بالوصيَّة؟ قال: أوصىٰ بكتابِ الله».

[الحديث ٢٧٤٠ - طرفاه في: ٤٤٦٠، ٥٠٢٢].

٢٧٤١ - **حدثنا** عمرُو بنُ زُرارةَ أخبرَنا إسماعيلُ عنِ ابنِ عَونٍ عن إبراهيمَ عنِ الأَسودِ قال: «**ذَكروا** عندَ عائشةَ أنَّ علياً رضيَ الله عنهما كانَ وصياً، فقالت: مَتى أوصىٰ إليهِ وقد كنتُ مُسنِدَتَهُ إلى صَدري - أو قالت: حَجْري - فدَعا بالطَّسْت، فلَقدِ انخنَثَ في حَجْري فما شَعرْتُ أنهُ قد ماتَ، فمتى أوصىٰ إليه؟». [الحديث ٢٧٤١ - طرفه في: ٤٤٥٩].

٢ - باب أن يترُكَ ورثَتهُ أغنياءَ خيرٌ من أنْ يَتكفَّفوا الناسَ

٢٧٤٢ - **حدثنا** أبو نُعَيم حدَّثَنا سُفيانُ عن سعدِ بن إبراهيمَ عن عامرِ بنِ سعدِ بنِ أبي وقاصٍ رضيَ الله عنهُ قال: «**جاءَ النبيُّ ﷺ يعودُني** وأنا بمكة، وهوَ يكرَهُ أن يموتَ بالأرضِ التي هاجرَ منها، قال: «**يَرحَمُ الله ابنَ عَفراءَ**». قلتُ: يا رسولَ الله أُوصي بمالي كله؟ قال: «**لا**». قلت: فالشَّطر؟ قال: «**لا**». قلتُ: الثُّلُث؟ قال: «**فالثُّلُث، والثُّلثُ**

٢٧٤٠ - قوله: حدثنا مالك وفي نسخة زيادة: هو ابن مغول.

٢٧٤١ - (انخنث): انثنى ومال.

٢٧٤٢ - قوله: (فالشطر) وقوله: (الثلث) وقوله: (فالثلث) في الثلاثة الرفع والنصب والجر وقوله: (عالة): أي فقراء.

2739. 'Amr bin Al-Hārith, the brother of the wife of Allāh's Apostle (the blessing and peace of Allāh be upon him), Juwairiah bint Al-Hārith narrated: «When Allāh's Apostle (the blessing and peace of Allāh be upon him) died, he did not leave neither a Dirham nor Dinar (i.e. money), not a slave or a slave woman or anything else but his white mule, his arms and a land which he gave as charity.

The parts of this hadīth are in: 2873, 2912, 3098, 4461.

2740. Talhā bin Musarif narrated: «I asked 'Abdullah bin Abū 'Aufā (may Allāh be pleased with him): «Did the Prophet (the blessing and peace of Allāh be upon him) write a will?» He replied: «No». I asked him: «How come that the will has been written down on people, (or they were ordered to write a will)?» He replied: «The Prophet bequeathed Allāh's Book (i.e. Qur'ān)».

The parts of this hadīth are in: 4460, 5022.

2741. Al-Aswad narrated: «In the presence of 'Āisha some people mentioned that 'Āli would be a testamentary guardian. 'Āisha said: «When did he appointed him. When he did he was resting against my chest (or my lap) and he asked for a tray (of water) and then collapsed while in that state, and I could not even perceive that he had died, then did he appoint him to be a caretaker.

The parts of this hadīth are in: 4459.

2 - CHAPTER: It is better to leave one's inheritors wealthy than poor

2742. Sa'd bin Abū Waqqās (may Allāh be pleased with him) narrated: «The Prophet (the blessing and peace of Allāh be upon him) came visiting me while I was (sick) in Mecca, ('Āmer the sub-narrator said, and he hated to die in the land where he had migrated from). He (i.e. the Prophet) said: «May Allāh bestow His Mercy on Ibn 'Afrā' (Sa'd bin Khawla)». I said: «O Allāh's Apostle! May I bequeath with all my property (in charity)?» He said: «No». I said: «Then with half of it?» He said: «No». I said: «One third?» He said: «Yes, one third, and one third is too much. It is better for you to leave your inheritors rich than to

كثير، إِنَّكَ أن تَدَعَ وَرَثَتَكَ أغنياء خيرٌ من أَنْ تَدَعَهُمْ عالةً يتكفَّفونَ الناسَ في أَيدِيهم وإِنَّكَ مهما أَنفقْتَ من نَفقةٍ فإِنها صدَقة، حتى اللُّقمةُ ترفعُها إلى فيِّ امرأَتِكَ، وعسى الله أن يرفعَكَ فَيَنْتفعَ بكَ ناسٌ ويُضَرَّ بكَ آخرون. ولم يكُنْ لهُ يومئذٍ إلاّ ابْنَةٌ».

٣ ـ باب الوصيَّةِ بالثلث

وقال الحسنُ: لا يجوزُ للذمّيِّ وصيَّةٌ إلا الثلث وقال الله تعالىٰ: ﴿وأَنِ احكمْ بينهم بما أَنزَلَ الله﴾ [المائدة: ٤٩].

٢٧٤٣ ـ **حدثنا** قُتَيبةُ بنُ سعيدٍ حدَّثَنا سُفيانُ عن هِشامِ بن عُروةَ عن أَبيهِ عنِ ابنِ عبّاسٍ رضيَ الله عنهما قال: لو غَضَّ الناسُ إلى الرُّبعِ، لأَنَّ رسولَ الله ﷺ قال: «الثُّلُثُ، والثُّلُثُ كثير».

٢٧٤٤ ـ **حدثني** محمدُ بنُ عبدِ الرَّحيمِ حدَّثَنا زكريّاءُ بنُ عديٍّ حدَّثَنا مروانُ عن هاشمِ بنِ هاشمٍ عن عامرِ بنِ سعدٍ عن أَبيه رضيَ الله عنهُ قال: «مَرِضتُ فعادَني النبيُّ ﷺ فقلت: يا رسولَ الله، ادْعُ الله أن لا يرُدَّني على عقِبي. قال: «لعلَّ الله يرفعُكَ، ويَنفعُ بكَ ناساً». قلتُ: أُريدُ أن أُوصيَ وإنما لي ابنةٌ، قلتُ أُوصي بالنصفِ؟ قال: «النصفُ كثير». قلتُ: فالثلث؟ قال: «الثلث والثلثُ كثير ـ أو كبير ـ قال: فأوصى الناسُ بالثلث فجازَ ذلكَ لهم».

٤ ـ باب قولِ المُوصِي لوَصيِّهِ: تَعاهَدْ وَلَدي. وما يجوزُ للوصيِّ منَ الدعوَى

٢٧٤٥ ـ **حدثنا** عبدُ الله بنُ مَسلمَة عن مالكٍ عنِ ابنِ شِهابٍ عن عُروةَ بنِ الزُّبَيرِ عن

ـ وقوله: «وإِنك» بالكسر على الإستئناف وتفتح بتقدير حرف الجرّ أي لأنك قاله الشارح.

٢٧٤٣ ـ قوله: (لو غض الناس) أي لو نقصوا من الثلث إلى الربع في الوصية كان أولى (شارح)

٢٧٤٤ ـ قوله: (فأوصى) ولأبي ذر (وأوصى) وقوله: (فجاز) لأبي ذر ولغيره: وجاز

leave them poor begging and whatever you spend for Allāh's sake will be considered as a charitable deed even the handful of food you put in your wife's mouth. May Allah prolong your life so as people may benefit of you, other than be harmed of you».

At that time Sa'd had only one daughter.

3 - CHAPTER: To bequeath one-third of the property

Al-Hasan said: «It is not permissible that free non-Muslim under Muslim rule, bequeath but with one -third of his property and Allāh (the Exalted and Almighty) says: «And so judge (you) between them (i.e. people) according to what Allāh has revealed. (5:49)

2743. Ibn 'Abbās (may Allāh be pleased with him) narrated: «If they would lessen the proportion of what they bequeath to the fourth (of the whole legacy), for Allāh's Apostle (the blessing and peace of Allāh be upon him) said: «One-third, yet even one third is too much».

2744. Sa'd (may Allāh be pleased with him) narrated: «I was sick and the Prophet (the blessing and peace of Allāh be upon him) visited me. I said to him: «O Allāh's Apostle! I invoke Allāh that He may not let me die in the land where I migrated to (i.e. Mecca)». He said: «May Allāh restore your health that the people would benefit of you». I said: «I want to make a will, that I have only one daughter. May I bequeath with half of my property (to be given in charity)». He said: «The Half is too much». I said: «Then I will with its third». He said: «One-third is sufficient, even though one-third is too much or huge» (The narrator) added: «Then the people started to will with a third of their property and it was for them to do so").

4 - CHAPTER: The saying of a legator to his guardian: «Look after my son». And what is permissible for the guardian to request

2745. 'Āisha (may Allāh be pleased with her), the wife of the Prophet (the

عائشةَ رضيَ الله عنها زَوجِ النبيِّ ﷺ أنها قالت: «كان عُتبَةُ بن أبي وقَّاصٍ عَهِدَ إلى أخيهِ سعدِ بنِ أبي وَقّاصٍ أنَّ ابنَ وَليدةِ زَمعة مني، فاقبِضهُ إليكَ. فلمّا كان عام الفتحِ أخذَهُ سعدٌ فقال: ابنُ أخي قد كانَ عَهِدَ إليَّ فيه. فقامَ عبدُ بنُ زَمعةَ فقال: أخي وابنُ أَمَةِ أبي وُلِدَ على فِراشِهِ. فتساوَقا إلى رسولِ الله ﷺ، فقال سعدٌ: يا رسولَ الله ابنُ أخي، كان عَهِدَ إليَّ فيه. فقال عبدُ بنُ زَمعةَ: أخي وابنُ وَليدةِ أبي. فقال رسولُ الله ﷺ: «هوَ لكَ يا عبدُ بنَ زَمعةَ، الولدُ للفراشِ وللعاهرِ الحَجَرُ». ثمَّ قال لسَودةَ بنتِ زمعةَ: «احتَجِبي منهُ». لِما رأىٰ مِن شَبَهِهِ بعُتبَةَ. فما رآها حتى لَقِيَ الله».

٥ - باب إذا أومأَ المريضُ برأسِهِ إشارةً بيِّنةً جازَت

٢٧٤٦ - حدّثنا حَسّانُ بنُ أبي عبّادٍ حدَّثَنا هَمّامٌ عن قتادةَ عن أنسٍ رضيَ الله عنه: «أنَّ يهودياً رَضَّ رأسَ جاريةٍ بَينَ حَجَرَينِ، فقِيلَ لها: مَن فَعَلَ بِكِ؟ أفلانٌ أو فلانٌ؟ حتى سُمّيَ اليهوديُّ فأومأَت برأسِها، فجِيءَ بِهِ، فلم يَزَلْ حتى اعترَفَ، فأمَرَ النبيُّ ﷺ فرُضَّ رأسُهُ بالحِجارةِ».

٦ - باب لا وَصيَّةَ لِوارِثٍ

٢٧٤٧ - حدّثنا محمدُ بنُ يوسُفَ عن وَرْقاءَ عن ابنِ أبي نَجيحٍ عن عطاءٍ عنِ ابنِ عباسٍ رضيَ الله عنهما قال: «كانَ المالُ للوَلدِ، وكانتِ الوَصيَّةُ للوالِدَينِ، فنَسَخَ الله من ذٰلكَ ما أحبَّ، فجعَلَ للذَّكَرِ مِثلَ حَظِّ الأُنثَيَينِ، وجعلَ للأبَوَينِ لكلِّ واحدٍ منهما السدُسَ، وجعلَ للمرأةِ الثُّمنَ والرُّبعَ، وللزَّوجِ الشطرَ والرُّبُعَ».

[الحديث ٢٧٤٧ - طرفاه في: ٤٥٧٨، ٦٧٣٩]

٢٧٤٥ - قوله: (فقال رسول الله) لأبي ذر وفي نسخة وقال.

blessing and peace of Allāh be upon him) narrated: «'Utba bin Abū Waqqās entrusted (his son) to his brother Sa'd bin Abū Waqqās saying: «The son of the slave- girl of Zam'a is my (illegal) son, take him into your custody». When it was the year of the Conquest (of Mecca) Sa'd took the boy and said: «This is my brother's son whom my brother had entrusrted to me». 'Abd bin Zam'a got up and said: «He is my brother and the son of the slave girl of my father and was born on my father's bed». Then both of them came to Allāh's Apostle (the blessing and peace of Allāh be upon him) and Sa'd said: «O Allāh's Apostle! This is my brother's son whom my brother had entrusted to me».

Then 'Abd bin Zam'a got up and said: «This is my brother and the son of the slave -girl of my father». Allāh's Apostle (the blessing and peace of Allāh be upon him) said: «O 'Abd bin Zam'a! This boy is yours as the boy belongs to the bed (where he was born), and for the adulterer is the stone (i.e. deprivation)». Then the Prophet said to his wife Sauda bint Zam'a: «Do not let this boy see you». When he saw the boy's resemblance to 'Utba. Since then the boy did not meet Sauda till he died.

5 - CHAPTER: If a patient nods with his head it is a sign which make lawful

2746. Anas (may Allāh be pleased with him) narrated: «A Jew crushed the head of a slave girl between two stones. It was said to her: «Who was this who did this to you, so-and-so? so-and-so? Until the Jew's name was mentioned she nodded (in affrirmative). The Jew was brought and was questioned till he confessed. The Prophet then commanded that his head be crushed with stones.

6 - CHAPTER: There is no will for a legal heir

2747. Ibn 'Abbās (may Allāh be pleased with him) narrated: «In old days it was that the property would be for his offspring for the parents (of the deceased). Then Allāh abrogated that custom and made for the male double that inherited by the female, and made for each parent a sixth (of the whole) and for the wife an eighth and a fourth and for the husband half and fourth.

The parts of this hadīth are in: 4578, 6739.

٧ ـ باب الصدَقةِ عندَ الموت

٢٧٤٨ ـ **حدثنا** محمدُ بنُ العَلاءِ حدَّثنا أبو أُسامَةَ عن سُفيانَ عن عُمارةَ عن أبي زُرْعةَ عن أبي هريرةَ رضيَ اللهُ عنهُ قال: «قال رجُلٌ للنبيِّ ﷺ: يا رسولَ اللهِ أيُّ الصدَقةِ أفضلُ؟ قال: **«أن تَصدَّقَ وأنت صحيحٌ حَريص، تأمُلُ الغِنى وتَخشى الفقرَ، ولا تُمهِلْ حتّى إذا بَلَغتِ الحُلقومَ قلتَ: لفُلانٍ كذا ولفُلانٍ كذا، وقد كان لفلان»**.

٨ ـ باب قولِ الله تعالىٰ: ﴿مِن بَعدِ وَصيَّةٍ يُوصِي بها أو دَين﴾ [النساء: ٢٢]

ويُذكَرُ أنَّ شُرَيحاً وعمرَ بنَ عبدِ العزيزِ وطاوساً وعَطاءً وابنَ أُذَينةَ أجازوا إقرارَ المريض بدَين. وقال الحسنُ أحقُّ ما تَصدَّق بهِ الرجُلُ آخِرَ يومٍ منَ الدُّنيا وأوَّلَ يومٍ منَ الآخرة. وقال إبراهيمُ والحَكَمُ: إذا أبرأَ الوارثَ منَ الدَّينِ بَرِىءَ. وأوصىٰ رافعُ بنُ خَديجٍ أن لا تُكشَفَ امرأتُهُ الفَزاريةُ عما أُغلِقَ عليهِ بابُها. وقال الحسن إذا قال لمملوكهِ عندَ الموتِ: كنتُ أعتقتكَ جاز. وقال الشَّعبيُّ: إذا قالتِ المرأةُ عندَ موتِها: إنَّ زَوجي قَضاني وقبَضتُ منه جاز. وقال بعضُ الناس: لا يجوزُ إقرارهُ لِسوءِ الظنِّ به للوَرَثةِ. ثمَّ استَحسنَ فقال: يجوز إقرارهُ بالوَديعةِ والبِضاعةِ والمضاربة. وقد قال النبيُّ ﷺ: **«إياكم والظنَّ فإنَّ الظنَّ أكذبُ الحديث»** ولا يَحلُّ مالُ المسلمين لقول النبيِّ ﷺ: **«آيةُ المنافقِ إذا ائتُمِنَ خان»** وقال الله تعالى: ﴿**إنَّ اللهَ يأمُرُكم أن تُؤدُّوا الأماناتِ إلى أهلِها**﴾ [النساء: ٥٨] فلم يخصَّ وارثاً ولا غيرَهُ. فيه عبدُ الله بنُ عمرٍو عن النبيِّ ﷺ.

٢٧٤٨ ـ قوله: (ولا تمهل) بالجزم ولأبي ذرّ ولا تمهل أصله تتمهل (شارح).

باب ٨ ـ قوله: آخر يوم أي في آخر يوم ويجوز رفع آخر خبراً لأحق ومثله أول كما في الشارح.

7 - CHAPTER: The charity at the time of death

2784. Abū Huraira (may Allāh be pleased with him) narrated: «A man said to the Prophet (the blessing and peace of Allāh be upon him): «O Allāh's Apostle! What kind of charity is the best?» He replied: «To give in charity when you are healthy and keen hoping of wealthy and afraid of becoming poor. Don't slow down in giving charity till the time of your death when you would say: «Give so much to so-and-so and so much to so-and-so, and at that time the property is not yours but it belongs to so-and-so (i.e. your inheritors)».

8 - CHAPTER: The saying of Allāh (the Exalted and Almighty): «After the writing of) a will bequeated with or the payment of debt» (4:22)

It is mentioned that Shuraih 'Umar bin 'Abdul-Aziz, Tawus, 'Ātā' and Ibn Uthaina permitted the validity of a debt by a sick man. Al-Hasan said: «The most valid charity is that what is given on the last day of one's present life and the first day of the life to come (i.e. on the day one dies)».

Ibrāhīm and Al-Hakam said: «If a sick person absolves a heir from debt, the heir is free of it». Rāfī' bin Khadīj made a will that his Fazāriyya wife should not let anybody share with her the contents of her house.

Al-Hasan said: «If somebody on his death-bed says to his slave: «I have freed you», the emancipation permitted».

As-Sha'bī said: «If a dying woman says: «My husband has paid what he owed me and I have received it, her consent is valid». Some people say: «The dying person's consent (of debt to some of his heirs) is not valid because such a consent leads to suspicion». But his consent is permissible concerning a trust, goods, and but the Prophet (the blessing and peace of Allāh be upon him) said: «Avoid suspicion, for suspicion is the falsity in a talk».

It is illegal for one to eat up the Muslim's wealth (unjustly), for the Prophet (the blessing and peace of Allāh be upon him) said: «The sign of a hypocrite is that when he is entrusted with something he proves treacherous». And Allāh (the Exalted and Almighty) said: «Allāh orders you to give back the Trusts to their owners, (4:58), without restricting this order to the heirs or some other people.

٢٧٤٩ ـ **حدثنا** سُليمانُ بنُ داودَ أبو الرَّبيعِ حدَّثَنا إسماعيلُ بنُ جعفرٍ حدَّثَنا نافعُ بنُ مالكِ بنِ أبي عامرٍ أبو سُهيلٍ عن أبيهِ عن أبي هريرةَ رضيَ الله عنه عنِ النبيِّ ﷺ قال: «**آيةُ المنافقِ ثلاثٌ: إذا حدَّثَ كذَبَ، وإذا ائتُمِنَ خانَ، وإذا وَعدَ أخْلَفَ**».

٩ ـ **باب** تأويلِ قولِ الله تعالى: ﴿مِن بعدِ وَصيَّةٍ يوصي بها أو دَين﴾ [النساء: ١٢]

ويُذكَرُ أنَّ النبيَّ ﷺ قَضىٰ بالدَّينِ قبلَ الوَصيَّةِ. وقولِهِ: ﴿**إنَّ الله يأْمُركم أن تُؤدُّوا الأماناتِ إلى أهلِها**﴾[1] فأداءُ الأمانةِ أحقُّ من تَطوُّعِ الوَصيَّةِ. وقال النبيُّ ﷺ: «**لا صدَقةَ إلا عن ظَهرِ غِنىً**». وقال ابنُ عبّاسٍ: لا يُوصِي العبدُ إلّا بإذنِ أهله. وقال النبيُّ ﷺ: «**العبدُ راعٍ في مالِ سيِّدِهِ**».

٢٧٥٠ ـ **حدثنا** محمدُ بنُ يوسفَ حدَّثَنا الأوزاعيُّ عنِ الزُّهريِّ عن سعيدِ بنِ المسيَّبِ وعُروةَ بنِ الزُّبيرِ أنَّ حكيمَ بنَ حِزامٍ رضيَ الله عنه قال: «**سألتُ رَسولَ الله ﷺ فأعطاني، ثمَّ سألتُه فأعطاني**، ثمَّ قالَ لي: «**يا حكيمُ، إنَّ هٰذا المالَ خَضِرٌ حُلوٌ، فمن أخذَهُ بسَخاوةِ نفسٍ بُورِكَ لهُ فيهِ، ومَن أخذَهُ بإشرافِ نفسٍ لم يُبارَكْ له فيهِ، وكانَ كالذي يأكُلُ ولا يَشبَعُ، واليدُ العليا خيرٌ منَ اليدِ السُّفلىٰ**». قال حكيمٌ: فقلتُ: يا رسولَ الله، والذي بَعَثَكَ بالحقِّ، لا أرْزَأُ أحداً بعدَكَ شيئاً حتى أُفارقَ الدُّنيا. فكانَ أبو بكرٍ يَدْعو حَكيماً ليُعطيَهُ العَطاءَ فيأبىٰ أن يَقبَلَ منهُ شيئاً. ثمَّ إنَّ عمرَ دَعاهُ ليُعطِيَهُ فأبىٰ أن يَقبلَهُ، فقال: يا مَعشرَ المسلمينَ، إني

---

(١) ـ النساء: ٥٨.

٢٧٥٠ ـ قوله: لا أرزأ أحداً أي لا آخذ من أحد.

وقوله: (إن عمر دعاه) لأبي ذر: في نسخة دعا أي حكيماً.

2749. Abū Huraira (may Allāh be pleased with him) narrated: «The Prophet (the blessing and peace of Allāh be upon him) said: «The signs of a hypocrite are three: whenver he speaks he tells a lie; whenever he is entrusted he proves dishonest; whenever he promises he breaks his promise».

9 - CHAPTER: The explanation of the saying of Allāh (the Exalted and Almighty): «After execution of a will made by the deceased or (the payment of his) debt» (4: 12)

The Prophet (the blessing and peace of Allāh be upon him) is reported to have judged that the debt should be paid before the execution of the will.

The saying of Allāh (the Exalted and Almighty): «Allah commands you to return your trusts to their owners» (4:58).

So returning the trust must take precedence over the execution of the voluntary will.

The Prophet (the blessing and peace of Allāh be upon him) said: «No giving in charity is recommended except if one is wealthy» Ibn 'Abbās: said: «A slave cannot make a will without his master's consent. The Prophet (the blessing and peace of Allāh be upon him) said: «A slave is a guardian of the property of his master».

2750. 'Urwa bin Az-Zubair narrated: «Hakīm bin Hizām (may Allāh be pleased with him) said: «I asked Allāh's Apostle (the blessing and peace of Allāh be upon him) for something, and he gave me, and I asked him again and he gave me and said: «O Hākim! This wealth is green and sweet (i.e. as tempting as fruits), and whoever takes it without greed then he is blessed in it, and whoever takes it with greediness, he is not blessed in it and he is like one who eats and never gets satisfied.

The upper (i.e. giving) hand is better than the lower (i.e. taking) hand». Hākim added: «I said: O Allāh's Apostle! By Him Who has sent you with the Truth I will never demand anything from anybody till I die».. Afterwards Abū Bakr used to call Hākim to give him something but he refused to accept anything from him. Then 'Umar called him to give him (something) but he refused. Then

أَعرِضُ عليهِ حقَّهُ الذي قَسمَ اللهُ لهُ من هٰذا الفَيْءِ فيأبى أن يأْخُذَهُ. فلم يَرْزَأْ حكيم أحداً من الناسِ بعدَ النبيِّ ﷺ حتّى تُوُفِّي رحِمَهُ الله».

٢٧٥١ ـ **حدثنا** بِشْرُ بن محمدٍ السَّخْتِيانيُّ أخبرَنا عبدُ الله أخبرَنا يونسُ عنِ الزُّهريِّ قال: أخبرَني سالمٌ عن ابنِ عمرَ عن أبيهِ رضيَ الله عنهما قال: سمعتُ رسولَ الله ﷺ يقولُ: «**كلُّكم راعٍ ومَسْؤولٌ عن رعيَّتِه، والإمامُ راعٍ ومسؤولٌ عن رعيتِهِ، والرَّجُلُ راعٍ في أهلِهِ ومسؤولٌ عن رعيَّتِهِ، والمرأةُ في بيتِ زوجها راعيةٌ ومسؤولةٌ عن رعيَّتها، والخادمُ في مالِ سيِّدِهِ راعٍ ومسؤولٌ عن رعيَّتِهِ، قال: وحسبتُ أنْ قد قال: والرَّجُلُ راعٍ في مالِ أبيهِ**».

١٠ ـ **باب** إذا وَقفَ أو أَوصىٰ لأقاربِهِ، ومَنِ الأقارب؟

وقال ثابتٌ عن أنسٍ: «قال النبيُّ ﷺ لأبي طلحةَ: «**اجْعَلْها لفُقراءِ أقارِبكَ**». فجعَلَها لحسّانَ وأُبيِّ بنِ كعب» وقال الأنصاريّ: حدَّثني أبي عن ثُمامَةَ عن أنسٍ مثلِ حديثِ ثابتٍ: قال: «**اجعَلْها لفقراءِ قرابتك**»، قال أنسٌ: فجعَلَها لحسّانَ وأُبيِّ بنِ كعبٍ وكانا أقربَ إليهِ مني».

وكان قرابةُ حسّانٍ وأُبيٍّ من أبي طلحةَ واسمهُ زيدُ بنُ سهلِ بنِ الأسْودِ بنِ حَرامِ بنِ عمرِو بنِ زَيدِ مَناةَ بنِ عَديِّ بنِ عمرِو بن مالكِ بنِ النَّجار، وحسّانُ بنُ ثابتِ بنِ المنذرِ بنِ حرام، فيجتمعانِ إلى حرامٍ وهوَ الأبُ الثالثُ، وحرامُ ابنُ عمرِو بن زيدِ مَناةَ بنِ عَديِّ بنِ عمرِو بنِ مالكِ بنِ النجّار، فهو يُجامِعُ حسانَ وأبا طلحةَ وأُبيٌّ إلى ستةِ آباءٍ إلى عمرِو بنِ مالك، وهوَ أُبيُّ بنُ كَعبِ بنِ قَيسِ بنِ عُبَيدِ بنِ زَيدِ بنِ مُعاويةَ بنِ عمرِو بنِ مالكِ بنِ النجار، فعمرُو بنُ مالكٍ يَجمعُ حسانَ وأبا طلحةَ وأُبيّاً.

وقال بَعضُهم: إذا أَوصىٰ لِقَرابتِه فهوَ إلى آبائِهِ في الإسلام.

باب ١٠ ـ قوله: (وحسان ابن ثابت) ترسم ألف ابن بعد حسان لأن ابن وقع خبراً لا صفة وكذلك قوله وحرام ابن عمرو وقوله وأُبيّ بالرفع جملة مستأنفة أيّ وأُبيّ يجامعها.

'Umar said· «O Muslims! I offered him (i.e. Hakīm) his share which Allāh has ordained for him from this booty and he refused to take it». Thus Hakīm did not ask anybody for anything after the Prophet (the blessing and peace of Allāh be upon him), till he died. May Allāh bestow His mercy upon him.

2751. Ibn 'Umar (may Allāh be pleased with him) narrated: «I heard Allāh's Apostle (the blessing and peace of Allāh be upon him) saying: «All of you are guardians and responsible for your charges; the Imām is a guardian and responsible for his subjects; and a man is a guardian of his family and is responsible for his charges, and a lady is a guardian in the house of her husband and is a guardian of the property of his master and is responsible for his charge» I think he also said: «And a man is a guardian of the property of his father».

10 - CHAPTER: If somebody founds an endowment (or bequeathed) his relatives by a will (is it permissible)?. And who are considered as relatives

Anas (may Allāh be pleased with him) narrated: «The Prophet (the blessing and peace of Allāh be upon him) said to Abū Talha: «Give (your garden) to the poor amongst your relatives». so he gave in to Hassan and Ubaī bin Ka'b.

Anas added in another narration: «So he gave it to Hassān and Ubai bin Ka'b who were nearer relatives to him than me». The relation between Hassan and Ubai to Abu Talha is as follows: Abū Talha's name was Zaid, the son of Sahl, the son of Al-Aswad, the son of Harām, the son of 'Amr. the son of Zaid Manāt, the son of 'Adī, the son of 'Amr, the son of Mālik, the son of An-Najjār. Hassān was the son of Thābit, the son of Al-Munthir, the son of Harām, this means that Abū Talha and Hassān had a common great grand father (i.e. Harām, the third in the line of descent. Hassān and Abū Talha and Ubaī had a common ancestor, 'Amr bin Mālik, the sixth in the lineage, as Ubaī was the son of Ka'b, the son of Qais, the son of Ubaid, the son of Zaid, the son of Mu'awīya, the son of 'Amr, the son of Mālik, the son of An-Najjār.

Some scholars say: «If one wants to will some of his wealth to one's relatives, they must be among those who share a Muslim common ancestor with him».

٢٧٥٢ ـ **حدثنا** عبدُ الله بنُ يوسفَ أخبرَنا مالكٌ عن إسحاقَ بنِ عبدِ الله بنِ أبي طلحة أنهُ سمعَ أنساً رضيَ الله عنهُ قال: «قال النبيُّ ﷺ لأبي طلحةَ: **«أرى أن تجعلَها في الأقربين»**، قال أبو طلحة: أفعلُ يا رسولَ الله، فقسمها أبو طلحة في أقاربِهِ وبني عمهِ».

وقال ابنُ عبّاسٍ: لما نزلَت: ﴿وأنذرْ عَشيرَتَكَ الأقربين﴾ جعلَ النبيُّ ﷺ يُنادي: **«يا بني فِهر، يا بَني عَدِيّ، لبُطونِ قُرَيش»**. وقال أبو هريرةَ: لما نـزَلَت: ﴿وأنذِرْ عَشيـرتَكَ الأقربين﴾ قال النبيُّ ﷺ: **«يا مَعشرَ قُرَيش»**.

١١ ـ باب هل يَدخُلُ النساءُ والْوَلَدُ في الأقاربِ؟

٢٧٥٣ ـ **حدثنا** أبو اليمانِ أخبرَنا شُعَيبٌ عن الزُّهريِّ قال: أخبرني سعيدُ بنُ المسيِّبِ وأبو سَلمةَ بنُ عبدِ الرّحمٰنِ أنَّ أبا هريرةَ رضيَ الله عنهُ قال: «قامَ رسولُ الله ﷺ حِينَ أنزلَ الله عزَّ وجلَّ: ﴿وأنْذِرْ عشيرَتَكَ الأقربين﴾ قال: **«يا مَعشرَ قُريش ـ أو كلمةً نحوَها ـ اشترُوا أنفُسَكم، لا أُغني عنكم منَ الله شيئاً. يا بني عبدِ مَنافٍ لا أُغني عنكم منَ الله شيئاً. يا عباسُ بنَ عبدِ المُطَّلِبِ لا أُغني عنكَ منَ الله شيئاً. يا صَفِيَّةُ عمةَ رسولِ الله لا أُغني عنكِ منَ الله شيئاً. ويا فاطمةُ بنتَ محمدٍ سَليني ما شِئتِ من مالي لا أُغني عنكِ منَ الله شيئاً»**.

تابَعَهُ أَصْبَغُ عنِ ابنِ وَهبٍ عن يُونُس عنِ ابنِ شِهابٍ.

[الحديث ٢٧٥٣ ـ طرفاه في: ٣٥٢٧، ٤٧٧١].

١٢ ـ باب هل يَنتفِعُ الواقِفُ بوقفِهِ؟

وقدِ اشترَطَ عمرُ رضيَ الله عنه: لا جُناحَ على من وَلِيَهُ أن يأكلَ. وقد يَلِي الواقفُ وغيرُه.

وكذٰلِكَ كل مَن جَعَلَ بَدَنَةً أو شيئاً لله فلهُ أن يَنتفِعَ بها كما ينتفعُ غيرُه وإن لم يَشترِطْ.

٢٣٥٧ ـ سقطت التصلية بعد قوله بنت محمد من نسخة وثبتت في أُخرى بعد عمة رسول الله (شارح).

2752. Anas (may Allāh be pleased with him) narrated: «The Prophet (the blessing and peace of Allāh be upon him) said to Abū Talha: «I recommend that you divide (this garden) amongst your relatives» Abū Talha said: «O Allāh's Apostle! I will do». So Abū Talha divided it among his relatives and cousins.

Ibn 'Abbās said: «When the Qur'ānic Verse: «Warn your nearest kinsmen» (26:214), was revealed, the Prophet (the blessing and peace of Allāh be upon him) started calling the various by families of Quraish: «O Banī Fihr! O Banī 'Ādī!».

Abū Huraira said: «When the Verse: «Warn your nearest kinsmen, was revealed, the Prophet (the blessing and peace of Allāh be upon him) said (in a loud voice), O people of Quraish!».

11 - CHAPTER: Are children and women included under the term of relatives (concerning wills)?

2753. Abū Huraira (may Allāh be pleased with him) narrated: «When Allāh revealed the Verse: Warn your nearest kinsmen; Allāh's Apostle (the blessing and peace of Allāh be upon him) got up and said: «O people of Quraish (or said similar words)! Buy (i.e. save) yourselves (form the Hell-fire) as I cannot save you from Allāh's punishment; O Safīya, the Aunt of Allāh's Apostle (the blessing and peace of Allāh be upon him)! I cannot save you from Allāh's punishment; O Fātimah bit Muhammad (may Allāh be pleased with her)! Ask me anything from my wealth, but I cannot save you from Allāh's punishment».

The parts of this hadīth are in: 3527, 4771.

12 - CHAPTER: Can the founder of an endowment have the benefit of his endowment?

'Umar stipulated that the administrator of an endowment could eat from the yield of the endowment. The founder of an endowment or somebody else may be the trustee of the endowment. Similarly, one offers a camel for sacrifice or something else in Allāh's Cause. He is allowed to benefit by it in the same way as others benefit by it even if he did not stipulate that.

٢٧٥٤ ـ **حدثنا** قتيبةُ بنُ سعيدٍ حدَّثَنا أبو عوانةَ عن قتادةَ عن أنس رضي الله عنه: أنَّ النبيَّ ﷺ رأى رجُلاً يَسوقُ بَدَنةً فقال له: «اركَبْها»، فقال: يا رسولَ الله إنها بَدَنةٌ، فقال ـ في الثالثةِ أو الرابعةِ ـ «اركَبْها ويْلَكَ ـ أو ويحَكَ».

٢٧٥٥ ـ **حدثنا** إسماعيلُ حدَّثَنا مالكٌ عن أبي الزِّنادِ عنِ الأعرجِ عن أبي هريرةَ رضيَ الله عنه: «أنَّ رسولَ الله ﷺ رأى رجُلاً يَسوقُ بَدَنةً فقال: اركَبْها، قال: يا رسولَ الله إنّها بَدَنة، قال: «اركَبْها ويلَكَ». في الثانيةِ أو في الثالثة».

١٣ ـ باب إذا وقفَ شيئاً قَبْلَ أن يَدفعَهُ إلى غيرِه فهو جائز

لأَن عمرَ رضيَ الله عنهُ أَوقفَ وقال: لا جُناحَ على مَن ولِيَهُ أن يأْكلَ، ولم يَخُصَّ إن وَلِيَهُ عمرُ أو غيره.

قال النبيُّ ﷺ لأَبي طلحةَ: «أرى أَن تجعَلَها في الأَقربين»، فقال: أَفعَلُ، فقسَمَها في أَقاربهِ وبني عمهِ.

١٤ ـ باب إذا قال: دارِي صَدَقةٌ لله، ولم يُبيِّنْ للفُقَراءِ أو غَيرِهم فهو جائز ويضعها في الأقربين أو حيثُ أراد

قال النبيُّ ﷺ لأَبي طلحةَ حينَ قال أَحبُّ أَموالي إليَّ بيرحاء وإنها صدَقةٌ لله، فأَجازَ النبيُّ ﷺ ذلكَ. وقال بَعضُهم: لا يجوزُ حتى يُبيِّنَ لِمن، والأَوَّلُ أَصحُّ.

باب ١٤ ـ قوله: (بيرحاء) بكسر الموحدة وفتحها وسكون الياء من غير همز وفتح الراء وضمها آخره همزة مصروف وغير مصروف وفيها وجوه أُخرى سبقت أهـ من الشارح.

2754. Anas (may Allāh be pleased with him) narrated: «The Prophet (the blessing and peace of Allāh be upon him) saw a man driving a camel for sarifice. He said to him: «Ride on it». The man said: «O Allāh's Apostle! It is a camel» (The Prophet repeated his order) and on the third or fourth time he said: «Ride on it, (woe on your).

2755. Abū Huraira (may Allāh be pleased with him) narrated: «Allāh's Apostle (the blessing and peace of Allāh be upon him) saw a man driving a camel and said to him: «Ride on it». The man said: «O Allāh's Apostle! It is a camel». The Prophet said: «Ride on it», and on the second or the third time he added: «Woe on you».

13 - CHAPTER: If one declares his wish to find an endowment, his endowment is valid even before its conveyance (to those whom it is intended),

'Umar (may Allāh be pleased with him) founded an endowment and said that it was not sinful for its administrator to eat from its yield, but he did not specify whether he (i.e. 'Umar) or someone else would be its administrator. The Prophet (the blessing and peace of Allāh be upon him) said to Abū Talha: «I recommend that you should divide it (i.e. the garden) among your relatives». So Abū Talha agreed and distributed it among his relatives and his cousins.

14 - CHAPTER: When someone says: «My house is a gift of charity for Allāh's Sake», and does not specify whether it is for the poor or for some other people. Then the charity is valid and he can give it to his relatives or whomever he wishes.

The Prophet (the blessing and peace of Allāh be upon him) allowed Abū Talha when he said: «The most beloved of my property is (the garden of) Bairuhā and I wish to give it in charity for Allāh's sake». The Prophet considered his deed valid. Some say that it is invalid unless it is specified as to whom the charity is to be given. But the first statement (i.e. that it is valid) is more correct.

١٥ ـ باب إذا قال أرضي أو بستاني صدقة لله عن أمي فهو جائز، وإن لم يبين لمن ذلك

٢٧٥٦ ـ **حدثنا** محمدُ بن سلام أخبرَنا مَخلَدُ بنُ يزيدَ أخبرَنا ابنُ جُريجٍ قال: أخبرَني يعلىٰ أنهُ سَمعَ عِكرمةَ يقول: أنبأنا ابنُ عبّاسٍ رضيَ الله عنهما: «أنَّ سَعدَ بنَ عُبادةَ رضيَ الله عنهُ تُوفِّيتْ أُمُّهُ وهو غائبٌ عنها فقال: يا رسولَ الله إنَّ أُمّي تُوُفِّيتْ وأنا غائبٌ عنها، أيَنفَعُها شيءٌ إنْ تَصدَّقتُ بهِ عنها؟ قال: «نعم». قال: فإني أُشهِدُكَ أنَّ حائِطيَ المِخْرافَ صَدَقةٌ عليها». [الحديث ٢٧٥٦ ـ طرفاه في: ٢٧٦٢، ٢٧٧٠].

١٦ ـ باب إذا تصدَّقَ أو وقَفَ بعضَ ماله أو بعض رَقيقهِ أو دَوابِّهِ فهو جائز

٢٧٥٧ ـ **حدثنا** يحيىٰ بنُ بُكَير حدَّثَنا اللَّيثُ عن عُقَيلٍ عنِ ابنِ شِهابٍ قال: أخبرَني عبدُ الرّحمٰنِ بنُ عبدِ الله بنِ كعبٍ أنَّ عبدَ الله بنَ كعبٍ قال: سمعتُ كعبَ بنَ مالكٍ رضيَ الله عنه يقول: قلتُ: يا رسولَ الله ﷺ، إنَّ مِن تَوبَتي أن أنخلِعَ مِن مالي صَدَقةً إلى الله وإلى رسولِهِ ﷺ، قال: «أمسِكْ عليكَ بعضَ مالِكَ فهوَ خيرٌ لك». قلتُ: فإني أُمسِكُ سَهمي الذي بخَيبَرَ.

[الحديث ٢٧٥٧ ـ أطرافه في: ٢٩٤٧، ٢٩٤٨، ٢٩٤٩، ٢٩٥٠، ٣٠٨٨، ٣٥٥٦، ٣٨٨٩، ٣٩٥١، ٤٤١٨، ٤٦٧٣، ٤٦٧٦، ٤٦٧٧، ٤٦٧٨، ٦٢٥٥، ٦٦٩٠، ٧٢٢٥].

١٧ ـ باب مَن تصدَّقَ إلى وَكيلهِ ثمَّ رَدَّ الوكيلُ إليه

٢٧٥٨ ـ **وقال** إسماعيلُ: أخبرَني عبدُ العزيزِ بنُ عبدِ الله بنِ أبي سَلمةَ عن إسحاقَ بنِ عبدِ الله بنِ أبي طَلحةَ لا أعلَمُهُ إلاّ عن أنسٍ رضيَ الله عنه قال: «لما نزَلَتْ: ﴿لن تَنالوا البِرَّ حتى تُنفِقوا مما تُحِبُّون﴾ جاءَ أبو طَلحةَ إلى رسولِ الله ﷺ فقال:

٢٧٥٦ ـ (المخراف) عطف بيان للحائط اسم له أو وصف أي المثمر قاله الشارح.

باب ١٦ ـ قوله: وقف وثبت في نسخة أخرى أوقف وهي لغة شاذة.

ـ وقوله: «بخ» بفتح الموحدة وسكون الخاء المعجمة من غير تكرار كلمة تقال عند المدح والرضا (شارح).

15 - CHAPTER: If someone says: «My land or my garden is charity for Allāh's sake on my mother's behalf», his charity is valid even if he did not specify to whom it is to be given

2756. Ibn 'Abbās (may Allāh be pleased with him) narrated: «The mother of Sa'd bin 'Ubada died in his absence He said: «O Allāh's Apostle! My mother died in my abscence; will it be of any benefit for her if I give charity on her behalf? The Prophet said: «Yes». Sa'd said: «I make you a witness that I gave my garden called Al-Makhraf in charity on her behalf».

The parts of this hadīth are in: 2762, 2770.

16 - CHAPTER: It is permisible for one to give part of his wealth or some of his slaves or animals in charity or as an endowment

2757. Ka'b bin Mālik (may Allāh be pleased with him) narrated: «I said: «O Allāh's Apostle! For the acceptance of my repentance I wish to give all my property in charity for Allāh's sake through His Apostle (the blessing and peace of Allāh be upon him)». He said: «It is better for you to keep some of the property for yourself» I said: «Then I will keep my share in Khaibar».

The parts of this hadīth is in: 2947, 2948, 2949, 2950, 3088, 3556, 3889, 3951, 4418, 4673, 4676, 4677, 4678, 6255, 6690, 7225.

17 - CHAPTER: That who gave something to his representative to give in charity and then the latter returned it to him

2758. Anas (may Allāh be pleased with him) narrated: «When the Holy Verse: «You spend of what you love» (3:92) you will not attain piety until was revealed, Abū Talha went to Allāh's Apostle (the blessing and peace of Allāh be upon him) and said: «O Allāh's Apostle! Allāh, the Blessed, the Superior states in His Book: «You will not attain piety unless you spend of what you love»

يا رسولَ الله يقولُ الله تعالىٰ في كتابهِ: ﴿لَن تَنالوا البِرَّ حتى تُنفِقوا مما تُحِبُّون﴾ وإنَّ أحبَّ أموالي إليَّ بِيرحاءُ ـ قال: وكانت حديقةً كان رسولُ الله ﷺ يدخُلها ويستظِلُّ بها ويشرَبُ مِن مائها ـ فهي إلى الله وإلى رسوله ﷺ أرجو بِرَّهُ وذُخْرَهُ، فضَعْها أيْ رسولَ الله حيثُ أراكَ الله. فقال رسولُ الله ﷺ: «بَخْ يا أبا طلحة، ذلكَ مالٌ رابحٌ قبِلْناهُ منكَ وردَدْناهُ عليك، فاجعَلْهُ في الأقربينَ». فتصدَّقَ بهِ أبو طلحةَ على ذَوِي رَحِمِه. قال وكان منهم أُبَيٌّ وحسّانُ. قال: وباعَ حسّانُ حِصَّتَهُ منهُ مِن مُعاوِيةَ فقيلَ لهُ: تبيعُ صدقةَ أبي طلحة؟ فقال: ألا أبيعُ صاعاً مِن تمرٍ بصاعٍ مِن دَراهِمَ؟ قال: وكانت تلكَ الحديقةُ في موضعِ قصرِ بني جُدَيلةَ الذي بناهُ مُعاويةُ».

١٨ ـ باب قولِ الله عزَّ وجلَّ: ﴿وإذا حضرَ القِسمةَ أُولو القُربىٰ واليَتامى والمساكينُ فارزُقوهم منه﴾

٢٧٥٩ ـ **حدثنا** محمدُ بنُ الفضلِ أبو النُّعمانِ حدَّثنا أبو عَوانةَ عن أبي بِشرٍ عن سَعيدِ بنِ جُبَيرٍ عنِ ابنِ عبّاسٍ رضيَ الله عنهما قال: «إنَّ ناساً يَزعُمونَ أنَّ هٰذهِ الآيةَ نُسِخَت، ولا واللهِ ما نُسِخَت، ولكنَّها مما تَهاوَنَ الناسُ، هُما والِيانِ: والٍ يَرِثُ وذاكَ الذي يَرْزُق، ووالٍ لا يَرِث فذاكَ الذي يقولُ بالمعروف، يقول لا أملِكُ لكَ أن أُعطِيكَ».

[الحديث ٢٧٥٩ ـ طرفه في: ٤٥٧٦].

١٩ ـ باب ما يُستحَبُّ لِمَن تُوفِّيَ فجأةً أن يتصدَّقوا عنه، وقضاءِ النُّذورِ عنِ الميِّت

٢٧٦٠ ـ **حدثنا** إسماعيلُ قال: حدَّثني مالكٌ عن هشامٍ عن أبيهِ عن عائشةَ رضيَ الله

٢٧٥٩ ـ قوله: (وذاك) ولأبي ذر: وذلك وكذا قوله: فذاك كما في الشارح.

(3:92) and the most beloved property to me is Bairuhā (which was a garden where Allāh's Apostle used to go to sit in its shade and drink from its water). I wish to give it to Allāh and His Apostle hoping for Allāh's Reward in the Hereafter. So, O Allāh's Apostle! Use it as Allāh orders you to use it». Allāh's Apostle said: «Bravo! O Abū Talha, it is a fruitful property. We have accepted it from you and now we return it to you. Distribute it amongst your relatives. So, Abū Talha distributed it amongst his relatives, amongst whom were Ubaī and Hassan. When Hassān sold his share of that garden to Mu'āwiyā, he was asked: «How do you sell Abū Talha's charity? He replied: «Why should not I sell a measure of dates for a measure of money? The garden was situated in the courtyard of the palace of Banī Jadaila built by Mu'āwiya.

18 - CHAPTER: The saying of Allāh (the Exalted and Almighty): «But if at the time of division, other relatives, or orphans, or needy people are present, give them out of the property» (4:8)

2759. Ibn 'Abbās (may Allāh be pleased with him) narrated: «Some people claim that the order in the above Verse was cancelled, by Allāh,. No it is not cancelled, but the people have stopped acting on it. There are two kinds of guardians (who are in charge of the inheritance): One is that who inherits; such a person should give (of what he inherits to the relatives, the orphan and the needy, etc.) the other is that who does not inherit (e.g. the guardian of the orphans) such a person should speak kindly and say (to those who are present at the time of distribution): «I can not give it to you (as the wealth belongs to the orphans)».

The parts of this hadīth are in: 4576.

19 - CHAPTER: It is recommended that something should be given in charity on behalf of a person who dies suddenly. And the exectution of the vows of the deceased

2760. 'Āisha (may Allāh be pleased with her) narrated: «A man said to the

عنها: أَنَّ رجُلاً قال للنبيِّ ﷺ: إنَّ أُمِّي افتُلِتَت نَفسُها، وأُراها لو تَكلَّمتْ تصدَّقَت، أفأَتصدَّقُ عنها؟ قال: «نعم، تصدَّقْ عنها».

٢٧٦١ ـ **حدثنا** عبدُ الله بنُ يوسُفَ أخبرَنا مالكٌ عَن ابن شهابٍ عن عُبَيدِ الله بنِ عبدِ الله عَنِ ابنِ عبَّاس رضيَ الله عنهما: أَنَّ سعدَ بنَ عُبادَةَ رَضيَ الله عنهُ استَفتَى رسولَ الله ﷺ فقال: إنَّ أُمِّي ماتت وعليها نَذْرٌ، فقال: «اقضِهِ عنها».

[الحديث ٢٧٦١ ـ طرفاه في: ٦٦٩٨، ٦٩٥٩].

٢٠ ـ باب الإشهادِ في الوَقفِ والصدَقةِ

٢٧٦٢ ـ **حدثنا** إبراهيمُ بنُ موسىٰ أخبرَنا هشامُ بنُ يوسُفَ أنَّ ابنَ جُرَيجٍ أخبرَهم قال: أخبرَني يَعلَى أنه سمعَ عِكرِمَةَ مَولىٰ ابنِ عبَّاسٍ يقول: أنبأَنا ابنُ عبَّاسٍ أَنَّ سعدَ بنَ عُبادَةَ رضيَ الله عنه ـ أخا بني ساعدةَ ـ تُوُفِّيَتْ أُمُّهُ وهو غائبٌ، فأتَىٰ النبيَّ ﷺ فقال: يا رسولَ الله، إنَّ أُمِّي تُوُفِّيَت وأنا غائبٌ عنها، فهل يَنفَعُها شيءٌ إن تَصدَّقْتُ بهِ عنها؟ قال: «نعم». قال: فإنِّي أُشهِدُكَ أنَّ حائطِي المخرافَ صدقةٌ عليها».

٢١ ـ باب قول الله تعالى:

﴿وآتُوا اليتامىٰ أموالَهم ولا تَتَبدَّلوا الخَبيثَ بالطَّيِّبِ ولا تأْكلوا أموالَهم إلىٰ أموالِكم إنَّهُ كانَ حُوباً كَبيراً. وإنْ خِفتُم أنْ لا تُقْسِطوا في اليتامىٰ فانكِحوا ما طابَ لكم منَ النساء﴾ [النساء: ١٢ ـ ١٣].

٢٧٦٣ ـ **حدثنا** أبو اليَمانِ أخبرَنا شُعَيبٌ عنِ الزُّهريِّ قال: «كان عُروةُ بنُ الزُّبَير يُحدِّثُ أنهُ سأَلَ عائشةَ رضيَ الله عنها: ﴿وإنْ خِفتُم أن لا تُقسِطوا في اليتامى فانكحوا ما طابَ

٢٧٦٠ ـ قوله: (نفسها) بالنصب مفعول ثان أي: افتلتها الله نفسها، ولأبي ذر: بالرفع نائب الفاعل: أي أخذت نفسها فلتة أي ماتت بغتة أهـ من الشارح.

Prophet (the blessing and peace of Allāh be upon him): «My mother died suddenly, and I think that if she could speak, she would have given in charity. May I give in charity on her behalf?» He said: «Yes! Give in charity on her behalf».

2761. Ibn 'Abbās (may Allāh be pleased with him) narrated: «Sa'd bin 'Ubāda (may Allāh be pleased with him) consulted Allāh's Apostle (the blessing and peace of Allāh be upon him) saying: «My mother died and she had had an unfulfilled vow». The Prophet (the blessing and peace of Allāh be upon him) said: «Fulfill it on her behalf».

The parts of this hadīth are in: 6698, 6959.

20 - CHAPTER: The witness in the foundation of an endowment or in giving in charity

2762. Ibn 'Abbās (may Allāh be pleased with him) narrated that the mother of Sa'd bin 'Ubada (may Allāh be pleased with him), the brother of Banī Sā'īdi died in Sa'd's absence, sp he came to the Prophet (the blessing and peace of Allāh be upon him) saying: «O Allāh's Apostle! My mother died in my absence, will it benefit her if I give in charityon her behalf?» The Prophet (the blessing and peace of Allāh be upon him) said: «Yes». Sa'd said: «I take you as my witness that I will give my garden Al-Makhraf in charity or her behalf».

21 - CHAPTER: The Statement of Allāh (the Exalted and Almighty): «Give of the orphans their wealth and exchange not the good for the had (in your managements) nor absorb their wealth into your own wealth. Lo! That would be a great sin. And if you fear that you will not deal fairly with the orphan girls, then marry (other) wmen of you choice, two, or three, or four» (4:2-3)

2763. Az-Zuhrī narrated: «'Urwa bin Az-Zubair that he asked 'Āisha about the meaning of the Qur'ānic verse: «And if you fear that you will not deal justy with the orphanigirls, then marry (other) women who seem good of your choice» (4:2-3).

لكم منَ النساء﴾ قالت: هيَ اليتيمة في حَجرِ وليِّها، فيرغَبُ في جَمالِها ومالِها، ويُريدُ أن يَتزوَّجها بأدنى مِن سُنةِ نِسائها، فنهوا عن نِكاحهنَّ إلا أن يُقسِطوا لهنَّ في إكمالِ الصَّداق، وأُمِروا بنِكاحِ مَن سِواهنَّ منَ النساء. قالت عائشةُ: ثمَّ استفتى الناس رسولَ الله ﷺ بعدُ، فأنزَلَ الله عزَّ وجلَّ: ﴿ويستفتونكَ في النساءِ قُلِ الله يُفْتيكم فيهنَّ﴾(١) قالت: فبيَّنَ الله في هذهِ أنَّ اليتيمة إذا كانت ذاتَ جمالٍ ومالٍ رغبوا في نكاحِها ولم يُلحِقوها بسُنَّتِها بإكمالِ الصَّداق، فإذا كانت مرغوبةً عنها في قلة المالِ والجمالِ تَركوها والتمسوا غيرَها منَ النساءِ. قال: فكما يتركونها حين يرغبون عنها فليس لهم أن يَنكِحوها إذا رَغبوا فيها إلا أن يُقسطوا لها الأوفىٰ منَ الصَّداق ويُعطوها حقَّها».

٢٢ ـ باب قولِ الله تعالىٰ:

﴿وابتَلوا اليَتامىٰ حتّىٰ إذا بلَغوا النكاحَ فإنْ آنستُم منهم رُشْداً فادفَعوا إليهم أموالَهم ولا تأكلوها إسرافاً وبِداراً أن يَكبروا، ومن كان غَنِيّاً فلْيَستَعفِفْ، ومَن كان فَقيراً فلْيَأْكلْ بالمعروف، فإذا دَفَعْتم إليهم أموالَهم فأشهدوا عليهم، وكفى بالله حَسِيباً. للرِّجالِ نَصيبٌ مما ترَكَ الوالدانِ والأقربونَ وللنساءِ نصيبٌ مِمّا ترَكَ الوالدانِ والأقربون مما قلَّ منهُ أو كثُرَ نصيباً مَفروضاً﴾ [النساء: ٦ ـ ٧] حَسِيباً يعني كافياً

ـ باب وما للوَصيِّ أن يَعْمَلَ في مالِ اليَتيمِ وما يأكُلُ منهُ بقَدْرِ عُمالَتِه

٢٧٦٤ ـ حدثنا هارونُ بنُ الأَشعَثِ حدَّثَنا أبو سعيدٍ مولىٰ بني هاشمٍ حدَّثَنا صَخرُ بنُ جُويريَةَ عن نافعٍ عن ابنِ عمرَ رضيَ الله عنهما «أنَّ عمرَ تصدَّقَ بمالٍ لهُ على عهدِ

٢٧٦٣ ـ قوله: (بأدنى) الخ أي بأقل من مهر مثلها.

(١) ـ النساء: ١٢٧.

'Āisha said: «It is about a female orphan under the guardianship of heir guardian who is inclined towards her because of her beauty and wealth, and likes to marry her with an endowment less thenwhat is given to women of her standard. So they (i.e. guardians) were forbidden to marry the orphans unless they paid them a full appropriate endowment (otherwise) they were ordered to marry other women instead of them. Later on the people asked Allāh's Apostle (the blessing and peace of Allāh be upon him) about it. So Allāh revealed the following Verse: «They ask your instruction (O Muhammad)! regarding women. Say: «Allāh instructs you regarding them..» (4:127) and in this Verse Allāh indicated that if the orphan girl was beautiful and wealthy. Herguardian would have the desire to marry her without giving her an appropriate endowment equal to what her peers could get, but if she was undesirable for lack of beauty or wealth. Then he would not marry her, but seek to marry some other woman instead of her. So, since he did not marry her when he had no inclination towards her, he had not right to marry her when he had an interest in her, unless he treated her justly by giving her a full endowment and securing all her rights.

22 - CHAPTER: The Statement of Allāh (the Exalted and Almighty)Make trial of orphans untillthey reach the age of marriage; if then you find sound judgement in them, release their property to them; but consume it not wastefully, nor in haste lest they shall grow up, and whoever among the guardian is rich, he should take no wages, but if he is poor, let him, have for himself what is just and reasonable and when you release their property to them, take witness in their presence; And Allāh is All-Sufficient in taking account. There is a share for men, and a share for women from what is left by parents and those nereast related, whether the property by small or large,-- a legal share». (4:6-7).

CHAPTER: How a guardian is to deal with an orphan's wealth and what he can eat thereof according to his labour.

2764. Ibn 'Umar (may Allāh be pleased with him) narrated: «In the lifetime of Allāh's Apostle (the blessing and peace of Allāh be upon him) 'Umar gave in charity some of his property a garden of date palms called Thamgh. 'Umar said:

رسولِ الله ﷺ ـ وكان يُقالُ لهُ ثَمغٌ، وكان نَخلاً ـ فقال عمرُ: يا رسولَ الله إني استَفَدتُ مالاً وهَو عندي نفيسٌ فأَردتُ أن أتصدَّقَ بهِ، فقال النبيُّ ﷺ: تصدَّقْ بأَصلهِ، لا يُباعُ ولا يوهَبُ ولا يُورثُ، ولكن يُنفَقُ ثمرَهُ. فتصدَّقَ بهِ عمرُ، فصدَقتُهُ تِلكَ في سَبيلِ الله وفي الرِّقابِ والمساكينِ والضَّيفِ وابنِ السبيلِ ولِذي القُرْبىٰ، ولا جُناحَ علىٰ مَن وَلِيَهُ أن يأكلَ منهُ بالمعروف، أو يُؤكِلَ صَديقَهُ غيرَ مُتموِّلٍ بهِ».

٢٧٦٥ ـ **حدثنا** عُبَيدُ بنُ إسماعيلَ حدَّثَنا أبو أُسامةَ عن هِشامٍ عن أبيهِ عن عائشةَ رضيَ الله عنها: ﴿ومَن كانَ غنياً فلْيَستَعْفِفْ، ومَن كانَ فقيراً فلْيأكُلْ بالمعروفِ﴾ قالت: أُنزِلَت في والِي اليتيمِ أن يُصِيبَ من مالهِ إذا كانَ مُحتاجاً بقَدْرِ مالهِ بالمعروفِ.

٢٣ ـ **باب** قولِ الله تعالىٰ:

﴿إنَّ الذينَ يأكلونَ أموالَ اليَتامىٰ ظُلماً إنَّما يأكلونَ في بُطونِهم ناراً، وسَيَصْلَونَ سَعيراً﴾ [النساء: ١٠].

٢٧٦٦ ـ **حدثنا** عبدُ العزيزِ بنُ عبدِ الله قال: حدَّثَني سليمانُ بنُ بِلالٍ عن ثَورِ بنِ زَيدٍ المدَنيِّ عن أبي الغَيثِ عن أبي هريرةَ رضيَ الله عنهُ عنِ النبيِّ ﷺ قال: «اجتَنِبوا السَّبعَ الموبِقاتِ». قالوا يا رسولَ الله وما هُنَّ؟ قال: «الشِّركُ باللهِ، والسِّحْرُ، وقَتْلُ النَّفسِ التي حَرَّمَ الله إلّا بالحقِّ، وأكلُ الرِّبا، وأكلُ مالِ اليتيمِ، والتَّوَلِّي يومَ الزَّحفِ، وقَذفُ المُحصَناتِ المؤمِناتِ الغافِلاتِ». [الحديث ٢٧٦٦ ـ طرفاه في: ٥٧٦٤، ٦٨٥٧].

٢٧٦٤ ـ قوله: (فصدقته ذلك) أي المذكور ولأبي ذر تلك كما في الشارح.

٢٧٦٦ ـ (الموبقات): المهلكات. والتولي يوم الزحف: أي الفرار عن القتال يوم ازدحام الطائفتين.

«O Allāh's Apostle! I have some property which I highly value and I want to give it in charity». The Prophet said: «Give it in charity (i.e. as an endowment) with its land and trees on the condition that the land and trees will neither be sold nor give as a present, nor bequeathed, but the fruits are to be spent in charity». So 'Umar gave it in charity, and it was for Allāh's Cause, the emancipation of slaves, for the poor, for guests, for travellers, and for kinsmen. The person acting as its administrator could eat from it reasonably and fairly, and could let a friend of his eat from, it was provided that he had no intention of becoming wealthy by its means.

2765. 'Āisha (may Allāh be pleased with her) narrated: «The following Verse: «If a guadian is well-off, let him claim no remuneration (i.e. wages), but if he is poor, let him have for himself what is just and reasonable» (4:6). was revealed, in connection with the guardian of an orphan, and it means that if he is poor he can have for himself (from the orphan's wealth) what is just and reasonable according to the orphan's share of the inheritance.

23 - CHAPTER: The saying of Allāh (the Exalted and Almighty): «Verily! Those who unjustly eat up the property of orphans, eat up a fire into their own bellies; they will be burnt in the blazing fire!» (4:10)

2766. Abū Huraira (may Allāh be pleased with him) narrated: «The Prophet (the blessing and peace of Allāh be upon him) said: «Avoid the seven great destructive sins». The people enquired: «O Allāh's Apostle! What are they?» He said: «To join any partner with Allāh, charm, killing a person whose killing Allāh has prohibited except justly, eating up usury, eating up an orphan's wealth, giving back to the enemy and Fleeing, and falsely accusing, indiscreet believingwomen, of illegal sexual intercourse».

The parts of this hadīth are in: 5764, 6857.

٢٤ - باب قول الله تعالى:

﴿ويسألونك عن اليتامى، قل إصلاحٌ لهم خيرٌ، وإن تخالِطوهم فإخوانكم، والله يَعْلَمُ المفسِدَ من المصلِح، ولو شاء الله لأعنتَكم، إنَّ الله عزيزٌ حكيم﴾ [البقرة: ٢٢٠] لأعنتكم: لأحرَجَكم وضيَّق عليكم. وَعَنَتْ: خضعت.

٢٧٦٧ - **وقال** لنا سُلَيمانُ حدَّثنا حمّادٌ عن أيوبَ عن نافعٍ قال: ما ردَّ ابنُ عمرَ على أحدٍ وصيته. وكان ابنُ سيرينَ أحبَّ الأشياءِ إليهِ في مالِ اليتيم أن يَجتمعَ إليهِ نُصَحاؤهُ وأولياؤهُ فينْظُروا الذي هو خيرٌ له. وكان طاوُسٌ إذا سُئل عن شيءٍ مِن أمرِ اليَتامىٰ قرأ: ﴿والله يَعلمُ المُفسدَ من المصلح﴾. وقال عطاءٌ في يَتامى الصغيرِ والكبيرِ: يُنفِقُ الوَليُّ على كلِّ إنسانٍ بقَدْرِهِ مِن حصَّتِهِ.

٢٥ - باب استخدام اليتيم في السَّفر والحَضَرِ إذا كانَ صَلاحاً لهُ ونَظَرِ الأُمِّ أو زَوجها لليتيم

٢٧٦٨ - **حدثنا** يَعقوبُ بنُ إبراهيمَ بن كثيرٍ حدَّثَنا ابنُ عُلَيَّةَ حدَّثَنا عبدُ العزيزِ عن أنس رضي الله عنه قال: «قدمَ رسولُ الله ﷺ المدينةَ ليسَ لهُ خادِمٌ، فأخذَ أبو طلحةَ بيدِي فانطلَقَ بي إلى رسولِ الله ﷺ فقال: يا رسولَ الله إنَّ أنساً غُلامٌ كيِّسٌ فَلْيَخدُمْكَ، قال: فخدَمتُه في السفرِ والحضر، ما قال لي لشيءٍ صَنَعتهُ لِمَ صَنعتَ هذا هٰكذا؟ ولا لشيء لم أصْنَعْهُ لِمَ لمْ تصنَعْ هٰذا هكذا؟».

[الحديث ٢٧٦٨ - طرفاه في: ٦٠٣٨، ٦٩١١].

٢٧٦٧ - قوله: أحبَ بالنصب ولأبي ذر: أحب بالرفع مبتدأ وخبره أن يجتمع وسقط لفظة إليه عند أبي ذرّ ولأبي ذرّ عن الكشميهني أن يخرج إليه أهـ من الشارح. وقوله: سليمان، هو ابن حرب.

= وقوله: (الصغير والكبير) بالرفع ولأبي ذر ولغيره بالجر على البدل مما قبلها أي الوضيع والشريف (شارح).

24 - CHAPTER: Allāh's saying: «They ask you concerning orphans say: «The best thing to do is what is for their good; if you mix their affairs with yours they are your brethren; but Allāh knows him who spoils from him who improves. And if Allāh had wished, He could have caused you great difficulties: He is indeed Exalted in Power, Wise» (2:220)

2767. Nāfī' said: «Ibn 'Umar never refused to be appointed as a guardian».

The most beloved thing to Ibn Sīrīn concerning an orphan's wealth, was that the orphan's advisors and guardians would assemble to decide what is best for him.

When Tāwūs was asked about something concerning an orphan's affaires, he would recite: «And Allāh knows him who spoils from him who improves» (2:220).

'Ātā said concerning some orphans: «The guardian is to provide for the little and the big orphans according to their needs from their shares».

25 - CHAPTER: The employment of an orphan on a journey and at home, provided it is beneficial for him. And (it is obligatory) for the mother and the step-father of an orphan to look after him (even if they were not hit guardians).

2768. Anas (may Allāh be pleased with him) narrated: «When Allāh's Apostle (the blessing and peace of Allāh be upon him) came to Madīna; he did not have any servant. Abū Talha (Anas' step-father) took me to Allāh's Apostle and said: «O Allāh's Apostle! Anas is a wise boy, so let him serve you». So, I served him at home and on journeys. If I did anything he never asked me why I did it. If I refrained from doing anything, he never asked me why I refrained from doing it.

The parts of this hadīth are in: 6038, 6911.

٢٦ ـ باب إذا وقفَ أرضاً ولم يُبيِّنِ الحدودَ فهو جائز، وكذلكَ الصدقة

٢٧٦٩ ـ **حدثنا** عبدُ الله بنُ مَسلمةَ عن مالكٍ عن إسحاقَ بنِ عبدِ الله بنِ أبي طلحةَ أنهُ سَمعَ أنسَ بنَ مالكٍ رضيَ الله عنهُ يقول: **كان أبو طلحةَ أكثرَ الأنصار بالمدينةِ مالاً مِن نَخلٍ، وكانَ أحبَّ مالهِ إليهِ بيرحاء مستقبلةَ المسجدِ، وكان النبيُّ ﷺ يَدخُلها ويشرَبُ من ماءٍ فيها طيِّبٍ**، قال أنسٌ: فلمّا نزلَت: ﴿لن تنالوا البرَّ حتى تُنفِقوا مما تُحبُّون﴾ قام أبو طلحة فقال: يا رسولَ الله إنَّ الله يقول: ﴿لَن تَنالوا البِرَّ حتّى تُنفِقوا مما تُحبُّون﴾ وإنَّ أحبَّ أموالي إليَّ بيرحاءُ، وإنها صدقةٌ لله أرجوا بِرَّها وذخرَها عندَ الله، فضَعْها حيثُ أراكَ الله، فقال: **«بَخْ، ذٰلكَ مالٌ رابحٌ ـ أو رايح، شكَّ ابنُ مَسلمةَ ـ وقد سمِعتُ ما قلتَ، وإني أرى أن تجعلَها في الأقرَبين»**. قال أبو طلحةَ: أفعَلُ ذٰلكَ يا رسولَ الله. فقسَمَها أبو طلحةَ في أقاربهِ و بني عمه»[١].

وقال إسماعيلُ وعبدُ الله بنُ يوسفَ ويحيىٰ بنُ يحيىٰ عن مالكٍ: «رايحٌ».

٢٧٧٠ ـ **حدثني** محمدُ بنُ عبدِ الرّحيم أخبرَنا رَوحُ بنُ عُبادةَ حدَّثَنا زكرياءُ بنُ إسحاقَ قال: حدَّثَني عمرُو بن دِينارٍ عن عِكرِمةَ عنِ ابنِ عبّاسٍ رضيَ الله عنهما: **«أنَّ رجُلاً قال لرسولِ الله ﷺ إنَّ أُمَّهُ تُوُفيَتْ أيَنفعُها إن تَصدَّقتُ عنها؟ قال: «نعم». قال: فإنَّ لي مِخرافاً، وأُشهِدُكَ أني قد تَصدَّقتُ به عنها»**.

٢٧ ـ باب إذا وَقفَ جَماعةٌ أرضاً مُشاعاً فهوَ جائز

٢٧٧١ ـ **حدثنا** مُسدَّدٌ حدَّثَنا عبدُ الوارث عن أبي التَّياحِ عن أنسٍ رضيَ الله عنه قال: **«أمَرَ النبيُّ ﷺ ببناءِ المسجدِ فقال: «يا بني النجّارِ ثامِنوني بحائطِكم هذا»، قالوا: لا وَالله لا نَطلبُ ثمنَهُ إلا إلى الله»**.

٢٧٦٩ ـ قوله: بيرحاء بفتح الباء وكسرها وسكون التحتية وضم الراء وفتحها آخره همزة مصروف وغير مصروف.

(١) ـ قوله: (في أرقابه وبني عمه) وفي نسخة بزيادة لغة في أي وفي بني عمه.

٢٧٧١ ـ (المثامنة): المساومة والحائط: البستان.

26 - CHAPTER: If somebody gives a piece of land as an endowment and does not mark its boundaries, the endowment is valid. The same is applied to objects of charity

2769. Anas bin Malīk (may Allāh be pleased with him) narrated: «Abū Talha had the greatest wealth of date palms amongst the Ansār in Madīna, and he prized above all with wealth. (His gaden) Bairuha, was situated opposite the Mosque of the Prophet (the blessing and peace of Allāh be upon him)). The Prophet used to enter it and drink from its fresh water. When the following Divine Verse came: «By no means shall you attain piety until You spend of what you love» (3:92). Abū Talha got up saying: «O Allāh's Apostle! Allāh says: «You will not attain piety until you spend of what you love», and I value above all my wealth, Bairuhā which I want to give in charity for Allāh's Sake, hoping for its reward from Allāh. So you can use it as Allāh directs you». On that the Prophet said: «Bravo! It is a profitable (or perishable) property. (Ibn Maslama is not sure as to which word is right,. I have heard what you have said, and I recommend that you distributed this amongst your relatives». On that Abū Talha said: «O Allāh's Apostle! I will do (as you have suggested)». So, Abū Talha distributed that garden amongst his relatives and cousins».

2770. Ibn 'Abbās (may Allāh be pleased with him) narrated: «A man said to Allāh's Apostle (the blessing and peace of Allāh be upon him) : «My mother died, will it benefit her if I give in charity on her behalf?» The Prophet (the blessing and peace of Allāh be upon him) replied in the affirmative. The man said: «I have a garden and I make you a witness that I decided to give it in charity on her behalf».

27 - CHAPTER: If a group of persons give a jointly- owned piece of land as an endowment, the foundation of the endowment is valid

2771. Anas (may Allāh be pleased with him) narrated: «When the Prophet (the blessing and peace of Allāh be upon him) ordered that the mosque be built, he said: «O Banī An-Najjār! Suggest to me a price of this garden of yours». They replied: «By Allāh! We will demand its price from none but Allāh».

٢٨ - باب الوَقفِ كيفَ يُكتَبُ؟

٢٧٧٢ - **حدثنا** مسدَّدٌ حدَّثَنا يَزيدُ بنُ زُرَيعٍ حدَّثَنا ابن عونٍ عن نافعٍ عنِ ابنِ عمرَ رضيَ اللهُ عنهما قال: «أَصابَ عمرُ بخَيبرَ أرضاً، فأتى النبيَّ ﷺ فقال: أصبتُ أرضاً لم أُصِبْ مالاً قطُّ أنفسَ منه، فكيفَ تأمُرُني به؟ قال: «إن شِئتَ حَبَّستَ أصلَها وتَصدَّقتَ بها». فتصدَّقَ عمرُ أنهُ لا يُباعُ أصلُها ولا يُوهَبُ ولا يورثُ في الفُقَراء والقُربى والرِّقابِ وفي سبيلِ اللهِ والضيفِ وابنِ السبيلِ، لا جُناحَ على مَن وَلِيَها أن يأكلَ منها بالمعروفِ أو يُطعِمَ صَديقاً غيرَ متموِّلٍ فيه».

٢٩ - باب الوقف للغني والفقير والضيف

٢٧٧٣ - **حدثنا** أبو عاصمٍ حدَّثَنا ابنُ عونٍ عن نافعٍ عنِ ابنِ عمرَ: أنَّ عمرَ رضيَ اللهُ عَنه وجدَ مالاً بخَيبرَ، فأتى النبيَّ ﷺ فأخبرَهُ قال: «إن شِئتَ تَصدَّقتَ بها» فتصدَّقَ بها في الفُقَراء والمساكينِ وذي القُربى والضيفِ.

٣٠ - باب وقفِ الأرضِ للمسجدِ

٢٧٧٤ - **حدثنا** إسحاقُ أخبرنا عبدُ الصمدِ قال: سمعتُ أبي حدَّثَنا أبو التَّيَّاحِ قال: حدَّثَني أَنسُ بنُ مالكٍ رضيَ اللهُ عنه «لما قَدِمَ رسولُ اللهِ ﷺ المدينةَ أمرَ بالمسجدِ وقال: «يا بَني النجّارِ ثامِنوني بِحائِطِكُمْ هذا»، قالوا: لا واللهِ لا نَطلُبُ ثمنَهُ إلا إلى اللهِ».

٢٧٧٤ - قوله: (لا إله إلا الله): أي منه أو مصروفاً إليه كما في الشارح. وقوله: حدثنا وفي فتح الباري حدثني.

28 - CHAPTER: How to write the endowment?

2772. Ibn 'Umar (may Allāh be pleased with him) narrated: «When 'Umar got a piece of land in Khaibar, he came to the Prophet (the blessing and peace of Allāh be upon him) saying: «I have got a piece of land, better than which I have never got. So what do you advise me regarding it?» The Prophet said: «If you wish you can keep it as an endowment to be used for charitable purposes». So, 'Umar gave the land in charity (i.e. as an endowment) on the condition that the land would neither be sold nor given as a present, nor bequeathed, (and its yield) would be used for the poor, then kinsmen, the emancipation of slaves, Holy struggle, and for guests and travellers; and its administrator could eat in a reasonable just manner, and he also could feed his friends without intending to be wealthy by its means».

29 - CHAPTER: The use of an endowment may be for the wealthy, the poor and the guests

2773. Ibn 'Umar (may Allāh be pleased with him) narrated: «'Umar (may Allāh be pleased with him) got some propety in Khaibar and he came to the Prophet (the blessing and peace of Allāh be upon him) and informed him about it. The Prophet said to him: «If you wish you can give it in charity». So, 'Umar gave it in charity (i.e. as an endowment) the yield of which was to be used for the good of the poor, the needy, the kinsmen and the guests.

30 - CHAPTER: The foundations of an endowment of a piece of land for building a Mosque

2774. Anas bin Malīk (may Allāh be pleased with him) narrated: «When Allāh's Apostle (the blessing and peace of Allāh be upon him) came to Madīna, he ordered that a Mosque be built. He said: «O Banī An-Najjār! Suggest me a price for the garden of yours». They replied: «By Allāh, we will not ask its price except from Allāh».

٣١ ـ باب وَقفِ الدَّوابِّ والكُراعِ والعُروضِ والصامتِ

قال الزُّهريُّ فيمَن جَعلَ ألفَ دينارٍ في سبيلِ الله، ودَفعها إلى غُلامٍ لهُ تاجرٍ يَتجُرُ[1] بها، وجَعلَ ربحَهُ صَدقةً للمساكين والأقربينَ، هل للرَّجُلِ أن يأكلَ من ربح تلكَ الألفِ شيئاً وإن لم يكنْ جعلَ رِبْحَها صدقةً في المساكين؟ قال ليس له أن يأكلَ منها.

٢٧٧٥ ـ **حدثنا** مسدَّدٌ حدَّثَنا يحيى حدَّثَنا عُبَيدُ الله قال: حدَّثَني نافعٌ عنِ ابنِ عمرَ رضيَ الله عنهما: «أنَّ عمرَ حَملَ على فرسٍ لهُ في سَبيلِ الله أعطاها رسولُ الله ﷺ له فحمـلَ عليها رجُلاً، فأُخبِرَ عمرُ أنه قد وَقَفها يَبيعُها، فسأَلَ رسولَ الله ﷺ أن يَبتاعها، فقال: «لا تَبْتاعها ولا ترجعنَّ في صدَقتِك».

٣٢ ـ باب نفقةِ القَيِّمِ للوَقف

٢٧٧٦ ـ **حدثنا** عبدُ الله بنُ يوسفَ أخبرَنا مالكٌ عن أبي الزِّنادِ عنِ الأعرجِ عن أبي هريرةَ رضيَ الله عنه أنَّ رسولَ الله ﷺ قال: «لا يَقْتَسِمْ وَرثتي دِيناراً، ولا دِرهماً، ما تَركْتُ ـ بَعدَ نفقةِ نسائي ومؤونةِ عامِلي ـ فهو صدَقة». [الحديث ٢٧٧٦ ـ طرفاه في: ٣٠٩٦، ٦٧٢٩].

٢٧٧٧ ـ **حدثنا** قُتَيبةُ بنُ سعيدٍ حدَّثَنا حمادٌ عن أيُّوبَ عن نافعٍ عنِ ابنِ عمرَ رضيَ الله عنهما: «أنَّ عمرَ اشترَطَ في وَقفِهِ أنْ يأكُلَ مَن وَلِيَهُ ويُؤكِلَ صَديقَهُ غيرَ متموِّلٍ مالاً».

باب ٣٢ ـ قوله: (والكراع) بضم الكاف: الخيل من عطف الخاصّ على العامّ (والصامت): ضدّ الناطق أي النقدين الذهب والفضة.

(١) ـ قوله: (يتجر) بضم الجيم وتكسر (شارح).

31 - CHAPTER: Giving animals; particularly horses and property and gold and property and gold and silver as endowments

Az-Zuhrī was asked: «If somebody found an endowment of one thousand Dīnārs and gives the sum to his boy who is a trader to invest it in business and declares that the profit of the money will be given in charity to the poor and the relatives, does the founder have the right to use anything of the profit of the one thousand Dīnars? And if he does not assign its profit to the poor?» Az-Zuhrī said: «He does not have the right to use anything of it (i.e. either case)».

2775. Ibn 'Umar (may Allāh be pleased with him) narrated: «Once 'Umar gave a horse in charity to be used in the holy fighting. It had been given to him by Allāh's Apostle (the blessing and peace of Allāh be upon him). 'Umar gave it to another man to ride. Then 'Umar was informed that the man put the horse for sale, so he asked Allāh's Apostle whether he could buy it. Allāh's Apostle replied: «You should not buy it, for you should not take back what you have given in charity».

32 - CHAPTER: The expenditure of the adminstrator of an endowment

2776. Abū Huraira (may Allāh be pleased with him) narrated: «Allāh's Apostle (the blessing and peace of Allāh be upon him) said: «My heirs will not inherit a Dinār or a Dirham (i.e. money), for whatever I leave excluding the adequate support of my wives and the wages of my employees should be given in charity».

The parts of this hadīth are in: 3096, 6729.

2777. Ibn 'Umar (may Allāh be pleased with him) narrated: «When 'Umar founded an endowment he stipulated that its adnministrator could eat from it and also feed his friend on the condition that he would not store anything for himself from it.

٣٣ - باب إذا وَقفَ أرضاً أو بِئراً أو اشترَطَ لنفْسِهِ مِثلَ دلاءِ المسلمين

ووقـفَ أنسٌ داراً، فكان إذا قَدِمَ نَزَلَها. وتَصدَّقَ الزُّبَيرُ بدُوره وقال للمردودةِ[1] من بناتِهِ: أن تسكُنَ غيرَ مُضِرَّةٍ ولا مُضرٍّ بها، فإنِ استغْنَت بزوجٍ فليسَ لها حقٌّ. وجعلَ ابنُ عمرَ نَصيبَهُ من دارِ عمر سُكْنى لذوِي الحاجةِ مِن آلِ عبدِ الله.

٢٧٧٨ - **وقال** عَبدانُ أخبرَني أبي عن شُعبَةَ عن أبي إسحاقَ عن أبي عبدِ الرّحمٰنِ: «أن عُثمانَ رضيَ اللهُ عنه حيثُ حُوصِرَ أشرفَ عليهم وقال: أنشُدُكم اللهَ، ولا أنشُدُ إلّا أصحابَ النبيِّ ﷺ: ألَستم تَعلَمونَ أنَّ رسولَ اللهِ ﷺ قال: «**مَن حَفَرَ رُومةَ فلهُ الجنَّة**»، فحفرتُها؟ ألستم تَعلَمونَ أنهُ قال: «**مَن جَهَّزَ جَيشَ العُسرةِ فلهُ الجنة**»، فجهَّزْتُـهُ؟ قال: فصدَّقوهُ بما قال. وقال عمرُ في وقفهِ: لا جُناحَ على مَن وَلِيَهُ أن يأكلَ، وقد يَليهِ الواقِفُ وغيرُه، فهوَ واسِعٌ لكلٍّ».

٣٤ - باب إذا قال الواقِفُ لا نَطلُبُ ثمنَهُ إلا إلى اللهِ فهو جائز

٢٧٧٩ - **حدثنا** مسدَّدٌ حدَّثَنا عبدُ الوارثِ عن أبي التيّاحِ عن أنسٍ رضيَ اللهُ عنه قال: «قال النبيُّ ﷺ: «**يا بني النَّجارِ ثامِنوني بحائِطكم**»، قالوا: لا نطلُبُ ثمنَهُ إلّا إلى اللهِ».

٣٥ - باب باب قولِ اللهِ تعالىٰ:

﴿يا أيُّها الذينَ آمَنوا شَهادةُ بينِكم إذا حَضرَ أحدَكُم الموتُ حِينَ الوَصيَّةِ اثنانِ ذوا

٢٧٧٦ - قوله: (لا يقتسم) بالجزم على النهي ولأبي ذر: بالرفع على الخبر (شارح).

(١) - (المردودة): المطلقة. وقوله: (من دار عمر) سقطت كلمة: عمر من بعض النسخ.

33 - CHAPTER: If somebody keeps a piece of land or a well as an endowment or stipulates that he should benefit by its water as the other Muslims do (will this be permissible)? Anas kept a house as an endowment and whenever he came (to Madīna) he used to stay in it

Az-Zubair gave his house in charity (i.e. an endowment) and told his divorced daughters to dwell therein without harming or being harmed, but if any of them remarried, she would have no right to stay there.

Ibn 'Umar kept his share from his father's house to be inhabited by the needy amongst 'Abdullah's family (i.e. his own family).

2778. Abū 'Abdur-Rahmān narrated: «When 'Uthmān (may Allāh be pleased with him) was circled (by the rebels), he looked upon them from above and said: «I ask you by Allāh! I ask nobody but the Companions of the Prophet (the blessing and peace of Allāh be upon him). Don't you know that Allāh's Apostle said: «That who will (buy and) dig the well of Rūma will be granted Paradise», and I bought it? Don't you know that he said: «Whoever will equip the army of 'Usra (i.e. Tābūk's invasion) will be granted Paradise', and I equipped it?» They attested whatever he said.

When 'Umar founded his endowment he said: «Its administrator can eat from it». The management of the endowment can be taken over by the founder himself or any other person, for both cases are permissible.

34 - CHAPTER: It is permissible for the founder of an endowment to say: «We do not want its price, except from Allāh»

2779. Anas (may Allāh be pleased with him) narrated: «The Prophet (the blessing and peace of Allāh be upon him) said (at the time of building the Mosque): «O Banī An-Najjār! Suggest to me a price for your garden». They replied: «We do not ask its price except from Allāh».

35 - CHAPTER: The saying of Allāh (the Exalted and Almighty): «Ye who believe when death approaches and of you, (take) witness Among yourselves

عَدْلٍ منكم أو آخرانِ مِن غيركم إن أنتم ضَربتم في الأرض فأصابَتْكم مُصيبةُ الموتِ تَحبِسونَهما من بعدِ الصلاةِ، فيُقسِمانِ بالله إنِ ارتَبتُم لا نَشتري بهِ ثَمناً ولو كانَ ذا قُربى، ولا نكتُمُ شهادةَ الله إنّا إذاً لمنَ الآثِمينَ. فإنْ عُثِرَ على أنهما استَحقّا إثماً فآخَرانِ يَقومانِ مَقامَهُما منَ الذينَ استُحقَّ عليهمُ الأوْليانِ فيُقسِمانِ بالله لَشهادَتُنا أحقُّ مِن شهادَتِهما وما اعتَدَينا، إنا إذاً لَمِنَ الظالمين. ذٰلكَ أدْنَى أن يأتوا بالشهادةِ على وَجهِها أو يَخافوا أن تُرَدَّ أيمانٌ بعدَ يمانِهم، واتّقو الله واسمَعوا، والله لا يَهدِي القومَ القاسقين﴾ [المائدة: ١٠٦ ـ ١٠٧].

الأَوليانِ واحِدُهما أَولىٰ ومنه: أَولىٰ به: عُثِرَ: ظُهِـرَ. أَعْثَرْنا: أَظْهَرْنا.

٢٧٨٠ ـ **وقال** لي عليُّ بنُ عبدِ الله: حدَّثَنا يحيى بنُ آدَمَ حدَّثَنا ابنُ أَبي زائدةَ عن محمدِ بنِ أَبي القاسم عن عبدِ الملكِ بنِ سعيدِ بنِ جُبَيرٍ عن أَبيهِ عنِ ابنِ عبّاسٍ رضيَ الله عنهما قال: «خرجَ رجُلٌ من بني سَهْمٍ مع تميمٍ الداريِّ وعَدِيِّ بنِ بَدّاءٍ، فماتَ السَّهميُّ بأرضٍ ليسَ بها مُسلمٌ، فلما قَدِما بتَركته فقدُوا جاماً مِن فِضةٍ مُخَوَّصاً من ذهبٍ، فأَحلَفَهما رسولُ الله ﷺ، ثمَّ وُجِدَ الجامُ بمكةَ فقالوا: ابتَعْناهُ من تميمٍ وعَدِيٍّ، فقامَ رجُلانِ من أوليائه فحلَفا: لشهادَتُنا أَحقُّ من شهادَتِهما وإنَّ الجامَ لصاحبِهم، قال وفِيهم نزَلَت هذه الآيةُ: ﴿يا أَيُّها الذينَ آمنوا شهادةُ بينِكم إذا حَضرَ أَحدَكُم الموتُ﴾.

٣٦ ـ **باب** قَضاءِ الوَصيِّ دُيونَ الميِّتِ بغيرِ مَحْضرٍ منَ الورثة

٢٧٨١ ـ **حدثنا** محمدُ بنُ سابقٍ ـ أوِ الفضلُ بنُ يَعقوبَ عنه ـ حدَّثَنا شيبانُ أبو معاويةَ عن فِراسٍ قال: قال الشَّعبيُّ حدَّثني جابرُ بنُ عبدِ الله الأَنصاريُّ رضي الله عنهما: «أَنَّ أَباهُ

٢٧٨٠ ـ قوله: (جاماً) الخ أي كأساً فيها خطوط طوال كالخوص وهو ورق النخل.

when making bequests, two just men of your own (brother hood) or others from outside If ye are journeying through the earth, and the chance of death befalls you (thus). If ye doubt their truth Detain them both after prayer, and let them both swear by God: «We wish not in this for any worldly gain, even though the (beneficiary) be our near relation: We shall hide not the evident before god; If we do, then behold! The sin be upon us! But if it gets known that these two were guilty of the sin (of perjury), let two others stand forth in their places, nearest in kin from among those who claim a lawful right: Let them swear by God: «We affirm that our witness is truer than that of those two, and that we have not trespassed (beyond the trust); if we did, behold! the wrong be upon us! That is most suitable: that they may give the evidence in its true nature and shape, or else they would fear that the other would be taken after their oaths, but fear god, and listen (to His counsel); for God Guideth not a rebellious people» (6: 106-107)

2780. Ibn 'Abbās (may Allāh be pleased with him) said: «A man from the tribe of Banī Sahm went out in the company of Tamīm Ad-Dārī and 'Ādī bin Baddā. The man of Banī Sahm died in a land where there was no Muslim. When Tamīm and 'Ādī returned conveying the property of the deceased, they claimed that they had lost a silver bowl with golden engraving. Allāh's Apostle (the blessing and peace of Allāh be upon him) made them take an oath (to confirm their claim), and then the bowl was found in Mecca with some people who claimed that they bought it from Tamīm and 'Ādī. Then who witnesses from the relatives of the deceased got up and swore that their witnesses were more valid than witnesses of 'Ādī and Tamīm, and that the bowl belonged to their deceased fellow. So this Verse was revealed in connection with this case: «O you who believe! When death appoaches any of you, (take) witnesses among yourselves..» (5:106).

36 - CHAPTER: The payments of the debts of the deceased by the executor (of the will) in the absence of the other inheritors.

2781. Jābin bin 'Abdullah Al-Ansārī (may Allāh be pleased with him) narrated: «My father was martyred on the day (of the invasion) of Uhud and left six daughters and some debts to be paid. When the time of plucking the fruits came,

آستُشهِدَ يومَ أُحُدٍ وترك سِتّ بناتٍ وترك عليه ديناً، فلمّا حضر جِدَادُ النخلِ أتيتُ رسولَ الله ﷺ فقلتُ: يا رسولَ الله قد علمتَ أنَ والِدي آستُشهِدَ يومَ أُحُدٍ وترك عليه ديناً كثيراً، وإنّي أُحِبُّ أن يَراكَ الغُرَماءُ. قال: «اذهَبْ فبَيدِرْ كلّ تمرٍ على ناحية». ففعلتُ، ثم دَعوتُه، فلما نظروا إليه أُغرُوا بي تلكَ الساعةَ، فلمّا رأى ما يصنعون طافَ حولَ أعظمِها بَيدراً ثلاثَ مرّاتٍ، ثمّ جلس عليهِ ثمّ قال: «ادعُ أصحابَك»، فما زالَ يَكيلُ لهم حتى أدّى أمانةَ والدي، وأنا واللهِ راضٍ أن يُؤدّيَ اللهُ أمانةَ والدي ولا أرجعُ[1] إلى أخواتي تمرةً، فسلِمَ واللهِ البَيادِرُ كُلّها حتى أنّي[2] أنظُرُ إلى البَيدَرِ الذي عليهِ رسولُ الله ﷺ كأنّهُ لم يَنقُص تمرةً واحدةً».

قال أبو عبدِ الله: «أغرُوا بي» يعني هِيجُوا بي. ﴿فأغرينا بينَهمُ العداوةَ والبغضاءَ﴾.

٢٧٨١ ـ قوله: (جداد النخل) بهذا الضبط أي أوان قطع ثمرتها ولأبي ذرّ: (فلما حضره جذاذ النخل) بضمير المفعول ويكسر الجيم وبالمعجمتين كما في الشارح.

(١) ـ قوله: (ولا أرجع) هو في علة نسخ صحيحة بالرفع وفي نسخة بالنصب.

(٢) ـ قوله: (حتى أني) بفتح الهمزة (شارح).

I went to Allāh's Apostle (the blessing and peace of Allāh be upon him) and said: «O Allāh's Apostle! You know that my father was martyred on Uhud's days and owed much debt, and I wish that the creditors would see you». The Prophet said: «Do and collect the various kinds of dates and place them separately in heaps I did accordingly and called him. On seeing him, the creditors started claiming their rights pressingly at that time. When the Prophet saw how they behaved, he went round the biggest heap for three times and sat over it and said: «Call your companions (i.e. the creditors)». Then he kept on measuring and giving them, till Allāh cleared all my father's debts. By Allāh it would have pleased me that Allāh would clear the debts of my father even though I had not taken a single date to my sisters. But by Allāh, all the heaps were complete, and I looked at the heap where Allāh's Apostle (the blessing and peace of Allāh be upon him) was sitting and noticed as if not a single date had been taken thereof.

بسم الله الرَّحمٰن الرَّحيم

٥٦- كتاب الجهاد والسير

١ - باب فضل الجهاد والسير وقولِ الله تعالى:

﴿إنَّ الله اشترى من المؤمنين أنفُسَهُم وأموالَهم بأَنَّ لهم الجنة يُقاتِلون في سَبيلِ الله فَيَقْتُلون ويُقتَلون وَعْداً عليهِ حَقّاً في التَّوراةِ والإنجيلِ والقُرآنِ، ومَن أَوْفى بعهدِهِ منَ الله؟ فاستَبْشِروا ببيعكم الذي بايعتم بهِ - إلى قولِهِ - وبشِّرِ المؤْمنين﴾ [التوبة: ١١١] قال ابنُ عباسٍ: الحُدودُ الطاعة.

٢٧٨٢ - **حدثنا** الحسنُ بنُ صَبّاح حدَّثَنا محمدُ بنُ سابقٍ حدَّثَنا مالكُ بنُ مِغْوَلٍ قال: سمعتُ الوليدَ بنَ العَيزارِ ذَكرَ عن أبي عمرٍو الشيبانيِّ قال: قال عبدُ الله بنُ مسعودٍ رضيَ الله عنه: «سَأَلتُ رسولَ الله ﷺ **قُلتُ**: يا رسولَ الله أَيُّ العملِ أَفضلُ؟ قال: «**الصلاةُ على مِيقاتِها**». قلتُ: ثمَّ أَيٌّ؟ قال: «**ثمَّ برُّ الوالِدَين**». قلتُ: ثمَّ أَيٌّ؟ قال: «**الجهادُ في سبيلِ الله**». فسكتُّ عن رسولِ الله ﷺ، ولو استزَدْتُهُ لزَادَني».

٢٧٨٣ - **حدثنا** عليُّ بنُ عبدِ الله حدَّثَنا يحيىٰ بنُ سعيدٍ حدَّثَنا سُفيانُ قال: حدَّثَني

باب ١ - قال الشارح: قدم النسفي البسملة وسقط كتاب والترجمة لأبي ذر أهـ وقوله: السير بهذا الضبط وزاد في الفرع بفتح السين وسكون التحتية.

In the Name of Allah, the Most Gracious, the Most Merciful

56 - THE BOOK OF FIGHTING FOR ALLĀH'S CAUSE

1 - Chapter: The superiority of the Holy struggle, and the Statement of Allāh (the Exalted and Almighty): «Verily, Allāh has purchased of the believers: «Their lives and their properties; for theirs (in return) is Paradise. they fight in His Cause, so they kill others and are killed. It is a promise in truth which is binding on Him. In the Torah and the Gospel and the Qur'ān: «And who is more true to his covenant than Allāh? Then rejoice in the bargain which you have concluded that is the supreme success. Sucessuful are those who turn (to Allāh) in repentance; who worship Him, who Praise Him, who fast (or go out in Allāh's Cause); Who bow down (in prayer), who prostrate themselves (in prayer), who enjoin good and forbid evil; who observe the limits set by Allāh: «And give the glad tidings to the believers» (9: 111-112).

2782. 'Abdullah bin Mas'ūd (may Allāh be pleased with him) narrated: «I asked Allāh's Apostle (the blessing and peace of Allāh be upon him): «O Allāh's Apostle! What is the best deed?» He replied: «To offer the prayers at their early stated fixed times» I asked: «What is next?» He replied: «To be good and dutiful to your parents». I furthur asked: «What is next?» He replied: «To participate in the Holy struggle in Allāh's Cause». I did not ask Allāh's Apostle anymore, and if I had asked him again, he would have told me more».

2783. Ibn 'Abbās (may Allāh be pleased with him) narrated: «Allāh's Apostle (the blessing and peace of Allāh be upon him) said: «There is no emigration

منصورٌ عن مُجاهدٍ عن طاوُسٍ عنِ ابنِ عباسٍ رضيَ اللهُ عنهما قال: قال رسولُ الله ﷺ: «لا هِجرةَ بعدَ الفتحِ، ولكنْ جِهادٌ ونيَّة، وإذا استُنفِرتُم فانفِروا».

٢٧٨٤ - **حدثنا** مسدَّدٌ حدَّثَنا خالدٌ حدَّثَنا حَبيبُ بنُ أبي عَمرةَ عن عائشةَ بنتِ طلحةَ عن عائشةَ رضيَ اللهُ عنها أنها قالت: يا رسولَ الله، نرى الجهادَ أفضلَ العملِ، أفلا نُجاهِدُ؟ قال: «لكُنَّ أفضلُ الجهادِ حَجٌّ مَبرور».

٢٧٨٥ - **حدثنا** إسحاقُ بنُ منصورٍ أخبرَنا عَفّانُ حدَّثَنا هَمامٌ حدَّثَنا محمدُ بنُ جُحادةَ قال: أخبرَني أبو حَصينٍ أنَّ ذَكوانَ حدَّثَهُ أنَّ أبا هريرةَ رضيَ اللهُ عنهُ حدَّثَهُ قال: «جاءَ رجلٌ إلى رسولِ الله ﷺ فقال: دُلَّني على عملٍ يَعدِلُ الجِهادَ. قال: «لا أجِدُه». قال: هل تستطيعُ إذا خرجَ المجاهِدُ أن تدخلَ مسجِدَك فتقومَ ولا تَفْتُرَ، وتصومَ ولا تُفطِرَ؟» قال: ومن يَستطيعُ ذلك؟ قال أبو هريرة: إنَّ فرَسَ المجاهِدِ لَيَسْتَنُّ في طِوَلِه، فيُكتَبُ لهُ حسَناتٌ».

٢ - **باب** أفضلُ الناسِ مُؤمنٌ يجاهدُ بنفسِهِ ومالِهِ في سبيلِ الله وقولِه تعالى:

﴿يا أيُّها الذينَ آمنوا هل أدُلُّكم على تجارةٍ تُنْجيكم من عذابٍ أليمٍ؟ تُؤمنونَ باللهِ ورسولِه وتجاهِدونَ في سبيلِ اللهِ بأموالِكم وأنفُسِكم، ذلكُم خيرٌ لكم إنْ كنتم تعلمون. يَغفِرْ لكم ذُنوبَكم ويُدخِلْكم جَناتٍ تَجري مِن تحتِها الأنهارُ ومَساكنَ طيِّبةً في جناتِ عَدْنٍ، ذلكَ الفَوزُ العظيم﴾ [الصف: ١٠].

٢٧٨٦ - **حدثنا** أبو اليمانِ أخبرَنا شُعَيبٌ عنِ الزُّهريِّ قال: حدَّثَني عطاءُ بنُ يزيدَ اللَّيثيُّ أنَّ أبا سعيدٍ الخُدريَّ رضيَ اللهُ عنه حدَّثَهُ قال: قيلَ يا رسولَ الله أيُّ الناسِ أفضلُ؟

٢٧٨٤ - قوله: (نرى) بضم النون وفي نسخة بفتحها وفي آخرى بمثناة فوقية مضمومة أي نظنّ أو نعتقد (شارح).

٢٧٨٥ - (استنان الفرس): هو أن يرفع يديه ويطرحهما معاً وطوله حبله المشدود به المطوّل له ليرعى وهو بيد صاحبه.

(from Mecca to Madīna) after the Conquest (of Mecca), but the Holy struggle and good intention remain; and if you are called (by the Muslim ruler) for fighting, go forth immediately.

2784. 'Āisha (may Allāh be pleased with her) narrated: (that she said): «O Allāh's Apostle! I consider the Holy Struggle as the best deed. Should not I fight in Allah's Cause?» He said: «The best Holy Struggle (for women) is the blessed Hajj.

2785. Abū Huraira (may Allāh be pleased with him) narrated: «A man came to Allāh's Apostle (the blessing and peace of Allāh be upon him) and said: «Instruct me as to such a deed which is equal to the Holy Struggle (in reward)». He replied: «I do not find such a deed». Then he added: «Can you, while the Muslim fighter is in the battle-field, enter your mosque to perform prayers without cease and fast and never break your fast?» Then a man said: «But who can do that?» Abū Huraira (may Allāh be pleased with him) added: «The Muslim fighter is rewarded even for the footsteps of his horse while it wanders about (for grazing) tied to a long rope».

2 - CHAPTER: The best among the people is that believer who strives his utmost in Allāh's cause with both his life and property

And the Statement of Allāh (the Exalted and Almighty)O you who believe! Shall I lead you to a bargain that will save you from a grievous punishment? That you believe in Allāh and His Apostle and that your strive (your utmost) in the Cause of Allāh with your property and life: That will be the best for you if you but knew! He will forgive. Yours sins, and admit you to gardens beneath which rivers flow, and to beautiful mansions in Gardens of Eternity: that is indeed the supreme achievement..» (61: 10), .

2786. Abū Sa'īd Al-Khūdrī (may Allāh be pleased with him) narrated: «Somebody asked: «O Allāh's Apostle! Who is the best among the people?»

فقال رسولُ الله ﷺ: «مؤمنٌ يُجاهِدُ في سَبيلِ الله بنفسِهِ ومالِه». قالوا: ثمَّ مَن؟ قال: «مؤمنٌ في شِعبٍ مِنَ الشعابِ يَتَّقي الله ويَدعُ الناسَ مِن شَرِّهِ».

[الحديث ٢٧٨٦ ـ طرفه في: ٦٤٩٤].

٢٧٨٧ ـ **حدثنا** أبو اليمانِ أخبرَنا شُعيبٌ عنِ الزُّهريِّ قال: أخبرَني سعيدُ بْنُ المسيَّبِ أن أبا هريرةَ قال: سمعتُ رسولَ الله ﷺ يقول: «مَثَلُ المجاهِدِ في سبيلِ الله ـ والله أعلمُ بمن يُجاهِدُ في سبيله ـ كمثَلِ الصائمِ القائمِ. وتوكلَ الله للمجاهِدِ في سبيله بأَن يَتوَفاهُ أن يُدخِلَهُ الجنَّةَ أو يَرجِعَهُ سالماً مع أجرٍ أو غنيمة».

٣ ـ باب الدُّعاءِ بالجهادِ والشهادةِ للرجالِ والنساءِ

وقال عمرُ: ارزُقْني شهادةً في بلدِ رسولِكَ.

٢٧٨٨، ٢٧٨٩ ـ **حدثنا** عبدُ الله بنُ يوسُفَ عن مالكٍ عن إسحاقَ بن عبدِ الله بنِ أبي طلحةَ عن أنسِ بنِ مالكٍ رضي الله عنه أنه سمعَهُ يقول: «كان رسولُ الله ﷺ يَدخلُ على أُمِّ حَرامٍ بنتِ مِلْحانَ فتُطعِمهُ وكانت أُمُّ حَرامٍ تحتَ عُبادةَ بنِ الصامت، فدخَلَ عليها رسولُ الله ﷺ فأطعَمَتْه وجعلَتْ تَفْلِي رأسَهُ، فنامَ رسولُ الله ﷺ، ثم اسْتيقظَ وهو يَضحَكُ، قالت: فقلتُ: وما يُضحِكُكَ يا رسولَ الله؟ قال: «ناسٌ مِن أُمَّتي عُرِضوا عليَّ غُزاةً في سبيلِ الله، يركَبونَ ثَبَجَ هٰذا البحْرِ مُلوكاً على الأَسِرَّة ـ أو مِثْلَ الملوكِ على الأسرَّة»، شكَّ إسحاقُ ـ قالت: فقلتُ: يا رسولَ الله، ادْعُ الله أن يجعلني منهم، فدعا لها رسولُ الله ﷺ.

٢٧٨٦ ـ (الشعب) هو ما انفرج بين الجبلين والمراد به الموضع الخالي عن الناس للاعتزال فيه أفاده الشارح.

٢٧٨٧ ـ قوله: (وتوكل الله للمجاهد): أي تكفل الله تعالى على وجه الفضل منه.

وقوله: (بأن يتوفاه الخ) يحتمل أن يكون قوله: أن يدخله الجنة بدلاً من قوله أن يتوفاه ويكون قوله: أو يرجعه عطفاً على أن يتوفاه. ويحتمل أن يكون بتقدير بأن يدخله وقوله: «بأن يتوفاه» أي مع شرط التوفي (سندي).

٢٧٨٨، ٢٧٨٩ ـ قوله: ثبج هذا البحر وسطه أو معظمه أو هوله قاله الشارح القسطلاني.

Allāh's Apostle (the blessing and peace of Allāh be upon him) replied: «A believer who strives his utmost in Allāh's Cause with his life and property». They asked: «Who is next?» He replied: «A believer who stays in one of the mountain paths worshipping Allāh and leaving the people secure from his mischief»..

The parts of this hadīth is in:6494.

2787. Abū Huraira (may Allāh be pleased with him) narrated: «I heard Allāh's Apostle (the blessing and peace of Allāh be upon him) saying: «The example of a Struggle in Allāh's Cause- and Allāh knows better who really strives in His Cause- is like a person who fasts and prays continously. Allāh guarantees that He will admit the Struggler in His cause into Paradise if he is killed, otherwise He will return him to his home safely with rewards and war booty».

3 - CHAPTER: The invocation of men and women that Allāh may let them participate in the Holy Struggle and adorn them with martyrdom

'Umar said: «O Allāh! Grant me martyrdom in the town of Your Apostle (the blessing and peace of Allāh be upon him)».

2788. 2789. Anas bin Malīk (may Allāh be pleased with him) narrated: «Allāh's Apostle (the blessing and peace of Allāh be upon him) used to visit Umm-Harām bint Milhān, who would offer him meals. Umm-Harām was the wife of 'Ubadā bin As-Sāmit. Allāh's Apostle visited her and she provided him with food and started looking for lice in his head. Then slept, and afterwards woke up smiling. Umm-Harām asked: «What causes you to smile, O Allāh's Apostle?» He said: «Some of my followers who (in a dream) were presented before me as fighters in Allāh's Cause (on board a ship) amidst this sea cause me to smile; they were as kings on the thrones (or like kings on the thrones)». (Ishāq, a sub-narrator is not sure as to which expression the Prophet used). Umm-Harām said: «O Allāh's Apostle! Pray Allāh that He makes me one of them». Allāh's Apostle invoked Allāh for her and slept again and woke up smiling. Once again

ثمَّ وَضعَ رأْسَهُ، ثمَّ اسْتيقَظَ وهو يَضحكُ. فقلت: وما يُضحِكُكَ يا رسولَ الله؟ قال: «**ناسٌ مِن أُمَّتي عُرِضوا عليَّ غُزاةً في سبيلِ الله ـ كما قال في الأوَّل**» ـ قالت: فقلتُ: يا رسولَ الله، ادْعُ الله أن يجعلني منهم، قال: «**أنتِ منَ الأوَّلين**». فرَكِبَتِ البحرَ في زمنِ مُعاويةَ بنِ أبي سُفيانَ(١) فصُرِعَتْ عن دابَّتِها حِينَ خَرجَتْ منَ البَحرِ فهلَكَتْ».

[الحديث ٢٧٨٨ ـ أطرافه في: ٢٧٩٩، ٢٨٧٧، ٢٨٩٤، ٦٢٨٢، ٧٠٠١].

[الحديث ٢٧٨٩ ـ أطرافه في: ٢٨٠٠، ٢٨٧٨، ٢٨٩٥، ٢٩٢٤، ٦٢٨٣، ٧٠٠٢].

٤ ـ باب درجاتِ المجاهِدينَ في سَبيلِ الله. يقال هٰذه سَبيلي، وهذا سَبيلي

قال أبو عبدِ الله: غُزّاً واحدها غاز. هُم دَرَجاتٌ: لهم درجات.

٢٧٩٠ ـ **حدثنا** يَحيى بنُ صالح حدَّثَنا فُلَيحٌ عن هِلالِ بن عليّ عن عطاءِ بنِ يَسارٍ عنِ أبي هريرةَ رضيَ الله عنه قال: قال النبيُّ ﷺ: «**مَن آمَنَ بالله وبرسوله وأَقامَ الصلاةَ وصامَ رمضانَ كان حَقّاً على الله أن يُدْخِلَهُ الجنَّة، جاهَدَ في سبيلِ الله أو جلَسَ في أرضهِ التي وُلِدَ فيها**». فقالوا: يا رسولَ الله، أفلا نُبَشِّرُ الناس؟ قال: «**إنَّ في الجنةِ مائةَ درجةٍ أعدَّها الله للمجاهدينَ في سَبيلِ الله ما بينَ الدرجتَين كما بينَ السماءِ والأرض فإذا سأَلتُمُ الله فاسأَلوهُ الفِردَوسَ فإنهُ أَوْسَطُ الجنة وأعلى الجنة** ـ أُراهُ قال: **وفوقَهُ عرشُ الرّحمٰنِ ـ ومنهُ تَفجَّرُ أنهارُ الجنة**». قال محمدُ بنُ فُلَيحٍ عن أبيهِ: «**وفوَقَهُ عرشُ الرحمن**».

[الحديث ٢٧٩٠ ـ طرفه في: ٧٤٢٣].

٢٧٩١ ـ **حدثنا** موسىٰ حدَّثَنا جَريرٌ حدَّثنا أبو رجاءٍ عن سَمُرةَ قال: قال النبيُّ ﷺ:

(١) ـ قوله: في [illegible] معاوية أي زمان غزوه في البحر أيام خلافة سيدنا عثمان لجزيرة قبرص وكانت أُم ملحان مع زوجها عبادة بن الصامت: [illegible] إليها دابة عند النزول إلى الجزيرة لتركبها فصرعتها فسقطت على الصخور فماتت فدفنت هناك. وكانت من الأولين.

٢٧٩٠ ـ قوله: (وفوقه عرش الرحمن) المشهور فوقه بالنصب على الظرفيه وروي بالرفع على أنه بمعنى سطحه عرش الرحمن وعلى الأول يحمل على الفوقية بلا واسطة وإلا فعرش الرحمٰن فوق تمام الجنان فلا يظهر خصوص الفردوس بذلك أهـ من حاشية السنديّ باختصار.

Umm-Harām asked: «What makes you smile, O Allāh's Apostle?» He replied: «Some of my followers were presented to me as fighters in Allāh's Cause» repeating the same dream. Umm-Harām said: «O Allāh's Apostle! Invoke Allāh that He makes me one of them» He said: «You are amongst the first ones». It happened that she sailed in the sea during the Calipahte of Mu'āwiya bin Abī Sufyān, and after shedisembarked.she fell down from her riding animal and died.

The parts of this hadīth are in: 2799, 2877, 2894, 6282, 7001, 2800, 2878, 2895, 2924, 6283, 7002.

4 - CHAPTER: The grades of the Muslim fighters in Allāh's Cause

2790. Abū Huraira (may Allāh be pleased with him) narrated: «The Prophet (the blessing and peace of Allāh be upon him) said: «That who believes in Allāh and His Apostle (the blessing and peace of Allāh be upon him) offers prayer perfectly and fasts the month of Ramadan, will rightfully be granted Paradise by Allāh, no matter whether he fights in Allāh's Cause or remains in the land where he is born». The people said: «O Allāh's Apostle! Shall I acquaint the people with this good news?» He said: «Paradise has one-hundred grades which Allāh has reserved for the Struggler who fights in His Cause, and the distance between each of two grades is like the distance between the Heaven and the Earth. So, when you ask heaven which is the best and highest part of Paradise» (i.e. The sub-narrator added: «I think the Prophet also said: «Above it (i.e. Heaven) is the Throne of Beneficent (i.e. Allāh), and from it originate the rivers of Paradise»).

The parts of this hadīth are in: 7423.

2791. Samura narrated: «The Prophet (the blessing and peace of Allāh be

«رأيتُ الليلةَ رجلَين أتياني فصَعِدا بي الشجرة فأدخَلاني داراً هي أحسنُ وأفضلُ، لم أرَ قطُّ أحسنَ منها، قالا أما هٰذهِ الدارُ فدارُ الشُّهداءِ».

٥ - باب الغدْوةِ والرَّوحة في سبيلِ الله، وقاب قوسِ أحدِكم في الجنةِ

٢٧٩٢ - حدثنا مُعلَّى بنُ أسدٍ حدَّثَنا وُهَيبٌ حدَّثَنا حُمَيدٌ عن أنسِ بنِ مالكٍ رضيَ الله عنه عنِ النبيِّ ﷺ قال: «لغَدْوةٌ في سبيلِ الله أو رَوحةٌ خيرٌ منَ الدُّنيا وما فيها».

[الحديث ٢٧٩٢ - طرفاه في: ٢٧٩٦، ٦٥٦٨].

٢٧٩٣ - حدثنا إبراهيمُ بنُ المُنذرِ حدَّثَنا محمدُ بنُ فُلَيحٍ قال: حدَّثني أبي عن هِلالِ بنِ عليٍّ عن عبدِ الرحمٰنِ بن أبي عَمرةَ عن أبي هريرةَ رضيَ الله عنه عنِ النبيِّ ﷺ قال: «لَقابُ قَوسٍ في الجنةِ خيرٌ مما تطلُعُ عليهِ الشمسُ وتغرُب. وقال: لغَدوةٌ أو روحةٌ في سبيلِ الله خيرٌ مما تطلُعُ عليهِ الشمسُ وتغرُب». [الحديث ٢٧٩٣ - طرفه في: ٣٢٥٣].

٢٧٩٤ - حدثنا قَبيصةُ حدَّثَنا سُفيانُ عن أبي حازمٍ عن سهلِ بنِ سعدٍ رضيَ الله عنه عنِ النبيِّ ﷺ قال: «الرَّوحةُ والغَدوةُ في سبيلِ الله أفضلُ منَ الدُّنيا وما فيها».

[الحديث ٢٧٩٤ - أطرافه في: ٢٨٩٢، ٣٢٥٠، ٦٤١٥].

٦ - باب الحورِ العينِ وصفتِهنَّ

يحارُ فيها الطَّرفُ. شديدةُ سواد العين، شديدةُ بياض العين. وزوَّجناهم بحُورٍ: أنكحناهم.

٢٧٩٥ - حدثنا عبدُ الله بنُ محمدٍ حدَّثَنا مُعاويةُ بنُ عمرٍو حدَّثَنا أبو إسحاقَ عن حُميدٍ

باب ٥ - قوله: وقاب فيه الرفع والجر ومعناه المقدار.

upon him) said: «last night two men came to me (in a dream) and made me ascend a tree and then admitted me into a better and superior house, better of which I have never seen. One of them said: «This house is the house of martyrs».

5 - CHAPTER: To proceed in Allāh's Cause in the forenoon and in the afternoon. A place in Paradise as small as the bow of one of you (is better than the world and whatever is in it)

2792. Anas bin Malīk (may Allāh be pleased with him) narrated: «The Prophet (the blessing and peace of Allāh be upon him) said: «A single endeavour (of fighting) in Allāh's Cause in the forenoon or in the afternoon is better than the world and whatever is in it».

The parts of this hadīth are in: 2796, 6568.

2793. Abū Huraira (may Allāh be pleased with him) narrated: «The Prophet (the blessing and peace of Allāh be upon him) said: «A place in Paradise as small as a bow is better than all that on which the sun rises and sets (i.e. all the world). He also said: «A single endeavour in Allāh's Cause in the afternoon or in the forenoon is better than all that on which the sun rises and sets».

The parts of this hadīth are in: 3243.

2794. Sahl bin Sa'd (may Allāh be pleased with him) narrated: «The Prophet (the blessing and peace of Allāh be upon him) said: «A single endeavour in Allāh's Cause in the afternoon and in the forenoon is better than the world and whatever is in it».

The parts of this hadīth are in: 2892, 3250, 6415.

6 - CHAPTER: The houris and their qualities.

They are called so as one's eyesight is perplexed while looking at them, and also because of the intense blackness of their irises and intenses witness of the while of their eyes.

2795. Anas bin Malīk (may Allāh be pleased with him) narrated: «The

قال: سمعتُ أَنَسَ بنَ مالكٍ رضيَ اللهُ عنهُ عنِ النبيِّ ﷺ قال: «ما من عبدٍ يموتُ لهُ عندَ الله خيرٌ يسرُّهُ أن يرجعَ إلى الدنيا وأَنَّ لهُ الدُّنيا وما فيها، إلا الشهيدُ لما يَرى من فضلِ الشهادة، فإنهُ يسرُّهُ أن يرجعَ إلى الدُّنيا فيُقْتَلَ مرَّةً أُخرىٰ».

[الحديث ٢٧٩٥ ـ طرفه في: ٢٨١٧].

٢٧٩٦ ـ **قال:** وسمعتُ أَنسَ بنَ مالكٍ عنِ النبيِّ ﷺ أنه قال: «لَرَوحةٌ في سبيلِ الله أو غَدوةٌ خيرٌ منَ الدُّنيا وما فيها، ولقابُ قوسِ أحدِكم منَ الجنةِ أو مَوضعُ قِيدٍ ـ يعني سَوطَهُ ـ خيرٌ منَ الدُّنيا وما فيها. ولو أَنَّ امرأةً من أهلِ الجنةِ اطَّلَعَت إلى أهلِ الأَرضِ لأَضاءَت ما بينهما ولَمَلأَتْهُ رِيحاً، ولَنَصِيفُها(١) على رأسِها خيرٌ منَ الدنيا وما فيها».

٧ ـ باب تمَنّي الشَّهادة

٢٧٩٧ ـ **حدثنا** أبو اليمانِ أخبرَنا شُعيبٌ عنِ الزُّهريِّ أخبرَني سعيدُ بنُ المسيَّبِ أنَّ أبا هريرة رضيَ اللهُ عنه قال: «سمعتُ النبيَّ ﷺ يقول: «والذي نفسي بيده، لولا أَنَّ رِجالاً منَ المؤمنينَ لا تَطيبُ أَنفُسُهُم أن يَتخلَّفوا عني، ولا أَجِدُ ما أَحملُهم عليه، ما تخلَّفتُ عن سَريةٍ تغدو في سَبيلِ الله، والذي نفسي بيده لَوَدِدْتُ أني أُقتَلُ في سبيلِ الله ثمَّ أُحيا، ثمَّ أُقتلُ ثُمَّ أحيا، ثمَّ أُقتلُ ثمَّ أُحيا، ثم أُقتل.

٢٧٩٥ ـ قوله: (يسرّه) الظاهر أن هذه الجملة خبر عبد لأنه مبتدأ ومن زائدة وجعلها القسطلانيّ صفة للخير بلا عائد فيها إليه وأبقى الكلام بلا خبر.

٢٧٩٦ ـ قوله: (أو موضع) قيد العبارة الصحيحة: أو (موضع قدّه)، بكسر القاف وتشديد الدال مع الضمير المجرور إذ القيد بالياء: المقادر، و(القدّ) بالضبط المذكور: السوط المتخذ من الجلد وهو المراد هنا، إلا أنّ الرواية وقع فيها التصحيف وشاعت مصحفة.

(١) ـ (نصيفها): خمارها.

٢١ ـ قوله: تغدو، وفي رواية تغزو.

Prophet (the blessing and peace of Allāh be upon him) said: «Nobody who dies and asked good from Allāh (in the Here-after) would wish to come back to this world even if he were given the whole world and whatever is in it, except the martyr who, on seeing the superiority of martyrdom whould like to come back to the world and get killed again (in Allāh's Cause).

The parts of this hadīth are in: 2817.

2796. Anas (may Allāh be pleased with him) narrated: «The Prophet (the blessing and peace of Allāh be upon him) said: «A single endeavour (of fighting) in Allāh's Cause in the afternoon or in the forenoon is better than all the world and whatever is in it. A place in Paradise as small as the bow or lash of one of you is better than all the world and whatever is in it. And if a houri from Paradise appeared to the people of the earth, she would fill the space between Heaven and the Earth with light pleasant scent and her cover is better than the world and whatever is in it».

7 - CHAPTER: The wish for martyrdom.

2797. Abū Huraira (may Allāh be pleased with him) narrated: «The Prophet (the blessing and peace of Allāh be upon him) said: «By Him in Whose Hand my life is! Were not it for some men amongst the believers who dislike to be left behind me and whom I cannot provide with means of conveyance I would certainly never remain behind any detachment setting out in Allāh's Cause. By Him in Whose Hands my life is! I would love to be martyred in Allāh's Cause and then get resurrected and then get martyred and then get resurrected again and then get martyred and then get resurrected again and then get martyred».

٢٧٩٨ ـ **حدثنا** يوسُفُ بنُ يعقوبَ الصفّارُ حدَّثَنا إسماعيلُ بن عليَّةَ عن أَيّوبَ عن حُميدِ بنِ هِلالٍ عن أَنسِ بنِ مالكٍ رضيَ الله عنه قال: خطبَ النبيُّ ﷺ فقال: «أخذَ الرايةَ زَيدٌ فأُصيبَ، ثمَّ أخذَها جعفرٌ فأُصيبَ ثمَّ أخذَها عبدُ الله بنُ رَواحةَ فأُصيبَ، ثمَّ أخذَها خالدُ بنُ الوَليدِ عن غيرِ إِمْرةٍ ففُتحَ له». وقال: «ما يَسُرُّنا أنهم عندنا» قال أيوبُ: أو قال: «ما يسرُّهم أنهم عندنا، وعَيناهُ تَذرِفان».

٨ ـ باب فضل مَن يُصرَعُ في سبيلِ الله فماتَ فهو منهم

وقولِ الله تعالى:

﴿ومَن يَخرُجْ مِن بيتهِ مُهاجراً إلى الله ورسولِهِ ثمَّ يُدرِكهُ الموتُ فقد وَقعَ أَجرُهُ على الله﴾ [النساء: ١٠٠] وَقَعَ: وَجبَ.

٢٧٩٩، ٢٨٠٠ ـ **حدثنا** عبدُ الله بنُ يوسُفَ قال: حدَّثَني اللَّيثُ حدَّثَنا يحيىٰ عن محمدِ بن يحيى بن حَبّان عن أنس بنِ مالكٍ عن خالَتِهِ أُمّ حَرام بنت مِلحانَ قالَت: «نامَ النبيُّ ﷺ يوماً قَريباً مِنّي، ثمَّ استَيقظَ يَتَبَسَّمُ، فقلتُ: ما أَضْحَكَكَ؟ قال: «أُناس من أُمَّتي عُرِضوا عليَّ يركبون هذا البحرَ الأخضرَ كالملوكِ على الأسِرَّة»، قالت: فادْعُ الله أن يجعلَني منهم، فدَعا لها. ثمَّ نامَ الثانيةَ، ففعلَ مثلَها، فقالت: مثل قولِها، فأجابَها مِثلَها، فقالت: ادعُ الله أن يجعلني منهم، فقال: «أنتِ منَ الأوَّلين». فخَرجَتْ مَعَ زَوجها عُبادةَ بنِ الصامتِ غازِياً أَولَ ما رَكِبَ المسلمون البحرَ معَ مُعاويةَ، فلما انصرَفوا من غَزوهم قافِلينَ فنزلوا الشامَ فقُرِّبَتْ إليها دابةٌ لتركبَها فصرعَتْها فماتت».

٢٧٩٨ ـ (تذرفان) تسيلان دمعاً.

2798. Anas bin Malīk (may Allāh be pleased with him) narrated: «The Prophet (the blessing and peace of Allāh be upon him) delivered a sermon and said: «Zaid took the flag and was martyred, and then Ja'far took the flag and was martyred, and then 'Abdullah bin Rawāha took the flag and was martyred too, and then Khālid bin Al-Wālid took the flag though he was not appointed as a commander and Allāh made him victorious» The Prophet futher added: «It would not please us to have them with us». Aiyūb, a sub-narrator, added: «Or the Prophet (the blessing and peace of Allāh be upon him), shedding tears said: «It would not please them to be with us».

8 - CHAPTER: The superiority of that who goes in Allāh's Cause and dies on the way, for he will be regarded as one of the martyrs, and the saying of Allāh (the Exalted and Almighty): «And that who leaves his house as an emigrant to Allāh and His Apostle and death overtakes him, his reward becomes due and sure with Allāh» (4:100)

2799. 2800. Anas bin Malīk (may Allāh be pleased with him) narrated: «Umm-Harām said: «Once the Prophet (the blessing and peace of Allāh be upon him) slept in my house near me and got up smiling. I said: «What makes you smile?» He replied: «Some of my followers who (i.e. in a dream) were presented to me sailing in this green sea like kings on thrones». I said: «O Allāh's Apostle! Invoke Allāh to make me one of them». So the Prophet (the blessing and peace of Allāh be upon him) prayed for her and went to sleep again. He did the same (i.e. got up and told his dream) and Umm-Harām repeated her question and he gave the same reply. She said: «Invoke Allāh to make me one of them». He said: «You are among the first batch». Later on it happened that she went out in the company of her husband Ubada bin As-Samit who went for the Holy Struggle and it was for the first time the Muslim undertook a naval expedition led by Mu'awiya. When the expedition came to an end an they were returning to Sham, a riding animal was presented to her to ride, but the animal let her fall and thus she did.

٩ ـ باب مَن يُنكبُ أو يُطعنُ في سبيلِ الله

٢٨٠١ ـ **حدثنا** حفصُ بنُ عمرَ الحوضي، حدَّثنا همامٌ عن إسحاقَ عن أنس رضي الله عنه قال: «بَعثَ النبيُّ ﷺ أقواماً مِن بني سُليم إلى بني عامرٍ في سَبعين، فلمّا قدموا قال لهم خالي: أتقدَّمُكم، فإن أمَّنوني حتّى أُبلِّغَهم عن رسولِ الله ﷺ وإلا كنتم مني قريباً. فتقدَّمَ فأمَّنوه، فبينما يُحدِّثُهم عنِ النبيِّ ﷺ إذ أومَؤوا إلى رجُلٍ منهم فطعنَهُ فأنفَذَه، فقال: الله أكبرُ، فُزْتُ وربِّ الكعبة. ثمَّ مالوا على بقيّةِ أصحابهِ فقتلوهم إلا رجلاً أعرَجَ صَعِدَ الجبلَ، قال همام: وأُراهُ آخرَ معهُ، فأخبرَ جبريلُ عليهِ السلامُ النبيَّ ﷺ أنهم قد لَقوا ربَّهم فرَضِيَ عنهم وأرضاهم، فكنّا نقرأُ أن بلِّغوا قومَنا أنْ قد لَقِينا ربنا فرَضِيَ عنّا وأرضانا، ثم نُسِخَ بعدُ، فدعا عليهم أربعين صَباحاً؛ على رِعلٍ وذكوانَ وبني لِحيانَ وبني عُصَيَّةَ الذينَ عَصَوُا الله ورسولَه ﷺ».

٢٨٠٢ ـ **حدثنا** موسى بنُ إسماعيلَ حدَّثنا أبو عَوانةَ عنِ الأسْوَدِ بنِ قيسٍ عن جُندَبِ بنِ سُفيانَ: أنّ رسولَ الله ﷺ كان في بعضِ المشاهدِ وقد دَميَتْ إصبَعُهُ فقال: «هل أنتِ إلا إصبعٌ دميتِ، وفي سَبيلِ الله ما لقيت». [الحديث ٢٨٠٢ ـ طرفه في: ٦١٤٦].

١٠ ـ باب مَن يُجرحُ في سبيلِ الله عزَّ وجلّ

٢٨٠٣ ـ **حدثنا** عبدُ الله بنُ يوسفَ أخبرَنا مالكٌ عن أبي الزِّنادِ عن الأعرجِ عن أبي هريرة رضيَ الله عنه أنَّ رسولَ الله ﷺ قال: «والذي نَفْسي بيدِه، لا يُكْلَمُ أحدٌ في سبيلِ الله ـ والله أعلمُ بمَن يُكلَمُ في سبيلِه ـ إلا جاءَ يومَ القيامةِ واللَّونُ لَونُ الدَّمِ، والرِّيحُ رِيحُ المِسْك».

٢٨٠٢ ـ قوله: (دميت ولقيت) بهذا الضبط وفي رواية بفتح الياء وسكون التاء فيهما أهـ من الشارح.

9 - CHAPTER: (The reward of) that who is injured or stabbed in Allāh's Cause

2801. Anas narrated: «The Prophet (the blessing and peace of Allāh be upon him) sent seventy men from the tribe of Bani Salem to the tribe of Banī 'Āmer. When they reached there, my maternal uncle said to them: «I will go ahead of you, and if they allow me to convey the message of Allāh's Apostle (the blessing and peace of Allāh be upon him) (it will be all right); otherwise you will remain close to me». So he went ahead of them and the pagans granted him security. But while he was reporting the message of the Prophet (the blessing and peace of Allāh be upon him), they beckoned to one of their men who stabbed him to death. My maternal uncle said: «Allāh is the Greatest! Buy the Lord of the Ka'ba, I am, successful». After that they attacked the rest of the party and killed them all except a lame man who went up to the top of the mountain. (Hammām, a sub-narrator : «I think another man was saved along with him)». Gabriel informed the Prophet (the blessing and peace of Allāh be upon him) that they (i.e. the martyrs) met their Lord, and He was pleased with them and made them pleased. We used to recite: «Inform our people that we have met our Lord, He is pleased with us and He has made us pleased». Later on this Qur'ānic Verse was cancelled. The Prophet (the blessing and peace of Allāh be upon him) invoked Allāh for forty days to curse the murderers from the tribe of Ra'il, Thakwān, Banī Lihyān and Banī Usaiya who disobeyed Allāh and His Apostle (the blessing and peace of Allāh be upon him).

2802. Jundab bin Sufyān narrated: «In one of the Holy battles a fingert of Allāh's Apostle (the blessing and peace of Allāh be upon him) (got wounded and) bled. He said: «You are just a finger that beld, and what you got is in Allāh's Cause».

10 - CHAPTER: (The superiotiry of) that who is wounded in Allāh's Cause

2803. Abū Huraira (may Allāh be pleased with him) narrated: «Allāh's Apostle (the blessing and peace of Allāh be upon him) said: «By Him in Whose Hand my soul is! Whoever is wounded in Allāh's Cause.. and Allāh knows well who gets wounded in His Cause.. will come on the Day of Resurrection with his wounded having the colour of blood but the scent of musk».

١١ - باب قولِ الله تعالىٰ:

﴿قُلْ هلْ تَرَبَّصونَ بنا إلاّ إحدَى الحُسْنَيَيْنِ﴾ [التوبة: ٥٢] والحربُ سِجالٌ

٢٨٠٤ - **حدثنا** يحيى بنُ بُكَيرٍ حدَّثَنا اللَّيثُ حدَّثَني يونُسُ عنِ ابنِ شِهابٍ عن عُبَيدِ اللهِ بنِ عبدِ اللهِ أنَّ عبدَ اللهِ بنَ عبَّاسٍ أخبرَهُ أنَّ أبا سُفيانَ أخبرَهُ «أنَّ هِرَقْلَ قال له: سألْتُكَ كيفَ كانَ قتالُكم إيَّاهُ، فزَعمتَ أنَّ الحربَ سِجالٌ ودُوَلٌ، فكذلك الرُّسُلُ تُبْتَلَى ثمَّ تكونُ لهمُ العاقبةُ».

١٢ - باب قَولِ الله تعالىٰ:

﴿مِنَ المؤمِنينَ رجالٌ صَدَقوا ما عاهَدوا اللهَ عليهِ، فمنهم مَن قضىٰ نَحبَهُ ومنهم مَن يَنتظِرُ وما بَدَّلوا تبديلاً﴾. [الأحزاب: ٢٣].

٢٨٠٥ - **حدثنا** محمدُ بنُ سعيدٍ الخُزاعيُّ حدَّثَنا عبدُ الأعلىٰ عن حُميد قال: سألت أنساً. ح حدَّثَنا عمرو بنُ زُرارة حدَّثَنا زِيادٌ قال: حدَّثَني حُميدٌ الطَّويلُ عن أنسٍ رضيَ اللهُ عنه قال: «غابَ عَمِّي أَنَسُ بنُ النَّضْرِ عن قِتالِ بَدْرٍ، فقال: يا رسولَ اللهِ، غِبتُ عن أوَّلِ قِتالٍ قاتلتَ المشركينَ، لئنِ اللهُ أشهَدَني قتالَ المشرِكينَ لَيَرَيَنَّ اللهُ ما أصنَعُ. فلما كانَ يومُ أُحُدٍ وانكشَفَ المسلمونَ قال: اللَّهمَّ إني أَعتَذِرُ إليكَ مما صَنَعَ هٰؤلاء، يَعني أصحابَهُ، وأَبرأُ إليكَ مما صَنعَ هؤلاء، يعني المشركينَ. ثُمَّ تقدَّمَ فاستقبلَهُ سعدُ بنُ مُعاذٍ، فقال: يا سعدُ بنَ مُعاذ، الجنَّةَ وربِّ النَّضرِ، إني أَجِدُ رِيحَها مِن دُونِ أُحُدٍ. قال سعدٌ: فما استطَعْتُ يا رسولَ اللهِ ما صَنع. قال أنس: فوَجَدْنا به بِضْعاً وثمانينَ ضَربةً بالسيفِ أو طَعنةً برمحٍ أو رَميةً بسهمٍ، ووَجَدْناهُ قد قُتِلَ وقد مَثَّلَ بهِ المشركون، فما عرفَهُ أحدٌ إلا أُختُهُ ببنانِهِ. قال أنسٌ: كنّا نرَى - أو نظنُّ - أن هٰذهِ الآيةَ نزَلَت فيهِ وفي أشباهِهِ: ﴿مِنَ المؤمنينَ رجالٌ صَدَقوا

٢٨٠٥ - قوله: يوم أُحد برفع يوم ونصبه انظر الشارح.

11 - CHAPTER: The saying of Allāh (the Exalted and Almighty): «Say: Can you except for us (any fate) other than one of the two best things (i.e. martyrdom or victory)» (9:52)

Battles have their ups and downs, the opponents fight each other with alternate succes.

2804. 'Abdullah bin 'Abbās narrated: «That Abū Sufyān told him that Heraculus said to him: «I asked you about the outcome of your battles with him (i.e. the Prophet (the blessing and peace of Allāh be upon him)) and you told me that you fought each other with alternate succes.

Apostles (the blessing and peace of Allāh be upon them) are tested in this way but the ultimate victory is alwavs theirs.

12 - CHAPTER: The saying of Allāh (the Exalted and Almighty):

«Among the believers are men who have been true to what they covenanted with Allāh. Some of them have paid their vow by death (in battle) and some of them are still waiting; and they have out altered in the least» (33:23).

2805. Anas (may Allāh be pleased with him) narrated: «My uncle Anas bin An-Nadr was absent from the Battle of Badr. He said: «O Allāh's Apostle! I was absent from the first battle you fought against the pagans. (By Allāh) If Allāh gives me a chance to fight the pagans, no doubt, Allāh will see how I will fight.» On the day of Uhud when the Muslims turned their backs and fled, he said: «O Allāh! I apologize (to you) for what these (i.e. his companions) have done, and I denounce what these (i.e. the pagans) have done.» Then he advanced and Sa'd bin Mu'āth met him. He said: «O S'ad bin Mu'ath! By the Lord of An-Nadr, Paradise is at hand. I am smelling its aroma coming from that side of Uhud». Later on Sa'd said: «O Allāh's Apostle! I cannot achieve or do what he (i.e. Anas bin An-Nadr) did. We found more than eighty wounds caused by swords and arrows in his body. We found him dead and his body was mutilated so badly that no one except his sister could recognise him by his fingers» We used to think that the following Verse was revealed concerning him and other men of his sort: Among the

ما عاهَدوا الله عليه﴾ إلىٰ آخرِ الآية». [الحديث ٢٨٠٥ ـ طرفاه في: ٤٠٤٨، ٤٧٨٣].

٢٨٠٦ ـ وقال: إنّ أُختَهُ ـ وهي تُسمى الرُّبَيِّع ـ كَسرَتْ ثَنِيَّةَ امرأةٍ فأمرَ رسولُ الله ﷺ بالقِصاص، فقال أنسٌ: يا رسولَ الله، والذي بَعثَكَ بالحقِّ لا تُكسَرُ ثَنيَّتُها، فرَضُوا بالأَرش وتركوا القصاصَ، فقال رسولُ الله ﷺ: «إنَّ من عِبادِ الله مَن لو أقسَمَ على الله لأبرَّه».

٢٨٠٧ ـ حدثنا أبو اليمانِ أخبرَنا شُعيبٌ عنِ الزُّهريِّ ح.

وحدثنا إسماعيلُ قال: حدَّثني أخي عن سليمانَ أُراهُ عن محمدِ بنِ أبي عتيقٍ عنِ ابنِ شِهابٍ عن خارجةَ بنِ زيدٍ أَنَّ زيدَ بنَ ثابتٍ رضيَ الله عنه قال: «نَسَخْتُ الصُّحفَ في المصاحفِ ففقدْتُ آيةً من سورةِ الأَحزابِ كنتُ أَسمعُ رسولَ الله ﷺ يَقرأُ بها، فلم أَجِدْها إلّا مَعَ خُزَيْمةَ بنِ ثابتٍ الأَنصاريِّ الذي جَعلَ رسولُ الله ﷺ شهادَتَهُ شهادةَ رجُلَينِ، وهو قولُهُ: ﴿مِنَ المؤمنينَ رجالٌ صَدَقوا ما عاهَدوا الله عليه﴾».

[الحديث ٢٨٠٧ ـ أطرافه في: ٤٠٤٩، ٤٦٧٩، ٤٧٨٤، ٤٩٨٦، ٤٩٨٨، ٤٩٨٩، ٧١٩١، ٧٤٢٥].

١٣ ـ باب عملٌ صالحٌ قبلَ القِتال

وقال أبو الدَّرْداءِ: إنما تُقاتلون بأعمالكم.

وقوله عزّ وجلّ: ﴿يا أيها الذين آمنوا لِمَ تقولونَ ما لا تفعلون. كَبُرَ مَقتاً عندَ الله أن تقولوا ما لا تفعلون إنَّ الله يُحِبُّ الذين يُقاتِلون في سبيلِهِ صَفّاً كأنَّهم بُنيانٌ مَرْصوص﴾[١].

باب ١٣ ـ قوله: باب التنوين يذكر فيه عمل صالح قبل القتال وفي نسخة باب عمل صالح بالإضافة (شرح).
(١) ـ الصف: ٢، ٤.

believers are men who have been true to their covenant with Allāh .... (33: 23).

The parts of this hadīth are in: 4048, 4783.

2806 . His sister Ar-Rubayyā broke the front teeth of a woman. Allāh's Apostle (the blessing and peace of Allāh be upon him) ordered for sanction. On that Anas(bin An-Nadr) said: «O Allāh's Apostle! By Him Who has sent you with the Truth, my sister's tooth shall not be broken». Then the opponents of Anas's sister accepted the compensation and gave up the claim of retaliation. So Allāh's Apostle said: «There are some people amongst Allāh 's slaves whose oaths are fulfilled by Allāh when they take them».

2807 . Khārija bin Zaid narrated: «Zaid bin Thābit (may Allāh be pleased with him) said: «When the Qur'ān was compiled from various written manuscripts, one of the Verses of Sūrat Al-Ahzāb was missing which I used to hear from Allāh's Apostle (the blessing and peace of Allāh be upon him) reciting. I could not find except with Khuzaima bin Thābit Al-Anārī, whose witness Allāh's Apostle (the blessing and peace of Allāh be upon him) regarded as equal to the witness of two men. And the Verse Was: Of the believers are men who have been to what they covenanted with Allāh (33: 23).

The parts of this hadīth are in: 4986, 47874, 4679, 7191, 4989, 4988, 7425.

13 - CHAPTER: Practising good deeds before taking part in a (Holy) battle. Abū Ad-Dardā said: «The result of your fighting will be according to your deeds»

The saying of Allāh (the Exalted and Almighty):

O you who believe! Why do you say what you do not do? It is most hateful in the sight of Allāh that you say what you do not do. Allāh loves those who fight in His Cause in rows (ranks) as if they were a solid structure. (16: 2 - 4).

٢٨٠٨ ـ **حدثني** محمدُ بنُ عبدِ الرَّحيمِ حدَّثَنا شَبابةُ بنُ سَوّارٍ الفَزاريُّ حدَّثَنا إسرائيلُ عن أبي إسحاقَ قال سمعتُ البراءَ رضيَ الله عنه يقول: أتىٰ النبيَّ ﷺ رجلٌ مقنَّعٌ بالحديد فقال: يا رسولَ الله، أُقاتلُ وأُسلِمُ؟ قال: «أَسلِمْ ثمّ قاتِلْ». فأسلم ثمَّ قاتلَ فقُتِلَ. فقال رسول الله ﷺ: «عَمِلَ قليلاً وأُجِرَ كثيراً».

١٤ ـ باب من أتاهُ سهمٌ غرْبٌ فقتَله

٢٨٠٩ ـ **حدثنا** محمدُ بنُ عبدِ الله حدَّثَنا حُسَينُ بنُ محمدٍ أبو أحمدَ حدَّثنا شيبانُ عن قَتادةَ حدَّثَنا أَنسُ بنُ مالكٍ أَنَّ أُمَّ الرُّبيِّعِ بنتَ البَراءِ وهي أُمُّ حارثةَ بنِ سُراقةَ أَتَتِ النبيَّ ﷺ فقالت: يا نبيَّ الله ألا تحدِّثني عن حارثةَ ـ وكانَ قُتلَ يومَ بَدرٍ أَصابَهُ سهمٌ غَربٌ ـ فإن كان في الجنَّةِ صبرتُ، وإن كان غيرَ ذلكَ اجتهَدْتُ عليهِ في البكاء. قال: **«يا أُمَّ حارثةَ، إنها جِنانٌ في الجنَّةِ، وإنَّ ابنكِ أصابَ الفِردَوسَ الأعلىٰ».**

[الحديث ٢٨٠٩ ـ أطرافه في: ٣٩٨٢، ٦٥٥٠، ٦٥٦٧].

١٥ ـ باب من قاتَلَ لتكونَ كلمةُ الله هي العُليا

٢٨١٠ ـ **حدثنا** سُليمانُ بنُ حربٍ حدَّثَنا شُعبةُ عن عمرٍو عن أَبي وائلٍ عن أَبي موسىٰ رضيَ الله عنه قال: جاءَ رَجُلٌ إلى النبيِّ ﷺ فقال: الرجُلُ يُقاتلُ للمَغنم، والرجُلُ يُقاتلُ للذِّكر، والرَّجلُ يقاتلُ ليُرَى مكانُهُ، فمَنْ في سبيلِ الله؟ قال: **«مَن قاتَلَ لتكونَ كلمةُ الله هي العُليا فهو في سبيلِ الله».**

١٦ ـ باب من اغبرَّتْ قَدَماهُ في سبيلِ الله وقول الله تعالىٰ:

﴿ما كانَ لأَهلِ المدينةِ ومن حَولهم منَ الأَعرابِ أن يتخلَّفوا عن رسولِ الله ـ إلى

باب ١٤ ـ قوله: (سهم غرب) بهذا الضبط وبإضافة سهم إلى غرب مع فتح الراء وهو ما جاء على غير قصد من راميه كما في الشارح.

2808 . Al-Barā (may Allāh be pleased with him) narrated: «A man whose face was covered withan iron maskcame to the Prophet (the blessing and peace of Allāh be upon him) and said: «O Allāh's Apostle! Shall I fight or embrace Islam first? The Prophet said: «Embrace Islām first and then fight.» So he embraced Islām, and was martyred. Allāh's Apostle said: «He did very little (after embracing Islām), but he will be rewarded in abundance.

14 - CHAPTER: That who is struck and killed by an arrow thrown by and unidentified person

2809 .Anas bin Mālik (may Allāh be pleased with him) narrated: «Umm Ar-Rubaī bint Al-Barā, the mother of Hārtha bin Surāqa come the Prophet (the blessing and peace of Allah be upon him) and said: O Allah's Apostle! Will you tell me about Hāritha?» Hāritha has been killed (i.e. martyred) on the day ot Badr with an arrow thrown by an unidentified person. She added: «If he is in Paradise, I will be patient; otherwise, I will weep bitterly for him». He said: «O mother of Hāritha! There are Gardens in Paradise and your son got the highest heaven the best place in Paradise.

The parts of this hadīth are in: 3982, 6550, 6567.

15 - CHAPTER: That who fights so that Allāh's Word (i.e. Islām) is to be superior

2810 . Abū Mūsa (may Allāh be pleased with him) narrated: «A man came to the Prophet (the blessing and peace of Allāh be upon him) and asked: «A man fights for war booty; another fights for fame and third fights for showing off; which of them fights in Allāh's Cause?» The Prophet (the blessing and peace of Allāh be upon him) said: «He who fights so that Allāh's Word (i.e. Islām) should be superior, fights in Allāh's Cause».

16 - CHAPTER: (The superiority of that) whose feet get covered with dust in Allāh's Cause; and the saying of Allāh (the Exalted and Almighty):

Is was not fitting for the townsfolk of Al-Madina and for those around them of the bedouins to stay behind the Apostle of Allāh (and prefer their lives to his life. That is because neither thirst nor fatigue, nor hunger afflict them in the cause of Allāh, nor they step any step that arouses the anger of the unbelievers,

قوله ـ إنَّ الله لا يُضيعُ أجرَ المحسِنين﴾[التوبة: ١٢٠].

٢٨١١ ـ **حدثنا** إسحاقُ أخبرَنا محمدُ بنُ المباركِ حدَّثَنا يحيى بنُ حمزة قال: حدَّثني يَزيدُ بنُ أبي مَريَمَ أخبرَنا عبايةُ بنُ رفاعةَ بنِ رافع بنِ خَدِيجٍ قال: أخبرني أبو عبسٍ هو عبدُ الرّحمٰنِ بنُ جبرٍ أنَّ رسولَ الله ﷺ قال: **«ما اغبرَّت قدَما عبدٍ في سبيلِ الله فتَمسَّهُ النار»**.

١٧ ـ باب مَسح الغبارِ عن الرأسِ في سبيلِ الله

٢٨١٢ ـ **حدثنا** إبراهيمُ بنُ موسىٰ أخبرَنا عبدُ الوهّابِ حدَّثَنا خالدٌ عن عِكرِمةَ أنَّ ابنَ عبّاسٍ قال لهُ ولعليِّ بنِ عبدِ الله: ائتيا أبا سعيدٍ فاسمعا مِن حديثِه. فأتَيا وهوَ وأخوهُ في حائطٍ لهما يَسقيانه، فلمّا رآنا جاء فاحْتَبىٰ وجَلسَ فقال: كنّا نَنقُلُ لَبِنَ المسجدِ لَبِنةً لَبنة، وكان عَمّارٌ ينقلُ لَبِنَتينِ لبنتين، فمرَّ بهِ النبيُّ ﷺ ومَسحَ عن رأسهِ الغُبارَ وقال: **«وَيحَ عمارٍ تَقتُلهُ الفِئةُ الباغية، عمّارٌ يَدْعوهم إلى الله ويَدْعونهُ إلى النار»**.

١٨ ـ باب الغُسْلِ بعدَ الحربِ والغُبارِ

٢٨١٣ ـ **حدثنا** محمدٌ أخبرَنا عَبدةُ عن هِشام بنِ عُروةَ عن أبيهِ عن عائشةَ رضيَ الله عنها: «أنَّ رسولَ الله ﷺ لما رجَعَ يومَ الخندقِ وَوضعَ السلاحَ واغتسَلَ، فأتاهُ جبريلُ وقد عَصبَ رأسَهُ الغُبارُ فقال: **«وَضعتَ السِّلاحَ؟ فوَالله ما وَضعتُهُ»**. فقال رسولُ الله ﷺ: **«فأينَ؟»** قال: ها هنا ـ وأومَـأَ إلى بني قريظة ـ قالت: فخرَجَ إليهم رسولُ الله ﷺ».

باب ١٧ ـ قوله: عن الرأس.. وفي نسخة: عن الناس في السبيل.

nor get they from the enemy a gain, but good deed is recorded for them therefore). Surely Allāh allows not the reward of righteous people to be lost. (9: 120).

2811 . Abū 'Abs narrated: «Who is 'Abdur-Rahmān bin Jābir: Allāh's Apostle (the blessing and peace of Allāh be upon him) said: «Anyone whose feet get covered with dust in Allāh's Cause will not be touched by the (Hell) fire».

17 - CHAPTER: To remove the dust which falls on one's head (whilst striving) in Allāh's Cause

2812.Ikrima narrated that Ibn Abbas said to *him* and Ali bin Abdullah: Go toAbū Said and listen to some of his narrations. So they went (and saw) Abū Sa'id and his brother irrigating a garden belonging to them. When he saw them, he came up and sat down with his legs drawn up and wrapped in his garment and said: «During the construction of the Mosque of the Prophet (the blessing and peace of Allāh be upon him) we carried the abode of the mosque, one brick at a time while 'Ammar used to carry two at a time. The Prophet passed by 'Ammar and removed the dust off his head and said: «May Allāh be merciful to 'Ammar. He will be killed by a rebellious appressive group. 'Ammar will invite them to (obey) Allāh and they will invite him to the (Hell) fire».

18 - CHAPTER: To take a bath after fighting and being soiled with dust

2813 . 'Āisha (may Allāh be pleased with her) narrated: «When Allāh's Apostle (the blessing and peace of Allāh be upon him) returned on the day (of the battle) of Al-Khandaq (i.e. Trench), he put down his arms and took a bath. He put down his arms and took a bath. Then Gabriel whose head was covered with dust, came to him saying: «You have put down your arms! By Allāh, I have not put down my arms yet». Allāh's Apostle said: «Where are you going now?» Gabriel said: «This way,» pointing towards the tribe of Banī Quraisa. So Allāh's Apostle went out towards them.

١٩ ـ باب فضلِ قولِ الله تعالىٰ:

﴿ولا تحسبنَّ الذينَ قُتلوا في سبيلِ الله أمواتاً بل أحياءٌ عندَ ربِّهم يُرزَقون. فرحينَ بما آتاهمُ الله مِن فضلِهِ ويستبشرونَ بالذينَ لم يَلحقوا بهم مِن خَلفِهم أنْ لا خوفٌ عليهم ولا هم يَحزَنون. يستبشرون بنِعمةٍ منَ الله وفضلٍ وأنَّ الله لا يُضيعُ أجرَ المؤمنين﴾ [آل عمران: ١٧٩، ١٨١].

٢٨١٤ ـ حدثنا إسماعيلُ بنُ عبدِ الله قال: حدَّثني مالكٌ عن إسحاقَ بنِ عبدِ الله بنِ أبي طلحةَ عن أنسِ بنِ مالكٍ رضيَ الله عنه قال: «دعا رسولُ الله ﷺ على الذينَ قَتلوا أصحابَ بئرِ مَعونةَ. ثلاثين غداةً، على رِعْلٍ وذَكوانَ وعُصَيَّةَ عَصَتِ الله ورسولَهُ. قال أنسٌ: أُنزِلَ في الذينَ قُتلوا بِبئرِ مَعونةَ قُرآنٌ قرَأْناهُ ثمَّ نُسخَ بعدُ: بَلِّغوا قومنا أنْ قد لَقِينا ربَّنا فرضيَ عنّا ورضِينا عنه».

٢٨١٥ ـ حدثنا عليُّ بنُ عبدِ الله حدَّثنا سُفيانُ عن عمرٍو سمع جابرَ بنَ عبدِ الله رضي الله عنهما يقولُ: «اصْطَبحَ ناسٌ الخمرَ يومَ أُحُدٍ، ثمَّ قُتلوا شُهَدَاء. فقيل لسُفيانَ: مِن آخرِ ذلك اليوم؟ قال: ليسَ هذا فيه».

[الحديث ٢٨١٥ ـ طرفاه في: ٤٠٤٤، ٤٦١٨].

٢٠ ـ باب ظلِّ الملائكةِ على الشهيدِ

٢٨١٦ ـ حدثنا صدَقةُ بنُ الفَضلِ قال: أخبرَنا ابنُ عُيَينةَ قال: سمعتُ محمدَ بنَ المنكدِرِ أنَّهُ سمع جابراً يقول: «جيءَ بأبي إلى النبيِّ ﷺ وقد مُثِّلَ بهِ ووُضعَ بين يدَيه، فذهبتُ أكشفُ عن وَجهِهِ، فنهاني قومي، فسمعَ صوتَ نائحةٍ، فقيل: ابنةُ عمرو ـ أو أُختُ

٢٨١٥ ـ قوله: (فقيل لسفيان من آخر ذلك اليوم) أي في هذا الحديث هذا اللفظ موجود (شرح).

19 - CHAPTER: The suporiority (of those people for whom the following saying of Allāh (the Exalted and Almighty) was revealed:

"Think not of those who are killed in Allāh's Cause as dead. Nay, they are living in the presence of their Lord, they have provision. They rejoice in what Allāh has bestowed on them of His bounty, rejoicing for the sake of those who have not joined then but are left behind (not yet martyred), that there shall not fear to come upon them, nor shall they grieve. They rejoice in grace and a bounty from Allāh, and that Allāh will not waste the wages of the believers». (3: 169 - 171).

2814 . Anas bin Malik (may Allah be pleased with him) narrated: the Prophet (the blessing and peace of Allah be upon him) invoked Allah to curse those who had killed the owners of Maouna well. He invoked evil upon Ra'l Thakwan, and 'Usaiya who disobeyed Allah and His Apostle (the blessing and peace of Allah be upon him). There was revealed about those who were killed at Maouna well a Qur'anic Verse we used to recite, but it was cancelled later on. The verse was:

"Inform our people that we have met our Lord.
He is pleased with us and He has made us pleased".

2815 . 'Ali bin 'Abdullah narrated: «from Sufy'an from 'Amr who heard Jabir bin 'Abdullah (may Allah be pleased with him) saying: «Some people drank alcohol in the morning of the day (of the battle) of Uhud and were martyred (on the same day); Sufyan was asked: «Were they martyred) in the part of the day?» He replied: «Such information does not occur in the narration».

The parts of this hadīth are in: 4404, 8164.

20 CHAPTER: The shade of angels on the martyr

2816 . Jābir (may Allāh be pleased with him) narrated: «My father's maimed body was brought to the Prophet (the blessing and peace of Allāh be upon him) and was placed in front of him. I went to uncover his face but my companions forbade me. Then mourning cries of a lady heard, and it was said that she was either the daughther or the sister of 'Amr. The Prophet (the blessing and peace

عمرو ـ فقال: «لم تبكي، أو لا تبكي، ما زالتِ الملائكةُ تُظلهُ بأجنِحتها». قلتُ لصدَقةَ: أفيهِ حتّى رُفعَ؟ قال: رُبما قاله».

٢١ ـ باب تمني المجاهدِ أن يَرجعَ إلى الدُّنيا

٢٨١٧ ـ **حدثنا** محمدُ بن بَشّار حدَّثنا غندرٌ حدَّثنا شُعبةُ قال: سمعتُ قتادةَ قال: سمعتُ أنسَ بنَ مالكٍ رضيَ الله عنه عنِ النبيِّ ﷺ قال: «ما أحدٌ يَدخلُ الجنةَ يُحبُّ أن يَرجعَ إلى الدُّنيا وله ما على الأرضِ من شيء، إلا الشهيدُ يتمنى أن يرجعَ إلى الدُّنيا فيُقتَلَ عشرَ مرات، لما يَرىٰ منَ الكرامةِ».

٢٢ ـ باب الجنةُ تحتَ بارقةِ السيوف

وقال المغيرةُ بنُ شعبةَ: أخبرَنا نبيُّنا ﷺ عن رسالةِ ربِّنا: مَن قُتِلَ منّا صارَ إلى الجنَّة.

وقال عمرُ للنبي ﷺ: أليسَ قتلانا في الجنةِ وقتلاهم في النار؟ قال: «بلى».

٢٨١٨ ـ **حدثنا** عبدُ الله بنُ محمدٍ حدَّثنا معاويةُ بنُ عمرٍو حدَّثنا أبو إسحاقَ عن موسى بنِ عُقبةَ عن سالمٍ أبي النضرِ مولى عمرَ بنِ عُبَيدِ الله ـ وكان كاتباً ـ قال: كتبَ إليهِ عبد الله بنُ أبي أوفى رضيَ الله عنهما أنَّ رسولَ الله ﷺ قال: «واعلموا أنَّ الجنَّة تحتَ ظِلالِ السيوف».

تابعه الأويسيُّ عنِ ابنِ أبي الزِّنادِ عن موسى بنِ عُقبة.

[الحديث ٢٨١٨ ـ أطرافه في: ٢٨٣٣، ٢٩٦٦، ٣٠٢٤، ٧٢٣٧].

٢٨١٧ ـ قوله: (إلا الشهيد) بالرفع ولأبي ذر بالنصب (شارح).

of Allāh be upon him) said: «Why is she crying?» Or said: «Do not cry for the angels are still shading him with their wings.» (Al-Bukhāri asked Sadqa, a sub-narrator: «Does the narration include the expression: «Till he was lifted?» The latter replied: «Jabir may have said it?).

21 -CHAPTER: The wish of the matyred to return to the world

2817 . Anas bin Mālik (may Allāh be pleased with him) narrated: «The Prophet (the blessing and peace of Allāh be upon him)said: «Nobody who enters Paradise likes to go back to the world even if he got everyining on the earth, except a fighter who wishes to return to the world so that he may be martyred ten times because of the dignity he receives (from Allāh)».

22 - CHAPTER: Paradise is under the blades of swords

Al-Mughīra bin Shu'ba narrated: «Our Prophet (the blessing and peace of Allāh be upon him) told us about the message of our Lord that....that who amongst us is killed will go to Paradise» 'Umar asked the Prophet. It is not true that our men who are killed will go to Paradise and their's (i.e. those of the Pagan's) will go to the (Hell) fire?» The Prophet said: «Yes».

2818 . 'Abdullah bin Abī Aufā (may Allāh be pleased with him) narrated: «Allāh's Apostle (the blessing and peace of Allāh be upon him) said: «Know that Paradise is under the shades of swords».

The parts of this hadīth are in: 2833, 2966, 3024, 7237.

٢١ ـ باب مَن طَلبَ الوَلدَ للجِهادِ

٢٨١٩ ـ وقال اللَّيث: حدَّثني جعفرُ بنُ ربيعةَ عن عبدِ الرَّحمٰنِ بنِ هُرمُزَ قال: سمعتُ أبا هريرةَ رضيَ اللهُ عنهُ عن رسولِ اللهِ ﷺ قال: «قال سليمانُ بنُ داودَ عليهما السلام: لأطوفَنَّ الليلةَ على مائةِ امرأةٍ ـ أو تسعٍ وتسعين ـ كلُّهنَّ يأتي بفارسٍ يُجاهِدُ في سبيلِ الله. فقال له صاحبُه: قل إن شاء الله، فلم يقل إن شاءَ الله، فلم تحمل منهنَّ إلاّ امرأةٌ واحدة جاءت بشِقِّ رَجُل. والذي نفسُ محمَّدٍ بيدِه لو قال إن شاء الله لجاهَدوا في سبيل الله فُرسانًا أجمعون».

[الحديث ٢٨١٩ ـ اطرافه في: ٣٤٢٤، ٥٢٤٢، ٦٦٣٩، ٦٧٢٠، ٧٤٦٩].

٢٢ ـ باب الشجاعةِ في الحربِ والجُبنِ

٢٨٢٠ ـ حدثنا أحمدُ بنُ عبدِ الملكِ بنِ واقدٍ حدَّثَنا حَمّادُ بنُ زيدٍ عن ثابتٍ عن أنسٍ رضي الله عنه قال: كانَ النبيُّ ﷺ أحسنَ الناسِ وأشجعَ الناسِ وأجْوَدَ الناس. ولقد فزِعَ أهلُ المدينة، فكانَ النبيُّ ﷺ سبقهم على فرس، وقال: «وَجَدْناهُ بحراً».

٢٨٢١ ـ حدثنا أبو اليمانِ أخبرَنا شُعيبٌ عنِ الزُّهريِّ قال: أخبرَني عمرُ بنُ محمدِ بنِ جُبَيرِ بنِ مُطعم أنَّ محمدَ بنَ جُبيرٍ قال: أخبرَني جُبيرُ بنُ مُطعمٍ أنهُ بينما هوَ يسيرُ معَ رسولِ اللهِ ﷺ ومعه الناسُ مَقفَلَهُ من حُنينٍ، فَعَلِقَهُ الناس يسألونَه حتّى اضطَرّوه إلى سَمُرةٍ فخطِفَتْ رِداءه فوقفَ النبيّ ﷺ فقال: «أعْطوني رِدائي، لو كانَ لي عدد هٰذهِ العِضاهِ نَعماً لقَسمتهُ بينكم، ثمَّ لا تجدوني بَخيلاً ولا كذوباً ولا جَباناً».

[الحديث ٢٨٢١ ـ طرفه في: ٣١٤٨].

٢٨١٩ ـ قوله: (يأتي) ولأبي ذر: تأتي وقوله: (فلم يحمل) ولأبي ذر فلم تحمل (شارح).

٢٨٢١ ـ قوله: (فعلقه الناس) ولأبي ذر: فعلقت الأعراب وقوله: (لا تجدوني) ولأبي ذر: لا تجدونني (شارح).

23 - CHAPTER: (The reward of that) who wishes to beget a son to send for the Holy struggle

2819 . Abū Huraira (may Allāh be pleased with him) narrated: «Allāh's Apostle (the blessing and peace of Allāh be upon him) said: «Once-Solomon, son of David said: «(By Allāh) tonight I will have sexual intercourse with one hundred (or ninety-nine) women each of whom will give birth to a knight who will fight in Allāh's Cause. On that a companionof him said:Say: Allāh willing but he did not say, Allāh willing. Only one of those women conceived and then gave birth to a half-man. By Him in whose Hand Muhammad's life is, if he had said: «Allāh willing, (he would have begotten sons) all of whom, would have been knights striving in Allāh's Cause».

The parts of this hadīth are in: 3424, 5242, 6639, 6720, 7469.

24 - CHAPTER: Bravery and cowardice in the battle

2820 . Anas (may Allāh be pleased with him) narrated: «The Prophet (the blessing and peace of Allāh be upon him) was the best, the bravest and the most generous of all the people. Once when the people of Madina got frightened, the Prophet (the blessing and peace of Allāh be upon him) rode a horse and went ahead of them and said: «We found this horse very fast.

2821 . Muhammad bin Jubair narrated: « Jubair bin 'Uthman told me that while he was in the company of Allāh's Apostle (the blessing and peace of Allāh be upon him) with the people returning from Hunain, some people (bedouins) caught hold of the Prophet and started begging of him so much so that he had to stand under a kind of thorny tree (i.e. Samurah) and his cloak was snatched away. The Prophet stopped and said: «Give me my cloak. If I had as many camels as these thorny trees, I would have distributed them amongst you and you will not find me a miser or a liar or a coward».

The parts of this hadīth are in:6365, 6370, 6374, 6390.

٢٥ ـ باب ما يُتعَوَّذُ من الجُبنِ

٢٨٢٢ ـ **حدثنا** موسىٰ بن إسماعيلَ حدَّثنا أبو عَوانةَ حدَّثنا عبدُ الملكِ بنُ عُميرٍ سمعتُ عمرو بنَ ميمونٍ الأودِيَّ قال: «كان سعدٌ يُعلِّم بَنيهِ هؤلاءِ الكلماتِ كما يُعلِّم المعلِّمُ الغِلمانَ الكتابةَ ويقول: إنَّ رسولَ الله ﷺ كان يتعوَّذُ منهنَّ دُبُرَ الصلاةِ: «اللَّهمَّ إني أعوذُ بكَ منَ الجُبنِ، وأعوذُ بكَ أن أُرَدَّ إلى أرذَلِ العُمرِ، وأعوذُ بكَ من فتنةِ الدُّنيا، وأعوذُ بكَ من عذابِ القبرِ». فحدَّثتُ بهِ مُصعَباً فصدَّقهُ».

[الحديث ٢٨٢٢ ـ أطرافه في: ٦٣٦٥، ٦٣٧٠، ٦٣٧٤، ٦٣٩٠].

٢٨٢٣ ـ **حدثنا** مسدَّدٌ حدَّثنا مُعتمِرٌ قال: سمعتُ أبي قال: سمعتُ أنسَ بنَ مالكٍ رضيَ الله عنه: كان النبيُّ ﷺ يقول: «اللّهمَّ إني أعوذُ بكَ منَ العَجزِ والكَسلِ، والجُبنِ والهرَمِ. وأعوذُ بكَ من فتنةِ المَحيا والممات. وأعوذُ بكَ من عذابِ القبرِ».

[الحديث ٢٨٢٣ ـ أطرافه في: ٤٧٠٧، ٦٣٦٧، ٦٣٧١].

٢٦ ـ باب مَن حدَّثَ بمَشاهِدهِ في الحرب

قالهُ أبو عثمانَ عن سعدٍ.

٢٨٢٤ ـ **حدثنا** قُتيبةُ بنُ سعيدٍ حدَّثنا حاتِمٌ عن محمدِ بنِ يوسفَ عنِ السّائبِ بنِ يزيدَ قال: «صَحِبتُ طلحةَ بنَ عُبيدِ الله وسَعداً والمِقدادَ بنَ الأسْودِ وعبدَ الرَّحمٰنِ بنَ عَوفٍ رضيَ الله عنهم، فما سمعتُ أحداً منهم يُحدِّثُ عن رسولِ الله ﷺ، إلاّ أني سمعتُ طلحةَ يحدِّثُ عن يومِ أُحُد». [الحديث ٢٨٢٤ ـ طرفه في: ٤٠٦٢].

٢٨٢٢ ـ قوله: (كان يتعوذ منهنّ) وفي بعض الأصول بهنّ (شارح).

25 - CHAPTER: Seeking refuge with Allāh from cowardice

2822 'Amr bin Maimun Al-Audi narrated: « Sad used to teach his sons the following words as a teacher his students the skill of writting and used to say that Allāh's Apostle (the blessing and peace of Allāh be upon him) used to seek refuge in Allāh from them (i.e. the evils) at the end of every prayer. The words are:

O Allāh ! I seek refuge with You from cowardice, and seek refuge with You from being brought back to a bad stage of old life and seek refuge with You from the afflictions of the world, and seek refuge with You from the punishment in the grave.

The parts of this hadīth are in: 6365, 6370, 6374, 6390.

2823 . Anas bin Mālik (may Allāh be pleased with him) narrated: «The Prophet (the blessing and peace of Allāh be upon him) used to say: «O Allāh! I seek refuge with You from halpsesness, laziness, cowardice and feeble old age; I seek refuge with You from afflictions of life and death and seek refuge with You from the punishment in the grave».

The parts of this hadīth are in: 4707, 6367, 6371.

26 - CHAPTER: That who described what he has witnessed in the war

2824 . As - Sā'ib bin Yāzid narrated: «I was in the company of Talha bin 'Ubaidullāh, Sā'd, Al-Miqdād bin Al-Aswad and 'Abdur-Rahman bin 'Auf (may Allāh be pleased with him) and I heard no one of them narrating anything from Allāh's Apostle (the blessing and peace of Allāh be upon him) but Talha was talking about the day (of the battle) of Uhud.

The parts of this hadīth are in: 4062.

٢٧ ـ باب وُجوبِ النَّفيرِ، وما يَجبُ منَ الجهادِ والنيَّةِ وقوله تعالىٰ:

﴿انفِروا خِفافاً وثِقالاً وجاهِدوا بأموالكم وأنفُسِكم في سبيلِ الله، ذٰلكم خيرٌ لكم إن كنتم تعلمون. لو كانَ عَرَضاً قريباً وسَفَراً قاصِداً لاتَّبعوكَ، ولكن بَعُدَتْ عليهمُ الشُّقَّةُ، وسيَحلِفونَ باللهِ﴾[التوبة: ٤١] الآية. وقولِهِ:

﴿يا أيُّها الذينَ آمَنوا ما لَكم إذا قيلَ لكُم انفِروا في سبيلِ الله اثّاقَلْتم إلى الأرضِ؟ أرضيتُم بالحياةِ الدُّنيا منَ الآخرةِ ـ إلى قوله ـ علىٰ كلِّ شيءٍ قدير﴾ [التوبة: ٣٨].

يُذكَرُ عنِ ابنِ عبّاسٍ: «انفِروا ثُباتٍ: سرايا مُتفرِّقين». ويُقال: واحدُ الثُّباتِ ثُبَة[1]

٢٨٢٥ ـ حدثنا عمرُو بنُ عليٍّ حدَّثَنا يحيى حدَّثَنا سُفيانُ قال: حدَّثَني منصورٌ عن مجاهِدٍ عن طاوُسٍ عنِ ابنِ عبّاسٍ رضيَ الله عنهما، «أنَّ النبيَّ ﷺ قال يوم الفتح: «لا هجرةَ بعدَ الفتح، ولكنْ جِهادٌ ونيَّةٌ، وإذا استُنفِرْتم فانفِروا».

٢٨ ـ باب الكافرِ يَقتلُ المسلمَ، ثمّ يُسْلمُ فيسَدِّدُ بعدُ ويُقتل

٢٨٢٦ ـ حدثنا عبدُ الله بنُ يوسفَ أخبرَنا مالكٌ عن أبي الزِّنادِ عنِ الأعرَجِ عن أبي هريرةَ رضيَ الله عنه أنَّ رسولَ الله ﷺ قال: «يَضحكُ الله إلى رجُلَين يَقتُلُ أحدُهما الآخرَ يَدخُلانِ الجنَّةَ، يُقاتِلُ هٰذا في سبيلِ الله فيُقتَلُ، ثمّ يَتوبُ الله على القاتلِ فيُستَشهَدُ».

باب ٢٧ ـ قوله: (باب وجوب النفير) أي الخروج إلى قتال الكفار (شارح).

(١) ـ قوله: (واحد الثبات) لأبي ذرّ في فتح الباري وفي نسخة: أحد.

باب ٢٨ ـ قوله: فيسدد بكسر الدال المهملة ولأبي ذر بفتحها (شارح).

27 - CHAPTER: The obligation of general call to arms what sort of struggle and intentions are compulsory, and the saying of Allāh (the Exalted and Almighty):

March forth, whethever you are feeling energetic or unenergetic.
And strive with your wealth and your lives
In the cause of Allāh ; that is better for you.
If you but knew, Had it been a near gain (booty in front them). And an easy jorney they would have following you. But the distance (Tabuk expedition) was long for them, and they would Swear by Allāh (saying). «If we only could we would surely hove come. Out with You».

They destroy their own souls, and Allāh knows.

That they are liars (9: 41 - 42).

And His saying: You who believe! What is the matter with that when you are asked to go forth in the Way of Allāh . (i.e. Jihad) you cling heavily to the earth? Do you prefer the life of this world to the Here-after?... (the Verse). If you go not pointful torment and will replace you by another people and you cannot harm Him at all, Allāh is Able to do all things (9: 38 - 39).

2825 . Ibn 'Abbās (may Allāh be pleased with him) narrated: «On the day of the Conquest (of Mecca) the Prophet (the blessing and peace of Allāh be upon him) said: «There is no emigration after the Conquest but struggle and intentions. When you are called (By the Muslim ruler) for fighting, go forth immediately.»

28 - CHAPTER: (What about) an infidel who kills a Muslim and later on embraces Islām and starts doing good deeds and gets killed (in Allāh's cause)?

2826. Abū Huraira (may Allāh be pleased with him) narrated: «Allāh's Apostle (the blessing and peace of Allāh be upon him) said: «Allāh welcomes two men with a smile; one of whom kills the other and both them enter Paradise. One fights in Allāh's Cause and gets killed. Later on Allāh forgive the killer who also gets martyred (in Allāh's Cause)».

٢٨٢٧ - **حدثنا** الحُميديُّ حدَّثنا سُفيانُ حدَّثنا الزُّهريُّ قال: أخبرَني عَنبَسةُ بنُ سعيدٍ عن أبي هريرةَ رضيَ الله عنه قال: «أتيتُ رسولَ الله ﷺ وهوَ بخيبَرَ بعدَ ما افتتحوها فقلتُ: يا رسولَ الله أَسهِمْ لي، فقال بعضُ بني سَعيدِ بنِ العاص: لا تُسهِمْ له يا رسولَ الله، فقال أبوهريرة: هٰذا قاتِلُ ابن قَوْقَلٍ، فقال ابن سعيدِ بنِ العاص: واعَجَباً لوبْرٍ[1] تدَلَّى علينا من قَدُوم ضأْنٍ ينعى عليَّ قتلَ رجُلٍ مسلمٍ أكرمَهُ الله على يدَيَّ ولم يُهِنِّي على يدَيه. قال: فلا أدرِي أسْهَمَ له أم لم يُسْهِم».

قال سُفيان: وحدَّثنيهِ السعيديُّ عن جَدِّهِ عن أبي هريرةَ.

قال أبو عبدِ الله: السعيديُّ هو عمرُو بنُ يحيىٰ بنِ سعيدِ بنِ عمرو بنِ سعيدِ بنِ العاص.

[الحديث ٢٨٢٧ - أطرافه في: ٤٢٣٧، ٤٢٣٨، ٤٢٣٩].

٢٩ - باب مَن اختارَ الغزْوَ علىٰ الصوم

٢٨٢٨ - **حدثنا** آدَمُ حدَّثنا شعبةُ حدَّثنا ثابتٌ البُنانيُّ قال: سمعتُ أنسَ بنَ مالكٍ رضيَ الله عنه قال: «كان أبو طَلحةَ لا يَصومُ على عهدِ النبيِّ ﷺ من أجلِ الغزو، فلما قُبِضَ النبيُّ ﷺ لم أرَهُ مُفطِراً إلاّ يومَ فِطرٍ أو أضحىٰ».

٣٠ - باب الشهادةُ سبعٌ سِوَى القتلِ

٢٨٢٩ - **حدثنا** عبدُ الله بنُ يوسفَ أخبرَنا مالكٌ عن سُمَيٍّ عن أبي صالحٍ عن أبي هريرةَ رضيَ الله عنه أنَّ رسولَ الله ﷺ قال: «الشُّهداءُ خمسةٌ: المطعونُ والمبطونُ والغرِقُ وصاحبُ الهَدْمِ والشهيدُ في سبيلِ الله».

٢٨٢٧ - قوله: (فقال ابن سعيد) ولأبي ذر: وقال (شارح).

(١) - (الوبر) دويبة تسمى غنم بني إسرائيل وتدلى معناه انحدر (قدوم ضأن): اسم جبل في أرض دوس قوم أبي هريرة يحقره وقوله؛ (ينعى عليّ قتل رجل... الخ): أي يعيب اهـ من الشرح.

2827. Abū Huraira (may Allāh be pleased with him) narrated: «I went to Allāh's Apostle (the blessing and peace of Allāh be upon him) while he was at Khaibar after it had fallen in the Muslim's hands. I said: «O Allāh's Apostle! Give me a share (from the land of Khaibar)».

One of the sons of Sa'īd Al-'As said: «O Allāh's Apostle! Do not give him a share». I said: «This is the murderer of Ibn Quaqual». The son of Sa'īd Ibn Al-'Ās said: «Strange! A guinea pig who has come down to us from the mountain of Qadūn (i.e. grazing place a sheep) blames me for killing a Muslim who was gives superiority by Allāh because of me, and Allāh did not disgrace me at his hands (i.e. was not killed as an infidel)». (The sub-narrator said: «I do not know whether the Prophet (the blessing and peace of Allāh be upon him) gave him a share or not)».

The parts of this hadīth are in: 4237, 4238, 4239.

29 - CHAPTER: That who preferred the Holy Struggle to fasting

2828. Anas bin Malīk (may Allāh be pleased with him) narrated: «In the life-time of the Prophet (the blessing and peace of Allāh be upon him), Abū Talha did not fast because of the Holy Struggle but after the Prophet died I never saw him without fasting except on 'Īd-ul-Adhā .

30 - CHAPTER: There are seven martyrs other than who are killed in the Holy Struggle (i.e. eigth)

2829. Abū Huraira (may Allāh be pleased with him) narrated: «Allāh's Apostle (the blessing and peace of Allāh be upon him) said: «Five are regarded as martyrs: They are those who die because of plague, abdominal disease, drowning or a falling building etc., and the martyrs in Allāh's Cause».

٢٨٣٠ ـ **حدثنا** بِشْرُ بن محمدٍ أخبرَنا عبدُ الله أخبرَنا عاصمٌ عن حَفصةَ بنتِ سِيرينَ عن أنسِ بنِ مالكٍ رضيَ الله عنه عنِ النبيِّ ﷺ قال: «الطاعونُ شهادةٌ لكلِّ مسلم».

[الحديث ٢٨٣٠ ـ طرفه في: ٥٧٣٢].

٢١ ـ باب قول الله عز وجل:

﴿لا يستوي القاعدونَ من المؤمنين غيرُ أُولي الضرر والمجاهدونَ في سبيلِ الله بأموالهم وأنفُسهم، فَضَّلَ الله المجاهِدين بأَموالِهم وأنفُسِهم على القاعِدينَ درجةً، وكلاً وعَدَ الله الحُسنى، وفضَّلَ الله المجاهدينَ على القاعِدينَ ـ إلى قولِهِ ـ غفوراً رحيماً﴾ [النساء: ٩٥].

٢٨٣١ ـ **حدثنا** أبو الوَليدِ حدَّثَنا شُعبةُ عن أبي إسحاقَ قال: سمعتُ البَراءَ رضيَ الله عنه يقول: لما نَزَلت: ﴿لا يَستَوِي القاعدونَ منَ المؤمنين﴾ دعا رسولُ الله ﷺ زيداً فجاءَ بكتابٍ فكتَبَها. وشكا ابنُ أُمِّ مَكتوم ضَرارتَهُ فنزَلَتْ: ﴿لا يَسْتوِي القاعدونَ من المؤمنينَ غيرُ أُولِي الضَّررِ﴾. [الحديث ٢٨٣١ ـ طرفاه في: ٤٥٩٣، ٤٥٩٤، ٤٩٩٠].

٢٨٣٢ ـ **حدثنا** عبدُ العزيزِ بنُ عبدِ الله حدَّثَنا إبراهيمُ بنُ سعدٍ الزُهريُّ قال: حدَّثَني صالحُ بنُ كَيسانَ عن ابنِ شهابٍ عن سَهل بن سعدٍ الساعديِّ أنه قال: «رأيتُ مَروانَ بنَ الحكمِ جالساً في المسجدِ فأقبلتُ حتى جلستُ إلى جنبِهِ، فأخبرَنا أنَّ زيدَ بنَ ثابتٍ أخبرَهُ أنَّ رسولَ الله ﷺ أملى عليه: ﴿لا يستوِي القاعدونَ منَ المؤمنينَ والمجاهِدونَ في سبيلِ الله﴾ قال فجاءَهُ ابنُ أُمِّ مكتومٍ وهو يُمِلُّها عليَّ فقال: يا رسولَ الله لو أَستطيعُ الجهادَ

٢٨٣١ ـ قوله: (ضرارته) أي ذهاب بصره (شارح).

2830. Anas bin Malīk (may Allāh be pleased with him) narrated: «The Prophet (the blessing and peace of Allāh be upon him) said: «Plague is the cause of martyrdom of every Muslim (who dies because of it)».

The parts of this hadith are in: 5732.

31 - CHAPTER: The saying of Allāh (the Exalted and Almighty)

«Not equal are 'those believers who sit (at home) except those who are disabled (by injury or are blind or lame etc.) and those who strive hard and fight in the Cause of Allāh with their properties and lives. Allāh has preferred in grade those who strive hard and fight. With their wealth and lives than those who sit (at home) unto each Allāh has promised good, but Allāh has preferred. Those who strive hard and fight above those who sit (at home) by a huge (higher) grades from Him, forgiveneess and mercy.Allāh is ever Oft-Forgiving. Most Merciful« (4:95).

2831. Al-Bara' (may Allāh be pleased with him) narrated: «When the Divine Inspiration. «Those of the believers who sit (at home)» was revealed the Prophet (the blessing and peace of Allāh be upon him) sent for Zaid (bin Thābit) who came with a shoulder-blade and wrote on it. Ibn Umm-Makhtām complained about his blindness and on that his following revelation came: «Not equal are those believers who sit (at home) except those who are disabled (by injury or are blind or lame etc.) and those who strive hard and fight in the Way of Allāh with their wealth and lives)».

The parts of this hadīth are in: 4593, 4594, 4990.

2832. Sahl bin Sā'īd As-Sā'īdi narrated: «I saw Marwān bin Al-Hakam sitting in the mosque. So I came forward and sat by his side. He told us that Zaid bin Thābit had told him that Allāh's Apostle (the blessing and peace of Allāh be upon him) had dictated to him the Divine verse:

Not equal are those believers who sit at home and those who strive hard and fight in the Cause of Allāh with their wealth and livesd» (4:95).

Zaid said: «Ibn Umm-Maktūm came to the Prophet (the blessing and peace of Allāh be upon him) while he was dictating to me that very Verse. On that Ibn Umm-Maktūm said: «O Allāh's Apostle! If I had power, I would surely took

لجاهَدْتُ ـ وكان رجُلاً أعمىٰ ـ فأنزَلَ الله تعالىٰ على رسولهِ ﷺ وفَخِذُهُ على فَخِذي. فثَقُلَتْ عليَّ حتى خِفتُ أن ترضَّ فخِذي. ثمَّ سُرِّيَ عنه، فأنزَلَ الله عزَّ وجلَّ: ﴿غير أُولِي الضَرَرِ﴾. [الحديث ٢٨٣٢ ـ طرفه في: ٤٥٩٢].

٣٢ ـ باب الصَّبر عند القِتال

٢٨٣٣ ـ حدثنا عبدُ الله بنُ محمدٍ حدَّثنا مُعاويةُ بنُ عمرو حدَّثنا أبو إسحاق عن موسى بن عُقبةَ عن سالمٍ أبي النَّضْرِ أنَّ عبدَ الله بنَ أبي أوفى كتبَ فقرَأتُهُ إنَّ رسولَ الله ﷺ قال: «إذا لَقِيتموهم فاصبِروا».

٣٣ ـ باب التَّحريضِ على القتالِ، وقولِ الله تعالىٰ: ﴿حرِّضِ المؤمنين على القِتال﴾ [الأنفال: ٦٥]

٢٨٣٤ ـ حدثنا عبدُ الله بنُ محمدٍ حدَّثنا مُعاويةُ بنُ عمرو حدَّثنا أبو إسحاق عن حُمَيدٍ قال: سمعتُ أنساً رضيَ الله عنه يقول: «خرجَ رسولُ الله ﷺ إلى الخندَقِ فإذا المهاجِرونَ والأنصارُ يَحفِرونَ في غَداةٍ باردةٍ، فلم يكنْ لهم عبيدٌ يَعملونَ ذلكَ لهم، فلمّا رأى ما بهم منَ النَّصَبِ والجوعِ قال: «اللّهمَّ إنَّ العَيشَ عَيشُ الآخِرهْ، فاغفِر للأنصارِ والمهاجِرَهْ. فقالوا مُجِيبينَ له»:

نحنُ الذينَ بايَعوا محمداً على الجِهادِ ما بَقِينا أبداً

[الحديث ٢٨٣٤ ـ أطرافه في: ٢٨٣٥، ٢٩٦١، ٣٧٩٥، ٣٧٩٦، ٤٠٩٩، ٤١٠٠، ٦٤١٣، ٧٢٠١].

٣٤ ـ باب حَفرِ الخَنْدَقِ

٢٨٣٥ ـ حدثنا أبو مَعْمَرٍ حدَّثنا عبدُ الوارثِ حدَّثنا عبدُ العزيزِ عن أنسٍ رضيَ الله عنه

part in the Holy Struggle». He was a blind man. So Allāh (the Exalted and Almighty) sent down revelation to His Apostle (the blessing and peace of Allāh be upon him) while his thigh was on mine and it became so heavy for me that I feared that my thigh would be broken. Then that state of the Prophet was over after Allāh revealed: «.. except those who are disabled (by injury or are blind or lame etc.).

The parts of this hadīth are in: 4592.

32 - CHAPTER: Patience during fighting

2833. Sālem Abū An-Nadr narrated: «'Abdullah bin Abī Aufā wrote I read what he wrote.. that Allāh's Apostle (the blessing and peace of Allāh be upon him) said: «When you face them (i.e. your enemy) then be patient».

33 - CHAPTER: Rousing and exhorting people to fight

And the saying of Allāh (the Exalted and Almighty): «Exhort the believers to fight» (8:65)

2834. Anas (may Allāh be pleased with him) narrated: «Allāh's Apostle (the blessing and peace of Allāh be upon him) went towards the Khandaq (i.e. Trench) and saw the Emigrants and the Ansār digging in a very cold morning as they did not have slaves to do that for them. When he noticed their fatigue and hunger he said: «O Allāh! The real life is that of the Here-after (so please), forgive the Ansār and Emigrants». In its reply the Emigrants and the Ansār said: «We are those who have given a pledge of allegiance to Muhammad (may Allāh be pleased with him) that we will carry on the Holy Struggle as long as we live».

The parts of this hadīth are in: 2835, 2961, 3795, 3796, 4099, 4100, 6413, 7201.

34 - CHAPTER: The digging of the Trench

2835. Anas (may Allāh be pleased with him) narrated: «The Emigrants and

قال: جَعَلَ المهاجرون والأنصارُ يَحفِرونَ الخَندَقَ حولَ المدينةِ ويَنقُلونَ الترابَ على مُتونِهم ويقولون:

نحنُ الذينَ بايَعوا محمداً على الإسلامِ ما بَقِينا أبداً

والنبيُّ ﷺ يُجيبُهم ويقول:

اللهمَّ إنهُ لا خيرَ إلا خيرُ الآخرهْ، فبارِكْ في الأنصارِ والمهاجِرَه.

٢٨٣٦ ـ **حدثنا** أبو الوَليدِ حدَّثَنا شعبةُ عن أبي إسحاقَ قال: سمعتُ البَراءَ رضيَ الله عنه يقول: كانَ النبيُّ ﷺ يَنقُلُ ويقول: «لولا أنتَ ما اهتَدَينا».

[الحديث ٢٨٣٦ ـ أطرافه في: ٢٨٣٧، ٣٠٣٤، ٤١٠٤، ٤١٠٦، ٦٦٢٠، ٧٢٣٦].

٢٨٣٧ ـ **حدثنا** حفصُ بنُ عمرَ حدَّثَنا شعبةُ عن أبي إسحاقَ عنِ البراءِ رضيَ قال: «رأيتُ رسولَ الله ﷺ يومَ الأحزابِ ينقلُ الترابَ ـ وقد وارَى الترابُ بياضَ بطنِهِ ـ وهوَ يَقولُ:

«لولا أنتَ ما اهتَدَينا ولا تَصدَّقْنا ولا صلَّينا
فأنزِلِ السَّكينةَ علينا وثَبِّتِ الأقدامَ إن لاقَينا
إنَّ الأُلى قد بَغَوا علينا إذا أرادوا فِتنةً أبَينا»

٣٥ ـ باب من حَبَسَهُ العُذرُ عن الغَزْو

٢٨٣٨ ـ **حدثنا** أحمدُ بنُ يونسَ حدَّثَنا زُهيرٌ حدَّثَنا حميدٌ أنَّ أنساً حدَّثَهم قال: «رَجعنا من غَزوةِ تبوكَ مع النبيِّ ﷺ».

[الحديث ٢٨٣٨ ـ طرفاه في: ٢٨٣٩، ٤٤٢٣].

٢٨٣٧ ـ قوله: (فأنزل السكينة) ويروى فأنزلن سكينة.

the Anṣār started digging the trench along Madinā carrying the earth on their backs and saying: «We were those who have given a pledge of allegiance to Muhammad (the blessing and peace of Allāh be upon him) that we will carry on the Holy Struggle as long as we live». The Prophet kept on replying: «O Allāh , there is no good except the good of the Here-after; so confer Your Blessings on the Ansār and the Emigrants.

2836. Al-Barā' (may Allāh be pleased with him) narrated: «The Prophet (the blessing and peace of Allāh be upon him) went saying: «Without You (O Allāh!) we would have got no guidance».

The parts of this hadīth are in: 2837, 3034, 4104, 4106, 6620.

2837. Al-Barā' narrated: «On the day (of the battle) of Al-Ahzāb (i.e. clans) I saw the Prophet (the blessing and peace of Allāh be upon him) carrying earth, and the earth was carrying the whiteness of his abdomen. And he was saying: «Without You (O Allāh!) we would have got no guidance, nor given in charity, nor prayed. So please bless us with tranquility and make firm our feet when we meet our enemies our enemies. Indeed people have oppressed us but never shall we yield if they try to bring afflication upon us».

35 - CHAPTER: (The reward of) that who is held back from the Holy Struggle by a legal cause

2838. Anas (may Allāh be pleased with him) narrated: «We returned from the invasion of Tabūk along with the Prophet (the blessing and peace of Allāh be upon him).

The parts of this hadīth are in: 2839, 4423.

٢٨٣٩ ـ **حدثنا** سليمانُ بنُ حربٍ حدَّثَنا حمّادُ هوَ ابنُ زيدٍ عن حُميدٍ عن أنسٍ رضيَ اللهُ عنه: أنَّ النبيَّ ﷺ كانَ في غَزاةٍ فقال: «**إنَّ أقواماً بالمدينةِ خَلْفَنا ما سلَكْنا شِعْباً ولا وادياً إلا وهم معنا فيه، حَبَسهُم العُذرُ**».

وقال موسىٰ: حدَّثَنا حمّادٌ عن حُمَيدٍ عن موسىٰ بنِ أنسٍ عن أبيهِ قال النبيُّ ﷺ.

قال أبو عبدِ الله: الأوَّلُ أصحُّ.

٣٦ ـ **باب** فضلِ الصومِ في سبيلِ الله

٢٨٤٠ ـ **حدثنا** إسحاقُ بنُ نصرٍ حدَّثَنا عبدُ الرزّاقِ أخبرَنا ابنُ جُرَيجٍ قال: أخبرَني يحيى بنُ سعيدٍ وسُهَيلُ بن أبي صالحٍ أنهما سَمِعا النعمانَ بن أبي عيّاشٍ عن أبي سعيدٍ الخُدريِّ رضيَ اللهُ عنه قال: سمعتُ رسولَ اللهِ ﷺ يقول: «**مَن صامَ يوماً في سبيلِ اللهِ بَعَّدَ اللهُ وجهَهُ عنِ النارِ سبعينَ خريفاً**».

٣٧ ـ **باب** فضلِ النَّفَقةِ في سبيلِ الله

٢٨٤١ ـ **حدثني** سعدُ بنُ حَفصٍ حدَّثَنا شَيبانُ عن يحيىٰ عن أبي سَلمةَ أنهُ سمِعَ أبا هريرةَ رضيَ اللهُ عنه عنِ النبيِّ ﷺ قال: «**مَن أنفقَ زَوجَينِ في سبيلِ اللهِ دعاهُ خَزَنةُ الجنَّةِ ـ كلُّ خَزَنةِ بابٍ ـ : أي فُلْ، هلُمَّ**». قال أبو بكرٍ: يا رسولَ الله، ذاكَ الذي لا تَوىٰ عليه، فقال النبيُّ ﷺ: «**إنِّي لأرجو أن تكونَ منهم**».

٢٨٤٢ ـ **حدثنا** محمدُ بنُ سِنانٍ حدَّثَنا فُلَيحٌ حدَّثَنا هلالٌ عن عطاءِ بنِ يسارٍ عن أبي سعيدٍ الخُدْريِّ رضيَ اللهُ عنه: أنَّ رسولَ اللهِ ﷺ قامَ على المِنبرِ فقال: «**إنَّما أخشىٰ عليكم**

٢٨٤٠ ـ قوله: (خريفاً) أي سنة (شارح).

٢٨٤١ ـ قوله: (كلّ خزنة باب) أي خزنة كلّ باب فهو من المقلوب (شارح).

ـ وقوله: (أي فل) بضم اللام وإسكانها يعني يا فلان أنظر الشارح.

2839. Anas (may Allāh be pleased with him) narrated: «While the Prophet (the blessing and peace of Allāh be upon him) was on in invasion he said: «Some people have remained behind us in Madina and we never crossed a mountain path or a valley, but they were with us (i.e. sharing the reward with us) as they have been held back by a (legal) excuse».

36 - CHAPTER: The excellence of observing fast for Allāh's Pleasure

2840. Abū Sa'īd (may Allāh be pleased with him) narrated: «I heard the Prophet (the blessing and peace of Allāh be upon him) saying: «Indeed, anyone who fasts for one day for Allāh's Pleasure will keep his face away from the (Hell) fire for (a distance covered by a journey of) seventy years».

37 - CHAPTER: The excellence of spending in Allāh's Cause (i.e. for the Holy Struggle)

2841. Abū Huraira (may Allāh be pleased with him) narrated: «The Prophet (the blessing and peace of Allāh be upon him) said: «That who spends two things in Allāh's Cause, will be called by all the gate-keepers of Paradise who will be saying: «O so-and-do! Come here». Abū Bakr said: «O Allāh's Apostle! Such persons will never be destroyed». The Prophet said: «I hope you will be one of them».

2842. Abū Sa'īd Al-Khūdrī (may Allāh be pleased with him) narrated: «Allāh's Apostle (the blessing and peace of Allāh be upon him) ascended the pulpit and said: «Nothing worries me as to what will happen to you after me, ex-

من بعدي ما يُفتَحُ عليكم من بَرَكات الأرض». ثمَّ ذكرَ زهرةَ الدُّنيا فبَدأَ بإحداهما وثنّى بالأخرى. فقامَ رجلٌ فقال: يا رسولَ الله، أوَ يأتي الخيرُ بالشرّ؟ فسكت عنهُ النبيُّ ﷺ، قلنا يُوحى إليه، وسكتَ الناسُ كأنَّ على رُؤُوسِهم الطَّيرَ. ثمَّ إنهُ مسح عن وَجههِ الرُّحَضاءَ فقال: «أينَ السائلُ آنِفاً؟ أوَ خيرٌ هوَ[١] ثلاثاً. إنَّ الخيرَ لا يأتي إلا بالخيرِ. وإنه كلُّ ما يُنبِتُ[٢] الرَّبيعُ ما يَقتُلُ حَبَطاً[١] أو يُلِمُّ، أَكلَتْ حتى امتدت خاصِرتاها استقبَلَت الشمسَ فَثَلَطتْ[٢] وبالَت ثم رَتَعتْ وإنَّ هذا المالَ خضِرةٌ حُلْوةٌ، ونعمَ صاحبُ المسلمِ لمن أخذَهُ بحقّهِ فجعلَهُ في سبيلِ الله واليَتامى والمساكينِ، ومَن لم يأخُذْهُ بحقّه فهوَ كالآكلِ الذي لا يَشبَعُ، ويكونُ عليهِ شهيداً يومَ القيامة».

٣٨ - باب فضلِ مَن جَهَّزَ غازياً أو خَلَفَهُ بخير

٢٨٤٣ - حدثنا أبو معمر حدَّثنا عبد الوارث حدَّثنا الحسين حدَّثني يحيى قال: حدَّثني أبو سلمة حدّثني بسر بن سعيدٍ قال: حدَّثني زيدُ بنُ خالدٍ رضيَ الله عنه أنَّ رسولَ الله ﷺ قال: «مَن جهَّزَ غازِياً في سبيلِ الله فقد غزا، ومَن خَلَفَ غازِياً في سبيلِ الله بخير فقد غزا».

٢٨٤٤ - حدثنا موسى بنُ إسماعيلَ حدَّثنا هَمّامٌ عن إسحاقَ بنِ عبدِ الله عن أنسٍ

٢٨٤٢ - قوله: (بإحداهما): أي ببركات الأرض وقوله: (بالأخرى) أي بزهرة الدنيا (شارح).

(١) - (هو) أي المال.

(٢) - قوله: (كلما ينبت) بفتح اللام ولأبي ذر: (كل ما) بضمها مع إسقاط: ما من أول يقتل والربيع: هو الجدول الذي يستقى به.

(١) - (الحبط) انتفاخ البطن من كثرة الأكل وقوله: (أكلت) وفي نسخة: كلما أكلت، وقد ضبب على كلما في اليونينية وكتب في الحاشية صوابه: (إلا آكلة الخضر) والإستثناء مفرغ والأصل كلما ينبت الربيع ما يقتل آكلة إلا الدابة التي تأكل الخضر فقط (أكلت) أي آكلة الخضر حتى إذا امتلأت الخ. أهـ من الشارح مختصراً.

(٢) - (ثلطت) أي ألقت بعرها رقيقاً.

cept the temptation of worldiy blessings which will be conferred on you». Then he mentioned the wordly pleasures. He started with the one (i.e. blessings) and took up the other (i.e. the pleasures) A man got up saying: «O Allāh's Apostle! Can the good bring about evil?» The Prophet remained silent and we thought that he was inspired divinely, so all the people kept with awe. Then the Prophet wiped the sweat off his face and asked: «Where is the present questioner?» Do you think wealth is good?» He repeated thrice, adding: «No doubt, good produces nothing but good. Indeed it is like what grows on the banks of a stream which either kills or nearly kills grazing animals because of gluttony except the vegetation-eating animal which eats till both its flanks are full (i.e. till it gets satisfied) and then stands in the sun and defecates and urinates and again starts grazing. This wordly property is sweet vegetation. How excellent the wealth of the Muslims is, if it is collected through legal means and is spent in Allāh's Cause and on orphans, poor people and travellers. But that who does not take it legally is like an eater who is never satisfied and his wealth will be a witness against him on the Day of Resurrection».

38 - CHAPTER: The excellence of that who prepares a warrior of the Holy Struggle or looks after his dependents in his absence

2843. Zaid bin Khālid (may Allāh be pleased with him) narrated: «Allāh's Apostle (the blessing and peace of Allāh be upon him) said: «That who prepares an invasion going in Allah's Cause himself given the reward of an invasion of, and that who looks after property the dependents of a Struggle going in Allah's Cause is Hakīm bin Hizām given a reward of a Struggle.

2844. Anas (may Allāh be pleased with him) narrated: «The Prophet (the

رضي الله عنه: أنَّ النبيَّ ﷺ لم يكُنْ يدخلُ بيتاً بالمدينةِ غيرَ بيتِ أُمِّ سُلَيمٍ، إلاّ على أزواجِهِ، فقيل له، فقال: «إني أرحَمُها، قُتِلَ أخوها معي».

٣٩ - باب التَّحنُّطِ عند القتال

٢٨٤٥ - حدثنا عبدُ الله بنُ عبدِ الوهّابِ حدَّثَنا خالدُ بنُ الحارثِ حدَّثنا ابن عَونٍ عن موسى بنِ أنسٍ قال: وذكَرَ يومَ اليمامةِ قال: «أتى أنسُ بنُ مالكٍ ثابتَ بنَ قيسٍ وقد حَسَرَ عن فَخِذَيهِ وهو يتحنطُ فقال: يا عمِّ ما يَحبِسُكَ أن لا تجيءَ؟ قال: الآنَ يا ابن أخي، وجَعلَ يَتَحنَّطُ - يعني منَ الحَنوطِ - ثمَّ جاءَ فجلس، فذكرَ في الحديث انكِشافاً منَ الناسِ فقال: هكذا عن وُجوهِنا حتى نضارِبَ القومَ، ما هكذا كنّا نفعلُ مع رسولِ الله ﷺ، بئسَ ما عوَّدْتم أقرانَكم» رواه حمّادٌ عن ثابتٍ عن أنس.

٤٠ - باب فضلِ الطَّليعة

٢٨٤٦ - حدثنا أبو نعيم حدَّثنا سفيانُ عن محمدِ بنِ المنكَدِرِ عن جابرٍ رضيَ الله عنه قال: قال النبيُّ ﷺ: «مَن يأتيني بخبرِ القومِ يومَ الأحزابِ؟» قال الزُّبَيرُ: أنا. ثمَّ قال: «من يأتيني بخبرِ القومِ؟» قال الزبير: أنا فقال النبيُّ ﷺ: «إنَّ لكلِّ نبيٍّ حَوارِياً وحوارِيَّ الزُّبيرُ». [الحديث ٢٨٤٦ - أطرافه في: ٢٨٤٧، ٢٩٩٧، ٣٧١٩، ٤١١٣، ٧٢٦١].

٤١ - باب هل يُبعثُ الطليعةُ وحدَه

٢٨٤٧ - حدثنا صَدَقةُ أخبرَنا ابنُ عُيَينةَ حدَّثنا ابنُ المنكَدِرِ أنَّهُ سمعَ جابرَ بنَ عبدِ الله رضيَ الله عنهما قال: نَدَبَ النبيُّ ﷺ الناسَ - قال صدَقةُ أظنُّهُ يومَ الخندَق - فانتَدَبَ الزُّبيرُ، ثم نَدبَ الناسَ فانتدَبَ الزُّبيرُ، ثم ندب الناس فانتدب الزبير، فقال النبيُّ ﷺ: «إن لكلِّ نبيٍّ حَوارِياً، وإنَّ حوارِيَّ الزُّبيرُ بنُ العَوّام».

باب ٤١ - قوله: (الطليعة) بالرفع مفعول ناب عن الفاعل ولأبي ذر يبعث بفتح أوله الطليعة بالنصب على المفعولية أي هل يبعثه الإمام إلى كشف العده (شارح).

blessing and peace of Allāh be upon him) did not enter any house in Madīna except the house of Umm-Sulaim besides those of his wives.. He was asked why, he said: «I take pity on her as her brother was killed in my company».

39 - CHAPTER: To apply Hunūt (i.e. a kind of scent for embalming the dead) during the battle

2845. Ibn 'Aun narrated: «Once Mūsā Ibn Anas while describing the battle of Yamāma said: «Anas bin Malīk went to Thābit bin Qais, who had lifted his clothes from his thighs and was applying Hunūt to his body. Anas asked: «O Uncle! What is holding you back (from the battle)? He replied: «O my nephew! I am coming just now», and went on perfurming himself with Hunūt, then he came and sat (in the row). Anas then mentioned that the people fled from the battle-field. On that Thābit said: «Clear the way for me to fight the enemy. We would never do so (i.e. flee) in the company of Allāh's Apostle (the blessing and peace of Allāh be upon him). How bad the habits you have acquired from your enemies!».

40 - CHAPTER: The excellence of the reconnoitre

2846. Jābir (may Allāh be pleased with him) narrated: «The Prophet (the blessing and peace of Allāh be upon him) said: «Who will bring me the information about the enemy of the day (of the battle) of Al-Ahzāb (i.e. Clans)?» Az-Zubair said: «I will». The Prophet said again: «Who will bring me the information about the enemy?» Az-Zubair said again: «I will». The Prophet said: «Every prophet had a disciple and my disciple is Az-Zubair».

The parts of this hadīth are in: 2847, 2997, 3719, 4113, 7261.

41 - CHAPTER: Can the reconnoitre be sent alone?

2847. Jābir bin 'Abdullah (may Allāh be pleased with him) narrated: «When the Prophet (the blessing and peace of Allāh be upon him) called the people (Sadqa, a sub-narrator, said: «Most probably what happened on the Day of Al-Khandaq) Az-Zubair responded on the call (i.e. to act as a reconnoitre). (The Prophet) called the people again and Az-Zubair responded to the call. The Prophet said then: «Every Prophet had a disciple and my disciple is Az-Zubair bin Al-Awwām».

٤٢ - باب سَفرِ الإثنينِ

٢٨٤٨ - **حدثنا** أحمدُ بنُ يونسَ حدَّثَنا أبو شهابٍ عن خالدِ الحَذّاءِ عن أبي قِلابةَ عن مالكِ بنِ الْحُوَيرِثِ قال: انصرَفتُ من عندِ النبيِّ ﷺ فقال لنا - أنا وصاحبٍ لي - : **«أذِّنا وأقيما وليَؤمَّكما أكبرُكما»**.

٤٣ - باب الخيلُ معقودٌ في نَواصِيها الخيرُ إلى يومِ القِيامة

٢٨٤٩ - **حدثنا** عبدُ الله بنُ مَسلمةَ حدَّثَنا مالكٌ عن نافعٍ عن عبدِ الله بنِ عمرَ رضيَ الله عنهما قال: قال رسولُ الله ﷺ: **«الخيلُ في نواصِيها الخيرُ إلى يومِ القيامة»**.

[الحديث ٢٨٤٩ - طرفه في: ٣٦٤٤].

٢٨٥٠ - **حدثنا** حَفصُ بنُ عمرَ حدَّثَنا شُعبةُ عن حُصَينٍ وابنِ أبي السَّفَرِ عن الشَّعبيِّ عن عُروةَ بنِ الجَعْدِ عنِ النبيِّ ﷺ قال: **«الخيلُ معقودٌ في نَواصِيها الخيرُ إلى يومِ القِيامة»**. قال سليمان عن شُعبةَ: «عن عُروةَ بن أبي الجَعد». تابعَهُ مُسدَّدٌ عن هُشَيمٍ عن حُصَينٍ عن الشَّعبيِّ: «عن عروة بن أبي الجَعد».

[الحديث ٢٨٥٠ - أطرافه في: ٢٨٥٢، ٣١١٩، ٣٦٤٣].

٢٨٥١ - **حدثنا** مسدَّدٌ حدَّثَنا يحيى بن سعيد عن شُعبةَ عن أبي التَّيَّاحِ عن أنسِ بنِ مالكٍ رضيَ الله عنه قال: قال رسولُ الله ﷺ: **«البَرَكةُ في نَواصِي الخيلِ»**.

[الحديث ٢٨٥١ - طرفه في: ٣٦٤٥].

٤٤ - باب الجهادُ ماضٍ مع البَرِّ والفاجِر

لقول النبيِّ ﷺ: **«الخيلُ معقودٌ في نَواصِيها الخيرُ إلى يومِ القيامة»**.

٢٨٥٢ - **حدثنا** أبو نُعَيمٍ حدَّثَنا زكريّاءُ عن عامرٍ حدَّثَنا عُروةُ البارِقيُّ أنَّ النبيَّ ﷺ

٢٨٤٧ - (ندب): دعا و(انتدب) أجاب.

42 - CHAPTER: The travelling of two persons together

2848. Malik bin Al-Huwairith narrated: «On my departure from the Prophet (the blessing and peace of Allāh be upon him), he said to me and to a friend of mine: «You two, pronounce the Adhān and the establishment for the prayer and let the elder of you lead the prayer».

43 - CHAPTER: Good will remain a permanent quality in horses (especially those kept for the purpose of the Holy Struggle) till the Day of Resurrection

2849. 'Abdullah bin 'Umar (may Allāh be pleased with him) narrated: «Allāh's Apostle (the blessing and peace of Allāh be upon him) said: «Good is a permanent quality of horses till the Day of Resurrection».

The parts of this hadīth are in: 3664.

2850. 'Urwa bin Al-Ja'd narrated: «The Prophet (the blessing and peace of Allāh be upon him) said: «Good will remain a permanent quality in horses till the Day of Resurrection».

The parts of this hadīth are in: 2852, 3119, 3643.

2851. And Anas bin Malīk (may Allāh be pleased with him) narrated: «Allāh's Apostle (the blessing and peace of Allāh be upon him) said: «There is a blessing in (the fore-heads of) horses».

The parts of this hadīth are in: 3645.

44 - CHAPTER: The Holy Struggle is carried on whether the Muslim Ruler who calls for it is a good or a bad person, by virtue of the saying of the Prophet (the blessing and peace of Allāh be upon him): «Good, will remain a permanent quality in horses till the Day of Resurrection

2852. 'Urwa Al-Bariqī narrated: «The Prophet (the blessing and peace of Allāh be upon him) said: «Good, will remain a permanent quality in horses (for

قال: «الخيلُ مَعقودٌ في نَواصِيها الخيرُ إلى يوم القِيامة: الأَجرُ والمغنم».

٤٥ - باب مَن احتبَسَ فرساً
لقوله تعالى: ﴿ومِن رِباطِ الخيل﴾ [الأنفال: ٦٠]

٢٨٥٣ - حدثنا عليُّ بنُ حفص حدَّثَنا ابنُ المبارَكِ أخبرَنا طلحة بنُ أبي سعيدٍ قال: سمعتُ سعيداً المقْبُريَّ يُحدِّثُ أنهُ سمعَ أبا هريرة رضيَ الله عنهُ يقول: قال النبيُّ ﷺ: «مَنِ احتَبسَ فرساً في سبيلِ الله، إيماناً بالله وتَصديقاً بوَعدِهِ، فإنَّ شِبَعَهُ ورِيَّهُ ورَوثَهُ وبَولَهُ في مِيزانهِ يومَ القيامة».

٤٦ - باب اسم الفَرَسِ والحِمار

٢٨٥٤ - حدثنا محمدُ بن أبي بكرٍ قال حدَّثنا فُضَيلُ بنُ سليمانَ عن أبي حازمٍ عن عبدِ الله بنِ أبي قَتادةَ عن أبيهِ «أنهُ خرجَ مع النبيِّ ﷺ فتخلَّفَ أبو قتادةَ معَ بعضِ أصحابهِ وهم مُحرِمونَ وهو غيرُ مُحرم، فرأَوا حماراً وحشياً قبلَ أن يَراهُ، فلمّا رأوهُ تَركوهُ حتّى رآهُ أبو قَتادَةَ، فركِبَ فَرَساً لهُ يقال له الجَرادة، فسأَلَهم أن يُناوِلوهُ سَوطَهُ فأَبَوا، فتَناوَلَهُ، فحمَلَ فعقَرهُ، ثمَّ أكلَ فأَكلوا، فقَدِموا، فلمّا أَدرَكوهُ قال: «هل معَكم منهُ شيء؟» قال: معَنا رِجلُهُ، فأخذَها النبيُّ ﷺ فأكلَها».

٢٨٥٥ - حدثنا عليُّ بنُ عبدِ الله بنِ جَعفرٍ حدَّثنا مَعنُ بنُ عيسى حدَّثني أُبيُّ بنُ

٢٨٥٢ - قوله: (الأجر والمغنم): هما بدلان من الخير أو خبر مبتدأ محذوف أي هو الأجر والمغنم قال الشارح.

باب ٤٦ - قوله: (باب اسم الفرس والحمار) أي مشروعية تسميتها بأسماء تخصها.

the Holy Struggle) till the Day of Resurrection, for they bring about either a reward (in the Here-after) or booty (in this world)».

45 - CHAPTER: (The excellence of) that who keeps a horse (for the purpose of the Holy Struggle in Allāh's Cause), as is indicated by the saying of Allāh (the Exalted and Almighty):

And get ready then all you can of power, including steeds of war (tanks, lanes, missiles, artillory, etc.) (for the purpose of the Holy Struggle) to strike terror into (the hearts of) the enemy of Allāh and your enemy» (8:60).

2853. Abū Huraira (may Allāh be pleased with him) narrated: «The Prophet (the blessing and peace of Allāh be upon him) said: «If somebody keeps a horse in Allāh's Cause motivated by his faith in Allāh and his belief in His Promise (of giving reward), then he will be rewarded on the Day of Resurrection for what the horse has eaten or drunk and for its dung and urine».

46 - CHAPTER: To name a horse and a donkey

2854. 'Abdullah bin Abī Qatāda narrated from his father: «Abū Qatāda went on (a journey) with Allāh's Apostle (the blessing and peace of Allāh be upon him) He was left behind with some of his Companions who were in the state of Ihram. He himself was not is the state of Ihram. They saw an onager before he could see it. When they saw the onager, they did not speak anything till Abū Qatāda saw it. He rode over his horse called Al-Jarāda and requested them to give him his lash, but they refused. He himself took it and then attacked the onager and slaughtered it. He ate of its meat and his Companions ate, too, but they regretted their eating. When they met the Prophet (they asked him about it) and he asked: «Have you some of its meat (left) with you?» Abū Qatāda replied: «Yes, we have its leg with us». So, the Prophet took it and ate it.

2855. Sahl narrated: «In our garden there was a horse belonging to the

عبّاسِ بنِ سهلٍ عن أبيهِ عن جَدِّهِ قال: «كانَ للنبيِّ ﷺ في حائطِنا فرَسٌ يقالُ له اللُّحَيف».

قال أبو عبد الله: وقال بعضهم: اللّخيف.

٢٨٥٦ ـ **حدثنا** إسحاقُ بنُ إبراهيمَ أنهُ سمعَ يحيى بنَ آدمَ حدَّثَنا أبو الأحوصِ عن أبي إسحاقَ عن عمرِو بنِ ميمونٍ عن مُعاذٍ رضيَ الله عنه قال: **كنتُ رِدْفَ النبيِّ ﷺ على حمارٍ يقالُ له عُفَير، فقال: «يا مُعاذُ، هل تَدري حقَّ الله على عبادهِ وما حقُّ العبادِ على الله؟»** قلتُ: الله ورسولُهُ أعلمُ. قال: **«فإنَّ حقَّ الله على العِبادِ أن يَعبُدوهُ ولا يُشرِكوا بهِ شيئاً، وحقُّ العباد على الله أن لا يُعذِّبَ من لا يُشركُ بهِ شيئاً»**، فقلتُ: يا رسولَ الله أفلا أُبشِّرُ به الناسَ؟ قال: **«لا تُبشِّرهم فيتَّكِلوا»**.

[الحديث ٢٨٥٦ ـ أطرافه في: ٥٩٦٧، ٦٢٦٧، ٦٥٠٠، ٧٣٧٣].

٢٨٥٧ ـ **حدثنا** محمدُ بنُ بَشّارٍ حدَّثَنا غُندَرٌ حدَّثَنا شُعبةُ سمعت قتادةَ عن أنسِ بنِ مالكٍ رضيَ الله عنه قال: **كان فزَعٌ بالمدينةِ، فاستعارَ النبيُّ ﷺ فرَساً لنا يقال له مَنْدوبٌ فقال: «ما رأينا مِن فزَع، وإنْ وَجَدْناهُ لبَحْراً»**.

٤٧ ـ باب ما يُذكَرُ مِن شُؤْمِ الفرَس

٢٨٥٨ ـ **حدثنا** أبو اليمانِ أخبرَنا شُعَيبٌ عن الزُّهريِّ قال: أخبرَني سالم بنُ عبدِ الله أنَّ عبدَ الله بنَ عمرَ رضيَ الله عنهما قال: سمعتُ النبيَّ ﷺ يقول: **«إنَّما الشُّؤْمُ في ثلاثةٍ: في الفرَسِ، والمرأةِ، والدار»**.

٢٨٥٩ ـ **حدثنا** عبدُ الله بنُ مَسلمةَ عن مالكٍ عن أبي حازمِ بنِ دِينارٍ عن سَهلِ بنِ

٢٨٥٥ ـ (اللحيف): بهذا الضبط وبوزن رغيف سمي به لطول ذنبه أنظر الشارح.

٢٨٥٦ ـ قوله: (هل تدري) ولأبي ذر (وهل تدري) وقوله: حق الله كذا بإسقاط ما في الفرع وغيره وفي نسخة ما حق الله وقوله: وحق العباد: بالنصب عطفاً على فإن حق الله ولأبي ذر: بالرفع على الإستئناف (شارح).

Prophet (the blessing and peace of Allāh be upon him) called Al-Luhaif or Al-Lakhif.

2856. Mu'āth (may Allāh be pleased with him) narrated: «I was a companion-rider of the Prophet (the blessing and peace of Allāh be upon him) on a donkey called 'Ufair. The Prophet asked: «O Mu'āth! Do you know what Allāh's right is, and what the right of His slaves on Him ?». I replied: «Allāh and His Messenger know better». He said: «Allāh's right on His slaves is that they should worship Him Alone) and should not worship any one besides Him. And the slaves right on Allāh is that He shall never torture him who worship none besides Him». I said: «O Allāh's Apostle! Should not I inform the people of this good of it, lest they should depend in it (absoutely).

The parts of this hadīth are in: 5967, 6267, 6500, 7373.

2857. Anas bin Malīk (may Allāh be pleased with him) narrated: «Once there was a feeling of fright in Madīna, so the Prophet (the blessing and peace of Allāh be upon him) borrowed a horse belonging to us called Mandūb (and he rode away on it). (When the Prophet returned) he said: «we saw no fright, and if any it would run so fast».

47 - CHAPTER: What has been said about the evil omen of a horse

2858. 'Abdullah bin 'Umar (may Allāh be pleased with him) narrated: «I heard the Prophet (the blessing and peace of Allāh be upon him) saying: «Evil omen is in three things: The horse, the women, and the house.

2859. Sahl bin Sa'd Al-Sā'īdi (may Allāh be pleased with him) narrated:

سعدٍ الساعِدِيِّ رضي الله عنه أنَّ رسولَ الله ﷺ قال: «إن كـان فـي شيءٍ ففي المرأةِ والفرَس والمسْكَن». [الحديث ٢٨٥٩ ـ طرفه في: ٥٠٩٥].

٤٨ ـ باب الخَيلُ لثلاثةٍ، وقوله تعالىٰ:
﴿والخيلَ والبِغالَ والحميرَ لتركبوها وزِينة﴾ [النحل: ٨]

٢٨٦٠ ـ حدثنا عبدُ الله بنُ مَسلمةَ عن مالكٍ عن زيدِ بنِ أَسلمَ عن أبي صالحٍ السمانِ عن أبي هريرة رضيَ الله عنه أنَّ رسولَ الله ﷺ قال: «الخيلُ لثلاثة: لرجُلٍ أجر، ولرجل ستر، وعلى رجل وِزر. فأما الذي له أجرٌ فرجُلٌ رَبَطَها في سبيل الله فأطالَ في مَرْجٍ أو رَوضة، فما أصابت في طِيَلها ذٰلك من المَرج أوِ الرَّوضةِ كانت له حسناتٍ، ولو أنها قَطَعت طِيَلَها فاستنَّتْ شرَفاً أو شرَفَينِ كانت أرواثُها وآثارُها حسَناتٍ لهُ، ولو أنها مرَّت بنهرٍ فشَربَت منه ولم يُرِدْ أن يسقِيَها كان ذٰلك حسناتٍ له. وأمّا الرجل الذي هي عليه وزر فهو رجُلٌ رَبطها فخراً ورِياءً ونِواءً[1] لأهلِ الإسلامِ فهي وِزرٌ على ذٰلك». وسُئِلَ رسولُ الله ﷺ عن الحُمر فقال: «ما أُنزِلَ عليَّ فيها إلا هٰذهِ الآيةُ الجامعةُ الفاذَّة: ﴿فمَن يَعملْ مِثقالَ ذَرَّةٍ خَيراً يَرَهُ، ومَن يَعملْ مِثقالَ ذرَّة شراً يَرَه﴾».

٢٨٥٩ ـ قوله: (إن كان الخ) اتفقت النسخ على إسقاط اسم كان وهو الشؤم.

٢٨٦٠ ـ قوله: (شرفاً الخ) أي شوطاً أو شوطين.

ـ وقوله: (بنهر) بفتح الهاء وسكونها.

(١) ـ قوله: (والنواء): العداوة.

«Allāh's Apostle (the blessing and peace of Allāh be upon him) said: «If there is any evil omen in anything, it would be is in the woman, the horse and the house.

48 - CHAPTER: Horses (are kept) for three (purposes), and the saying of Allāh (the Exalted and Almighty):

«And horses, mules and asses (He has created) for you to ride and as an adornment, and He will create (other) things of which you have no knowledge» (16:8).

2860. Abū Huraira (may Allāh be pleased with him) narrated: «Allāh's Apostle (the blessing and peace of Allāh be upon him) said: «Horses are kept for one of three purposes; for some people they are a source of reward, for some others they are a means of shelter and for some others they are a source of sins. The one for whom they are a source of reward, is he who keeps a horse for Allah's Cause (i.e. the Holy Struggle), tying it with a long leather on a meadow or in a garden with the result that whatever it eats from the area of the meadow or the garden where it is tied with will be counted as good deeds for his benefit, and if it should break its rope and jump over one or two hillocks then all its dung and its foot-marks will be written as good deeds for him, and if it passes by a river and drinks water from it even though he had no intention of watering it, even then he will get the reward for its drinking. As for the man for whom horses keeps a horse for the sake of pride and pretense and showing enemity for Muslims; such a horse will be a source of sins for him. When Allah's Apostle (the blessing and peace of Allah be upon him) was asked about donkeys, he replied: «Nothing had been revealed to me about them except this unique, comprehensive Verse:

«Then anyone who does an atom's (or a small ant's weight Of good shall see it; and anyone who does an atom's (or a small ant's) weight Of evil, shall see it» (101: 7-8).

٤٩ ـ باب مَن ضَربَ دابةَ غيرِهِ في الغَزْوِ

٢٨٦١ ـ حدثنا مُسلمٌ حدَّثَنا أَبو عَقيلٍ حدَّثَنا أَبو المتوكلِ النَاجيُّ قال: أَتيتُ جابرَ بنَ عبدِ الله الأَنصاريَّ فقلتُ له: حدِّثني بما سمعتَ من رسولِ الله ﷺ. قال: سافرتُ معهُ في بعض أَسفارهِ ـ قال أَبو عَقيل: لا أَدري غزوةً أَو عُمرة ـ فلما أَن أَقبَلْنا قال النبيُّ ﷺ: «مَنْ أَحَبَّ أَن يتعجَّلَ إِلى أَهلِهِ فليُعجِّلْ». قال جابر: فأَقبَلْنا وأَنا على جَملٍ لي أَرمَكَ ليس فيهِ شِيَةٌ والناسُ خَلفي، فبَينا أَنا كذلكَ إِذ قامَ عليَّ فقال لي النبيُّ ﷺ: «يا جابرُ استمسِكْ»، فضربَهُ بسَوطهِ ضربةً، فوثبَ البعيرُ مكانهُ، فقال: «أَتبيعُ الجملَ؟» قلتُ: نعم، فلما قدِمنا المدينَةَ ودخلَ النبيِّ ﷺ المسجدَ في طوائفِ أَصحابهِ، فدخلتُ إِليْهِ وعَقلتُ الجملَ في ناحيةِ البَلاطِ[1] فقلتُ له: هٰذا جملُكَ. فخرجَ فجعلَ يُطِيفُ بالجمل ويقول: «الجملُ جملُنا». فبعثَ النبيُّ ﷺ أَواقٍ من ذهبٍ فقال: «أَعطوها جابراً». ثمّ قال: «استوفَيتَ الثمنَ؟» قلتُ: نعم. قال: «الثمنُ والجملُ لك».

٥٠ ـ باب الركوبِ على الدابَّةِ الصَّعبةِ والفحولةِ منَ الخيل

وقال راشدُ بنُ سعدٍ: كان السلفُ يَستحبُّون الفُحولةَ لأنها أَجْرَى وأَجْسَر.

٢٨٦٢ ـ حدثنا أَحمدُ بنُ محمدٍ أَخبرَنا عبدُ الله أَخبرَنا شعبةُ عن قَتادةَ قال: سمعتُ أَنسَ بنَ مالكٍ رضيَ الله عنه قال: كان بالمدينة فزَعٌ، فاستعارَ النبيُّ ﷺ فرَساً لأَبي طلحةَ يقال له مَندوب، فركِبَهُ وقال: «ما رأَينا من فَزَعٍ، وإِنْ وجَدْناه لَبحراً».

٢٨٦١ ـ (الناجيّ): نسبة إلى بني ناجية.

و ـ (جمل أرمك): هو ما خالط حمرته سواد. (ليس فيه شية): أي لمعة من غير لونه.

(١) ـ البلاط: بفتح الباء الحجارة المفروشة عند باب المسجد (شارح).

باب ٥٠ ـ (الفحولة) جمع الفحل كالفحول والتاء فيه لتأكيد الجمع كما في الملائكة و(البراذين): جمع البرذون وزان فرعون: وهو التركي من الخيل أهـ.

49 - CHAPTER: That who beats somebody else's animal during the battle (intending to help its rider)

2861. Muslim narrated from Abū 'Aqīl from Abū Al-Mutawakil An-Nājī: I called on Jābir bin 'Abdullah Al-Ansār and said to him: «Relate to me what you have heard from Allāh's Apostle (the blessing and peace of Allāh be upon him)». He said: «I accompanied him on one of the journeys». Abū 'Āqīl said: «I do not know whether that journey was for the purpose of Struggle or 'Umra»): «When we were retruning: «Jabir continued: «The Prophet (the blessing and peace of Allāh be upon him) said: «That who wants to return earlier to his family, should hurry up». We set off and I was on a black-tained camel having no defect, and the people were behind me. While I was in that state the camel stopped suddenly (because of exhaustion). On that the Prophet said to me: «O Jābir, wait! Then he hit it once with his lash and it started moving on a fast pace. He then said: «Will you sell the camel?» I replied in the affirmative. When we reached Madīna, and the Prophet went to the mosque along with his Companions. I, too, went to him after tying the camel on the pavement at the Mosque gate. Then I said to him: «This is your camel». He came out and started examining the camel and saying: «The camel is ours». Then the Prophet sent some ounces of gold saying: «Give it to Jabir». Then he asked: «Have you taken the full price (of the camel)?» I replied in the affrimative. He said: «Both the price and the camel are for you».

50 - CHAPTER: Riding on an unmanageable animal or a stallion.

Rashid bin Sa'd said: «The early Muslims preferred to ride stallions, for they were faster and more daring (than mares)»

2862. Anas bin Malīk (may Allāh be pleased with him) narrated: «There was a feeling of fight in Madīna, so the Prophet (the blessing and peace of Allāh be upon him) borrowed a horse called Mandūb belonging to Abū Talha and mounted it. (On his return), he said: «I did not see anything of fright and I found this horse very fast».

٥١ ـ باب سِهام الفَرَس

وقال مالكٌ: يُسهم للخيلِ والبراذِينِ منها لقولهِ تعالىٰ: ﴿والخيلَ والبِغال والحَمير لتركَبوها﴾ [النحل: ٨] ولا يُسهَمُ لأكثرَ من فَرَسٍ.

٢٨٦٣ ـ **حدثنا** عُبَيدُ بن إسماعيلَ عن أبي أُسامةَ عن عُبَيدِ الله عن نافعٍ عن ابنِ عمر رضيَ الله عنهما: «أنَّ رسولَ الله جعلَ للفرس سَهمَينِ ولصاحبِهِ سَهماً».

[الحديث ٢٨٦٣ ـ طرفه في: ٤٢٢٨].

٥٢ ـ باب مَن قادَ دابَّةَ غيرِهِ في الحرب

٢٨٦٤ ـ **حدثنا** قتَيبةُ حدَّثَنا سَهلُ بن يوسُفَ عن شعبةَ عن أبي إسحاقَ: «قال رَجُلٌ للبراءِ بنِ عازبٍ رضيَ الله عنه: أفرَرْتم عن رسولِ الله ﷺ يومَ حُنَينٍ؟ قال: لكنَّ رسولَ الله ﷺ لم يَفِرَّ، إنَّ هَوازِنَ كانوا قَوماً رُماةً، وإنّا لما لَقيناهم حَملنا عليهم فانهزَموا، فأقبَلَ المسلمونَ على الغَنائم، فاستقبَلونا بالسِّهام، فأما رسولُ الله ﷺ فلم يفِرَّ، فلقد رأيتهُ وإنهُ لَعلَى بغلتِهِ البيضاءِ، وإنَّ أبا سُفيانَ آخِذٌ بِلِجامِها والنبيُّ ﷺ يقول: «أنا النبيُّ لا كذِبْ، أنا ابنُ عبدِ المطَّلِب».

[الحديث ٢٨٦٤ ـ أطرافه في: ٢٨٧٤، ٢٩٣٠، ٣٠٤٢، ٤٣١٥، ٤٣١٦، ٤٣١٧].

٥٣ ـ باب الرِّكاب، والغَرْزِ للدابَّة

٢٨٦٥ ـ **حدثنا** عُبَيدُ بنُ إسماعيلَ عن أبي أُسامةَ عن عُبَيدِ الله عن نافعٍ عن ابنِ عمرَ رضيَ الله عنهما «عَنِ النبيِّ ﷺ أنه كان إذا أدخلَ رِجلَهُ في الغَرْزِ واستَوَتْ به ناقتهُ قائمةً أَهلَّ مِن عندِ مسجدِ ذي الحُلَيفة».

باب ٥٣ ـ (الغرز): الركاب المتخذ من الجلد.

51 - CHAPTER: The share of the horse (from the booty).. Mālik said: «A share of the booty is to be devoted to horses including non-Arab horses, by virtue of The saying of Allāh (the Exalted and Almighty)

«And horses, mules and asses (He has created) for you to ride» (16:8). A share of one horse only is to be given to each person»

2863. Ibn 'Umar (may Allāh be pleased with him) narrated: «Allāh's Apostle (the blessing and peace of Allāh be upon him) fixed two shares for the horse and one share for its rider (from the war booty).

The parts of this hadīth are in: 4228.

52 - CHAPTER: Leading somebody else's animals during the battle

2864. Abū Ishāq narrated: «Somebody asked Al-Barā' bin Azeb: «Did you flee deserting Allāh's Apostle (the blessing and peace of Allāh be upon him) during the battle of Hunain?» Al-Barā' replied: «But Allāh's Apostle (the blessing and peace of Allāh be upon him) did not flee. The people of the Tribe of Hawazin were good archers. When we met them, we attacked them, and they fled. When the Muslims started collecting the war booty, the pagans faced us with arrows, but Allāh's Apostle dit not flee. No doubt, I saw him on his white mule and Abū Sufyān was holding its reins and the Prophet was saying: «I am the Prophet in truth; I am the son of 'Abdul Muttalib».

The parts of this hadīth are in: 2874, 2930, 3042, 4315, 4316, 4317.

53 - CHAPTER: The saddle and the stirrup of an animal

2865. Ibn 'Umar (may Allāh be pleased with him) narrated: «When the Prophet (the blessing and peace of Allāh be upon him) put his feet in the stirrup and the she-camel got up carrying him, he would start reciting the compliance at the mosque of Thul-Hulaifa.

٥٤ - باب ركوبِ الفرسِ العُرْيِ

٢٨٦٦ - **حدثنا** عمرُو بن عونٍ حدَّثَنا حَمّادٌ عن ثابتٍ عن أَنسٍ رضي الله عنه «استقبلَهُم النبيُّ ﷺ على فَرَسٍ عُرْيٍ ما عليهِ سَرجٌ في عُنُقهِ سيفٌ».

٥٥ - باب الفرسِ القَطوف

٢٨٦٧ - **حدثنا** عبدُ الأعلى بنُ حَمّادٍ حدَّثَنا يَزيدُ بنُ زُرَيعٍ حدَّثَنا سعيدٌ عن قتادةَ عن أنسِ بنِ مالكٍ رضيَ الله عنه: «إنَّ أهلَ المدينةِ فزعوا مرَّةً فركبَ النبيُّ ﷺ فرساً لأَبي طلحةَ كان يَقطِفُ - أو كان فيهِ قِطافٌ - فلما رجَعَ قال: «وجَدْنا فرَسَكم هٰذا بَحراً»، فكان بعدَ ذٰلك لا يُجارَى».

٥٦ - باب السبقِ بينَ الخيلِ

٢٨٦٨ - **حدثنا** قبيصةُ حدَّثَنا سُفيانُ عن عُبَيدِ الله عن نافعٍ عن ابنِ عمرَ رضيَ الله عنهما قال: «أَجْرَى النبيُّ ﷺ ما ضُمِّرَ من الخيلِ من الحَفياءِ إلى ثَنِيَّةِ الوَداعِ، وأَجْرَى ما لم يُضمَّرْ من الثَّنيَّةِ إلى مسجدِ بني زُرَيق. قال ابنُ عمرَ: وكنتُ فيمن أجرَى». قال عبدُ الله حدَّثنا سُفيانُ قال: حدَّثني عُبَيدُ الله قال سُفيانُ: بينَ الحَفياءِ إلى ثَنِيَّةِ الوَداعِ خمسةُ أَميالٍ أو سِتةٌ، وبين ثَنيَّةَ[١] إلى مسجدِ بني زُرَيقٍ مِيلٌ.

باب ٥٤ - (العري) للحيوان كالعريان للإنسان.

باب ٥٥ - (القطوف): أي البطيء المشي مع تقارب الخطا.

٢٨٦٧ - قوله: (يقطف) بكسر الطاء وتضم قاله الشارح.

٢٨٦٨ - قوله: (من الحفياء) وفي نسخة: بين الحفياء.

(١) - قوله: (من ثنية) وفي بعض النسخ وبين ثنية الوداع.

54 - CHAPTER: The riding of an unsaddled horse

2866. Anas (may Allāh be pleased with him) narrated: «The Prophet (the blessing and peace of Allāh be upon him) met them (i.e. the people) while he was riding an unsaddled horse with his sword slung over his shoulder.

55 - CHAPTER: A slow horse

2867. Anas bin Malīk (may Allāh be pleased with him) narrated: «Once the people of Madīna were frightened, so the Prophet (the blessing and peace of Allāh be upon him) rode a horse belonging to Abū Talha and it ran slowly, or was of narrow paces. When he retruned, he said: «I found your (i.e. Abū Talha's) horse very fast. After that the horse could not be surpassed in running.

56 - CHAPTER: Horse races

2868. ('Abdullah) bin 'Umar (may Allāh be pleased with him) narrated: «The Prophet (the blessing and peace of Allāh be upon him) arranged for a horse race amongst the horses that had been made lean, to take place between Al-Hafyā and Thanīyat Al-Wadā' (i.e. names of two places) and the horses which had not ben made lean from Ath-Thanīyat to the Mosque of Banī Zuraiq, I was also amonst those who took part in that horse race.

Sufyān, a sub-narrator, said: «The distance between Al-Harya and Thaniyat Al-Wadā' is five or six miles; and between Thaniya and the Mosque of Banī Zuraiq is one mile».

٥٧ ـ باب إضمارِ الخيلِ للسَّبقِ

٢٨٦٩ ـ حدثنا أحمدُ بنُ يونسَ حدَّثَنا اللَّيثُ عن نافعٍ عن عبدِ الله رضيَ الله عنه «أنَّ النبيَّ ﷺ سابقَ بينَ الخيلِ التي لم تُضمَّرْ، وكان أَمَدُها منَ الثَّنيَّةِ إلى مسجدِ بني زُرَيقٍ، وأنَّ عبدَ الله بنَ عمرَ كان سابقَ بها». قال أبو عبدِ الله: أَمَداً غايةً. ﴿فطالَ عليهمُ الأَمدُ﴾ [الحديد: ١٩].

٥٨ ـ باب غايةِ السَّبقِ للخيل المضمَّرة

٢٨٧٠ ـ حدثنا عبدُ الله بنُ محمدٍ حدَّثَنا معاويةُ حدَّثَنا أبو إسحاقَ عن موسىٰ بنِ عُقبةَ عن نافعٍ عنِ ابنِ عمرَ رضيَ الله عنهما قال: «سابَقَ رسولُ الله ﷺ بينَ الخيلِ التي قد أُضمِرَتِ، فأرسلَها منَ الحَفْياء، وكان أَمَدُها ثَنيَّةَ الوَداع. فقلتُ لموسىٰ: فكم كانَ بينَ ذٰلك؟ قال: ستةُ أَميالٍ أو سبعةٌ. وسابقَ بينَ الخيلِ التي لم تُضمَّرْ، فأرسَلَها من ثَنيةِ[1] الوَداعِ، وكان أَمَدُها مسجدَ بني زُرَيق. قلتُ: فكم بينَ ذٰلك؟ قال: ميلٌ أو نحوُه. وكانَ ابن عمرَ ممَّن سابقَ فيها».

٥٩ ـ باب ناقةِ النبيِّ ﷺ

قال ابن عمر: أَردفَ النبيُّ ﷺ أُسامةَ على القَصْواءِ. وقال المِسْوَرُ: قال النبيُّ ﷺ: «ما خَلأَتِ القَصواءُ».

٢٨٧١ ـ حدثنا عبدُ الله بنُ محمدٍ حدَّثَنا معاويةُ حدَّثَنا أبو إسحاقَ عن حُمَيدٍ قال: سمعتُ أنساً رضيَ الله عنه يقول: «كانت ناقةُ النبيِّ ﷺ يقالُ لها العَضْباءُ».

[الحديث ٢٨٧١ ـ طرفه في: ٢٨٧٢].

٢٨٧٢ ـ حدثنا مالكُ بنُ إسماعيلَ حدَّثَنا زُهَيرٌ عن حُمَيدٍ عن أَنَس رضي الله عنه

57 - CHAPTER: The preparation of horses of racing (by a process by which strony fat horses are turned into lean ones through giving them limited amounts of food)

2869. 'Abdullah (may Allāh be pleased with him) narrated: «The Prophet (the blessing and peace of Allāh be upon him) arranged for a horse race of the horses which had not been made lean; the area of the race was from Ath-Thanīyat to the Mosque of Banī Zuraiq. (The sub-narrator said: «'Abdullah bin 'Umar was amongst those who praticipated in that horse race)».

58 - CHAPTER: The extreme limit of the distance of the race of horses that have been made lean

2870. Abū Ishāq narrated from Abū Mūsā bin 'Uqba from Nāfī' from Ibn 'Umar who said: «Allāh's Apostle (the blessing and peace of Allāh be upon him) arranged a horse race amongst the horses that had been made lean, letting them start from Al-Hafyā and their limit (distance of runing) was up to Thanīyat-Al-Wadā'. I asked Mūsā: «What was the distance between the two places?» Mūsā replied: «Six ot seven miles. He arranged a race of the horses which had not been made lean sending them from Thanīyat-Al-Wadā', and their limit was up to the Mosque of Banī Zuraiq». I asked: «What was the distance between those two places?» He replied: «One mile or so». Ibn 'Umar was amongst those who participated in that horse race.

59 - CHAPTER: The she-camel of the Prophet (the blessing and peace of Allāh be upon him)

Ibn 'Umar said: «The Prophet (the blessing and peace of Allāh be upon him) made Usāma ride behind him on Al-Qaswā (i.e. the Prophet's she-camel)». Al-Miswar said: «The Prophet said: «Al-Qaswā' has not become stubborn».

2871. Anas (may Allāh be pleased with him) narrated: «The she-camel of the Prophet (the blessing and peace of Allāh be upon him) was called Al-'Adbā].

The parts of this hadīth are in: 2872.

2872. Anas narrated: The Prophet (the blessing and peace of Allah be

قال: كان للنبيِّ ﷺ ناقةٌ تسمَّى العَضْباءَ لا تُسبَق ـ قال حميد: أو لا تكاد تسبق ـ فجاءَ أعرابيٌّ على قَعودٍ[1] فسبقَها، فشقَّ ذلكَ على المسلمينَ حتى عرفَهُ فقال: حقٌّ على الله أن لا يرتفعَ شيءٌ منَ الدُّنيا إلا وضعَه».

طوَّلَه موسى عن حماد عن ثابتٍ عن أنسٍ عنِ النبيِّ ﷺ.

٦٠ ـ باب الغزْوِ على الحمير

٦١ ـ باب بغلةِ النبيِّ ﷺ البيضاءِ، قالهُ أنس

وقال أبو حُمَيد: أهْدَى ملكُ أيلةَ للنبيِّ ﷺ بغلةً بَيضاءَ.

٢٨٧٣ ـ حدثنا عمرُو بن عليٍّ حدَّثنا يحيىٰ حدَّثنا سفيانُ قال: حدَّثني أبو إسحاقَ قال: سمِعتُ عمرو بنَ الحارثِ قال: «ما ترَكَ النبيُّ ﷺ إلّا بغلتَهُ البيضاءَ وسلاحَه، وأرضاً تركَها صَدَقة».

٢٨٧٤ ـ حدثنا محمدُ بنُ المُثنى حدَّثنا يحيىٰ بنُ سعيدٍ عن سفيان حدَّثني أبو إسحاقَ عنِ البَراءِ رضيَ الله عنه قال له رجلٌ: يا أبا عُمارةَ وَلَّيْتُم يومَ حُنَينٍ، قال: لا وَالله ما وَلَّى النبيُّ ﷺ، ولكنْ ولّى سُرْعانُ الناس، فلَقِيَهم هَوازنُ بالنَّبْلِ والنبيُّ ﷺ على بغلتِهِ البيضاءِ، وأبو سفيانَ بنُ الحارثِ آخِذٌ بلِجامِها والنبيُّ ﷺ يقول: «أنا النبيُّ لا كَذِبْ، أنا ابنُ عبدِ المطَّلب».

٦٢ ـ باب جهادِ النساءِ

٢٨٧٥ ـ حدثنا محمدُ بنُ كثيرٍ أخبرَنا سفيانُ عن معاويةَ بنِ إسحاقَ عن عائشةَ بنتِ

---

(١) ـ قوله: (على قعود): بفتح القاف وهو ما استحق الركوب من الإبل وأقلّ ذلك أن يكون ابن سنتين إلى أن تدخل السادسة فيسمى جملاً ولا يقال إلا للذكر (شارح).

باب ٦٠ ـ قوله: (باب الغزو على الحمير) كذا وقع للمستملي وحده من غير ذكر حديث (شارح).

٢٨٧٤ ـ قوله: (سرعان) بفتح السين والراء وقد تسكن أي المستعجلون منهم (شارح).

upon him) had a she camel called Al Adba, which could not be excelled in a race. (Humaid, a subnarrator said: Or called hardly be exceled). Once a bedouin came riding, suspassed it in race. The Muslims fell it so much that the Prophet (the blessing and peace of Allah be upon him) noticed their distress. He said: It is Allah's Laws that He brings down whatever rises high in the world.

60 - CHAPTER: Invading on donkeys

61 - CHAPTER: The white mule of the Prophet (the blessing and peace of Allah be upon him)

Anas said: And Abu Humaid said: The king of Aila presented a whilte mule to the Prophet (the blessing and peace of Allah be upon him).

2873. Amr bin Al-Harith narrated: The Prophet (the blessing and peace of Allah be upon him) did not leave behind him after his death except a white mule, its arms and a piece of land which he left to be given in charity.

2874. Al-Barā' (may Allāh be pleased with him) narrated that a man asked him: «O Abū 'Umāra! Did you flee on the day(of the battle)of Hunain?» He replied: «No, by Allāh, the Prophet (the blessing and peace of Allāh be upon him) did not flee but the hasty people fled and the people of the Tribe of Hawāzin attacked them with arrows, while the Prophet was riding his white mule and Abū Sufyān bin Al-Harīth was holding its reins, and the Prophet was saying: «I am the Prophet no truth, I am the son of 'Abdul Muttalib».

62 - CHAPTER: The Struggle of women

2875. 'Āisha, the mother of the Faithful Believers (may Allāh be plāsed

طلحة عن عائشةَ أُمِّ المؤمنين رضيَ الله عنها قالت: استأذَنتُ النبيَّ ﷺ في الجهادِ فقال: «جهادُكنَّ الحجُّ».

وقال عبدُ الله بنُ الوليد: حدَّثَنا سفيانُ عن مُعاوية بهذا.

٢٨٧٦ ـ **حدثنا** قبيصةُ حدَّثنا سفيانُ عن مُعاوية بهذا. وعن حَبيبِ بنِ أبي عَمرةَ عن عائشةَ بنتِ طلحةَ عن عائشةَ أُمِّ المؤمنين عنِ النبيِّ ﷺ سألَهُ نِساؤُهُ عنِ الجهادِ فقال: «نِعمَ الجهادُ الحجُّ».

٦٣ ـ باب غَزوِ المرأةِ في البحرِ

٢٨٧٧ ، ٢٨٧٨ ـ **حدثنا** عبدُ الله بنُ محمدٍ حدَّثَنا معاويةُ بنُ عمرٍو حدَّثنا أبو إسحاقَ عن عَبدِ الله بنِ عبدِ الرَّحمٰنِ الأنصاريِّ قال: سمعتُ أَنَساً رضيَ الله عنه يقول: «دخلَ رسولُ الله ﷺ على ابنةِ مِلحانَ فاتَّكأَ عندَها، ثمَّ ضحِكَ، فقالت: لمَ تَضحكُ يا رسولَ الله؟ فقال: «ناسٌ من أُمَّتي يركبونَ البحرَ الأَخضرَ في سبيلِ الله، مَثَلُهم مَثَلُ الملوكِ على الأسِرَّة». فقالت: يا رسولَ الله، ادْعُ الله أن يجعلَني منهم، قال: «اللَّهمَّ اجعَلْها منهم». ثمَّ عادَ فضحِكَ، فقالت لهُ مِثلَ ـ أو مِمَّ ـ ذٰلك، فقال لها مثلَ ذلك، فقالت: ادْعُ الله أن يَجعلني منهم، قال: «أنتِ منَ الأوَّلين ولستِ منَ الآخرين». قال: قال أنسٌ فتزَوَّجَت عُبادةَ بنَ الصامتِ فركبَتِ البحرَ معَ بنتِ قَرَظَةَ، فلمّا قفَلَتْ ركبَتْ دابَّتَها، فوَقصَتْ بها، فسَقَطَتْ عنها فماتت».

٦٤ ـ باب حَملِ الرَّجُلِ امرأتَهُ في الغَزْوِ دُونَ بعضِ نسائه

٢٨٧٩ ـ **حدثنا** حَجّاجُ بنُ مِنْهالٍ حدَّثَنا عبدُ الله بن عمرَ النُّمَيريُّ حدَّثَنا يونُسُ قال: سمعتُ الزُّهريَّ قال: سمعتُ عُروةَ بنَ الزُّبَيرِ وسَعيدَ بنَ المسَيَّبِ وعَلْقمةَ بنَ وَقّاص

٢٨٧٧ ، ٢٨٧٨ ـ قوله: (فقالت له مثل) أي مثل قولها الأول لم تضحك (أو) قالت (ممّ ذلك) الضحك.

ـ وقوله: (فوقصت بها): أي رمت بها وأصل الوقص كسر العنق.

with her) narrated: «I requested the Prophet (the blessing and peace of Allāh be upon him) to permit me to participate in the Holy Struggle, but he said: «Your Struggle is in the performance of Hajj».

2876. 'Aisha, the mother of the Faithful Believers (may Allah be pleased with her) narrated: «The Prophet (the blessing and peace of Allāh be upon him) was asked by his wives about the Holy Struggle and he replied: «The best Struggle (for you) is (the performance of) Hajj.

63 - CHAPTER: The participation of a woman in a sea battle

2877. 2878. Anas (may Allāh be pleased with him) narrated: «Allāh's Apostle (the blessing and peace of Allāh be upon him) went to the daughter of Milhām and reclined there (and slept) and then (awoke) smiling. She asked: «O Allāh's Apostle! What makes you smile?» He replied: «(I dreamt that) some people, amongst my followers were sailing in the green sea in Allāh's Cause, resembling kings on thrones». She said: «O Allāh's Apostle! Invoke Allāh to make me one of them». He said: «O Allāh! Let her be one of them». Then he (slept again and awoke and) smiled. She asked him the same question and he gave the same reply. She said: «Invoke Allāh to make me one of them». He replied: «You will be amongst the first group of them; you will not be amongst the last». Later on she married 'Ubāda bin As-Samīt and then she sailed in the sea with bint Qaraza, Mu'awiya's wife (for Struggle), On her return, she mounted her riding animal, which threw her down breaking her neck, and she died on falling down.

64 - CHAPTER: The man's selection of one of his wives to accompany him in The Holy Battles

2879. 'Āisha (may Allāh be pleased with her) **narrated: «When the Prophet** (the blessing and peace of Allāh be upon him) intended to proceed on a journey, he used to draw lots amongst his wives and would take the one upon the lot fell.

وعُبَيدَ الله بنَ عبدِ الله عن حَديثِ عائشة، كلٌّ حدَّثَني طائفةً منَ الحديثِ قالت: «كان النبيُّ ﷺ إذا أرادَ أن يَخرُجَ أَقرَعَ بينَ نسائه فأيتهُنَّ يَخرُجُ سَهمُها خرجَ بها النبيُّ ﷺ. فأَقرعَ بَينَنا في غَزوة غزاها، فخرَجَ فيها سَهمي، فخرجتُ معَ النبيِّ ﷺ بعدما أُنزلَ الحجابُ».

٦٥ ـ باب غَـزْوِ النساءِ وقتالِهنَّ معَ الرجال

٢٨٨٠ ـ **حدثنا** أبو مَعْمَرٍ حدَّثنا عبدُ الوارثِ حدَّثنا عبدُ العزيز عن أنسٍ رضيَ الله عنه قال: «لمّا كانَ يومُ أُحدٍ انهزَمَ الناسُ عنِ النبيِّ ﷺ. قال: ولقد رأيتُ عائشة بنتَ أبي بكرٍ وأُمَّ سُلَيمٍ وإنهما لَمشمِّرَتان أَرَى خَـدَمَ سُـوقِهِما تنقُزان القِرَب ـ وقال غيرُهُ: تنقُلانِ القِرَبَ ـ على مُتونِهما ثمَّ تُفرِغانِهِ في أفواهِ القوم، ثمَّ ترجعانِ فتملآنِها ثمَّ تجيئانِ فتُفْرِغانها في أفواهِ القَوم». [الحديث ٢٨٨٠ ـ أطرافه في: ٢٩٠٢، ٣٨١١، ٤٠٦٤].

٦٦ ـ باب حملِ النساءِ القِرَبَ إلى النّاسِ في الغَزْوِ

٢٨٨١ ـ **حدثنا** عَبدانُ أخبرَنا عبدُ الله، أَخبرَنا يونُسُ عنِ ابنِ شِهابٍ قال ثَعلبَةُ بنُ أبي مالكٍ: «إنَّ عمرَ بنَ الخَطّابِ رضيَ الله عنه قَسَمَ مُروطاً بينَ نساءٍ من نساءِ المدينة، فبَقيَ مِرطٌ جَيِّدٌ، فقال له بعضُ من عِندَهُ: يا أميرَ المؤمنينَ أعطِ هذا ابنةَ رسولِ الله ﷺ التي عندكَ ـ يُريدونَ أُمَّ كلثومِ بنتَ عليّ ـ فقال عمرُ: أُمُّ سَليطٍ أحقُّ. وأُمُّ سَليطٍ من نساءِ الأنصارِ ممن بايَعَ رسولَ الله ﷺ، قال عمرُ: فإنها كانت تَزفِرُ لنا القِرَبَ يومَ أُحدٍ» قال أبو عبدِ الله: تزفرُ تَخيطُ. [الحديث ٢٨٨١ ـ طرفه في: ٤٠٧١].

٢٨٨٠ ـ (الخدم) جمع الخدمة وهي الخلخال و(السوق). جمع الساق و(النقز): الوثب وهو غير متعدٍ.
٢٨٨١ ـ قوله: (تزفر) أي تحمل وأما تفسير المؤلف فلم يستحسنه الشارح.

Once, before setting out for the Holy Struggle, he drew lots amongst us and the lot came on me. I went with the Prophet and that happened after the revelation of the Verse of veiling.

65 - CHAPTER: The Holy Struggle of women and their fighting along with men

2880. Anas (may Allāh be pleased with him) narrated: «On the day (of the battle) of Uhud when (some) people retreated and left the Prophet (the blessing and peace of Allāh be upon him) and I saw 'Aishā bint Abū Bakr and Umm Sulaim, with their robes tucked up so that the bangles around their ankles were visible hurrying with their water skins. (In another narration it is said: «Carrying the water skins on their backs»). Then they would pour the water in the mouths of the people, and return to fill the water skins again and came back again to pour water in the mouth of the people.

The parts of this hadīth are in: 2902, 3811, 4064.

66 - CHAPTER: The conveyance of water-skins by the women to the people during the Holy Battles

2881. Tha'laba bin Abī Malīk narrated: «'Umar bin Al-Khattāb (may Allāh be pleased with him) distributed some garments amongst the women of Madīna. One good garment remained, and one of those present with him said: «O Leader of the Believers! Give this garment to your wife, the (grand) daughter of Allāh's Apostle (the blessing and peace of Allāh be upon him)». They meant Um-Kulthūm, the daughter of 'Ālī. 'Umar said: «Umm Salīt has more right (to have it)». Umm Salīt was amongst those Ansārī women nwho had given the solemn pledge to Allāh's Apostle. 'Umar said: «She (i.e. Umm Salīt) used to carry the water-skins for us on the day of Uhud».

The parts of this hadīth are in: 4071.

٦٧ - باب مُداواة النساء الجَرحى في الغَزْو

٢٨٨٢ - حدثنا عليُّ بنُ عبدِ الله حدَّثنا بشرُ بنُ المفضَّلِ حدَّثنا خالدُ بنُ ذَكْوانَ عنِ الرُّبَيِّع بنتِ مُعوِّذٍ قالت: «كنّا معَ النبيِّ ﷺ نَسْقي، ونُداوِي الجَرحىٰ، ونَرُدُّ القَتلىٰ إلى المدينة». [الحديث ٢٨٨٢ - طرفاه في: ٢٨٨٣، ٥٦٧٩].

٦٨ - باب رَدُّ النساءِ الجَرحىٰ والقَتلىٰ

٢٨٨٣ - حدثنا مسدَّدٌ حدَّثنا بِشْرُ بنُ المفضَّلِ عن خالدِ بنِ ذِكْوان عن الرُّبيِّع بنتِ مُعوِّذ قالت: «كنّا نغزو معَ النبيِّ ﷺ فنسقِي القوم ونَخدِمُهم، ونَرُدّ القتلى والجَرحىٰ إلى المدينة».

٦٩ - باب نَزْعِ السَّهمِ من البدَنِ

٢٨٨٤ - حدثنا محمدُ بنُ العَلاءِ حدَّثنا أبو أُسامةَ عن بُرَيد بن عبدِ الله عن أبي بُرْدة عن أبي موسىٰ رضيَ الله عنه قال: رُمِيَ أبو عامرٍ في رُكْبتِهِ فانتَهيتُ إليه، قال: انزِعْ هٰذا السَّهمَ، فنَزَعتهُ، فنزا منهُ الماءُ، فدَخلتُ على النبيِّ ﷺ فأخبرتهُ فقال: «اللَّهمَّ اغفِر لعُبَيدٍ أبي عامر». [الحديث ٢٨٨٤ - طرفاه في: ٤٣٢٣، ٦٣٨٣].

٧٠ - باب الحِراسةِ في الغَزْوِ في سبيلِ الله

٢٨٨٥ - حدثنا إسماعيل بنُ خليل أخبرَنا عليُّ بنُ مُسْهِر أخبرَنا يحيىٰ بنُ سعيدٍ أخبرَنا عبدُ الله بنُ عامرِ بنِ ربيعةَ قال: سمعتُ عائشةَ رضيَ الله عنها تقول: كان النبيُّ ﷺ سَهِرَ، فلمّا قَدِمَ المدينةَ قال: «ليتَ رجُلاً من أصحابي صالحاً يَحْرُسني الليلة»، إذْ سمِعنا صوتَ سلاحٍ، فقال: «مَن هٰذا؟» فقال: أنا سعدُ بنُ أبي وَقّاصٍ جئتُ لأحرُسَكَ. «فنامَ النبيُّ ﷺ». [الحديث ٢٨٨٥ - طرفه في: ٧٢٣١].

٢٨٨٣ - قوله: (ونخدمهم) بضم الدال وكسرها.

67 - CHAPTER: The treatement of the wounded by the women during Holy Battles

2882. Ar-Ṛubāyyā bint Mu'auwith narrated: «We were in the company of the Prophet (the blessing and peace of Allāh be upon him) providing the wounded with water and treating them and conveying the killed to Madīna (from the battle field).

The parts of this hadīth are in: 2883, 5679.

68 - CHAPTER: The conveyance of the wounded and the killed by the women

2883. Ar-Rabīa bint Mu'awith narrated: «We used to take part in the Holy Battles with the Prophet (the blessing and peace of Allāh be upon him) by providing the people with water and serving them and bringing the killed and the wounded back to Madīna.

69 - CHAPTER: Removing the arrow from the body

2884. Abū Mūsā (may Allāh be pleased with him) narrated: «Abū 'Amer was hit with an arrow in his knee, so I went to him and he asked me to remove the arrow. When I removed it, the water started dribbling from it. Then I went to the Prophet (the blessing and peace of Allāh be upon him) and told him about it. He said: «O Allāh! Forgive 'Ubaid Abū 'Amer.

The parts of this hadīth are in: 4323, 6383.

70 - CHAPTER: Guarding during the Holy Battles in Allāh's Cause

2885. 'Āisha (may Allāh be pleased with her) narrated: «The Prophet (the blessing and peace of Allāh be upon him) was viligant one night and when he reached Madīna, he said: «Would that a pious man from my Comapanions guard me tonight!» Suddenly we heard the chatter of arms. He said: «Who is that?». The new comer replied: «I am Sa'd bin Abī Waqqas and have come to guard you». So, the Prophet slept (that night).

The parts of this hadīth are in: 7231.

٢٨٨٦ ـ **حدثنا** يحيى بنُ يوسُفَ أخبرَنا أبو بكرٍ عن أبي حَصينٍ عن أبي صالحٍ عن أبي هريرةَ رضيَ اللهُ عنه عنِ النبيِّ ﷺ قال: **«تَعِسَ عبدُ الدِّينارِ والدِّرهمِ والقَطيفةِ والخميصةِ، إنْ أُعطِيَ رضيَ وإنْ لم يُعطَ لم يَرْضَ»** لم يرفعْهُ إسرائيلُ ومحمدُ بنُ جُحادةَ عن أبي حَصين. [الحديث ٢٨٨٦ ـ طرفاه في: ٢٨٨٧، ٦٤٣٥].

٢٨٨٧ ـ وزادَنا عمرٌو قال: أخبرَنا عبدُ الرّحمٰنِ بنُ عبدِ اللهِ بنِ دِينارٍ عن أبيهِ عن أبي صالحٍ عن أبي هريرةَ عنِ النبيِّ ﷺ قال: **«تَعِسَ عبدُ الدِّينارِ وعبدُ الدِّرهمِ وعبدُ الخميصةِ: إن أُعطِيَ رضيَ وإن لم يُعْطَ سَخِطَ، تَعِسَ وانتَكَسَ، وإذا شِيكَ فلا انتقَشَ. طُوبى لعَبدٍ آخِذٍ بعِنانِ فرسِهِ في سبيلِ اللهِ، أشعثٍ رأسُهُ مُغبرَّةٍ قدماهُ، إن كان في الحراسةِ كان في الحراسةِ، وإن كان في الساقةِ كان في الساقةِ. إنِ استأذَنَ لم يؤذَنْ له، وإن شَفَعَ لم يُشَفَّعْ»**.

قال أبو عبدِ الله: لم يَرفعْه إسرائيلُ ومحمدُ بنُ جُحادةَ عن أبي حصين. وقال: «تَعْساً»، فكأنهُ يقول: فأتعسَهُمُ الله. «طُوبى»: فُعلى من كلِّ شيءٍ طَيِّبٍ وهي ياءٌ حُوِّلَت إلى الواو، وهي من يَطيبُ.

٧١ ـ باب فضلِ الخدمةِ في الغَزْو

٢٨٨٨ ـ **حدثني** محمدُ بنُ عَرْعَرةَ حدثني شعبةُ عن يُونَسَ بنِ عُبَيدٍ عن ثابتٍ البُنانيِّ عن أنسِ بنِ مالكٍ رضيَ اللهُ عنه قال: **«صَحِبْتُ جَريرَ بنَ عبدِ اللهِ فكانَ يَخدُمني وهو أكبرُ من أنس. قال جَريرٌ: إني رأيتُ الأنصارَ يَصنعونَ شَيئاً لا أَجِدُ أحداً منهم إلاّ أكرمتُه»**.

٢٨٨٩ ـ **حدثنا** عبدُ العزيزِ بنُ عبدِ اللهِ حدَّثَنا محمدُ بنُ جعفرٍ عن عمرِو بنِ أبي عمرٍو

٢٨٨٦ ـ قوله: (تعس) بكسر العين المهملة وتفتح انكب على وجهه أو بعد أو هلك أو شقي (شارح).

٢٨٨٧ ـ قوله: (وانتكس): أي عاوده المرض كما بدأ به أو انقلب على رأسه وهو دعاء عليه بالخيبة وقوله: «وإذا شيك فلا انتقش»: أي وإذا أصابه شوك فلا خرج بالمنقاش يقال نقشت الشوك إذا استخرجته اهـ من الشارح.

٢٨٨٨ ـ قوله: (هو أكبر من أنس) هذا مدرج من قول ثابت وإلاّ فالأصل أن يقول وهو أكبر مني.

2886. Abū Huraira (may Allāh be pleased with him) narrated: «The Prophet (the blessing and peace of Allāh be upon him) said: «Let the slave of Dinār and Dirhām, of Qatīfa and Khanīsa (i.e. money and luxurious clothes) perish for he is pleased if these things are given to him, and if not, he is displeased!».

The parts of this hadīth are in: 2887, 6435.

2887. Abū Huraira (may Allāh be pleased with him) narrated: «The Prophet (the blessing and peace of Allāh be upon him) said: «Let the slave of Dinār and Dirham, of Qatifa and Khamīsa perish as he is pleased if these things are given to him, and if not, he is displeased. Let such a person perish and relapse, and if he is pierced with a thorn, let him not find anyone to take it our for him. Paradise is for him who holds the reins of his horse to strive in Allāh's Cause, with his hair unkempt and feet covered with dust, if he is appointed in the rearguard, he is perfectly satisfied with his post of guarding, and if he is appointed in the rearguard, he accepts his post with satisfaction; (he is so simple and unambitious that) if he asks for permission he is not permitted, and if he interceds, his intercession is not accepted».

71 - CHAPTER: The service during the Holy Battles

2888. Anas (may Allāh be pleased with him) narrated: «I was in the company of Jābir bin 'Abdullah on a journey and he used to serve me though he was older than me. Jārir said: «I saw the Ansār doing a thing (i.e. showing great reverence to the Prophet (the blessing and peace of Allāh be upon him)) for which I have vowed that whenever I meet any of them, I will serve him».

2889. Anas bin Malīk (may Allāh be pleased with him) narrated: «I went

مَولىٰ المطّلبِ بنِ حَنْطَبٍ أنه سمعَ أنسَ بنَ مالكٍ رضيَ اللهُ عنه يقـول: **خَرجتُ مـعَ رسولِ اللهِ ﷺ إلى خيبرَ أخدُمه، فلما قدمَ النبيُّ ﷺ راجعاً وبَدا لهُ أُحُدُ قال: «هٰذا جَبَلٌ يُحبُّنا ونُحبه». ثمَّ أشارَ بيدِه إلى المدينةِ قال: «اللّهمَّ إني أُحرِّمُ ما بينَ لابَتَيْها كتحريمِ إبراهيمَ مكةَ، اللّهمَّ بارِكْ لنا في صاعِنا ومُدِّنا».**

٢٨٩٠ ـ **حدثنا** سُلَيمانُ بنُ داودَ أبو الربيعِ عن إسماعيلَ بن زكرياءَ حدَّثنا عاصمٌ عن مُوَرِّقٍ العِجْليِّ عن أنسٍ رضيَ اللهُ عنه قال: **كنّا معَ النبيِّ ﷺ أكثرُنا ظِلاًّ الذي من يستظِلُّ بكِسائه، وأما الذين صاموا فلم يَعمَلوا شيئاً، وأما الذين أفطَروا فبَعثوا الرِّكابَ. وامتَهنوا وعالجوا، فقال النبيُّ ﷺ: «ذهبَ المفطِرونَ اليومَ بالأجرِ».**

٧٢ ـ باب فضلِ مَن حملَ مَتاعَ صاحبِهِ في السفرِ

٢٨٩١ ـ **حدثنا** إسحاقُ بنُ نَصرٍ حدَّثنا عبدُ الرزّاقِ عن مَعْمرٍ عن هَمّامٍ عن أبي هريرةَ رضيَ اللهُ عنه عنِ النبيِّ ﷺ قال: **«كُلُّ سُلامىٰ عليهِ صدَقةٌ كلَّ يومٍ: يعِينُ الرجُلَ في دابَّتِه يُحامِلُه[1] عليها أو يرفعُ عليها مَتاعهُ صدقةٌ، والكلمةُ الطيِّبةُ، وكلُّ خطوةٍ[2] يمشيها إلى الصلاةِ صدقة؛ ودَلُّ الطريقِ صدقة».**

٧٣ ـ باب فضلِ رِباطِ يومٍ في سبيلِ اللهِ وقولِ اللهِ تعالىٰ: ﴿يا أَيُّها الذينَ آمنوا اصبِروا وصابِروا ورابِطوا، واتَّقوا اللهَ لعلَّكم تُفلِحون﴾ [آل عمران: ٢٠]

٢٨٩٠ ـ قوله: أي خدموا الصائمين.

٢٨٩١ ـ قوله: (يعين الرجل) مبتدأ على تأويل المصدر نحو تسمع بالمعيدي أي وإعانتك الرجل وخبر المبتدأ قوله: صدقة

(١) ـ وقوله: (يحامله عليها) ولأبي ذر: عليه أي على الركوب.

(٢) ـ وقوله: (خطوة): بفتح الخاء المرة الواحدة ولأبي ذر: بضمها.

along with the Prophet (the blessing and peace of Allāh be upon him) to Khaibar so as to serve him. (Later on) when the Prophet returned he, on seeing the Uhud mountain, said: «This is a mountain that loves us and we loved it. Then he pointed to Madīna with his hand saying: «O Allāh! I make the area which is in between Madīna's two mountains a sanctuary. O Allāh! Bless us in our measure and Mudd (i.e. units of measuring).

2890. Anas (may Allāh be pleased with him) narrated: «We were with the Prophet (the blessing and peace of Allāh be upon him) (on a journey) and the only shade one could have was the shade made by one's own garment. Those who fasted did not do any work and those who did not fast served the camels and brought the water on them and treated the sick and (wounded). So, the Prophet (the blessing and peace of Allāh be upon him) said: «Today, those who were not fasting took (all) the reward».

72 - CHAPTER: The excellence of that who carries the luggage of his companions during a journey

2891. Abū Huraira (may Allāh be pleased with him) narrated: «The Prophet (the blessing and peace of Allāh be upon him) said: «Charity is obligatory everyday on every joint of a human being. If one helps a person in matters concerning his riding animal by helping him to ride it or by lifting his luggage on to it, all this will be regarded as charity. A good word, and every step one takes to after the compulsory congregational prayer, is regarded as charity; and guiding somebody on the road is regarded as charity».

73 - CHAPTER: The excellence of guarding (Muslims from infidels) for a day in Allāh's Cause

And the saying of Allāh (the Exalted and Almighty): O you who believe! Endure and be more patient (than your enemy) and guard your territory by stationing amry units permanently at the places from where the enemy can attack you and fear Allāh so that you may be successful» (3:200).

٢٨٩٢ ـ **حدثنا** عبدُ الله بنُ مُنير سمِعَ أبا النَّضرِ حدَّثَنا عبدُ الرَّحمٰنِ بنُ عبدِ الله بنِ دِينارٍ عن أبي حازمٍ عن سهلِ بنِ سعدٍ الساعديِّ رضيَ الله عنه أن رسولَ الله ﷺ قال: «**رباطُ يوم في سبيلِ الله خيرٌ منَ الدُّنيا وما عليها. وموضعُ سَوطِ أحدِكم من الجنة خيرٌ منَ الدُّنيا وما عليها، والرَّوحةُ يروحُها العبدُ في سبيلِ الله أوِ الغَدْوَةُ خيرٌ منَ الدُّنيا وما عليها**».

٧٤ ـ **باب** من غزا بصبيٍّ للخدمةِ

٢٨٩٣ ـ **حدثنا** قتيبةُ حدَّثَنا يعقوبُ عن عمرو عن أنسِ بنِ مالكٍ رضيَ الله عنهُ أنَّ النبيَّ ﷺ قال لأبي طلحةَ: «**التمس لي غُلاماً من غِلمانِكم يَخدُمُني حتّى أخرُجَ إلى خيبر**»، فخرجَ بي أبو طلحةَ مُرْدِفي وأنا غلامٌ راهَقْتُ الحُلم، فكنتُ أخدُمُ رسولَ الله ﷺ إذا نزلَ، فكنتُ أسمعُهُ كثيراً يقولُ: «**اللّهمَّ إني أعوذُ بكَ من الهمِّ والحزَنِ، والعَجْزِ والكسَلِ، والبُخلِ والجُبنِ، وضَلَعِ الدَّينِ**[٣]**، وغَلَبةِ الرِّجال**». ثمَّ قدِمْنا خَيبرَ، فلما فتح الله عليهِ الحصنَ ذُكِرَ لهُ جمالُ صَفيَّةَ بنتِ حُيَيِّ بنِ أخْطَبَ ـ وقد قُتِلَ زوجُها، وكانت عَروساً ـ فاصْطَفاها رسولُ الله ﷺ لنفسهِ، فخرَجَ بها حتّى بلغْنا سَدَّ الصَّهْباءِ حلَّت، فبنىٰ بها، ثمَّ صَنَعَ حيساً في نِطعٍ [١] صغير، ثمَّ قال رسولُ الله ﷺ: «**آذِنْ مَن حولَكَ**». فكانت تلكَ وليمةَ رسولِ الله ﷺ على صَفيَّةَ. ثمَّ خرَجنا إلى المدينة قال: فرأيتُ رسولَ الله ﷺ يُحَوِّي لها وراءَهُ بعَباءةٍ، ثمَّ يَجلِسُ عندَ بَعيرِهِ فيَضعُ رُكبتَهُ، فتَضعُ صفيةُ رِجلَها على رُكبتِهِ حتى تركبَ، فسِرْنا حتى إذا أشرَفْنا على المدينةِ نظرَ إلى أُحُدٍ فقال: «**هٰذا جَبَلٌ يُحِبُّنا ونُحبُّه**». ثمّ نظرَ إلى المدينةِ فقال: «**اللّهمَّ إني أُحرِّمُ ما بينَ لابَتَيها بمِثلِ ما حَرَّمَ إبراهيمُ مكةَ. اللّهمَّ بارِكْ لهم في مُدِّهم وصاعِهم**».

٢٨٩٣ ـ قوله: (يخدمني) بالرفع وفي نسخة بالجزم (شارح).

(٣) ـ (ضلع الدين) ثقله.

(١) ـ قوله: (نطع) بفتح النون وكسرها وفتح الطاء وسكونها أربع لغات (شارح).

2892. Sahl bin Sa'd As-Sā'īdi (may Allāh be pleased with him) narrated: «Allāh's Apostle (the blessing and peace of Allāh be upon him) said: «To guard Muslims from infidels in Allāh's Cause for one day is better than the world. Whatever is on its surface, and a place in Paradise as small as that occupied by the whip of one of you is better than the world and whatever is on its surface; in the morning or evening or evening journey which a slave (person) travels in Allāh's Cause is better than the world and whatever is on its surface».

74 - CHAPTER: That who sets off for a Holy Battle accompanied by a servant boy

2893. Anas bin Malīk (may Allāh be pleased with him) narrated: «The Prophet (the blessing and peace of Allāh be upon him) said to Abū Talha: «Choose one of your boy servants to serve me. He chose me letting me ride behind him. I was then a boy nearing the age of puberty. I used to serve Allāh's Apostle (the blessing and peace of Allāh be upon him) when he stopped to rest. I heard him saying repeatedly: «O Allāh! I seek refuge with you from distress and sorrow, from helplessness and laziness, from miserlineess and cowardice, from being heavily in debt and from being overcome by men». «Then we reached Khaibar; and when Allāh enabled him to conquer the fort (of Khaibar), the beauty of Safīya bint Huyai bin Akhtab and described to him. Her husband had been killed while she was a bride. So Allāh's Apostle (the blessing and peace of Allāh be upon him) selected her for himself and took her along with him till we reached a place called Sad-As-Sahbā, where her menses were over and he took her for his wife. Hais (a kind of dish) was served on a small leather sheet. Then Allāh's Apostle (the blessing and peace of Allāh be upon him) told me to call those who were around. That was the marriage banquet of Allāh's Apostle (the blessing and peace of Allāh be upon him) and Safīya. Then I left for Madīna. I saw Allāh's Apostle (the blessing and peace of Allāh be upon him) folding a cloak around the hump of the camel so as to make a wide space for Safīya (to sit on behind him). He sat beside her to put her feet on the camel. Then, we proceeded till we approached Madīna; he looket at Uhud (mountain) and said: «This is a moutain which loves us and is loved by us». Then he looked at Madīna and said: «O Allāh! I make the area between its (i.e. Madīna's) two mountains a sanctuary as Abraham made Mecca a sanctuary. O Allāh! Bless them (i.e. the people of Madīna) in their Mudd and measures.

٧٥ - باب رُكوبِ البَحر

٢٨٩٤ ، ٢٨٩٥ - حدثنا أبو النُّعمانِ حدَّثَنا حَمّادُ بنُ زَيدٍ عن يحيى عن محمدِ بنِ يحيى بنِ حَبّانَ عن أنسِ بنِ مالكٍ رضيَ الله عنه قال: «حدَّثتني أُمُّ حَرامٍ أنَّ النبيَّ ﷺ قال يَوماً في بَيتِها، فاستيقظ وهوَ يَضحكُ، قالت: يا رسولَ الله ما يُضحِكك؟ قال: «عَجِبتُ من قَومٍ من أُمَّتي يَركبونَ البحرَ كالملوكِ على الأَسِرَّة»، فقلتُ: يا رسولَ الله ادعُ الله أن يَجعلني منهم، فقال: «أنتِ منهم». ثمَّ نام فاستيقظ وهوَ يَضحكُ. فقال مثل ذلك مرَّتينِ أو ثلاثاً. قلتُ: يا رسولَ الله ادْعُ الله أن يجعلَني منهم، فيقولُ: «أنتِ منَ الأوَّلين». فتزوَّجَ بها عُبادةُ بنُ الصامتِ فخرجَ بها إلى الغَزْوِ، فلمّا رجعَتْ قُرِّبَتْ دابَّةٌ لِتركبَها، فوقَعتْ فاندَقَّتْ عُنُقُها».

٧٦ - باب مَنِ استعانَ بالضُّعَفاءِ والصالحينَ في الحربِ

وقال ابنُ عبّاسٍ أخبرَني أبو سُفيانَ قال: «قال لي قَيصَرُ: سألتُكَ أشرافُ الناسِ اتَّبعوه أم ضُعَفاؤهم؟ فزَعمتَ ضُعَفاؤهم، وهم أتباعُ الرُّسُل».

٢٨٩٦ - حدثنا سُليمانُ بنُ حَربٍ حدَّثَنا محمدُ بنُ طلحةَ عن طلحةَ عن مُصعَبِ بنِ سعدٍ قال: رأى سعدٌ رضيَ الله عنه أنَّ له فضلاً على مَن دُونَه، فقال النبيُّ ﷺ: «هل تُنصَرونَ وتُرزَقونَ إلّا بضُعفائكم».

٢٨٩٧ - حدثنا عبدُ الله بنُ محمدٍ حدَّثَنا سُفيانُ عن عمرٍو سمعَ جابراً عن أبي سعيدٍ الخُدريِّ رضيَ الله عنهم عنِ النبيِّ ﷺ قال: «يأتي زَمانٌ يَغزو فِئامٌ من الناسِ، فيقالُ: فيكم من صَحِبَ النبيَّ ﷺ؟ فيُقالُ: نعم، فيُفتَحُ عليه. ثمَّ يأتي زمانٌ فيُقالُ: فيكم من صَحِبَ

٢٨٩٤ ، ٢٨٩٥ - (قال) من القيلولة.

٢٨٩٧ - (الفئام): الجماعة ولا واحد له من لفظه قاله الشارح.

75 - CHAPTER: To go on a seavoyage

2894, 2895. Anas bin Malīk (may Allāh be pleased with him) narrated: «Umm Haram told me that the Prophet (the blessing and peace of Allāh be upon him) one day took a midday nap in her house. Then he woke up smiling. Umm Haram asked: «O Allāh's Apostle! what makes you smile? He replied I was astonished to see (in my dream) some people amongst my followers on a sea-voyage looking like kings on the thrones». She said: «O Allāh's Apostle! Pray to Allāh to make me one of them». He replied: «You are amongst them». He slept again and them woke up smiling and said the same as before twice of thrice. And she said: «O Allāh's Apostle! Pray to Allāh to make me one of them?» And he said: «You are amongst the first batch».

'Ubāda bin As-Samīt married her (i.e. Umm Haram) and then he took her for the Holy Struggle. When she returned, an animal was presented to her to ride, but she fell down and her neck was broken.

76 - CHAPTER: Seeking the help of the poor and the pious people in the war

Ibn 'Abbās (may Allāh be pleased with him) narrated: «Abū Sufyān said to me: «Ceasar said to me: «I asked you whether the wealthy people followed him (i.e. Muhammad (the blessing and peace of Allāh be upon him)) or the poor, and you claim that the poor did. Really, such are the followers of the apostles».

2896. Mus'ab bin Sa'd said: Once Sa'd (bin Abi Waqqās (may Allāh be pleased with him)) thought that he was superior to those who were below him in rank. On that the Prophet (the blessing and peace of Allāh be upon him) said: «You gain no victory or livelihood except through (the blessings and invocations of) the poor amongst you»

2897. Abū Sa'īd Al-Khūdrī narrated: «The Prophet (the blessing and peace of Allāh be upon him) said: «A time will come when groups of people will go for the Struggle and it will be asked: «Is there anyone amongst you who has enjoyed the company of the Prophet (the blessing and peace of Allāh be upon him)? The answear will be: «Yes». Then they will be given victory (by Allāh) (because of him). Then a time will come when it will be asked: «Is there anyone amongst you who has enjoyed the company of the companions of the Prophet (the blessing

أصحابَ النبيِّ ﷺ؟ فيقال: نعم، فيُفتَح. ثم يأتي زمانٌ فيقال: فيكم مَن صَحبَ صاحِبَ أصحابِ النبيِّ ﷺ؟ فيقال: نعم، فيُفتح». [الحديث ٢٨٩٧ ـ طرفاه في: ٣٥٩٤، ٣٦٤٩].

٧٧ ـ باب لا يقول فلانٌ شهيد

وقال أبو هُرَيرة عن النبيِّ ﷺ: «الله أَعلمُ بمَن يُجاهدُ في سبيله، الله أعلم بمَن يُكْلَم(١) في سبيله».

٢٨٩٨ ـ حدثنا قُتيبةُ حدَّثَنا يَعقوبُ بنُ عبدِ الرَّحمٰنِ عن أبي حازمٍ عن سهلِ بنِ سعدٍ الساعديِّ رضيَ الله عنه: «أنَّ رسولَ الله ﷺ الْتقىٰ هو والمشركونَ فاقتَتلوا، فلمّا مالَ رسولُ الله ﷺ إلى عسكرِهِ ومالَ الآخَرون إلى عسكرِهم، وفي أصحابِ رسولِ الله ﷺ رجُلٌ لا يَدَعُ لهم شاذَّةً ولا فاذَّةً إلا اتَّبَعَها يَضربُها بسيفِه، فقال(٢): ما أَجْزَأَ منّا اليومَ أَحدٌ كما أجزَأَ فلانٌ، فقال رسولُ الله ﷺ: «أَما إنَّهُ من أهلِ النارِ»، فقال رجلٌ منَ القوم: أنا صاحِبُهُ، قال فخرَجَ معهُ كلَّما وَقَفَ وقَفَ معهُ، وإذا أَسرَعَ أَسرَعَ معهُ، قال: فجُرِحَ الرجُلُ جرحاً شديداً، فاستعجَلَ الموتَ، فوَضَعَ نَصلَ سيفهِ في الأرضِ وذُبابَهُ بينَ ثَدْيَيهِ، ثمَّ تحامَلَ على سيفِهِ فقتَلَ نفسَه، فخرَجَ الرجُلُ إلى رسولِ الله ﷺ فقال: أشهدُ أنكَ رسولُ الله، قال: «وما ذاكَ؟» قال: الرجلُ الذي ذكرتَ آنِفاً أنَّهُ مِن أهلِ النارِ، فأعظمَ الناسُ ذلك، فقلتُ: أنا لكم بهِ، فخرجتُ في طلبهِ، ثمَّ جُرِحَ جُرحاً شديداً، فاستعجَلَ الموتَ فوَضعَ نَصلَ سيفِهِ

(١) ـ (يكلم) أي يجرح.

٢٨٩٨ ـ (شاذة): أي التي تكون مع الجماعة ثم تفارقهم والتي لم تكن قد اختلطت بهم أصلاً أي أنه لا يرى أحداً من المشركين إلاّ قتله والتأنيث إما للمبالغة كعلامة أو للنعت لمحذوف أي لا يترك لهم نسمة شاذة (إلاّ اتبعها يضربها بسيفه).

(٢) ـ (فقال): أي قائل (ما أجزأ): أي ما أغنى. (فلان): أي قزمان (فقال رجل من القوم أنا صاحبه) أي أصحبه وألازمه أهـ من الشرح بحذف.

and peace of Allāh be upon him)? It will be said: «Yes», and they will be given victory (by Allāh). Then a time will come when it will be said: «Is there anyone amongst you who enjoyed the company of the companions of the Prophet (the blessing and peace of Allāh be upon him)? It will be said: «Yes», and they will be given victory (by Allāh)».

The parts of this hadīth are in: 3594, 3649.

77 - CHAPTER: Do not say that so-and -so is a martyr

Abū Huraira (may Allāh be pleased with him) narrated that the Prophet (the blessing and peace of Allāh be upon him) said: «Allāh knows that who fights in His Cause and knows that who gets wounded in His Cause»

2898. Sahl bin Sa'd As-Sa'īdī (may Allāh be pleased with him) narrated: «Allāh's Apostle (the blessing and peace of Allāh be upon him) and the pagans faced each other and started fighting. When Allāh's Apostle (the blessing and peace of Allāh be upon him) returned to his camp and when the pagans returned to their camp, somebody talked about a man amongst the companions of Allāh's Apostle (the blessing and peace of Allāh be upon him) who would follow and kill with his sword any pagan going alone. He said: «Nobody did his job (i.e. fighting) so properly today as that man». Allāh's Apostle (the blessing and peace of Allāh be upon him) said: «Indeed, he is amongst the people of the (Hell) Fire». A man amongst the people said: «I shall accompany him (to watch) what he does)». Thus he accompanied him, and wherever he stood, he would stand with him, and wherever he ran, he would run with him. Then he (the brave) man got wounded seriouly and he decided to bring about his death quickly. He planted the blade of the sword in the ground directng its sharp end towards his chest between his breasts. Then he leaned on the sword and killed himself. The other man came to Allāh's Apostle (the blessing and peace of Allāh be upon him) and said: «I testify that you are Allāh's Apostle (the blessing and peace of Allāh be upon him)». The Prophet asked: «What has happened?» He replied: «(it is about) the man whom you had described as one of the people of the (Hell) Fire. The people were greatly surprised at what you said: «and I said: «I will find out his reality for you». So, I came out seeking him. He got severely wounded, and hastened to die by planting the blade of his sword in the ground directed its sharp end towards his chest between his breasts. Then he leaned on his sword

في الأرض وذُبابَهُ بينَ ثَدييْهِ ثمَّ تَحامَلَ عليهِ فقتَلَ نَفسَهُ. فقال رسولُ الله ﷺ عند ذلك: «إنَّ الرجُلَ ليَعملُ عملَ أَهلِ الجنَّةِ فيما يَبْدو للناسِ وهو من أَهلِ النارِ، وإنَّ الرجُلَ ليَعملُ عملَ أهلِ النارِ فيما يَبدو للناسِ وهو من أَهلِ الجنة».

[الحديث ٢٨٩٨ ـ أطرافه في: ٤٢٠٢، ٤٢٠٧، ٦٤٩٣، ٦٦٠٧].

٧٨ ـ باب التَحريضِ على الرَّمي، وقولِ الله تعالىٰ:

﴿وأَعِدُّوا لهم ما استطَعْتم من قوَّةٍ ومن رِباطِ الخيلِ تُرهِبونَ بِهِ عَدُوَّ الله وَعَدُوَّكم﴾ [الأنفال: ٦٠]

٢٨٩٩ ـ حدثنا عبدُ الله بنُ مَسْلمةَ حدَّثَنا حاتِمُ بنُ إسماعيلَ عن يَزيدَ بنِ أبي عُبَيدٍ قال: سمعْتُ سلمةَ بنَ الأكْوعِ رضيَ الله عنه قال: مَرَّ النبيُّ ﷺ على نفرٍ من أَسْلَم ينتضِلون، فقال النبيُّ ﷺ: «ارْموا بني إسماعيلَ، فإنَّ أَباكم كان رامياً، ارْموا وأنا معَ بني فلان». قال: فأمسَكَ أَحدُ الفَريقينِ بأيديهم، فقال رسولُ الله ﷺ: «ما لَكم لا تَرْمون؟» قالوا: كيفَ نَرْمي وأنت معهم؟ قال النبيُّ ﷺ: «ارموا فأنا معكم كلِّكم».

[الحديث ٢٨٩٩ ـ طرفاه في: ٣٣٧٣، ٣٥٠٧].

٢٩٠٠ ـ حدثنا أبو نُعيمٍ حدَّثَنا عبدُ الرّحمٰنِ بنُ الغسيلِ عن حمزةَ بنِ أبي أُسَيدٍ عن أبيه قال: قال النبيُّ ﷺ يوم بَدْرٍ حينَ صَفَفْنا لقُريشٍ وصَفُّوا لنا: «إذا أكْثَبوكم[1] فعلَيكم بالنَّبل». [الحديث ٢٩٠٠ ـ طرفاه في: ٣٩٨٤، ٣٩٨٥].

٢٨٩٩ ـ قوله: (ينتضلون) أي يترامون للسبق.

٢٩٠٠ ـ قوله: (أُسيد) بضم الهمزة وفتح السين ولأبي ذر في نسخة: بفتح الهمزة وكسر السين

(١) ـ قوله: أكثبوكم: أي قاربوكم ودنوا منكم (شارح).

and killed himself». Then Allāh's Apostle (the blessing and peace of Allāh be upon him) said: «A man may be seen to the people as if he were practising the deeds of the people of Paradise while in fact he is from the people of the (Hell) Fire, another may seem to the people of (Hell) Fire, while in fact he is from the people of Paradise».

The parts of this hadīth are in: 4202, 4207, 6493, 6607.

78 - CHAPTER: Exhortation to archery (i.e. arrow- throwing) and the saying of Allāh (the Exalted and Almighty)

[And get ready them all you can of power (armed) forces including steed of war to strike terror into (the hearts of) the enemy of Allāh and your enemy..» (8:60).

2899. Salama bin Al-Akwā; (may Allāh be pleased with him) narrated: «The Prophet (the blessing and peace of Allāh be upon him) passed by some people of the tribe of Bani Aslam who were practising archery. The Prophet said: «O Banī Isma'īl! Practise archery as your father Ismail was a great archer. Keep on throwing arrows and I am with Banī so-and-so». So one of the parties ceased throwing. Allāh's Apostle said: «Why do not you throw?» They replied: «How should we throw while you are with them (i.e. on their side)»? On that the he said: «Throw, and I am with all of you».

2900. Abū Usaid (may Allāh be pleased with him) narrated: «On the day (of the battle) of Badr when we stood in rows against (the army of) Quraish and they stood in rows against us, the Prophet said: «When they do come near you, throw arrows at them».

The parts of this hadīth are in: 3984, 3985.

٧٩ ـ باب اللَّهوِ بالحِراب ونَحوِها

٢٩٠١ ـ حدثنا إبراهيمُ بنُ موسىٰ قال: أَخبرَنا هِشامٌ عن مَعْمرٍ عنِ الزُّهريِّ عنِ ابنِ المسيَّبِ عن أَبي هريرةَ رضيَ الله عنه قال: بَينا الحَبَشةُ يَلعبون عند النبيِّ ﷺ، دخل عمرُ فأَهْوَى إلى الحصباء فحصَبَهم بها، فقال: «دعهُم يا عمرُ». وزاد عليٌّ: حدَّثَنا عبدُ الرَّزّاقِ أَخبرنا معْمرٌ «في المسجدِ».

٨٠ ـ باب المِجَنِّ ومن يتَتَرَّسُ بتُرْسِ صاحبِهِ

٢٩٠٢ ـ حدثنا أَحمدُ بنُ محمدٍ أَخبرَنا عبدُ الله أَخبرَنا الأوزاعيُّ عن إسحاقَ بن عبدِ الله بنِ أَبي طلحةَ عن أَنسِ بنِ مالكٍ رضيَ الله عنه قال: «كانَ أَبو طلحةَ يتترسُ معَ النبيِّ ﷺ بتُرْسٍ واحد، وكان أَبو طلحةَ حسن الرَّميِ، فكان إذا رَمىٰ تُشرِفُ النبيُّ ﷺ فينظُرُ إلى مَوضعِ نبلِهِ».

٢٩٠٣ ـ حدثنا سعيدُ بنُ عُفَيرٍ حدَّثَنا يعقوبُ بنُ عبدِ الرَّحمٰنِ عن أَبي حازمٍ عن سهلٍ قال: «لمّا كُسِرَتْ بَيضةُ النبيِّ ﷺ على رأسِهِ وأُدْمِيَ وجهُهُ وكُسِرَت رَباعيَتُهُ، وكان عليٌّ يختلفُ بالماءِ في المِجَنِّ وكانت فاطمةُ تغسِلُهُ، فلمّا رأَتِ الدَّمَ يَزيدُ علىٰ الماءِ كَثرةً عَمَدَت إلى حَصِيرٍ فأَحْرَقَتْها وأَلْصَقَتْها على جُرحِهِ فرَقَأَ الدَّمُ».

٢٩٠٤ ـ حدثنا عليُّ بنُ عبدِ الله حدَّثَنا سفيانُ عن عمرٍو عنِ الزُّهريِّ عن مالكِ بنِ أَوسِ بنِ الحَدَثانِ عن عمرَ رضيَ الله عنه قال: «كانت أَموالُ بني النَّضيرِ ممّا أَفاءَ الله على رسولِهِ ﷺ ممّا لم يُوجِفِ المسلمونَ عليهِ بَخيلٍ ولا رِكابٍ، فكانت لرسُولِ الله ﷺ خاصةً،

٢٩٠١ ـ قوله: (يلعبون الخ) يعني بحرابهم ولم يقع في هذه الرواية ذكر الحراب أنظر الشارح.

٢٩٠٢ ـ قوله: يشرف: من الإشراف، وفي رواية: تشرف: أي تطلع عليه.

٢٩٠٤ ـ قوله: (الوجيف) ضرب من سير الإبل والخيل يقال وجف البعير وأوجفه صاحبه وقال تعالى: ﴿فما أوجفتم عليه من خيل ولا ركاب﴾ أي ما أعملتم.

79 - CHAPTER: To play with spears and other similar instruments

2901. Abū Huraira (may Allāh be pleased with him) narrated: «While some Ethiopians were playing in the presence of the Prophet (the blessing and peace of Allāh be upon him). 'Umar came in, picked up a stone and hit them with it. On that the Prophet said: «O 'Umar! Allow them (to play)». Ma'mar (the sub-narrator) added that they were playing in the Mosque.

80 - CHAPTER: The shield and shielding oneself with the shield of his companion

2902. Anas bin Malīk (may Allāh be pleased with him) narrated: «Abū Talha and the Prophet (the blessing and peace of Allāh be upon him) used to shield themselves with one shield. Abū Talha was a good archer, and when he threw (his arrows) the Prophet would look at the target of his arrows.

2903. Sahl (may Allāh be pleased with him) narrated: «When the helmet of the Prophet (the blessing and peace of Allāh be upon him) was smashed on his head and blood covered his face and one of his front teeth was broken, 'Ālī brought the water in his shield and Fātimah (the Prophet's daughter) washed him. But when she saw that the bleeding increased more by the water, she took a mat, burnt it, and placed the ashes on the wound of the Prophet (the blessing and peace of Allāh be upon him) and so the blood stopped oozing out.

2904. 'Umar (may Allāh be pleased with him) narrated: «The properties of Banī An-Nadīr which Allāh had transferred to His Apostle (the blessing and peace of Allāh be upon him) as war Booty were not gained by the Muslims with their horses and camels. The properties therefore, belonged especially to Allāh's

وكان يُنفِقُ على أهلِهِ نَفَقَةَ سَنَتِهِ، ثمَّ يجعلُ ما بقيَ في السلاحِ والكُراعِ عُدَّةً في سبيلِ الله». [الحديث ٢٩٠٤ ـ أطرافه في: ٣٠٩٤، ٤٠٣٣، ٤٨٨٥، ٥٣٥٧، ٥٣٥٨، ٦٧٢٨، ٧٣٠٥].

٢٩٠٥ ـ **حدثنا** مُسدَّدٌ حدَّثنا يحيى عن سُفيانَ قال: حدَّثني سعدُ بنُ إبراهيمَ عن عبدِ الله بنِ شدّادٍ عن عليّ. حدَّثنا قبيصةُ حدَّثنا سُفيانُ عن سعدِ بنِ إبراهيمَ قال: حدَّثني عبدُ الله بنُ شدّادٍ قال: سمعتُ عليًّا رضيَ الله عنه يقول: ما رأيتُ النبيَّ ﷺ يُفَدِّي رجُلاً بعدَ سعدٍ، سمعتهُ يقول: «ارْمِ فِداكَ أبي وأُمِّي».

[الحديث ٢٩٠٥ ـ أطرافه في: ٤٠٥٨، ٤٠٥٩، ٦١٨٤].

٨١ ـ باب الدَّرَق

٢٩٠٦ ـ **حدثنا** إسماعيلُ قال: حدَّثني ابنُ وَهبٍ قال عمرٌو حدَّثني أبو الأَسْودِ عن عُروةَ عن عائشةَ رضيَ الله عنها قالت: «دخلَ عليَّ رسولُ الله ﷺ وعندي جاريتانِ تغنِّيانِ بغِناء بُعاثٍ، فاضْطَجعَ على الفِراشِ وحَوَّلَ وجهَهُ، فدَخَلَ أبو بكرٍ فانتَهَرني وقال: مِزْمارةُ الشيطانِ عندَ رسولِ الله ﷺ. فأقبلَ عليهِ رسولُ الله ﷺ فقال: «دَعْهما». فلما غفَلَ غَمزْتُهما فخرَجَتا».

٢٩٠٧ ـ **قالت**: وكان يوم عيدٍ يَلعبُ السُّودان بالمدَّرقِ والحرابِ، فَإمّا سأَلتُ رسولَ الله ﷺ وإما قال: «تشتهينَ تَنظُرين؟» فقلتُ: نعم، فأقامني وراءهُ خدِّي على خدِّهِ ويقول: «دونَكم يا بني أرفدَةَ حتّى إذا مَلِلْت قال: «حسبُكِ؟» قلتُ: نعم. قال: «فاذهَبي». قال أبو عبد الله: قال أحمدُ عَنِ ابنِ وَهبٍ: «فلما غفل».

٢٩٠٥ ـ فداك بكسر الفاء (شارح).

٢٩٠٦ ـ قوله: (فلما غفل) تعني أبا بكر قال الشارح وللحموي والمستملي فلما عمل أي اشتغل أبو بكر بعمل أهـ ولعل صواب ما هنا هذه الرواية كما هو الظاهر من كلام المؤلف عند آخر الباب.

٢٩٠٧ ـ قوله: (تنظرين) ولأبوي ذرّ والوقت والأصيلي أن تنظري (شارح).

Apostle who used to give his family yearly expenditure and spend what remained therefore on arms and horses to be used in Allāh's Cause.

The parts of this hadīth are in: 3094, 6033, 4885, 5357, 5358, 6727, 7305.

2905. 'Āli (may Allāh be pleased with him) narrated: «I never saw the Prophet (the blessing and peace of Allāh be upon him) saying: «Let my parents sacrifice they lives for you», to any man after Sa'd. I heard him saying (to him): «Throw (the arrows)! Let my parents sacrifice their lives for you».

The parts of this hadīth are in: 4058, 4059, 6184.

81 - CHAPTER: The (leather) sheild

2906. 'Āisha (may Allāh be pleased with her) narrated: «Allāh's Apostle (the blessing and peace of Allāh be upon him) came to my house while two girls were singing beside me the songs of Bu'ath [a story about the wear between the two tribes of the Ansār (i.e. Khazraj and Aus) before Islām]. The Prophet reclined on the bed and turned his face to the other side. Abū Bakr came and scolded me and said protestingly: «Instrumemt of Satan in the presence of Allāh's Apostle?» Allāh's Apostle turned his face towards him and said: «Leave them». When Abū Bakr became innattentive, I waved the two girls away and they left.

2907. It was the day of 'Īd when the negroes used to play with leather shields and spears. Either I requested Allāh's Apostle (the blessing and peace of Allāh be upon him) or he himself asked me whether I would like to see the display. I replied in the affirmative. Then he let me stand behind him and my cheek was touching his cheek and he was saying: «Carry on, O Banī Arfida ! When I got tired, he asked me if that was enough. I replied in the affirmative and he asked me to leave.

٨٢ - باب الحَمائلِ وتَعليقِ السيفِ بالعُنُق

٢٩٠٨ - حدثنا سُليمانُ بنُ حَربٍ حدَّثَنا حَمّادُ بنُ زيدٍ عن ثابتٍ عن أنسٍ رضيَ الله عنه قال: «كان النبيُّ ﷺ أحسَنَ الناسِ، وأشجَعَ الناسِ. ولقد فزِعَ أهلُ المدينةِ ليلةً فخرَجوا نحوَ الصوتِ فاستقبَلَهُم النبيُّ ﷺ وقد استَبرأ الخبرَ وهو على فرسٍ لأبي طلحةَ عُرْيٍ وفي عُنُقِهِ السيفُ وهو يقول: «لم تُراعوا، لم تراعوا»(١). ثمّ قال: «وَجدناهُ بحْراً». أو قال: «إنهُ لبَحْر».

٨٣ - باب حِلْيةِ السُّيوف

٢٩٠٩ - حدثنا أحمدُ بنُ محمدٍ أخبرنا عبدُ الله أخبرنا الأوزاعيُّ قال: سمعتُ سليمانَ بنَ حَبيبٍ قال: سمعتُ أبا أُمامةَ يقول: «لقد فتح الفتوحَ قومٌ ما كانت حِلْيَةُ سُيوفهم الذَّهبَ ولا الفِضةَ، إنما كانت حِلْيتَهمُ العَلابيُّ والآنُكَ والحديد».

٨٤ - باب مَن عَلَّقَ سيفَهُ بالشَّجرِ في السفرِ عند القائلة

٢٩١٠ - حدثنا أبو اليمانِ أخبرَنا شُعيبٌ عن الزُّهريِّ قال: حدَّثني سِنانُ بنُ أبي سِنانٍ الدُّؤَليُّ وأبو سَلَمةَ بنُ عبدِ الرّحمٰنِ «أنَّ جابرَ بنَ عبدِ الله رضيَ الله عنهما أخبر أنَّهُ غزا معَ رسولِ الله ﷺ قِبَلَ نَجدٍ، فلما قَفل رسولُ الله ﷺ قفلَ معهُ، فأدرَكَتهمُ القائلةُ في وادٍ كثيرِ العِضاهِ، فنزَلَ رسولُ الله ﷺ، وتفرَّقَ الناسُ يَستظِلُّونَ بالشجَرِ، فنزَلَ رسولُ الله ﷺ تحتَ

٢٩٠٨ - (استبرأ الخبر) أي حققه.

(١) - قوله: (لم تراعوا) أي لا تخافوا والعرب تتكلم بهذه الكلمة واضعة لم موضع لا، نقله الشارح.

٢٩٠٩ - (العلابي) جمع علباء بكسر العين عصب في عنق البعير يشقق ثم يشدّ به أسفل جفن السيف وأعلاه ويجعل في موضع الحلية منه وقيل: هي ضرب من الرصاص والآنك: الرصاص نفسه انظر الشارح.

٢٩١٠ - قوله: (فادركتهم القائلة): أي الظهيرة. وقوله: سمُره بضم الميم، من شجر الطلح. والجمع: سَمُر، والطلح: شجر عظام من شجر العضاه، والواحدة: طلحة. والعضاه: كل شجر يعظم وله شوك، وفي فتح الباري شجرة بدل سمرة.

82 - CHAPTER: The straps for suspending swords and the hanging of the sword by the neck

2908. Anas (may Allāh be pleased with him) narrated: «The Prophet (the blessing and peace of Allāh be upon him) was the best and the bravest amongst the people. Once the people of Madīna got terrified at night, so they went in the direction at the noise (that terrified them). The Prophet met them (on his way back) after he had found out the truth. He was riding an unsaddled horse belonging to Abū Talha and a sword was hanging by his neck, and he was saying: «Don't be afraid! Don't be afraid»! He further said: «I found it (i.e. the horse) very fast», or said: «This horse is very fast» (Qastalani).

83 - CHAPTER: What has been said regarding the decoration of swords (with gold and silver etc.)

2909. Abū Umāma narrated: «Some people conquered many countries and their swords were decorated neither with god and silver, but they were decorated with leather, lead and iron.

84 - CHAPTER: That who hung his sword on a tree at midday

2910. Jabir bin 'Abdullah (may Allāh be pleased with him) narrated that he proceeded in the company of Allāh's Apostle (the blessing and peace of Allāh be upon him) towards Najd to participate in an invasion. When Allāh's Apostle (the blessing and peace of Allāh be upon him) returned, he too returned with him. Midday came upon them while they were in a valley having many throny trees, Allāh's Apostle (the blessing and peace of Allāh be upon him) and the people dismounted and dispersed to rest in the shade of the trees. Allāh's Apostle rested under a tree and hung his sword on it. We all took a nap and suddenly we heard Allāh's Apostle calling us. (We woke up) to see a bedouin with him.

سمرةٍ وعلّق بها سيفه، ونمنا نومةً، فإذا رسولُ الله ﷺ يدْعونا، وإذا عندَهُ أعرابيٌّ فقال: إنَّ هذا اخترَطَ عليَّ سيفي وأنا نائمٌ، فاستيقظتُ وهو في يدهِ صلْتاً[٢]، فقال: من يَمنَعُك منّي؟ فقلتُ: الله (ثلاثاً). ولم يُعاقبْه، وجلس».

[الحديث ٢٩١٠ ـ أطرافه في: ٢٩١٣، ٤١٣٤، ٤١٣٥، ٤١٣٦].

٨٥ ـ باب لبس البَيْضة

٢٩١١ ـ **حدثنا** عبدُ الله بنُ مَسْلمةَ حدَّثَنا عبدُ العزيزِ بنُ أبي حازمٍ عن أبيهِ عن سَهلٍ رضيَ الله عنه «أنهُ سُئلَ عن جُرحِ النبيِّ ﷺ يومَ أُحُدٍ فقال: جُرِحَ وَجهُ النبيِّ ﷺ وكُسِرت رَباعِيَتُهُ وهُشِمَتِ البَيضةُ على رأسه، فكانت فاطمةُ عليها السلامُ تغسلُ الدَّمَ وعليٌّ رضيَ الله عنه يُمسِك. فلمّا رأَتْ أنَّ الدَّمَ لا يرتدُّ إلا كثرةً أخذَتْ حَصِيراً فأحرقَتْهُ حتى صارَ رَماداً، ثمَّ أَلزَقتْهُ، فاستَمْسَكَ الدَّمُ».

٨٦ ـ باب من لم يَرَ كسرَ السِّلاحِ عندَ الموتِ

٢٩١٢ ـ **حدثنا** عمرُو بنُ عبّاسٍ حدَّثَنا عبدُ الرّحمٰنِ عن سُفيانَ عن أبي إسحاقَ، عن عَمرِو بنِ الحارثِ قال: «ما تَرَكَ النبيُّ ﷺ إلا سِلاحَهُ وبغلةً بَيضاءَ وأرضاً بخَيبرَ جَعلَها صدَقَة».

٨٧ ـ باب تَفرُّقِ الناسِ عنِ الإمامِ عندَ القائلةِ والإستِظلالِ بالشجر

٢٩١٣ ـ **حدثنا** أبو اليمانِ أخبرَنا شُعيبٌ عنِ الزُّهريِّ حدثني سِنانُ بنُ أبي سِنانٍ وأبو سَلمةَ أن جابراً أخبرَهُ. حدَّثَنا موسىٰ بنُ إسماعيلَ حدَّثَنا إبراهيمُ بنُ سعدٍ أخبرنا ابنُ شِهابٍ عن سِنانِ بنِ أبي سِنانٍ الدُّؤَليِّ أنَّ جابرَ بنَ عبدِ الله رضيَ الله عنهما أخبرَهُ «أنه غزا معَ النبيِّ ﷺ فأدركتهمُ القائلةُ في وادٍ كثيرِ العِضاهِ، فتفرَّقَ الناسُ في العِضاهِ يَستظِلُّونَ بالشجر،

(٢) ـ (صلتاً) سيفاً أي مجرداً عن غمده.

The Prophet said: «This bedouin took out my sword while I was sleeping and when I awoke, I found the unshealthed sword in his hand and he challenged me saying: «Who will save you from me?» I said thrice: «Allāh». The Prophet did not punish him but sat down.

The parts of this hadīth are in: 2913, 4134, 4135, 4136.

85 - CHAPTER: The wearing of a helmet

2911. Sahl (may Allāh be pleased with him) narrated that he asked about the wound of the Prophet (the blessing and peace of Allāh be upon him) on the day (of the battle) of Uhud. He said: «The face of the Prophet was wounded and one of his front teeth was broken and the helment over his head was smashed. Fātimah (may Allāh be pleased with her) washed off the blood while 'Ālī held water. When she saw that bleeding was increasing continuously, she brunt a mat (of date-palm leaves) till it turned into ashes which she put over the wound and thus the bleeding ceased».

86 - CHAPTER: That who does not consider it logical to break the wepons and to staughter the animals of the deceased

2912. 'Amr bin Al-Hārith (may Allāh be pleased with him) narrated: «The Prophet (the blessing and peace of Allāh be upon him) did not leave behind him after his death, anything except his arms, his white mule, and a piece of land at Khaibar which he left to be given in charity.

87 - CHAPTER: The dispersing of the people away from the Imām at midday to rest in the shade of trees

2913 .Jābir bin 'Abdullah (may Allāh be pleased with him) narrated that he participatd in an invasion in the company of Allāh's Apostle (the blessing and peace of Allāh be upon him). Midday came upon them while they were in a valley having many trees. The people dispersed to rest in the shade of the trees. The Prophet rested under a tree, hung his sword on it, and then slept. Then he woke up to find near to him, a man whose presence he had not noticed before. The

فنزَلَ النبيُّ ﷺ تحتَ شجرةٍ فعلَّقَ بها سيفَهُ ثمَّ نام، فاستيقَظَ وعندَهُ رجلٌ وهوَ لا يشعُرُ بهِ، **فقال النبيُّ ﷺ: «إنَّ هٰذا اخترَطَ سَيفي فقال: من يَمنعُكَ؟ قلتُ: الله»**. فشامَ السيفَ، **فها هوَ ذا جالس. ثمَّ لم يعاقِبْه»**.

٨٨ ـ **باب** ما قيلَ في الرِّماح

ويذكَرُ عنِ ابنِ عمرَ عن النبيِّ ﷺ قال:

«جُعِلَ رِزقي تحتَ ظِلِّ رمحي، وجُعِلَ الذِّلةُ والصَّغارُ على مَن خالفَ أمري».

٢٩١٤ ـ **حدثنا** عبدُ الله بن يوسُفَ أخبرَنا مالكٌ عن أبي النَّضرِ مولىٰ عُمرَ بنِ عُبيدِ الله عن نافعٍ مَولىٰ أبي قتادةَ الأنصاريِّ عن أبي قَتادةَ رضيَ اللهُ عنه أنَّهُ كان معَ رسولِ الله ﷺ، حتى إذا كان ببَعضِ طريقِ مكة تخلَّفَ معَ أصحابٍ لهُ مُحْرِمينَ وهو غيرُ مُحْرِمٍ، فرأى حِماراً وَحشيّاً، فاستوى على فرَسِهِ، فسألَ أصحابَهُ أن يُناوِلوهُ سَوطَهُ فأبَوا، فسألهم رُمحَهُ فأبوا، فأخَذَهُ ثمَّ شدَّ على الحِمارِ فقتَله، فأكلَ منهُ بعضُ أصحابِ النبيِّ ﷺ وأبىٰ بعضٌ، فلمّا أدرَكوا رسولَ الله ﷺ سألوهُ عن ذلك قال: **«إنَّما هيَ طُعْمَةٌ أطْعَمَكموها الله»**.

وعن زيد بن أسْلَمَ عن عَطاءِ بن يَسار عن أبي قَتادةَ في الحمارِ الوَحشيِّ مثلُ حَديثِ أبي النَّضرِ قال: «هل معكم مِن لحمِهِ شيءٌ؟».

٨٩ ـ **باب** ما قيلَ في دِرعِ النبيِّ ﷺ والقَميصِ في الحرب
وقال النبيُّ ﷺ: أمّا خالدٌ فقد احتَبَسَ أدراعَهُ في سَبيلِ الله

٢٩١٥ ـ **حدثنا** محمدُ بنُ المثنّى حدَّثنا عبدُ الوَهّابِ حدَّثنا خالدٌ عن عِكرمةَ عنِ ابنِ عبّاسٍ رضيَ اللهُ عنهما قال: قال النبيُّ ﷺ وهو في قُبَّة: **«اللّهُمَّ إني أنشُدُكَ عهدَكَ ووَعدَكَ**.

٢٩١٣ ـ (شام السيف) أي أغمده.

Prophet said: «This (man) took my sword (out of its scarbbard) and said: «Who will save you from me». I replied: «Allāh». So, he put the sword back into its scabbard, and you see him sitting here». Anyhow, the Prophet did not punish him.

88 - CHAPTER: What is said regarding spears

Ibn 'Umar (may Allāh be pleased with him) narrated that the Prophet (the blessing and peace of Allāh be upon him) said: «My livelihood is under the shade of my spear, and he who disobeys my orders will be humiliated by paying Jizya (tax)».

2914. Abū Qatada (may Allāh be pleased with him) narrated that he was in the company of Allāh's Apostle (the blessing and peace of Allāh be upon him) and when they had covered a portion of the road to Mecca, he and some of the companions lagged behind. The latter were in a state of Ihram while he was not». He saw an onager and rode his horse and requested his companions to lash him they refused. Then he asked them to give him his spear but they refused, and killed it. Some of the Companions of the Prophet ate of it while some others refused to eat. When they were caught up by Allāh's Apostle they asked him about that, and he said: «That was a meal Allāh fed you with». (It is also said that Allāh's Apostle asked: «Have you got something of its meat?»).

89 - CHAPTER: What is said regarding the armour of the Prophet (the blessing and peace of Allāh be upon him) and the coart of mail

The Prophet (the blessing and peace of Allāh be upon him): «As for Khalid, he has kept his armour for Allāh's Cause.

2915. Ibn 'Abbās (may Allāh be pleased with him) narrated: «The Prophet (the blessing and peace of Allāh be upon him) while in a tent (on the day of the battle of Badr) said: «O Allāh! I ask you to fulfill Your Covenant and Promise. O Allāh! If you wish (to desroty the believers) You will never be worshipped af-

اللَّهمَّ إن شِئتَ لم تُعبَدْ بعدَ اليوم». فأخذَ أبو بكرٍ بيدِه فقال: حَسْبُكَ يا رسولَ الله، فقد أَلحَحْتَ على ربِّك. وهوَ في الدِّرع، فخرَجَ وهو يقول: «﴿سَيُهْزَمُ الجمعُ ويُوَلُّونَ الدُّبر. بلِ الساعةُ مَوْعِدُهُمْ والسّاعَةُ أدْهىٰ وأمرُّ﴾».

وقال وُهَيبٌ: حدَّثنا خالدٌ «يومَ بَدْر».

[الحديث ٢٩١٥ ـ أطرافه في: ٣٩٥٣، ٤٨٧٥، ٤٨٧٧].

٢٩١٦ ـ **حدثنا** محمدُ بنُ كثير أخبرَنا سفيانُ عن الأَعمشِ عن إبراهيمَ عنِ الأَسْوِدِ عن عائشةَ رضيَ الله عنها قالت: «**تُوُفِّي رسول الله ﷺ ودِرعهُ مَرهونةٌ عندَ يهوديّ بثلاثينَ صاعاً من شعيرٍ**». وقال يَعلىٰ: حدَّثَنا الأَعمشُ «دِرْعٌ من حديدٍ». وقال معلًّى: حدَّثَنا عبدُ الواحدِ حدَّثَنا الأَعمش وقال: «رَهنَهُ دِرعاً من حديد».

٢٩١٧ ـ **حدثنا** موسىٰ بنُ إسماعيلَ حدَّثَنا وُهَيبٌ حدَّثَنا ابنُ طاوُس عن أبيهِ عن أبي هريرةَ رضيَ الله عنه عنِ النبيِّ ﷺ قال: «**مَثَلُ البخيلِ والمتصدِّقِ مَثَلِ رجُلَينِ عليهما جُبَّتانِ من حديدٍ قد اضطُرَّتْ أيديهما إلى تَراقيهما، فكلَّما همَّ المتصدِّقُ بصدَقتهِ اتسعَتْ عليهِ حتّى تُعْفِيَ أثَرَه، وكلما همَّ البَخيلُ بالصدَقةِ انقبَضتْ كلُّ حَلْقةٍ إلى صاحبتِها وتقلَّصَتْ عليه وانضمَّتْ يَداهُ إلى تراقيهِ**». فسَمِعَ النبيَّ ﷺ يقول: «**فيجتهدُ أن يُوَسِّعَها فلا تَتَّسِعُ**».

٩٠ ـ باب الجُبَّةِ في السفرِ والحرب

٢٩١٨ ـ **حدثنا** موسى بنُ إسماعيلَ حدَّثَنا عبدُ الواحِدِ حدَّثَنا الأَعمشُ عن أبي الضُّحى مسلمٍ هو ابنُ صُبَيحٍ عن مسروقٍ قال: حدَّثني المغيرةُ بنُ شعبةَ قال: «**انطلَقَ رسولُ الله ﷺ لحاجتهِ، ثم أَقبلَ، فتلقَّيتُهُ بماءٍ ـ وعليهِ جُبَّةٌ شاميَّةٌ ـ فمَضْمَضَ واستنشَقَ،**

٢٩١٧ ـ قوله: (تعفي) بضم الفوقية وسكون العين وفي الفرع وأصله بفتح العين وتشديد الفاء أي تمحو الجبة أثر مشيه لسبوغها ومراده أن الصدقة تستر خطايا المتصدق (شارح).

ter today». Abū Bakr caught him by the hand and said: «This is sufficient, O Allāh's Apostle! You have asked Allāh pressingly». The Prophet was clad in his armour at that time. He went out, saying to me: «Their multitide will be put to flight and they will show their backs. Nay, but the Hour is their appointed time (for their recomopense) and that Hour will be more grievous and more bitter (than their wordly failure)». Khalid said that that was on the day of the battle of Badr.

The parts of this hadīth are in: 3953, 4875.

2916. 'Āisha (may Allāh be pleased with her) narrated: «Allāh's Apostle (the blessing and peace of Allāh be upon him) died while his (iron) armour was mortgaged to a Jew for thirty measures of barely.

2917. Abū Huraira (may Allāh be pleased with him) narrated: «The Prophet (the blessing and peace of Allāh be upon him) said: «The example of a miser and the one who gives in charity is like the example of two men wearing iron cloacks so tightly that their arms are raised forcibly towards their collar-bones. So, whenever a charitable person wants to give in charity, his cloak spreads over his body so much so that it wipes out his traces. But whenever the miser wants to give in charity, the rings (of the iron cloack) come closer to each other and press over his body, and his hands are connected to his collar-bones. Abū Huraira heard the Prophet saying: «The miser then tries to widen it but in vain».

90 - CHAPTER: Th (wearing of a) cloak on journeys and in war

2918 . Al-Mughīra bin Shu'ba(may Allāh be pleased with him) narrated: «Allāh's Apostle (the blessing and peace of Allāh be upon him) went out to answer the call of nature and on his return I brought some water to him. He performed the ablution while he was wearing a syrian cloak. He rinsed his mouth and washed his nose by putting water his face. Then he tried to take out his

وَغسلَ وَجهَهُ، فذَهبَ يُخرجُ يدَيهِ من كمَّيْهِ فكانا ضيِّقين، فأخرجَهما من تحتُ، فغسَلَهما، ومَسَحَ برأسِهِ وعلى خُفَّيه».

٩١ ـ باب الحريرِ في الحرب

٢٩١٩ ـ حدثنا أحمدُ بنُ المقدام حدَّثنا خالدُ بنُ الحارثِ حدَّثنا سعيدٌ عن قتادةَ أنَّ أنساً حدَّثهم «أنَّ النبيَّ ﷺ رخَّص لعبدِ الرَّحمٰنِ بنِ عَوف والزُّبَيرِ في قَميصٍ من حَريرٍ مِن حِكَّةٍ كانت بِهما».

[الحديث ٢٩١٩ ـ أطرافه في: ٢٩٢٠، ٢٩٢١، ٢٩٢٢، ٥٨٣٩].

٢٩٢٠ ـ حدثنا أبو الوَليدِ حدَّثَنا همّامٌ عن قتادةَ عن أنس. حدَّثَنا محمدُ بنُ سِنانٍ حدَّثَنا همّامٌ عن قَتادةَ عن أنس رضيَ الله عنه «أن عبد الرَّحمٰنِ بنَ عوفٍ والزُّبَير شَكوَا إلى النبيِّ ﷺ ـ يَعني القملَ ـ فأرخَصَ لهما في الحرير، فرأيتُهُ عليهما في غزاةٍ».

٢٩٢١ ـ حدثنا مسدَّدٌ حدَّثنا يحيى عن شعبةَ قال: أخبرَني قتادةُ أنَّ أنساً حدَّثهم قال: «رَخَّصَ النبيُّ ﷺ لعبدِ الرَّحمٰنِ بنِ عوفٍ والزُّبيرِ بنِ العَوَّامِ في حَريرٍ».

٢٩٢٢ ـ حدثنا محمدُ بنُ بَشّارٍ حدَّثنا غُندَرٌ حدَّثنا شعبةُ قال: سمعتُ قَتادةَ عن أنس قال: «رَخَّص ـ أو رخَّص ـ لهما لحكَّةٍ بهما».

٩٢ ـ باب ما يُذكَرُ في السِّكِّين

٢٩٢٣ ـ حدثنا عبدُ العزيزِ بنُ عبدِ الله حدَّثني إبراهيمُ بنُ سعدٍ عنِ ابنِ شِهابٍ عن جعفرِ بن عمرو بن أُميةَ عن أبيهِ قال: «رأيتُ النبيَّ ﷺ يأكلُ من كتفٍ يَحتزُّ منها، ثمَّ دُعيَ إلى الصلاةِ فصلَّى ولم يَتَوضَّأ». حدَّثنا أبو اليمانِ أخبرَنا شُعيبٌ عنِ الزُّهريِّ وزادَ: «فألقى السِّكِّينَ».

hands, through his sleeve but they were tight, so he took them out from underneath, washed them and passed wet hands over his head and his leather socks.

91 - CHAPTER: The wearing of silk in war

Anas (may Allāh be pleased with him) narrated: «The Prophet (the blessing and peace of Allāh be upon him) allowed 'Abdur-Rahmān bin 'Auf and Az-Zubair to wear silken shirts because they had a skin disease causing itching.

The parts of this hadīth are in: 2920, 2921, 2922, 5839.

2920 . Anas narrated: as the above.

Anas (may Allāh be pleased with him)narrated: «'Abdur- Rahmān bin 'Auf ans Az-Zubair complained to the Prophet (the blessing and peace of Allāh be upon him) i.e. about the lice (that caused itching) so he allowed them to wear silken clothes. I saw them wearing such clothes in a Holy Battle.

2921 Anas (may Allāh be pleased with him) narrated: «The Prophet (the blessing and peace of Allāh be upon him) allowed them to wear silk (i.e. 'Abdur-Rahmān and Az-Zubair) because of itching they suffered from.

2922. Anas (may Allah be pleased with him): He was allowed for the itch they suffered from.

92 - CHAPTER: What is said about the knife

2923 . Umaiya Ad-Dāmrī narrated: «I saw the Prophet (the blessing and peace of Allāh be upon him) eating of the shoulder (of a sheep) by cutting from it and then he was called to prayer and he prayed without repeating his ablution.

Az-Zuhrī narrated: «as the above and added that the Prophet (the blessing and peace of Allāh be upon him) put the knife down.

٩٣ - باب ما قِيلَ في قِتالِ الرُّوم

٢٩٢٤ - **حدثني** إسحاقُ بنُ يَزيدَ الدِّمشقيُّ حدَّثنا يحيىٰ بنُ حمزةَ قال: حدَّثني ثَورُ بنُ يزيدَ عن خالدِ بنِ مَعدانَ أن عُميرَ بنَ الأَسودِ العَنْسيَّ حدَّثهُ أنهُ أتىٰ عُبادةَ بنَ الصامتِ وهو نازِلٌ في ساحلِ حِمصَ وهو في بِناءٍ لهُ ومعهُ أُمُّ حَرام، قال عُميرٌ: فحدَّثَتْنا أُمُّ حَرام أَنَّها سمِعتِ النبيَّ ﷺ يقول: **«أوَّلُ جيشٍ من أُمّتي يَغزون البحرَ قد أوجَبوا»**. قالت أُمُّ حَرام: قلتُ يا رسولَ الله أنا فيهم؟ قال: **«أنتِ فيهم»**. ثمَّ قال النبيُّ: **«أوَّلُ جيشٍ من أُمّتي يَغزون مدينةَ قيصرَ مَغفورٌ لهم»**. فقلتُ: أَنا فيهم يا رسولَ الله؟ قال: **«لا»**.

٩٤ - باب قتالِ اليهود

٢٩٢٥ - **حدثنا** إسحاقُ بنُ محمدٍ الفَرْوِيُّ حدَّثَنا مالكٌ عن نافعٍ عن عبدِ الله بن عمرَ رضي الله عنهما أنَّ رسولَ الله ﷺ قال: **«تُقاتِلون اليهودَ حتّى يَختبِئَ أحدُهم وراءَ الحجَرِ فيقول يا عبدَ الله، هٰذا يهوديٌّ ورائي فاقتُلْه»**. [الحديث ٢٩٢٥ - طرفه في: ٣٥٩٣].

٢٩٢٦ - **حدثنا** إسحاقُ بنُ إبراهيمَ أخبرنا جَريرٌ عن عُمارةَ بنِ القَعْقاعِ عن أبي زُرْعةَ عن أبي هريرةَ رضيَ الله عنه عن رسولِ الله ﷺ قال: **«لا تقومُ الساعةُ حتّى تُقاتِلوا اليهودَ، حتّى يَقولَ الحجرُ وراءَهُ اليهوديُّ: يا مسلم، هذا يهوديٌّ ورائي فاقتُله»**.

٩٥ - باب قتالِ الترك

٢٩٢٧ - **حدثنا** أبو النُّعمانِ حدَّثنا جريرُ بنُ حازمٍ قال: سمعتُ الحسنَ يقولُ: حدَّثنا عمرُو بنُ تَغلِبَ قال: قال النبيُّ ﷺ: **«إنَّ من أَشراطِ الساعةِ أن تُقاتِلوا قوماً ينتَعِلونَ نِعالَ**

٢٩٢٥ - يختبىء: أي يختفي.

٢٩٢٧ - قوله: (الشعر) بفتح العين وتسكن أي أنهم يجعلون نعالهم من حبال ضفرت من الشعر أو المراد طول شعورهم وكثافتها فهم لذلك يمشون فيها (شارح).

93 - CHAPTER: What is said about the fighting of the Byzantines

2924 . Khālid bin Ma'dān narrated: that 'Umair bin Al-Aswad Al-'Anasī told him that he went to 'Ubāda bin As-Samit while he was staying in his house at the sea-shore of Hims with (his wife)Umm Haram'Umair said: «Umm Harām .informed us that she heard the Prophet (the blessing and peace of Allāh be upon him) saying: «Paradise is granted to the first batch of my followers who will undertake a naval expedition.» Umm Harām added: «I said: «O Allāh's Apostle! Will I be amongst them? He replied You are amongst them. The Prophet then said: «The first army amongst my followers who will invade Casear's City will be fogiven their sins. I asked: «Will I be one of them, O Allāh's Apostle! He replied in the negative».

94 - CHAPTER: Fighting with the Jews

2925 . 'Abdullah bin 'Umar (may Allāh be pleased with him) narrated: «Allāh's Apostle (the blessing and peace of Allāh be upon him) said: «You (i.e. Mūslim) will fight with the Jews till some of them will hide behind stones. The stones will (betray them) saying: «O 'Abdullah (i.e. slave of Allāh)! There is a Jew hiding behind me; so kill him».

2926 . Abū Huraira (may Allāh be pleased with him) narrated: «Allāh's Apostle (the blessing and peace of Allāh be upon him) said: «The Hour will not be established until you fight with the Jews, and the stone behind which a Jew will be hiding says: «O Muslims! There is a Jew hiding behind me, kill him».

95 - CHAPTER: Fighting with the Turks

2927 . 'Amr bin Taghlib narrated: «The Prophet (the blessing and peace of Allāh be upon him) said: «One of the prortents of the Hour is that you will fight with people wearing shoes made of hair; and one of the portents of the Hour is

الشَعَر، وإنَّ من أشراطِ الساعةِ أن تُقاتِلوا قوماً عِراضَ الوُجوهِ كأَنَّ وُجوهَهُم المجانُ المُطرَّقة»[1]. [الحديث ٢٩٢٧ ـ طرفه في: ٣٥٩٢].

٢٩٢٨ ـ **حدثني** سعيدُ بنُ محمدٍ حدَّثنا يعقوبُ حدَّثنا أبي عن صالحٍ عنِ الأعرجِ قال: قال أبو هريرة رضيَ الله عنه قال رسولُ الله ﷺ: «**لا تقومُ الساعةُ حتى تُقاتِلوا التُّركَ، صِغارَ الأعْيُنِ حُمرَ الوُجوهِ، ذُلْفَ الأنوفِ، كأَنَّ وجوهَهُمُ المِجانُّ المطرقة. ولا تقومُ الساعةُ حتّى تُقاتِلوا قوماً نِعالهمُ الشَّعَر**».

[الحديث ٢٩٢٨ ـ أطرافه في: ٢٩٢٩، ٣٥٨٧، ٣٥٩٠، ٣٥٩١].

٩٦ ـ **باب** قتالِ الذينَ يَنْتعِلونَ الشَّعَر

٢٩٢٩ ـ **حدثنا** عليُّ بنُ عبدِ الله حدَّثنا سفيانُ قال الزُّهريُّ عن سعيدِ بنِ المسيَّبِ عن أبي هريرةَ رضيَ الله عنه عن النبيِّ ﷺ قال: «**لا تقومُ الساعةُ حتّى تُقاتِلوا قوماً نِعالُهم الشعر، ولا تقومُ الساعةُ حتى تُقاتِلوا قوماً كأَنَّ وُجوهَهُم المجانُ المطرقة**». قال سفيانُ: وزاد فيه أبو الزِّنادِ عن الأعرج عن أبي هريرةَ روايةً: «صِغارَ الأعْيُنِ، ذُلْفِ الأنوفِ، كأَنَّ وُجوهَهُمُ المجانُّ المطرقة».

٩٧ ـ **باب** من صَفَّ أصحابَهُ عندَ الهزيمةِ ونَزَلَ عن دابَّتِهِ واسْتَنْصَر

٢٩٣٠ ـ **حدثنا** عمرُو بنُ خالد الحرّانيّ حدَّثنا زُهيرٌ حدَّثنا أبو إسحاقَ قال: سمعتُ البَراءَ ـ وسألَهُ رجلٌ: أكنتُم فَرَرْتم يا أَبا عُمارَةَ يومَ حُنَينٍ ـ قال: لا واللهِ، ما وَلَّى

(١) ـ (المجان) التروس جمع المجن بكسر الميم والمطرقة هي التي ألبست الطراق وهي جلدة تقدر على قدر الدرقة وتلصق عليها شبه وجوههم بالترس لبسطها وتدويرها وبالمطرقة لغلظها وكثرة لحمها أفاده الشارح.

٢٩٢٨ ـ (الذلف) جمع الأذلف مثل الفطس والأفطس وزناً ومعنىً.

that you will fight with broad-faced people whose faces will look like shields coated with leather».

The parts of this hadīth are in: 3592.

2928 . Abū Huraira (may Allāh be pleased with him) narrated: «Allāh's Apostle (the blessing and peace of Allāh be upon him) said: «The Hour will not be established until you fight with the Turks; people with small eyes, red faces, and flat noses. Their faces will look like shields coated with leather. The Hour will not be established till you fight with people whose shoes are made of hair».

The parts of this hadīth are in: 2929, 3587, 3590, 3591.

96 - CHAPTER: Fighting with people wearing shoes made of hair

2929 . Abū Huraira (may Allāh be pleased with him) narrated: «The Prophet (the blessing and peace of Allāh be upon him) said: «The Hour will not be established till you fight with people wearing shoes made of hair. And the Hour will not be established till you fight with people whose faces look like shields coated with leather.» [Abū Huraira added: «(They will be(small-eyed, flatnosed, and their faces will look like shields coated with leather».

97 - CHAPTER: Whoever arranged his companions at the time defeat and got down from his riding animal and asked Allāh for help

2930 . Abū Ishāq narrated: «A man asked Al-Barā: «O Abū 'Umāra! Did you all flee on the day (of the battle) of Hunain?» He replied: «No by Allāh! Allāh's Apostle (the blessing and peace of Allāh be upon him) did not flee, but

رسولُ الله ﷺ ولٰكنَّهُ خرَجَ شُبّانُ أَصحابِه وخِفافُهـم حُسَّراً ليس بسلاحٍ ، فأَتَوا قوماً رُماةً جَمْعَ هَوازِنَ وبني نَصْرٍ، ما يَكادُ يَسقُطُ لهم سهم، فرَشَقوهم رَشْقاً ما يَكادون يُخْطِئون. **فأَقبَلوا هنالك إلى النبيِّ ﷺ** وهو على بَغلتِهِ البيضاء وابنُ عمهِ أَبو سفيانَ بنُ الحارثِ بن عبدِ المطَّلبِ يقودُ بِهِ، فنزل واستَنْصَر ثمّ قال: **«أَنا النبيُّ لا كَذِب، أَنا ابنُ عبدِ المطَّلب»**. **ثمَّ صفَّ أَصحابَهُ**.

٩٨ ـ باب الدُّعاء على المشركينَ بالهزيمةِ والزَّلْزلة

٢٩٣١ ـ **حدثنا** إبراهيمُ بنُ موسىٰ أَخبرَنا عيسىٰ حدَّثَنا هشامٌ عن محمدٍ عن عَبِيدةَ عن عليٍّ رضيَ الله عنه قال: لما كان يومُ الأَحزابِ قال رسولُ الله ﷺ: **«مَلأَ الله بيوتَهم وقُبورَهم ناراً، شَغَلونا عن صلاةِ الوُسطىٰ حِينَ غابَتِ الشمسُ»**.

[الحديث ٢٩٣١ ـ أطرافه في: ٤١١١، ٤٥٣٣، ٦٣٩٦].

٢٩٣٢ ـ **حدثنا** قَبيصةُ حدَّثنا سفيانُ عنِ ابنِ ذَكْوانَ عنِ الأَعرجِ عن أَبي هريرة رضيَ الله عنه قال: كان النبيُّ ﷺ يَدْعو في القُنوتِ: **«اللّهمَّ أَنْجِ سلمةَ بنَ هِشامٍ، اللّهمَّ أَنجِ الوليدَ بن الوليدِ، اللّهمَّ أَنجِ عَيّاشَ بنَ أَبي ربيعةَ، اللّهمَّ أَنجِ المستَضْعَفينَ من المؤمنين. اللّهمَّ اشددْ وَطْأَتَكَ على مُضَر، اللّهمَّ سِنِينَ كسِنِي يوسُف»**.

٢٩٣٣ ـ **حدثنا** أحمدُ بنُ محمدٍ أَخبرَنا عبدُ الله أَخبرَنا إسماعيلُ بنُ أَبي خالدٍ أَنهُ سمعَ عبدَ الله بنَ أَبي أَوفىٰ رضيَ الله عنهما يقول: دَعا رسولُ الله ﷺ يومَ الأَحزابِ على المشركينَ فقال: **«اللّهمَّ مُنزِلَ الكتابِ، سَريعَ الحسابِ، اللّهمَّ اهزِمِ الأَحزابَ، اللّهمَّ اهزِمْهم وزَلْزِلْهم»**.

[الحديث ٢٩٣٣ ـ أطرافه في: ٢٩٦٥، ٣٠٢٥، ٤١١٥، ٦٣٩٢، ٧٤٨٩].

٢٩٣٠ ـ الإخفاء: جمع خفيف كالأصحاء في جمع صحيح وهو قياس في فعيل مضاعف والحسر جمع الحاسر وهو الذي لا درع له ولا مغفر. وقوله (ليس بسلاح): قال الشارح أي ليس أحدهم ملتبساً بسلاح فاسم ليس مضمراً أهـ وجمع هوازن بدل من قوماً والرشق: الرمي بالنبل.

his young unarmed companions passed by the archers of the tribe of Hawāzin and Banī Nasr whose arrows hardly missed a target, and they threw arrows at them hardly missing a shot. So the Muslims retreated towards the Prophet while he was riding his white mule which was being led by his cousin Abū Muttalib. The Prophet dismounted and invoked Allāh for victory; then he said: «I am the Prophet doubtlessly I am the son of 'Abdul-Muttalib, and then he arranged his companions in rows».

98 - CHAPTER: To ask Allāh to defeat and shake the pagans

2931 .'Alī (may Allāh be pleased with him) narrated: «When it was the day of the battle of Al-Ahzāb (i.e. the clans), Allāh's Apostle (the blessing and peace of Allāh be upon him) said: «O Allāh! Fill their (i.e. infidels) houses and graves with fire as they busied us so much that we didi not perform the middle prayer (i.e. After noon) till the sun set».

The parts of this hadīth are in: 411, 4533, 6396.

2932 . Abū Huraira (may Allāh be pleased with him) narrated: «The Prophet (the blessing and peace of Allāh be upon him) used to recite the following invocations during the hopelessness prayer.

"O Allāh! Save Salama bin Hishām. O Allāh! Save Al-Walīd bin Al-Walid. O Allāh! Save 'Aiyāsh bin Rabai'a. O Allāh! Save the weak Muslims. O Allāh! Be very hard on Mudar tribe. O Allāh! Afflict them with years (of famine) similar to the (famine) years of the time of Prophet Joseph".

2933 . 'Abdullah bin Abī Aufā (may Allāh be pleased with him) narrated: «Allāh's Apostle (the blessing and peace of Allāh be upon him) invoked evil upon the pagans on the day (of the battle) of Al-Ahzāb, saying: «O Allāh! The Revealer of the Holy Book, the Swift-Taker of Accounts, O Allāh, defeat Al-Ahzāb(i.e. the clans), O Allāh, defeat them and shake them».

The parts of this hadīth are in: 2965, 3025, 4115, 6392, 7489.

٢٩٣٤ ـ **حدثنا** عبدُ الله بنُ أبي شَيبةَ حدَّثنا جعفرُ بنُ عَونٍ حدَّثنا سفيانُ عن أبي إسحاقَ عن عمرِو بنِ مَيمونٍ عن عبدِ الله رضيَ الله عنه قال: «كان النبيُّ ﷺ يُصلِّي في ظلِّ الكعبةِ، فقال أبو جهل وناسٌ من قُريش، ونُحِرَت جزورٌ بناحيةِ مكةَ فأرسَلوا فجاءُوا من سَلاها وطرحوه عليه، فجاءت فاطمةُ فألقتهُ عنهُ، فقال: «اللَّهمَّ عليك بقُريشٍ، اللَّهمَّ عليكَ بقريشٍ، اللَّهمَّ عليك بقريشٍ، لأبي جَهلِ بنِ هِشامٍ وعُتبةَ بن رَبيعةَ وشَيبةَ بنِ ربيعة والوَليدِ بنِ عُتبةَ وأُبيِّ بنِ خَلَفٍ وعُقبةَ بنِ أبي مُعيطٍ». قال عبدُ الله: فلقد رأيتهم في قَليبِ بَدْرٍ قتلىٰ» قال أبو إسحاق: ونَسيتُ السابعَ. وقال يوسفُ[(١)] بنُ أبي إسحاقَ عن أبي إسحاقَ «أُميةُ بنُ خَلَف»، وقال شُعبةُ: «أميَّةُ أو أُبيٌّ» والصحيحُ أُمية.

٢٩٣٥ ـ **حدثنا** سليمانُ بنُ حَربٍ حدَّثنا حَمّادُ عن أيوبَ عن ابنِ أبي مُليكةَ عن عائشةَ رضيَ الله عنها أن اليهودَ دخلوا على النبيِّ ﷺ فقالوا: السامُ عليكَ، فلَعَنْتُهُمْ. فقال: ما لكِ؟ قالت: أوَلم تَسمَعْ ما قالوا: قال: «فلم تسمعي ما قلتُ: وعليكم».

[الحديث ٢٩٣٥ ـ أطرافه في: ٦٠٢٤، ٦٠٣٠، ٦٢٥٦، ٦٣٩٥، ٦٤٠١، ٦٩٢٧].

٩٩ ـ باب هل يُرشِدُ المسلمُ أهلَ الكتابِ أو يُعلِّمهُمُ الكتابَ؟

٢٩٣٦ ـ **حدثنا** إسحاقُ أخبرَنا يعقوبُ بنُ إبراهيمَ حدَّثنا ابن أخي ابنِ شهابٍ عن عمهِ قال: أخبرَني عُبيدُ الله بنُ عبدِ الله بنِ عُتبةَ بنِ مَسعودٍ أنَّ عبدَ الله بنَ عبَّاسٍ رضيَ الله عنهما أخبرَهُ أنّ رسولَ الله ﷺ كتبَ إلى قيصرَ وقال: «فإنْ توليتَ فإنَّ عليكَ إثمَ الأَرِيسِيين». [الحديث ٢٣٩٦ ـ طرفه في: ٢٩٤٠].

٢٩٣٤ ـ قوله: (فجاءوا من سلاها) السلى: الجلدة الرقيقة التي يكون فيها الولد من المواشي.

(١) ـ قوله: (وقال يوسف) بن أبي إسحاق ولأبي ذر: قال أبو عبد الله أي البخاري قال يوسف بن أبي إسحق نسبه إلى جده (شارح).

٢٩٣٦ ـ الأريسيين: تقدم شرحه.

2934.'Abdullah (may Allāh be pleased with him) narrated: «Once the Prophet (the blessing and peace of Allāh be upon him) was offering the prayer in the shade of the Ka'ba. Abū Jahl and some Quraishi men sent somebody to bring the abdominal contents of a she-camel which had been slaughtered somewhere in Mecca, and when he brought them, they put them over the Prophet (the blessing and peace of Allāh be upon him). Then Fātimah (i.e. the Prophet's daughter) came and threw them away from him, and he said: «O Allāh! Destroy Quraish » naming especially Abū Jahl bin Hishām, 'Utba bin Rabī, Shaiba bin Rabī'a , Al-Walīd bin 'Utba, Ubai bin Khalaf and 'Uqba bin 'Abi Muit. (The narrator, 'Abdullah added: «I saw them all killed and thrown in the Badr will).

2935 . 'Āisha (may Allāh be pleased with her) narrated: «Once the Jews came to the Prophet (the blessing and peace of Allāh be upon him) and said: «Death be upon you.» So I cursed them. The Prophet said: «What is the matter?» I said: «Have not you heard what they said?» The Prophet said: «Have not you heard what I replied (to them)? (I said): The same is upon you

The parts of this hadīth are in: 6024, 6030, 6256, 6395, 6401, 6927.

99 - CHAPTER: Can a Muslim preach to the people of the Scriptures or teach them the Holy Book?

2936. 'Abdullah bin 'Abbās (may Allāh be pleased with him) narrated: «Allāh's Apostle (the blessing and peace of Allāh be upon him) wrote a letter to Caesar saying: «If you reject Islām, you will be responsible for the sins of the peasants (i.e. your people)».

The parts of this hadīth are in: 2940.

١٠٠ - باب الدُّعاءِ للمشركين بالهُدَى ليَتألَّفَهم

٢٩٣٧ - حدثنا أبو اليمانِ أخبرَنا شُعيبٌ حدَّثَنا أبو الزِّنادِ أنَّ عبدَ الرَّحمٰنِ قال: قال أبو هريرةَ رضيَ اللهُ عنهُ قَدِمَ طُفَيلُ بنُ عمرٍو الدَّوسيُّ وأصحابُهُ على النبيِّ ﷺ فقالوا: يا رسولَ الله إنَّ دَوساً عَصَتْ وأبَتْ، فادْعُ اللهَ عليها، فقيل: هَلَكَتْ دَوسٌ. قال: «اللَّهمَّ اهدِ دَوساً وائتِ بهم». [الحديث ٢٩٣٧ - طرفاه في: ٤٣٩٢، ٦٣٩٧].

١٠١ - باب دَعوةِ اليهودِ والنصرانيِّ، وعلىٰ ما يُقاتَلونَ عليه؟ وما كتبَ النبيُّ ﷺ إلى كِسْرَى وقَيصر، والدَّعوةِ قبلَ القتال

٢٩٣٨ - حدثنا عليُّ بن الجَعْدِ أخبرَنا شُعبةُ عن قَتادةَ قال: سمعتُ أنساً رضيَ الله عنه يقول: «لمّا أرادَ النبيُّ ﷺ أن يَكتُبَ إلى الرُّوم قِيلَ له: إنهم لا يقرؤُونَ كتاباً إلا أن يكونَ مختوماً، فاتَّخذَ خاتماً من فضَّة، فكأني أنظُرُ إلى بَياضِهِ في يدِه، ونَقَشَ فيه: محمدٌ رسولُ الله».

٢٩٣٩ - حدثنا عبدُ الله بنُ يوسُفَ حدَّثَنا اللَّيثُ قال: حدَّثني عُقَيلٌ عنِ ابنِ شِهابٍ قال: أخبرَني عُبَيدُ الله بنُ عبدِ الله بن عتبة أنَّ عبدَ الله بن عبَّاسٍ أخبرَه: «أنَّ رسولَ الله ﷺ بَعثَ بكتابِهِ إلى كِسْرَى، فأمَرَهُ أن يَدْفَعَهُ إلى عظيمِ البَحرَينِ يَدفعُهُ عظيمُ البَحرَينِ إلى كِسرى. فلمّا قرأهُ كِسرَى خَرَّقَهُ، فحسِبتُ أنَّ سعيدَ بنَ المسيَّبِ قال: فدَعا عليهمِ النبيُّ ﷺ أن يُمزَّقوا كلَّ مُمزَّق».

100 - CHAPTER: To invoke Allāh to bestow guidance upon athe pagans in order to attracts them

2937. Abu Huraira (may Allah be pleased with him) narrated: «Allah's Apostle (the blessing and peace of Allah be upon him) said: Tufail bin 'Amr Ad-Dausi and his companions came to the Prophet and said: «O Allah's Apostle! The people of the tribe of Daus disobeyed and refused to follow you; so invoke Allah against them.» The people said: «The tribe of Daus is ruined.» The Prophet said: «O Allah! Give guidance to the people of Daus, and let them embrace Islam».

The parts of this hadīth are in: 6397, 4392.

101 - CHAPTER: (What is said regarding) the invitation of the Jews and Chrisitians (to Islām) and for what Muslims should declare war against them and what the Prophet (the blessing and peace of Allāh be upon him) wrote to Khorsrau and Caesar. The invitation to Islam is essential before declaring war

2938 . Anas (may Allāh be pleased with him) narrated: «When the Prophet (the blessing and peace of Allāh be upon him) intended to write letter to the ruler of the Byzantines, he was told that those people did not read any letter unless it was stamped with a seal. So, the Prophet got a silver ring as if I were just looking at its white glitter on his hand and stamped on it the expression "Muhammad, the Apostle of Allāh».

2939 . 'Abdullah bin 'Abbās (may Allāh be pleased with him) narrated: «Allāh's Apostle (the blessing and peace of Allāh be upon him) sent his messenger to hand it over to the Governor of Bahrain who was to hand it over to Khusrau. So when Khusrau read the letter tore it [Sa'īd bin Al-Musaiyab said: «The Prophet (the blessing and peace of Allāh be upon him) then invoked Allāh to distroy them (i.e. Khusrau and his followers severely».

١٠٢ - باب دُعاءِ النبيِّ ﷺ الناسَ إلى الإسلامِ والنُّبوَّةِ وأن لا يَتخذَ بعضُهم بعضاً أَرْباباً من دُونِ الله، وقولِهِ تعالى: ﴿ما كان لبَشرٍ أن يُؤْتِيَهُ الله الكتابَ﴾ إلى آخرِ الآية [آل عِمران: ٧٩]

٢٩٤٠ - حدثنا إبراهيمُ بنُ حمزةَ حدَّثَنا إبراهيمُ بنُ سعدٍ عن صالحِ بنِ كَيسانَ عنِ ابنِ شهابٍ عن عُبيدِ الله بنِ عبدِ الله بنِ عُتْبةَ عن عبدِ الله بنِ عبّاسٍ رضيَ الله عنهما أنَّهُ أخبرَهُ «أنَّ رسولَ الله ﷺ كتبَ إلى قيصرَ يَدْعوهُ إلى الإسلام، وبعثَ بكتابهِ إليه معَ دِحْيةَ الكلبيِّ، وأمرَهُ رسولُ الله ﷺ أن يَدفعَهُ إلى عظيمِ بُصرى ليَدفعَهُ إلى قَيصَرَ، وكانَ قيصرُ لما كشفَ الله عنهُ جُنودَ فارسَ مَشى مِن حِمصَ إلى إيلياءَ شُكراً بما أبلاهُ الله، فلمّا جاءَ قَيصَرَ كتابُ رسولِ الله ﷺ قالَ حِينَ قَرَأَهُ: التَمِسوا لي ها هُنا أحداً مِن قومِهِ لأَسْأَلهم عن رسولِ الله ﷺ».

٢٩٤١ - قال ابنُ عبّاسٍ: فأَخبرَني أبو سفيانَ بنُ حَربٍ أنه كانَ بالشامِ في رجالٍ من قُريشٍ قَدِموا تِجاراً في المدَّةِ التي كانت بينَ رسولِ الله ﷺ وبينَ كفّارِ قُريشٍ. قال أبو سفيانَ: فوجدَنا رسولُ قَيصَرَ ببعضِ الشام، فانْطَلَقَ بي وبأَصحابي حتّى قدِمنا إيلياءَ، فأُدْخِلنا عليهِ، فإذا هو جالسٌ في مَجلسِ مُلْكِهِ وعليه التّاجُ، وإذا حَولَهُ عُظماءُ الرُّومِ. فقال لتُرجُمانهِ(١): سَلْهم أَيُّهم أَقربُ نَسَباً إلى هٰذا الرجُلِ الذي يَزعُمُ أنهُ نبيٌّ؟ قال أبو سفيانَ: فقلتُ أنا أَقربُهم إليهِ نَسَباً. قال: ما قَرابةُ ما بَينَكَ وبينَهُ؟ فقلتُ هو ابنُ عمِّي. وليس في الرَّكبِ يومَئذٍ أَحدٌ مِن بني عبدِ مَنافٍ غيري. فقال قَيصَرُ: أَدْنُوه. وأَمرَ بأَصحابي فجُعِلوا خلفَ ظَهري عندَ كَتِفي. ثمَّ قال لتَرجَمانهِ: قُلْ لأَصحابهِ إني سائلٌ هٰذا الرَّجُلَ عنِ الذي

٢٩٤٠ - قوله: (دحية) بكسر الدال وفتحها ذكره الشارح في باب بدء الوحي.

٢٩٤١ - قوله: (تجاراً) بهذا الضبط وفي باب بدء الوحي بالضم والتشديد أيضاً.

(١) - قوله: (لترجمانه) بفتح التاء وقد تضم وضم الجيم قاله الشارح والمحفوظ من المصباح أن التاء تفتح مع الجيم وتضم.

102 - CHAPTER: The invitation of the Prophet (the blessing and peace of Allāh be upon him)to the people to embrace Islām and to believe in the Prophethood and not to take each other as Lords instead of Allāh. The saying of Allāh (the Exalted and Almighty):

It is not (posssible) for any human being whom Allāh has given the Book, wisdom and Prophet hood. to say to the people: Be my worshippers rather than Allāh's ....(3: 79).

2940 . 'Abdullah bin 'Abbas (may Allāh be pleased with him) narrated: «Allāh's Apostle (the blessing and peace of Allāh be upon him) wrote to Caesar and invited him to Islām and sent him his letter with Dihya Al-Kalbī whom Allāh's Apostle ordered to hand it over to the Governor of Busra who would forward it to Caesar. Caesar, as a sign of gratitude to Allāh , had walked from Hims to Ilyā (i.e. Jerusalem) when Allāh had granted him victory over the Persian forces. So, when the letter of Allāh's Apostle reached Caesar. he said after reading it, «Seek for me any one of his people (Arabs of Quraish tribe) if present here, in order to ask him about Allāh's Apostle.

2941 . At that time Abū Sufyān bin Harb was in Shā'm with some men from Quraish who had come (to Shā'm) as merchants during the truce that had been concluded between Allāh's Apostle (the blessing and peace of Allāh be upon him) and infidels of Quraish. Abū Sufyān said: «Caesar's messenger found us somewhere in Sha'm He took me and my Companions to Ilyā and we were admitted into Caesar's court to find him sitting in his royal court wearing a crown and surrounded by the senior dignitories of the Byzantines. He said to his translator: Ask then who amongst them is a close relation to the man who claims to be a prophet .» Abū Sufyān added: «I replied: «I am the nearest relative to him.» He asked: What degree of relationship do you have with him?» I replied: «He is my cousin and there was no one of Banī 'Abd Manāf in the caravan except myself. Caesar said: «Let him come nearer. He then ordered that my Companions stand behind me near my shoulder and said to his translator.Tell his Companions that I am going to ask this man about them man who claims to be a Prophet. If he tells a lie, they should contradict him immediately» Abū Sufyān added: «By

يزعُمُ أنَّهُ نبيٌ، فإن كذَبَ فكذِّبوه. قال أبو سفيانَ: واللهِ لولا الحياءُ يومَئذٍ من أن يأْثِر[1] أصحابي عنّي الكذبَ لكذَبتهُ حينَ سألني عنه، ولكنّي استحيَيْتُ أنْ يأثُروا الكذِبَ عنّي فصدَقتهُ. ثمّ قال لترجُمانه: قل لهُ كيفَ نَسَبُ هٰذا الرجُلِ فيكم؟ قلتُ: هوَ فينا ذو نَسَب. قال: فهل قال هٰذا القولَ أحدٌ منكم قبلَه؟ قلت: لا. فقال: كنتم تتّهمونهُ على الكذبِ قبلَ أن يقولَ ما قال؟ قلت: لا. قال: فهل كان مِن آبائهِ مِن مَلَكٍ[2]؟ قلت: لا. قال: فأَشرافُ الناسِ يتبِعونَهُ أم ضعَفاؤهم؟ قلتُ: بل ضُعفاؤهم. قال: فيَزيدونَ أم يَنقُصون؟ قلتُ: بل يَزيدون. قال: فهل يَرْتدُّ أحد سَخطةً لِدينهِ بعدَ أن يَدخُلَ فيه؟ قلت: لا. قال: فهل يَغْدِرُ؟ قلتُ: لا، ونحنُ الآنَ منه في مَدَّةٍ نحنُ نخافُ أن يَغدِر. قال أبو سفيان: ولم تُمْكِنِّي[3] كلمةٌ أدخِلُ فيها شيئاً أَنْتقِصُهُ[4] به ـ لا أخافُ أن تُؤْثَرَ عني ـ غيرُها. قال: فهل قاتَلْتموهُ وقاتَلَكم؟ قلتُ: نعم. قال: فكيفَ كانت حربُهُ وحربُكم؟ قلت: دِوَلاً[5] وسِجالاً: يُدالُ علينا المرَّةَ ونُدالُ عليهِ الأُخرى. قال: فماذا يأمُرُكم؟ قال: يأمرُنا أن نعبُدَ الله وحدَهُ لا نُشرِكُ بهِ شيئاً، وينهانا عما كان يَعبُدُ آباؤنا، ويأمُرُنا بالصلاةِ، والصدَقة، والعَفافِ، والوفاءِ بالعهدِ، وأداءِ الأمانة. فقال لترجمانهِ حين قلت ذلك له: قل له إني سألتك عن نسبه فيكم، فزعمتَ أنه ذو نَسَب، وكذلك الرُّسُلُ تُبعَثُ في نَسَبِ قومِها. وسألتُك هل قال أحدٌ منكم هٰذا القولَ قبْلَه؟ فزعمْتَ أنْ لا، فقلتُ لو كانَ أحدٌ منكم قال هٰذا القولَ قبلهُ قلتُ رجُلٌ يأتَمُّ بقولٍ قد قِيلَ قبله. وسألتكَ هل كنتم تتَّهمونهُ بالكذبِ قبلَ أن يقولَ ما قال؟ فزعمْتَ أنْ لا، فعرَفْتُ أنَّهُ لم يكُنْ ليَدَعَ الكذبَ على النّاسِ ويكذِبَ على الله. وسألتُكَ هل كان مِن آبائه مِن

---

(١) ـ قوله: (يأثر) أي ينقل.

(٢) ـ قوله: (من ملك) بهذا الضبط ولأبي ذر من ملك بفتح ميم من اسم موصول وفتح لام ملك فعل ماض أفاده الشارح.

(٣) ـ قوله: (تمكّني) وفي نسخة أُخرى تُمكِنّي.

(٤) ـ قوله: (أَنْتَقِصُه) وفي نسخة أُخرى أَتنقّصهُ.

(٥) ـ قوله: (دِوَلاً) بضم الدال وكسرها (شارح).

Allāh! Had not it been shameful that my companions, label me a liar, I would not have spoken the truth about him when he asked me. But I considered it shameful to be called a liar by my Companions. So I told the truth. He then said to his translator: Ask him what kind of family does he belong to. I replied . He belongs to a noble family amongst us. He said: «Have anybody else Allāh's Apostle (the blessing and peace of Allāh be upon him) amongst you ever claimed the same before him? I replied: «No. He said: «Had you ever blamed him for telling lies before he claimed what he claimed? I replied: No. He said: «Was anybody amongst his ancestors a king? I replied: «No He said: «Do the noble or the poor follow him? I replied: The poor who follow him. He said: «Are they increasing or decreasing (day by day)? I replied: «They are increasing. He said: «Does anybody amongst those who embrace his (the Prophet's) Religion become displeased and discard the Religion? I replied": «No. He said Does he break his promises? I replied: «No, but we are now at truce with him and we are afraid that he may betray us.» Abū Sufyān added: «Other than the last sentence, I could not say anything against him. Caesar then asked: «Have you ever had a war with him? I replied: «Yes». He said: «What was the outcome of your battles with him? I replied: «The result was unstable; sometimes he was victorious and sometimes we. He said: «What does he order you to do? I said: «He tells us to worship Allāh alone, and not to worship others alongs with Him, and to leave all that our fore - fathers used to worship. He orders us to pray, give in charity, be chaste, keep promises and return what is entrused to us. When I had said that, Caeser said to his translator: Say to him: I ask you about his lineage and your reply was that he belonged to a noble family. In fact, all the apostles came from the noblest lineage of their nations. Then I questioned you whether anybody else amongst you had claimed such a thing, and your reply was in the negative. If the answere had been in the affirmative, I would have thought that this man was following a claim that had been said before him. When I asked you whether he was ever blamed for telling lies, your reply was in the negative. So I took it for granted that a person who did not tell a lie about (others) the people could never tell a lie about Allāh. Then I asked you whether any of his ancestors was a king. Your reply was in the negative, and if it had been in the affirmative, I would have thought that this man wanted to take back his ancestral kingdom. When I asked you whether the rich or the poor people followed him, you replied that it was the poor who followed of the Apostles. Then I asked you whether his followers were increasing or decreasing. You replied that they were increasing. In fact,

مَلِكٌ؟ فزعَمْتَ أَنْ لا، فقلتُ لو كان من آبائِهِ ملكٌ قلتُ يطلُبُ مُلكَ آبائه. وسألْتُكَ أشرافُ الناسِ يَتَّبِعونَهُ أمْ ضُعَفاؤُهم؟ فزعَمْتَ أنَّ ضعفاءَهُم اتَّبعوه، وهم أتباعُ الرُّسُل. وسألتكَ هل يَزيدونَ أو يَنقصون؟ فزعَمْتَ أنهم يزيدون، وكذلك الإيمانُ حتى يَتِمّ. وسألتكَ هل يرتدُّ أحدٌ سخطةً لِدينِهِ بعد أن يَدخلَ فيه؟ فزعمتَ أنْ لا، فكذلك الإيمانُ حِين تخلِطُ بشاشتُهُ القُلوبَ لا يَسخَطُهُ أَحد. وسألْتُكَ هل يَغدِرُ؟ فزَعمتَ أن لا، وكذلكَ الرُّسُلُ لا يغدرون. وسألتكَ هل قاتلْتُموهُ وقاتلكم؟ فزعمتَ أنْ قد فعلَ، وأن حربَكم وحربَهُ يكونُ دُوَلاً، يُدالُ عليكمُ المرةَ وتُدالون عليهِ الأُخرى، وكذٰلكَ الرُّسُلُ تُبتلىٰ وتكونُ لها العاقبة. وسألتكَ بماذا يأمُرُكم؟ فزعمتَ أنه يأمُركم أن تَعبُدوا الله ولا تُشرِكوا به شيئاً، وينهاكم عما كانَ يَعبدُ آباؤكم، ويأمُركم بالصلاةِ، والصدق(١) والعفافِ، والوفاء بالعهد، وأداءِ الأمانةِ. قال: وهٰذِهِ صفةُ نبيٍّ قد كنتُ أعلمُ أنهُ خارج، ولكن لم أَظُنَّ(٢) أنهُ منكم، وإنْ يَكُ ما قلتَ حقاً فيوشكُ أن يملكَ مَوضعَ قَدَميَّ هاتَين، ولو أرجو أن أخلُصَ إليهِ لَتجشَّمتُ(٣) لُقِيَّهُ، ولو كنتُ عندهُ لَغسلْتُ قدَميه. قال أبو سُفيان: ثمَّ دعا بكتابِ رسولِ الله ﷺ فقُرِئ، فإذا فيه:

بسم الله الرَّحمٰنِ الرَّحيم. مِن محمدٍ عبدِ الله ورسولِهِ، إلى هِرَقْلَ عظيمِ الرُّوم. سَلامٌ علىٰ مَنِ اتبعَ الهدَى. أما بعدُ فإني أَدْعُوكَ بدِعايةِ الإسلامِ(٤)، أَسْلِمْ تَسْلم، وأَسْلِمْ يُؤتِكَ الله أجرَكَ مرَّتينِ، فإن توليتَ فعليكَ إثمُ الأريسِيِّين(٥) ﴿قل يا أهلَ الكتابِ تعالوا إلىٰ كلمةٍ سَواءٍ بيننا وبينكم ألَّا نَعبُدَ إلا الله ولا نُشركَ بهِ شيئاً، ولا يتخذَ بعضُنا بعضاً أرباباً مِن دُونِ الله. فإن تَولَّوا فقولوا اشهَدوا بأنا مسلمون﴾ [آل عِمران: ٦٤].

---

(١) ـ قوله: (والصدق) وفي نخ: والصدقة.

(٢) ـ قوله: أظن وفي نسخة أخرى: أعلم.

(٣) ـ قوله: (لتجشمت): (التجشم): التكلف. واللقي من المصادر التي على وزن فعول كرقيّ ومضيّ وذكر الشارح رواية لقاءه أيضاً.

(٤) ـ قوله: (بدعاية الإسلام) أي بدعوته وهي كلمة الشهادة التي يدعى إليها أهل الملل الأخرى. وفي رواية: بداعية وهي مصدر بمعنى الدعوة كالنافية.

(٥) الأريسيين: تقدم الكلام عنها في الجزء الأول فليراجع.

this is the result of true faith till it is complete (in all respects). I asked you whether there was anybody who, after embracing his religion, became displeased and discarded his religion; your reply was in the negative. In fact, this is the sign of true faith, for when its sheerfulness enters nobody will be didpleased with it. I asked you whether he had ever broken his promise. You replied in the negative. And such are the Apostles; they never break their promise. When I asked you whether you fought with him and he fought with you, you replied that he did, and that sometimes he was victorious and sometimes you. Indeed, such are the Apostles; they are put to trials and the final victory is always theirs. Then I asked you what he ordered you. You replied that he ordered you to worship Allāh alone and not to worship others along with Him, to leave all that your forfathers used to worship , to offer prayers, to speak the truth, to be chaste, to keep promises, and to return what is entrused to you. These are really the qualities of a prophet who, I knew (from the previous scriptures) would appear, but I did not know that he would be from amongst you. If what you say is true, he will very soon occupy the earth under my feet, and if I knew that I would reach him definitely, I would go immediately to meet him; and were I to be with him, then I would certainly wash his feet.» Abū Sufyān added: «Caeser then asked for the letter of Allāh's Apostle (the blessing and peace of Allāh be upon him) and it was read. Its contents were:

In the Name of Allāh the Most Gracious, the Most Merciful

(This letter is) from Muhammad, the slave of Allāh , and His Apostle to Heraculus, the Ruler of the Byzantines.

Peace be upon the followers of guidance. Now then, I invite you to Islam (i.e. surrender to Allāh) embrace Islām and you will be safe; embrace Islam and Allāh will bestow on you a double reward. But it you reject this invitation of Islam, you shall be responsible for misguiding the peasants (i.e. your nation). O people of the Scriptures! Come a to word common to you and us, that: There is no god but Allāh , and that we associate nothing in worship with Him; and that none of us shall take others a Lords besides Allāh. Then if they turn away, say: Bear witness that we are Muslims. They who have surrendered (unto Him)........(3:64).

قال أبو سفيانَ: فلما أن قَضى مقالَتَهُ عَلَتْ أصواتُ الذين حَولَهُ من عُظَماءِ الرومِ وكَثُرَ لَغَطُهم[1]، فلا أدري ماذا قالوا. وأُمِرَ بنا فأُخرِجْنا. فلما أن خَرَجتُ معَ أصحابي وخَلَوتُ بهم قلتُ لهم: لقد أَمِرَ أمرُ ابنِ أبي كبشةَ، هٰذا ملكُ بني الأصفرِ يَخافُهُ. قال أبو سفيانَ: واللهِ ما زِلتُ ذَليلاً مُستيقِناً بأنَّ أمرَهُ سيظْهَرُ، حتّى أدخلَ اللهُ قلبي الإسلامَ وأنا كارِهٌ».

٢٩٤٢ ـ **حدثنا** عبدُ اللهِ بنُ مَسلمةَ القَعْنَبيُّ حدَّثَنا عبدُ العزيزِ بنُ أبي حازمٍ عن أبيهِ عن سهلِ بنِ سعدٍ رضيَ اللهُ عنهُ: سمعَ النبيَّ ﷺ يقولُ يومَ خَيبرَ: «**لأُعْطِيَنَّ الرايةَ رجُلاً يفتحُ اللهُ على يديهِ**»، فقاموا يرْجونَ لِذٰلكَ أيهم يُعطَى، فغَدَوا وكلُّهم يَرجو أن يُعطَى، فقال: «أينَ عليٌّ؟» فقيل: يَشتكي عَينَيهِ، فأمرَ فدُعِيَ لهُ فبَصَقَ في عَيْنَيهِ فبَرَأَ مكانَهُ حتّى كأنَّهُ لم يكنْ بهِ شيءٌ، فقال: نُقاتِلُهم حتّى يكونوا مِثلَنا. فقال: «على رِسْلِكَ حتّى تنزِلَ بساحتِهم، ثمّ ادعُهُم إلى الإسلامِ، وأخبِرْهم بما يَجبُ عَليهِم، فواللهِ لأَنْ يُهدَى بكَ رجُلٌ واحدٌ خيرٌ لكَ من حُمُرِ النَّعَمِ»[2]. [الحديث ٢٩٤٢ ـ أطرافه في: ٣٠٠٩، ٣٧٠١، ٤٢١٠].

٢٩٤٣ ـ **حدثنا** عبدُ اللهِ بنُ محمدٍ حدَّثَنا معاويةُ بنُ عمرٍو حدَّثَنا أبو إسحاقَ عن حُميدٍ قال: سمعتُ أنساً رضيَ اللهُ عنه يقول: «كانَ رسولُ اللهِ ﷺ إذا غزا قوماً لم يُغِرْ حتّى يُصبحَ، فإنْ سمعَ أذاناً أَمسكَ، وإنْ لم يَسْمَعْ أذاناً أغارَ بعدَ ما يُصبحُ. فنَزَلْنا خيبرَ ليلاً.

٢٩٤٤ ـ **حدثنا** قُتيبةُ حدَّثَنا إسماعيلُ بنُ جَعفرٍ عن حُميدٍ عن أنسٍ رضيَ اللهُ عنه: «أنَّ النبيَّ ﷺ كانَ إذا غزا بنا...».

---

(١) ـ قوله: (لغطهم) أي صياحهم وشغبهم وقوله: لقد أمر، أي كبر وعظم.

٢٩٤٢ ـ قوله: (فدعي له) أي دعي عليّ للنبي ﷺ (شارح).

(٢) ـ قوله: «حُمُر» بضم الحاء المهملة والميم كذا في اليونينية بضم الميم فلينظر (شارح).

Sufyān added: « When Heraculus had finished his speech, there was a great hue and cry caused by the Byzantinian Royalties surrounding him, and there was so much noise that I did not understand what they said . So , we were turned out of the court. When I went out with my Companions and we were alone, I said to them: Verily, Ibn Abī Kabsha's (i.e. the Prophet's affair) has gained power. This is the King of Banī Al-Asfar fearing him.» Abū Sufyān added: By Allāh, I remained low and was sure that his religion would be victorious till Allāh converted me to Islām though disliked it».

2942. Sahl bin Sa'd (may Allāh be pleased with him) narrated that he heard the Prophet (the blessing and peace of Allāh be upon him) on the day (of the battle) of Khaibar saying: «It will give the flag to a person at whose hands Allāh will grant victory». So, the Companions of the Prophet got up, wishing eagerly to see to whom the flag will be given, and everyone of them wished to be given the flag. But the Prophet asked for 'Āli. Someone informed him that he was suffering from eye-trouble. So he ordered them to bring 'Āli in front of him. The Prophet spat in his eyes and his eyes were cured immediately as if he had never any eye-trouble. 'Āli said: «We will fight against them (i.e. infidels) till they become like us (i.e. Muslims)». The Prophet said: «Be patient, till you face them and invite them to Islām and inform them of what Allāh has enjoined upon them. By Allāh! If a single person embraces Islām at your hands (i.e. through you), that will be better for you than the red camels».

The parts of this hadīth are in: 3009, 3701, 4210.

2943. Anas (may Allāh be pleased with him) narrated: «When ever Allāh's Apostle (the blessing and peace of Allāh be upon him) attacked some people, he would never attack them till it was dawn. If he heard the Adhan (i.e. call for prayer) he would delay the fight, and if he did not hear the Adhan, he would attack them immediately after dawn. We reached Khaibar at night.

2944. Anas narrated as the hadith above.

٢٩٤٥ ـ **حدثنا** عبدُ الله بنُ مَسلمةَ بن مالكٍ عن حُميدٍ عن أنَسٍ رضيَ الله عنه: **أنَّ النبيَّ ﷺ خرجَ إلى خيبرَ فجاءَها ليلاً ـ وكانَ إذا جاءَ قوماً بليلٍ لا يُغيرُ عليهم حتى يُصبحَ ـ فلما أصبحَ خرجَت يهودُ بمَساحِيهم ومكاتِلِهم، فلما رأَوهُ قالوا: محمدٌ والله محمدٌ والخميسُ. فقال النبيُّ ﷺ: «الله أكبرُ، خرِبَتْ خَيبرُ، إنّا إذا نزَلْنا بساحةِ قومٍ فساءَ صَباحُ المنذَرين».**

٢٩٤٦ ـ **حدثنا** أبو اليمانِ أخبرَنا شُعيبٌ عنِ الزُّهريِّ حدَّثَني سعيدُ بن المسيَّبِ **أنَّ أبا هريرةَ رضيَ الله عنه قال: قال رسولُ الله ﷺ: «أُمِرْتُ أن أُقاتلَ الناسَ حتّىٰ يقولوا لا إلهَ إلاّ الله، فمَنْ قال لا إلٰه إلاّ الله عصمَ منّي نفسَه ومالَه إلاّ بحقِّه، وحسابُه على الله».**

رواهُ عمرُ وابنُ عُمرَ عنِ النبيِّ ﷺ.

١٠٣ ـ **باب** من أرادَ غَزوةً فورَّىٰ بغيرِها، ومَن أحبَّ الخروجَ يومَ الخميس

٢٩٤٧ ـ **حدثنا** يحيىٰ بنُ بكَيرٍ حدَّثني اللَّيثُ عن عُقيلٍ عنِ ابنِ شهابٍ قال: **أخبرَني عبدُ الرّحمٰنِ بنُ عبدِ الله بنِ كعبِ بنُ مالكٍ أنّ عبدَ الله بن كعبٍ ـ وكان قائدَ كعبٍ من بَنيهِ ـ قال: سمعتُ كعبَ بنَ مالكٍ حينَ تَخلَّفَ عن رسولِ الله ﷺ، ولم يَكنْ رسولُ الله ﷺ يُريدُ غَزوةً إلا ورَّى بغيرِها.**

٢٩٤٨ ـ **وحدثنا** أحمدُ بن محمدٍ أخبرَنا عبدُ الله أخبرَنا يونُسُ عنِ الزُّهريِّ قال: أخبرني عبدُ الرّحمٰنِ بنُ عبدِ الله بنِ كعبِ بنِ مالكٍ قال: سمعتُ كعبَ بنَ مالكٍ رضي الله

٢٩٤٧ ـ قوله: (سمعت) الخ ظاهره أن المسموع هو كعب حين التخلف وليس كذلك، فلا بد من اعتبار تقدير في الكلام أي: سمعت بذكر حاله أو قصته حين تخلف، على أن: حين تخلف ظرف للحال أو القصة. وقوله: (ولم يكن الخ) أي وفيه أي فيما ذكر ولم يكن الخ (سندي).

2945. Anas (may Allāh be pleased with him) narrated: «The Prophet (the blessing and peace of Allāh be upon him) set out for Khaibar and reached it at night. He used not to attack if he reached the people at night, till the day broke. So, when the day dawned, the Jews came out with their bags and spades. When they saw the Prophet (the blessing and peace of Allāh be upon him) they said: «Muhammad! By Allāh, Muhammad (the blessing and peace of Allāh be upon him) and his army!». The Prophet said: «Allah is the Greastest and Khaibar is ruined, for whenever we approach a nation (i.e. enemy to fight) then it will be a miserable morning for those who have been warned».

2946. Abū Huraira (may Allāh be pleased with him) narrated: «Allāh's Apostle (the blessing and peace of Allāh be upon him) said: «I have been ordered to fight with the people till they say: «There is no god but Allāh, and that who says: «No one has the right to be worshipped but Allāh, his life and property will be saved by me except for Islāmic law and his accounts will be with Allāh (either to punish him or to forgive him)».

103 - CHAPTER: Concealing the true destination of an invasion by using an equivocation which indicates the approach of that one who is jonining to a differnt destination and the perference of Thursday for journeys (by the Prophet (the blessing and peace of Allah be upon him))

2947. Ka'b bin Mālik narrated: «Whenever Allāh's Apostle (the blessing and peace of Allāh be upon him) intended to lead an invasion, we use used an equivocation from which one understand that he was going to a different destination.

2948. Ka'b bin Mālik (may Allāh be pleased with him) narrated: «Whenever Allāh's Apostle (the blessing and peace of Allāh be upon him) intended to carry out an invasion, he would use an equivocation to conceal his real destina-

عنه: يقول: كان رسولُ الله ﷺ قلما يُريد غزوةً يغزوها إلاَّ وَرَّى بغيرِها، حتى كانت غزوةُ تَبوكَ فغزاها رسولُ الله ﷺ في حرٍّ شديد، واستقبلَ سَفَراً بعيداً ومَفازاً واستَقبل غزْوَ عدُوٍّ كثير، فجلَّى للمسلمين أمرَهُ ليتأَهبوا أُهْبة عدوِّهم، وأخبرَهم بوجهِهِ الذي يريد».

٢٩٤٩ ـ وعن يونُسَ عنِ الزُّهريِّ قال: أخبرني عبدُ الرَّحمٰنِ بنُ كعبِ بنِ مالكٍ رضي الله عنه أنّ كعبَ بنَ مالكٍ كان يقول: لقلما كان رسولُ الله ﷺ يَخرُج إذا خرَج في سفَرٍ إلا يوم الخميس.

٢٩٥٠ ـ **حدثني** عبدُ الله بنُ محمدٍ حدَّثَنا هِشامٌ أخبرنا مَعمرٌ عن الزُّهريِّ عن عبدِ الرَّحمٰنِ بن كعبِ بن مالكٍ عن أبيه رضي الله عنه أن النبيَّ ﷺ خرج يومَ الخميسِ في غزوةِ تبوكَ، وكان يُحِبُّ أن يَخرُجَ يومَ الخميس».

١٠٤ ـ باب الخروج بعد الظهر

٢٩٥١ ـ **حدثنا** سليمانُ بنُ حربٍ حدَّثَنا حَمّادُ عن أيُّوبَ عن أبي قِلابة عن أنس رضي الله عنه أنَّ النبيَّ ﷺ صلّى بالمدينة الظُّهرَ أربعاً، والعصرَ بذِي الحُليفةِ ركعتين، وسمعتهم يَصرخُون بهما جميعاً».

١٠٥ ـ باب الخُروجِ آخِرَ الشهرِ

وقال كُريبٌ عنِ ابنِ عبّاسٍ رضيَ الله عنهما «انطَلَقَ النبيُّ ﷺ من المدينةِ لخمسٍ بَقِين من ذي القَعدةِ وقَدِمَ مكة لأَربعِ ليالٍ خَلَوْن من ذي الحِجةِ».

٢٩٥٢ ـ **حدثنا** عبدُ الله بنُ مَسلمةَ عن مالكٍ عن يحيىٰ بنِ سعيدٍ عن عَمرةَ بنتِ

٢٩٥١ ـ قوله: (يصرخون) بهما أي يلبون بالحج والعمرة رافعين أصواتهم.

٢٩٥٢ ـ قوله: (على وجهه) أي لم تختصر منه شيئاً ولا غيرته (شارح).

tion till it was the invasion of Tabūk which Allāh's Apostle carrried out in very hot weather. He expected a very long journey through a wasteland, and expected to attack a large number of enmies. So, he made the situation clear to the Muslims so that they might prepare themselves accordingly and get ready to conquer their enemy. The Prophet informed them of the destination he was heading for. (Ka'b bin Malik used to say: «Scarcely did Allah's Apostle set out for a journey on a day other than Thursday»).

2949. Ka'b b.Maled narrated: The Prophet (the blessing and peace of Allah be upon him) used to go out on journeys on Thursday. Rarely on any other day.

2950. Ka'b bin Mālik (may Allāh be pleased with him) narrated: «The Prophet (the blessing and peace of Allāh be upon him) set out on Thursday for the invasion of Tabūk and he preferred to set out (i.e. travel) on Thursdays.

104 - CHAPTER: Setting out after midday

2951. Anas (may Allāh be pleased with him) narrated: «The Prophet (the blessing and peace of Allāh be upon him) offered a four bows Noon prayer at Madīna and then offered two bows of the Afternoon prayer at Thul- Hulaifa. I heard the Companions of the Prophet (the blessing and peace of Allāh be upon him) reciting the Compliance aloud for Hajj and 'Umra together.

105 - CHAPTER: Setting out in the Last part of the month

Ibn 'Abbās (may Allāh be pleased with him) narrated: «The Prophet (the blessing and peace of Allāh be upon him) set out from Madīna five days before the end of thul-Qa'da and reached Mecca on the fourht of Thul-Hijja.

2952. 'Āisha (may Allāh be pleased with her) narrated: «We set out in the company of Allāh's Apostle (the blessing and peace of Allāh be upon him) five

عبد الرّحمٰنِ أنها سمعت عائشةَ رضي الله عنها تقول: «خرجنا مع رسولِ الله ﷺ لخمسِ ليالٍ بَقينَ من ذي القَعدةِ ولا نرى إلا الحجَّ، فلما دنوْنا من مكةَ أمرَ رسولُ الله ﷺ مَن لم يكن معهُ هَدْيٌ إذا طاف بالبيتِ وسَعى بين الصفا والمَرْوَةِ أن يَحِلَّ. قالت عائشةُ: فدُخِل علينا يومَ النحرِ بلحمِ بقَر، فقلتُ: ما هٰذا؟ فقال: نَحر رسولُ الله ﷺ عن أزواجِهِ». قال يحيى: فذكرتُ هٰذا الحديثَ للقاسمِ بنِ محمدٍ فقال: أتَتْكَ واللهِ بالحديثِ على وَجهِهِ.

١٠٦ ـ باب الخروج في رمضان

٢٩٥٣ ـ **حدثنا** عليُّ بنُ عبدِ الله حدَّثَنا سفيانُ قال: حدَّثني الزُّهريُّ عن عُبيدِ الله عنِ ابنِ عبّاسٍ رضيَ الله عنهما قال: «خرجَ النبيُّ ﷺ في رمضان فصام حتى بَلغ الكَديدَ أفطر».

قال سفيانُ: قال الزُّهريُّ أخبرني عُبيدُ الله عنِ ابنِ عبّاس.. وساقَ الحديثَ.

١٠٧ ـ باب التوديعِ

٢٩٥٤ ـ **وقال** ابن وَهبٍ أخبرَني عمرٌو عن بُكيرٍ عن سليمانَ بنِ يَسارٍ عن أبي هريرةَ رضيَ الله عنه أنهُ قال: بَعثَنا رسولُ الله ﷺ في بعثٍ وقال لنا: **«إن لَقِيتم فُلاناً وفلاناً ـ لرجُلين من قريش سمّاهما ـ فحرِّقوهما بالنار»**. قال: ثمَّ أتيناه نُوَدِّعهُ حينَ أرَدْنا الخروجَ فقال: **«إني كنتُ أمَرْتُكم أن تحرِّقوا فُلاناً وفُلاناً بالنارِ، وإنَّ النارَ لا يُعذِّبُ بها إلا الله، فإن أخذْتموهما فاقتلوهما»**. [الحديث ٢٩٥٤ ـ طرفه في: ٣٠١٦].

١٠٨ ـ باب السمعِ والطاعةِ للإمام

٢٩٥٥ ـ **حدثنا** مسدَّدٌ حدَّثنا يحيى عن عُبَيد الله قال: حدَّثني نافعٌ عنِ ابنِ عمرَ رضيَ الله عنهما عنِ النبيِّ ﷺ. وحدَّثنا محمّد بن الصبّاح عن إسماعيلَ بنِ زَكريّا عن عُبَيدِ الله عن نافعٍ عنِ ابنِ عمرَ رضي الله عنهما عنِ النبيِّ ﷺ قال: **«السمعُ والطاعةُ حقٌّ،**

days before the end of Thul-Qa'da intending to perform the Hajj only. When we approached Mecca, Allāh's Apostle (the blessing and peace of Allāh be upon him) ordered those who did have the animal for sacrifice with them, to perform the circumambulation around the Ka'ba, and between Safa and Marwa and then finish their Ihrām. Beef was brought to us on the day of Immolation (i.e. the day of slaughtering) and I asked: «What is this?» Somebody said: «Allāh's Apostle (the blessing and peace of Allāh be upon him) slaughtered sacrifices on behalf of his wives».

106 - CHAPTER: Travelling in Ramadān

2953. Ibn 'Abbās (may Allāh be pleased with him) narrated: «Once the Prophet (the blessing and peace of Allāh be upon him) set out in the month of Ramadān. He observed fasting till he reached a place called Khādid where he broke his fast.

107 - CHAPTER: Bidding farewell

2954. Abū Huraira (may Allāh be pleased with him) narrated: «Allāh's Apostle (the blessing and peace of Allāh be upon him) sent us on a military expedition telling us: «If you find such and such persons (he named two men from Quraish), burn them with fire». Then we came to bid him farewell, when we wanted to set out, he said: «Previously I ordered you to burn so-andso and so-and-so so with fire, but as punishment with fire is done by none except Allāh, if you capture them, kill them (instead)».

The parts of this hadīth are in: 3016.

108 - CHAPTER: Listening to and obeying the Imam (i.e. ruler) (if he abides by Allāh's Orders)

2955. 'Umar (may Allāh be pleased with him) narrated: «The Prophet (the blessing and peace of Allāh be upon him) said: «Is is obligatory for one to listen to and obey (the ruler's orders) unless these orders involve one in Disobedience

ما لَمْ يُؤ مرْ بِالمَعْصِيَةِ، فإِذَا أُ مِرَ بِمَعْصِيَةٍ فَلا سَمْعَ ولالَ طاعة

١٠٩ ـ باب يُقاتَلُ مِنْ وراءِ الإمامِ و يُتَّقى به.

٢٩٥٦ـ حدَّثنا أَبُو اليمانِ : أخْبرنا شُعَيْبٌ . قالَ : حدَّثنا أَبُو الزِّنادِ أَنَّ الأعْرَجَ حدَّثهُ أنَّهُ سَمِعَ أَبا هُرَيْرَةَ رَضِيَ اللهُ عَنْهُ أنَّهُ سَمِعَ رَسُولَ اللهِ صلى اللهُ عليهِ وسلَّم يَقُولُ : نَحْنُ الآخِرونَ السَّابِقُونَ و بِهذا الاِسْنادِ : مَنْ أطاعَنى فَقَدْ أطاعَ اللهَ وَ مَنْ عَصَانى فَقَدْ عَصَى اللهَ.

٢٩٥٧ ومَنْ يُطِعِ الأمِيرَ فقدْ أطاعَنى ، و مَنْ يَعْصِ الأمِيرَ فَقَدْ عَصَانى. و إنَّما الاِمامُ جُنَّةٌ يُقاتِلُ مِنْ ورائِهِ و يُتَّقَى بِهِ . فإنْ أمَرَ بِتَقْوَى اللهِ و عَدَلَ فإنَّ لَهُ بِذَلكَ أجْرًا.و إنْ قالَ بِغَيْرِهِ فإنَّ عَلَيْهِ مِنْهُ .

١١٠ ـ باب البَيْعَةِ فى الحَرْبِ على أنْ لا يَفِرُّوا. و قالَ بَعْضُهُمْ على المَوْتِ لِقَوْلِهِ تعالى _ لَقَدْ رَضِىَ اللهُ عَنِ المُؤمِنِينَ _ الآيَةَ.

٢٩٥٨ حدَّثَنا مُوسَى بْنُ إسْماعِيلَ : حدَّثَنا جُوَيْرِيَةُ ، عَنْ نافِعٍ قالَ : قالَ ابنُ عُمَرَ رَضِيَ اللهُ عَنْهُما : رجَعْنا مِن العامِ المُقْبلِ فما اجْتَمَعَ مِنَّا اثْنانِ عَلى الشَّجَرَةِ التى بايَعْنا تَحْتَها كانَتْ رَحْمَةً مِنَ اللهِ. فَسألْنا نافعا عَلى أىِّ شَىْءٍ بايَعَهُمْ عَلى المَوْتِ ؟ قالَ : لا بَلْ بايَعَهُمْ عَلى الصَّبْرِ.

(to Allāh); but if an act of disobedience (to Allāh) is imposed, one should not listen to or obey it».

The parts of this hadīth are in: 7144.

109 - CHAPTER: The Imam (i.e. ruler) should be defended (by the Muslims) and he is to be taken as their protector

2956. Abū Huraira (may Allāh be pleased with him) narrated that he heard Allāh's Apostle (the blessing and peace of Allāh be upon him) saying: «We are the last but will be the foremost (to enter Paradise». The Prophet added: «He who obeys me. obeys Allāh, and he who disobeys me, disobeys Allāh.

2957. He who obeys the chief, disobeys me. The Imām is like a shelter for whose Muslims who and where they should seek protection. If the Imām orders people with righteousness and rules justly, then he will be rewarded for that, and if he does the opposite, he will be responsible for that».

The parts of this hadīth are in: 7137.

110 - CHAPTER: To take a pledge of allegiance during a battle not to flee of it

Some said: «(To take the pledge) for death», according to the saying of Allāh (the Exalted and Almighty):

«Allāh was pleased with the believers when they swore allegiance to you under the Tree, and He knew what was in their hearts, and He sent down tranquillity upon them, and rewarded them with a Near Victory» (48:18).

2958. Ibn 'Umar (may Allāh be pleased with him) narrated: «When we reached (Hudaibiya) in the next year (of the treaty of Hudaibiya), not even two men amongst us agreed unanimously as to which was the tree under which had given the pledge of allegiance and thast was out of Allāh's Mercy. (The sub-narrator asked Nafi': «For what did the Prophet take their pledge of allegiance, was it for death?» Nāfi' replied: «No, but he took their pledge of allegiance for patience)».

٢٩٥٩ - حدثنا موسىٰ بنُ إسماعيلَ حدَّثَنا وُهَيبٌ حدَّثَنا عمرُو بنُ يَحيىٰ عن عَبّادِ بنِ تميم عن عبدِ الله بنِ زَيدٍ رضيَ الله عنه قال: «**لما كان زمنُ الحرَّةِ أَتاهُ آتٍ فقال لهُ: إنَّ ابنَ حَنظَلَةَ يُبايعُ الناسَ على الموت. فقال: لا أُبايعُ على هٰذا أحداً بعدَ رسولِ الله ﷺ**».

[الحديث ٢٩٥٩ - طرفه في: ٤١٦٧]

٢٩٦٠ - حدثنا المكيُّ بنُ إبراهيمَ حدَّثَنا يَزيدُ بنُ أبي عُبيدٍ عن سَلمةَ رضيَ الله عنه قال: «**بايعتُ النبيَّ ﷺ ثمَّ عَدَلتُ إلى ظلِّ الشجرةِ، فلما خفَّ الناسُ قال: «يا ابنَ الأكوعِ ألا تُبايعُ؟» قال: قلت: قد بايعتُ يا رسولَ الله، قال: «وأيضاً». فبايعتُهُ الثانية. فقلتُ له: يا أبا مُسلِم، على أيِّ شيءٍ، كنتم تُبايعون يومَئذٍ؟ قال: على الموت**».

[الحديث ٢٩٦٠ - أطرافه في: ٤١٦٩، ٧٢٠٦، ٧٢٠٨].

٢٩٦١ - حدثنا حفصُ بنُ عمرَ حدَّثَنا شُعبةُ عن حُميدٍ قال: سمعتُ أَنَساً رضيَ الله عنه يقول: كانتِ الأَنصارُ يومَ الخَندَقِ تقول:

نحنُ الـذيـنَ بـايَعـوا محمـداً ... على الجهـادِ مـا حَيِينـا أَبَـداً

فأجابهمُ النبيُّ ﷺ فقال:

«**اللّهمَّ لا عَيشَ إلاّ عَيشُ الآخرهْ ... فـأكرم الأَنصـارَ وَالمُهـاجـرَهْ**»

٢٩٦٢، ٢٩٦٣ - حدثنا إسحاقُ بنُ إبراهيمَ سمِعَ محمدَ بنَ فُضَيل عن عاصم عن أبي عثمانَ عن مُجاشعٍ رضيَ الله عنه قال: **أتيتُ النبيَّ ﷺ أنا وأخي فقلتُ: بايِعْنا على الهجرةِ، فقال: «مَضَتِ الهجرةُ لأهلِها». فقلت: عَلامَ تُبايِعُنا؟ «قال: على الإسلام والجهادِ»**. [الحديث ٢٩٦٢ - أطرافه في: ٣٠٧٨، ٤٣٠٥، ٤٣٠٧].

[الحديث ٢٩٦٣ - أطرافه في: ٣٠٧٩، ٤٣٠٦، ٤٣٠٨].

2959. 'Abdullah bin Zaid (may Allāh be pleased with him) narrated that in the time (of the battle) of Al-Harra, a person came to him and said: «Ibn Hanzala is taking the pledge of allegiance from the people for death». He said: «I will never give a pledge of allegiance for such a thing to anyone after Allāh's Apostle».

The parts of this hadīth are in 4167.

2960. Yazīd bin 'Ubaid narrated: «Salama (may Allāh be pleased with him) said: «I gave the pledge of allegiance (Al-Ridwān) to Allāh's Apostle (the blessing and peace of Allāh be upon him) and then I moved to the shade of a tree. When the number of people around the Prophet diminished, he said: «O Ibn Al-Akwa'! Will you not give me the pledge of allegiance?» I replied: «O Allāh's Apostle! I have already given you the pledge of allegiance». He said: «Do it again». So I gave the pledge of allegiance for the second time». I asked: «O Abū Muslim! For what did you give the pledge of allegiance on that day?». He replied: «We gave the pledge of allegiance for death».

The parts of this hadīth are in: 4169, 7206, 7208.

2961. Anas (may Allāh be pleased with him) narrated: «On the day (of the battle of the Trench, the Ansār were saying: «We are those who have sworn allegiance to Muhammad (the blessing and peace of Allāh be upon him), for the Holy Struggle (for ever) as long as we live». The Prophet replied to them: «O Allah! There is not life except the life of the Here-after. So honour the Ansār and emigrants with Your Generosity».

2962. 2963. Mujāshī (may Allāh be pleased with him) narrated: «My brother and I came to the Prophet (the blessing and peace of Allāh be upon him) and I requested him to take the pledge of allegiance from us for migration. He said: «Migration has passed away with its people» I asked: «For what will you take the pledge of allegiance from us then?» He said: «I will take (the pledge) for Islām and the Holy Struggle».

The parts of hadīth [2962] are in: 3078, 4305, 4307.

The parts of hadīth [2963] are in: 3079, 4306, 4308.

١١١ - باب عزم الإمامِ على الناسِ فيما يُطِيقون

٢٩٦٤ - حدثنا عثمانُ بن أبي شيبةَ حدَّثنا جريرٌ عن منصورٍ عن أبي وائلٍ قال: قال عبدُ الله رضيَ الله عنه: «لقد أتاني اليومَ رجُلٌ فسألَني عن أمرٍ ما دَرَيتُ ما أَرُدُّ عليه فقال: أرأيت رجُلاً مُؤْدِياً نَشيطاً يخرجُ مع أُمرائنا في المغازِي، فيَعزِمُ علينا في أشياءَ لا نحصِيها(١). فقلتُ له: واللهِ ما أدرِي ما أقولُ لك، إلاّ أنّا كنا مع النبيِّ ﷺ فعسَى أن لا يَعزمَ علينا في أمرٍ إلاّ مرَّةً حتّى نفعَلَهُ، وإنَّ أحدَكم لن يَزالَ بخيرٍ ما اتَّقىٰ الله. وإذا شكَّ في نفسِهِ شيءٌ سألَ رجُلاً فشفاهُ منه، وأوشكَ أن لا تجدوه. والذي لا إلهَ إلاّ هو، ما أذكرُ ما غبرَ من الدُّنيا إلا كالثَّغْبِ(٢) شُرِبَ صَفْوُهُ، وبَقيَ كَدَرُه».

١١٢ - باب كان النبيُّ ﷺ إذا لم يُقاتلْ أوَّلَ النهار أخَّرَ القِتالَ حتى تزولَ الشمسُ

٢٩٦٥ - حدثنا عبدُ الله بن محمدٍ حدَّثنا مُعاويةُ بن عمرٍو حدَّثنا أبو إسحاقَ هو الفزاريُّ عن موسى بنِ عُقبةَ عن سالمٍ أبي النَّضرِ مولىٰ عمرَ بنِ عُبَيدِ الله وكان كاتباً لهُ قال: كتبَ إليهِ عبدُ الله بن أبي أوفى رضيَ الله عنهما فقرأتُهُ «إنَّ رسولَ الله ﷺ في بعضِ أيامه التي لقيَ فيها انتظرَ حتى مالَتِ الشمسُ».

٢٩٦٦ - ثمَّ قام في الناسِ خطيباً قال: «أيُّها الناسُ، لا تتمنَّوا لقاءَ العدوِّ، وسَلُوا الله العافيةَ، فإذا لَقِيتُموهم فاصبروا، واعلموا أنَّ الجنَّةَ تحتَ ظِلالِ السُّيوف». ثم قال: «اللّهمَّ مُنزِلَ الكِتابِ، ومُجْرِيَ السحابِ، وهازِمَ الأحزابِ، اهزمْهُم وانصُرْنا عليهم».

٢٩٦٤ - قوله: (مؤدياً) يعني ذا أداة وسلاح اهـ هامش.

(١) - قوله: (لا نحصيها) أي لا نطيقها (شارح).

(٢) - قوله: (كالثغب) بفتح المثلثة وإسكان الغين المعجمة وقد تفتح: الماء المستنقع في الموضع المطمئن (شارح).

٢٩٦٥ - قوله: (أن) بفتح الهمزة وكسرها. والمراد بالأيام: الغزوات فمفعول لقي المحذوف عبارة عن العدو كما ينبىء عنه لفظ الحديث اهـ.

111 - CHAPTER: The Imām should order the people to do only those things that are within their ability

2964. 'Abdullah (may Allāh be pleased with him) narrated: «To day a man came to me and asked me a question which I did not know how to answer. He said: «Tell me, if a wealthy active man, well-equipped with arms, goes out on military expeditions with our chiefs, and orders us to do such things as we cannot do (should we obey him)?». I replied: «By Allāh. I do not know what to reply to you, except that we were in the company of the Prophet (the blessing and peace of Allāh be upon him) and he used to order us to do a thing once only till we finished it. And no doubt, everyone among you will remain in a good state as long as he obeys Allāh. If one is in doubt as to the legality of something, he should ask somebody who would satisfy him, but soon will come a time when you will not find such a man. By Him, except Whom none has the right to be worshipped, I see that the example of what has passed of this life (to what remains thereof) is like a pond whose fresh water has been used up and nothing remains but muddy water».

112 - CHAPTER: If the Prophet (the blessing and peace of Allāh be upon him) had not started fighting during the early hours of the day, he would do it till the sun had declined (i.e. after midday)

2965.Salem Abū An-Nadr, the freed slave of 'Umar bin 'Ubaidullah narrated: who was 'Umar's clerk: 'Abdullah bin Abī Aufā wrote him (i.e. 'Umar) a letter that contained the following:
«Once Allāh's Apostle! (during a holy battle), waited till the sun had declined.»

2966. And then he got up among the people and said: «O people! Do not wish to face the enemy (in a battle) and ask Allāh to save you (from calamities) but if you should face the enemy, then be patient and let it be known to you that Paradise is under the shades of swords». He then said: «O Allāh! The revealer of the (Holy) Book, the Mover of the clouds, and Defeater of Al-Ahzāb (i.e. the clans of infidels), defeat them (infidels and bestow victory upon us».

١١٣ ـ باب استِئذانِ الرَّجُلِ الإمامَ لقوله:

﴿إنما المؤمنونَ الذينَ آمنوا بالله ورسولِهِ وإذا كانوا معَهُ على أمرٍ جامعٍ لم يَذهَبوا حتى يَستأذِنوهُ، إنَّ الذينَ يَسْتأْذِنُونكَ﴾ إلى آخرِ الآية.

٢٩٦٧ ـ **حدثنا** إسحاقُ بنُ إبراهيمَ أخبرَنا جَريرٌ عن المغيرةِ عن الشَّعبيّ عن جابرِ بنِ عبدِ الله رضيَ الله عنهما قال: «غَزَوْتُ معَ رسولِ الله ﷺ، قال: فتَلاحَقَ بي النبيُّ ﷺ وأنا على ناضحٍ لنا قد أعْيا فلا يَكادُ يَسيرُ، فقال لي: «ما لبعيرِكَ؟» قال: قلت: عَيِيَ. قال: فتخلَّفَ رسولُ الله ﷺ فزَجرَهُ ودعا له، فما زالَ بينَ يدَي الإبلِ قُدّامَها يسير، فقال لي: «كيفَ ترى بَعيرَكَ؟» قال: قلت: بخير، قد أصابَتْهُ بَرَكتُكَ. قال: «أفَتَبيعُنِيهِ؟» قال: فاستحييتُ، ولم يكن لنا ناضحٌ غيرُه، قال: فقلتُ: نعم. قال: «فبِعْنيه»، فبعتهُ إيّاه على أنَّ لي فقارَ ظهرِهِ حتى أبلُغَ المدينة. قال: فقلتُ: يا رسولَ الله، إني عروسٌ، فاستأذَنْتُهُ فأذِنَ لي، فتقدَّمتُ الناسَ إلى المدينةِ حتى أتيتُ المدينةَ، فلَقِيَني خالي فسألَني عنِ البعيرِ فأخبرته بما صَنعتُ فيه فلامني. قال وقد كان رسولُ الله ﷺ قال لي حينَ استأذنتهُ: «هل تزوَّجتَ بكراً أم ثيِّباً؟» فقلت: تزوَّجتُ ثيِّباً. فقال: «هلاَّ تزوجتَ بِكراً تُلاعبُها وتلاعبُكَ؟» فقلتُ: يا رسولَ الله، تُوُفِّيَ والدي ـ أو استُشهِدَ ـ ولي أخَواتٌ صِغارٌ، فكَرِهتُ أن أتزوَّجَ مثلَهنَّ فلا تؤدِّبهنَّ ولا تقومُ عليهن، فتزوَّجْتُ ثيِّباً لتقومَ عليهنَّ وتؤدِّبهن. قال: فلما قَدِمَ رسولُ الله ﷺ المدينةَ غَدوتُ عليه بالبعيرِ، فأعطاني ثمنَه وردَّه عليَّ» قال المغيرة: هذا في قَضائنا حَسنٌ لا نرى به بأساً.

٢٩٦٧ ـ قوله: (على أن لي فقار ظهره) أي على أن لي الركوب عليه.

ـ وقوله: (فلا تؤدبهن) بالرفع ولأبي ذر بالنصب (شارح).

113 - CHAPTER: Asking the permission of the Imām (if one wished not to participate in a holy battle,), as Allāh's saying indicates

«True believers are those who believe in Allāh and His Apostle and, when they are with him on some common matter, they do not go away unless they take his permission. Those who ask your permission are they who believe in Allāh and His Apostle. So,if they ask our leave for some affairs of theirs, give leave to whom you will of them and ask Allāh's Forgivenes for them, Verily Allāh is Oft-Forgiving, Most Merciful» (24:62).

2967. Jābir bin 'Abdullah (may Allāh be pleased with him) narrated: «I participed in an invasion along with Allāh's Apostle (the blessing and peace of Allāh be upon him). The Prophet met me (on the way) while I was riding a camel of ours used for irrigation and it had got so tired that it could hardly walk. The Prophet asked me: «What is wrong with the camel?» I replied: «It has got tired». So, Allāh's Apostle came from behind it and rebuked it and prayed for it so it started surpassing the other camels and going ahead of them. Then he asked me: «How do you find your camel (now) as it has received your blessings». I replied: «I find it quite well.The Prophet said: «Will you sell it to me?» I felt shy (to refuse his offer) though it was the only camel for irrigation we had. So, I said: «Yes». He said: «Sell it to me then». I sold it to him on the condition that I should keep on riding it till I reached Madīna. Then I said: «O Allāh's Apostle! I am a bridegroom», and requested him to allow me to go home. He allowed me, and I set out for Madīna before the people till I reached Madīna, where I met my uncle, who asked me about the camel and I informed him all about it and he blamed me for that. When I took the permission of Allāh's Apostle (the blessing and peace of Allāh be upon him), he asked me whether I had married a virgin or a matron and I replied that I had married a matron. He said: «Why hadn't you married a virgin that would play with you, and you would play with her?» I replied: «O Allāh's Apostle! My father died and I have young sisters, so I felt it not proper that I should marry a young girl like them who would neither teach them manners nor serve them. So, I have married a matron so that she may serve them and teach them manners». When Allāh's Apostle arrived in Madīna, I tolk the camel to him the next morning and he gave me its price and gave me the camel itself as well.

١١٤ - باب مَن غزَا وهوَ حديثُ عهدٍ بعُرسِه، فيه جابرٌ عنِ النبيِّ ﷺ

١١٥ - باب مَنِ اختارَ الغزوَ بعدَ البناءِ، فيه أبو هريرة عن النبيِّ ﷺ

١١٦ - باب مُبادَرةِ الإمام عندَ الفزَع

٢٩٦٨ - **حدثنا** مسدَّدٌ حدَّثَنا يحيى عن شُعبةَ قال: حدَّثَني قتادةُ عن أَنسِ بنِ مالكٍ رضيَ اللهُ عنه قال: كان بالمدينةِ فزَع، فركِبَ رسولُ اللهِ ﷺ فرَساً لأبي طلحة فقال: «ما رأينا من شيءٍ، وإنْ وَجدناهُ لَبحْراً».

١١٧ - باب السُّرعةِ والرَّكضِ في الفزَع

٢٩٦٩ - **حدثنا** الفضلُ بنُ سهلٍ حدَّثَنا حسينُ بنُ محمدٍ حدَّثَنا جريرُ بنُ حازمٍ عن محمدٍ عن أنسِ بنِ مالكٍ رضيَ اللهُ عنهُ قال: فزِعَ الناسُ فركِبَ رسولُ اللهِ ﷺ فرَساً لأبي طلحةَ بَطيئاً، ثمَّ خرَجَ يركضُ وَحدَهُ، فركِبَ الناسُ يركضونَ خَلْفَه فقال: «لَمْ تُراعُو، إنهُ لَبحرٌ. فما سُبِقَ بعدَ ذلكَ اليوم».

١١٨ - باب الخروجِ في الفزَعِ وَحْدَه

١١٩ - باب الجعائلِ والحُملانِ في السَّبيل

وقال مجاهِدٌ: قلتُ لابنِ عمرَ: الغَزوَ[1]. قال: إني أُحبُّ أَن أُعينَك بطائفةٍ من مالي.

٢٩٦٩ - قوله: (لم تراعوا): بمعنى لا تخافوا.

باب ١١٩ - (الجعائل) جمع جعيلة ما يجعله القاعد من الأجرة لمن يغزو عنه والحملان مصدر كالحمل (شارح).

(١) - قوله: (الغزو) بالرفع وفي بعض الأصول بالنصب، ويروى: أنغزو؟.

114 - CHAPTER: The participation in the Holy Struggle by one who has recently married. The hadith narrated by Jābir from the Prophet (the blessing and peace of Allāh be upon him)

115 - CHAPTER: Participation in the Holy Struggle after the consummation of marriage Abū Huraira narrated a Hadith from the Prophet (the blessing and peace of Allāh be upon him)

116 - CHAPTER: The setting out of the Imam before the people at the time of fight

2968. Anas bin Malīk (may Allāh be pleased with him) narrated: «Once there was a feeling of fright at Madīna. So Allāh's Apostle (the blessing and peace of Allāh be upon him) rode a horse belonging to Abū Talha and (on his return) he said: «We have not seen anything (fearful), but we found this horse very fast».

117 - CHAPTER: To be quick and to make the horse gallop at the time of fright

2996. Anas bin Malīk (may Allāh be pleased with him) narrated: «Once the people got frightened, so Allāh's Apostle (the blessing and peace of Allāh be upon him) rode a slow horse belonging to Abū Talha, and he set out all alone, making the horse gallop. Then the people rode, making their horses gallop after him. On his return he said: «Don't be afraid (there is nothing to be afraid of) (and I have found) this horse a very fast one». That horse was never excelled in running henee.

118 - CHAPTER: Setting out alone at the time of fright

119 - CHAPTER: The wages given tosomebody to fight on somebody else's behalf, and the riding animals presented to be used in Allāh's Cause.

Mujahid said: «Once I said to Ibn 'Umar: «Let us proceed for the Holy

قلتُ: أوسعَ الله عليَّ. قال: إنَّ غِناكَ لكَ، وإني أُحبُّ أن يكونَ من مالي في هٰذا الوجهِ. وقال عمرُ: إنَّ ناساً يأخذونَ مِن هٰذا المالِ ليُجاهِدوا، ثمَّ لا يجاهدون، فمَن فعلَهُ فنحن أحقُّ بمالهِ حتى نأْخذَ منهُ ما أخذَ. وقال طاوسٌ ومجاهدٌ: إذا دُفِعَ إليكَ شيءٌ تَخرُجُ بهِ في سبيلِ الله فاصنعْ به ما شئتَ وضعْهُ عندَ أهلِكَ.

٢٩٧٠ ـ **حدثنا** الحُمَيديُّ حدَّثَنا سُفيانُ قال: سمعتُ مالكَ بنَ أَنَسٍ سأَلَ زيدَ بن أَسْلَم، فقال زيدٌ: سمعتُ أبي يقول: قال عمرُ بن الخطاب رضيَ الله عنه: **حَملتُ على فرسٍ في سَبيلِ الله، فرأيتهُ يُباع، فسأَلتُ النبيَّ ﷺ آشتَريه؟ فقال: «لا تَشْترِهِ ولا تَعُدْ في صدَقتك».**

٢٩٧١ ـ **حدثنا** إسماعيلُ قال: حدَّثَني مالكٌ عن نافعٍ عن عبدِ الله بنِ عمر رضيَ الله عنهما **أنَّ عمرَ بنَ الخطّابِ حَملَ على فَرَسٍ في سبيلِ الله فوجَدهُ يُباعُ، فأَراد أن يَبتاعَهُ** فسأَلَ رسولَ الله ﷺ فقال: **«لا تَبتَعْهُ ولا تَعدْ في صدَقتك».**

٢٩٧٢ ـ **حدثنا** مسدَّدٌ حدَّثَنا يحيىٰ بن سعيدٍ عن يحيى بنِ سعيدٍ الأنصاريِّ قال: حدَّثني أبو صالحٍ قال: سمعتُ أبا هريرةَ رضيَ الله عنه قال: قال رسولُ الله ﷺ: **«لولا أنْ أشُقَّ على أُمَّتي ما تخلَّفت عـن سَريةٍ ولكن لا أَجِد حمولةً، ولا أَجد ما أَحمِلهم عليهِ، ويَشُقُّ عليَّ أن يَتخلَّفوا عني، ولَوَدِدتُ أني قاتلتُ في سبيلِ الله فقُتِلتُ ثمّ أُحْيِيت، ثمَّ قُتلت ثمَّ أُحيِيت».**

١٢٠ ـ **باب** الأجير

وقال الحسنُ وابنُ سيرِين: **يُقْسَمُ للأَجِيرِ مِنَ المغنَم.**

Struggle». Ibn 'Umar replied: «I would like to support you with some of my money. I replied: «Allāh has given me enough». He said: «Your wealth is for you, but I like that some of my money be spent in this cause». 'Umar said: «Some people take money (from the Muslim's Treasury) to strive in Allāh's Cause, but they don't strive. So, if someone does so, we have the right to take back whatever he has taken».

Tāwūs and Mujahīd said: «If something is given to you, so that you may strive in Allāh's Cause, then do whatever you like with it and keep it with your family».

2970. 'Umar bin Al-Khattāb (may Allāh be pleased with him) narrated: «I gave a horse to be used in Allāh's Cause, but later on I saw it being sold. I asked the Prophet (the blessing and peace of Allāh be upon him) whether I could buy it. He said: «Don't buy it and don't take back your gift of charity».

2971 . 'Abdullah bin 'Umār (may Allāh be pleased with him) narrated: «'Umar gave a horse to be used in Allāh's Cause, but later on he found it being sold. So, he intended tobuy it and askedAllāh's Apostle (the blessing and peace of Allāh be upon him) who said: «Don't buy it and take back your gift of charity».

2972 . Abū Huraira (may Allāh be pleased with him) narrated: «Allāh's Apostle (the blessing and peace of Allāh be upon him) said: «Were not it for the fear that it would be difficult for my follower, I could not have remained behind the detachment but I don't have riding camels and have other means of conveyance to carry them on, and it is hard for me that mu companions should remain behind me. No doubt I wish I could fight in Allāh's Cause and be martyred and come to life again to be martyred and come to life once more».

120 - CHAPTER: The labour (whose services are hired for the purpose of the stuggler

Al-Hasān and Ibn Sirīn state that a labourer should be given a share from

وأخذَ عطيةُ بنُ قَيسٍ فرساً على النِّصفِ، فبلغَ سهمُ الفَرس أربعمائةِ دينارٍ، فأخذَ مائتين وأعطى صاحبَه مائتين.

٢٩٧٣ ـ **حدثنا** عبدُ الله بنُ محمدٍ حدَّثنا سفيانُ حدَّثنا ابنُ جريجٍ عن عطاءٍ عن صفوانَ بنِ يَعلَى عن أبيه رضيَ اللهُ عنه قال: غزوتُ مع رسولِ اللهِ ﷺ **غزوةَ تبوكَ فحَملتُ على بَكرٍ، فهو أوثقُ أعمالي في نفسي، فاستأجَرتُ أجيراً فقاتَلَ رجُلاً فعضَّ أحدُهُما الآخَرَ، فانتَزَعَ يدَهُ من فيهِ ونزَعَ ثَنِيَّتَهُ، فأتى النبيَّ ﷺ فأهدَرها فقال: «أيدفعُ يدَهُ إليكَ فتَقْضَمَها كما يَقضَمُ الفحلُ؟»**.

١٢١ ـ باب ما قيلَ في لِواءِ النبيِّ ﷺ

٢٩٧٤ ـ **حدثنا** سعيدُ بنُ أبي مريم قال: حدَّثني اللَّيثُ قال: أخبرَني عُقيلٌ عنِ ابنِ شهابٍ قال: أخبرني ثعلبةُ بنُ أبي مالكٍ القُرَظيُّ: «أنَّ قيسَ بنَ سعدٍ الأنصاريَّ رضيَ اللهُ عنه ـ وكان صاحبَ لواءِ رسولِ اللهِ ﷺ ـ أرادَ الحجَّ فرَجَّلَ».

٢٩٧٥ ـ **حدثنا** قُتيبة حدَّثنا حاتِمُ بنُ إسماعيلَ عن يَزيدَ بنِ أبي عُبَيدٍ عن سَلمةَ بنِ الأكوعِ رضيَ اللهُ عنه قال: **«كان عليٌّ رضيَ اللهُ عنه تَخلَّفَ عنِ النبيِّ ﷺ في خَيبرَ، وكانَ بِهِ رمَدٌ، فقال: أنا أتخلَّفُ عن رسولِ الله ﷺ. فخرَجَ عليٌّ فلَحِقَ بالنبيِّ ﷺ. فلما كان مساءُ اللَّيلةِ التي فتَحها في صباحِها فقال رسولُ الله ﷺ: «لأُعْطِينَّ الرايةَ ـ أو قال: ليأْخذَنَّ ـ غداً رجلٌ يُحِبُّهُ اللهُ ورسولُه، أو قال: يُحبُّ اللهَ ورسولَه، يَفتحُ اللهُ عليه». فإذا نحنُ بعليٍّ وما نرجوهُ. فقالوا: هٰذا عليٌّ، فأعطاهُ رسولُ الله ﷺ ففتحَ اللهُ عليه»**.

[الحديث ٢٩٧٥ ـ طرفاه في: ٣٧٠٢، ٤٢٠٩].

٢٩٧٤ ـ قوله: (فرجل) أي سرح شعر رأسه قبل أن يحرم بالحج (شارح)

the war booty. 'Atiya bin Qais hired a horse for half of its share (or the war booty). The share of the horse amounted to four hundred and gave two hundred to the owner of the horse.

2973 .. Ya'lī (may Allāh be pleased with him) narrated: « I participated in the invasion of Tabūk along with Allāh's Apostle (the blessing and peace of Allāh be upon him) and I gave a young camel to be ridden in the struggle and that was, to me, one of my best deeds. Then I employed a labourer who quarrelled with another person. One of them bit the hand of the other and the latter drew his hand from the mouth of the former pulling out his front tooth. Then the former instituted a suit against the latter before the Prophet (the blessing and peace of Allāh be upon him) who rejected that suit saying: «Do you except him to put his hand for you to snap as male camel snaps (vegetation).

121 - CHAPTER: What has been said regarding the flag of the Prophet (the blessing and peace of Allāh be upon him)

2794 . Tha'laba bin Abī Mālik Al-Qurazī narrated: «When Qais bin Sa'd Al-Ansarī (may Allāh be pleased with him)' who used to carry the flag of the Prophet (the blessing and peace of Allāh be upon him) intended to perform Hajj he combed his hair.

2975 . Salama bin Al-Akwa (may Allāh be pleased with him) narrated: «'Alī remained behind the Prophet (the blessing and peace of Allāh be upon him) during the battle of Khaibar as he was suffering from an eye trouble. Then he said: «How should I stay behing Allāh's Apostle So, he set out till he joined the Prophet. On the eve of the day of the conquest of Khaibar, Allāh's Apostle said: «(No doubt) I will give the flag or, tomorrow, a man whom Allāh and His Apostle love or who loves Allāh and His Apostle (the blessing and peace of Allāh be upon him) will take the flag. Allāh will bestow victory upon him.» Suddenly 'Alī joined us though we were not expecting him The people said: «Here is Ali"So Allah's Apostle gave. the flag to him and Allāh bestowed victory upon him.

The parts of this hadith are in: 3702, 4209.

٢٩٧٦ - حدثنا محمدُ بن العَلاءِ حدَّثنا أبو أُسامةَ عن هِشامِ بنِ عُروةَ عن أبيهِ عن نافعِ بنِ جُبَيرٍ قال: «سمعتُ العباسَ يقولُ للزُّبيرِ رضي الله عنهما: يا أبا عبد ها هُنا أمرَكَ النبيُّ ﷺ أن تَرْكُزَ الرايةَ».

١٢٢ - باب قولِ النبيِّ ﷺ: «نُصِرتُ بالرُّعبِ مَسيرةَ شَهر»

وقولِهِ جلَّ وعزَّ: ﴿سنُلقِي في قلوبِ الذينَ كفَروا الرُّعبَ بما أشركوا باللهِ﴾ [آل عمران: ١٥١]

قالَهُ جابرٌ عنِ النبيِّ ﷺ.

٢٩٧٧ - حدثنا يحيىٰ بنُ بُكَيرٍ حدَّثنا اللَّيثُ عن عُقيلٍ عن ابنِ شِهابٍ عن سعيدِ بنِ المسيَّبِ عن أبي هريرةَ رضيَ الله عنه أن رسولَ الله ﷺ قال: «بُعِثْتُ بجوامعِ الكَلِم. ونُصرتُ بالرُّعب. فبَينا أنا نائمٌ أُوتيتُ مَفاتيحَ خزائنِ الأرض فوُضِعت في يدي».
قال أبو هريرةَ: وقد ذَهَبَ رسولُ الله ﷺ وأنتم تَنْتَثِلونها.

[الحديث ٢٩٧٧ - أطرافه في: ٦٩٩٨، ٧٠١٣، ٧٢٧٣].

٢٩٧٨ - حدثنا أبو اليمانِ أخبرَنا شُعَيبٌ عنِ الزُّهريِّ قال: أخبرَني عُبيدُ الله بنُ عبدِ الله أنَّ ابنَ عبّاسٍ رضيَ الله عنهما أخبرَهُ أنَّ أبا سفيانَ أخبرَهُ «أنَّ هِرَقلَ أرسلَ إليهِ - وهو بإيلياءَ - ثُمَّ دعا بكتابِ رسولِ الله ﷺ، فلما فرغَ من قِراءةِ الكتابِ كثُرَ عندَهُ الصَّخَبُ فارتفعتِ الأصواتُ وأُخرِجْنا، فقلتُ لأصحابي حِينَ أُخرِجنا: لقد أَمِرَ أَمْرُ ابنِ أبي كَبْشةَ، إنـه يخافـهُ ملكُ بني الأصفَرِ».

٢٩٧٧ - قوله: (تنتثلونها) أي تستخرجون الأموال من مواضعها يشير إلى أنه عليه الصلاة والسلام ذهب ولم ينل منها شيئاً.

٢٩٧٨ - (إيلياء): بيت المقدس.

- وقوله: (إنه يخافه) بكسر الهمزة على الإستئناف البيانيّ، ويجوز فتحها على أنه مفعول لأجله (شارح).

2976 . Nāfi' bin Jubair narrated: «I heard Al-'Abbās telling Az-Zubair: «The Prophet (the blessing and peace of Allāh be upon him) ordered you to fix the flag here».

122 - CHAPTER: The saying of the Prophet (the blessing and peace of Allāh be upon him): I have been made victorious for a distance of one month journey with terror (cast in the hearts of the enemy). The saying of Allāh (the Exalted and Almighty):

We shall cast terror into the hearts of those who disbelieve. (3:151)

2977 . Abū Huraira (may Allāh be pleased with him) narrated: «Allāh's Apostle (the blessing and peace of Allāh be upon him) said: «I have been sent with the shortest expression bearing the widest meanings, and I have been made victorious with terror (cast in the hearts of the enemy), and while I was sleeping, the keys of the treasures of the world were brought to me and put in my hand.» Abū Huraira added: «Allāh's Apostle has left the world and now you, people, are bringing out those treasures (i.e. the Prophet did not benefit by them).

The parts of this hadīth are in: 6998, 7013, 7273.

2978 . Ibn 'Abbās (may Allāh be pleased with him) narrated: «Abū Sufyān said: «Heraculus sent for me when I was in 'Ilyā (i.e. Jerusalem) . Then he asked for the letter of Allāh's Apostle (the blessing and peace of Allāh be upon him) and when he had finished reading it, there was a great hue and cry around him and the voices grew louder and we were asked to quite the place. When we were turned out, I said to my Companions: The cause of Ibn Abī Kabsha has become conspicious as the King of Banī Al-Asfar is afraid of him».

١٢٣ ـ باب حَملِ الزادِ في الغَزْوِ

وقولِ الله تعالى: ﴿وتزوَّدوا فإنَّ خيرَ الزادِ التَّقْوَى﴾ [البقرة: ١٩٧]

٢٩٧٩ ـ **حدثنا** عُبَيدُ بن إسماعيلَ قال: حدَّثَنا أبو أُسامةَ عن هِشامٍ قال: أخبرَني أبي ـ وحدَّثتني أيضاً فاطمة ـ عن أسماء رضيَ الله عنها قالت: «صَنَعتُ سُفرةَ رسولِ الله ﷺ في بيتِ أبي بكرٍ حينَ أراد أن يُهاجِرَ إلى المدينةِ. قالت: فلم نجِدْ لسُفرتِهِ ولا لِسِقائهِ ما نربطُهما بهِ، فقلتُ لأبي بكرٍ: والله ما أجِدُ شيئاً أربط بهِ إلا نِطاقي. قال: فشُقِّيهِ باثنين فاربطيهِ: بواحدٍ السِّقاءَ، وبالآخر السُّفرة، فَفَعلْتُ، فلذلكَ سُمِّيَت ذاتَ النِّطاقَين».

[الحديث ٢٩٧٩ ـ طرفاه في: ٣٩٠٧، ٥٣٨٨].

٢٩٨٠ ـ **حدثنا** عليُّ بنُ عبدِ الله أخبرَنا سفيانُ عن عَمرٍو قال أخبرَني عَطاءٌ سمعَ جابرَ بنَ عبدِ الله رضيَ الله عنهما قال: «كنّا نتزوَّدُ لحومَ الأضاحي على عهدِ النبيِّ ﷺ إلى المدينةَ».

٢٩٨١ ـ **حدثنا** محمدُ بن المُثنى حدَّثَنا عبدُ الوهّابِ قال: سمعتُ يحيى قال: أخبرَني بُشَيرُ بنُ يَسارٍ أنَّ سُوَيدَ بنَ النعمانِ رضيَ الله عنه أخبرَهُ «أنهُ خرجَ معَ النبيِّ ﷺ عامَ خَيبرَ، حتّى إذ كانوا بالصَّهباءِ ـ وهيَ من خَيبَرَ ـ فصلَّوا العصرَ، فدَعا النبيُّ ﷺ بالأطعمةِ، فلم يُؤتَ النبيُّ ﷺ إلا بسَويقٍ، فلُكْنا، فأكَلْنا وشرِبْنا، ثمَّ قام النبيُّ ﷺ فمَضْمَضَ ومَضْمَضْنا وصلَّينا».

٢٩٨٢ ـ **حدثنا** بِشرُ بنُ مَرحومٍ حدَّثَنا حاتِمُ بنُ إسماعيل عن يزيد بنِ أبي عُبيدٍ عن سَلمةَ رضيَ الله عنه قال: خَفَّتْ أزوادُ الناسِ وأملَقوا، فأتَوا النبيَّ ﷺ في نَحرِ إبلِهم، فأذِنَ

٢٩٧٩ ـ قوله: (فاربطيه) وللأصيلي فأربطي (شارح).

٢٩٨٠ ـ قوله: (الأضاحي) بتشديد الياء ويجوز تخفيفها جمع أُضحية ما يذبح في يوم عيد الأضحى (شارح).

٢٩٨١ ـ قوله: (فلكنا) أي مضغنا السويق وأدرناه في الفم (شارح).

123 - CHAPTER: Providing oneself with food when going on a military expedition, and the saying of Allāh (the Exalted and Almighty):

Make provision for yourself and the best provision is piety (2:197)

2979 . Asmā (may Allāh be pleased with her) narrated: «I prepared the journey-food for Allāh's Apostle (the blessing and peace of Allāh be upon him) in Abū Bakr house when he intended to emigrate to Madina. I could not find anything to tie the food-container and the water skin. So, I said to Abū Bakr: «By Allāh, I do not find anything to tie (these things) except my waist belt». He said: «Cut it into two pieces and tie the water-skin with onw piece and the food-container with the other [the sub-narrator added:«She did accordingly and that was the reason for calling her, Thāt-un-Nitāqain (i.e. two -belted woman)].

The parts of this hadīth are in 3907, 5388.

2980 . Jabir bin 'Abdullah (may Allāh be pleased with him) narrated: «During the life-time of the Prophet (the blessing and peace of Allāh be upon him) we used to take the meat of sacrificed animals (as journey food) to Madina.

2981 . Suwaid bin An-Nu'mān (may Allāh be pleased with him) narrated: Thathe went out in the company of the Prophet (the blessing and peace of Allāh be upon him) during the year of Khaibar (compaign) till they reached a place called As-Shbā, the lower part of Khaibar. They offered the Afternoon prayer (there) and the Prophet asked for the food. Nothing but Sawīq was brought to the Prophet. So, they chewed it and ate it and drank water. After that the Prophet got up, washed his mouth, and they too washed their mouths and then offered the prayer.

2982 . Salama (may Allāh be pleased with him) narrated: «Once the journey-food of the people ran short and they were in great need. So, they came to the Prophet (the blessing and peace of Allāh be upon him) to take his permission for slaughtering their camels, and he permitted them. Then 'Umar met them and they informed him about it. He said: «What will sustain you after your camels

لهم، فلَقِيهم عمرُ فأخبَروهُ، فقال: ما بَقاؤكم بعدَ إبِلِكم؟ فدخلَ عمرُ على النبيِّ ﷺ فقال: يا رسولَ الله، ما بقاؤهم بعدَ إبلِهم؟ قال رسولُ الله ﷺ: «نادِ في الناسِ يأتون بفضلِ أزْوادِهم، فدَعا وبرَّكَ عليه، ثمَّ دعاهم بأوعيَتِهم فاحْتَثَى الناسُ حتّى فرَغوا، ثمَّ قال رسولُ الله ﷺ: «أشهدُ أن لا إلهَ إلاّ الله وأني رسولُ الله».

١٢٤ ـ باب حملِ الزادِ على الرِّقاب

٢٩٨٣ ـ حدثنا صدَقَةُ بنُ الفضلِ أخبرَنا عَبدةُ عن هشامٍ عن وهبِ بنِ كَيسانَ عن جابرٍ رضيَ الله عنه قال: «خرَجنا ونحنُ ثلاثُمائةٍ نحملُ زادَنا على رقابِنا، فَفنيَ زادُنا، حتّى كان الرجلُ منا يأكلُ تَمرةً. قال رجلٌ: يا أبا عبدِ الله، وأينَ كانتِ التمرةُ تَقعُ منَ الرجل؟ قال: لقد وَجدْنا فقدَها حينَ فقَدْناها، حتى أتَينا البَحرَ، فإذا حُوتٌ قَذَفهُ البحرُ، فأكلنا منهُ ثمانيةَ عَشَرَ يوماً ما أَحبَبْنا».

١٢٥ ـ باب إردافِ المرأةِ خلفَ أخيها

٢٩٨٤ ـ حدثنا عمرُو بنُ عليٍّ حدَّثنا أبو عاصمٍ حدَّثَنا عثمانُ بنُ الأَسْودِ حدَّثنا ابنُ أبي مُلَيكةَ عن عائشةَ رضيَ الله عنها: «أنها قالت: يا رسولَ الله يَرجعُ أصحابُكَ بأجرِ حَجٍّ وعُمرة، ولم أُزِدْ على الحجّ؟ فقال لها: «اذهَبي ولْيُرْدِفْكِ عبدُ الرّحمٰنِ». فأمرَ عبدَ الرّحمٰنِ أن يُعمِرَها منَ التّنعيم. فانتَظَرها رسولُ الله ﷺ بأعلىٰ مكةَ حتّى جاءت».

٢٩٨٥ ـ حدثنا عبدُ الله حدَّثَنا ابنُ عُيَينةَ عن عمرِو بنِ دينارٍ عن عمرِو بنِ أوسٍ عن عبدِ الرّحمٰنِ بنِ أبي بكرٍ الصدِّيقِ رضي الله عنهما قال: «أمرَني النبيُّ ﷺ أن أُردِفَ عائشةَ وأُعمِرَها منَ التنعيم».

٢٩٨٢ ـ قوله: (فاحتثى) الناس أي أخذوا بالحثيات لكثرته أي حفنوا بأيديهم من ذلك (شارح).

(are finished)?» Then 'Umar went to the Prophet (the blessing and peace of Allāh be upon him) and said: «O Allāh's Apostle! What will sustain them after. their camels (are finished)?» Allāh's Apostle (the blessing and peace of Allāh be upon him) said: «Make an announcement amongst the people that they should bring all their remaining food (to me). (They brought it and) the Prophet invoked Allāh and asked for His Blessings for it. Then he asked them to bring their food utensils and the people started filling their food utensils with their hand till they were satisfied. Allāh's Apostle then said: «I testify that there is no god but Allāh, and I am His Apostle.»

124 - CHAPTER: To carry the journey food on one's shoulder

2983. Wahb bin Kais narrated: «Jābir bin 'Abdullah (may Allāh be pleased with him) said: «We set out, and we were three-hundred men carrying our journey-food on our shoulders. Then our journey-food was almost used up till we began to eat a single date each per day». A man asked (Jābir): «O Abū 'Abdullah! How could a person be satisfied with a single date?» Jābir replied: «We realised the value of that one date, when we could not even have that much till we reached the sea-shore, when all of a sudden we saw a huge fish cast by the sea. So, we ate of it as much as we wished for eighteen days».

125 - CHAPTER: The sitting of a woman behind her brother as a companion rider

2984. 'Aisha (may Allāh be pleased with her) narrated that she said: «O Allāh's Apostle! You Companions are returning with the reward of both Hajj and 'Umra, while I am returning with (the reward of) Hajj only». He said to her: «Go, and let 'Abdur-Rahmān (i.e. your brother) make you sit behind him (on the animal)». So, he ordered 'Abdur-Rahmān to let her perfom 'Umra from At-Tan'īm. Then the Prophet waited for her at the higher region of Mecca till she returned.

2958. 'Abdur-Rahmān bin Abū Bakr As-Siddiq (may Allāh be pleased with him) narrated: «The Prophet (the blessing and peace of Allāh be upon him) ordered me to let 'Āisha sit behind me (on the animal) and to let her perform "Umra from At-Tan'īm.

١٢٦ ـ باب الإرتدافِ في الغزْوِ والحجِّ

٢٩٨٦ ـ **حدثنا** قُتيبةُ بن سعيدٍ حدَّثَنا عبدُ الوهّابِ حدَّثَنا أيُّوبُ عن أبي قِلابةَ عن أنسٍ رضيَ اللهُ عنه قال: «كنتُ رَدِيفَ أبي طلحةَ، وإنهم ليصْرُخون بهما جميعاً: الحجُّ، والعُمرةِ».

١٢٧ ـ باب الرِّدفِ على الحِمارِ

٢٩٨٧ ـ **حدثنا** قُتيبةُ حدَّثَنا أبو صَفوانَ عن يونُسَ بنِ يَزيدَ عنِ ابنِ شِهابٍ عن عُروةَ عن أُسامةَ بنَ زيدٍ رضيَ اللهُ عنهما «أنَّ رسولَ الله ﷺ ركِبَ على حِمارٍ على إكافٍ عليهِ قطيفةٌ، وأردَفَ أُسامةَ وَراءه». [الحديث ٢٩٨٧ ـ أطرافه في: ٤٥٦٦، ٥٦٦٣، ٥٩٦٤، ٦٢٠٧].

٢٩٨٨ ـ **حدثنا** يحيىٰ بنُ بُكَيرٍ حدَّثَنا اللَّيثُ قال: حدَّثَنا يونُسُ أخبرَني نافعٌ عن عبدِ الله رضيَ اللهُ عنه: «أنَّ رسولَ الله ﷺ أقبَلَ يومَ الفتحِ مِن أعلىٰ مكةَ على راحِلَتِه مُردِفاً أُسامةَ بنَ زيدٍ ومعَهُ بِلالٌ ومعهُ عثمانُ بنُ طلحةَ منَ الحجَبَةِ حتى أناخَ في المسجدِ، فأمَرَهُ أن يأتيَ بمِفتاحِ البيتِ، ففتحَ ودَخلَ رسولُ الله ﷺ ومعَهُ أُسامةُ وبِلالٌ وعثمانُ، فمَكثَ فيها نهاراً طويلاً، ثمَّ خرَجَ فاستَبَقَ الناسُ، وكان عبدُ الله بنُ عمرَ أوَّلَ من دَخلَ، فوَجدَ بلالاً وراءَ الباب قائماً. فسألَه: أينَ صلّى رسولُ الله ﷺ؟ فأشارَ إلى المكانِ الذي صلّى فيه. قال عبد الله: فنسيتُ أن أسألَه: كم صلّى مِن سَجدةٍ».

---

٢٩٨ ـ قوله: (الحج والعمرة) بالجرّ فيهما بدلاً من الضمير ويجوز النصب على الاختصاص وبالرفع خبر مبتدأ محذوف أي أحدهما الحج والآخر العمرة (شارح).

٢٩٨ ـ قوله: (من سجدة) أي ركعة (شارح).

126 - CHAPTER: The sitting of two men together over a riding animal in military expeditions and in the Hajj

2986 . Anas (may Allāh be pleased with him) narrated: «I was riding behind Abū Talha (on the same riding animal)and (the Propeht's Companions) were reciting the compliance aloud for both Hajj and 'Usmra.

127 - CHAPTER: The sitting of two men together on a donkey

2987 . 'Urwa narrated from Usāma bin Zaid (may Allāh be pleased with him) «Allāh's Apostle (the blessing and peace of Allāh be upon him) rode a donkey on which there was a saddle covered by a velvet sheet and let Usāma ride behind him(on the donkey).

The parts of this hadīth are in 4566, 5663, 5964, 6207.

2988 . Nāfi from 'Abdullah (may Allāh be pleased with him) narrated: «Allāh's Apostle (the blessing and peace of Allāh be upon him) came to Mecca through its higher region on the day of the exclaim Conquest (of Mecca) riding his she-camel on which Usāma was riding behind him.

Bilal and 'Uthmān bin Talha, one of the servants of the Ka'ba, were also accompanying him till he made his camel kneel in the Mosque and ordered the latter to bring the key of the Ka'ba. He opened the door or the Ka'ba and Allāh's Apostle entered in the company of 'Usama, Bīlal and 'Uthman, and stayed in it for a long period. When he came out, the people rushed to it, and 'Abdullah bin 'Umar was the first to enter it and found Bilāl standing behind the door. He asked Bilāl: «Where did the Prophet (the blessing and peace of Allāh be upon him) offer his prayer? He pointed to the place where he had offered his prayer. 'Abdullah said: «I forgot to ask him how many bows he had performed».

١٢٨ ـ باب مَن أخذَ بالرِّكاب ونحوه

٢٩٨٩ ـ حدثنا إسحاقُ أخبرَنا عبدُ الرَّزاقِ أخبرنا مَعْمَرٌ عن هَمّام عن ابي هريرةَ رضي الله عنه قال: قال رسولُ الله ﷺ: «كلُّ سُلامىٰ مِنَ الناسِ عليهِ صَدقَةٌ كلَّ يومٍ تطلُعُ فيه الشمس: يَعدِلُ بينَ الإثنينِ صدقةٌ، ويُعينُ الرجُلَ على دابَّتِهِ فيَحمِلُ عليها ـ أو يَرفعُ عليها مَتاعَهُ ـ صدقةٌ، والكلمةُ الطيبةُ صدقةٌ، وكلُّ خطوةٍ يَخطوها إلى الصلاة صدقةٌ، ويُميطُ الأذى عنِ الطريقِ صدَقة».

١٢٩ ـ باب السفرِ بالمصاحفِ إلى أرضِ العَدُوّ

وكذٰلكَ يُروى عن محمدِ بنِ بِشرٍ عن عُبَيدِ الله عن نافعٍ عن ابن عمرَ عنِ النبيِّ ﷺ

وتابَعَهُ ابنُ إسحاقَ عن نافع عن ابن عمرَ عن النبيِّ ﷺ.

وقد سافرَ النبيُّ ﷺ وأَصحابُهُ في أَرضِ العدُوِّ وهم يَعلمون القرآنَ.

٢٩٩٠ ـ حدثنا عبدُ الله بنُ مَسلمةَ عن مالكٍ عن نافعٍ عن عبدِ الله بنِ عمر رضيَ الله عنهما «أنَّ رسولَ الله ﷺ نهى أن يُسافَرَ بالقرآنِ إلى أرضِ العدوِّ».

١٣٠ ـ باب التكبيرِ عندَ الحرب

٢٩٩١ ـ حدثنا عبدُ الله بنُ محمدٍ حدَّثنا سفيانُ عن أيوبَ عن محمدٍ عن أنسٍ رضي الله عنه قال: «صَبَّحَ النبيُّ ﷺ خيبرَ وقد خرَجوا بالمَساحي على أعناقهم، فلما رأَوهُ قالوا: محمدٌ والخميسُ، محمدٌ والخميس. فلَجَؤوا إلى الحصن، فرفعَ النبيُّ ﷺ يدَيهِ وقال: الله أكبرُ، خرِبت خيبَرُ، إنّا إذا نَزَلْنا بساحةِ قومٍ فساءَ صباحُ المنذَرين. وأَصَبْنا حُمُراً فطَبخناها، فنادَى مُنادِي النبيِّ ﷺ: إنَّ الله ورسولَه يَنهيانِكم عن لُحوم الحُمر. فأُكْفِئَتِ القُدور بما فيها». تابعَهُ عليٌّ عن سفيانَ «رفَعَ النبيُّ ﷺ يدَيه».

128 -CHAPTER: Holding the riding animal of somebody else (to help him ride)

2989 . Abū Huraira (may Allāh be pleased with him) narrated: «Allāh's Apostle (the blessing and peace of Allāh be upon him) said: «There is a (compulsory) charity to be given for every joint of the human body everyday the sun rises. To judge justly between two persons is regarded as charity and to help a manconcerning his riding animal by helping him to ride it or by lifting his luggage on it, is also regarded as charity and (saying) a good word is also charity, and every step taken on one's way to offer the compulsory prayer (in the mosque) is also charity and to remove a harmful thing from the way is also acharity.

129 - CHAPTER: It is not recomemended for one to travel to a hostile country carrying copies of the Qur'ān.

Ibn 'Umar said: «No doubt , the Prophet (the blessing and peace of Allāh be upon him) and his Companions travelled in the land of the enemy and they knew the Qur'ān then».

2990 . 'Abdullah bin 'Umar (may Allāh be pleased with him) narrated: «Allāh's Apostle (the blessing and peace of Allāh be upon him) forbade the people to travel to a hostile country carrying (copies of) the Qur'ān.

130 - CHAPTER: The recitation of in the war

2991 . Anas (may Allāh be pleased with him) narrated: «The Prophet (the blessing and peace of Allāh be upon him) reached Khaibar in the morning, while the people were coming out carrying their spades over their shoulders. When they saw him they said: «This is Muhammad and his army! Muhammad and his army!» So, they took refuge in the fort. The Prophet raised both his hands and said: «Allāh is theGreatest,Khaibar is ruined, When we approach a nation (i.e. enemy to fight) then miserable is the morning of the warned ones». Then we found some donkeys which we (killed and) cooked. The announcer of the Prophet announced: Allāh and His Apostle forbade you to eat donkey's meat» So all the pots including their contents were (turned upside down) upset.

١٣١ - باب ما يُكرَهُ من رفعِ الصوتِ في التكبير

٢٩٩٢ - حدثنا محمدُ بنُ يوسُفَ حدَّثَنا سفيانُ عن عاصِمٍ عن أبي عثمانَ عن أبي موسىٰ الأشعريِّ رضيَ اللهُ عنه قال: كنّا معَ رسولِ اللهِ ﷺ، فكنّا إذا أشرَفْنا على وادٍ هلَّلْنا وكبَّرنا، ارتفعَت أصواتُنا. فقال النبيُّ ﷺ: «يا أيُّها الناسُ، ارْبَعوا على أنفُسِكم، فإنكم لا تدْعونَ أصَمَّ ولا غائباً، إنهُ معكم، إنهُ سميعٌ قريبٌ، تَبارَكَ اسمُه، وتَعالىٰ جَدُّه».

[الحديث ٢٩٩٢ - أطرافه في: ٤٢٠٥، ٦٣٨٤، ٦٤٠٩، ٦٦١٠، ٧٣٨٦].

١٣٢ - باب التَّسبيحِ إذا هَبطَ وادِياً

٢٩٩٣ - حدثنا محمدُ بنُ يوسُفَ حدَّثَنا سفيانُ عن حُصَينِ بنِ عبدِ الرَّحمٰنِ عن سالمِ بنِ أبي الجَعدِ عن جابرِ بنِ عبدِ اللهِ رضيَ اللهُ عنهما قال: «كنّا إذا صَعِدْنا كبَّرنا، وإذا نزَلنا سَبَّحنا». [الحديث ٢٩٩٣ - طرفه في: ٢٩٩٤].

١٣٣ - باب التَّكبير إذا عَلا شَرَفاً

٢٩٩٤ - حدثنا محمدُ بنُ بَشّارٍ حدَّثَنا ابنُ أبي عَديٍّ عن شُعبةَ عن حُصَينٍ عن سالمٍ عن جابرٍ رضيَ اللهُ عنه قال: «كنّا إذا صعِدْنا كبَّرنا، وإذا تَصَوَّبنا سَبَّحنا».

٢٩٩٥ - حدثنا عبدُ اللهِ قال: حدَّثني عبدُ العزيزِ بنُ أبي سَلمةَ عن صالحِ بنِ كَيسانَ عن سالمِ بنِ عبدِ اللهِ عن عبدِ اللهِ بنِ عمرَ رضيَ اللهُ عنهما قال: «كانَ النبيُّ ﷺ إذا قَفَلَ منَ الحجِّ أو العمرةِ - ولا أعلمه إلا قال: الغَزْوِ - يقولُ كلما أوفىٰ على ثنيَّةٍ أو فَدْفَدٍ كَبَّر ثلاثاً ثمَّ قال: «لا إلٰهَ إلا اللهُ وحدَهُ لا شريكَ له، لهُ الملكُ ولهُ الحمدُ، وهوَ على كلِّ شيءٍ قدير.

٢٩٩٢ - قوله: «أربعوا على أنفسكم» أي ارفقوا بها.

٢٩٩٥ - قوله: (الغزو) بالنصب على المفعولية والجر عطفاً على المجرور السابق (شارح).

- و (فدفد). الفلاة من الأرض لا شيء فيها أو الغليظة أو ذات الحصى المستوية أو المرتفعة (شارح).

131 - CHAPTER: It is hated to raise the voice when exclaiming Allāh is the Greatest

2992 . Abū Mūsa Al-Ash'āri (may Allāh be pleased with him) narrated: «We were in the company of Allāh's Apostle (the blessing and peace of Allāh be upon him) (during Hajj). Whenever we went up a high place we used to say: There is no god but Allāh , and Allāh is Greatest, and our voices used to rise, so the Prophet (the blessing and peace of Allāh be upon him) said: «O people! Be merciful on yourselves. for you are not calling a deaf or an absent one, but One Who is with you, and no doubt He is a Hearer, Nigh». Blessed is his Name and Glorified.

132 - CHAPTER: The recitation: of Allāh is Greatest when going down a valley

2993. Jābir bin 'Abdullah (may Allāh be pleased with him) narrated: «Whenever we went to a place we would say: «Allāh is the Greatest», and whenever we went down a place we would say: «Glory be to Allāh».

The parts of this hadīth are in 2994.

133 - CHAPTER: To exclaim: «Allāh is the Greatest» on ascending a high place

2994. Jābir (may Allāh be pleased with him) narrated: «Whenever we went to a place we would: «Allāh is the Greatest», and whenever we went down we would say: «Allāh is the Greatest».

2995. 'Abdullah bin 'Umar (may Allāh be pleased with him) narrated: «Whenever the Prophet (the blessing and peace of Allāh be upon him) returned from the Hajj or the 'Umra or an invasion, he would say: «Allāh is the Greatest» (thrice). Whenever he came upon a mountain path or wasteland, and then he would say: «There is no god but Allāh, Alone Who has no partner. All the kingdom belongs to Him and all the praises are for Him and He is Omnipotent. We are returning with repentance, worshipping, prostrating ourselves and praising

آيبونَ، تائبونَ، عابدونَ، ساجِدونَ لربِّنا حامِدون. صَدَقَ الله وَعْدَه ونصرَ عبدَه، وهزَمَ الأَحزابَ وحدَه». قال صالح: فقلت له أَلم يقل عبدُ الله: إن شاء الله؟ قال: لا».

١٣٤ ـ باب يُكتَبُ للمسافرِ ما كانَ يَعملُ في الإقامة

٢٩٩٦ ـ حدثنا مَطرُ ابنُ الفَضلِ حدَّثَنا يَزيدُ بنُ هارونَ حدَّثَنا العَوّامُ حدَّثَنا إبراهيمُ أبو إسماعيل السَّكْسكيُّ قال: سمعتُ أَبا بُردةَ واصطحبَ هو ويزيدُ بنُ أَبي كَبشةَ في سَفر فكان يزيدُ يصومُ في السفرِ، فقال لهُ أَبو بُردةَ: سمعتُ أَبا موسىٰ مِراراً يقول: «قال رسولُ الله ﷺ: إذا مرضَ العبدُ أو سافرَ كُتبَ لهُ مثلُ ما كانَ يعملُ مقيماً صحيحاً».

١٣٥ ـ باب السيرِ وحدَه

٢٩٩٧ ـ حدثنا الحُميديُّ حدَّثَنا سفيانُ حدَّثَنا محمدُ بنُ المُنكدِرِ قال: سمعتُ جابرَ بنَ عبدِ الله رضيَ الله عنهما يقول نَدَبَ النبيُّ ﷺ الناسَ يومَ الخندَقِ، فانتدَبَ الزُّبيرُ، ثمَّ نَدَبهم فانتدَبَ الزُّبيرُ، ثمَّ نَدَبَهم فانتدَبَ الزُّبيرُ. قال النبيُّ ﷺ: «إنَّ لكلِّ نبيٍّ حَوارِيّاً وحَوارِيَّ الزُّبيرُ». قال سفيان: الحَواريُّ الناصر.

٢٩٩٨ ـ حدثنا أبو الوَليدِ حدَّثَنا عاصمُ بنُ محمدٍ قال: حدَّثني أَبي عنِ ابن عمرَ رضيَ الله عنهما عنِ النبيِّ ﷺ. ح.

حدّثنا أبو نُعيمٍ حدَّثَنا عاصمُ بنُ محمدِ بن زيدِ بنِ عبدِ الله بنِ عمرَ عن أَبيهِ عنِ ابنِ عمرَ عن النبيِّ ﷺ قال: «لو يَعلمُ الناسُ ما في الوَحدةِ ما أَعلمُ ما سارَ راكبٌ بليلٍ وَحدَه».

ـ و قوله: (أَلم يقل عبد الله) يعني بعد قوله: آيبون كما في الشارح.

٢٩٩٧ ـ (ندب) دعا و(انتدب) أجاب.

ـ وقوله: (وحواري) ضبطه جماعة بفتح الياء وأكثرهم بكسرها وهو القياس لكنهم حين استثقلوا الكسرة وثلاث ياءات حذفوا ياء المتكلم وأبدلوا من الكسرة فتحة أهـ من الشارح.

٢٩٩٨ ـ قوله: (ما أعلم): بدل مما قبله وذكر السندي وجهين آخرين في حاشيته فليراجع.

our Lord. Allāh fulfilled His Promise, granted victory to His slave and He Alone defeated all the clans».

134 - CHAPTER: A traveller is granted reward similar to that given for good deeds practised at home, as if he were practising the sams while travelling

2996. Ibrāhīm Abū Isma'īl As-Sakasakī: I heard Abū Burda who accompanied Yazīd bin Abī Kabsha on a journey. Yazid used to fast during journeys. Abū Burda said to him: «I his heard Abū Mūsā several times saying that Allāh's Apostle (the blessing and peace of Allāh be upon him) said: «When a slave falls ill or travels, then he will get reward similar to that he gets for good deeds practised at home when in good health».

135 - CHAPTER: Travelling alone

2997. Jābir bin 'Abdullah (may Allāh be pleased with him) narrated: «On the day of the battle of the Trench, the Prophet (the blessing and peace of Allāh be upon him) wanted somebody from amongst the people to volunteer to be reconnoitre. Az-Zubair volunteered. He demanded the same again and Az-Zubair volunteered again. Then he repeated the same demand (thrice) and Az-Zubair volunteered once more. The Prophet then said: «Every Prophet has a disciple and my disciple is Az-Zubair».

2998. Ibn 'Umar (may Allāh be pleased with him) narrated from the Prophet (the blessing and peace of Allāh be upon him).

Who said: «If the people knew what I know about travelling alone, then nobody would travel alone at night».

١٣٦ - **باب** السُّرعةِ في السَّير

وقال أبو حُميدٍ: قال النبيُّ ﷺ: «إني متعجِّلٌ إلى المدينة، فمن أراد أنْ يَتعجَّلَ معي فلْيَتعجَّلْ».

٢٩٩٩ - **حدثنا** محمدُ بن المثنّى حدَّثَنا قال يحيىٰ عن هِشامٍ قال: أخبرَني أبي قال: سُئل أُسامةُ بن زيدٍ رضيَ الله عنهما - كان يحيىٰ يقول: وأنا أسمعُ، فسقطَ عني - عن مَسيرِ النبيِّ ﷺ في حَجةِ الوَداع قال: فكانَ يَسير العَنَق[١]. فإذا وَجدَ فَجوةً نصَّ. والنَّصُّ فوقَ العنَق».

٣٠٠٠ - **حدثنا** سعيدُ بنُ أبي مريمَ أخبرَنا محمدُ بنُ جعفرٍ قال: أخبرَني زيد - هوَ ابن أسلم - عن أبيهِ قال: «كنتُ معَ عبدِ الله بنِ عمرَ رضيَ الله عنهما بطريقِ مكةَ، فبلغَهُ عن صَفيَّةَ بنتِ أبي عُبيدٍ شدَّةُ وَجعٍ فأسرعَ السيرَ، حتى إذا كان بعدَ غُروبِ الشَّفَقِ ثمَّ نزَلَ فصلى المغربَ والعَتمةَ جَمعَ بينهما وقال: إني رأيتُ النبيَّ ﷺ إذا جَدَّ به السيرُ أخَّرَ المغربَ وجَمعَ بينهما».

٣٠٠١ - **حدثنا** عبدُ الله بنُ يوسُفَ أخبرَنا مالكٌ عن سُمَيٍّ مَولىٰ أبي بكرٍ عن أبي صالحٍ عن أبي هريرة رضيَ الله عنه أنَّ رسولَ الله ﷺ قال: «السَّفرُ قِطعةٌ مِنَ العَذابِ، يَمنعُ أحَدَكم نومَهُ وطعامَهُ وشرابَهُ، فإذا قَضى أحَدُكم نَهمَتَهُ فلْيُعَجِّلْ إلىٰ أهلِه».

١٣٧ - **باب** إذا حَمل على فَرَسٍ فرآها تُباعُ

٣٠٠٢ - **حدثنا** عبدُ الله بنُ يوسُفَ أخبرَنا مالكٌ عن نافعٍ عن عبدِ الله بنِ عمرَ

٢٩٩٩ - قوله: (فسقط) عني من جملة قول يحيى أي: سقط عني عند رواية الحديث لفظ وأنا أسمع كأنه لم يذكره أولاً واستدركه آخراً وهذه الجملة معترضة بين السؤال والمسؤول عنه أفاده الشارح.

(١) - (العنق) السير السهل والفجوة الفرجة.

٣٠٠١ - قوله: (فإذا) الخ أي فإذا بلغ همته من مطلوبه (شارح).

136 - CHAPTER: Hastening in travel.

Abū Humaid narrated: «The Prophet (the blessing and peace of Allāh be upon him) said: «I am in a hurry to reach Madina so whoever wants to hurry up with me, should quicken up».

2999 . Hishām's father narrated: «Usāma bin Zaid was asked at what place the Prophet (the blessing and peace of Allāh be upon him) rode during the farewell pilgrimage. He replied: «He rode at a medium pace, but when he came upon an open way he would go at full pace».

3000 . Aslam narrated: «While I was in the company of 'Abdullah bin 'Umar (may Allāh be pleased with him) on the way to Mecca, he received the news of the severe illness of Safiya bint Abī Ubaid (i.e. his wife), so he proceeded at greater speed, and when the twilight disappeared, he dismounted and offered the Sunset prayers together and said: «I saw the Prophet (the blessing and peace of Allāh be upon him) delaying the Sunset prayer to offer it along with the Evening, when he was in a hurry on a journey.».

3001 . Abū Huraira (may Allāh be pleased with him) narrated: «Allāh's Apostle (the blessing and peace of Allāh be upon him) said: «Journey is a piece of torture, for it disturbs one's sleep, eating and drinking. So, when you fulfil your job, you should hurry up to your family».

137 - CHAPTER: If some one gives his horse to be used for Allāh's Cause and then he sees it being sold.

3002 . 'Abdullah bin 'Umar (may Allāh be pleased with him) narrated:

رضيَ الله عنهما «أنَّ عمرَ بنَ الخطابِ حَملَ على فرسٍ في سبيلِ الله، فوَجدَهُ يُباعُ، فأرادَ أن يَبْتاعهُ، فسألَ رسولَ الله ﷺ، قال: «لا تَبتَعْهُ، ولا تَعُدْ في صدَقَتِك».

٣٠٠٣ ـ **حدثنا** إسماعيلُ حدَّثني مالكٌ عن زيدِ بنِ أَسلمَ عن أَبيهِ قال: سمعت عمرَ بنَ الخطابِ رضيَ الله عنه يقول: حَملتُ على فرَسٍ في سبيل الله، فابْتاعَهُ ـ أو فأضاعَه ـ الذي كان عندَه، فأردْتُ أن أشتَرِيَه وظننت أنهُ بائعهُ برُخصٍ، فسألتُ النبيَّ ﷺ فقال: «لا تَشترِهِ وإن بدرهم، فإنَّ العائدَ في هِبَتِهِ كالكلب يَعودُ في قَيئه».

١٣٨ ـ باب الجِهادِ بإذنِ الأَبَوين

٣٠٠٤ ـ **حدثنا** آدمُ حدَّثنا شعبةُ حدَّثنا حبيبُ بنُ أبي ثابتٍ قال: سمعتُ أبا العبّاسِ الشاعرَ ـ وكان لا يُتَّهمُ في حديثِهِ ـ قال: سمعت عبدَ الله بنَ عمرٍو رضيَ الله عنهما يقول: جاءَ رجلٌ إلى النبيِّ ﷺ يستأذِنُهُ في الجهادِ فقال: «أحَيٌّ والِداكَ؟» قال: نعم. قال: «ففيهما فجاهِد». [الحديث ٣٠٠٤ ـ طرفه في: ٥٩٧٢].

١٣٩ ـ باب ما قيلَ في الجَرسِ ونحوهِ في أعناقِ الإبل

٣٠٠٥ ـ **حدثنا** عبدُ الله بنُ يوسُفَ أخبرَنا مالكٌ عن عبدِ الله بنِ أبي بكرٍ عن عَبّادِ بنِ تميم أن أبا بَشيرٍ الأنصاريَّ رضيَ الله عنه أخبرَه أنه كان مع رسولِ الله ﷺ في بعضِ أسفارِهِ، قال عبدُ الله حَسِبتُ أنه قال: والناسُ في مَبيتِهم، فأرسل رسولُ الله ﷺ رسولاً: «لا تَبقيَنَّ في رَقَبةِ بعيرٍ قِلادة من وَتَرٍ أو قِلادةٌ إلاّ قُطِعَت».

٣٠٠٤ ـ قوله: (ففيهما فجاهد) أي ففي تحصيل رضاهما فجاهد نفسك والشيطان وخالفهما كما في حاشية السندي.

٣٠٠٥ ـ قوله: (لا تبقين) ولأبي ذر: أن لا يبقين (شارح).

«'Umar bin Al-Khattāb gave a horse to be ridden in Allāh's Cause and then he found it being sold. He intended to purchase it. So, he consulted Allāh's Apostle (the blessing and peace of Allāh be upon him) who said: «Don't buy it and don't take back your gift of charity».

3003 . Aslam narrated: «I heard 'Umar bin Al-Khattāb saying: «I gave a horse to be ridden in Allāh's Cause and the person who got it intended to sell it or neglected it. So, I wanted to buy it as I thought he would sell it cheap. I consulted the Prophet (the blessing and peace of Allāh be upon him) who said: «Do not buy it even for one Dirham, because he who takes back his gift is like a dog who swallow it vomit».

138 - CHAPTER: The participation in the Holy Battles with one's parent's permission.

3004 . 'Abdullah bin 'Amr (may Allāh be pleased with him) narrated: «A man came to the Prophet (the blessing and peace of Allāh be upon him) asking his permission to take part in the Holy struggle. The Prophet (the blessing and peace of Allāh be upon him). asked him: « Are your parents alive?» He replied in the affirmative. The Prophet said to him: «Then struggle in their service».

The parts of this hadīth are in: 5972.

139 - CHAPTER: What is said regarding the hanging of bells and the like a round the necks of camels.

3005 . Abū Bashīr Al-Ansārī (may Allāh be pleased with him)narrated that he was in the company of Allāh's Apostle (the blessing and peace of Allāh be upon him) on one of his journeys (the sub-narrator 'Abdullah added: «I think that Abū Bashīr also said: «And the people were at their sleeping places.») Allāh's Apostle (the blessing and peace of Allāh be upon him) sent a messenger saying: Cut off any neklace of string or any kind of necklace a round the neck of any camel».

١٤٠ ـ باب مَنِ اكْتُتِبَ في جيش فخرجتِ امرأتُهُ حاجَّةً وكان له عُذر هل يُؤْذَنُ له؟

٣٠٠٦ ـ **حدثنا** قُتيبةُ بنُ سعيدٍ حدَّثَنا سفيانُ عن عمروٍ عن أبي مَعبدٍ عنِ ابنِ عبّاسٍ رضيَ الله عنهما أَنهُ سمعَ النبيَّ ﷺ يقول: «**لا يَخلُوَنَّ رجلٌ بامرأةٍ، ولا تُسافِرَنَّ امرأةٌ إلا ومعَها مَحْرَم**». فقامَ رجُلٌ فقال: يا رسولَ الله، اكتُتِبْتُ في غَزوةِ كذا وكذا، وخَرَجتِ امرأتي حاجَّة. قال: «**اذهَبْ فاحجُجْ مع امرأتك**».

١٤١ ـ باب الجاسوسِ

وقولِ الله عزَّ وجلَّ: ﴿لا تَتَّخذُوا عدُوِّي وعدوَّكم أولياءَ﴾ [الممتحنة: ١]

التجسُّس: التبَحُّث.

٣٠٠٧ ـ **حدثنا** عليُّ بنُ عبدِ الله حدَّثَنا سفيانُ حدَّثَنا عمرُو بنُ دِينارٍ سمعتُ منه مرَّتين قال: أخبرَني حسنُ بنُ محمدٍ قال: أخبرَني عبيدُ الله بنُ أبي رافعٍ قال: سمعت علياً رضيَ الله عنه يقول: «بَعَثني رسولُ الله ﷺ أنا والزُّبيرَ والمِقدادَ وقال: «**انطَلِقوا حتى تأْتوا رَوضةَ خاخٍ، فإنَّ بِها ظَعينةً ومعَها كتابٌ فخُذوهُ منها**». فانطَلَقْنا تُعادَى بنا خَيلُنا، حتى انتَهينا إلى الرَّوضةِ، فإذا نحنُ بالظَّعينةِ، فقلنا: أَخرِجي الكتابَ. فقالت: ما مَعي مِن كتاب. فقلنا: لتُخْرِجِنَّ الكتاب، أو لَنُلقِيَنَّ الثياب. فأَخرَجَتْهُ مِن عِقاصِها[1]، فأَتينا به رسولَ الله ﷺ، فإذا فيه: مِن حاطِبِ بنِ أَبي بَلتعةَ إلى أُناسٍ من المشركين من أهلِ مكة يُخبِرُهم ببعضِ أَمرِ رسولِ الله ﷺ. فقال رسولُ الله ﷺ: «**يا حاطِبُ ما هذا؟**» قال:

٣٠٠٦ ـ قوله: «فاحجج» وفي نسخة أخرى: فحجَّ...

٣٠٠٧ ـ (الظعينة) المرأة في الهودج.

ـ وقوله: فانطلقنا تعادى بنا خيلنا: أي: تجري وأصله تتعادى.

(١) ـ (والعقاص): الشعر المضفور.

140 - CHAPTER: If a man has enlisted in the army then his wife goes out for Hajj, or he has a genuine excuse, can he be given a leave?.

3006 . Ibn 'Abbās (may Allāh be pleased with him) narrated:«Thathe heard the Prophet (the blessing and peace of Allāh be upon him)saying: It is not permissible for a man to be alone with a woman, and no lady should travel except with a Muhram (i.e. her husband or a person whom she cannot marry in any case for ever; e.g. her father, brother, etc). Then a man got up and said: «O Allāh's Apostle! I have enlisted in the army for such-and-such invasion and my wife is proceeding for Hajj» Allāh's Apostle said: «Go, and perform the Hajj with your wife».

141 - CHAPTER: The spy. Spying means secret investigations. The Statement of Allāh (the Exalted and Almighty)

Do not take My enemy and your enemy for friends (60: 1).

3007 . 'U baidullāh bin Abī Rāf'ī narrated: «I heard 'Alī (may Allāh be pleased with him) saying: Allāh's Apostle (the blessing and peace of Allāh be upon him) sent me, Az-Zubair and Al-Miqdād somewhere saying: Proceed till you reach Rawdat Khākh. There you will find a lady with a letter. Take the letter from her.» So. we set out and our horses ran at full pace till we got at Ar-Rawda where we found the lady and said (to her): «Take out the letter». she replied: «I have no letter with me» We said: «Either you take out the letter or else we will take off your clothes» So, she took it out of her braid. We brought the letter to Allāh's Apostle (the blessing and peace of Allāh be upon him) and it contained a statement from Hātib bin Abī Balta'a to some of the Meccan pagans informing them of some of the intentions of Allāh's Apostle. Then Allāh's Apostle said: «O Hātib! What is this? Hātib replied: «O Allāh's Apostle! Don't hasten to give you judgement about me. I was a man closely connected to Quraish, but I did

يا رسولَ الله لا تعْجَلْ عليَّ، إني كنتُ امرأً مُلْصَقاً[2] في قُرَيش، ولم أكن من أنفُسِها[3]، وكان مَن معكَ مِنَ المهاجرينَ لهم قَراباتٌ بمكة يَحْمونَ بها أهليهم وأموالَهم فأحبَبْتُ إذا فاتني ذلكَ مِنَ النَّسبِ فيهم أنْ أتخِذَ عندَهم يَداً يَحْمونَ بها قَرابَتي، وما فعلتُ كُفراً ولا ارتداداً ولا رِضاً بالكُفرِ بعدَ الإسلام. فقال رسُولُ الله ﷺ: «لقد صَدَقكم». فقال عمرُ رضي الله عنه: يا رسولَ الله، دَعْني أضربْ عُنُقَ هٰذا المنافق. قال: «إنهُ قد شَهِدَ بَدراً، وما يُدريكَ لعلَّ الله أن يكونَ قد اطَّلعَ على أهلِ بدرٍ فقال: اعمَلوا ما شِئتم فقد غَفرتُ لكم». قال سُفيانُ: وأيُّ إسنادٍ هذا.

[الحديث ٣٠٠٧ ـ أطرافه في: ٣٠٨١، ٣٩٨٣، ٤٢٧٤، ٤٨٩٠، ٦٢٥٩، ٦٩٣٩].

١٤٢ ـ باب الكِسْوَةِ للأُسارَى

٣٠٠٨ ـ حدثنا عبدُ الله بنُ محمدٍ حدَّثنا ابنُ عيينةَ عن عمرٍو سمعَ جابرَ بنَ عبدِ الله رَضيَ اللهُ عنهما قال: «لما كان يوم بدرٍ أُتِيَ بأَسارى وأُتِيَ بالعباسِ ولم يكنْ عليهِ ثوبٌ، فنظرَ النبيُّ ﷺ لهُ قميصاً، فوجدوا قميصَ عبد الله بنِ أُبَيّ يقدُرُ[4] عليهِ، فكساهُ النبيُّ ﷺ إيّاه، فلذٰلكَ نزَعَ النبيُّ ﷺ قميصَهُ الذي ألبسَهُ».

قال ابنُ عُيَينةَ: كانت لهُ عندَ النبيِّ ﷺ يدٌ، فأَحبَّ أن يُكافِئَه.

١٤٣ ـ باب فضلِ مَن أسْلَمَ على يدَيهِ رجُلٌ

٣٠٠٩ ـ حدثنا قُتيبةُ بنُ سعيدٍ حدَّثنا يعقوبُ بنُ عبدِ الرَّحمٰنِ بنِ محمد بنِ عبدِ الله بن عبدٍ القاريُّ عن أبي حازمٍ قال: أخبرني سهلٌ رضيَ اللهُ عنه قال: قال النبيُّ ﷺ

(٢) ـ قوله: (ملصقاً) أي مضافاً إليهم ولا نسب لي فيهم.

(٣) ـ قوله: (من أنفسها) بضم الفاء في اليونينية وفي الفرع بفتحها مصلحاً (شارح).

باب ١٤٢ ـ قوله: (الكسوة) بكسر الكاف وقد تضم (شارح).

٣٠٠٨ ـ قوله: (فنظر الخ) أي نظر يطلب لأجل العباس قميصاً.

(٤) ـ قوله: يقدر عليه أي يجيء على قدره (شارح).

٣٠٠٩ ـ (القارىء) منسوب لبني القارة مرفوع صفة ليعقوب أو بالجر صفة لعبد قاله الشارح.

not belong to such a tribe, while the other emigrants with you had their relatives in Mecca who would protect their dependents and property. So, I wanted to recompense for my lacking blood relation to them by doing them a favour so that they might protect my dependents. I did this neither because of disbelief nor apostasy nor out of preferring infidel to Islam» Allāh's Apostle said: «Hātib has told you the truth» 'Umar said: «O Allāh's Apostle! Allow me to chop off the head of this hypocrite». Allāh's Apostle said: «Hātib participated in the battle of Badr, and, who knows perhaps Allāh has already looked at the Badr warriors, and said: «Do what ever you like, for I have forgiven you».

The parts of this hadīth are in: 6259, 4890, 4274, 3983, 3081, 6939.

142 - CHAPTER: Providing the prisoners of war with clothes .

3008 . Jābir bin 'Abdullah (may Allāh be pleased with him) narrated: When it was the day (of the battle) of Badr prisoners of war were brought including Al-Abbās who was undressed.The Prophet (the blessing and peace of Allāh be upon him)looked for a shirt for him. It was found that the shirt of 'Abdullah bin Ubai would do, so the Prophet let him wear it. That was the reason why the Prophet (the blessing and peace of Allāh be upon him) took off and gave his own shirt to 'Abdullah . The narrator adds:, He had done the Prophet a favour for which the Prophet liked to reward him.

143 - CHAPTER: The superiority of the one through whom a man embraces Islam.

243009 . Sahl (may Allāh be pleased with him)narrated: «On the day (of the battle) of Khaibar the Prophet (the blessing and peace of Allāh be upon him) said: «Tomorrow I will give the flag to somebody who will be given victory (by

يومَ خيبر: «لأُعطِيَنَّ الراية غداً رجلاً يَفتحُ الله على يديهِ يُحِبُّ الله ورسوله ويُحبُّه الله ورسولُه». فباتَ الناسُ لَيلَتهم أيهم يعطي، فغدَوا كلُّهم يَرجوه، فقال: «أين عليٌّ؟» فقِيل: يَشتكي عَينيهِ، فبصَقَ في عَينيه ودعا لهُ فبرأ كأنْ لم يكن بهِ وجَعٌ، فأعطاه، فقال: أُقاتلُهم حتَّى يكونوا مِثلَنا، فقال: «انفُذْ على رِسْلكَ حتَى تنزِلَ بساحتِهم، ثمَّ ادعُهم إلى الإسلامِ، وأخبِرْهم بما يَجبُ عليهم، فواللهِ لأنْ يَهدِيَ اللهُ بكَ رجُلاً خيرٌ لكَ من أنْ يكونَ لكَ حُمْرُ[1] النَّعم».

١٤٤ ـ باب الأُسارَى في السلاسِل

٣٠١٠ ـ **حدثنا** محمدُ بنُ بَشَّارٍ حدَّثَنا غُندَرٌ حدَّثَنا شُعبة عن محمدِ بنِ زِيادٍ عن أَبي هريرةَ رضيَ اللهُ عنه عنِ النبيِّ ﷺ قال: «عَجِبَ اللهُ من قومٍ يدخلونَ الجنَّةَ في السَّلاسل».

١٤٥ ـ باب فضلِ من أَسلَمَ مِن أهلِ الكِتابَين

٣٠١١ ـ **حدثنا** عليُّ بنُ عبدِ الله حدَّثَنا سفيانُ بنُ عُيَينة حدَّثَنا صالحُ بنُ حَيٍّ أبو حسنٍ قال: سمعتُ الشَّعبيَّ يقول: حدَّثني أَبو بُردَةَ أنه سمعَ أَباه عنِ النبيِّ ﷺ قال: «ثلاثة يُؤْتَونَ أجرَهم مرتَين: الرَّجلُ تكونُ له الأَمَةُ فيُعلِّمها فيُحسِنُ تَعليمها، ويُؤَدِّبُها فيُحسنُ أدبُها، ثُمَّ يُعتقها فيتزوَّجها، فلهُ أجرانِ. ومؤْمنُ أهلِ الكتاب الذي كان مؤمناً ثمَّ آمنَ بالنبيِّ ﷺ، فله أجرانِ. والعبدُ الذي يؤدِّي حقَّ الله وينصَحُ لسيِّدِهِ لهُ أجرانِ». ثمَّ قال الشَّعبي: وأعطيتُكَها بغيرِ شيءٍ، وقد كان الرَّجلُ يرحَلُ في أهْوَنَ منها إلى المدينة.

(١) ـ وقوله: (حمر) بهذا الضبط هنا فإنه جمع أحمر لا جمع حمار أهـ.

٣٠١١ ـ قوله: (وأعطيتكها) وروي أعطيكها بلفظ المستقبل من غير واو كما في الشارح.

Allāh) and who loves Allāh and His Apostle(the blessing and peace of Allāh be upon him) and is loved by Allāh and His Apostle.» So, the people wondered all night as to who would receive the flag and in the morning everyone hoped that he would be that person. Allāh's Apostle asked: «Where is Alī? He was told that 'Alī was suffering from eye-trouble, so he applied saliva to his eyes and invoked Allāh to cure him. He at once got cured as if he had had no ailment. The Prophet (the blessing and peace of Allāh be upon him) gave him the flag. 'Alī said: «Should I fight them till they become like us (i.e. Muslim)?» The Prophet said: «Go to them patiently and calmly till you enter the land. Then, invite them to Islam, and inform them what is enjoined upon them, for by Allāh , if Allāh gives guidance to somebody through you, it is better for you than possessing red camels.».

144 - CHAPTER: The prisoners of war in chains.

3010 . Abū Huraira (may Allāh be pleased with him) narrated: «The Prophet (the blessing and peace of Allāh be upon him) said: «Allāh wonders at those people who will enter Paradise in chains».

145 - CHAPTER: The superiority of the people of the Scriptures who embrace Islam.

3011 . Abū Burda's father the Prophet (the blessing and peace of Allāh be upon him) said: «Three persons will get their reward twice. (One is) a person who has a slave girl and he educates her properly and teaches her manners properly (without violence) and then manumits and marries her. Such a person will get a double reward. (Another is) a scripture believer from the people of those who had been believers and then he believes in the Prophet (the blessing and peace of Allāh be upon him) (Muhammad). Such a person will get a double reward. (The third is) a slave who observes Allāh's Rights and Obligations and is sincere to his master».

١٤٦ - باب أهلِ الدارِ يُبَيَّتون، فيصابُ الوِلدانُ والذَّراريُّ

﴿بياتاً﴾ [الأعراف: ٤، ٩٧، يونس: ٥]: ليلاً. ﴿لَنُبَيِّتَنَّه﴾ [النمل: ٤٩]: ليلاً ﴿بيَّت﴾ [النساء: ٨١]: ليلاً.

٣٠١٢ - حدثنا عليُّ بنُ عبدِ الله حدَّثنا سفيانُ حدَّثنا الزُّهريُّ عن عُبيدِ الله عنِ ابنِ عبّاسٍ عن الصعبِ بن جَثّامة رضيَ الله عنهم قال: مرَّ بي النبيُّ ﷺ بالأبواءِ - أو بوَدّانَ - وَسُئِلَ عن أهلِ الدار يُبَيَّتونَ مِن المشركِينَ فيصابُ من نسائهم وذَراريهم، قال: «هم منهم». وسمعتهُ يقولُ: «لا حِمىٰ إلا لله ولرسوله ﷺ».

وعنِ الزُّهريِّ أنهُ سمعَ عبيدَ الله عنِ ابنِ عبّاسٍ.

٣٠١٣ - حدثنا الصَّعبُ في الذَّراري». كان عمرُ يُحدِّثنا عنِ ابن شِهابٍ عن النبيِّ ﷺ، فسمعناهُ من الزُّهريِّ قال: أخبرني عُبيدُ الله عنِ ابنِ عبّاسٍ رضيَ الله عنهما «عن الصَّعبِ قال: هم منهم، ولم يقل كما قال عمرو: هم من آبائهم».

١٤٧ - باب قتلِ الصبيانِ في الحرب

٣٠١٤ - حدثنا أحمدُ بنُ يونُسَ أخبرَنا اللَّيثُ عن نافعٍ أَن عبدَ الله رضيَ الله عن أخبرَهُ «أنَّ امرأةً وُجِدَت في بعضِ مَغازي النبيِّ ﷺ مقتولةً، فأنكرَ رسولُ الله ﷺ قتل النسا والصبيان». [الحديث ٣٠١٤ - طرفه في: ٣٠١٥].

١٤٨ - باب قتلِ النساءِ في الحربِ

٣٠١٥ - حدثنا إسحاقُ بنُ إبراهيمَ قال: قلتُ لأبي أُسامةَ: حدَّثكم عُبيدُ الله ع

باب ١٤٦ - قوله: (يبيتون) أي يغار عليهم بالليل وقوله ليبيتنه وروي لنبيتنه كما هو القراءة في سورة النمل.

146 - CHAPTER: (Is it permissible) to attack the enemies with the probability of killing the babies and children (unintentionally) by night: 4:97 That we shall make a secret night attack 24:49. Meditate all night 4: 81.

3012 . As-Sa'b bin Jaththāma (may Allāh be pleased with him) narrated: the Prophet (the blessing and peace of Allāh be upon him)passed by me at a place called Al-Abwā or Waddān. and was asked whether it was permissible to attack the pagan warriors at night with the probability of exposing their women and children to danger. The Prophet replied: «They (i.e. women and children) are from them (i.e. pagans)» I also heard the Prophet saying: «The institution of Himā is invalid except for Allāh and His Apostle.

3013 . This hadith has been narrated through a chain of transmitters where we reach to As-sab who said: «They are of them, but he did not say as Amr said: «They are of (the loins of) their fathers.

147 - CHAPTER: Killing the children in the war

3014 . 'Abdullah (may Allāh be pleased with him)narrated: «During some of the invasions of the Prophet (the blessing and peace of Allāh be upon him) a women was found killed. Allāh's Apostle disapproved the killing of women and children.

The parts of this hadīth are in: 3015.

148 - CHAPTER: Killing the women in the war

3015 . Ibn 'Umar (may Allāh be pleased with him)narrated: «During some

نافعٍ عن ابنِ عمرَ رضيَ الله عنهما قال: «وُجِدَتِ امرأةٌ مَقتولةً في بعض مَغازي رسولِ الله ﷺ، فنهى رسولُ الله ﷺ عن قتلِ النساءِ والصبيان».

١٤٩ ـ باب لا يعذبُ بعذابِ الله

٣٠١٦ ـ **حدثنا** قُتيبةُ بنُ سعيدٍ حدَّثَنا اللَّيثُ عن بُكيرٍ عن سليمانَ بنِ يسارٍ عن أبي هريرةَ رضيَ الله عنه أنَّهُ قال: **بعثنا رسولُ الله ﷺ في بعثٍ فقال: «إن وجَدْتم فلاناً وفلاناً فأحرقوهما بالنار». ثمَّ قال رسولُ الله ﷺ حينَ أردْنا الخروجَ: «إني أمَرتُكم أن تُحرقوا فلاناً وفلاناً، وإنَّ النارَ لا يُعذِّبُ بها إلا الله، فإن وجَدْتموهما فاقتلوهما».**

٣٠١٧ ـ **حدثنا** عليُّ بنُ عبدِ الله حدَّثَنا سفيانُ عن أيوبَ عن عكرمةَ أَنَّ علياً رضيَ الله عنه حَرَّقَ قوماً، فبَلَغَ ابنَ عبّاسٍ فقال: لو كنتُ أنا لم أُحرِّقْهم، لأنَّ النبيَّ ﷺ قال: **«لا تعذِّبوا بعذاب الله»**، ولَقتلْتُهم كما قال النبيُّ ﷺ: **«من بدَّلَ دِينَهُ فاقتلوه».**

[الحديث ٣٠١٧ ـ طرفه في: ٦٩٢٢].

١٥٠ ـ باب ﴿فإما مَنّاً بعدُ وإما فداءً﴾ [محمد: ٤]

فيه حديث ثمامةَ. وقوله عزَّ وجلَّ: ﴿ما كان لنبيٍّ أن تكونَ له أسرى حتّى يُثخِنَ في الأرض ـ حتى يَغلِبَ في الأرض ـ تُريدون عَرَضَ الدُّنيا﴾ الآية [الأنفال: ٦٧].

١٥١ ـ باب هل للأسيرِ أن يَقتلَ ويَخدعَ الذين أَسَروهُ حتى يَنْجُوَ مَنَ الكَفَرة؟ فيه المِسوَرُ عنِ النبيِّ ﷺ

٣٠١٦ ـ قوله: (أن تحرقوا) بالتشديد والتخفيف (شارح).

of the invasion of Allāh's Apostle (the blessing and peace of Allāh be upon him) a woman was found killed, so Allāh's Apostle forbade the killing of women and children.

149 - CHAPTER: One should not punish (anybody) with Allāh's Punishment

3016 . Abū Huraira (may Allāh be pleased with him) narrated: «That Allāh's Apostle (the blessing and peace of Allāh be upon him) sent us in a mission (i.e. Sariya). He said: «If you find so-and-so and so-and-so, burn both of them with fire». When we intended to depart, Allāh's Apostle said: «I have ordered you to burn so-and-so and so-and-so, and it is no one but Allāh Who punishes with fire, so, if you find them, kill them.».

3017 . Ikrima (may Allāh be pleased with him) narrated: «'Alī (may Allāh be pleased with him) burnt some people and this news reached Ibn 'Abbās who said: «Had I been in his place I would not have burnt them, as the Prophet (the blessing and peace of Allāh be upon him) said: «Don't punish (anybody) with Allāh's Punishment.. No doubt I would have killed them, for the Prophet said: «If somebody discards his religion, kill him».

The parts of this hadīth are in: 6922.

150 - CHAPTER: (Allāh's saying):

And afterwards (is the time for) either generosity (set free the captives or ransom). (47: 4).

And the saying of Allāh (the Exalted and Almighty):

It is not fitting for the prophet to have the prisoners of war (and free them with ransom) until he has made a great slaughter (among his enemies) in the land . You desire the good of this world but Allāh desires (for you) the Hereafter. And Allāh is All-mighty, All-Wise (8: 67).

151 - CHAPTER: Is it legal for a Muslim captive to kill or deceive those who have captured him so that he may save himself from the infidels?

Al-Miswar narrated a Hadīth from the Prophet (the blessing and peace of Allāh be upon him) concerning this issue.

١٥٢ ـ باب إذا حَرَّقَ المشركُ المسلمَ هل يحرَّقُ؟

٣٠١٨ ـ حدثنا مُعلَّى بنُ أَسَدٍ حدَّثَنا وُهَيبٌ عن أيوبَ عن أبي قِلابَةَ عن أنسِ بنِ مالكٍ رضيَ اللهُ عنه أَنَّ رَهْطاً مِن عُكل ثمانيةً قدِموا على النبيِّ ﷺ فاجْتَوَوُا المدينة، فقالوا: يا رسولَ الله أبغِنا رِسْلاً[1]، قال: «ما أجِدُ لكم إلا أنْ تلحَقوا بالذَّودِ»[2]، فانطَلَقوا فشربوا من أبوالِها وألْبانِها حتى صَحُّوا وسَمِنوا، وقَتَلوا الرّاعيَ واستاقوا الذّود، وكفَروا بعدَ إسلامِهم. فأتَى الصريخُ النبيَّ ﷺ، فبَعَثَ الطلب، فما تَرَجَّلَ[1] النهارُ حتى أُتيَ بهم فقطعَ أيديهم وأرجُلَهم ثم أمرَ بمسامِيرَ فأُحميَتْ فكَحَلَهم بها وطرَحهم بالحرَّةِ يستَسقون فما يُسقَونَ حتى ماتوا.

قال أبو قِلابَةَ: قَتلوا وسَرَقوا وحارَبوا اللهَ ورسولَهُ ﷺ وسَعُوا في الأرض فساداً.

١٥٣ ـ باب

٣٠١٩ ـ حدثنا يحيىٰ بنُ بُكَير حدَّثَنا اللَّيثُ عن يونُسَ عنِ ابنِ شهابٍ عن سعيدِ بنِ المسيَّبِ وأبي سَلمةَ أن أبا هريرةَ رضيَ اللهُ عنه قال: سمعت رسولَ الله ﷺ يقول: «قرَصَتْ نملةٌ نبيّاً مِنَ الأنبياءِ، فأمرَ بقريةِ النملِ فأُحرِقت، فأوحىٰ اللهُ إليهِ أنْ قرَصَتْكَ نملةٌ أحرقتَ أُمةً منَ الأُمم تُسبِّحُ الله». [الحديث ٣٠١٩ ـ طرفه في: ٣٣١٩].

١٥٤ ـ باب حَرقِ الدُّورِ والنَّخيل

٣٠٢٠ ـ حدثنا مسدَّدٌ حدَّثنا يحيىٰ عن إسماعيلَ قال: حدَّثني قيسُ بنُ أبي حازمٍ قال: قال لي جَريرٌ قال لي رسولُ الله ﷺ: «ألا تُريحُني مِن ذي الخلَصة» ـ وكان بيتاً في

٣٠١٨ ـ (الإجتواء): كراهة الإقامة في محل لعدم موافقة الهواء.

(١) ـ قوله: (رسلا) الرسل: اللبن.

(٢) ـالذود: ما بين الثلاث إلى العشرة من الإبل والصريخ: صوت المستغيث.

(١) ـ ترجل النهار: معناه ارتفع كما في الشارح.

152 - CHAPTER: If a pagan burns a Muslim, should he be burnt (in retaliation).

3018. Anas bin Malīk (may Allāh be pleased with him) narrated: «A group of eight men from the tribe of 'Ukil came to the Prophet (the blessing and peace of Allāh be upon him) and then they found the climate of Madina unsuitable for them. So, they said: «O Allāh's Apostle! Provide us with some milk» Allāh's Apostle said: «I recommend that you should join the herd of camels». So, they went and drank the urine and the milk of the camels (as a medicine) till they became healthy and fat. Then they killed the shepherd and drove away the camels. They became unbelievers after they were Muslims. When the Prophet (the blessing and peace of Allāh be upon him) was appealed for help, he sent some men in their pursuit, and before the sun rose high, they were brought, and he had their hands and feet cut off. Then he ordered for nails to be heated and passed over their eyes, and they were left in the Harra(i.e. rocky land in Madina). They asked for water, and nobody provided them with water till they died. (Abū Qilāba, a sub-narrator said: «They committed murder and theft and fought with Allāh and His Apostle, and spread evil in the land»)..

153 - CHAPTER:

3019. Abū Huraira (may Allāh be pleased with him) narrated: «I heard Allāh's Apostle (the blessing and peace of Allāh be upon him) saying: «An ant bit a prophet amongst the prophets, and he ordered that the place of the ants be burnt. So Allāh inspired him:» It is because one ant bit you that you burnt a nation amongst the nations that glorify Allāh?».

The parts of this hadīth are in: 3319.

154 - CHAPTER: The burning of houses and date-palms

3020 . Qais bin Abī Hāzem narrated: «Jārīr said to me: «Allāh's Apostle (the blessing and peace of Allāh be upon him) said: «to me: «Will you relieve me from Thul-Khalasa? Thul-Khalasa was a house (of an idol) belonging to the tribe

خَثْعَم يسمَّى كعبة اليمانية ـ قال فانطَلقتُ في خمسينَ ومائةِ فارس من أَحْمَسَ وكانوا أَصحابَ خيلٍ، قال: وكنتُ لا أَثبُتُ على الخيل، فضربَ في صدري حتى رأيتُ أثر أصابعِهِ في صدرِي وقال: «اللّهمَّ ثَبِّتْهُ واجعَلْهُ هادياً مَهْدِيّاً». فانطلقَ إليها فكسَرَها وحرَّقها. ثم بعثَ إلى رسول الله ﷺ يخبِرُه فقال رسولُ جَريرٍ: والذي بعثَكَ بالحقِّ ما جِئتُك حتى تركتُها كأنها جملٌ أجْوَفُ أو أجرَب. قال: «فبارَكَ في خيلِ أَحْمَس ورجالِها خمسَ مَرّاتٍ».

[الحديث ٣٠٢٠ ـ أطرافه في: ٣٠٣٦، ٣٠٧٦، ٣٨٢٣، ٤٣٥٥، ٤٣٥٦، ٤٣٥٧، ٦٠٨٩، ٦٣٣٣].

٣٠٢١ ـ **حدثنا** محمدُ بنُ كثيرٍ أخبرَنا سفيانُ عن موسى بن عقبةَ عن نافعٍ عنِ ابنِ عمرَ رضيَ الله عنهما قال: «حَرَّقَ النبيُّ ﷺ نخلَ بني النَّضير».

١٥٥ ـ باب قتلِ النائمِ المشرِك

٣٠٢٢ ـ **حدثنا** عليُّ بنُ مُسلمٍ حدَّثَنا يحيىٰ بن زكريّا بنِ أَبي زائدةَ قال: حدَّثني أَبي عن أَبي إِسحاقَ عنِ البَراءِ بنِ عازِبٍ رضيَ الله عنهما قال: «بَعثَ رسولُ الله ﷺ رَهْطاً منَ الأنصارِ إلى أَبي رافعٍ لِيَقتُلوهُ، فانطلَقَ رجُلٌ منهم فدخلَ حِصنَهم، قال: فدخلتُ في مَربطِ دَوابَّ لهم، قال: وأَغلقوا بابَ الحِصن، ثمَّ إنهم فَقَدوا حماراً لهم فخرَجوا يطلبونهُ، فخرجتُ فيمن خرَجَ أُرِيهم أنني أَطلُبُهُ معهم، فوَجدوا الحِمارَ، فدَخَلوا ودخَلتُ، وأَغلقوا بابَ الحِصنِ ليلاً، فوَضَعوا المفاتيحَ في كُوَّةٍ[1] حيثُ أَراها، فلما ناموا أَخذتُ المفاتيحَ ففتحتُ بابَ الحِصنِ، ثمَّ دخلتُ عليه فقلتُ: يا أَبا رافعٍ، فأَجابني، فتعمَّدتُ الصوتَ فضربته، فصاحَ، فخرجتُ، ثمَّ جئتُ ثمَّ رجعتُ كأني مُغيثٌ فقلتُ يا أَبا رافعٍ ـ وغيَّرتُ

٣٠٢١ ـ قوله: (مربط) بفتح الميم وكسر الموحدة (شارح).

(١) ـ قوله: (كوة) بفتح الكاف وضمها وتشديد الواو ثقب في جدار البيت (شارح).

of Khath'am called Al-Ka'ba Al-Yamaniya. So, I proceeded with one hundred and fifty cavalry men from the tribe of Ahmas, who were excellent knights. It happened that I could not sit firm on horses, so the Prophet (the blessing and peace of Allāh be upon him) stroke me over my chest till I saw his finger-marks over my chest. He said: «O Allāh ! Make him firm and make him a guiding and rightly guided man» Jarīr proceeded towards that house, and dismantled and burnt it. Then he sent a messenger to Allāh's Apostle (the blessing and peace of Allāh be upon him) informing him of that. Jarīrs messenger said: «By Him Who has sent you with the Truth, I did not come to you till I had left it like an emancialted or scabby camel(i.e. completely marred and spoilt)». Jarīr added: «the Prophet (the blessing and peace of Allāh be upon him) blessed the horses and the men of Ahmas five times».

The parts of this hadīth are in: 3823, 3076, 3036, 4357, 4356, 4355, 6333, 6089.

3021 . Ibn 'Umar (may Allāh be pleased with him)narrated: «The Prophet (the blessing and peace of Allāh be upon him)burnt the date-palms of Banī An-Nadīr.

155 - CHAPTER: Killing a sleeping pagan

3022. Al-Barā bin 'Azeb(may Allāh be pleased with him)narrated: «Allāh's Apostle (the blessing and peace of Allāh be upon him) sent a group of Ansarī men to kill Abū-Rafī. One of them set out and entered their (i.e. the enemies) fort. That man said: «I hid myself in a stable for their animals. They closed the fort gate. Later they lost a donkey belonging to them, so they went out in its search. I, too, went out along with them, pretending to look for it. They found the donkey and entered their fort. And I, too, entered along with them. They closed the gate of the fort at night, and kept its keys in a small window where I could see them. When those people slept, I took the keys and opened the gate of the fort and came upon Abū Rafī' and said: «O Abū Rafī. When he replied me, I proceeded towards the voice and hit him. He shouted and I came out to come back, pretending to be a helper. I said: «O Abū Rafī changing the tone of my voice. He asked me: What do you want; woe to your mother? I asked him: What

صوتي - فقال: ما لكَ لأُمِّكَ الوَيل، قلت: ما شأنُكَ؟ قال: لا أدري مَن دخَلَ عليَّ فضربني، قال: فوَضعتُ سَيفي في بطنِه، ثُم تحامَلتُ عليه حتّى قرَعَ العَظمَ، ثم خرَجتُ وأنا دَهِش، فأتيت سُلَّماً لهم لأنزِلَ منه فوَقعتُ، فوُثِئتْ(٢) رِجلي، فخرجت إلى أصحابي فقلت: ما أنا ببارِحٍ حتى أسمعَ الناعية، فما برِحتُ حتى سمعتُ نَعايا أبي رافعٍ تاجرِ أهلِ الحجاز. قال: فقمتُ وما بي قَلَبةٌ(٣)، حتّى أتينا النبيَّ ﷺ فأخبرناه».

[الحديث ٣٠٢٢ - أطرافه في: ٣٠٢٣، ٤٠٣٨، ٤٠٣٩، ٤٠٤٠].

٣٠٢٣ - حدثني عبدُ الله بنُ محمدٍ حدَّثَنا يحيىٰ بنُ آدمَ حدَّثَنا يحيىٰ بنُ أَبي زائدةَ عن أبيهِ عن أبي إسحاقَ عن البَراءِ بنِ عازبٍ رضيَ الله عنهما قال: «بَعثَ رسولُ الله ﷺ رَهْطاً منَ الأنصار إلى أبي رافعٍ، فدخلَ عليهِ عبدُ الله بنُ عَتيكٍ بيتَهُ ليلاً فقتلَهُ وهو نائم».

١٥٦ - باب لا تمنَّوا لِقاءَ العَدُوّ

٣٠٢٤ - حدثنا يوسفُ بنُ موسىٰ حدَّثَنا عاصمُ بنُ يوسفَ اليَرْبوعيُّ حدَّثَنا أبو إسحاق الفَزاريُّ عن موسىٰ بنِ عُقبةَ قال: «حدَّثني سالمٌ أبو النَّضرِ مَولىٰ عمرَ بنِ عُبيدِ الله، كنت كاتباً له قال: كتبَ إليهِ عبدُ الله بنُ أبي أوفىٰ حينَ خرَجَ إلى الحَرُوريةِ فقرَأْتُه فإذا فيهِ: إنَّ رسولَ الله ﷺ في بعضِ أيامهِ التي لَقيَ فيها العدوَّ انتظرَ حتى مالتِ الشمس».

**٣٠٢٥ - ثم قام في الناس فقال: «يا أيُّها الناس لا تمنَّوْا لِقاءَ العدوِّ وسَلُوا الله العافيةَ، فإذا لَقِيتُمُوهم فاْصبِروا. واعلَموا أنَّ الجنَّةَ تحتَ ظِلالِ السُّيوف». ثمّ قال: «اللّهمَّ مُنزِلَ الكتابِ، ومُجرِيَ السَّحابِ، وهازمَ الأحزاب، اهزِمْهم وانصُرنا عليهم». وقال موسىٰ بن عُقبةَ: حدَّثني سالم أبو النضر: كنتُ كاتباً لعمرَ بنِ عُبيدِ الله، فأتاه كتاب عبدِ الله بن أبي أوفىٰ رضيَ الله عنهما أن رسولَ الله ﷺ قال: «لا تمنَّوا لِقاءَ العدوّ».

(٢) - قوله: (فوثئت) رجلي أي أصاب عظم رجلي شيء لا يبلغ الكسر كأنه فكّ اهـ شارح وفي هامش أسد الغابة الوثء: توجع في العظم بلا كسر اهـ.

(٣) - (قلبة): أي علة.

has happened to you? He said: «I don't know who came to me and hit me. Then I drove my sword into his belly and pushed it forcibly till it touched the bone. Then I came out, filled with puzzlement and went towards a ladder of theirs order to get down but I fell down and sprained my foot. I came to my companions and said: «I will not leave till I hear the wailing of the women. So I did not leave till I heard the women bewailing Abū Rāfī the merchant of Hijāz. Then I got up, feeling no ailement (and we proceeded) till we came upon the Prophet (the blessing and peace of Allāh be upon him) and informed him».

The parts of this hadīth are in: 4039, 4038, 3023, 4040.

3023 . Al-Bara bin Āzeb (may Allāh be pleased with him) narrated: «Allāh's Apostle (the blessing and peace of Allāh be upon him) sent a group of the Ansār to Abū Rāfī. 'Abdullah bin 'Atīk entered his house at night and killed him while he was sleeping.

156 - CHAPTER: Do not wish to meet the enemy

3024. Sālem Abū An-Nadr the freed slave of 'Umar bin 'Ubaidullāh narrated: «I was 'Umar's clerk. Once 'Abdullah bin Abī Aufā wrote a letter to 'Umar when he proceeded to Al-Harurīya. I read in it that Allāh's Apostle (the blessing and peace of Allāh be upon him) in one of his military expeditions against the enemy, waited till the sun declined .

3025 . Then he got up amongst the people saying: «O people! Do not wish to meet the enemy, and ask Allāh for safety, but when you face the enemy, be patient, and remember that Paradise is under the shades of swords». Then he said: «O Allāh, the Revealer of the Holy Book, and the Mover of the clouds and the defeater of the clans defeat them, and grant us victory over them».

Salem Abū Nadr narrated: «I was as clerk to 'Umar b. Ubaidullah A message came to him from 'Abdullah b. Abi Aufa that the Messenger of Allāh said: «Donot wish that you to face the enemy.

٣٠٢٦ ـ **وقال** أبو عامرٍ حدَّثنا مُغيرة بنُ عبدِ الرَّحمٰنِ عن أبي الزِّنادِ عنِ الأعرجِ عن أبي هريرةَ رضيَ الله عنه عن النبيِّ ﷺ قال: **«لا تمنَّوا لِقاءَ العدوِّ، فإذا لقِيتموهم فاصبروا»**.

١٥٧ ـ **باب** الحربُ خدعة

٣٠٢٧ ـ **حدثنا** عبدُ الله بنُ محمدٍ حدَّثنا عبدُ الرزّاق أخبرَنا مَعْمرٌ عن همّامٍ عن أبي هريرةَ رضيَ الله عنه عنِ النبيِّ ﷺ قال: **«هلَكَ كِسرَى، ثم لا يكونُ كِسرَى بعدَه. وقيصَرٌ ليَهلِكنَّ، ثم لا يكون قَيصرٌ بعدَه. ولتُقسَمنَّ كنوزهما في سبيلِ الله»**.

[الحديث ٣٠٢٧ ـ أطرافه في: ٣١٢٠، ٣٦١٨، ٦٦٣٠].

٣٠٢٨ ـ **«وسَمَّى الحربَ خدعة»**. [الحديث ٣٠٢٨ ـ طرفه في: ٣٠٢٩].

٣٠٢٩ ـ **حدثنا** أبو بكرِ بنُ أصرَمَ أخبرَنا عبدُ الله أخبرَنا مَعمرٌ عن هَمّامِ بنِ مُنبِّهٍ عن أبي هريرةَ رضيَ الله عنه قال: **«سَمّى النبيُّ ﷺ الحربَ خدعة»**.

٣٠٣٠ ـ **حدثنا** صدقةُ بنُ الفضلِ أخبرَنا ابنُ عيينةَ عن عمرٍو سمعَ جابرَ بنَ عبدِ الله رضيَ الله عنهما قال: قال النبيُّ ﷺ: **«الحربُ خدعة»**.

١٥٨ ـ **باب** الكذب في الحرب

٣٠٣١ ـ **حدثنا** قُتيبةُ بنُ سعيدٍ حدَّثَنا سفيانُ عن عمرو بنِ دِينارٍ عن جابرِ بنِ عبدِ الله رضيَ الله عنهما أن النبيَّ ﷺ قال: **«مَن لكعبِ بنِ الأشرف، فإنه قد آذَى الله ورسولَه؟»** قال محمدُ بنُ مسلمة: أتحبّ أن أقتلَه يا رسولَ الله؟ قال: **«نعم»**. قال فأتاه فقال: إن هٰذا ـ يعني النبيَّ ﷺ ـ قد عَنّانا وسألَنا الصدقَة. قال: وأيضاً والله لَتَمَلُّنَّه. قال: فإنا اتبعناه فنكرَهُ أن ندَعَهُ حتى ننظر إلى ما يَصيرُ أمره. قال: فلم يَزَلْ يكلّمُهُ حتى استمكنَ منه فقتلَهُ

باب ١٥٧ ـ قوله: (خدعة) بفتح الخاء المعجمة وسكون الدال وهي الأفصح وللأصيلي خدعة بضم الخاء مع سكون الدال وجوّز خدعة بضم أوّله وفتح ثانيه كهمزة ولمزة انظرالشارح.

٣٠٣١ ـ قوله: (قد عنانا) أي أتعبنا بما كلفنا به من الأوامر والنواهي (شارح)

3026 . Abū Huraira (may Allāh be pleased with him)reported that the Holy prophet said: «Donot desire to meet the enemy and if you faced them be patient.

157 - CHAPTER: War is stratagem

3027 . Abū Huraira (may Allāh be pleased with him) narrated that (the Prophet (the blessing and peace of Allāh be upon him)said: «Khosrau will be ruined, and there will be no Khosrau after him, and Casear will surely be ruined and there will be no Caesar after him, and you will spend their treasures in Allāh's Cause» He called war stratagem.

The parts of this hadīth are in: 3029.

3029 . Abū Huraira (may Allāh be pleased with him)narrated: «Allāh's Apostle (the blessing and peace of Allāh be upon him) called war stratagem

3030 . Jābir bin 'Abdullah (may Allāh be pleased with him) narrated: « The Prophet (the blessing and peace of Allāh be upon him)said: «War is stratagem.

158 - CHAPTER: Telling lies in the war.

3031. Jabir bin 'Abdullah (may Allāh be pleased with him) narrated that the Prophet (the blessing and peace of Allāh be upon him) said: «Who is ready to kill Ka'b bin Al-Ashraf who has really hurt Allāh and His Apostle?» Muhammad bin Maslama said: «O Allāh's Apostle! Do you like me to kill him?» He replied in the affirmative. So, Muhammad bin Maslama went to him (i.e. Ka'b) and said: «This person (i.e. the Prophet) has put us to task and asked us for charity.» Ka'b replied: «By Allāh, you will get tired of him.» Muhammad said to him: «We have followed him, so we dislike to leave him till we see the end of his affair.» Muhammad bin Maslama went on talking to him in this way till he got the chance to kill him.

١٥٩ - باب الفَتكِ بأهلِ الحربِ

٣٠٣٢ - حدثنا عبدُ الله بنُ محمدٍ حدَّثنا سفيانُ عن عمرٍو عن جابرٍ عنِ النبيِّ ﷺ قال: «مَن لكعبِ بنِ الأَشرَفِ؟» فقال محمدُ بن مسلمةَ: أتُحِبُّ أن أقتلَهُ؟ قال: «نعم» قال: فأْذَنْ لي فأقولَ. قال: «قد فَعلتُ».

١٦٠ - باب ما يجوزُ منَ الإحتيالِ، والحذَرِ معَ مَن يخشى مَعرَّته

٣٠٣٣ - قال اللَّيثُ: حدَّثني عُقَيلٌ عنِ ابنِ شهابٍ عن سالمِ بنِ عبدِ الله عن عبدِ الله بنِ عمرَ رضيَ الله عنهما أنه قال: انطَلَقَ رسولُ الله ﷺ ومعهُ أُبيُّ بنُ كَعبٍ قِبَلَ ابنِ صَيادٍ ـ فحُدِّثَ به في نخلٍ ـ فلما دَخلَ عليه رسولُ الله ﷺ النَّخلَ، طَفِقَ يَتَّقِي بجُذوعِ النَّخلِ وابنُ صَيّادٍ في قَطيفةٍ لهُ فيها رَمْرَمةٌ، فرأت أُمُّ صَيّادٍ رسولَ الله ﷺ فقالت: يا صافِ هٰذا محمدٌ، فوَثَبَ ابنُ صيّادٍ، فقال رسولُ الله ﷺ: «لو ترَكَتْهُ بيَّن».

١٦١ - باب الرَّجزِ في الحَربِ، ورفعِ الصَّوتِ في حَفرِ الخَندَقِ

فيهِ سهلٌ وأنسٌ عنِ النبيِّ ﷺ، وفيهِ يزيدُ عن سَلمَة

٣٠٣٤ - حدثنا مُسدَّدٌ حدَّثنا أبو الأحوَصِ حدَّثنا أبو إسحاقَ عنِ البراءِ رضيَ الله عنه قال: «رأيت رسولَ الله ﷺ يومَ الخندَقِ وهو ينقلُ الترابَ حتى وارَى الترابُ شعرَ صَدرِه ـ وكان رجُلاً كثيرَ الشعرِ ـ وهو يَرتجزُ برَجزِ عبدِ الله بنِ رَواحَةَ:

باب ١٥٩ ـ قوله: (الفتك بأهل الحرب) أي قتلهم على غفلة (شارح).

باب ١٦٠ ـ قوله: (يخشى معرته) بالتحتية والفوقية معرته بفتح الميم والعين المهملة والراء المشددة والنصب على المفعولية ولأبي ذر تخشى بضم أوله مبنياً للمفعول معرته بالرفع نائباً عن الفاعل أي فساده وشره (شارح).

٣٠٣٣ ـ (رمرمة) صوت.

159 - CHAPTER: Assulting non-Muslim warriors secretly.

3032.Jābir (may Allāh be pleased with him) narrated: «TheProphet (the blessing and peace of Allāh be upon him) said: «Who is ready to kill Ka'b bin Ashraf (i.e. a Jew)» Muhammad bin Maslama replied: «Do you like me to kill him? The Prophet replied in the affirmative. Muhammad bin Maslama said: «Then allow me to say what I like». The Prophet replied: «I do (i.e. allow you)».

160 - CHAPTER: What tricks and means of security may be adopted to protect oneself against some one who is expected to be vicious and mischievous.

3033 . Ibn 'Umar (may Allāh be pleased with him) narrated: «Once Allāh's Apostle (the blessing and peace of Allāh be upon him) accompanied by Ubai bin Ka'b set out to Ibn Saiyād. He was informed that he was in a garden of date-palms. When Allāh's Apostle entered the garden of date-palms, he started hiding himself behind the trunks of the palms while Ibn Saiyād was covered with a velvet sheet with murmurs emanating from under it. Ibn Saiyād's mother saw Allāh's Apostle and said: «O saf! This is Muhammad». So Ibn Saiyād got up. Allāh's Apostle said: «If you had left him (in his state), the truth would have been clear».

161 - CHAPTER: The recitation of poetic verses in the war and raising the voices while digging the trench.

3034 . Al-Barā (may Allāh be pleased with him) narrated: «I saw Allāh's Apostle (the blessing and peace of Allāh be upon him) on the day (of the battle) of the Trench carrying earth till the hair of his chest were covered with dust and he was a hairy man. He was reciting the following verses of 'Abdullah (bin Rawāha):

اللّهمَّ لـولا أنتَ مـا اهتـدَينـا   ولا تـصـدَّقنـا ولا صـلَّيـنـا
فـأنـزِلَـن سَكيـنـةً عـلينـا   وثـبِّـتِ الأقـدامَ إن لاقَـيـنـا
إن الأعـداءَ قـد بَـغَـوا علينـا   إذا أرادوا فِـتـنـةً أبَـيـنـا

يرفعُ بها صَوتَه».

١٦٢ ـ باب مَن لا يَثبُتُ على الخيلِ

٣٠٣٥ ـ حدثني محمدُ بنُ عبدِ الله بـنِ نُمَيرٍ حدَّثنا ابنُ إدريسَ عن إسماعيلَ عن قَيسٍ عن جَريرٍ رضيَ الله عنه قال: «ما حجَبَني النبيُّ ﷺ منذُ أسلمتُ، ولا رآني إلا تَبسمَ في وجهي». [الحديث ٣٠٣٥ ـ طرفاه في: ٣٨٢٢، ٦٠٩٠].

٣٠٣٦ ـ ولقد شكوتُ إليه أني لا أثبُتُ عَلَى الخيل، فضَربَ بيدِه في صدري وقال: «اللّهمَّ ثَبِّتْهُ واجعَلْهُ هادِياً مَهدياً».

١٦٣ ـ باب دواءِ الجرحِ بإحراقِ الحصيرِ

وغَسلِ المرأةِ عن أبيها الدَّمَ عن وَجهِه، وحملِ الماءِ في التُّرس

٣٠٣٧ ـ حدثنا عليُ بنُ عبدِ الله حدَّثنا سفيانُ حدَّثنا أبو حازمٍ قال: «سألوا سهلَ بنَ سَعْدٍ الساعدِيَّ رضيَ الله عنه: بأيِّ شيءٍ دُووِيَ جُرحُ رسولِ الله ﷺ؟ فقال: ما بقيَ أحدٌ

٣٠٣٤ ـ قوله: (أن الأعداء) بفتح اللام وسكون العين آخره همز ممدوداً هكذا في الشارح.

٣٠٣٥ ـ قوله: (ما حجبني) أي ما منعني مما التمست منه أو من دخول منزله ولا يلزم منه النظر إلى أُمهات المؤمنين رضي الله عنهنّ (شارح) وقوله: حدثني وفي فتح الباري: حدثنا.

باب ١٦٣ ـ قوله: (الجرح) بفتح الجيم (شارح).

O Allāh, were it not for You,
We would not have been guided,
Nor would we have given in charity
nor prayed.
So, bestow on us calmness, and
when we meet the enemy,
Then make our feet firm, for indeed,
The enemy has revolted against us;
Yet, if they want to afflict us we
oppose their affliction.

The Prophet (the blessing and peace of Allāh be upon him) used to raise his voice while reciting these verses.

162 -CHAPTER: The inability to sit firm on horses.

3035 . Jārir (may Allāh be pleased with him) narrated: «Allāh's Apostle (the blessing and peace of Allāh be upon him) did not screen himself from me since my embracing Islam, and whenever he saw me he would receive me with a smile. Once I told him that I could not sit firm on horses. He stroke me on the chest with his hand and said: O Allāh! Make him firm and make him a guiding and rightly-guided man».

163 - CHAPTER: The treatment of a wound with the ashes of a mat (made of date-palm leaves), and the washing of blood by a lady off her father's face, and conveying water in a shield (for this purpose)

3037 . Abū Hāzem narrated: «The people asked Sahl bin Sa'd As-Sa'idī (may Allāh be pleased with him), «With what thing (medicine) was the wound of Allāh's Apostle (the blessing and peace of Allāh be upon him) treated?» He replied: «There is no one left (living) amongst the people who knows

مِنَ الناسِ أعلمَ بهِ مني، كان عليٌّ يَجيءُ بالماءِ في تُرسِهِ، وكانت ـ يعني فاطمةَ ـ تَغسِلُ الدمَ عن وجهِهِ، وأُخِذَ حصيرٌ فأُحرِقَ، ثمَّ حُشِيَ به جُرحُ رسولِ الله ﷺ».

١٦٤ ـ باب ما يُكرَهُ مِنَ التنازُعِ والاختلافِ في الحربِ، وعقوبةِ مَن عَصىٰ إمامَه

وقال الله عزَّ وجلَّ: ﴿ولا تَنازَعوا فتَفشَلوا وتَذهَبَ ريحُكم﴾ [الأنفال: ٤٦]. وقال قَتادة: الريحُ الحربُ.

٣٠٣٨ ـ حدثنا يحيى حدَّثَنا وَكيعٌ عن شُعبةَ عن سعيدِ بنِ أبي بُرْدةَ عن أبيهِ عن جدِّهِ: أنَّ النبيَّ ﷺ بعثَ مُعاذاً وأبا موسى إلى اليمنِ قال: «يَسِّرا ولا تُعسِّرا، وبَشِّرا ولا تُنفِّرا. وتطاوَعا ولا تختلِفا».

٣٠٣٩ ـ حدثنا عمرُو بنُ خالدٍ حدَّثَنا زُهَيرٌ حدَّثَنا أبو إسحاقَ قال: سمعتُ البراءَ بنَ عازبٍ رضيَ الله عنهما يُحدِّثُ قال: جَعلَ النبيُّ ﷺ على الرجَّالةِ يومَ أُحُدٍ ـ وكانوا خمسينَ رجُلاً ـ عبدَ الله بنَ جُبيرٍ فقال: «إن رأيتُمونا تَخطَفُنا الطَّيرُ فلا تَبرَحوا مكانَكم هٰذا حتّى أُرسِلَ إليكم، وإن رأيتمونا هَزَمْنا القومَ وأوطَأْناهم فلا تَبرَحوا حتّى أُرسِلَ إليكم». فهزَموهم. قال: فأنا واللهِ رأيتُ النساءَ يَشتَدِدْنَ، قد بَدَتْ خَلاخِلُهنَّ وأسوقُهنَّ، رافعاتٍ ثِيابَهنَّ. فقال أصحابُ عبدِ الله بنِ جُبَيرٍ: الغنيمةَ أي قومِ الغنيمةَ، ظهرَ أصحابُكم فما تنتَظِرون؟ فقال عبدُ الله بنُ جُبَير: أنَسِيتم ما قال لكم رسُولُ الله ﷺ؟ قالوا: واللهِ لنَأْتيَنَّ الناسَ فَلَنُصيبَنَّ مِنَ الغنيمةِ فلما أتَوهم صُرِفَتْ وُجوهُهم، فأقبَلوا مُنهزِمين، فذاكَ إذْ يَدْعوهُم الرسولُ في أُخراهم، فلم يَبقَ مع النبيِّ ﷺ غيرُ اثنَيْ عشرَ رَجُلاً، فأصابوا منّا سبعين، وكان النبيُّ ﷺ وأصحابُه أصابَ مِنَ المشركينَ يومَ بَدرٍ أربعينَ ومائةً وسبعينَ أسيراً وسبعينَ قتيلاً، فقال أبو سفيانَ: أفي القومِ محمدٌ؟ ثلاثَ مراتٍ. فنهاهُمُ النبيُّ ﷺ أن يُجيبوهُ. ثمّ قال:

٣٠٣٩ ـ قوله: (لم آمر بها ولم تسؤني) يعني ما أمرت بتلك المثلة وما كرهتها.

it better than me. 'Alī used to bring water in his shield and Fātimah (i.e. the Prophet's daughter) used to wash the blood off his face. Then a mat (of palm leaves) was burnt and its ash was inserted in the wound of Allāh's Apostle (the blessing and peace of Allāh be upon him).

164 - CHAPTER: What quarrels and mutual differences are hated in the war, and the punishment of the one who disobeys his Imām. And Allāh (the Exalted and Almighty) said:

**Do not dispute (with one another)
lest you become cowards and your
Kingdom and strength depart'.... (8: 46).**

3038 . Abū Burda narrated: «That his father said: «The Prophet (the blessing and peace of Allāh be upon him) sent Mu'āth and Abū Mūsa to Yemen telling them, Treat the people with ease and don't be hard on them; give them glad tidings and don't fill them with aversion; and love each other, and don't differ».

3039 Al-Barā bin Āzeb (may Allāh be pleased with him) narrated: The Prophet (the blessing and peace of Allāh be upon nim) appointed 'Abdullah bin Jubair as the commander of the infantry men who were fifty on the day (of the battle) of Uhud. He instructed them: «Stick to your place, and don't leave it even it you see birds snatching us, till I send for you; and if you see that we have defeated the infidels and made them flee, even then you should not leave your place till I send for you». Then the infidels were defeated. By Allāh, I saw the women fleeing with their leg-rings, and their legs were visible, and they were lifting up their skirts. So,the Companions of 'Abdullah bin Jubair said: «The booty! O people, the booty! Your Companions have become Victorious, what are you waiting for now?» 'Abdullah bin Jubair said: «Have you forgotten what Allāh's Apostle said to you?» They replied: «By Allāh! We will go to the people (i.e. enemy) and collect our share from the war booty». But when they went to them, they were forced to turn back defeated. At that time Allāh's Apostle in their rear was calling them back. Only twelve men remained with the Prophet and the infidels martyred seventy men from us.

On the day (of the battle) of Badr, the Prophet and his Companions had caused the pagans to lose 140 men, seventy of whom were captured and seventy were killed. Then Abū Sufyān asked thrice: «Is Muhammad present amongst these people?» The Prophet ordered his Companions not to answer him. Then

أفي القوم ابن أبي قحافة؟ ثلاث مراتٍ. ثمّ قال: أفي القوم ابنُ الخطابِ؟ ثلاث مراتٍ ثم رجَعَ إلى أصحابِهِ فقال: أمّا هٰؤلاء فقد قُتلوا. فما ملكَ عمرُ نفسَهُ فقال: كذَبت واللهِ يا عدُوّ الله، إن الذين عدَدْتَ لأحياءٌ كلُّهم، وقد بَقيَ لكَ ما يَسوءك. قال: يومٌ بيومِ بَدر، والحربُ سِجال. إنكم ستَجِدونَ في القومِ مُثْلةً لم آمُر بها ولم تَسُؤْني. ثمّ أخذَ يَرْتجِزُ: أُعْلُ هُبَل، أعلُ هُبَل[1]. قال النبي ﷺ: «ألا تجيبونه؟» قالوا: يا رسولَ الله ما نقولُ؟ قال: «قولوا: الله أعلىٰ وأجلُّ». قال: إن لنا العُزَّى ولا عُزَّى لكم. فقال النبيُّ ﷺ: «ألا تجيبونه؟»[2] قال: قالوا يا رسولَ الله ما نقولُ؟ قال: «قولوا: الله مَولانا ولا مَولى لكم».

[الحديث ٣٠٣٩ ـ أطرافه في: ٣٩٨٦، ٤٠٤٣، ٤٠٦٧، ٤٥٦١].

١٦٥ ـ باب إذا فَزعوا بالليل

٣٠٤٠ ـ **حدثنا** قُتَيبةُ بن سعيدٍ حدَّثنا حَمّادٌ عن ثابتٍ عن أنسٍ رضيَ الله عنه قال: كان رسولُ الله ﷺ أحسنَ الناس، وأجْوَدَ الناس، وأشجعَ الناس. قال وقد فزِعَ أهلُ المدينة ليلاً. سمعوا صوتاً. قال: فتلقاهُمُ النبيُّ ﷺ على فَرسٍ لأبي طلحةَ عُرْيٍ وهوَ مُتقلّدٌ سيفَهُ فقال: لم تُراعوا لم تُراعوا. ثم قال رسولُ الله ﷺ: «وجدْتُهُ بحراً. يَعني الفرَسَ».

---

(١) ـ وقوله: (أعل هبل) دعاء معناه علا حزبك يا هبل وهبل اسم صنم كان في الكعبة.

(٢) ـ قوله: «ألا تجيبونه» لأبي ذر وفي نسخة: ألا تجيبوا، بحذف النون بدون ناصب، لغة فصيحة.

he asked thrice: «Is the son of Abū Quhāfa present amongst these people?». He asked again thrice: «Is the son of Al-Khattāb present amongst these these people?» He then returned to his companions and said: «As for these (men), they have been killed.» 'Umar could not control himself and said (to Abū Sufyān): «You told a lie, by Allāh! O Enemyof Allāh! All those you have mentioned are alive, and the thing which will make you unhappy is still there.» Abū Sufyān said: «Our victory today is a counterbalance to yours in the battle of Badr, and war has its ups and downs, and you will find some of your (killed) men mutilated, but I did not urge my men to do so,yet I do not feel sorry for their deed.» After that he started reciting cheerfully: «O Hubal, be high! O Hubal, be high! On that the Prophet (the blessing and peace of Allāh be upon him) said (to his Companions): «Why don't you answer him back?» They said: «O Allāh's Apostle! What shall we say?» He said: «Say Allāh is Higher and more Sublime.» (Then) Abū Sufyān said: «We have the (idol) Al-Uzzā, and you have no 'Uzzā. The Prophet said (to his Companions): «Why don't you answer him back?» They asked: «O Allāh's Apostle! What shall we say?» He said: «Say: Allāh is our Helper and you have no helper».

165 - CHAPTER: If the people get frightened at night

3040 . Anas bin Malīk (may Allāh be pleased with him) narrated: «Allāh's Apostle (the blessing and peace of Allāh be upon him) was the (most handsome), most generous and the bravest of all the people.Once the people of Madina got frightened having heard an uproar at night. So, the Prophet (the blessing and peace of Allāh be upon him) met the people while he was riding an unsaddled horse belonging to Abū Talha and carrying his sword (slung over his shoulder). He said (to them): «Don't get scared, dont get scared.» Then he added: «I found it(i.e. the horse) very fast»..

١٦٦ ـ باب من رأى العدُوَّ فنادى بأعلى صوتهِ: يا صباحاه. حتى يُسمِعَ الناس

٣٠٤١ ـ حدثنا المكيُّ بنُ إبراهيمَ أخبرَنا يزيدُ بنُ أبي عُبيدٍ عن سلمةَ أنهُ أخبرَهُ قال: «خرجتُ منَ المدينةِ ذاهباً نحوَ الغابةِ. حتى إذا كنتُ بثَنيةِ الغابةِ لَقِيَني غلامٌ لعبدِ الرحمنِ بنِ عَوفٍ. قلتُ: ويحَكَ، ما بِكَ؟ قال: أُخِذَت لِقاحُ النبيِّ ﷺ. قلت: من أخذَها؟ قال: غَطَفانُ وفَزارةُ. فصرَختُ ثلاثَ صرَخاتٍ أسمعتُ ما بينَ لابَتَيها: يا صُباحاه، يا صُباحاه. ثمَّ اندفعتُ حتّى أَلقاهم وقد أخذوها، فجعلتُ أرميهم وأقول: أنا ابنُ الأكْوَعِ، واليوم يومُ الرُّضَّع. فاستَنقَذْتُها منهم قبلَ أن يَشربوا، فأَقبلْتُ بِها أَسُوقُها، فلَقِيَني النبيُّ ﷺ فقلتُ: يا رسولَ الله، إنَّ القومَ عِطاش، وإني أَعجَلتُهم أن يَشرِبوا سِقيَهم[1]، فابعَثْ في إثرِهم. فقال: «يا ابنَ الأكْوَع مَلَكتَ فأَسْجِحْ[2]، إن القومَ يُقْرَون في قومهم».

[الحديث ٣٠٤١ ـ طرفه في: ٤١٩٤].

١٦٧ ـ باب من قال: خُذها وأنا ابن فُلان

وقال سَلمةُ: خُذها وأنا ابنُ الأكْوَع.

٣٠٤٢ ـ حدثنا عبيدُ الله عن إسرائيلَ عن أبي إسحاقَ قال: «سأل رجُلٌ البراءَ رضيَ الله عنه فقال: يا أَبا عُمارةَ، أَوَلَّيتم يومَ حُنينٍ؟ قال البراءُ وأنا أسمعُ: أَمّا رسولُ الله ﷺ لم يُوَلِّ يومَئِذٍ، كان أبو سُفيانَ بنُ الحارث آخِذاً بعِنانِ بَغلتِهِ، فلما غَشِيَهُ المشركون نزَلَ فجعلَ يقول: «أنا النبيُّ لا كَذِب، أنا ابنُ عبدِ المطَّلِب». فما رُئِيَ منَ الناسِ يومَئِذٍ أشدُّ منه».

باب ١٦٦ ـ قوله: (يا صُباحاه) بضم الهاء وضبط بسكونها وقوله: (واليوم يوم الرضع) بالرفع فيهما ولأبي ذر نصب المعرف هكذا في الشارح وفسر الرضع باللئام وقدر الهلاك قبله يعني اليوم يوم هلاكهم.

(١) ـ قوله: (أن يشربوا) مفعول له أي كراهة شربهم (سقيهم): أي حظهم من الشرب أهـ من الشرح.

(٢) ـ قوله: (فأسجح) بهمزة قطع وتقديم الجيم على الحاء أي فارفق وأحسن العفو ولا تأخذ بالشدة.

ـ وقوله: (إن القوم يُقْرون): أي يضافون أهـ شارح.

166 - CHAPTER: Shouting, «O Sabāhāh! (exclaiming an appeal for help) as loudly as possible on seeing the enemy in order to let the people hear it

3041 . Salama narrated: «I went out of Madina towards the forest. When I reached the mountain path of the forest a slave of Abdur-Rahman bin Auf met me. I said to him: «Woe to you! What brought you here?» He replied: «The she-camels of the Prophet (the blessing and peace of Allāh be upon him) have been taken away.» I said: «Who took them?» He said: «Ghatafān and Fazāra.?» So, I sent three cries: «O Sabāhāh! O Sabāhāh!» so loudly that I made the people in between its (i.e. Madina's) two mountains hear me. Then I rushed till I met them after they had taken the camels away I started throwing arrows at them saying, «I am the son of Al-Akwa; and today perish the mean people!» So, I saved the she-camels from them before they (i.e. the robbers) could drink water. When I returned driving the camels, the Prophet met me. I said: «O Allāh's Apostle! Those people are thirsty and I have prevented them from drinking water, so send some people to chase them.» The Prophet (the blessing and peace of Allāh be upon him)said: «O son of Al-Akwa, you have gained power (over your enemy), so forgive (them). (Besides) those people are now being entertained by their folk.».

The parts of this hadith are in: 4194.

167 - CHAPTER: Saying, «Take it! I am the son of so-and-so»

And Salama said: «Take it! I am the son of Al-Akwa».

3042. Abū Ishāq narrated: «A man asked Al-Barā (may Allāh be pleased with him): «O Abū 'Umāra! Did you flee on the day (of the battle) of Hunain?» Al-Barā replied while I was listening, As for Allāh's Apostle (the blessing and peace of Allāh be upon him) he did not flee on that day. Abū Sufyān bin Al-Hārith wa holding the reins of his mule and when the pagans attacked him, he dismounted and started saying: I am the Prophet, and there is no lie about it; I am the son of 'Abdul Muttālib.» On that day nobody was seen braver than the Prophet.

١٦٨ ـ **باب** إذا نزَلَ العدوُّ على حُكمِ رجُل

٣٠٤٣ ـ **حدثنا** سليمانُ بنُ حَرب حدَّثنا شُعبةُ عن سعدِ بنِ إبراهيمَ عن أبي أُمامةَ هوَ ابنُ سهلِ بنِ حُنَيفٍ عن أبي سعيدٍ الخُدريِّ رضيَ اللهُ عنه قال: **لما نَزَلَتْ بنو قُرَيظةَ على حُكمِ سعدٍ بعثَ رسولُ اللهِ ﷺ ـ وكان قريباً منه ـ فجاءَ على حمارٍ، فلما دَنا قال رسولُ اللهِ ﷺ: «قوموا إلى سيِّدِكم»، فجاءَ فجلسَ إلى رسولِ اللهِ ﷺ، فقال له: «إنَّ هؤلاءِ نزَلوا على حُكمِكَ». قال: فإني أحكُمُ أن تُقتَلَ المقاتِلةُ، وأن تُسبىٰ الذُّرِّيةُ. قال: «لقد حكمتَ فيهم بحُكمِ المَلِكِ».**

[الحديث ٣٠٤٣ ـ أطرافه في: ٣٨٠٤، ٤١٢١، ٦٢٦٢].

١٦٩ ـ **باب** قتلِ الأسيرِ، وقتلِ الصَّبر

٣٠٤٤ ـ **حدثنا** إسماعيلُ قال: حدَّثني مالكٌ عنِ ابنِ شِهابٍ عن أنسِ بنِ مالكٍ رضيَ اللهُ عنه: **أنَّ رسولَ اللهِ ﷺ دخلَ عامَ الفتحِ وعلى رأسه المِغْفَر، فلما نزَعه جاءَ رجُلٌ فقال: إنَّ ابنَ خَطَلٍ مُتعلِّقٌ بأستارِ الكعبة، فقال: «اقتُلوه».**

١٧٠ ـ **باب** هل يستأسِرُ الرجُلُ؟ ومَن لم يَسْتأسِرْ، ومن ركَعَ ركعتَينِ عندَ القتل

٣٠٤٥ ـ **حدثنا** أبو اليَمانِ أخبرَنا شُعيبٌ عن الزُّهريِّ قال: أخبرَني عمرُو بنُ أبي سفيانَ بنِ أَسيدِ بنِ جاريةَ الثَّقفيُّ ـ وهوَ حَليفٌ لبني زُهرةَ، وكانَ من أصحابِ أبي هريرةَ ـ أنَّ أبا هريرةَ رضيَ اللهُ عنه قال: **«بعثَ رسولُ اللهِ ﷺ عَشرةَ رَهطٍ سَريةً عَيناً، وأمَّرَ عليهم**

٣٠٤٣ ـ قوله: (الملك) بكسر اللام أي بحكم الله ونقل عن القاضي عياض أن بعضهم ضبطه في البخاري بكسر اللام وفتحها قال الشارح فإن صح الفتح فالمراد به جبريل.

باب ١٦٩ ـ قوله: (باب قتل الأسير وقتل الصبر) وللكشميهني باب قتل الأسير صبراً وهي أخصر والصبر لغة: الحبس وإذا شُدت يدا رجل وضربت عنقه يقال: أُقتل صبراً أهـ من الشارح باختصار.

٣٠٤٥ ـ عيناً: أي جاسوساً.

168 - CHAPTER: If the enemy is ready to accept the judgement of a Muslim (his judjement will be valid if the Imām agrees to it)

3043 . Abū Sa'īd Al-Khudrī (may Allāh be pleased with him) narrated: «When the tribe of Banī Quraiza was ready to accept Sa'd's judgement, Allāh's Apostle (the blessing and peace of Allāh be upon him) sent for Sa'd who was near him. Sa'd came, riding a donkey and when he came near, Allāh's Apostle (to the Ansar): «Stand up for your leader.» Then Sa'd came and sat beside Allāh's Apostle who said to him: «These people are ready to accept your judgement.» S'ad said: «I give the judjement that their warriors should be killed and their children and women should be taken as prisoners». The Prophet then remarked: «O Sa'd! You have judged amongst them with (or similar to) the judgement of Allāh».

The parts of this hadīth are in: 6262, 4121, 3804.

169 - CHAPTER: The killing of a captive, and the killing of somebody who is in confinement

3044 . Anas bin Malīk (may Allāh be pleased with him) narrated: «Allāh's Apostle (the blessing and peace of Allāh be upon him) entered (Mecca) in the year of the Conquest (of Mecca) wearing a helmet over his head. After he took it off a man came and said: «Ibn Khatal is clinging to the curtains of the Ka'ba.The Prophet said: «Kill him».

170 - CHAPTER: Can a man present himself to captivity, and what if a person refuses to surrender to captivity? And the performance of a two bows prayer before being put to death

3045 . Abū Huraira (may Allāh be pleased with him)narrated: « Allāh's Apostle (the blessing and peace of Allāh be upon him) sent a detachment of ten men as spies under the leadership of 'Āsem bin Thābit al-Ansārī, the grand

عاصمَ بنَ ثابتِ الأَنصاريَّ ـ جَدَّ عاصمِ بنِ عمرَ بنِ الخطابِ ـ فانطَلَقوا، حتّى إذا كانوا بالهَدْأَةِ(١) ـ وهوَ بينَ عُسْفانَ ومكةَ ـ ذُكِروا لِحيٍّ من هُذَيل يقال لهم بنو لِحْيانَ، فنَفَروا لهم قريباً من مائتي رجل كلُّهم رامٍ، فاقتصُّوا آثارَهُم حتّى وجَدوا مَأْكلَهم تمراً تَزَوَّدوهُ من المدينة، فقالوا: هٰذا تمرُ يثرِبَ، فاقتصُّوا آثارَهم، فلما رآهم عاصمٌ وأَصحابُه لجؤوا إلى فَدْفَدٍ، وأَحاطَ بهمُ القومُ، فقالوا لهم: انزلوا وأَعطُونا بأَيديكم، ولكُم العَهدُ والميثاقُ ولا نقتلُ(٢) منكم أحداً. قال عاصمُ بن ثابتٍ أميرُ السَّريةِ: أمّا أنا فواللهِ لا أنزِلُ اليومَ في ذمةِ كافر، اللّهمَّ أخبرْ عنّا نبيَّك، فرمَوهم بالنَّبْل، فقتلوا عاصماً في سبعةٍ. فنزَلَ إليهم ثلاثةُ رهطٍ بالعهدِ والميثاق، منهم خُبيبٌ الأَنصاريُّ وابنُ دَثِنَةَ ورجلٌ آخر، فلما استمكنوا منهم أَطلَقوا أوتارَ قِسِيِّهم فأوثقوهم، فقال الرجلُ الثالثُ: هٰذا أَوَّلُ الغدرِ، والله لا أَصحبُكم، إنَّ لي في هٰؤلاء لأسوةً ـ يُريدُ القَتلىٰ ـ فجرروهُ وعالجوهُ علىٰ أن يَصحَبَهم فأَبىٰ، فقتلوهُ، فانطلقوا بخُبَيبٍ وابن دَثِنَةَ حتّى باعوهما بمكةَ بعدَ وقيعةِ بدرٍ، فابتاعَ خُبَيباً بنو الحارثِ بنِ عامرِ بنِ نوفل بنِ عبدِ مَنافٍ، وكانَ خُبيبٌ هو قَتلَ الحارثَ بنَ عامرٍ يومَ بَدرٍ، فلَبثَ خُبيبٌ عندهم أسيراً فأَخبرَني عُبيدُ الله بنُ عِياضٍ أنَّ بنتَ الحارثِ أَخبرَتهُ أنهم حينَ اجتمعوا استعارَ منها موسىٰ(١) يَستحِدُّ بها فأعارَتْهُ، فأَخذَ ابناً لي وأنا غافلةٌ حين أتاهُ، قالت: فوجَدْتُه مُجلِسَهُ على فخذِهِ والموسىٰ بيدِهِ، ففَزِعتُ فزْعةً عرفَها خُبَيبٌ في وَجهي، فقال: تَخشَينَ أنْ أَقتُلَهُ؟ ما كنتُ لأفعلَ ذٰلك. واللهِ ما رأَيتُ أسيراً قطُّ خيراً من خُبَيب، واللهِ لقد وَجدْتُهُ يوماً يأكلُ من قِطْفِ عِنبٍ في يدِهِ وإنه لموثَقٌ في الحديدِ وما بمكةَ مِن ثمرٍ. وكانت تقولُ إنه لرِزْقٌ منَ اللهِ رَزَقهُ خُبَيباً. فلما خَرَجوا منَ الحَرَمِ ليَقتُلوهُ في الحِلِّ قال لهم خُبَيبٌ: ذَروني أَركَعْ رَكعَتَين.

(١) ـ قوله: (بالهدْأة) بهذا الضبط وضبط أيضاً بفتح الدال وقد تحذف الهمزة وبنو لحيان بكسر اللام وحكي فتحها.

(٢) ـ قوله: (ولا نقتل) ضبط في نسخة صحيحة بالنصب وفي بعض النسخ بالرفع.

(١) ـ قوله: (موسى) بعدم الصرف وبه على خلاف بين الصرفيين هل هو فعلى أو مفعل.

father of Āsem bin 'Umar bin Al-Khattab. They proceeded till they reached .Hada, a place between 'Usfān. and Mecca, and their news reached a branch of the tribe of Huthail called Banī Lihyān. About two-hundred men, who were all archers, hurried to follow their tracks till they found the place where they had eaten dates they had brought with them from Madina. They said: «These are the dates of Yathrib (i.e. Madina). «and continued following their tracks. When 'Āsem and his Companions saw their pursuers, they went up a high place and the infidels circled them. The infidels said to them, «Come down and surrender. and we promise and guarantee you that we will not kill any one of you.» 'Āsem bin Thābit; the leader of the detachment said: «By Allāh! I will not come down to be under the protection of infidels. O Allāh! Convey our news to Your Prophet (the blessing and peace of Allāh be upon him).» Then the infidels threw arrows at them till they martyred 'Āsem along with six other men, and three men came down accepting their promise and convention, and they were Khubaib-Al-Ansari and Ibn Dathina and another man. So, when the infidels captured them, they undid the strings of their bows and tied them. Then the third (of the captives) said: «This is the first betrayal. By Allāh! I will not go with you. No doubt these, namely the martyred, have set a good example to us». So, they dragged him and tried to compel him to accompany them, but as he refused, they killed him. They took Khubaib and Ibn Dathina with them and sold them (as slaves) in Mecca (and all that took place) after the battle of Badr.

Khubaib was bought by the sons of Al-Hārith bin 'Āmer bin Naufal bin 'Abd-Manāf. It was Khubaib who had killed Al-Hārith bin 'Āmer on the day (of the battle of) Badr. So, Khubaib remained a prisoner with those people.

Az-Zuhri narrated: «'Ubaidullāh bin 'Iyyād said that the daughter of Al-Hārith had told him: «When those people gathered (to kill Khubaib) he borrowed a razor from me to shave his pubs and I gave it to him. Then he took a son of mine while I was unaware when he came upon him. I saw him placing my son on his thigh and the razor was in his hand. I got scared so much that Khubaib noticed the agitation on my face and said: «Are you afraid that I will kill him? No, I will never do so.» By Allāh, I never saw a prisoner better than Khubaib. By Allāh, one day I saw him eating of a bunch of grapes in his hand while he was chained in irons, and there was no fruit at that time in Mecca.» The daughter of Al-Hārith used to say: «It was a boon Allāh bestowed upon Khubaib» When they took him out of the Sanctuary (of Mecca) to kill him outside its boundaries, Khubaib requested them to let him offer two bows (prayer). They allowed him and he offered two bows and then said: «Hadn't I been afraid that you would think that I was afraid (of being killed), I would have prolonged the prayer O

ثمَّ قال: لولا أن تظُنُّوا أن ما بي جَزَعٌ لطَوَّلتُها[٢]، اللّهمَّ أحصِهِمْ[٣] عَدداً.

ولستُ ما أُبالي حينَ أُقتَلُ مُسلِماً على أيِّ شِقٍّ كانَ للهِ مَصْرَعي
وذلكَ في ذاتِ الإلهِ، وإن يَشأْ يُبارِكْ على أوصالِ شِلْوٍ مُمزَّعِ[٤]

فقَتَلَهُ ابنُ الحارث، فكانَ خُبيبٌ هوَ سَنَّ الرَّكعَتَين لكلِّ امرىءٍ مُسلمٍ قُتِلَ صَبراً. فاستجابَ اللهُ لعاصم بنِ ثابتٍ يومَ أُصيبَ، فأخبرَ النبيُّ ﷺ أصحابَهُ خبرَهم وما أُصِيبوا، وبعَثَ ناسٌ من كفارِ قُرَيشٍ إلى عاصمٍ حينَ حُدِّثوا أنه قُتِلَ لِيُؤْتَوا بشيءٍ منه يُعرَف، وكان قد قَتَلَ رجُلاً من عُظمائهم يومَ بَدْرٍ، فبُعِثَ على عاصمٍ مِثْلُ الظُّلةِ منَ الدَّبْرِ[٥]، فحمَتْهُ مِن رسولهم، فلم يقدروا على أن يقْطَعوا مِن لحمِهِ شيئاً».

[الحديث ٣٠٤٥ ـ أطرافه في: ٣٩٨٩، ٤٠٨٦، ٧٤٠٢].

١٧١ ـ باب فَكاكِ الأَسيرِ. فيهِ عن أبي موسىٰ عنِ النبيِّ ﷺ

٣٠٤٦ ـ **حدثنا** قُتيبةُ بنُ سعيدٍ حدَّثنا جَريرٌ عن منصورٍ عن أبي وائلٍ عن أبي موسىٰ رضيَ اللهُ عنهُ قال: قال رسولُ اللهِ ﷺ: **«فُكُّوا العانيَ ـ يعني الأسيرَ ـ وأَطعِموا الجائعَ، وعُودوا المريضَ»**.

[الحديث ٣٠٤٦ ـ أطرافه في: ٥١٧٤، ٥٣٧٣، ٥٦٤٩، ٧١٧٣].

٣٠٤٧ ـ **حدثنا** أحمدُ بنُ يونُسَ حدَّثنا زُهيرٌ حدَّثنا مُطرِّفٌ أنَّ عامراً حدَّثهم عن أبي جُحَيفةَ رضيَ اللهُ عنه قال: **«قلتُ لِعليٍّ رضيَ اللهُ عنه: هل عندَكم شيءٌ منَ الوَحيِ إلا ما**

(٢) ـ قوله: (لطولتها) يعني الصلاة وفي نسخة لطولتهما يعني الركعتين.
(٣) ـ قوله: (أحصهم عدداً) أي عمهم بالهلاك وزاد موسى بن عقبة ولا تبق منهم أحداً (واقتلهم بدداً): بفتح الموحدة يعني متفرقين فلم يحل الحول ومنهم أحد حي (شارح).
(٤) ـ (شلو ممزع) جسد مقطع.
(٥) ـ الدبر ذكور النحل أو الزنابير وقوله: (فلم يقدروا على أن يقطع) وروي أن يقطعوا كما في الشارح.

Allah, Kill them!kill them all with no exception» (He then recited the poetic verse):

I being martyred as a Muslim,
Do not mind how I am killed in Allāh's Cause,
For my killing is for Allāh's Sake
And if Allāh wishes
He will bless the ampurtated parts of a torn body.

Then the son of Al-Hārith killed him. So, it was Khubaib who set the tradition for any Muslim sentenced to death in captivity to offer a two-bows prayer (before being killed) Allāh fulfilled the invocation of 'Āseb bin Thābit on that very day on which he was martyred. The Prophet (the blessing and peace of Allāh be upon him) informed his Companions of their news and what had happened to them. Later on when som infidels from Quraish were informed that 'Āsem had been killed, they sent some people to fetch a part of his body(i.e. his head by which he would be recognise. (That was because) 'Āsem head killed one of their chiefs on the day (of the battle) of Badr. So, a swarm of wasps resembling a shady cloud, were sent to hover 'Āsem and protect him fromtheir messenger and thus they could not cut off anything fromhis flesh.

171 - CHAPTER: The freeing of a captive. On the authority of Abu Musa reported by the Holy Prophet.

3046 . Abū Mūsa (may Allāh be pleased with him) narrated: «The Prophet (the blessing and peace of Allāh be upon him) said: «Free the captives feed the hungry and pray a visit to the sick».

The parts of this hadīth are in: 7173, 5649, 5373, 5174.

3047 . Abū Juhaira (may Allāh be pleased with him) narrated: «I asked 'Ālī (may Allāh be pleased with him): «Do you have the knowledge of any revelation

في كتابِ الله؟ قال: لا والذي فلَقَ الحبَّةَ وبَرَأَ النسَمةَ، ما أَعلمهُ إلا فهماً يُعطِيهِ الله رجلاً في القرآن، وما في هٰذهِ الصَّحيفةِ. قلت: وما في الصحيفةِ قال: العَقلُ، وفَكاكُ الأَسيرِ، وأن لا يُقتَلَ مسلمٌ بكافر».

١٧٢ ـ باب فِداء المشركينَ

٣٠٤٨ ـ **حدثنا** إسماعيلُ بنُ أبي أُويسٍ حدَّثنا إسماعيلُ بن إبراهيمَ بنِ عُقبةَ عن موسى بنِ عقبةَ عن ابنِ شهابٍ قال: حدَّثني أَنسُ بنُ مالكٍ رضيَ الله عنه أَنَّ رجالاً من الأنصارِ استأذَنوا رسولَ الله ﷺ فقالوا: يا رسولَ الله ائذَنْ فلْنَترُكْ لابنِ أُختِنا عبّاسٍ فداءَه. فقال: «لا تدَعونَ منها دِرهَماً».

٣٠٤٩ ـ **وقال** إبراهيمُ عن عبدِ العزيزِ بنِ صُهَيب عن أنس قال: أُتِيَ النبيُّ ﷺ بمالٍ منَ البَحرَين، فجاءهُ العبّاسُ فقال: يا رسولَ الله أعطني، فإني فادَيتُ نفسي، وفادَيتُ عَقيلاً، فقال: «خُذ، فأعطاهُ في ثوبهِ».

٣٠٥٠ ـ **حدثنا** محمودٌ حدَّثنا عبدُ الرزّاقِ أخبرَنا مَعْمَرٌ عن الزُّهريِّ عن محمدِ بن جُبَيرٍ عن أبيهِ ـ وكان جاءَ في أُسارَى بَدرٍ ـ قال: «سمعتُ النبيَّ ﷺ يقرَأُ في المغرِبِ بالطُّور».

١٧٣ ـ باب الحربيِّ إذا دخلَ دارَ الإسلامِ بغيرِ أمانٍ

٣٠٥١ ـ **حدثنا** أبو نُعَيمٍ حدَّثنا أبو العُمَيسِ عن إياسِ بنِ سلمةَ بن الأَكْوَعِ عن أبيهِ قال: أَتَى النبيَّ ﷺ عَينٌ منَ المشركينَ ـ وهو في سفرٍ ـ فجلَسَ عندَ أَصحابهِ يَتحدثُ، ثم انفتَلَ، فقال النبيُّ ﷺ: «اطلُبوهُ، واقتُلوه، فقتلتُهُ، فنفلهُ سَلَبَه».

besides what is in Allāh's Book?» 'Ālī replied: «No, by Hima Who splits the grain of corn and creates the soul! I don't think we have such knowledge, but we have the ability of understanding which Allāh may endow a person with, so that he may understand the Qur'ān, and we have what is written in this paper as well» I asked: «What is written in this paper?» He replied: «The regulations of blood-money the freeing of captives. and the judgement that no Muslim should be killed for killing an infidel».

172 -CHAPTER: The ransom of infidels.

3048. Anas bin Malīk (may Allāh be pleased with him) narrated: «Some Ansārī men asked permission from Allāh's Apostle (the blessing and peace of Allāh be upon him) saying: «O Allāh's Apostle! Allow us not to take the ransom of our nephew 'Al-Abbās. The Prophet replied: «Do not leave a single Dirham thereof»

3049. (In another narration) Anas said: «Some wealth was brought to the Prophet (the blessing and peace of Allāh be upon him)from Bahrain. Al-'Abbās came to him and said: «O Allāh's Apostle! Give me (some of it), as I have paid 'Aqil's and myself as ransoms. The Prophet said: «Take, and gave in his garment.».

3050 . Jubair narrated: (who was among the captives of the Battle of Badr: I heard the Prophet (the blessing and peace of Allāh be upon him) reciting Sūrat-at-Tūr in the Sunset prayer.

173 - CHAPTER: If an infidel warrior comes in a Islamic territory without having the assurance of protection (is it permissible to kill him?).

3051 . Salama bin Al-Akwa narrated: «An infidel spy came to the Prophet (the blessing and peace of Allāh be upon him), while he was on a journey. The spy sat with the Companions of the Prophet and started talking and then went away. The Prophet said: (to his Companions): Chase and kill him. So, I killed him». The Prophet then gave him the belongings of the killed spy (in addition to his share of the war booty).

١٧٤ - باب يُقاتَلُ عن أهلِ الذمةِ ولا يُسترَقُّون

٣٠٥٢ - حدثنا موسى بنُ إسماعيلَ حدَّثنا أبو عَوانةَ عن حُصينٍ عن عمرِو بن مَيمونٍ عن عُمَرَ رضيَ الله عنه قال: «وأُوصِيهِ بذِمةِ الله وذِمةِ رسولِهِ ﷺ أن يُوَفَّى لهم بعهدِهم، وأن يُقاتَلَ مِن ورائِهم، ولا يُكلَّفوا إلا طاقتَهم».

١٧٥ - باب جوائز الوَفد

١٧٦ - باب هل يُسْتَشْفَعُ إلى أهلِ الذِّمة؟ ومعامَلتُهم

٣٠٥٣ - حدثنا قَبيصةُ حدَّثنا ابنُ عيينةَ عن سليمانَ الأَحْوَلِ عن سعيدِ بنِ جُبَيرٍ عنِ ابنِ عبَّاسٍ رضيَ الله عنهما أنه قال: يومَ الخميسِ وما يومُ الخميس. ثم بكىٰ حتى خَضَبَ دمعُهُ الحَصْباءَ، فقال: اشتدَّ برسولِ الله ﷺ وَجعُهُ يومَ الخميس فقال: «ائتوني بكتابٍ أكتُب لكم كتاباً لن تَضِلُّوا بعدَهُ أبداً». فتنازَعوا، ولا يَنبغي عندَ نبيٍّ تنازُع. فقالوا: هَجرَ رسولُ الله ﷺ. قال: «دَعوني، فالذي أنا فيهِ خيرٌ مما تَدْعوني إليه». وأوصىٰ عندَ موتهِ بثلاث: «أخرِجوا المشرِكينَ من جزيرةِ العرب، وأجِيزوا الوَفدَ بنحوِ ما كنتُ أُجيزُهم، ونسيتُ الثالثةَ». وقال يعقوبُ بنُ محمدٍ: سألتُ المغيرةَ بنَ عبدِ الرَّحمنِ عن جزيرةِ العربِ فقال: مكةُ والمدينةُ واليمامةُ واليمن. وقال يعقوبُ: والعَرْجُ أولُ تِهامة.

٣٠٥٢ - قوله: (من ورائهم) أي من بين أيديهم (شارح).

باب ١٧٥ - قوله: (باب جوائز الوفد) كذا بغير حديث وذكر الشارح وقوع تأخير هذا الباب عن الباب الذي بعده قال وهو أوجه لأن ما ساقه من الحديث مطابق لترجمة جوائز الوفد لأنه قال فيه وأجيزوا الوفد أهـ.

باب ١٧٦ - قوله: (ومعاملتهم) بالجرّ عطفاً على الجملة المضاف إليها لفظ الباب (شارح).

174 - CHAPTER: One should fight for the protection of the Thimmis (i.e. free non-Muslim subject living in a Muslim country) and they should not be enslaved.

3052 . 'Amr bin Maimūn narrated: «Umar (may Allāh be pleased with him) (after he was stabbed), instructed (his would-be-succossor) saying: «I urge him (i.e. the new Caliph) to take care of those non-Muslims who are under the protection of Allāh and His Apostle (the blessing and peace of Allāh be upon him)in that he should observe the convention agreed upon with them, and fight on their behalf (to secure their safety) and he should not over-tax them beyound their capability».

175 - CHAPTER: The presents given to the foreign delegates.

176 - CHAPTER: Can one intercede for the Thimmis or deals with them?

Sa'id bin Jubair narrated: «Ibn 'Abbas said: «Thursday What (great thing) took place on Thursday!» Then he started weeping till his tears wetted the gravels of the ground. Then he said: «On Thursday the illness of Allah's Apostle (the blessing and peace of Allah be upon him) was aggravated and he said: «Fetch me writing materials so that I may have something written to you after which you will never go astray. The people (present there) differed in this matter and people should not differ before a prophet. They said: «Allah's Apostle (the blessing and peace of Allah be upon him) is seriously sick. The Prophet said: «Let me alone, as the state in which I am now is better than what you are calling me for.» The Prophet on his death-bed, gave three orders saying: «Expel the pagans from the Arabian Penninsula, respect and give gifts to the foreign delegates as you have seen me dealing with them. I forgot the third (order).» (Ya'qub bin Abdur-Rahman about the Arabian peninsula and he said: «It comprises Mecca, Madina. Al-Yamama and Yemen.» Ya'qub added: «And Al-Arj, the beginning of Tihama).

١٧٧ ـ باب التَّجمُّل للوُفود

٣٠٥٤ ـ حدثنا يحيى بنُ بُكيرٍ حدَّثنا اللَّيثُ عن عُقيلٍ عن ابنِ شِهابٍ عن سالمِ بنِ عبدِ الله أنَّ ابنَ عمرَ رضيَ الله عنهما قال: وَجدَ عمرُ حُلةَ إِسْتَبْرَقٍ تُباعُ في السوقِ، فأتى بها رسولَ الله ﷺ فقال: يا رسولَ الله ابتعْ هٰذِهِ الحلةَ فتجمَّلْ بها للعيدِ والْوفدِ. فقال رسولُ الله ﷺ: «إنما هٰذِهِ لباسُ مَن لا خلاقَ له ـ أو إنما يلبَسُ هٰذِهِ من لا خَلاقَ له» ـ فلَبِثَ ما شاءَ الله. ثم أرسلَ إليهِ النبيُّ ﷺ بجُبَّةِ دِيباجٍ، فأقبَلَ بها عمرُ حتّى أتى بها رسولَ الله ﷺ فقال: يا رسولَ الله، قلتَ إنما هذه لباسُ مَن لا خَلاقَ له، أو إنما يَلبَسُ هٰذه مَن لا خَلاقَ له، ثمَّ أرسلتَ إلي بهذه. فقال: «تَبِيعُها، أو تُصيبُ بها بعضَ حاجتِك».

١٧٨ ـ باب كيفَ يُعرضُ الإسلام على الصَّبيّ؟

٣٠٥٥ ـ حدثنا عبدُ الله بنُ محمدٍ حدَّثنا هِشامٌ أخبرَنا مَعْمَرٌ عن الزُّهريِّ أخبرَني سالمُ بنُ عبدِ الله عنِ ابنِ عمَرَ رضيَ الله عنهما أنه أخبرَه أنَّ عمرَ انطلقَ في رَهطٍ من أصحابِ النبيِّ ﷺ مع النبيِّ ﷺ قِبَلَ ابنِ صَيَّادٍ حتى وَجدُوه يَلعبُ مع الغِلمانِ عندَ أُطُمِ بَني مَغالةَ وقد قاربَ يومئذٍ ابنُ صيادٍ يَحتلِمُ، فلم يَشعُرْ بشيءٍ حتى ضَربَ النبيُّ ﷺ ظهرَهُ بيدِه، ثمَّ قالَ النبيُّ ﷺ: «أتَشهدُ أني رسولُ الله ﷺ؟». فنظرَ إليه ابنُ صيادٍ فقال: أشهدُ أنكَ رسولُ الأُميينَ. فقال ابنُ صيادٍ للنبيِّ ﷺ: أتَشهدُ أني رسولُ الله؟ قال لهُ النبيُّ ﷺ: «آمنتُ باللهِ ورُسُلِه». قال النبيُّ ﷺ: «ماذا ترى؟» قال ابنُ صيادٍ: يأتيني صادقٌ وكاذبٌ. قال النبيُّ ﷺ: «خُلِطَ عليكَ الأمرُ». قال النبيُّ ﷺ: «إني قد خَبَأْتُ لكَ خَبِيئاً». قال ابنُ صيادٍ: هو الدُّخُّ[1]. قال النبيُّ ﷺ: «اخسأْ، فلن تَعدُوَ قَدْرَك». قال عمرُ: يا رسولَ الله ائْذَنْ لي فيه

٣٠٥٥ ـ قوله: (خلطَ) كذا بالتخفيف وفي رواية بالتشديد.

(١) ـ قوله: (هو الدخ) وهو بعض ما خبأ له أي أضمره في نفسه الشريف من قوله عزَّ من قائل: ﴿يوم تأتي السماء بدخان مبين﴾.

177 - CHAPTER: Sprucing oneself up before receiving a delegation.

3054. Ibn 'Umar (may Allāh be pleased with him) narrated: «'Umar saw a silken cloak being sold in the market and he brought it toAllāh's Apostle (the blessing and peace of Allāh be upon him) and said:«OAllah's Apostle!Buy this cloak and adorn yourself with it on the Id festivals and on meeting the delegations.» Allāh's Apostle (the blessing and peace of Allāh be upon him) replied: «This is the dress for whom who will have no share in the Hereafter or, this is worn by one who will have no share in the Hereafter)». After sometime had passed, Allāh's Apostle (the blessing and peace of Allāh be upon him) sent a silken cloak to 'Umar. 'Umar took it and brought it to Allāh's Apostle and said: «O Allāh's Apostle! You have said that this is the dress of that who will have no share in the Hereafter (or, this is worn by one who will have no share in the Hereafter), yet you have sent me this!» The Prophet said: «(I have sent it) so that you may sell it or fulfill with it some of your needs.».

178 - CHAPTER: How to present Islam to a (non-Muslim) boy.

3055 Ibn 'Umar(may Allāh be pleased with him) narrated: « 'Umar and a group of the Companions of the Prophet (the blessing and peace of Allāh be upon him) set out with the Prophet to Ibn Saiyad. He found him playing with some boys near the hillocks of Banī Maghala. Ibn Saiyād at that time was about the age of puberty. He did not notice (the Prophet's presence) till the Prophet stroked him on the back with his hand and said: «Ibn Saiyād! Do you testify that I am Allāh's Apostle ?» Ibn Saiyād looked at him and said: «I testify that you are the Apostle of the illiterates. Then Ibn Saiyād asked the Prophet «Do you testify that I am the Apostle of Allāh?» The Prophet said to him: «I believe in Allāh and His Apostles.» Then the Prophet said (to Ibn Saiyād), «What do you see?» Ibn Saiyād replied: «True people and false ones visit me.» The Prophet said: «Your mind is confused as to this matter.» The Prophet (the blessing and peace of Allāh be upon him) added: «I have kept something (in my mind) for you.» Ibn Saiyād said: «It is Ad-Dukh.» The Prophet (the blessing and peace of Allāh be upon him) said (to him): «Shame be on you! You cannot cross your limits.» On that 'Umar said: «O Allāh's Apostle! Allow me to chop his head off». The Prophet said: «If he should be him (i.e. antichrist) then you connot overpower

أضرِبْ عُنقَه. قال النبيُّ ﷺ: «إن يَكُنْهُ فلن تُسَلَّطَ عليه، وإن لم يكنْ هوَ فلا خيرَ لكَ في قتلِهِ».

٣٠٥٦ ـ قال ابنُ عمرَ: انطلَقَ النبيُّ ﷺ وأُبيُّ بن كعبٍ يأتيانِ النخلَ الذي فيه ابنُ صيّادٍ، حتى إذا دخلَ النخلَ طفِقَ النبيُّ ﷺ يَتَّقي بِجُذوعِ النخلِ وهوَ يختِلُ أن يَسمعَ مِن ابنِ صيادٍ شيئاً قبل أن يراهُ، وابنُ صيادٍ مُضطجعٌ على فراشهِ في قطيفةٍ لهُ فيها رمزةٌ، فرأت أُمُّ ابنِ صيّاد النبيَّ ﷺ وهوَ يتَّقي بجُذوعِ النخلِ، فقالت لابن صياد: أيْ صافِ ـ وهو اسمُه ـ فثارَ ابنُ صيادٍ، فقال النبيُّ ﷺ: «لو تَرَكَتْهُ بيَّنَ».

٣٠٥٧ ـ وقال سالمٌ: قال ابنُ عمرَ ثمّ قامَ النبيُّ ﷺ في الناسِ فأثنىٰ على الله بما هوَ أهله، ثمَّ ذكرَ الدجّالَ فقال: «إني أُنذِرُكموه، وما من نبيٍّ إلا قد أنذرَه قومَه لقد أنذرَهُ نوحٌ قومَه: ولكن سأقولُ لكم فيه قولاً لم يَقُلْهُ نبيٌّ لقومِهِ: تَعلمونَ أنهُ أعْور، وإن الله ليسَ بأعور».

[الحديث ٣٠٥٧ ـ أطرافه في: ٣٣٣٧، ٣٤٣٩، ٤٤٠٢، ٦١٧٥، ٧١٢٣، ٧١٢٧، ٨٤٠٧].

١٧٩ ـ باب قولِ النبيِّ ﷺ لليهود: أَسلِموا تَسْلَموا

قاله المَقبُريُّ عن أبي هريرة.

١٨٠ ـ باب إذا أسلمَ قومٌ في دارِ الحربِ ولهم مالٌ وأرضونَ فهي لهم

٣٠٥٨ ـ حدثنا محمودٌ أخبرَنا عبدُ الله أخبرَنا مَعْمرٌ عنِ الزُّهريِّ عن عليِّ بنِ حُسينٍ عن عمروِ بنِ عثمانَ بنِ عفّانَ عن أُسامةَ بنِ زيدٍ قال: «قلتُ يا رسولَ الله أينَ تنزلُ غداً ـ في حَجّتِهِ ـ قال: «وهل تركَ لنا عَقيلٌ مَنزلاً؟» ثمَّ قال: «نحنُ نازلونَ غداً بخيفِ بني

٣٠٥٦ ـ (رمزة): أي صوت خفي.

٣٠٥٨ ـ قوله: (في حجته) ظرف للقول يعني قلت هذا القول في حجة الوداع.

him, and should nothe be him then you are not going to benefit by murdering him.».

3056 . Ibn 'Umar narrated: «(Later on) Allāh's Apostle (the blessing and peace of Allāh be upon him) (once again) went along with Ubai bin Ka'b to the garden of date-palms where Ibn Saiyād was staying. When the Prophet entered the garden, he started hiding himself behind the trunks of the date-palms as he wanted to hear something from Ibn Saiyād before the latter could see him. Ibn Saiyād was lying in his bed, covered with a velvet sheet from where his murmus were heard. Ibn Saiyād's mother saw the Prophet while he was hiding himself behind the trunks of the date-palms. She addressed Ibn Saiyad:O Sāf! (And this was his name). Ibn Saiyād got up. The Prophet said: «Had this woman let him to himself, he would have revealed the reality of his case». Then the Prophet (the blessing and peace of Allāh be upon him) got up amongst the people, glorifying Allāh as He deserves, he mentioned the antishrist, saying: «I warn you about him (i.e. the antichrist) and there is no prophet who did not warn his nation about him, and Noah warned his nation about him, but I tell you a a statement which no prophet informed his nation of. You should understand that he is a one-eyed man and Allāh is not one-eyed».

The parts of this hadīth are in: 6175, 4402, 3439, 3337,8407 7127, 7123.

179 - CHAPTER: The saying of the Prophet (the blessing and peace of Allāh be upon him) to the Jews: «Embrace Islam and you will be safe». This is narrated by Abū Huraira.

180 - CHAPTER: If some people in a hostile non-Muslim country embrace Islam and they have possessions and land, then what they have, will remain for them.

3058 Usāma bin Zaid narrated: «I asked the Prophet (the blessing and peace of Allāh be upon him) during his Hajj: «O Allāh's Apostle! Where will you stay tomorrow?» He said: «Has 'Aqīl left for us any house?» He then added: «Tomorrow we will stay at Khaif Banī Kināna, i.e. Al-Muhassab, where (the

كنانةَ المُحصَّبِ حيثُ قاسَمتْ قريشُ على الكفرِ». وذٰلكَ أَنَّ بني كِنانةَ حالَفتْ قُرَيشاً على بني هاشمٍ أن لا يُبايعوهم ولا يُؤْوُوهم» قال الزُّهريُّ: والخَيفُ الوادي.

٣٠٥٩ - حدثنا إسماعيلُ قال: حدَّثني مالكٌ عن زيدِ بنِ أسلمَ عن أبيهِ «أَنَّ عمرَ بنَ الخطابَ رضيَ الله عنه استعملَ مولى لهُ يُدْعى هُنَيّاً على الحمى فقال: يا هُنَيُّ اضْمُمْ جَناحَك عنِ المسلمينَ، واتَّقِ دَعوةَ المظلوم فإنَّ دعوةَ المظلومِ مُستجابة. وأَدخِلْ ربَّ الصُّرَيمةِ(١) وربَّ الغُنَيمةِ، وإيايَ ونَعَمَ ابنِ عَوفٍ ونَعَمَ ابنِ عَفّانَ، فإنهما إن تَهلِكْ ماشِيتُهما يَرجعا إلى نَخلٍ وزرع، وإنَّ ربَّ الصُّرَيمةِ وربَّ الغُنَيمةِ إن تَهلِكْ ماشِيتُهما يأتِني ببَنِيه فيقول: يا أميرَ المؤمنين، أفتارِكُهم أنا لا أبا لَكَ؟ فالماءُ والكَلأُ أَيسَرُ عليَّ من الذَّهبِ والوَرِق، وأَيمُ الله إنهم ليَرونَ أني قد ظلمتُهم؛ إنها لَبِلادُهم، فقاتَلوا عليها في الجاهليةِ وأسلَموا عليها في الإسلام. والذي نفسي بيدِه لولا المالُ الذي أحمِلُ عليهِ في سبيلِ الله ما حَمَيتُ عليهم من بلادِهم شِبراً».

١٨١ - باب كتابةِ الإمامِ الناسَ

٣٠٦٠ - حدثنا محمدُ بن يوسُفَ حدَّثَنا سفيانُ عن الأعمش عن أبي وائلٍ عن حُذَيفةَ رضيَ الله عنه قال: «قال النبيُّ ﷺ: «اكتبوا لي مَن تَلفَّظَ بالإسلام مِنَ الناس». فكتبنا له أَلفاً وخمسمائةِ رجل. فقلنا: نخافُ ونحنُ أَلفٌ وخمسُمائة؟ فلقد رأيْتُنا ابتُلِينا حتى إنَّ الرجلَ ليُصلِّي وحدَه وهو خائف».

٣٠٥٩ - قوله: (على الحمى) وهو موضع يعينه الإمام لنحو نعم الصدقة ممنوعاً عن الغير قال الشارح.

(١) - (الصريمة) هي القطيعة القليلة من الإبل.

٣٠٦٠ - قوله: (فقلنا نخاف) الخ أي هل نخاف وقوله وهو خائف أي مع كثرة المسلمين ولعله أشار إلى ما وقع في خلافة

people of) Quraish took an oath to protect Kufr in that Bani Kināna got allied with Quraish against Banī Hāshim on the terms that they would not deal with the members of the tribe or give them shelter». (Az-Zuhrī said: «Khalif means valley.»).

3059 . Aslam narrated: «'Umar bin Al-Khattāb (may Allāh be pleased with him) appointed a freed slave of his, called Hunai, manager of the Himā (i.e. a pasture devoted for grazing the animals of the Zakāt or other specified animals). He said to him: «O Hunai! Don't oppress the Muslims and ward off their curse (invocations against you) for the invocation of the oppressed is responded to (by Allāh); and allow the shepherd having a few camels and those having a few sheep (to graze their animals), and take care not to allow the livestock of 'Abdur-Rahmān bin Auf and the livestock of ('Uthmān) bin 'Affān, for it their farms and gardens, while those who own a few camels and those who own a few sheep, if their livestock should perish, would bring their dependents to me and appeal for help saying: «O Chief of the Believers! O Chief of the Believers!» Would I then neglect them? (No, of course). So, I find it easier to let them have water and grass rather than to give them gold and silver (from the Muslims' trasury). By Allāh, these people think that I have been unjust to them. This is their land, and during the pre-Islamic Period, they fought for it and they embraced Islam (willingly) while it was in their possession. By Him in Whose Hand my life is! Were not it for the animals (in my custody) which I give to be ridden for striving in Allāh's Cause, I would not have turned even a span of their land into a Himā».

181 - CHAPTER: To write down the names of (i.e. listing) the people by the Imām.

3060 . Huthaifa (may Allāh be pleased with him) narrated: «The Prophet (the blessing and peace of Allāh be upon him) said (to us): « List the names of those people who have announced that they are Muslims.» So, we listed one thousand and five hundred men. Then we wondered: «Should we be afraid (of infidels) although we are one thousand and five hundred in number?» No doubt we witnessed ourselves being afflicted with such bad trials that one would have to offer the prayer alone in fear.

حدثنا عَبدانُ عن أبي حمزَةَ عنِ الأعمش «فوَجَدْنَاهم خمسَمائة». قال أبو مُعاويةَ: «ما بَينَ ستمائةٍ إلى سبعِمائة».

٣٠٦١ ـ **حدثنا** أبو نُعَيمٍ حدَّثَنا سُفيانُ عن ابن جُرَيج عن عمرِو بنِ دِينارٍ عن أبي مَعْبَدٍ عنِ ابنِ عبّاسٍ رضيَ الله عنهما قال: **جاءَ رجل إلى النبيِّ ﷺ فقال: يا رسولَ الله إني كُتِبتُ في غزوةِ كذا وكذا، وامرأتي حاجَّة، قال: «ارجِعْ فحجَّ معَ امرأتِك»**.

١٨٢ ـ باب إنَّ الله يُؤيِّدُ الدِّينَ بالرَّجلِ الفاجر

٣٠٦٢ ـ **حدثنا** أبو اليمانِ أخبرَنا شُعيبٌ عنِ الزُّهريّ. ح.

وحدثني محمودُ بنُ غَيلانَ حدَّثَنا عبد الرزّاق أخبرَنا مَعمرٌ عنِ الزُّهريِّ عنِ ابنِ المسيَّب عن أبي هريرة رضيَ الله عنه قال: **شَهِدْنا معَ رسولِ الله ﷺ، فقال لرجل ممَّن يدَّعي الإسلامَ: «هٰذا من أهل النار». فلما حضرَ القتالُ قاتلَ الرجلُ قِتالاً شديداً فأصابَتْهُ جراحةٌ. فقيل: يا رسولَ الله، الذي قلتَ إنه من أهلِ النار فإنه قاتلَ اليومَ قتالاً شديداً وقد ماتَ، فقال النبيُّ ﷺ: «إلى النار». قال فكاد بعضُ الناسِ أن يرتابَ. فبينما هم على ذلك إذ قيلَ إنه لم يَمُتْ، ولكنْ به جِراحاً شديداً. فلما كان من اللَّيلِ لم يَصبرْ على الجِراح فقتَلَ نفسَه، فأُخبِرَ النبيُّ ﷺ بذٰلكَ فقال: «الله أكبرُ، أشهَدُ أني عبدُ الله ورسولُه». ثمَّ أمرَ بلالاً فنادى في الناس: «إنهُ لا يدخلُ الجنةَ إلاّ نفسٌ مُسلمة، وإنَّ الله ليُؤيِّدُ هٰذا الدينَ بالرجُلِ الفاجر»**. [الحديث ٣٠٦٢ ـ أطرافه في: ٤٢٠٣، ٤٢٠٤، ٦٦٠٦].

عثمان رضي الله عنه من ولاية بعض أمراء الكوفة كالوليد بن عقبة حيث كان يؤخر الصلاة أو لا يقيمها على وجهها فكان بعض الورعين يصلي وحده سراً ثم يصلي معه خشية الفتنة (شارح).

٣٠٦٢ ـ قوله: في الناس في فتح الباري وفي نسخة: بالناس.

Al-Amash narrated: «We (listed the Muslims and) found them five-hundred.» And Abū Mu'āwiya said: «Between six-hundred to seven-hundred.

3061 . Ibn 'Abbās(may Allāh be pleased with him) narrated: «A man came to the Prophet (the blessing and peace of Allāh be upon him) and said: «O Allāh's Apostle! I have enlisted in the army for such-and-such invasion, and my wife is leaving for Hajj.»Allāh's Apostle said: «Go back and perform Hajj with your wife.

182 - CHAPTER: Allāh may support the religion with an evil wicked person.

3062 . Az-Zuhrī narrated: as follows.

Abū Ḥuraira (may Allāh be pleased with him) narrated: «We were in the company of Allāh's Apostle (the blessing and peace of Allāh be upon him) in an invasion, and he remarked about a man who claimed to be a Muslim, saying: «This (man) is from the people of the (Hell) Fire.» When the battle started, the man fought violently till he got wounded. Somebody said: «O Allāh's Apostle! The man whom you described as being from the people of the (Hell) Fire fought violently today and died.» The Prophet said: «He will go to the (Hell) Fire». Some people were on the point of doubting (the truth of what The Prophet had said). While they were in this state, suddenly someone said that he was still alive but severely wouded. When the night fell, he lost patience and commited suicide. The Prophet was informed of that, and he said: «Allāh is the Greatest! I testify that I am Allāh's Slave and His Apostle». Then he ordered Bilāl to announce amongst the people: None will enter Paradise but a Muslim soul, and Allāh may support this religion (i.e. Islam) even with an evil wicked man».

The parts of this hadīth are in: 6606, 4204, 4203.

١٨٣ ـ باب مَن تأمَّرَ في الحربِ من غير إمرةٍ إذا خافَ العدوَّ

٣٠٦٣ ـ **حدثنا** يعقوبُ بنُ إبراهيمَ حدَّثَنا ابنُ عُلَيَّةَ عن أيُّوبَ عن حُميدِ بنِ هِلالٍ عن أنسِ بنِ مالكٍ رضيَ اللهُ عنه قال: خَطب رسولُ اللهِ ﷺ فقال: «**أَخَذَ الرايةَ زيدٌ فأُصيبَ، ثمَّ أخذَها جعفرٌ فأُصيبَ، ثمَّ أخذَها عبدُ اللهِ بنُ رَواحةَ فأُصيبَ، ثمَّ أخذَها خالدُ بنُ الوَليدِ عن غيرِ إمرةٍ فَفُتحَ عليه، وما يَسُرُّني ـ أو قال: ما يسرُّهم ـ أنهم عندنا. وقال: وإنَّ عينيه لتَذْرِفان**».

١٨٤ ـ باب العونِ بالمَدَد

٣٠٦٤ ـ **حدثنا** محمدُ بنُ بَشّارٍ حدَّثَنا ابنُ أبي عديٍّ وسهلُ بنُ يوسُفَ عن سعيدٍ عن قَتادةَ عن أنسٍ رضيَ اللهُ عنه: «أنَّ النبيَّ ﷺ أتاهُ رِعْلٌ وذَكوانُ وعُصَيَّةُ وبنو لحيانَ فزعَموا أنهم قد أسلموا، واستمدُّوه على قومِهم، فأمدَّهُم النبيُّ ﷺ بسبعينَ منَ الأنصارِ، قال أنسٌ: كنّا نُسَميهمُ القُرَّاءَ، يحطِبونَ بالنهارِ ويُصلُّون بالليل. فانطلَقوا بهم حتى بلَغوا بئرَ مَعونةَ غَدَروا بهم وقَتَلوهم. فقَنَتَ شهراً يدعو على رِعْلٍ وذَكوانَ وبني لحيان. قال قَتادةُ: وحدَّثَنا أنسٌ أنَّهم قرَؤُوا بهم قرآناً: ألا بَلِّغوا قومَنا، بأنّا قد لقينا ربَّنا، فرضيَ عنا وأرضانا. ثمَّ رُفعَ ذلكَ بعدُ».

باب ١٨٣ ـ قوله: (من غيرِ إمرة) أي من غير تأمير الإمام وتفويضه إليه الأمر.

٣٠٦٤ ـ قوله: (يحطبون) أي يجمعون الحطب يشترون به الطعام لأهل الصفة (شارح).

183 - CHAPTER: (It is permissible for) somebody to take over the leadership of the army during a battle without being appointed when there is danger from the enemy.

3063 . Anas bin Malīk (may Allāh be pleased with him)narrated: «Allāh's Apostle (the blessing and peace of Allāh be upon him) delivered a sermon and said: «Zaid received the flag and was mrtyred, then Ja'far took it and was martyred, and then Khālid bin Al-Walīd took it without being appointed, and Allāh gave him victory.» The Prophet added: «I am not pleased (or they will not be pleased) that they should remain (alive) with us» while his eyes were shedding tears.

184 - CHAPTER: Supporting with reinforcements.

3064 . Anas(may Allāh be pleased with him)narrated: «The people of the tribes of Ri'l Thakwān, Usiya and Banī Lihyān came to the Prophet (the blessing and peace of Allāh be upon him) and claimed that they had embraced Islam, and they requested him to support them with some men to fight their own people. The Prophet supported them with seventy men from the Ansār whom we used to call the reciters (i.e. scholars) who (out of piety) used to cut wool during the day and pray all the night. So, those people took the (seventy) men till they reached a place called Bi'r Ma'una where they betrayed and martyred them. So, the Prophet invoked evil on the tribe of Ri'l, Thakwān and Banī Lihyān for one month in the prayer.

Qatāda narrated: «Anas told us that they (i.e. the Muslims) used to recite a Qurānic Verse concerning those martyrs which was:
«O Allāh! Let our people be informed
on our behalf that we have met
our Lord Who has got pleased with us and made us pleased

Then the Verse was cancelled.

١٨٥ - باب من غَلَبَ العَدُوَّ، فأقامَ على عَرْصتِهم ثلاثاً

٣٠٦٥ - حدثنا محمدُ بنُ عبدِ الرَّحيمِ حدَّثنا رَوحُ بنُ عُبادةَ حدَّثنا سعيدٌ عن قتادةَ قال: «ذكرَ لنا أنسُ بنُ مالكٍ عن أبي طلحةَ رضيَ اللهُ عنهما عنِ النبيِّ ﷺ أنه كانَ إذا ظَهرَ على قومٍ أقامَ بالعَرْصةِ ثلاثَ ليالٍ». تابعَهُ مُعاذٌ وعبدُ الأعلىٰ: «حدَّثنا سعيدٌ عن قَتادةَ عن أنسٍ عن أبي طلحةَ عن النبيِّ ﷺ». [الحديث ٣٠٦٥ - طرفه في: ٣٩٧٦].

١٨٦ - باب مَن قسمَ الغَنيمةَ في غزْوِهِ وسَفرِه

وقال رافع: كنّا مع النبيِّ ﷺ بذي الحُلَيفةِ فأصبنا غَنَماً وإبلاً، فعَدَلَ عشرةً منَ الغنمِ ببعير.

٣٠٦٦ - حدثنا هُدبةُ بْنُ خالدٍ حدَّثنا همامٌ عن قتادةَ أنَّ أنساً أخبرَهُ قال: «اعتمَرَ النبيُّ ﷺ منَ الجِعْرانةِ حيثُ قسمَ غنائمَ حُنين».

١٨٧ - باب إذا غنمَ المشركونَ مالَ المسلمِ ثمَّ وَجدَهُ المسلم

٣٠٦٧ - قال ابن نُمير:

حدثنا عُبيدُ اللهِ عن نافعٍ عنِ ابنِ عمرَ رضيَ اللهُ عنهما قال: «ذَهبَ فرسٌ له فأخذَهُ العدُوُّ، فظَهرَ عليهِ المسلمونَ فرُدَّ عليهِ في زمنِ رسولِ اللهِ ﷺ. وأَبَقَ عبدٌ لهُ فلحِقَ بالرُّومِ، فظَهرَ عليهم المسلمونَ فردَّهُ عليهِ خالدُ بنُ الوَليدِ بعدَ النبيِّ ﷺ».

[الحديث ٣٠٦٧ - طرفاه في: ٣٠٦٨، ٣٠٦٩].

٣٠٦٨ - حدثنا محمدُ بنُ بَشّارٍ حدَّثنا يحيىٰ عن عُبيدِ اللهِ قال: أخبرَني نافعٌ أنَّ عبداً لابنِ عمرَ أَبَقَ فلحِقَ بالرُّوم، فظهرَ عليهِ خالدُ بنُ الوليدِ فردَّه على عبدِ اللهِ. وأن فرساً لابنِ

185 - CHAPTER: Staying in the (enemy) town for three days on having victory over the enemy.

3065 . Abū Talha (may Allāh be pleased with him)narrated: « Whenever the Prophet (the blessing and peace of Allāh be upon him) conquered some people, he would stay in their town for three days.

The parts of this hadith are in: 3976.

186 - CHAPTER: The distribution of the war booty after an invasion and during a journey.

Rafi' (may Allāh be pleased with him) narrated: «We were in the company of the Prophet (the blessing and peace of Allāh be upon him) at Thul-Hulaifa and we got some camels and sheep. He distributed them, considering ten sheep to be equal to one camel.

3066 . Anas (may Allāh be pleased with him) narrated: « TheProphet (the blessing and peace of Allāh be upon him) perfomed 'Umra, setting out from Al-Ja'rāna where he distributed the war booty of Hunain.

187 - CHAPTER: If the pagans take the property fo a Muslim as war booty and later on the Muslim gets it back (on overcoming them), (does the owner have the right to get it back or should it be included in the right to get it back or should it be included in the war booty gained by the Muslims)?».

3067 . Nāfi' narrated from Ibn 'Umar (may Allāh be pleased with him): A horse of Ibn 'Umar fled and the enemy took it. Then the Muslims conquered the enemy and the horse was returned to him during the life-time of Allāh's Apostle (the blessing and peace of Allāh be upon him)

Once a slave of his fled and joined the Byzantines, and when the Muslims conquered them, Khālid bin Al-Walīd returned the slave to him after the death of the Prophet (the blessing and peace of Allāh be upon him).

The parts of this hadith are in: 3086, 3079.

3068 . Nāfi' narrated: «Once a slave of Ibn 'Umar fled and joined the Byzantines. Khālid bin Al-Walīd got him back and returned him to 'Abdullah (Ibn 'Umar)

عمرَ عارَ فلحِقَ بالروم، فظهرَ عليهِ فرَدُّوهُ على عبدِ الله».

قال أبو عبدِ الله: عارَ مُشتَق من العَير، وهوَ حمارُ وَحش، أي هرَب.

٣٠٦٩ ـ **حدثنا** أحمدُ بنُ يونُسَ حدَّثَنا زُهيرٌ عن موسى بنِ عقبةَ عن نافع عنِ ابنِ عمرَ رضيَ الله عنهما: «أنهُ كان على فرَس يومَ لَقيَ المسلمون، وأميرُ المسلمينَ يومَئذٍ خالدُ بنُ الوَليدِ بَعثَه أبو بكرٍ، فأخذَهُ العدوُّ، فلما هُزِمَ العدوُّ ردَّ خالدٌ فرَسَه».

١٨٨ ـ باب مَن تكلمَ بالفارسيةِ والرَّطانةِ

وقولِ الله تعالىٰ: ﴿واختِلافُ أَلسِنَتِكم وألوانِكم﴾ [الروم: ٢٢] وقال: ﴿وما أرسلنا مِن رسولٍ إلا بلسانِ قومِهِ﴾ [إبراهيم: ٤].

٣٠٧٠ ـ **حدثنا** عمرُو بنُ عليٍّ حدَّثَنا أبو عاصمٍ أخبرَنا حَنظَلةُ بنُ أبي سفيانَ أخبرَنا سعيدُ بن مِيناءَ قال: سمعتُ جابرَ بنَ عبدِ الله رضيَ الله عنهما قال: قلتُ يا رسولَ الله ذَبحْنا بهيمةً لنا وطحنتُ صاعاً من شعير فتعالَ أنتَ ونفر. فصاحَ النبيُّ ﷺ فقال: «يا أهلَ الخَندَقِ، إن جابراً قد صنَعَ سُوراً، فحَيَّهَلا بكم».

[الحديث ٣٠٧٠ ـ طرفاه في: ٤١٠١، ٤١٠٢].

٣٠٧١ ـ **حدثنا** حِبانُ بن موسى أخبرَنا عبدُ الله عن خالدِ بن سعيدٍ عن أبيهِ عن أُمِّ خالدٍ بنتِ خالدِ بنِ سعيدٍ قالت: أتيتُ رسولَ الله ﷺ مع أبي وعليَّ قميصٌ أصفرُ، قال

٣٠٦٨ ـ قوله: (فظهر عليه) أي خالد وقوله فردّه وفي نسخة فردّوه (شارح).

باب ١٨٨ ـ قوله: (الرطانة) بفتح الراء ويجوز كسرها وهي التكلم بلسان العجم (شارح).

٣٠٧٠ ـ قوله: (بهيمة) مصغر البهمة ولد الضأن الذكر والأنثى وقوله: سوراً بغير همز وفي اليونينية بالهمز وهو بالفارسية: أي طعاماً دعا إليه الناس ذكره الشارح.

Once a horse of Ibn 'Umar also ran away and followed the Byzantines, and he (i.e. Khālīd) got it back and returned it to 'Abdullah .

3069 . Ibn 'Umar narrated: That he was riding a horse on the day, the Muslims fought (with the Byzantines), and the then commender of the Muslims was Khālid bin Al-Walīd who had been appointed by Abū Bakr. The enemy took the horse away, and when the enemy was defeated, Khālid returned the horse to him.

188 - CHAPTER: Speaking Persian and speaking (Arabic) with an unfamiliar accent, and the saying of Allāh (the Exalted and Almighty):

(And among His Signs) are the
variations in your languages and
your colours, (30: 23)
And also His saying
We did not sent any Apostle except
(to teach) in the tongue of
his own people (14: 4).

Jābir bin 'Abdullah narrated: «I said: «O Allāh's Apostle! We have slaughtered a young sheep of ours and have ground one measure of barley. So, I invite you along with some person.» So, the Prophet (the blessing and peace of Allāh be upon him) said in a loud voice: «O the people of the Trench! Jābir has prepared food so come along.».

The parts of this hadīth are in: 4102, 4101.

3071 . Umm Khālid the daughter of Khālid bin Sa'id narrated: «I went to Allāh's Apostle (the blessing and peace of Allāh be upon him) with my father

رسولُ الله ﷺ: «سَنَهْ سَنَهْ». قال عبدُ الله: وهيَ بالحبشيةِ: حَسنة. قالت: فذهبتُ أَلعَبُ بخاتَمِ النُّبوَّةِ، فزَبَرَني أَبي. قال رسولُ الله ﷺ: «دَعْها». ثم قال رسولُ الله ﷺ: «أَبلِي وأَخلِقي، ثمّ أَبلِي وأَخلِقي، ثمَّ أَبلِي وأَخلِقي». قال عبدُ الله: فبَقِيَت حتى دَكَن.

[الحديث ٣٠٧١ ـ أطرافه في: ٣٨٧٤، ٥٨٢٣، ٥٨٤٥، ٥٩٩٣].

٣٠٧٢ ـ **حدثنا** محمدُ بنُ بَشارٍ حدَّثَنا غُنْدرٌ حدَّثنا شُعبةُ عن محمدِ بنِ زيادٍ عن أَبي هريرةَ رضيَ الله عنه أَنَّ الحسنَ بنَ عليّ أَخذَ تمرةً من تمرِ الصدَقةِ فجعلَها في فيهِ، فقال لهُ النبيُّ ﷺ بالفارسيةِ: «كِخْ، كِخْ، أَما تعرِفُ أَنّا لا نأكلُ الصدَقةَ؟».

١٨٩ ـ باب الغُلولِ، وقولِ الله تعالىٰ: ﴿وَمَن يَغْلُلْ يَأْتِ بِمَا غَلَّ﴾ [آل عِمران: ١٦١]

٣٠٧٣ ـ **حدثنا** مسدَّد حدَّثَنا يحيىٰ عن أَبي حَيانَ قال: حدَّثني أَبو زُرعةَ قال: حدَّثني أَبو هريرةَ رضيَ الله عنه قال: قامَ فينا النبيُّ ﷺ فذكرَ الغُلولَ فعظَّمهُ وعظَّمَ أَمرَه، قال: «لا أُلفِيَنَّ أَحدَكم يومَ القيامةِ على رَقبتهِ شاةٌ لها ثُغاءٌ على رقبتِهِ فرسٌ لهُ حَمْحَمة، يقول: يا رسولَ الله أَغِثْني، فأقولُ: لا أَملِكُ لكَ شيئاً، قد أَبلغْتُك. وعلى رقبتِهِ بعير لهُ رُغاءٌ يقول: يا رسولَ الله أَغثْني، فأقول: لا أَملِك لكَ شيئاً، قد أَبلغتك. وعلى رقبتهِ صامِت فيقول: يا رسولَ الله أَغثْني، فأَقولُ: لا أَملكُ لكَ شيئاً، قد أَبلغتك. أَو على رقبتِهِ رِقاع

٣٠٧١ ـ قوله: (سنه) بفتح السين وكسرها وسكون الهاء فيهما ولأبي ذر سناه سناه بألف بعد النون فيهما كما في الشارح.

و(زبرني): نهرني و(دَكَنَ): اسودَّ لونه.

٣٠٧٢ ـ قوله: (كخ) بهذه الضبوط كلمة يزجر بها الصبيان عن المستقذرات كما في الشارح.

٣٠٧٣ ـ (الثغاء): صوت الشاة و(الرغاء): صوت البعير و(الحمحمة): صوت الفرس إذا طلب علفه وهو دون الصهيل و(الصامت): الذهب أو الفضة وقوله: (وعلى رقبته رقاع) لأبي ذر ولغيره: زيادة [أ] قبل الواو والمراد بالرقاع نحو

and I was wearing a yellow shirt. Allāh's Apostle said: «Sanah, Sanah!» ('Abdullah , the narrator, said that Sanah meant good in the Ethiopian language). I then started playing with the seal of Prophethood (in between the Prophet's shouldes) and my father rebuked me harshly for that. Allāh's Apostle said: «Leave her» and then Allāh's Apostle (invoked Allāh to grant me a long life) by saying thrice: «Wear this dress till it is worn out and then wear another dress till it is worn out». (The narrator adds: «It is said that she lived for a long period, wearing that (yellow) dress till its colour became dark because of long wear»).

The parts of this hadīth is in: 3874, 5823, 5845, 5993.

3072 . Abū Huraira (may Allāh be pleased with him) narraıed: «Al-Hasan bin Alī took a date from the dates of the charity and put it in his mouth. The Prophet (the blessing and peace of Allāh be upon him) said (to him) in Persian: «Kakh, Kakh! (i.e. Don't you know that we do not eat the Sadaqa (i.e. what is given in charity) (charity is the dirt of the people).

189 - CHAPTER: Deceiving stealing from the war booty before its distribution) and the Statement of Allāh (the Exalted and Almighty):

And who ever deceives his companions as regards booty, he shall bring forth on the Day of Resurrection what he took illegally (3: 161).

3073 . Abū Huraira (may Allāh be pleased with him) narrated: The Prophet (the blessing and peace of Allāh be upon him)got up amongst us and mentioned deceiving, emphasised its magnitude and declared that it was a great sin saying: «I should not like to see anyone amongst you on the Day of Resurrection, carrying over his neck a sheep that will be bleating or carrying over his neck a horse that will be neighing. Such a man will be saying: «O Allāh's Apostle! Intercede with Allāh for me; and I will reply I can't help you, for I conveyed Allāh's Message to you» Nor should I like to see a man carrying over his neck, a camel that will be grunting. Such a man will say: «O Allāh's Apostle! Inercede with Allāh for me» and I will say: «I can't help you for I conveyed Allāh Message to you or one carrying over his neck gold and silver and saying: «O Allāh's Apostle! Intercede with Allāh for me and I will say: «I can't help you for I conveyed Allāh's Message to you or one carrying clothes that will be fluttering and the man will

تخفِقُ، فيقول: يا رسولَ الله أغثني، فأقول: لا أملِكُ لكَ شيئاً قد أبلغتك». وقال أيُّوبُ عن أبي حَيان فرسٌ لهُ حَمحَمة.

١٩٠ ـ باب القليلِ من الغُلول

ولم يَذْكُرْ عبدُ الله بنُ عمرٍو عنِ النبيِّ ﷺ أنَّهُ حرَّقَ مَتاعَه، وهٰذا أصحُّ.

٣٠٧٤ ـ حدثنا عليُّ بنُ عبدِ الله حدَّثَنا سفيانُ عن عمرٍو عن سالمِ بنِ أبي الجَعدِ عن عبدِ الله بن عمرٍو قال: «كان على ثَقَلِ النبيِّ ﷺ رجلٌ يقال له كِرْكِرة، فمات، فقال رسولُ الله ﷺ: «هوَ في النار»، فذهَبوا يَنظرونَ إليه فوَجَدوا عَباءَةً قد غَلَّها».

قال أبو عبد الله قال ابن سلام: كَرْكَرة: بعني بفتحِ الكاف. وهو مضبوط كذا.

١٩١ ـ باب ما يُكرَهُ من ذبحِ الإبلِ والغَنمِ في المَغانم

٣٠٧٥ ـ حدثنا موسى بنُ إسماعيلَ حدَّثَنا أبو عَوانةَ عن سعيدِ بنِ مَسروقٍ عن عَبايَةَ بنِ رِفاعةَ عن جَدِّهِ رافعٍ قال: «كنّا معَ النبيِّ ﷺ بذي الحُلَيفةِ فأصابَ الناسَ جُوعٌ، وأصبنا إبلاً وغنماً ـ وكان النبيُّ ﷺ في أُخرَياتِ الناس ـ فعجِلوا فنَصَبوا القُدورَ، فأمرَ بالقُدورِ فأُكفِئَتْ ثمَّ قَسَمَ، فعدَلَ عشرةً مَنَ الغنم ببَعير، فنَدَّ منها بعيرٌ، وفي القومِ خيلٌ يسيرة، فطلبوهُ فأعياهم، فأهوَى إليه رجلٌ بسَهمٍ فحبَسَهُ الله، فقال: «هٰذهِ البهائمُ لها أوابدُ كأوابدِ الوَحش، فما نَدَّ عليكم فاصنَعوا بهِ هٰكذا». فقال جَدِّي: إنّا نَرْجو ـ أو نَخافُ ـ أن نلقى العدوَّ غداً، وليس معَنا مُدًى؛ أفَنَذْبحُ بالقَصَبِ؟ فقال: ما أنهرَ الدَّمَ، وذُكِرَ اسمُ الله عليهِ فكل، ليسَ السِّنَّ والظُّفر. وسأحدِّثُكم عن ذٰلك: أمّا السِّنُّ فعَظْمٌ، وأما الظُّفْرُ فمُدَى الحَبَشة».

الثياب من العروض قال السندي: وهذا لا ينافي حديث الشفاعة وظاهر هذا أن الشفاعة في النجاة عن النار لا في النجاة عن الفضيحة اهـ باختصار وقوله: القينّ وفي فتح الباري: الفينّ بالفاء.

٣٠٧٥ ـ قوله: (أن نلقى العدو غداً) أي ولو استعملنا السيوف في المذابح لكلت وعند اللقاء نعجز عن المقاتلة بها أفاده الشارح.

Allāh for me». And I will say: «I can't help you, for I conveyed Allāh's Message to you.».

190 - CHAPTER: He didnot mention 'Abdullah bin 'Umar reported by the Holy Prophet that he burnt his luggage and this is more correct.

3074 . 'Abdullah bin 'Amr narrated: «There was a man who looked after the family and the belongings of the Prophet (the blessing and peace of Allāh be upon him) and he was called Karkara. The man died and Allāh's Apostle (the blessing and peace of Allāh be upon him) said: «He is in the (Hell) Fire.» The people then went to look at him and found in his place, a cloak he had stolen from the war booty.

191 - CHAPTER: What is hated regarding the slaughtering of the camels and sheep of the booty (before its distribution).

3075 . 'Abāya bin Rifā'a narrated: «My grandfather of the Prophet (the blessing and peace of Allāh be upon him) at Thul-Hulaifa, and the people suffered from hunger. We got some camels and sheep (as booty) and the Prophet was still behind the people. They hurried and put the cooking pots on the fire. (When he came) he ordered that the cooking pots should be upset and then he distributed the booty (amongst the people) regarding ten sheep as equal to one camel. Then a camel fled and the people chased it till they got tired, as they had a few horses (for chasing it). So a man threw an arrow at it and caused it to stop (with Allāh's Permission). On that the Prophet said: «Some of these animals behave like wild beasts, so if any animal flee from you with it in the same way. My grandfather asked the Prophet: We hope (or are afraid) that we may meet the enemy tomorrow and we have no knives. Can we slaughter our animals with canes?» Allāh's Apostle (the blessing and peace of Allāh be upon him) If the instrument used for killing causes the animal to bleed profusely and if Allāh's Name is mentioned on killing it, then eat its meat (i.e. it is lawful) but don't use a tooth or a nail and I am telling you the reason: A tooth is bone (and slaughtering with a bone is forbidden), and a nail is the slaughtering instrument of the Ethiopians».

١٩٢ - باب البِشارةِ في الفتوحِ

٣٠٧٦ - **حدثنا** محمدُ بنُ المثنّى حدَّثَنا يحيىٰ حدَّثَنا إسماعيلُ قال: حدَّثني قَيسٌ قال: قال لي جَرِيرُ بنُ عبدِ الله رضيَ الله عنه: **قال لي رسولُ الله ﷺ: «ألا تُرِيحُني مِن ذي الخَلَصة؟»** وكان بيتاً فيه خَثْعَمُ يسمَّى كعبة اليمانية. فانطلَقْتُ في خمسينَ ومائةٍ مِن أَحْمَسَ - وكانوا أصحابَ خَيلٍ - فأخبَرْتُ النبيَّ ﷺ أني لا أَثبُتُ على الخيلِ، **فضرب في صَدري حتى رأيتُ أثَرَ أصابعِهِ في صدري، فقال: «اللّهمَّ ثَبِّتْهُ، واجعَلْهُ هادياً مَهْدِياً»**. فانطَلَقَ إليها فكسَرَها وحَرَّقَها، فأرسَلَ إلى النبيِّ ﷺ يُبَشِّرُهُ، فقال رسولُ جَريرٍ: يا رسولَ الله، والذي بَعَثَك بالحقّ، ما جِئتُك حتى تَركتُها كأنها جملٌ أجرَب. **«فبارَكَ على خَيلِ أَحْمَسَ ورِجالها خَمْسَ مرّاتٍ»**. وقال مسدَّدٌ: «بيتٌ في خَثْعَمَ».

١٩٣ - باب ما يُعطَى البَشيرُ

وأعطىٰ كعبُ بنُ مالكٍ ثوبَينِ حِينَ بُشِّرَ بالتوبة

١٩٤ - باب لا هِجرةَ بعدَ الفتح

٣٠٧٧ - **حدثنا** آدمُ بنُ أبي إياسٍ حدَّثَنا شَيبانُ عن منصورٍ عن مُجاهِدٍ عن طاوُسٍ عن ابنِ عبّاسٍ رضيَ الله عنهما قال: قال النبيُّ ﷺ يوم فتحِ مكةَ: **«لا هجرةَ، ولكنْ جِهادٌ ونيَّةٌ. وإذا استُنفِرتُم فانفِروا»**.

٣٠٧٨، ٣٠٧٩ - **حدثنا** إبراهيمُ بنُ موسىٰ أخبرَنا يزيدُ بنُ زُرَيعٍ عن خالدٍ عن أبي عثمانَ النَّهدِيِّ عن مُجاشِعِ بنِ مسعودٍ قال: **جاءَ مُجاشعٌ بأخيهِ مُجالِدِ بنِ مسعودٍ إلى النبيِّ ﷺ** فقال: هذا مُجالدٌ يُبايعُكَ على الهجرةِ. فقال: **«لا هِجرة بعدَ فتحِ مكة، ولكنْ أُبايعُهُ على الإسلام»**.

٣٠٧٦ - قوله: (أحمس) اسم قبيلة.

192 - CHAPTER: The conveyance of the good tidings of victories.

3076. Qais narrated: «Jarīr bin 'Abdullah (may Allāh be pleased with him) said to me: «Allāh's Apostle (the blessing and peace of Allāh be upon him) said to me: «Won't you relieve me from Thul-Khalasa? Thul-Khalasa was a house where the tribe of Khath'am used to stay, and it used to be called Ka'bat-ul-Yamaniya. So I proceeded with one-hundred -and-fifty (men)from the tribe of Ahmas who were good cavalry. I informed the Prophet that I could not sit firm on horses, so he stroke me on the chest with his hand and I noticed his finger-marks on my chest.He invoked: «O Allāh! Make him firm and a guiding and rightly-guided man» Jarir set out towards that place, dismantled and burnt it and then sent the good news to Allāh's Apostle (the blessing and peace of Allāh be upon him). The messenger of Jarīr said to Allāh's Apostle: «O Allāh's Apostle! By Him Who has sent you with the Truth, I did not come to you till it (i.e. the house) had been turned (black) like a scabby camel (covered with tar)». So the Prophet blessed the horses and the men of Ahmas five times.

193 - CHAPTER: What may by given to the bringer of glad tidings.

Ka'b bin Mālik gave two garments to the person who brought the glad tidings of the acceptance of his repentance.

194- CHAPTER: There is no migration (from Mecca) after the Conquest (of Mecca)

3077 . Ibn 'Abbās (may Allāh be pleased with him)narrated: «TheProphet (the blessing and peace of Allāh be upon him) said, on the day of the Conquest of Mecca: «There is no migration (after the Conquest), but the Holy Struggle and good intentions and when you are called for the Struggle you should immediately respond to the call».

3068, 3079 . Abū 'Uthmān An-Nahdī narrated from Mujāshi bin Mas'ūd: Mujāshi' took his brother Mujālid bin Mas'ūd to the Prophet (the blessing and peace of Allāh be upon him)and said: «This is Mujālid and he will pledge allegiance to you for migration.» The Prophet said: «There is no migration after the Conquest of Mecca, but I will pledge allegiance for Islām».

٣٠٨٠ ـ **حدّثنا** عليُّ بنُ عبدِ الله حدَّثَنا سفيانُ قال عمرٌو وابنُ جُرَيجٍ : سمعتُ عطا

يقول: ذهبتُ معَ عُبَيدِ بن عُميرٍ إلى عائشةَ رضيَ الله عنها وهي مُجاورةٌ بثَبِير، فقالت لنا «انقَطعَتِ الهجرة منذ فَتَحَ الله على نبيِّهِ ﷺ مكة».

[الحديث ٣٠٨٠ ـ طرفاه في: ٣٩٠٠، ٤٣١٢].

١٩٥ ـ باب إذا اضْطُرَّ الرجل إلى النَّظَرِ في شعورِ أهلِ الذمةِ والمؤمناتِ إذا عصينَ الله، وتجريدِهنّ

٣٠٨١ ـ **حدّثنا** محمدُ بن عبدِ الله بن حَوْشَبٍ الطائفيُّ حدَّثنا هُشَيمٌ أخبرنا حُصَين عن سعدِ بن عُبَيدةَ عن أبي عبدِ الرَّحمٰنِ وكان عثمانياً، فقال لابنِ عَطيَّةَ وكان عَلَوِيّاً: إني لأعلم ما الذي جَرَّأَ صاحبَكَ على الدِّماءِ، سمعتُهُ يقول: بَعَثني النبيُّ ﷺ والزُّبيرَ فقال «ائتُوا روضة كذا، وتَجدون بها امرأةً أعطاها حاطِب كتاباً». فأتَينا الرَّوْضَة فقلنا: الكتابَ قالت: لم يُعطِني. فقلنا: لتُخرِجنَّ أو لأُجرِّدَنَّك. فأخرجَتْ من حُجْزَتها. فأرسلَ إلى حاطِبٍ. فقال: لا تعجَلْ، والله ما كفَرْتُ ولا ازدَدْتُ للإسلامِ إلاّ حُباً، ولم يكنْ أحدٌ من أصحابِكَ إلا ولهُ بمكةَ مَن يَدفعُ الله به عن أهلِهِ ومالِهِ، ولم يكنْ لي أحَد، فأحببْتُ أن أتَّخِذ عندَهم يداً. فصدَّقهُ النبيُّ ﷺ. قال عمر: دَعْني أضرِبْ عُنقَه، فإنه قد نافق. فقال: «وما يدريكَ لعلَّ الله اطَّلَعَ على أهلِ بَدرٍ فقال: اعملوا ما شئتم». فهذا الذي جرَّأه.

٣٠٨٠ ـ قوله: (بثبير) بالصرف وعدمه (شارح).

باب ١٩٥ ـ قوله: (اضطر) بضم الطاء كما في اليونينية وجواب إذا محذوف تقديره يجوز للضرورة (شارح).

٣٠٨١ ـ قوله: (حجزتها) معقد إزارها وقوله: حدثنا وفي فتح الباري: حدثني بالإفراد.

3080 . 'Atā narrated: «I and 'Ubaid bin 'Umair went to 'Āisha (may Allāh be pleased with her) while she ws staying near Thabīr (i.e. mountain). She said: «Migration has stopped since Allāh gave His Prophet (the blessing and peace of Allāh be upon him) victory over Mecca».

The parts of this hadīth are in: 4312, 3900.

195 - CHAPTER: (It is permissible for a man) to search the hair of the Thimmit women (i.e. non-Muslims living under the protection of Muslims) or lady-believers them to take off their clothes if there is a neccesity.

3081. Sa'd bin 'Ubaida narrated: «Abū 'Abdur-Rahman who was one of the supporters of 'Uthmān sait to Abū Talha who was one of the supporters of 'Alī: «I perfectly know what encouraged your leader (i.e. 'Alī) to shed blood. I heard him saying: Once the Prophet (the blessing and peace of Allāh be upon him) sent me to Az-Zubair on an errand saying. Go to such-and-such Ar-Roudah (place) where you will find a lady whom Hātib has given a letter. So when we arrived at Ar-Roudah, we requested the lady to hand over the letter to us. She said: «Hātib has not given me any letter. We said to her: «Take out the letter or else we will strip off your clothes.» So she took it out of her braid. The Prophet (the blessing and peace of Allāh be upon him) called Hātib and said: «Don't hurry in judging for, by Allāh, I have not become a disbeliever, and my love to Islam is increasing. (The reason for writing this letter was) that there is no one of your companions but has relaetives in Mecca, who look after their families and property, while I have nobody there, so I wanted to do then some favour (so that they might look after my family and property. The Prophet (the blessing and peace of Allāh be upon him)believed him. 'Umar said: «Let me chop off his(i.e. Hātib's) neck as he has done hypocrisy.» The Prophet said (to 'Umar): Who knows, perhaps Allāh has looked at the warriors of Badr and said (to them): Do whatever you like, for I have forgiven you.» 'Abdur-Rahman added: «So this is what encouraged him (i.e. 'Ali).

١٩٦ ـ باب استقبالِ الغزاةِ

٣٠٨٢ ـ حدثنا عبدُ الله بنُ أبي الأسودِ حدَّثنا يَزيدُ بن زُرَيعٍ وحميدُ بنُ الأسود عن حَبيبِ بنِ الشهيدِ عن ابنِ أبي مُليكة: «قال ابنُ الزُّبير لابنِ جَعفرٍ رضيَ الله عنهم: أتذكُرُ إذ تَلقَّينا رسولَ الله ﷺ أنا وأنتَ وابنُ عباسٍ؟ قال: نعم، فحملنا وترَكَكَ».

٣٠٨٣ ـ حدثنا مالكُ بنُ إسماعيلَ حدَّثنا ابنُ عُيَينةَ عن الزُّهريِّ قال: «قال السائبُ بنُ يزيدَ رضيَ الله عنه: ذَهَبْنا نَتلقَّى رسولَ الله ﷺ معَ الصِّبيانِ إلى ثَنِيَّةِ الوداعِ».

[الحديث ٣٠٨٣ ـ طرفاه في: ٤٤٢٦، ٤٤٢٧].

١٩٧ ـ باب ما يقولُ إذا رَجَعَ مِنَ الغَزوِ

٣٠٨٤ ـ حدثنا موسى بنُ إسماعيلَ حدَّثنا جُوَيريةُ عن نافعٍ عن عبدِ الله رضيَ الله عنهُ: أنَّ النبيَّ ﷺ كان إذا قَفَلَ كبَّرَ ثلاثاً قال: «آيِبونَ إن شاءَ الله، تائبونَ، عابِدونَ، حامِدونَ، لربِّنا ساجِدون. صَدَقَ الله وَعدَه، ونَصرَ عَبدَه، وهزَمَ الأحزابَ وحدَه».

٣٠٨٥ ـ حدثنا أبو مَعْمَرٍ حدَّثنا عبدُ الوارثِ قال: حدَّثني يحيى بنُ أبي إسحاقَ عن أنسِ بنِ مالكٍ رضيَ الله عنه قال: كنّا معَ النبيِّ ﷺ مَقْفَلَهُ من عُسفانَ ورسولُ الله ﷺ على راحلتِهِ، وقد أردَفَ صفيَّةَ بنتَ حُيَيٍّ، فعثَرَتْ ناقتُهُ فصُرِعا جميعاً، فاقتحَمَ أبو طلحةَ فقال: يا رسولَ الله جعلَني الله فِداءَك. قال: «عليكَ المرأةَ». فقلَبَ ثوباً على وجهه وأتاها فألقاهُ عليها، وأصلَحَ لهما مَركَبَهما فرَكِبا، واكتَنَفْنا رسولَ الله ﷺ. فلما أشرَفنا على المدينةِ قال: «آيبونَ، تائبونَ، عابِدونَ لربنا حامِدون». فلم يَزَلْ يقول ذٰلكَ حتّى دَخَلَ المدينة.

٣٠٨٥ ـ (فاقتحم): أي رمى نفسه.

و (الإكتناف): الإحاطة بالشيء.

196 - CHAPTER: The reception of the invadors (i.e. warriors returning after participating in).

3082 . Ibn Abī Mulaika narrated: «Ibn Az-Zubair said to Ibn Ja'far (may Allāh be pleased with him): «Do you remember when I, you and Ibn 'Abbās went out to receive Allāh's Apostle (the blessing and peace of Allāh be upon him)?» Ibn Ja'fa replied in the affirmative. Ibn Az-Zubair added: «And Allāh's Apostle (the blessing and peace of Allāh be upon him) made us (i.e. I and left you) Ibn Abbas ride along with him and left.

3083 . As-Sā'ib bin Yazīd(may Allāh be pleased with him) narrated: «I along with some boys went out to receive Allāh's Apostle (the blessing and peace of Allāh be upon him) at Thaniyāt-al-Wadā.

197 - CHAPTER: What to say on returning from the Holy Struggle.

3084. 'Abdullah (may Allāh be pleased with him) narrated: «When the Prophet (the blessing and peace of Allāh be upon him) returned (from the Holy Struggle), he would exclaim Allāh is the Greatest thrice and added: «We are re-turning, if Allāh wishes, with repentance and worshiping and praising (our Lord) and prostrating ourselves before our Lord. Allāh fulfilled His promise and helped His Slave, and He Alone defeated the (infidel) clans».

3085 . Anas bin Malīk (may Allāh be pleased with him) narrated: «We were in the company of the Prophet (the blessing and peace of Allāh be upon him-)while returning from 'Usfān and Allāh's Apostle (the blessing and peace of Allāh be upon him) was riding his she-camel keeping Safiya bint Huyay riding behind him. His she-camel slipped and both of them fell down. Abū Talha jumped from his camel and said: «O Allāh's Apostle! May Allāh sacrifice me for you». The Prophet said: «Take care of the lady.» So, Abā Talha covered his face with a garment and went to Safiya and covered her with it, and then he set right the condition of their she-camel so that both of them rode, and we were circling Allāh's Apostle (the blessing and peace of Allāh be upon him) When we approached Madina, the Prophet said: «We are returning with repentance and worshipping and praising our Lord.» He kept on saying this till entered Madina.

٣٠٨٦ ـ **حدثنا** عليٌّ حدَّثنا بِشرُ بنُ المفضلِ حدَّثنا يحيى بنُ أبي إسحاقَ عن أنسِ بنِ مالكٍ رضيَ اللهُ عنه أنهُ أقبلَ هوَ وأبو طلحةَ معَ النبيِّ ﷺ، ومعَ النبيِّ ﷺ صَفيةُ مُرْدِفُها على راحلتِهِ. فلما كانُوا ببعضِ الطريقِ عَثَرَتِ النَّاقَةُ فصُرِعَ النبيُّ ﷺ والمرأةُ[1]، وإنَّ أبا طلحةَ قالَ أحسِبُ قالَ: اقتحمَ عن بَعيرِهِ فأتى رسولَ اللهِ ﷺ فقالَ: يا نبيَّ اللهِ، جعلني اللهُ فداءَكَ، هل أصابَكَ من شيءٍ؟ قالَ: «لا، ولكنْ عليكَ المرأةَ». فألقى أبو طلحةَ ثوبَهُ على وَجهِهِ فقصَدَ قصدَها، فألقى ثوبَهُ عليها، فقامَتِ المرأةُ، فشَدَّ لهما على راحِلتِهما فركِبا، فساروا، حتى إذا كانوا بظَهْرِ المدينةِ ـ أو قال: أشرَفوا على المدينةِ ـ قالَ النبيُّ ﷺ: «آيِبونَ، تائبونَ، عابِدونَ لربنا حامِدونَ». فلم يَزَلْ يقولُها حتّى دَخلَ المدينـةَ.

١٩٨ ـ بابُ الصلاةِ إذا قَدِمَ مِن سَفَر

٣٠٨٧ ـ **حدثنا** سليمانُ بنُ حربٍ حدَّثنا شُعبةُ عن مُحارِبِ بنِ دثارٍ قالَ: سمعتُ جابرَ بنَ عبدِ اللهِ رضيَ اللهُ عنهما قالَ: كنتُ معَ النبيِّ ﷺ في سَفَرٍ فلما قدِمْنا المدينةَ قالَ لي: «ادخُلِ المسجِدَ فصَلِّ رَكعتَينِ».

٣٠٨٨ ـ **حدثنا** أبو عاصمٍ عنِ ابنِ جُرَيجٍ عنِ ابنِ شهابٍ عن عبدِ الرّحمٰنِ بنِ عبدِ اللهِ بنِ كعبٍ عن أبيهِ وعمِّهِ عُبَيدِ اللهِ بنِ كعبٍ عن كعبٍ رضيَ اللهُ عنه «أنَّ النبيَّ ﷺ كانَ إذا قدِمَ مِن سفرٍ ضُحى دَخلَ المسجدَ فصلى رَكعتَينِ قبلَ أنْ يَجلِسَ».

٣٠٨٦ ـ قوله: (مردفها) ولأبوي ذر والوقت يردفها.

(١) ـ قوله: (والمرأة) بالرفع ويجوز فيه النصب على المعية (شارح).

٣٠٨٨ ـ قوله: إذا قدم من سفر ضحى، وفي نسخة أخرى بإسقاط كلمة: ضحىٰ

3086 . Anas bin Malīk (may Allāh be pleased with him)narrated: That he and Abū Talha came in the company of the Prophet (the blessing and peace of Allāh be upon him) and Safiya was accompanying the Prophet who let her ride behind him on his she-camel. During the journey, the she-camel slipped and both the Prophet (the blessing and peace of Allāh be upon him) and his wife fell down. Abū Talha (the sub-narrator thinks that Anas said that Abū Talha jumped from his camel quickly) said: «O Allāh's Apostle! May Allāh sacrifice me for your sake! Did you get hurt?» The Prophet replied: «No but take care of the lady». Abū Talha covered his face with his garment and proceeded towards her and covered her with his garment, and she got up. He then set right the condition of their she-camel and both of them (i.e. the Prophet and his wife) rode and proceeded till they approached Madina. The Prophet said: «We are returning with repentance and worshipping and praising our Lord.» The Prophet kept on saying this statement till he entered Madina..

198 - CHAPTER: The performance of prayer on returning from a journey.

3087 . Jābir bin 'Abdullah (may Allāh be pleased with him) narrated: « I was on a journey in the company of the Prophet (the blessing and peace of Allāh be upon him) and when we reached Madina, he said to me: «Enter the Mosque and offer two bows.

3088 . Ka'b (may Allāh be pleased with him) narrated: «When ever the Prophet (the blessing and peace of Allāh be upon him) returned from a journey in the forenoon, he would enter the Mosque and offer two bows before sitting.

١٩٩ - باب الطعامِ عِندَ القُدومِ، وكان ابنُ عمرَ يُفطِرُ لمن يَغشاهُ

٣٠٨٩ - **حدثنا** محمدٌ أخبرَنا وَكيعٌ عن شُعبةَ عن محارِبِ بن دِثارٍ عن جابر بنِ عبدِ الله رضيَ الله عنهما «أنَّ رسولَ الله ﷺ لما قَدِمَ المدينةَ نحرَ جَزُوراً أو بقرةً. زاد مُعاذٌ عن شعبة عن محاربٍ سمعَ جابرَ بنَ عبدِ الله: اشترَى مني النبيُّ ﷺ بعيراً بأُوقيَّتينِ ودِرهمٍ أو دِرهَمينِ. فلما قَدِمَ صِراراً أمرَ ببقرةٍ فذُبحَتْ فأكلوا منها، فلما قَدِمَ المدينةَ أمرَني أن آتيَ المسجدَ فأصلِّيَ رَكعتين، ووَزَنَ لي ثَمنَ البَعير».

٣٠٩٠ - **حدثنا** أبو الوَليدِ حدَّثَنا شعبةُ عن مِحاربِ بنِ دِثارٍ عن جابرٍ قال: قَدِمت من سَفرٍ، فقال النبيُّ ﷺ: «صَلِّ رَكعتَينِ». صِرارٌ: موضِعٌ ناحيةً بالمدينة.

باب ١٩٩ - قوله (يفطر) أي إذا قدم من سفر أياماً. وقوله: (لمن يغشاه): أي لأجل من يغشاه للسلام عليه والتهنئة بالقدوم، ولأبي ذرّ يصنع بدل يفطر وفي نسخة: وقال ابن عمر بدل وكان اهـ من الشرح.

199 - CHAPTER: Taking meals on arrival (from a journey)

Ibn 'Umar used not to observe fasting (on returning from a journey) because of receiving visitors.

3089 . Muhārib bin Dithār narrated: «Jārir bin 'Abdullah said: «When Allāh's Apostle (the blessing and peace of Allāh be upon him) arrived to Madina he slaughtered a camel or a cow». Jābir added: «The Prophet (the blessing and peace of Allāh be upon him) bought a camel from me for two ounces (of gold) and one or two Dirhams. When he reached Sirār he ordered that a cow be slaughtered and they ate its meat. When he arrived to Madina, he ordered me to go to the Mosque and offer two bows and weighed (and gave) me the price of teh camel».

3090 . Jārir (may Allāh be pleased with him)narrated: « Once I returned from a journey and the Prophet (the blessing and peace of Allāh be upon him) said(to me), «Offer two bows (Sirār is a place near Madina).

بسم الله الرَّحمٰن الرَّحيم

٥٧ - كتاب فرض الخمس

١ - باب فرض الخُمسِ

٣٠٩١ - حدثنا عبدانُ أخبرَنا عبدُ الله أخبرَنا يونُس عنِ الزُّهريِّ قال: أخبرَني عليُّ بنُ الحسينِ أنَّ حسينَ بنَ عليٍّ عليهما السلامُ أخبرَهُ أنَّ عليّاً قال: «كانت لي شارِفٌ مِن نَصيبي منَ المَغْنم يومَ بدْرٍ، وكانَ النبيُّ ﷺ أعطاني شارفاً مِنَ الخُمسِ، فلما أَردتُ أن ابتَنيَ بفاطمةَ بنتِ رسولِ الله ﷺ واعَدْتُ رجلاً صَوّاغاً من بني قَيْنقاعَ أن يَرتَحِلَ معي فنأتي بإذْخِرٍ أردتُ أن أبيعَهُ الصَوّاغِين وأستعينَ به في وَليمةِ عُرسي. فبينا أنا أجمعُ لشارِفَيَّ مَتاعاً منَ الأقتابِ والغرائِرِ والحبالِ، وشارِفايَ مُناخَتانِ إلى جَنبِ حُجرةِ رجُلٍ منَ الأنصارِ، رَجَعتُ حينَ جَمعتُ ما جمعتُ، فإذا شارفايَ قد أُجِبَّتْ[١] أسنِمَتُهما، وبُقِرَت خَواصِرُهما، وأُخِذَ من أكبادِهما، فلم أَملِكْ عينيَّ حينَ رأيتُ ذٰلكَ المَنظَرَ منهما، فقلتُ: مَن فَعلَ هٰذا؟ فقالوا: فَعلَ حَمزةُ بنُ عبدِ المطَّلبِ، وهوَ في هٰذا البيتِ في شَرْبٍ منَ الأنصار، فانطلَقْتُ حتَى أَدخُلَ على النبيِّ ﷺ - وعندَهُ زيدُ بنُ حارثة - فعرَفَ النبيُّ ﷺ في وَجهي الذي لَقِيتُ، فقال النبيُّ ﷺ: «ما لكَ؟» فقلتُ: يا رسولَ الله، ما رأَيتُ كاليومِ قطُّ، عَدا حمزةُ على ناقتَيَّ فجبَّ أَسنِمَتَهما، وبقرَ خَواصرهما وها هوَ ذَا في بيتٍ معهُ شَرْبٌ. فدَعا النبيُّ ﷺ

٣٠٩١ - قوله: (عليهما السلام) وفي نسخة رضي الله عنهما. وقوله: (شارف) أي مسنة من النوق.

(١) - قوله: (أجبت) وروى جبت من الثلاثي أي قطعت وكذلك الرواية في قوله الآتي فأجب. وفي فتح الباري: اجتُثّ في الأولى و(فجبّ في الآتي).

In the Name of Allah, the Most Beneficent, the Most Merciful

57 - THE BOOK OF THE OBLIGATION OF ONE FIFTH WARBOOTY OF THE WARBOOTY

It is to be given to Allāh's Apostle (the blessing and peace of Allāh be upon him) to distribute according to Allāh's orders stated in the Holy Qur'ān).

1 - CHAPTER: The obligation of one-fifth of the war booty.

3091 . 'Alī (may Allāh be pleased with him) narrated: «I got a she-camel in my share of the war booty on the day (of the battle) of Badr, and the Prophet (the blessing and peace of Allāh be upon him) had given me a she-camel from the one fifth. When I intended to marry Fātimah, the daughter of Allāh's Apostle (the blessing and peace of Allāh be upon him), I had an appointement with a goldsmith from the tribe of Banī Qainuqā to go with me to bring Idhkhir (i.e. grass of pleasant smell) and sell it to the goldsmiths and spend its price on my wedding party. I was collecting for my she-camels equipment of saddles, sacks and ropes while my two she-camels were kneeling down beside the room of an Ansārī man. I returned after collecting whatever I collected, to see the humps of my two she-camels cut off and their flanks cut open and some portion of their livers was taken out. When I saw that state of my two she-camels, I could not help weeping. I asked: «Who has done this?» The people replied: «Hamza bin 'Abdul-Muttālib who is staying with some Ansārī drunks in this house.» I went away till I reached the Prophet (the blessing and peace of Allāh be upon him) and Zaid bin Hāritha was with him. The Prophet noticed on my face the effect of what I had suffered, so the Prophet asked: «What is wrong with you?» I replied: «O Allāh's Apostle! I have never seen such a day as today. Hamza attacked my two she-camels, cut off their humps, and ripped open their flanks and he is sitting there in a house in the company of some drunks.» The Prophet then asked

بردائِهِ فارتدَى، ثمَّ انطَلقَ يَمشي، واتَّبَعْتُهُ أَنا وزيدُ بنُ حارثَةَ، حتَّى جاء البيتَ الذي فيهِ حمزةُ فاستأْذَنَ، فأَذِنوا لهم، فإذا هم شَرْبٌ، فطَفِقَ رسولَ الله ﷺ يَلومُ حمزةَ فيما فعل، فإذا حمزةُ قد ثَمِلَ(٢) مُحمرَّةً عيناه، فنظرَ حمزةُ إلى رسولِ الله ﷺ، ثمَّ صعَّدَ النظرَ، فنظرَ إلى رُكبتيهِ، ثمَّ صعَّدَ النظرَ فنظرَ إلى سُرَّتهِ، ثمَّ صعَّدَ النظرَ فنظرَ إلى وَجهِهِ. ثم قال حمزة: هل أنتم إلاّ عَبيدٌ لأبي؟ فعرَفَ رسولُ الله ﷺ أنهُ قد ثَمِلَ فَنَكَصَ رسولُ الله ﷺ على عَقبيهِ القَهقَرى، وخرَجْنَا معَه».

٣٠٩٢ - حدثنا عبدُ العزيز بنُ عبد الله حدَّثَنا إبراهيمُ بنُ سعدٍ عن صالحٍ عنِ ابنِ شهابٍ قال: أخبرني عُروةُ بنُ الزُّبيرِ أنَّ عائشةَ أُمَّ المؤمنينَ رضيَ الله عنها أخبرَتهُ «أَنَّ فاطمةَ عليها السلامُ ابنةَ رسولِ الله ﷺ سأَلَتْ أبا بكرٍ الصدِّيقَ بعدَ وفاةِ رسولِ الله ﷺ أن يَقسِمَ لها ميراثَها مما ترَكَ رسولُ الله ﷺ مما أفاءَ الله عليه».

[الحديث ٣٠٩٢ - أطرافه في: ٣٧١١، ٤٠٣٥، ٤٢٤٠، ٦٧٢٥].

٣٠٩٣ - «فقال لها أبو بكرٍ: إنَّ رسولَ الله ﷺ قال: «لا نُورَثُ، ما تَرَكْنا صدَقةٌ». فغضِبَتْ فاطمةُ بنتُ رسولِ الله ﷺ، فهَجرت أبا بكرٍ، فلم تَزَلْ مُهاجِرَتَهُ حتّى تُوُفِّيت، وعاشَتْ بعدَ رسولِ الله ﷺ ستةَ أشهر. قالت: وكانت فاطمةُ تسأَلُ أبا بكرٍ نَصيبَها مما ترك رسولُ الله ﷺ مِن خيبرَ وفَدَك، وصدقتَهُ بالمدينةِ، فأبى أبو بكرٍ عليها ذلك وقال: لستُ تارِكاً شيئاً كان رسولُ الله ﷺ يعملُ بهِ إلا عَمِلتُ به، فإني أخشى إن تركتُ شيئاً من أمرِهِ أن أزِيغَ، فأما صدَقتُهُ بالمدينةِ فدَفعها عمرُ إلى عليٍّ وعباسٍ، وأما خيبرُ وفدكُ فأمسَكَها عمرُ وقال: هما صدَقةُ رسولِ الله ﷺ، كانتا لحقوقِهِ التي تَعْروهُ ونَوائبِهِ، وأَمرُهما إلى وليِّ الأمر، قال: فهما على ذلكَ إلى اليوم».

(٢) - وقوله: (ثمل): سكر وقوله: (نكص): رجع.

٣٠٩٢ - قوله: (ما ترك) بدل من ميراثها وفي رواية مما ترك.

٣٠٩٣ - قوله: (فدك) فيه الصرف وعدمه وقوله: صدقته بالنصب ويصح الجر أي نخل بني النضير وكانت قريبة من المدينة.

- و قوله: (فأما) ولأبي ذر وأما (شارح).

for his covering sheet, put it on, and set out walking, followed by me and Zaid bin Hāritha till he came to the house where Ḥamza was. He asked permission to enter, and they allowed him, and they were drunk. Allāh's Apostle started rebuking Hamza for what he had done, but Hamza was drunk and his eyes were red. Hamza looked at Allāh's Apostle (the blessing and peace of Allāh be upon him) and then he raised his eyes, looking at his knees, then he raised up his eyes looking at his umbilicus, and again he raised up his said: «Aren't you but the slaves of my father?»Allāh's Apostle replied that he was drunk, so Allāh's Apostle (the blessing and peace of Allāh be upon him) retreated, and we went out with him.

3092 . 'Āisha, the Mother of the Believers (may Allāh be plāsed with her) narrated: «After the death ofAllāh's Apostle (the blessing and peace of Allāh be upon him) Fatimāh (may Allāh be pleased with her) the daughter of Allāh's Apostle (the blessing and peace of Allāh be upon him) asked Abū Bakr As-Sidd̄iq to give her, her share of inheritance from what Allāh's Apostle had left of the Fai'(i.e. booty gained without fighting) which Allāh had given him.

3093 . Abū Bakr said to her: «Allāh's Apostle (the blessing and peace of Allāh be upon him) said: «Our property will not be inherited, whatever we (i.e. prophets) leave is Sadaqa (to be used for charity). Fātimah the daughter of Allāh's Apostle (the blessing and peace of Allāh be upon him) got angry and stopped speaking to Abū Bakr, and continued assuming that attitude till she died. Fātimah remained alive for six months after the death of Allāh's Apostle (the blessing and peace of Allāh be upon him). She used to ask Abū Bakr for her share from the property of Allāh's Apostle (the blessing and peace of Allāh be upon him) which he left Khaibar, and Fadak, and his property at Madina (devoted for charity). Abū Bakr refused to give her that property and said: «I will not leave anything Allāh's Apostle used to do, because I am afraid that if I left something from the Prophet's tradition, then I would go astray.» (Later on) 'Umar gave the Prophet's property (of charity) at Madina to Ālī and 'Abbās, but he withheld the properties of Khaibar and Fadak in his custody and said: «These two properties are the charity which Allāh's Apostle (the blessing and peace of Allāh be upon him) used to use for his expenditures and urgent needs. Now their

قال أبو عبدِ الله : اعتراكَ، افتعلت، مِن عَرَوْتُه فأصبته، ومنه: يَعروهُ، واعتراني.

[الحديث ٣٠٩٣ - أطرافه في: ٣٧١٣، ٤٠٣٦، ٤٢٤١، ٦٧٢٦].

٣٠٩٤ - حدثنا إسحاقُ بنُ محمدٍ الفَرْوِيُّ حدَّثنا مالكُ بنُ أنسٍ عنِ ابنِ شِهابٍ عن مالكِ بنِ أوسِ بنِ الحدثانِ - وكان محمدُ بنُ جُبيرٍ ذكر لي ذكراً من حديثِه ذلك، فانطلقتُ حتى أدخُلَ على مالكِ بنِ أوسٍ فسألتُه عن ذٰلك الحديثِ فقال - : بَينما أنا جالسٌ في أهلي حِينَ مَتع النهارُ، إذا رسولُ عمرَ بنِ الخطابِ يأتيني فقال: أَجِبْ أميرَ المؤمنين، فانطلقتُ معه حتى أدخُلَ على عمرَ، فإذا هو جالسٌ على رِمالِ سَريرٍ ليس بينَهُ وبينَهُ فِراش، متكىءٌ على وسادةٍ من أدَم. فسلمتُ عليه ثمَّ جلستُ، فقال: يا مالِك إنه قَدِمَ علينا من قومكَ أهلُ أبياتٍ، وقد أمرتُ فيهم برَضْخ، فاقبِضه، فاقسِمهُ بينهم، فقلتُ: يا أميرَ المؤمنين، لو أمرتَ له غيري. قال: فاقبِضْه أيها المرءُ. فبينما أنا جالسٌ عنده أتاه حاجبُه يَرْفاً فقال: هل لكَ في عثمانَ وعبدِ الرّحمٰنِ بنِ عَوفٍ والزُّبيرِ وسعدِ بنِ أبي وقاصٍ يَستأْذنون. قال: نعم، فأذِنَ لهم، فدخلوا، فسلموا وجَلَسوا. ثم جَلَسَ يَرفأُ يسيراً، ثمَّ قال: هل لك في عليّ وعبّاس؟ قال: نعم، فأَذِنَ لهما، فدخلا، فسلّما فجلسا فقال عباسٌ: يا أميرَ المؤمنين، اقضِ بيني وبينَ هٰذا - وهما يَختَصِمان فِيما أفاءَ الله على رسولِهِ ﷺ من بني النَّضِيرِ - فقال الرهطُ - عثمانُ وأصحابُهُ - يا أميرَ المؤمنين اقضِ بينهما وأرِحْ أحدهما منَ الآخر. فقال عمرُ: تيدكم[1]، أنشُدُكم اللهَ الذي بإذنِهِ تقومُ السماءُ والأرضُ، هل تعلمونَ أنَّ رسولَ الله ﷺ قال: «لا نُورَثُ، ما تركنا صدَقةٌ؟» يُريدُ رسولُ الله ﷺ نفسَهُ. قال الرَّهطُ: قد قال ذلك. فأقبلَ عمرُ على عليّ وعبّاسٍ فقال: أنشُدكما الله أتعلمانِ أنّ رسولَ الله ﷺ قد

٣٠٩٤ - قوله: (حتى أدخل على عمر) بالنصب أي إلى أن أدخل والرفع على أن تكون عاطفة ورجح ابن مالك النصب.

٣٠٩٤ - قوله: (متع النهار) أي اشتد حره (شارح).

- و قوله: (على رمال) بكسر الراء وقد تضم ما ينسج من سعف النخل ونحوه (شارح).

- و قوله: (برضخ) أي بعطية قليلة غير مقدرة (شارح).

(١) - قوله: (تيدكم) أي اصبروا وأمهلوا وقوله: على رسلكم، كما في الشارح ولعل أصله التؤدة أعني الرفق والتأني.

management is to be entrusted to the ruler.» (Az-Zuhrī said: «They have been managed in his way till today»).

The parts of this hadīth are in: 6726, 4241, 4063, 3713.

3094 . Malik bin Aus narrated: «While I was at home, the sun rose high and it got hot. Sunddenly the messenger of 'Umar bin Al-Khattāb came to me and said: «TheChief of theBelievershas sent for you.» So, I went along with him till I entered the place where 'Umar was sitting on a bedstead made of date-palm leaves and covered with no mattress, and he was leaning over a leather pillow. I greeted him and sat down. He said: «O Mālik! Some persons of your people who have families came to me and I have ordered that a gift should be given to them, so take it and distribute it among them.» I said: «OChief of the Believers I wish that you order someone else to do it». He said: «O man! Take it» While I was sitting there with him, his doorman Yarfā came saying: «'Uthman, 'Abdur-Rahman bin 'Auf, Az-Zubair and Sa'd bin Abī Waqqās are asking your premission (to see you) may I admit them?» 'Umar said: «Yes» So they were admitted and they came in, greeted him, and sat down. After a while Yafā came again and said: «May I admit 'Alī and 'Abbās?» 'Umar said: «yes) So, they were admitted and they came in and greeted (him) and sat down. Then 'Abbās said: «OChief of the Believers Judge between me and this (i.e. 'Alī)» They had a dispute regarding the property of Banī An-Nadir which Allāh had given to His Allāh's Apostle (the blessing and peace of Allāh be upon him) as war booty. The group (i.e. 'Uthmān and his Companions) aid: «OChief of the Believers! Judge between them and relieve both of them from each other.» 'Umar said: «Be patient! I beseech you by Allāh by Whose Permission the Heaven and the Earth exist, do you know that Allāh's Apostle (the blessing and peace of Allāh be upon him) said: «Our (i.e. Prophet's) property will not be inherited, and whatever we leave, is to be used for charity and Allāh's Apostle (the blessing and peace of Allāh be upon him) meant himself (by saying «we»)?» The group said: «He said so.» 'Umar then turned to 'Alī and 'Abbas and said: «I beseech you by Allāh, do you know

قال ذلك؟ قالا: قد قال ذلك. قال عمرُ: فإني أُحدِّثكم عن هذا الأمرِ: إنَّ الله قد خَصَّ رسولَهُ ﷺ في هٰذا الفيءِ بشيءٍ لم يُعْطِهِ أحداً غيرَه. ثمّ قرأ: ﴿وما أفاء الله على رسولِهِ منهم - إلى قولِهِ - قَدِير﴾ فكانت هٰذهِ خالصةً لرسولِ الله ﷺ، وَالله ما احْتازَها دُونَكم، ولا اسْتأثَرَ بها عليكم، قد أعطاكموهُ[٢] وبثَّها فيكم حتّى بَقِيَ منها هٰذا المالُ، فكان رسولُ الله ﷺ يُنفِقُ على أهلِهِ نفقةَ سَنَتِهِم من هٰذا المالِ، ثمَّ يأخذُ ما بقيَ فيجعَلُهُ مَجْعَلَ مالِ الله. فعمِلَ رسولُ الله ﷺ بذٰلك حَياتَهُ. أنشُدكم بالله، هل تعلمونَ ذٰلك؟ قالوا: نعم. ثمَّ قال لعليّ وعبّاس: أنشدكما الله هل تَعلمَانِ ذٰلك؟ قال عمر: ثمَّ توَفَّى الله نبيَّهُ ﷺ فقال أبو بكر: أنا وَليُّ رسولِ الله ﷺ، فقبَضَها أبو بكر فعملَ فيها بما عملَ رسولُ الله ﷺ، والله يَعلمُ إنهُ فيها لَصادِقٌ بارٌّ راشد تابعٌ للحق. ثمّ توَفَّى الله أبا بكرٍ، فكنتُ أنا وليَّ أبي بكرٍ، فقبَضتُها سنتَين مِن إمارتي أعملُ فيها بما عمِلَ رسولُ الله ﷺ وما عمِلَ فيها أبو بكرٍ، والله يَعلَم إني فيها لصادقٌ بارٌّ راشد تابعٌ للحق. ثم جِئتماني تُكلِّماني وكلمتُكما واحدة وأمرُكما واحد، جِئتني يا عبّاسُ تسْألُني نصيبكَ مِن ابنِ أخيك، وجاءني هٰذا - يُريدُ عليّاً - يُريد نصيبَ امرأتهِ من أبيها. فقلتُ لكما: إنَّ رسولَ الله ﷺ قال: «لا نُورَثُ، ما تَركنا صدَقة». فلمّا بَدا لي أن أدفعَهُ إليكما قلتُ: إن شئتما دَفَعْتُهـا إليكما على أنَّ عليكما عَهْدَ الله ومِيثاقه

(٢) - وقوله: أعطاكموه أي الفيء وللكشميهني أعطاكموها أي أموال الفيء (شارح).

that Allāh's Apostle said so? They replied: «He said so». 'Umar then said: «So, I will talk to you about this matter. Allāh favoured His Apostle (the blessing and peace of Allāh be upon him) with a sort of the Fai' (booty) which he gave to nobody else.» 'Umar then recited te Holy Verses:

What Allāh bestowed as Booty
on His Apostle (Muhammad (the blessing and peace of Allāh be upon him))
from them----for this you made
no expedition with either cavalry or
Camelry: But Allāh gives power to
His Apostles over whomever He will. And Allāh is Able to do all things. (59: 6).

«'Umar added: «So, this property was expecially given toAllāh's Apostle (the blessing and peace of Allāh be upon him) but, buy Allāh, neither did he take possession of it and leave you, did he favour himself with it to your exclusion, but he gave it to all of you and distributed it amongst you till this property remained out of it. Allāh's Apostle used to spend the yearly expenses of his family out of this property, and used to keep the rest of its revenue to be spent on Allāh's Cause. Allāh's Apostle kept on doing this during all his lifetime. I ask you by Allāh, do you know this?» They replied in the affirmative. 'Umar then said to 'Alī and 'Abbās: «I ask you by Allāh, do you know this?» 'Umar added: «When Allāh had taken His Prophet (the blessing and peace of Allāh be upon him) unto Him, Abū Bakr said: «I am the successor of Allāh's Apostle (the blessing and peace of Allāh be upon him) so, Abū Bakr took over that property and ran it in the same way as Allāh's Apostle (the blessing and peace of Allāh be upon him) used to do, and Allāh knows that he was true, pious, and rightly-guided, and he was a follower of what was right. Then Allāh took Abū Bakr unto Him and I became Abū Bakr's successor, and I kept that property in my possession for the first two years of my Caliphate, managing it in the same way as Allāh's Apostle (the blessing and peace of Allāh be upon him) used to do and as Abū Bakr used to do, and Allāh knows that I have been true, pious, rightly guided, and a follower of what is right. Now you both (i.e. 'Alī and 'Abbās) came to talk to me bearing the same claim and presenting the same case; you, 'Abbās, came to me asking for your share from your nephew's property, and this man, (i.e. 'Alī, came to me asking for his wife's share from her father's property. I told you both that Allāh's Apostle said: «Our (prophet's) properties are not to be inherited, but what we leave is to be used for charity. When I thought it right that I should hand over this property to you, I said to you: I am ready to hand over this property to you if you wish, on the condition that you would take Allāh's Pledge and Convention that you would run it in the same way as Allāh's Apostle (the blessing and peace of Allāh be upon him) used to do, and as Abū

لَتَعمَلانِ فيها بما عمل فيها رسولُ الله ﷺ وبما عمل فيها أبو بكر وبما عملتُ فيها منذُ وَلِيتها. فقلتما: ادفعْها إلينا، فبذلك دَفعتُها إليكما. فأَنْشُدُكُمْ بالله، هل دفعتها إليهما بذلك؟ قال الرَّهْط: نعم. ثمّ أقبلَ على عليٍّ وعباسٍ فقال: أَنشُدكما بالله هل دَفعتها إليكما بذلك؟ قالا: نَعَمْ، قال: فتلتمِسانِ مني قَضاءً غيرَ ذلك؟ فوَالله الذي بإذنِه تقومُ السماءُ والأرض، لا أقضي فيها قضاءً غير ذلك، فإن عَجَزْتما عنها فادفعاها إليَّ، فإني أكفيكُماها».

٢ ـ باب أداءُ الخُمسِ مِن الدِّينِ

٣٠٩٥ ـ **حدثنا** أبو النُّعمانِ حدَّثَنا حَمادٌ عن أبي جَمرةَ الضُّبَعيِّ قال: سمعتُ ابنَ عبّاس رضيَ الله عنهما يقول: قَدِمَ وَفدُ عبدِ القَيس فقالوا: يا رسولَ الله، إنا هٰذا الحيَّ من رَبيعةَ، بيننا وبينَكَ كفّارُ مُضَر، فلسنا نَصِلُ إليكَ إلا في الشهرِ الحرام، فمرْنا بأمرٍ نأخذُ منه ونَدْعو إليهِ مَن وراءنا. قال: «آمُرُكم بأربع، وأنهاكم عن أربع: الإيمانِ بالله شهادة أن لا إلٰهَ إلَّا الله ـ وعقد بيدِه ـ وإقامِ الصلاةِ، وإيتاءِ الزكاةِ، وصيامِ رمضانَ، وأن تؤدوا لله خُمسَ ما غَنِمْتم. وأنهاكم عنِ الدبَّاءِ، والنَّقِيرِ، والحَنْتَمِ، والمزَفَّتْ».

٣ ـ باب نفقةِ نساءِ النبيِّ ﷺ بعدَ وفاته

٣٠٩٦ ـ **حدثنا** عبدُ الله بنُ يوسُفَ أخبرنا مالك عن أبي الزِّنادِ عنِ الأعرَجِ عن أبي هريرةَ رضيَ الله عنه أنَّ رسولَ الله ﷺ قال: «لا يَقتسِمُ وَرَثَتي دِيناراً، ما تركتُ بعدَ نفقةِ نِسائي، ومَؤونةِ عاملي، فهو صدَقة».

٣٠٩٧ ـ **حدثنا** عبدُ الله بنُ أبي شيبةَ حدَّثَنا أبو أُسامةَ حدَّثَنا هِشامٌ عن أبيهِ عن عائشة قالت: «تُوُفِّيَ رسولُ الله ﷺ وما في بَيتي من شيء يأكلهُ ذو كَبِدٍ، إلا شَطرَ شَعيرٍ في رَفٍّ لي، فأكلتُ منه حتّى طالَ عليَّ، فكِلْتهُ؛ ففَنِيَ». [الحديث ٣٠٩٧ ـ طرفه في: ٦٤٥١].

Bakr used to, and as I have done since I was in charge of it. So, both of you said (to me): Hand it over to us, and on that condition I handed it over to you. So, I ask you by Allāh, did I hand it over to them on this condition?» The group said: «Yes» Then 'Umar faced 'Alī and 'Abbās saying: «I ask you by Allāh, did I hand it over to you on this condition?» They said: «Yes». He said: «Do you want now to give a different decision? By Allāh, by whose Leave both the Heaven and the Earth to exist ,I will never give any decision other than that (I have already given). And if you are unable to manage it, then return it to me, and I will do the job on your behalf».

2 - CHAPTER: The payment of the one fifth is a part of religion.

3095 . Ibn 'Abbās (may Allāh be pleased with him)narrated: «The delegates of the tribe of 'Abdul-Qais came and said: «O Allāh's Apostle! We are from the tribe of Rabī'a and between us and you stand the infidels of the tribe of Mudar, so we cannot come to you except in the Sacred Months. So please order us some instruction that we may apply it to ourselves and also invite our people left behind us to observe as well,» The Prophet said: «I order you (to do) four (things) and forbid you (to do) four: I order you to believe in Allāh, that is, to testify that No one has the right to be worshipped but Allāh (He pointed with his hand; to offer prayers perfectly; to pay Zakat; to fast the month of Ramadan, and to pay the one fifth of the war booty to Allāh . And I forbid you to use Ad-dubbā, An Naqīr, Al-Hantam and Al-Muzaffat (i.e. utensils used for preparing alcoholic drinks)».

3 - CHAPTER: The expenditure of the wives of the Prophet (the blessing and peace of Allāh be upon him) after his death.

3096 . Abū Huraira (may Allāh be pleased with him) narrated: «Allāh's Apostle (the blessing and peace of Allāh be upon him) said: «My heirs should not take even a single Dinar (i.e. anything from my property), and whatever I leave, excluding the expenditure of my wives and my labourers, will be used for charity.

3097 . 'Āisha (may Allāh be pleased with her) narrated: «Allāh's Apostle (the blessing and peace of Allāh be upon him) died, and there was nothing in my house that a living being could eat, except some barley lying on a shelf. So, I ate of it for a long period and measured it, and (after a short period) it was consumed.

٣٠٩٨ ـ **حدثنا** مسدَّدٌ حدَّثنا يحيىٰ عن سُفيانَ قال: حدَّثني أبو إِسحاقَ قال: سمعتُ عمرَو بنَ الحارثِ قال: «ما تركَ النبيُّ ﷺ إلا سِلاحَهُ وبغلته البَيضاءَ، وأرضاً تركها صدَقة».

٤ ـ باب ما جاءَ في بُيوتِ أزواجِ النبيِّ ﷺ، وما نُسِبَ منَ البيوتِ إليهنَّ

وقولِ الله تعالىٰ: ﴿وقَرْنَ في بيوتِكُنَّ﴾ [الأحزاب: ٣٣]، و﴿لا تدخلوا بُيوتَ النبيِّ إلا أن يُؤْذَنَ لكم﴾ [الأحزاب: ٥٣].

٣٠٩٩ **حدثنا** حِبَّانُ بن موسىٰ ومحمدٌ قالا: أخبرَنا عبدُ الله أخبرَنا مَعْمَرٌ ويونسُ عنِ الزهريِّ قال: أخبرَني عُبَيدُ الله بنُ عبدِ الله بنِ عُتبةَ بنِ مَسعود أن عائشةَ رضيَ الله عنها زوجَ النبيِّ ﷺ قالت: «لما ثقُلَ رسولُ الله ﷺ استأْذَنَ أزواجَهُ أن يُمرَّضَ في بيتي، فأذِنَّ له».

٣١٠٠ ـ **حدثنا** ابنُ أبي مريمَ حدَّثنا نافعٌ سمعتُ ابنَ أبي مُلَيكة قال: قالت عائشة رضيَ الله عنها: «تُوُفِّيَ النبيُّ ﷺ في بيتي. وفي نوبتي، وبينَ سَحْري ونحري، وجمعَ الله بينَ رِيقي وريقِهِ. قالت: دَخلَ عبدُ الرَّحمٰنِ بِسواكٍ فَضَعُفَ النبيُّ ﷺ عنه فأخذْتُهُ فمَضَغْتُهُ ثُمَّ سَنَنْتُهُ به».

٣١٠١ ـ **حدثنا** سعيدُ بنُ عُفَيرٍ قال: حدَّثني اللَّيثُ قال: حدَّثني عبدُ الرَّحمٰنِ بنُ خالدٍ عن ابنِ شهابٍ عن عليٍّ بن حسينٍ أنَّ صَفيةَ زوجَ النبيِّ ﷺ أخبرَته أنها جاءت رسولَ الله ﷺ تزورهُ وهوَ مُعتكِفٌ في المسجدِ ـ في العَشرِ الأواخرِ من رمضانَ ـ ثمَّ قامت تنقلِبُ فقامَ معها رسولُ الله ﷺ، حتى إذا بَلَغَ قَريباً من بابِ المسجدِ عندَ بابِ أُمِّ سَلمةَ زوجِ النبيِّ ﷺ مَرَّ بهما رجلانِ منَ الأنصارِ فسلَّما على رسولِ الله ﷺ ثم نَفَذا، فقال لهما رسولُ الله ﷺ: «على رِسْلِكُما». قالا: سُبحانَ الله يا رسولَ الله، وكَبُرَ عليهما ذٰلك، فقال

3098 . 'Amr bin Al-Hārith narrated: The Prophet (the blessing and peace of Allāh be upon him)did not leave anything (after his death) except his arms, a white mule, and a (piece of) land which he had given as charity.

4- CHAPTER: What has been said regarding the house of the wives of the Prophet (the blessing and peace of Allāh be upon him) and what houses were named after them (i.e. 'Aisha's house, etc).

And the saying of Allāh (the Exalted and Almighty):

(O wives of the Prophet)
stay in your houses, (33: 33) and also:
(O you who believe), do not enter the Prophet's houses until leave is given to you. (33: 53).

3099 . 'Āisha (may Allāh be pleased with her) the wife of the Prophet (the blessing and peace of Allāh be upon him) narrated: «When the sickness of Allāh's Apostle (the blessing and peace of Allāh be upon him) got aggravated, he asked the permission of his wives that he should be treated in my house, and they permitted him.

3100 . Ibn Abī Mulaika narrated: «'Āisha (may Allāh be pleased with her) said: «The Prophet (the blessing and peace of Allāh be upon him) died in my house on the day of my turn while he was leaning on my chest closer to my neck, and Allāh made my saliva mix with his saliva» 'Āisha added: «'Abdur-Rahman came with a Siwāk and the Prophet (the blessing and peace of Allāh be upon him) was too weak to use it, so I took it, chewed it and cleaned his teeth with it».

3101 . Safiya (may Allāh be pleased with her) : «The wife of the Prophet (the blessing and peace of Allāh be upon him) narrated that she came to visit Allāh's Apostle (the blessing and peace of Allāh be upon him) while he was secluding in the Mosque during the last ten days of Ramadān. When she got up to return, Allāh's Apostle (the blessing and peace of Allāh be upon him) got up with her and accompanied her, and when he reached near the gate of the Mosque close to the door (of the house) of Umm Salama, the wife of the Prophet (the blessing and peace of Allāh be upon him) two Ansārī men passed by them and greeted Allāh's Apostle and then went away. Allāh's Apostle addressed them saying: «Don't hurry! (She is my wife).» They said: «Glorified be Allāh! O

رسولُ الله ﷺ: «إنَّ الشيطانَ يَبلُغُ من الإنسانِ مَبلَغَ الدَّم، وإني خشِيتُ أن يَقذفَ في قُلوبكما شيئاً».

٣١٠٢ ـ **حدثنا** إبراهيمُ بنُ المنذِرِ حدَّثَنا أنسُ بنُ عِياضٍ عن عُبَيدِ الله عن محمدِ بن يحيىٰ بنِ حَبّانَ عن واسِعِ بنِ حَبّان عن عبدِ الله بنِ عمر رضيَ الله عنهما قال: «ارتقَيتُ فوقَ بيتِ حَفصةَ فرأيتُ النبيَّ ﷺ يقضي حاجَتَهُ مُستدْبرَ القبلةِ مُستقبلَ الشأم».

٣١٠٣ ـ **حدثنا** إبراهيمُ بنُ المنذِرِ حدَّثَنا أنسُ بنُ عِياضٍ عن هِشامٍ عن أبيهِ أنَّ عائشةَ رضيَ الله عنها قالت: «كان رسولُ الله ﷺ يُصلِّي العصرَ والشمسُ لم تخرُجْ مِن حُجرَتِها».

٣١٠٤ ـ **حدثنا** موسىٰ بنُ إسماعيلَ حدَّثَنا جُوَيرِيَةُ عن نافعٍ عن عبدِ الله رضيَ الله عنه قال: «قامَ النبيُّ ﷺ خَطيباً فأشارَ نَحوَ مَسكَنِ عائشةَ فقال: ها هنا الفتنةُ ـ ثلاثاً ـ مِن حَيثُ يَطلعُ قَرْنُ الشيطانِ».

[الحديث ٣١٠٤ ـ أطرافه في: ٣٢٧٩، ٣٥١١، ٥٢٩٦، ٧٠٩٢، ٧٠٩٣].

٣١٠٥ ـ **حدثنا** عبدُ الله بنُ يوسُفَ أخبرَنا مالكٌ عن عبدِ الله بنِ أبي بكرٍ عن عَمرةَ ابنةِ عبدِ الرَّحمٰنِ «أنَّ عائشةَ زَوجَ النبيِّ ﷺ أخبرَتها أن رسولَ الله ﷺ كان عندَها، وأنها سمعَتْ صوتَ إنسانٍ يستأذِنَ في بيتِ حفصةَ، فقلتُ: يا رسولَ الله هٰذا رجلٌ يَستأْذِنُ في بيتِك، فقال رسولُ الله ﷺ: «أُراهُ فلاناً ـ لِعمِّ حفصةَ من الرَّضاعةِ ـ الرَّضاعةُ تحرِّمُ ما تحرِّمُ الوِلادةُ».

Allāh's Apostle (You are far away from any suspicion).» His saying was hard on them. Allāh's Apostle said: «Satan circulates in the mind of a person as blood does (in his body). I was afraid that Satan might put some (evil) thoughts in you minds».

3102 . 'Abdullah bin 'Umar narrated: «Once I went upstairs in Hafsa's house and saw the Prophet (the blessing and peace of Allāh be upon him) answering the call of nature with his back towards the Qibla and facing Shā'm.

3103. 'Aisha (may Allah be pleased with her) narrated: Allah's Apostle (the blessing and peace of Allāh be upon him) used to offer the Afternoon prayer while the sun was still shining in her courtyard of her dwelling place.

3104 . 'Abdullah (may Allāh be pleased with him) narrated: «The Prophet (the blessing and peace of Allāh be upon him) stood up and delivered a sermon, and pointing to 'Āisha's house (i.e. eastwards), he said thrice. .«Affliction (will rise from) here, adding from where the side of the Satan's head comes out (i.e. from the East)».

The parts of this hadīth are in: 5296, 3511, 3279, 7093, 7092.

3105 . 'Amra bint Abdur-Rahman narrated: «'Āisha, the wife of the Prophet (the blessing and peace of Allāh be upon him) told her that once Allāh's Apostle (the blessing and peace of Allāh be upon him) was with her and she heard somebody asking permission to enter Hafsa's house. She said: «O Allāh's Apostle! This man is asking permission to enter your house.»Allāh's Apostle (the blessing and peace of Allāh be upon him) replied: «I think he is so-and-so (meaning the foster-uncle of Hafsa). What is rendered illegal because of blood relations, is also rendered illegal because of the corresponding foster-relations».

٥ ـ باب ما ذُكِرَ من دِرعِ النبيِّ ﷺ وعَصاهُ وسَيفِهِ وقَدَحِهِ وخاتمِهِ وما استَعملَ الخُلفاءِ بعدَهُ من ذٰلكَ مما لم يُذكَرْ قسمتُهُ ومن شَعرِهِ ونعلِهِ وآنِيَتِهِ مما تَبَرَّكَ أصحابُهُ وغيرُهم بعدَ وفاته

٣١٠٦ ـ **حدثنا** محمدُ بنُ عبدِ الله الأنصاريُّ قال: حدَّثني أبي عن ثُمامةَ حدَّثنا أنسٌ «أنَّ أبا بكرٍ رضي الله عنه لما استُخلِفَ بعثَهُ إلى البحرين، وكتبَ لهُ هٰذا الكتابَ وختَمهُ بخاتَمِ النبيِّ ﷺ، وكان نَقشُ الخاتمِ ثلاثةَ أسطر: محمدٌ سَطر، ورسولُ سطر، والله سطر».

٣١٠٧ ـ **حدثنا** عبدُ الله بنُ محمدٍ حدَّثنا محمدُ بنُ عبدِ الله الأَسَديُّ حدَّثنا عيسىٰ بن طهمان قال: «أخرجَ إلينا أنسٌ نَعلين جَرْداوَينِ لهما قِبالانِ، فحدَّثني ثابتُ البُنانيُّ بعدُ عن أنسٍ أنَّهما نَعلا النبيِّ ﷺ». [الحديث ٣١٠٧ ـ طرفاه في: ٥٨٥٧، ٥٨٥٨].

٣١٠٨ ـ **حدثني** محمدُ بنُ بشارٍ حدَّثناعبدالوهّاب حدَّثنا أيوبُ حدَّثنا حُمَيدُ بنُ هلالٍ عن أبي بُردةَ قال: «أخرَجَتْ إلينا عائشةُ رضيَ الله عنها كِساءً مُلبَّداً وقالت: في هٰذا نُزِعَ روحُ النبيِّ ﷺ. وزادَ سليمانُ عن حُمَيدٍ عن أبي بُردةَ قال: أخرجَتْ إلينا عائشة إزاراً غَليظاً مما يُصنَعُ باليمن، وكِساءً من هٰذهِ التي يَدْعونها المُلبَّدة».

[الحديث ٣١٠٨ ـ طرفه في: ٥٨١٨].

٣١٠٩ ـ **حدثنا** عَبْدانُ عن أبي حَمزةَ عن عاصمٍ عن ابن سِيرينَ عن أنسِ بنِ مالكٍ

باب ٥ ـ قوله: (مما تبرك) ولأبي ذر والمستملي عن الحموي مما يتبرك وله عن الكشميهني مما يتبرك فيه (شارح).

٣١٠٧ ـ قوله: (جرداوين) تثنية جرداء مؤنث الأجرد أي خلقين بحيث لم يبق عليهما شعر وقوله: قبالان تثنية قبال وهو زمام النعل وهو السير الذي يكون بين الإصبعين (شارح).

١٣٠٨ ـ قوله: (يدعونها) ولأبي ذر تدعونها ولمسلم يسمونها (شارح).

ـ و قوله: ملبداً مرقعاً.

5 - CHAPTER: What has been said regarding the armour of the Prophet (the blessing and peace of Allāh be upon him) his staff, sword, cup and ring, and what the Caliphs after him used of these things which had not been distributed, and also (what is said) about his hair, shoes and utensils which were considered as blessed things by his Companions and others after his death.

3106 . Anas narrated: «that when Abū Bakr became the Caliph, he sent him to Bahrain and wrote this letter for him, and stampd it with the Ring of the Prophet (the blessing and peace of Allāh be upon him). Three lines were engraved on the Ring, (the word) 'Muhammad was in a line, Apostle was in another line, and Allāh was in a third.

3107 . Isā bin Tahman narrated: «Anas brought out to us two worn out leather shoes without hair and with pieces of leather straps. Later on Thābit Al-Banānī told me that Anas said that they were the shoes of the Prophet (the blessing and peace of Allāh be upon him).

3108 . Abū Burda narrated: «'Āisha (may Allāh be pleased with her) brought out to us a patched woollen garment, and she said: «It chanced that) the soul of Allāh's Apostle (the blessing and peace of Allāh be upon him) was taken away while he was wearing this». Abū Burda added: «'Āisha brought out to us a thick waist sheet like the ones made by the Yemenites, and also a garment of the type called Al-Mulabbada».

The parts of this hadīth are in: 5818.

3109 . Anas bin Malīk narrated: «When the cup of Allāh's Apostle (the

رضيَ الله عنه «أنَّ قَدَحَ النبيِّ ﷺ انكسَرَ فاتخذَ مَكانَ الشَّعبِ سِلْسِلة من فِضَّة. قال عاصم: رأيتُ القدَحَ وشربتُ فيه».

[الحديث ٣١٠٩ ـ طرفه في: ٥٦٣٨].

٣١١٠ ـ **حدثنا** سعيدُ بن محمدٍ الجَرْميُّ حدَّثنا يعقوبُ بن إبراهيم حدَّثنا أبي أن الوَليدَ بن كثير حدَّثهُ عن محمدِ بنِ عمرو بنِ حَلْحَلة الديلي حدَّثهُ أنَّ ابنَ شِهابٍ حدَّثهُ أنَّ عليَّ بن حُسينٍ حدَّثه «أنهم حينَ قدِموا المدينة من عندِ يزيدَ بنِ مُعاوية مَقتَلَ حسينِ بنِ عليٍّ رحمة الله عليه لَقِيَهُ المِسوَرُ بن مَخْرَمَةَ فقال له: هل لكَ إليَّ مِن حاجةٍ تأمُرُني بها؟ فقلتُ له: لا. فقال: فهل أنتَ مُعطِيَّ سيفَ رسولِ الله ﷺ فإني أخافُ أن يَغلِبَكَ القومُ عليهِ، وأيمُ الله لَئن أعطيتَنيه لا يَخلُصُ(١) إليهم أبداً حتّى تُبلغَ نفسي. إنَّ عليَّ بنَ أبي طالبٍ خطبَ ابنةَ أبي جَهل على فاطمة عليها السلامُ، فسمعتُ رسولَ الله ﷺ يخطُبُ الناسَ في ذلكَ على مِنبرهِ هٰذا ـ وأنا يومَئذ المحتَلم ـ فقال: «إنَّ فاطمةَ مني، وأنا أتخوَّفُ أن تُفتَنَ في دِينها. ثمَّ ذكرَ صهراً لهُ من بني عبدِ شمس فأثنى عليه في مُصاهَرَتِهِ إياهُ قال: حدَّثني فصَدَقَني، ووعدَني فوَفى لي، وإني لستُ أُحرِّمُ حلالاً ولا أُحلُّ حَراماً، ولكنْ والله لا تجتمعُ بنتُ رسولِ الله ﷺ وبنتُ عدُوِّ الله أبداً».

٣١١١ ـ **حدثنا** قُتيبةُ بنُ سعيدٍ حدَّثنا سفيانُ عن محمدِ بن سُوقةَ عن مُنذر عنِ ابنِ الحنفيةِ قال: «لو كان عليٌّ رضيَ الله عنه ذاكراً عثمانَ رضيَ الله عنه ذكرَهُ يومَ جاءهُ ناسٌ فشكَوا سُعاةَ عثمان، فقال لي عليٌّ: اذهَبْ إلى عثمان فأخبِرْهُ أنها صَدَقةُ رسولِ الله ﷺ،

---

(١) ـ قوله: (لا يخلص) أي لا يصل السيف (إليهم) ولابن عساكر (إليه) أي لا يصل إلى السيف أحد (أبداً حتى تبلغ نفسي) أي تقبض روحي اهـ من الشرح.

ـ وقوله: (فوفى لي) وفي رواية فوفاني بالنون.

٣١١١ ـ قوله: (ذاكراً عثمان) أي بسوء وقوله: (سعاة عثمان) أي عماله على الزكاة وقوله: (أنها) أي الصحيفة التي أرسل بها إلى عثمان (صدقة رسول الله) أي مكتوب فيها مصارف صدقة رسول الله (صلى الله عليه وسلم فمر سعاتك يعملون

blessing and peace of Allāh be upon him) got broken, he fixed it with a silver wire at the crack. (the sub-narrator, 'Āzem said: «I saw cup and drank (water in it»).

The parts of this hadith are in: 8365.

3110 .'Ali bin Al-Husain narrated: «That when we reached Madina after returning from Yazīd bin Mu' āwiya after the martyrdom of Husain bin'Alī (may Allāh bestow His Mercy upon him). Al-Miswar bin Makhrama met him and said to him: «Do you have any need you may order me to satisfy»'Alī said: «No» Al-Miswar said: «Will you give me the sword of Allāh's Apostle (the blessing and peace of Allāh be upon him) for I am afraid that people may take it from you by force? By Allāh ,if you give it to me, they will never be able to take it till I die. When Alī bin Abī Tālib demanded the hand of the daughter of Abī Jahal to be his wife besides Fātimah (may Allāh be pleased with her), I heard Allāh's Apostle (the blessing and peace of Allāh be upon him) on his pulpit delivering a sermon in this connection before the people, and I had then attained my age of puberty. Allāh's Apostle said:«Fatimah is from me,and I am afraid she will be subjected to trials in her religion (because of jealousy)». The prophet then mentioned one of his sons-in-law who was from the tribe of 'Abdī Shams, and he praised him him as a good son-in law, saying: «Whatever he said was the truth, and he promised me and fulfilled his promise. I do not make a legal thing illegal, nor do I make an illegal thing legal, but by Allāh, the daughter of Allāh's Apostle and the daughter of the enemy of Allāh (i.e.Abu Jahl) will not gather together at any rate» .

3111 . Ibn Al-Hanafīya narrated: «If Alī had spoken anything bad about 'Uthmān (may Allāh be pleased with him) then he would have mentioned the day when some persons came to him and complained about the Zakat officials of 'Uthmān. 'Alī then said to me: «Go to 'Uthmān and say to him: This document contains the regulations of spending the charity of Allāh's Apostle (the blessing

فمُرْ سُعاتكَ يَعْمَلُونَ فيها. فأتيتُهُ بها فقال: أغنِها عنّا. فأتيتُ بها عليّاً فأخبرتُهُ فقال: ضَعْها حيثُ أخَذْتَها». [الحديث ٣١١١ ـ طرفه في: ٣١١٢].

٣١١٢ ـ قال الحُميديُّ: حدَّثنا سفيانُ حدَّثنا محمدُ بنُ سُوقةَ قال: سمعتُ مُنذراً الثوريَّ عن ابنِ الحنفيةِ قال: أرسلَني أبي، خُذْ هٰذا الكتابَ فاذهَبْ به إلى عثمان، فإنَّ فيهِ أمْرَ النبيِّ ﷺ بالصَّدَقَةِ».

٦ ـ باب الدَّليل على أنّ الخُمسَ لنوائبِ رسولِ الله ﷺ والمساكينِ وإيثارِ النبيِّ ﷺ أهلَ الصُّفَّةِ والأرامل

حينَ سألَتْهُ فاطمة وشَكَت إليهِ الطحنَ والرحى أن يُخْدِمها من السَّبي، فوكلَها إلى الله.

٣١١٣ ـ حدثنا بَدَلُ بن المحبَّرِ أخبرنا شعبةُ أخبرَني الحكَم قال: سمعتُ ابنَ أبي ليلىٰ أخبرنا عليٌّ أنَّ فاطمةَ عليها السلامُ اشتكَتْ ما تلقىٰ من الرَّحىٰ مما تطحنهُ، فبلغَها أن رسولَ الله ﷺ أُتِيَ بسَبْيٍ، فأتَتْه تَسألُهُ خادِماً فلم تُوافِقْهُ، فذكَرَت لعائشةَ، فجاءَ النبيُّ ﷺ فذكرَتْ ذلك عائشةُ له، فأتانا وقد دخَلنا مَضاجِعَنا فذهَبْنا لِنَقومَ فقال: «على مكانكما، حتى وَجدتُ بردَ قدَمِه على صَدري، فقال: ألا أدُلُّكما على خيرٍ ممّا سألْتماهُ؟ إذا أخذتما مَضاجِعَكما فكبِّرا الله أربعاً وثلاثين، واحْمدا ثلاثاً وثلاثين، وسبِّحا ثلاثاً وثلاثين، فإنَّ ذلك خيرٌ مما سَألْتماه». [الحديث ٣١١٣ ـ أطرافه في: ٣٧٠٥، ٥٣٦١، ٥٣٦٢، ٦٣١٨].

فيها) أي بما فيها ولأبي ذر يعملوا: بحذف النون ولابن عساكر وأبي ذر بها بدل فيها أي بهذه الصحيفة وقوله: (أغنها) أي اصرفها (عنا) اهـ من الشرح.

and peace of Allāh be upon him) so order your Zakāt officals to act accordingly.» I took the document to 'Uthman. 'Uthman said: «Take it away for we are not in need of it». I returned to 'Alī with it and informed him of that. He said: «Put it whence you took it».

3112 . Muhammad bin Sūqa narrated: «I heard Munthir At-Tūzī reporting Ibn Hanafīya who said: «My father sent me saying: «Take this letter to 'Uthman for it contains the orders of the Prophet (the blessing and peace of Allāh be upon him) concerning the charity.

6 - CHAPTER: The evidence that confirms that one fifth of the war booty is meant for the needs of Allāh's Apostle (the blessing and peace of Allāh be upon him) and the poor and the fact that Allāh's Apostle favoured the people of the Sufis and the widows in this matter

When Fātimah complained of suffering from grinding and the handmill and requested him to provide her with a slave girl (from the booty), he(did not give her a slave girl) but told her to ask for Allāh's Aid.

3113 . 'Alī (may Allāh be pleased with him) narrated: «Fātimah (may Allāh be pleased with her) complained of what she suffered from the handmill and from grinding, when she got the news that some slave girls of the booty had been brought to Allāh's Apostle (the blessing and peace of Allāh be upon him). She went to him to ask for a maid-servant, but she could not find him, and told 'Āisha of her need. When the Prophet came, 'Āisha informed him of that. The Prophet came to our house when we had gone to our beds (on seeing the Prophet (the blessing and peace of Allāh be upon him)) we intended to get up, but he said: «Keep to your place.» I felt the coolness of the Prophet's feet on my chest. Then he said: «Shall I tell you a thing which is better than what you asked me for?» When you go to your beds, say: «Allāh is the Greatest thirty four times, and all the praise is for Allāh thirty three times, and Glorified be Allāh thirty three times. This is better for you than what you have requested».

The parts of this hadīth are in: 3705, 5361, 5362,6318.

٧ - باب قولِ الله تعالى: ﴿فَأَنَّ للهِ خُمُسَهُ وللرسول﴾ [الأنفال: ٤١] يعني للرَّسول قسم ذلك

قال رسولُ الله ﷺ: «إنما أنا قاسِم وخازن، والله يُعطي».

٣١١٤ - حدثنا أبو الوليدِ حدَّثَنا شعبةُ عن سليمانَ ومنصورٍ وقتادةَ أنهم سمعوا سالمَ بنَ أبي الجَعدِ عن جابرِ بنِ عبدِ الله رضيَ الله عنهما أنه قال: وُلِدَ لرجلٍ منّا منَ الأنصار غلامٌ، فأرادَ أن يَسميهُ محمداً - قال شعبةُ في حديث منصورٍ: إنَّ الأنصاريَّ قال: حملتُه على عُنُقي، فأتيتُ بهِ النبيَّ ﷺ. وفي حديث سليمان: وُلِدَ له غُلامٌ فأرادَ أن يُسميَهُ محمداً - قال: «سَمُّوا باسمي ولا تكَنَّوا بكنيَتي، فإني إنما جُعلتُ قاسماً أَقسِمُ بينكم». وقال حُصَينٌ: بعثتُ قاسِماً أقسمُ بينكم. وقال عمرٌو: أخبرَنا شعبةُ عن قتادةَ: سمعتُ سالماً عن جابرٍ: أراد أن يُسمِّيَهُ القاسمَ فقال النبيُّ ﷺ: «سَمّوا باسمي، ولا تكنَّوا بكُنيَتي».

[الحديث ٣١١٤ - أطرافه في: ٣١١٥، ٣٥٣٨، ٦١٨٦، ٦١٨٧، ٦١٨٩، ٦١٩٦].

٣١١٥ - حدثنا محمد بن يوسف حدَّثَنا سفيانُ عنِ الأعمش عن سالمِ بنِ أبي الجعدِ عن جابرِ بن عبدِ الله الأنصاريِّ قال: «وُلِدَ لرجلٍ منّا غُلامٌ فسماهُ القاسمَ، فقالتِ الأنصارُ: لا نَكْنِيكَ أبا القاسمِ ولا نُنْعِمُكَ عيناً. فأتىٰ النبيَّ ﷺ فقال: يا رسولَ الله وُلِدَ لي غلامٌ فسمَّيتُهُ القاسمَ، فقالتِ الأنصار: لا نَكنيكَ أبا القاسمِ ولا نُنعِمُكَ عيناً. فقال النبيُّ ﷺ: «أحسنَتِ الأنصارُ، سمّوا[1] باسمي ولا تَكنَّوا بكُنيَتي، فإنَّما أنا قاسم».

٣١١٦ - حدثنا حِبّانُ بنُ موسىٰ أخبرَنا عبدُ الله عن يونسَ عنِ الزُّهريِّ عن حُمَيدِ بنِ

٣١١٤ - قوله: (لا تكنوا) أصله لا تتكنوا. كـ لا تتمنوا.

٣١١٥ - قوله: (ولا ننعمك عيناً) أي لا نكرمك ولا نقر عينك بذلك (شارح).

(١) - قوله: (سموا) ذكر الشارح هنا رواية: فسموا وتسموا وفي قوله: ولا تكنوا رواية: ولا تكتنوا.

7 - CHAPTER: The saying of Allāh (the Exalted and Almighty):

And know that out of all the
booty that you may acquire in war
Verily a fifth share of it is assigned to Allāh and His Apostle (8: 41)

It means that Allāh's Apostle (the blessing and peace of Allāh be upon him) had the authority of distributing it (i.e. the fifth share), for Allāh's Apostle who said: «I am a distributor and a treasurer, and Allāh is the Giver».

3114 . Jābir bin 'Abdullah (may Allāh be pleased with him)narrated: «A boy was born to one of our men, the Ansar, and he wanted to name him Muhammad. The Ansārī man said: «I took the boy to the Prophet (the blessing and peace of Allāh be upon him) said: «Name your child by name, but do not name (them) by my nickname for I have been made Qāsim (i.e. a distributor) to distribute (the booty etc) amongst you» The narrator, Husain said that the Prophet said: «I have been sent as a Qāsim (i.e. distributor) to distribute (things) amongst you». (The sub-narrator Sālem said that he heard Jārir saying that the man wanted to name the boy Al-Qāsim, but the Prophet (the blessing and peace of Allāh be upon him) said: «Call (your sons) by my name, but do not name (them) by my nickname».

The parts of this hadīth are in: 3115, 3038, 6186, 6187,6189, 6196, 6189

243115 . Jārir bin 'Abdullah Al-Ansārī (may Allāh be pleased with him) narrated: «A man amongst us begot a boy whom he named Al-Qāsim. On that the Ansār said (to the man): «We will never call you Abu-al-Qāsim and will never please you with this blessed title.» So, he went to the Prophet and said: «O Allāh's Apostle! I have begotten a boy whom I named Al-Qāsim and the Ansār said: «We will never call you Abū-al-Qāsim, nor will we please you with this title.» The Prophet said: «The Ansār have done well. Name by my name, but do not name by my nickname for I am Qāsim» (The distributer).

3116 . Mu'āwiya narrated: «Allāh's Apostle (the blessing and peace of

عبدِ الرَّحمٰنِ أنَّهُ سمعَ مُعاويةَ يقول: قال رسولُ الله ﷺ: «مَن يُرِدِ الله به خيراً يُفقِّهْهُ في الدِّين، والله المعطِي وأنا القاسمُ، ولا تزالُ هٰذهِ الأمَّة ظاهرينَ على مَن خالفَهم حتى يأتِيَ أمرُ الله وهم ظاهرون».

٣١١٧ - **حدثنا** محمدُ بنُ سِنانٍ حدَّثنا فُلَيحٌ حدَّثنا هِلالٌ عن عبدِ الرَّحمٰنِ بنِ أبي عَمرة عن أبي هريرة رضيَ الله عنهُ أنَّ رسولَ الله ﷺ قال: «ما أُعطيكم ولا أمنَعُكم، إنما أنا قاسمٌ أضَعُ حيثُ أُمِرْتُ».

٣١١٨ - **حدثنا** عبدُ الله بنُ يزيدَ حدَّثنا سعيدُ بنُ أبي أيوبَ قال: حدَّثني أبو الأسودِ عنِ ابنِ أبي عيَّاشٍ - واسمهُ نعمانُ - عن خَولةَ الأنصاريةِ رضيَ الله عنها قالت: سمعتُ النبيَّ ﷺ يقول: «إنَّ رجالاً يتخوَّضونَ في مالِ الله بغير حقّ، فلهُمُ النارُ يومَ القِيامة».

٨ - **باب** قولِ النبيِّ ﷺ: «أُحِلَّت لكمُ الغنائم». وقال الله تعالىٰ:
﴿وعَدَكم الله مَغانمَ كثيرةً تأخذونها فعجَّل لكم هٰذِهِ﴾ الآية [الفتح: ٢٠]
وهي للعامَّةِ حتى يُبيِّنَهُ الرسولُ ﷺ

٣١١٩ - **حدثنا** مسدَّدٌ حدَّثنا خالدٌ حدَّثنا حُصَينٌ عن عامرٍ عن عُروةَ البارقيِّ رضيَ الله عنه عنِ النبيِّ ﷺ قال: «الخيلُ مَعقودٌ في نَواصيها الخيرُ والأجرُ والمغنمُ إلى يومِ القيامة».

٣١٢٠ - **حدثنا** أبو اليمانِ حدَّثنا شُعيبٌ أخبرنا أبو الزنادِ عن الأعرج عن أبي هريرةَ رضيَ الله عنه أنَّ رسولَ الله ﷺ قال: «إذا هلكَ كِسرَى فلا كسرَى بعدَه، وإذا هلكَ قَيصَرُ فلا قَيصَرُ بَعْدَهُ. والذي نفسي بيدِه لَتُنْفِقُنَّ كنوزَهما في سبيل الله».

٣١١٨ - يتخوضون: أي يتصرفون.

Allāh be upon him) said: «If Allāh wants to do good for somebody, he makes him comprehend the Religion (i.e. Islam) and Allāh is the Giver and I am Al-Qāsim (i.e. the distributor), and this (Muslim) nation will remain victorious over their opponents, till Allāh's Order comes and they will still be victorious».

3117 . Abū Huraira (may Allāh be pleased with him) narrated: «Allāh's Apostle (the blessing and peace of Allāh be upon him) said: «Neither do I give you (anything) nor withhold (anything) from you, but I am just a distributor(i.e. Qāsim) and I give as I am ordered».

3118 . Khaula Al-Ansārīya (may Allāh be pleased with her) narrated: «I heard Allāh's Apostle (the blessing and peace of Allāh be upon him) saying: «Some people spend Allāh's Wealth (i.e. Muslim's wealth) in an unjust manner; such people will be put in the (Hell) Fire on the Day of Resurrection».

8 - CHAPTER: The saying of the Prophet (the blessing and peace of Allāh be upon him): Booty has been made legal for you Muslims» and the saying of Allāh (the Exalted and Almighty):

Allāh has promised you much booty that, which you will capture» (48: 20)

So, the booty is for the whole Muslim fighters, till Allah's Apostle (the blessing and peace of Allāh be upon him) explained(the details).

3119 'Urwa-al-Bāriqī (may Allāh be pleased with him) narrated: The Prophet (the blessing and peace of Allāh be upon him) said: «Horses are always the source of good, namely, rewards (in the Hereafter) and booty, till the Day of Resurrection» .

3120 . Ābu Huraira (may Allāh be pleased with him) narrated: Allah's Apostle(the blessing and peace of Allāh be upon him) said: «When Khosrau is ruined, there will be no Khosrau after him; and when Caesar is ruined, there will be no Caesar after Him. By Him in Whose Hands my life is, you will spend their treasures in Allāh's Cause».

٣١٢١ - **حدثنا** إسحاقُ سمعَ جَريراً عن عبدِ الملك عن جابر بن سَمُرَة رضيَ الله عنه قال: قال رسولُ الله ﷺ: «**إذا هلكَ كِسرَى فلا كِسرىٰ بعده، وإذا هلكَ قيصرُ فلا قيصر بعدَه. والذي نفسي بيدِه لَتُنفِقُن كنوزَهما في سبيلِ الله**».

[الحديث ٣١٢١ - طرفاه في: ٣٦١٩، ٦٦٢٩].

٣١٢٢ - **حدثنا** محمدُ بنُ سِنانٍ حدَّثنا هُشَيمٌ أخبرَنا سَيّارٌ حدَّثنا يزيدُ الفقيرُ حدَّثنا جابرُ بنُ عبدِ الله رضيَ الله عنهما قال: قال رسولُ الله ﷺ: «**أُحلَّتْ ليَ الغَنائم**».

٣١٢٣ - **حدثنا** إسماعيلُ حدَّثني مالكٌ عن أبي الزِّنادِ عنِ الأَعرَجِ عن أبي هريرة رضيَ الله عنهُ أَنَّ رسولَ الله ﷺ قال: «**تَكَفَّلَ الله لمن جاهدَ في سَبيلِهِ لا يُخرجهُ إلاّ الجهادُ في سبيلِهِ، وتَصديقُ كلماته، بأَن يُدخِلَهُ الجنَّة، أَو يَرجِعَهُ إِلى مَسكَنِهِ الذي خَرجَ منه معَ أجرٍ أَو غنيمة**».

٣١٢٤ - **حدثنا** محمدُ بنُ العَلاءِ حدَّثَنا ابنُ المبارَكِ عن مَعمرٍ عن هَمامٍ بن مُنبِّهٍ عن أَبي هريرةَ رضيَ الله عنه قال: قال النبيُّ ﷺ: «**غَزا نبيٌّ مِنَ الأَنبياءِ فقال لقومِهِ: لا يَتبَعْني رجلٌ ملكَ بُضعَ امرأةٍ وهو يُريدُ أَن يَبني بها ولمّا يَبْنِ بها، ولا أَحدٌ بنىٰ بُيوتاً ولم يَرفعْ سُقوفَها، ولا أَحدٌ اشترَى غنماً أَو خَلِفاتٍ وهو يَنتظِرُ وِلادَها، فغزا. فدَنا منَ القَريةِ صلاةَ العصرِ أَو قريباً من ذٰلك، فقال للشمس: إنكِ مأْمورةٌ وأَنا مأْمور، اللّهمَّ احبِسْها علينا. فحُبِسَت حتّى فتحَ الله عَليهِ، فجمعَ الغَنائمَ، فجاءت - يعني النارَ - لتأْكلَها فلم تَطعَمْها، فقال: إنَّ فيكُم غلولاً، فلْيُبايِعْني من كلِّ قبيلةٍ رجلٌ، فلزِقَتْ يدُ رجلٍ بيدِهِ، فقال: فيكُمُ الغُلولُ، فلْيُبايِعْني قبيلتُكَ، فلزَقَتْ يدُ رجُلَين أَو ثلاثةٍ بيدِهِ، فقال: فيكُمُ الغُلولُ، فجاؤوا برأْسٍ مثل رأْسِ بقرةٍ منَ الذهبِ فوضعوها، فجاءَتِ النارُ فأَكلَتْها. ثمَّ أَحلَ الله لنا**

٣١٢١ - قوله: (لتنفقن) بفتح الفاء والقاف أو بكسر الفاء وضم القاف فكنوز رفع على الأول ونصب على الثاني (شارح).

٣١٢٣ - قوله: (بأن يدخله) ولابن عساكر أن تدخله (شارح).

٣١٢٤ - قوله: (غنماً) أي حوامل (أو خلفات) جمع خلفة وهي الحامل من النوق وقد تطلق على غير النوق (شارح).

3121 . Jābir bin Samura narrated: «Allāh's Apostle (the blessing and peace of Allāh be upon him) said: «When Khosrau in ruined, there will be no Khosrau after him; and when Caesar is reuined, their will be no Caesar after him. By Him in Whose Hands my life is, you will spend their treasures in Allāh's Cause».

The parts of this hadith are in: 3619,6629.

243122 . Jārir bin 'Abdullah (may Allāh be pleased with him) narrated: «The Prophet (the blessing and peace of Allāh be upon him) said: «Booty has been made legal for me».

3123 . Abū Huraira (may Allāh be pleased with him) narrated: «Allāh's Apostle (the blessing and peace of Allāh be upon him) said: «Allāh has granted him who strives in His Cause and whose motivation for going out is nothing but the Holy Struggle in His Cause and belief in His Word, that He will admit him into Paradise (if martyred) or bring him back to his dwelling place, whence he has come out, with what he gains of reward and booty».

3124 . Abū Huraira (may Allāh be pleased with him) narrated: «The Prophet (the blessing and peace of Allāh be upon him) said: «A prophet amongst the prophets wanted to carry out a holy military expedition, so he said to his followers: Anyone who has married a woman and wants to consummate the marriage, and has not done so yet, should not accompany me; nor should a man who has built a house but has not completed its roof; nor a man who has sheep or she-camels and is waiting for the birth of their young ones. So, the Prophet carried out the town at the time or nearly at the time of the Afternoon prayer, he said to the sun! You are under Allāh's Order and I am under Allāh's Order. O Allāh! Stop (i.e. the sun) from setting It was stopped till Allāh made him victorious. Then he collected the booty and the fire came to burn it, it did not burn it. He said (to his men), Some of you have stolen something from the booty. So one man from every tribe should give me a pledge of allegiance by shaking hands with me (They did so and) the hand of a man got stuck over the prophet's. Then the prophet said (to the man), The theft has been committed by your people. So all the persons of your tribe should give me the pledge of allegiance by shaking hands with me. The hands of two or three men got stuck over the prophet's hand and he said: «You have commited the theft. Then they brought a head of gold like the head of a cow and put it there, and the fire came

الغَنائمَ، رأىٰ ضَعفَنا وعَجْزَنا فأحلَّها لنا». [الحديث ٣١٢٤ ـ طرفه في: ٥١٥٧].

٩ ـ باب الغنيمةُ لِمَن شَهِدَ الوَقعة

٣١٢٥ ـ حدثنا صدقةُ أخبرَنا عبدُ الرّحمٰنِ عن مالكٍ عن زيدِ بنِ أسلم عن أبيهِ قال: قال عمرُ رضيَ الله عنه: «لولا آخِرُ المسلمينَ ما فَتَحتُ قريةٍ إلا قَسَمْتُها بين أهلِها كما قسمَ النبيُّ ﷺ خيبرَ».

١٠ ـ باب مَن قاتلَ للمغنَم هل يَنقُصُ مِن أجرِه؟

٣١٢٦ ـ حدثني محمدُ بن بَشارٍ حدَّثَنا غُندَرٌ حدَّثَنا شعبة عن عمرو قال: سمعتُ أبا وائل قال: حدَّثَنا أبو موسىٰ الأشعريُّ رضيَ الله عنه قال: قال أعرابيٌّ للنبيِّ ﷺ: الرجُلُ يُقاتِلُ للمغنَم، والرجل يقاتِلُ ليُذكَرَ، ويقاتِلُ ليُرَى مَكانهُ، مَن في سبيلِ الله؟ فقال: «مَن قاتَلَ لتكونَ كلمةُ الله هيَ العُليا فهو في سبيل الله».

١١ ـ باب قسمة الإمام ما يقدَمُ عليهِ، ويخبأ لمن لم يحضُرْهُ أو غاب عنه

٣١٢٧ ـ حدثنا عبدُ الله بن عبدِ الوهاب حدَّثَنا حَمّادُ بن زيد عن أيوبَ عن عبدِ الله بنِ أبي مُلَيكةَ أنَّ النبيَّ ﷺ أُهدِيَتْ لهُ أَقبِيةٌ من دِيباجٍ مُزرَّرةٌ بالذهبِ، فقسمَها في أُناسٍ من أَصحابهِ، وعزَلَ منها واحداً لمخرمَةَ بنِ نَوفَل، فجاءَ ومعهُ ابنه المِسْوَرُ بن مَخرَمَةَ، فقام على البابِ، فقال: ادْعُهُ لي، فسمِعَ النبيُّ ﷺ صَوتهُ فأَخذَ قَباء فتَلَقّاهُ بهِ واستقبَلهُ

٣١٢٦ ـ قوله: (من) ولابن عساكر فمن (شارح) وقوله: حدثنا وفي فتح الباري: حدثنا.

٣١٢٧ ـ قوله: (مزررة) براءين ولأبي ذر مزردة بالدال المهملة بدل الراء الأخيرة كما في الشارح.

and consumed the booty. Then Allāh made the booty legal for us; Allāh saw our weakness and disability, so he made the booty legal for us»..

The parts of this hadīth are in:5157

9 - CHAPTER: The war booty is for those who witness the battles.

3125 . Aslam narrated: «'Umar said: «Were not it for those Muslims who have not come to existence yet, I would have distributed (the land of) every town I conquer among the fighters as the Prophet (the blessing and peace of Allāh be upon him) distributed the land of Khaibar».

10 - CHAPTER: If somebody fights for the sake of booty, will his reward (in the Hereafter) be reduced?.

3126 . Abū Mūsā Al-Ash'ārī (may Allāh be pleased with him) narrated: «A bedouin asked the Prophet (the blessing and peace of Allāh be upon him): A man may fight for the sake of booty, and another may fight so that he may be mentioned by people, and a third may fight to show his position (i.e. bravery) which of these is regarded as fighting in Allāh's Cause?» The Prophet (the blessing and peace of Allāh be upon him)said: «He who fights so that Allāh's Word (i.e. Islam) should be superior, fights for Allāh's Cause».

11 - CHAPTER: THe Imām distributes what (war booty) is presented before him and keeps aside the share of those who are not present or are absent at the time (of distribution).

3127 . 'Abdullah bin Abī Mulaika narrated: «Some silken cloaks with golden buttons were presented to the Prophet (the blessing and peace of Allāh be upon him). He distributed them amongst his Companions and kept one from this for Makhrama b.Nawfal and came, with him his son bin Al-Miswar bin Makhrama, and stood up at the gate and said (to his son): «Call him (i.e. the Prophet (the blessing and peace of Allah be upon him)) to me». The Prophet heard his voice, took a silken cloak and brought it to him, placing those golden buttons in front of him saying: «O Abu-al-Miswar! I have kept this aside for you! O Abu-al-Miswar! I have kept this aside for you!» Makhrama was a bad-tempered man.

بأزرارِهِ فقال: «يا أبا المِسْوَرِ خَبأْتُ هٰذا لك، يا أبا المسورِ خبأْتُ هٰذا لك» وكان في خُلقهِ شيء. ورواهُ ابن عُليَّةَ عن أيوبَ وقال حاتمُ بن وَرْدانَ حدَّثَنا أَيوبُ عن ابنِ أبي مُلَيكةَ عن المِسْوَرِ «قَدِمَتْ على النبيِّ ﷺ أقبيةٌ». تابَعَهُ اللَّيثُ عنِ ابنِ أبي مُلَيكة.

١٢ - باب كيفَ قَسمَ النبيُّ ﷺ قُريظةَ والنَّضيرَ، وما أعطىٰ من ذٰلك من نَوائبِهِ

٣١٢٨ - حدثنا عبدُ الله بنُ أبي الأَسودِ حدَّثَنا مُعتمرٌ عن أبيهِ قال: سمعتُ أَنسَ بنَ مالكٍ رضيَ اللهُ عنه يقول: «كان الرجلُ يجعلُ للنبيِّ ﷺ النَّخلاتِ حتى افتَتَحَ قُرَيظةَ والنَّضيرَ، فكان بعدَ ذٰلكَ يَرُدُّ عليهم».

١٣ - باب بركةِ الغازي في مالهِ حَيّاً ومَيْتاً، مَعَ النبيِّ ﷺ ووُلاةِ الأَمرِ

٣١٢٩ - حدثني إسحاقُ بنُ إبراهيمَ قال: قلت لأبي أُسامةَ: أَحدَّثكم هِشامُ بن عُروة عن أبيهِ عن عبدِ الله بنِ الزُّبيرِ؟ قال: «لما وَقفَ الزُّبيرُ يومَ الجملِ دَعاني فقمتُ إلى جَنبهِ فقال: يا بُنَيَّ إنَّهُ لا يُقتلُ اليومَ إلا ظالمٌ أو مظلوم، وإني لا أُراني إلا سأُقتلُ اليومَ مَظلوماً، وإنَّ مِن أكبرِ همِّي لَدَيني، أفتُرى يُبقي دَينُنا مِن مالِنا شيئاً؟ فقال: يا بُنيَّ، بعْ ما لَنا، فاقضِ دَيني. وأوصىٰ بالثُّلثِ، وثُلثِهِ لبنيه - يعني بني عبدِ الله بنِ الزُّبير، يقول: ثلثُ الثُّلث - فإن فضلَ مِن مالنا فضلٌ بعدَ قضاءِ الدَّين شيءٌ فثلثهُ لوَلدك. قال هشامٌ: وكان بعضُ وَلدِ عبدِ الله قد وازَىٰ بعضَ بني الزبير - خُبَيبٌ وعَبادٌ - ولهُ يَومَئذٍ تسعةُ بَنينَ وتسعُ بناتٍ. قال عبدُ الله فجعلَ يُوصِيني بدَينهِ ويقول: يا بُنيَّ إنْ عَجزتَ عن شيءٍ منه فاستَعِنْ عليهِ مَولايَ. قال: فوالله ما دَريت ما أَرادَ حتى قلتُ: يا أَبتِ مَن مَولاك؟ قال: الله. قال: فوالله ما وَقعتُ في

ـ وقوله: (ورواه) أي هذا الحديث ولأبي ذر رواه وقوله: قال ولأبي ذر وقال (شارح).
٣١٢٩ ـ قوله: يعني عبد الله في بعض النسخ يعني بني عبد الله.

placing those golden buttons in front of him saying: «O Abū-al-Miswar! I have kept this aside for you! O Abū-al-Miswar! I have kept this aside for you!» Makhrama was a bad-tempered man.

12 - CHAPTER: How the Prophet (the blessing and peace of Allāh be upon him) distributed the properties of Banī Quraiza and Banī-An-Nakīr, and how much he kept for his needs.

3128 . Anas bin Malīk (may Allāh be pleased with him) narrated: «People used to give some of their date-palms to the Prophet (the blessing and peace of Allāh be upon him) (as a gift), till he conquered Banī Quraiza and Banī An-Nadīr, whereupon he started returning their favours.

13 - CHAPTER: Blessed is the wealth of a living or a dead Muslim warrior who fought along with the Prophet (the blessing and peace of Allāh be upon him) or along with the ruler.

3129 . 'Abdullah bin Az-Zubair narrated: «When Az-Zubair got up during the battle of Al-Jamal, he called me and I stood up beside him, and he said to me: «O my son! Today one will be killed either as an oppressor or as an oppressed one. I see that I will be killed as n oppressed one. My biggest worry is my debts. Do you think, if we pay the debts, there will be something left for us from our money?» Az-Zubair added: «O my son! Sell our property and pay my debts.»Az-Zubair then willed one third of his property and willed one-third of that portion to his sons: namely, 'Abdullah's sons. He said: «One-third of the one-third. If any property is left after the payment of the debts, one-third (of the one-third of what is left) is to be given to your sons.» (Hishām, a sub-narrator added: «Some of the sons of 'Abdullah were equal in age to the sons of Az-Zubair e.g. Khubaib and 'Abbād. 'Abdullah had nine sons and nine daughters at that time») (The narrator 'Abdullah added:) My father (Az-Zubair) went to drawing my attention to his debts saying: [If you fail to pay part of the debts, appeal to my Master to help you» By Allāh! I could not understand what he meant till I asked: «O father! Who is your Master?»He replied: «Allāh (is my

كربةٍ من دَينه إلا قلت: يا مَولى الزبير اقض عنه دَينه، فيقضيه. فقُتِلَ الزبيرُ رضيَ الله عنه ولم يَدَع دِيناراً ولا دِرهماً، إلا أرضينَ منها الغابةُ، وإحدَى عشرةَ داراً بالمدينةِ، وداريَنِ بالبصرةِ، وداراً بالكُوفةِ، وداراً بمصر. قال: وإنما كان دَينهُ الذي عليهِ أنَّ الرَّجُلَ كان يأْتيهِ بالمالِ فيستَودِعَهُ إيّاه، فيقولُ الزُّبير: لا، ولٰكنَّهُ سَلَفٌ، فإني أخشىٰ عليهِ الضَّيعةَ. وما وليَ إمارةً قطُّ ولا جبايةَ خَراجٍ ولا شيئاً إلّا أن يَكونَ في غزوة معَ النبيِّ ﷺ أو معَ أبي بكر وعمر وعثمانَ رضيَ الله عنهم .قال عبدُ الله بنُ الزُّبيرِ: فحسَبتُ ما عليهِ منَ الدَّينِ فوَجدتهُ ألفي ألفٍ ومائتي ألفٍ قال: فلَقِيَ حَكيمُ بن حِزامٍ عبدَ الله بنَ الزُّبَيرِ فقال: يا ابنَ أخي: كم على أخي منَ الدَّينِ؟ فكتمهُ فقال مائةُ ألـفٍ. فقال حَكيمٌ: والله ما أرى أموالكم تَسَعُ لهذه. فقال له عبدُ الله: أفرأيتكَ إن كانت ألفي ألفٍ ومائتي ألفٍ؟ قال: ما أراكم تُطيقونَ هذا، فإن عَجزْتم عن شيء منهُ فاستعينوا بي. قال:

وكان الزُّبَيرُ اشترَى الغابةَ بسبعينَ ومائةِ ألف. فباعَها عبدُ الله بألفِ ألفٍ وستمائة ألف: ثمَّ أقام فقال: من كان له على الزبيرِ حقٌّ فلْيُوافِنا بالغابةِ. فأتاهُ عبدُ الله بنُ جَعفرٍ ـ وكان له على الزُّبيرِ أربعُمائةِ ألفٍ ـ فقال لعبدِ الله: إن شئتم تركتُها لكم. قال عبدُ الله: لا. قال: فإن شئتم جعلتموها فيما تؤخرون إن أخَّرتم. فقال عبدُ الله: لا. قال: قال: فاقطعوا لي قطعةً. فقال عبدُ الله: لكَ من ها هنا إلى ها هنا. قال فباعَ منها فقضَىٰ دَينه فأوفاه. وبقيَ منها أربعةُ أسهُمٍ ونصفٌ، فقدِمَ على مُعاوية ـ وعندهُ عمرُو بنُ عثمانَ والمُنذرُ بنُ الزُّبَيرِ، وابنُ زمعةَ ـ فقال لهُ معاويةُ: كم قُوِّمَتِ الغابة: قال: كلُّ سهمٍ مائةُ ألفٍ. قال: كم بقيَ؟ قال: أربعةُ أسهُمٍ ونصفٌ. فقال المنذرُ بن الزُّبير: قد أخذتُ سهماً بمائة ألف. قال عمرُو بن عثمانَ: قد أخذتُ سهماً بمائةِ ألف. وقال ابنُ زَمعةَ: قد أخذتُ سَهماً بمائةِ ألف. فقال معاوية كم بقي؟ فقال: سهمٌ ونصف. قال: أخذتهُ بخمسين ومائةِ

ـ وقوله: (مائة ألف) بنصب مائة على نزع الخافض أي جاء كل سهم بمائة ألف (شارح).

Master).» By Allāh, whenever I had any difficulty regarding his debts, I would say: «O Master of Az-Zubair! Pay his debts on his behalf and Allāh would (help me to) pay it. Az-Zubair was martyred leaving no Dīnār or Dirham but two pieces of land, one of which was (called) Al-Ghāba, and eleven houses in Madina, two in Basra, one in Kūfa and one in Egypt. In fact, the source of the debt which he owed was that if somebody brought some money to deposit with him, Az-Zubair would say: «No, (I won't keep it as a trust), but I take it as a debt, for I am afraid it might be lost.» Az-Zubair was never appointed governor or collector of the tax of revenue or any other similar thing, but he collected his wealth (from the war booty he gained) during the holy battles he took part in, in the company of the Prophet (the blessing and peace of Allāh be upon him) Abū Bakr, 'Umar and 'Uthman (may Allāh be pleased with him) ('Abdullah bin Az-Zubair added:) When I counted his debt, it turned to be two million and two hundred thousand. (The sub-narrator added:) Hakīm bin Hizām met 'Abdullah bin Zubair and asked: «O my nephew! How much is the debt of my brother?» 'Abdullah kept it as a secret and said: «One hundred thousand.» Hakīm said: «By Allāh! I don't think your property will cover it.» On that 'Abdullah said to him: «What if it is two million and two hundred thousand?» Hakīm said: «I don't think you can pay it; so if you are unable to pay all of it, I will help you». Az-Zubair had already bought Al-Ghāba for one hundred and seventy thousand. 'Abdullah sold it for one million and six hundred thousand. Then he called the people saying: «Any person who has any money claim on Az-Zubair should come to us in Al-Ghāba» There came to him 'Abdullah bin Ja'far whom Az-Zubair owed four hundred thousand. He said to 'Abdullah bin Az-Zubair: «If you wish I will forgive you the debt.»'Abdullah (bin Az-Zubair) said: «No » Then Ibn Ja'far said: «If you wish you can defer the payemt if you should defer the payment of any debt.» If you should defer the payment of any debt.» Ibn Az-Zubair said: «No» 'Abdullah bin Ja'far said: «Give me a piece of the land.» 'Abdullah bin Az-Zubair said (to me): «Yours is the land extending from this place to this place». So, 'Abdullah bin Az-Zubair sold some of the property (including the houses) and paid his debt perfectly, retaining four and a half shares from the land (i.e. Al-Ghāba). Hé then went to Mu'āwiya while 'Amr bin 'Uthman, Al-Munthir bin Az-Zubair and Ibn Zām'a were sitting with him. Mu'āwiya asked: «At what price have you appraised Al-Ghāba?» He said: «One hundred thousand for each share». Mu'āwiya asked: «How many shares have been left?» 'Abdullah replied: «Four and a half shares.» Al-Munthir bin Az-Zubair said: «I would like to buy one share for one hundred thousand.» 'Amr bin 'Uthman said: «I would like to buy one share for one hundred thousand.» Ibn Zam'a said: «I would like to buy one share for one hundred thousand.» Mu'āwiya said: «How

أَلف. قال: وباع عبدُ الله بن جعفرَ نَصيبَهُ من معاوية بستمائةِ أَلف. فلما فرَغ ابنُ الزُّبيرِ من قضاءِ دَينهِ قال بنو الزُّبير: اقسِمْ بيننا مِيراثَنا. قال: لا واللهِ لا أَقسِمُ بينكم حتى أُنادِيَ بالموسم أَربعَ سِنين: أَلَا مَن كان لهُ على الزُّبَيرِ دَينٌ فلْيأتِنا فلنَقْضِهِ. قال: فجعل كلَّ سنة ينادي بالموسم. فلما مَضىٰ أَربعُ سنينَ قَسَمَ بينهم. قال: فكان للزُّبير أَربعُ نسوة، ورَفعَ الثلث فأَصابَ كلَّ امرأةٍ أَلفُ أَلفٍ ومائتا أَلف». فجميع ماله خمسون أَلف أَلفٍ ومائتا أَلف.

١٤ ـ باب إذا بَعثَ الإمامُ رسولاً في حاجة، أو أمرَهُ بالمقام، هل يُسهَمُ له؟

٣١٣٠ ـ حدثنا موسىٰ حدَّثنا أبو عَوانةَ حدَّثنا عثمانُ بنُ مَوهَبٍ عن ابنِ عمرَ رضيَ الله عنهما قال: إنَّما تَغيَّبَ عثمانُ عن بَدرٍ فإنهُ كان تحتَهُ بنتُ رسولِ الله ﷺ، وكانت مريضةً. فقال له النبيُّ ﷺ: «إنَّ لكَ أجرَ رجُلٍ ممَّن شهدَ بَدراً وسَهْمَه».

[الحديث ٣١٣٠ ـ أطرافه في: ٣٦٩٨، ٣٧٠٤، ٤٠٦٦، ٤٥١٣، ٤٥١٤، ٤٦٥٠، ٤٦٥١، ٧٠٩٥].

١٥ ـ باب ومنَ الدَّليلِ على أنَ الخُمسَ لنَوائبِ المسلمين ما سأَلَ هَوازنُ النبيَّ ﷺ ـ برَضاعِهِ فيهم ـ فتحلَّلَ من المسلمين، وما كان النبيُّ ﷺ يَعِدُ الناس أن يُعطيَهُم من الفيءِ والأنفالِ منَ الخُمسِ، وما أعطىٰ الأنصارَ، وما أعطىٰ جابرَ بنَ عبدِ الله تمرِ خَيبر.

٣١٣١، ٣١٣٢ ـ حدثنا سعيدُ بنُ عُفَير قال: حدَّثني اللَّيثُ قال: حدَّثني عُقَيلٌ عنِ

much is left now?»'Abdullah replied: «I would like to buy it for one hundred and fifty thousand.» 'Abdullah also sold his part to Mu'āwiya for six hundred thousand. When Ibn Az-Zubair had paid all the debts, Az-Zubair's son said to him: «Distribute our inheritance among us.» He said: «No by Allāh, I will not distribute it among you till I announce in four seccessive Hajj seasons: Would those who have money claims on Az-Zubair come so that we may pay them their debt.? So he started to announce that in public in every Hajj season, and when four years had elapsed, he distributed the inheritance among the inheritors. Az-Zubair had four wives, and after the one-third of his property was excluded (according to the will) each of his wives received one million and two hundred thousand. So the total amount of his property was fifty million and two hundred thousand.

14 - CHAPTER: If the Imām sends some messenger to carry out a certain duty, or orders him to stay at home (by virtue of which he does not join the battle) will he be given a share from the booty?».

3130 . Ibn 'Umar (may Allāh be pleased with him)narrated: «'Uthman did not join the Badr battle because he was married to one of the daughters of Allāh's Apostle (the blessing and peace of Allāh be upon him) and she was ill, So, the Prophet (the blessing and peace of Allāh be upon him) said to him: «You will get a reward and a share (from the war booty) similar to the reward and the share of one who has taken part in the Badr battle.

The parts of this hadīth are in: 4650, 4514, 4513, 4066, 3704, 3698, 7095, 4651.

15 - CHAPTER: The proof that one fifth of the war booty is to be used for the needs of the Muslims, is that when the people of the tribe of Hawāzin appealed to the Prophet (the blessing and peace of Allāh be upon him) (to give them back what he had gained from them as war booty) mentioning the fact that he had been nursed by one of their women, he asked the Muslims to give up their shares of the booty to them. (The second proof is) that the Prophet used to promise the people to give them from the Faī (i.e. booty gained without fight) and from the Khumus (i.e. one-fifth of war booty) as extra rewards. (Another proof is) what the Prophet gave the Ansār and what be gave to Jābir bin 'Abdullah from the dates of Khaibar.

3131, 3132 . Marwān bin Al-Hakim and Miswar bin Makhrama narrated:

ابنِ شهابٍ قال: وزعمَ عروةُ أن مروانَ بنَ الحكم ومسوَرَ بنَ مَخرمةَ أخبراهُ أنَّ رسولَ الله ﷺ قال حِينَ جاءهُ وَفدُ هَوازِنَ مُسْلمينَ فسألوهُ أن يرُدَّ إليهم أموالَهم وسَبْيَهم، فقال لهم رسولُ الله ﷺ: «أحبُّ الحديثِ إليَّ أَصْدَقهُ، فاختاروا إحدى الطائفتينِ: إمّا السَّبيَ وإما المالَ، وقد كنتُ استأنيتُ بهم» ـ وقد كان رسولُ الله ﷺ انتظرَهم بِضعَ عشرةَ ليلةً حينَ قفلَ من الطائف ـ فلما تبيَّنَ لهم أنَّ رسولَ الله ﷺ غيرُ رادٍّ إليهم إلّا إحدَى الطائفتينِ قالوا: فإنّا نختارُ سَبْيَنا، فقامَ رسولُ الله ﷺ في المسلمينَ فأثنىٰ على الله بما هو أهلهُ ثمَّ قال: «أما بعد فإنَّ إخوانكم هٰؤلاءِ قد جاءُونـا تائبينَ، وإني قد رأيتُ أن أرُدَّ إليهم سَبْيَهم، مَن أحبَّ أن يُطيِّبَ فلْيَفْعَلْ، ومَن أحبَّ منكم أن يكونَ على حَظِّهِ حتى نُعطيَهُ إياهُ من أوَّل ما يُفيءُ الله علينا فلْيَفْعَلْ». فقال الناسُ قد طيَّبنا ذلك يا رسولَ الله لهم، فقال لهم رسولُ الله ﷺ: «إنّا لا نَدري مَن أذِنَ منكم في ذٰلك ممَّن لم يأذَن، فارجعوا حتى يَرفعَ إلينا عُرَفاؤكم أمرَكم»، فرجَعَ الناسُ. فكلمهم عُرَفاؤهم ثمَّ رَجعوا إلى رسولِ الله ﷺ فأخبَرُوهُ أنَّهم قد طَيَّبوا فأذِنوا. فهٰذا الذي بلغنا عن سَبْيِ هَوازِن».

٣١٣٣ ـ **حدثنا** عبدُ الله بنُ عبدِ الوهّاب حدَّثَنا حَمّادٌ حدَّثَنا أيُّوبُ عن أبي قِلابةَ. قال: وحدَّثني القاسمُ بنُ عاصمٍ الكُلَيْنيُّ ـ وأنا لحديثِ القاسم أحفظُ ـ عن زَهْدَمٍ قال: كنّا عند أبي موسىٰ، فأتىٰ ذِكرُ دَجاجةٍ وعندَه رجلٌ من بني تَيمِ الله أحمرُ كأنهُ مِنَ الموالي، فدَعاهُ للطعام فقال: إني رأيتُه يأكلُ شيئاً فقَذِرْتهُ فحلَفتُ لا آكلُ. فقال: هَلمَّ فلأُحدِّثْكم عن ذلك: إني أتيتُ رسولَ الله ﷺ في نَفَرٍ منَ الأشعَريينَ نَسْتَحملهُ، فقال: «والله لا أحمِلكم، وما عندي ما أحمِلُكم». وأُتِيَ رسولُ الله ﷺ بنَهْبِ إبلٍ فسألَ عنّا فقال: أينَ النفَرُ

٣١٣١، ٣١٣٢ ـ قوله: (قد طيّبنا ذلك يا رسول الله) ولأبي ذر قد طيبنا ذلك لرسول الله ﷺ أي لأجله (شارح).

٣١٣٣ ـ قوله: (فأتى ذكر دجاجة) هكذا بهذا الضبط وفي رواية فأُتي بضم الهمزة مبيناً للمفعول ذكر بفتحات دجاجة بالتنوين والنصب أنظر الشارح.

«When the Hawāzin delegation came to Allāh's Apostle (the blessing and peace of Allāh be upon him) after they had embraced Islam and requested him to return their properties and war prisoners to them, Allāh's Apostle said: «To me the best talk is the truest, so you may choose either of two things; the war prisoners or the wealth, for I have delayed their distribution.» Allāh's Apostle had waited for them for over than ten days when he returned from Tā'if. So, when those people came to know that Allāh's Apostle was not going to return to them except one of the two thing, they said: «We choose our war prisoners.» Allāh's Apostle stood up amongst the Muslims, and after glorifying Allāh as He deserves, he said: «Now then, these brothers of yours have come to us with repentance, and I see (it logical) that I should return their captives to them so whoever of you likes to do that as a favour then he can do it, and whoever amongst you likes to stick to his share let him give up his prisoners and we will compensate him from the very first Fai' (i.e. war booty received without fight) which Allāh will give us» One that, all the people said: «O Allāh's Apostle! We have agreed willingly to do so (return the captives).» Then Allāh's Apostle said to them: «I do not know who amongst you has agreed to this and who has not. You should return and let your leaders inform me of your agreement.»The people returned and their leaders spoke to them, and then came to Allāh's Apostle (the blessing and peace of Allāh be upon him) and said: «All the people are willing and have given the permission to return the war prisoners (without compensation).

(Az-Zuhrī the sub-narrator states:) This is what has been related to us about the captives of Hawāzin.

3133 . Zahdam narrated: «Once we were in the house of Abū Mūsā who presented a meal containing cooked chicken. A man from the tribe of Banī Taim Allāh with red complexion as if he were from the Byzantine war prisoners, was present. Abū Mūsa invited him to share the meal but he (apologised) saying: «I saw chickens eating dirty things and so I have had a strong aversions to eating them, and have taken an oath that I will not eat chickens.» Abū Mūsa said: «Come along I will tell you about this matter (i.e. how to cancel one's oath). I went to the Prophet in the company of a group of Al-Ash'ariyun, asking him to provide us with some means of conveyance. He said: «By Allāh I will not provide you with any means of conveyance and I have nothing to make you ride on. Then some camels as booty were brought to Allāh's Apostle (the blessing and peace of Allāh be upon him) and he asked for us saying: «Where are the group of Al-Ash-

الأشعريون؟ فأمر لنا بخمس ذَودِ غُرِّ الذُّرَى، فلما انطلَقْنا قلنا: ما صنَعْنا؟ لا يُبارَكُ لنا. فرجَعْنا إليهِ فقلنا: إنا سألناكَ أن تحمِلَنا، فحَلفتَ أن لا تحْمِلَنا، أفنَسِيتَ؟ قال: «لستُ أنا حملتكم، ولكنَّ الله حملكم، وإني والله إن شاءَ الله لا أحلِفُ على يَمينٍ فأرَى غيرَها خيراً منها إلا أتيتُ الذي هو خيرٌ وتحلَّلتها».

[الحديث ٣١٣٣ ـ أطرافه في: ٤٣٨٥، ٤٤١٥، ٥٥١٧، ٥٥١٨، ٦٦٢٣، ٦٦٤٩، ٦٦٧٨، ٦٦٨٠، ٦٧١٨، ٦٧١٩، ٦٧٢١، ٧٥٥٥].

٣١٣٤ ـ **حدثنا** عبدُ الله بن يوسفَ أخبرَنا مالكٌ عن نافعٍ عنِ ابن عمرَ رضيَ الله عنهما أنَّ رسول الله ﷺ بعثَ سرِيةً فيها عبدُ الله بنُ عمرَ قِبَلَ نجدٍ فغَنِموا إبلاً كثيرة، فكانت سهمانهم اثني عشر بعيراً أو أحدَ عشرَ بعيراً، ونفِّلوا بعيراً بعيراً».

[الحديث ٣١٣٤ ـ طرفه في: ٤٣٣٨].

٣١٣٥ ـ **حدثنا** يحيى بنُ بُكيرٍ أخبرَنا اللَّيثُ عن عُقيلٍ عنِ ابنِ شهابٍ عن سالمٍ عنِ ابنِ عمرَ رضيَ الله عنهما «أنَّ رسولَ الله ﷺ كان يُنفِّلُ بعضَ مَن يَبعثُ مِنَ السَّرايا لأنفُسِهم خاصةً سِوى قسمِ عامةِ الجيش».

٣١٣٦ ـ **حدثنا** محمدُ بنُ العَلاءِ حدَّثَنا أبو أُسامةَ حدَّثَنا يزيدُ بنُ عبدِ الله عن أبي بُرْدَة عن أبي موسى رضيَ الله عنه قال: «بلغنا مَخرَجُ النبيِّ ﷺ ونحنُ باليمنِ، فخرَجْنا مُهاجِرينَ إليه ـ أنا وأخوانٍ لي أنا أصغرُهم: أحدُهما أبو بُردة والآخرُ أبو رُهم ـ إما قال في بِضعٍ وإما قال في ثلاثةٍ وخمسينَ أو اثنين وخمسين رجلاً من قومي، فركبْنا سفينةً، فألْقَينا سَفينتنا إلى

ـ قوله: (غرّ الذرى) أي ذوي الأسنمة البيض من سمنهنّ (شارح).

٣١٣٤ ـ قوله: (إبلاً كثيرة) وفي رواية. كثيراً (شارح).

٣١٣٦ ـ قوله: (قِسمَ) فيه الكسر والفتح (شارح).

ariyun? Then he ordered that we should be given five camels with white humps. When we set out we said: «What have we done? We will never be blessed (with what we have been given). So, we returned to the Prophet (the blessing and peace of Allāh be upon him) and said: «We asked you to provide us with some means of conveyance, but you took an oath that you would not provide us with any means of conveyance. Did you forget (your oath when you gave us the camels)? He replied: «I have not provided you with any means of conveyance, but Allāh has done, and by Allāh, if Allāh wishes, if I take an oath to do something, and later on I find that it is more beneficial to do something different. I will do the thing which is better, and give expiation for my oath».

The parts of this hadīth are in: 4358, 4415, 5517, 5518, 6623, 6649, 6678, 6680, 6718, 6719, 6721, 7555.

3134 . Nāfi' from Ibn 'Umar (may Allāh be pleased with him) narrated: «Allāh's Apostle (the blessing and peace of Allāh be upon him) sent a detachment towards Najd, and 'Abdullah bin 'Umar was in the detachment. They gained a great number of camels as war booty. The share of each one of them was twelve or eleven camels, and they were given an extra camel each.

The parts of this hadīth are in: 4338.

3135 . Ibn 'Umar (may Allāh be pleased with him)narrated: « Allāh's Apostle (the blessing and peace of Allāh be upon him) used to give extra share to some of the members of the detachment he used to send in addition to the shares they shared with the army in general.

3136 . Abū Mūsā (may Allāh be pleased with him)narrated: «We got the news of the migration of the Prophet (the blessing and peace of Allāh be upon him) while we were in Yemen so we set out migrating to him. We were, I and my two brothers, I being the youngest, and one of my brothers was Abū Burda and the other was Abū Ruhm. We were over fifty (or fifty-three of fifty two) men from our people. We got on board a ship which took us to An-Najāshī in

النَّجاشيِّ بالحَبَشةِ، ووافقْنا جعفرَ بنَ أبي طالبٍ وأصحابَهُ عندَه، فقال جعفرٌ: إنَّ رسولَ الله ﷺ بَعثَنا ها هنا، وأَمَرنا بالإقامة، فأقيموا مَعنا. فأقمنا معَهُ حتى قَدِمْنا جميعاً، فوافقْنا النبيَّ ﷺ حينَ افتتحَ خَيبرَ، فأسهَمَ لنا ـ أو قال: فأعطانا ـ منها، وما قَسَم لأحدٍ غابَ عن فتح خيبرَ منها شيئاً، إلا لمن شهِدَ معَه، إلا أصحابَ سفينتنا معَ جعفرٍ وأصحابه، قَسمَ لهم مَعهم». [الحديث ٣١٣٦ ـ أطرافه في: ٣٨٧٦، ٤٢٣٠، ٤٢٣٣].

٣١٣٧ ـ **حدثنا** عليٌّ حدَّثَنا سفيانُ حدَّثَنا محمدُ بنُ المنكَدِرِ سمعَ جابراً رضيَ الله عنه قال: «قال رسولُ الله ﷺ: **«لو قد جاءنا مالُ البحرَينِ لقد أعطيتُكَ هٰكذا وهٰكذا وهكذا»**. فلم يَجِىء حتى قُبِضَ النبيُّ ﷺ. فلما جاءَ مالُ البحرينِ أمرَ أبو بكرٍ مُنادِياً فنادَى: مَن كان له عندَ رسولِ الله ﷺ دَينٌ أو عِدَةٌ فلْيأتنا فأتيته فقلتُ: إنَّ رسولَ الله ﷺ قال لي كذا وكذا. فحَثا لي ثلاثاً. وجَعلَ سُفيانُ يَحثو بكفَّيهِ جميعاً، ثمَّ قال لنا: هٰكذا قال لنا ابنُ المنكَدِرِ. وقال مرةً فأتيتُ أبا بكرٍ فسألتُ فلم يُعطِني ثمّ أتيتهُ فلم يُعطني، ثمَّ أتيته الثالثةَ فقلتُ: سألتكَ فلم تُعطني ثم سألتكَ فلم تعطني، ثمَّ سألتكَ فلم تعطني، فإما أن تعطِيَني وإما أن تبخَلَ عني. قال: قلتَ تبخلُ عليَّ، ما مَنعتكَ من مرةٍ إلاّ وأنا أريدُ أن أُعطِيَكَ» قال سفيانُ: وحدَّثَنا عمرُو عن محمدِ بنِ عليٍّ عن جابرٍ فحَثا لي حَثْيةً وقال: عُدَّها، فوجدتُها خَمسَمائةٍ فقال: خُذْ مثلَها مرَّتين وقال ـ يعني ابنَ المنكدِرِ ـ: وأيُّ داءٍ أدْوأُ مِنَ البُخل.

٣١٣٨ ـ **حدثنا** مسلمُ بنُ إبراهيمَ حدَّثَنا قُرَّةُ بن خالدٍ حدَّثَنا عمرُو بن دِينارٍ عن

٣١٣٧ ـ قوله: (عني) وعليّ وروى كل منهما بدل الآخر أيضاً انظر الشارح.

Ethiopia, and there we found Ja'far bin Abī Tālib and his companions with An-Najāshī. Ja'far said (to us) Allāh's Apostle (the blessing and peace of Allāh be upon him) has sent us here and ordered us to stay here, so you too, stay with us.» We stayed with him till we all left (Ethiopia) and met the Prophet at the time when he had conquered Khaibar. He gave us a share from its booty (or gave us from its booty). He gave only to those who had taken part in the invasion with him, but he did not give any share to any person who had not participated in Khaibar's conquest except the people of our ship, besides Ja'far and his companions, whom he gave a share as he did them (i.e. the people of the ship)..

The parts of this hadīth are in: 4233, 4230, 3876.

3137 . Jābir (may Allāh be pleased with him)narrated: « Allāh's Apostle (the blessing and peace of Allāh be upon him) said (to me). If the property of Bahrain came to us, I would have given you so much and so much.» But the Bahrain property did not come till the Prophet had died. When the Bahrain property came, Abū Bakr ordered somebody to announce. Any person who has a money claim on Allāh's Apostle (the blessing and peace of Allāh be upon him) or whom Allāh's Apostle had promised something, should come to us.» So, I went to him and said: «Allāh's Apostle had promised to give me so much and so much.» Abū Bakr scooped up money with both hands thrice for me.» (The sub-narrator Sufyān illustrated this action by scooping up with both hands and said, "Ibn Al-Munkadir, another sub-narrator, used to illustrate it in this way»).

Jābir narrated: «Once I went to Abū Bakr and asked for the money but he did not give me, and I went to him again, but he did not give me, so I went to him for the third time and said: «I asked you, but you did not give me, then I asked you (for the second time) and you did not give me; then I asked you (for the third time) but you did not give me. You should either give me or allow yourself to be considered a miser rearing my case.» Abū Bakr said: «You tell me that I am a miser with respect to you. But really, whenever I rejected your request, I had the inclination to give you»

In another narration Jābir added: «So, Abū Bakr scooped up money with both hands for me and asked me to count it. I found out that it was five hundred. Abū Bakr told me to take twice the amount.

3138 . Jābir bin 'Abdullah (may Allāh be pleased with him) narrated:

جابرِ بنِ عبدِ اللهِ رضيَ اللهُ عنهما قال: بَيْنَما رسولُ اللهِ ﷺ يَقسِمُ غنيمةً بالجِعْرانةِ إذ قال له رجل: اعدِلْ. فقال له: «لقد شَقِيتَ إنْ لم أعدِلْ».

١٦ - باب ما منَّ النبيُّ ﷺ على الأُسارَى من غيرِ أنْ يُخمِّسَ

٣١٣٩ - حدثنا إسحاقُ بنُ منصورٍ أخبرَنا عبدُ الرَّزَّاقِ أخبرَنا مَعْمرٌ عنِ الزُّهريِّ عن محمدِ بنِ جُبَيرٍ عن أبيهِ رضيَ اللهُ عنه أنَّ النبيَّ ﷺ قال في أَسارى بدرٍ: «لو كانَ المطعِمُ بنُ عَدِيٍّ حياً ثمَّ كلَّمني في هؤلاءِ النَّتنَى لتركتُهم له». [الحديث ٣١٣٩ - طرفه في: ٤٠٢٤].

١٧ - باب ومِنَ الدَّليلِ على أنَّ الخُمسَ للإمامِ، وأنهُ يُعطي بعضَ قَرابتهِ دُونَ بعضٍ ما قسمَ النبيُّ ﷺ لبني المطلبِ وبني هاشمٍ من خُمسِ خيبرَ

قال عمرُ بنُ عبد العزيز: لم يَعُمَّهم بذلكَ ولم يَخُصَّ قَريباً دُونَ مَنْ أَحوَجُ إليه[(١)]، وإنْ كانَ الذي أُعطَى لما يَشكو إليه من الحاجة، ولما مَسَّتْهم في جنبه من قَومِهم وحُلَفائهم.

٣١٤٠ - حدثنا عبدُ اللهِ بنُ يوسفَ حدَّثَنا اللَّيثُ عن عُقَيلٍ عنِ ابنِ شِهابٍ عنِ ابنِ المسيَّبِ عن جُبَيرِ بنِ مُطعِمٍ قال: مَشَيتُ أنا وعثمانُ بن عفانَ إلى رسولِ اللهِ ﷺ فقلنا: يا رسولَ اللهِ، أَعْطيتَ بني المطلِبِ وتركتَنا. ونحنُ وهم منكَ بمنزلةٍ واحدةٍ، فقال رسولُ اللهِ ﷺ: «إنما بنو المطَّلبِ وبنو هاشمٍ شيءٌ واحد». قال اللَّيثُ: حدَّثني يونسُ

٣١٣٨ - قوله: (شقيت): بفتح التاء ولأبوي ذر والوقت وابن عساكر قال لقد شقيت بضم التاء أهـ من الشارح باختصار.

٣١٣٩ - (النتنى): بهذا الضبط جمع نتن كزمن وزمنى أو جمع نتين كجريح وجرحى قاله الشارح.

(١) - قوله: (من أحوج إليه) وفي رواية من هو أحوج إليه وهو الظاهر.

While Allāh's Apostle (the blessing and peace of Allāh be upon him) was distributing the booty at Al-Ja'rāna, somebody said to him: Be just (in your distribution).» The Prophet (the blessing and peace of Allāh be upon him) replied: «Verily I would be miserable if I did not act justly.

16 - CHAPTER: The free emancipation of the captives by the Prophet (the blessing and peace of Allāh be upon him) without taking out one fifth from the booty.

3139 . Jubair bin (Mut'im) narrated: «The Prophet (the blessing and peace of Allh be upon him) talked about war prisoners of Badr saying: «Had Al-Mut'im bin Adī been alive and interceded with me for these mean people, I would have freed them for his sake».

The parts of this hadīth are in: 4024

17 - CHAPTER: The proof of the fact that one fifth of the war booty is for the Imām (i.e. ruler), and that he has the right to give thereof to some of his relatives to the exclusion of others. What the Prophet (the blessing and peace of Allāh be upon him) distributed to Banī Al-Muttālib and Bānī Hāshim from the one fifth of the Khaibar booty

'Umar bin 'Abdul 'Azīz said: «The Prophet (the blessing and peace of Allāh be upon him) did not give all of them (i.e. his relatives) in general, and he did not give to a near relative if there was a needy relative of a remoter relation. He would or give the latter because of complaining of need, and because of what they had suffered from these people (i.e. Quraish) and their allies for his sake.

3140 . Jubair bin Mu'tim narrated: «I and 'Uthman bin 'Affān went to Allāh's Apostle (the blessing and peace of Allāh be upon him) and said: «O Allāh's Aposte! You have given to Banī Al-Muttālib and left us although they and we are of the same kinship to you.»Allāh's Apostle (the blessing and peace of Allāh be upon him) said: «Banī Muttālib and Banī Hashim are one and the

وزاد: «قال جُبَيرٌ: ولم يَقسِم النبيُّ ﷺ لبني عبدِ شمس ولا لبني نوفل. وقال ابنُ إسحاقَ: عبدُ شمسٍ وهاشمٌ والمطَّلبُ إخوةٌ لأُمّ. وأُمُّهم عاتكةُ بنتُ مرَّة. وكانَ نوفلُ أخاهم لأبيهم». [الحديث ٣١٤٠ ـ طرفاه في: ٣٥٠٢، ٤٢٢٩].

١٨ ـ باب من لم يُخمّسِ الأسلابَ
ومَن قتلَ قتيلاً فلهُ سَلَبُه من غير أن يُخمسَ، وحكمُ الإمام فيه

٣١٤١ ـ حدثنا مسدَّدٌ حدَّثنا يوسفُ بن الماجشونِ عن صالح بن إبراهيمَ بن عبدِ الرّحمٰنِ بنِ عوفٍ عن أبيهِ عن جدِّهِ قال: بَينا أنا واقفٌ في الصفِّ يومَ بَدرٍ، فنظرتُ عن يميني وشمالي، فإذا أنا بغلامَين من الأنصارِ حَديثةٍ أسنانُهما تَمنيت أن أكونَ بينَ أضلَعَ منهما، فغمزَني أحدُهما فقال: يا عمّ هل تعرفُ أبا جهل؟ قلت: نعم، ما حاجتك إليه يا ابن أخي؟ قال: أُخبرتُ أنه يَسُبُّ رسولَ الله ﷺ، والذي نفسي بيده لئن رأيته لا يُفارقُ سَوادي سوادَهُ حتى يَموتَ الأعجلُ منّا. فتعجبتُ لذلك، فغمزني الآخرُ فقال لي مثلَها، فلم أنشبْ(٢) أن نظرتُ إلى أبي جهل يجولُ في الناس فقلت: ألا إنَّ هذا صاحبكما الذي سألتماني، فابتدراهُ بسيفيهما فضرَباهُ حتّى قتلاه. ثمَّ انصرَفا إلى رسول الله ﷺ فأخبَراهُ. فقال: «أيُّكما قتله؟» قال كلُّ واحدٍ منهما: أنا قتلته. فقال: «هل مسحتما سيفَيكما؟» قالا: لا. فنظرَ في السيفَين فقال: «كلاكما قتله». سَلَبُهُ لمعاذِ بنِ عمرِو بن الجَموح. وكانا مُعاذَ ابنَ عفراءَ ومُعاذَ بن عمرو بن الجَموح. [الحديث ٣١٤١ ـ طرفاه في: ٣٩٦٤، ٣٩٨٨].

٣١٤٢ ـ حدثنا عبدُ الله بنُ مَسلمةَ عن مالكٍ عن يحيى بنِ سعيدٍ عن ابن أفلحَ عن أبي محمدٍ مَولى أبي قتادةَ عن قَتادةَ رضيَ الله عنه قال: «خرَجنا معَ رسولِ الله ﷺ عام حُنينٍ، فلما التقَينا كانت للمسلِمينَ جَولةٌ، فرأيتُ رجلاً من المشركينَ عَلا رجُلاً من

٣١٤١ ـ قوله: (بين أضلع) أي أشد وأقوى ولابن عساكر وأبي ذر عن الحموي بين أصلح (شارح).
(٢) ـ قوله: (فلم أنشب) أي فلم ألبث.

same.» The Prophet did not give a share to Banī Abd-shams and Banī Naufal. (Ibn Ishāq said: «Abd Shams and Hāshim and Al-Muttalib were maternal brothers and their mother was Ātika bint Murra and Naufal was their paternal brother.

18 - CHAPTER: That who did not take one fifth from the spoils of a killed infidel; and he who kills an infidel, will possess his belongings without giving the one fifth, and what the verdict of theImām in this respect is.

3141 'Abdur-Rahmān bin 'Auı narrated: « While I was standing in the row on the day (of the battle) of Badr, I looked to my right and my left and saw two young Ansārī boys, and I wished I had been stronger than them. Oneof them called my attention saying: «O uncle! Do you know Abū Jahl?» I said: «Yes» What do you want from him, O my nephew?» He said: «I have been informed that he abuses Allāh's Apostle. By Him in Whose Hand my life is, if I should see him, then my body will not leave his body till either of us meet his fate.» I was astonished at that talk. Then the other boy called my attention saying the same as the other had said. After a while I saw Abū Jahl walking amongst the people. I said (to the boys).: «Look! This is the man you asked me about.» So, both of them attacked him with their swords sand struck him to death and returned to Allāh's Apostle to inform him of that: «Which of you has killed him?» Each of them said: «I have killed him» Allāh's Apostle asked: «Have you cleaned your swords?» They said: «No» He then looked at their swords and said: «No doubt, you both have killed him and the spoils of the deceased will be given to Mu'āth bin 'Amr bin Al-Jamūh.» The two boys were Mu'āth bin 'Afrā and Mu'āth bin 'Amr bin Al-Jamūh.

3142 . Abū Qatādat (may Allāh be pleased with him)narrated: «We set out in the company of Allāh's Apostle (the blessing and peace of Allāh be upon him) on the day (of the battle) of Hunain. When we faced the enemy, the Muslims retreated and I saw a pagan throwing himself over a Muslim. I turned round and

المسلمين؛ فاستدبرتُ حتى أتيتهُ مِن ورائهِ حتَّى ضربتُه بالسَّيفِ على حَبلِ عاتقِهِ، فأقبلَ عليَّ فضمني ضمةً وجَدتُ منها ريحَ الموت؛ ثمَّ أدركَهُ الموتُ فأرسَلَني، فلحِقتُ عمرَ بنَ الخطابِ فقلتُ: ما بالُ الناسِ؟ قال: أمرُ الله، ثمَّ إنَّ الناسَ رجعوا، وجَلسَ النبيُّ ﷺ فقال: «مَن قتلَ قتيلاً لهُ عليه بيِّنة فلهُ سَلَبه». فقمتُ فقلت: مَن يَشهدُ لي؟ ثمَّ جلست. ثمَّ قال: «مَن قتل قتيلاً لهُ عليه بيّنة فلهُ سَلَبُه» ـ فقمت فقلتُ: مَن يَشهَدُ لي؟ ثمَّ جلَست. ثمَّ قال الثالثة مِثله، فقمت، فقال رسولُ الله ﷺ: «ما لَكَ يا أبا قَتادةَ؟» فاقتصَصْتُ عليهِ القصة، فقال رجلٌ: صدقَ يا رسولَ الله، وسلبُهُ عندي، فأَرضِهِ عني. قال أبو بكرٍ الصدِّيقُ رضيَ الله عنه: لاها الله إذاً لا يَعمدُ إلى أَسَدٍ مِن أُسْدِ الله يُقاتلُ عنِ الله ورسولِهِ ﷺ يُعطيكَ سَلَبه. فقال النبيُّ ﷺ: «صَدق». فأعطاهُ فبِعتُ الدِّرْعَ، فابتَعْتُ بِهِ مَخرفاً في بني سَلمة، فإنه لأوَّلُ مالٍ تأثَّلْته في الإسلام».

١٩ ـ باب ما كان النبيُّ ﷺ يُعطِي المؤلَّفة قلوبُهم وغيرهم مِنَ الخُمس ونحوه

رواهُ عبدُ الله بنُ زيدٍ عنِ النبيِّ ﷺ

٣١٤٣ ـ **حدثنا** محمدُ بنُ يوسُفَ حدَّثَنا الأَوزاعيُّ عنِ الزُّهريِّ عن سعيدِ بنِ المسيَّبِ وعُروةَ بنِ الزُّبَيرِ أَنَّ حكيمَ بنَ حِزامٍ رضيَ الله عنه قال: «سأَلتُ رسولَ الله ﷺ فأعطاني، ثمَّ سألته فأعطاني، ثمَّ قال لي: «يا حكيمُ، إنَّ هذا المالَ خَضِرٌ حلوٌ، فمن أَخذهُ بسَخاوةِ نَفْسٍ بُورِكَ له فيه، ومَن أخذهُ بإشرافِ نفسٍ لم يبارَكْ له فيه، وكان كالذي يأكلُ ولا يَشبَعُ،

٣١٤٢ ـ قوله: (لاها الله) بقطع الهمزة ووصلها وكلاهما مع إثبات ألف ها وحذفها كما في القاموس والمغني وغيرهما ففي أربعة والمعنى لا والله انظر الشارح.

ـ وقوله: (مخرفاً) بفتح الميم وكسر الراء وبفتحها أي بستاناً لأنه يخترف منه التمر أي يجتنى (شارح).

came upon him from behind and hit him on the shoulder with the sword. He (i.e. the pagan) came towards, me and seized me so violently that I felt as if it were death itself, but death overtook him and he released me. I followed 'Umar bin Al-Khaṭṭāb and asked (him): «What is wrong with the people (fleeing)?» He replied: «This is the Will of Allāh.» After the people returned, the Prophet sat and said: «Anyone who has killed an enemy and has a proof of that, will possess his spoils.» I got up and said: «Who will be a witness for me?» and then sat down. The Prophet again said: «Anyone who has killed an enemy and has a proof of that, will possess his spoils.» I (again) got up and said: «Who will be a witness for me?» and sat down. Then the Prophet said the same for the third time. I again got up, and Allāh's Apostle said: «O Abū Qatāda! What is your story?»Then I narrated the whole story to him. One man said: «O Allāh's Apostle! He is speaking the truth, and the spoils of the killed man are with me. So, please compensate him on my behalf.» On that Abū Bakr As-Siddīq said: «No, by Allāh. he (i.e. Allāh's Apostle) will not agree to give you the spoils gained by one of Allāh's Lions who fights on the behalf of Allāh and His Apostle.» The Prophet said: «Abū Bakr has spoken the truth.» So, Allāh's Apostle (the blessing and peace of Allāh be upon him) gave the spoils to me. I sold that armour (i.e. the spoils) and with its prices. I bought a garden at Bani Salima, and this was my first property which I gainted after my conversion to Islam.

19 - CHAPTER: What the Prophet (the blessing and peace of Allāh be upon him) used to give to those Muslims whose faith was not so firm, and to other Muslims, from one fifth or other resources. This has been said by 'Abdullah bin Zaid from the Prophet.

3143 . 'Urwa bin Az-Zubair narrated: «Hakīm bin Hizām (may Allāh be pleased with him)said: «I asked Allāh's Apostle (the blessing and peace of Allāh be upon him) for something, and he gave it to me. I asked him again, and he gave me, and said to me: «O Hakīm! This wealth is like green sweet (i.e. fruit) and if one takes it without greed, then one is blessed in it, and if one takes it with greediness, then one is not blessed in it , and will be like the one who eats with-

واليدُ العُليا خيرٌ مِنَ اليدِ السُّفلى». قال حَكيم: فقلت يا رسولَ الله، والذي بَعثَكَ بالحقِّ لا أرزأُ أحداً بعدَكَ شيئاً حتى أُفارِقَ الدنيا، فكان أبو بكرٍ يَدعو حكيماً ليُعطِيَه العطاءَ فيأبىٰ أن يقبلَ منه شيئاً، ثمَّ إنَّ عمرَ دعاه ليعطيَه فأبىٰ أن يَقبلَ منه، فقال: يا مَعشرَ المسلمين، إني أعرِضُ عليهِ حقَّه الذي قَسمَ الله له مِن هٰذا الفَيْءِ فيأبىٰ أن يأخُذَه. فلم يَرْزَأْ حكيمٌ أحداً مِنَ الناسِ بعدَ النبيِّ ﷺ حتى تُوُفِّيَ».

٣١٤٤ - **حدثنا** أبو النُّعمانِ حدَّثَنا حمّادُ بن زيدٍ عن أيُّوبَ عن نافعٍ «أنَّ عمرَ بنَ الخَطابِ رضيَ الله عنه قال: يا رسولَ الله إنهُ كانَ عليَّ اعتِكافُ يومٍ في الجاهلية، فأمرَهُ أن يَفِيَ به. قال: وأصابَ عمرُ جاريتَينِ من سَبيِ حُنَينٍ فوَضَعَهما في بعضِ بُيوتِ مكة، قال فمَنَّ رسولُ الله ﷺ على سَبيِ حُنينٍ، فجعَلوا يسعَونَ في السككِ، فقال عمرُ: يا عبدَ الله انظرْ ما هذا؟ فقال: مَنَّ رسولُ الله ﷺ على السَّبيِ؛ قال: اذهَبْ فأَرسِلِ الجاريتَينِ. قال نافع: ولم يَعتمِرْ رسولُ الله ﷺ منَ الجِعْرانةِ، ولوِ اعتَمَرَ لم يَخْفَ على عبدِ الله».

وزاد جَريرُ بنُ حازمٍ عن أيوبَ عن نافعٍ عنِ ابنِ عمرَ وقال: «منَ الخُمسِ».

ورواهُ مَعْمرٌ عن أيوبَ عن نافعٍ عنِ ابنِ عمرَ في النَّذرِ ولم يقل «يوم».

٣١٤٥ - **حدثنا** موسىٰ بن إسماعيلَ حدَّثَنا جريرُ بنُ حازمٍ حدَّثَنا الحسنُ قال: حدَّثني عمرُو بن تَغلِبَ رضيَ الله عنه قال: «أَعطىٰ رسولُ الله ﷺ قوماً ومنع آخرينَ، فكأنهم عَتِبوا عليهِ فقال: «إني أعطي قوماً أخافُ ظَلَعَهم وجزَعهم، وأَكِلُ أقواماً إلى ما جَعلَ الله في قلوبهم منَ الخيرِ والغِنى، منهم عمرو بن تَغلِبَ»، فقال عمرو بن تَغلِبَ: ما أُحِبُّ أنَّ لي

٣١٤٤ - قوله: (يوم) بالجر والتنوين على الحكاية ولأبي ذر يوم بالنصب على الظرفية (شارح).

٣١٤٥ - قوله: (ظلعهم): أي ميلهم عن الحق، وهو الذي في اليونينية، وفي نسخة: ضلعهم أي مرض قلوبهم وضعف يقينهم.

out satisfaction. And an upper (i.e. giving) hand is better than a lower (i.e. taking) hand. I said: «O Allāh's Apostle! By Him Who has sent you with the Truth. I will not ask anyone for anything after you till I have this world.» So, when Abū Bakr during his Caliphate, called Hakīm to give him (some money), Hakīm refused to accept anything from him. Once 'Umar called him (during his Caliphate) in order to give him something, but Hakīm refused to accept it, whereupon 'Umar said: «O Muslims! I give him (i.e. Hakīm) his right which Allāh has assigned to him) from this Fai' (booty) but he refuses to take it.» So Hakīm never took anything from anybody after the Prophet (the blessing and peace of Allāh be upon him) till he died.

3144 . Nafi' narrated: «'Umar bin Al-Khattāb (may Allāh be pleased with him)said: «O Allāh's Apostle! I vowed to seclude for one day during the pre-Islamic period.» The Prophet (the blessing and peace of Allāh be upon him) ordered him to fulfil his vow.

'Umar gained two lady captives from the war prisoners of Hunain and he left them in some of the houses at Mecca. When Allāh's Apostle (the blessing and peace of Allāh be upon him) freed the captives of Hunain without ransom, they came out walking in the streets. 'Umar said (to his son): «O 'Abdullah! See what is the matter» 'Abdullah replied: «Allāh's Apostle (the blessing and peace of Allāh be upon him) has freed the captives without ransom» He said (to him): «Go and set free those two slave girls.» (Nāfi' added:) Allāh's Apostle did not perform the 'Umra from Al-Ja'rāna, and if he had performed the 'Umra, it would not have been hidden from 'Abdullah .

3145 . 'Amr bin Taghlib (may Allāh be pleased with him) narrated: «Allāh's Apostle (the blessing and peace of Allāh be upon him) gave (gifts) to some people to the exclusion of some others. The latter seemed to be displeased by that. The Prophet (the blessing and peace of Allāh be upon him) said: «I give to some people, lest they should deviate from True Faith or lose patience, while I refer other people to the goodness and contentment which Allāh has put in their heart, and 'Amr bin Taghlib is amongst them» 'Amr bin Thaghlib said: «The statement of Allāh's Apostle (the blessing and peace of Allāh be upon him) is dearer to me than red camels».

بكلمةِ رسولِ الله ﷺ حُمرَ النَّعم». زاد أبو عاصم عن جريرٍ قال: سمعت الحسنَ يقول: «حدَّثَنا عمرُو بنُ تغلِبَ أنَّ رَسولَ الله ﷺ أُتِيَ بمالٍ ـ أو بسَبيٍ ـ فقَسَمَهُ. بهٰذا».

٣١٤٦ ـ حدثنا أبو الوليد حدَّثنا شعبةُ عن قَتادةَ عن أنسٍ رضيَ اللهُ عنه قال: قال النبي ﷺ: «**إني أُعطي قُرَيشاً أتألَّفُهم، لأنهم حديثُ عهدٍ بجاهلية**».

[الحديث ٣١٤٦ ـ أطرافه في: ٣١٤٧، ٣٥٢٨، ٣٧٧٨، ٣٧٩٣، ٤٣٣١، ٤٣٣٢، ٤٣٣٣، ٤٣٣٤، ٤٣٣٧، ٥٨٦٠، ٦٧٦٢، ٧٤٤١].

٣١٤٧ ـ حدثنا أبو اليمانِ أخبرَنا شعيبٌ حدَّثنا الزُّهريُّ قال: أخبرَني أنسُ بنُ مالكٍ أنَّ ناساً مِنَ الأنصارِ قالوا لرسولِ الله ﷺ حِينَ أفاءَ اللهُ على رسولِهِ ﷺ من أموالِ هَوازِنَ ما أفاءَ، فطفِقَ يُعطي رجالاً من قُريش المائةَ من الإبل، فقالوا: يغفرُ اللهُ لرسولِ الله ﷺ، يُعطي قُريشاً ويَدَعُنا، وسُيوفنا تقطُرُ من دمائهم. قال أنسٌ: فحُدِّثَ رسولُ الله ﷺ بمقالَتهم، فأرسلَ إلى الأنصارِ فجمعَهم في قُبَّةٍ مِن أدَمٍ، ولم يَدْعُ معَهم أحداً غيرَهم، فلما اجتمعوا جاءَهم رسولُ اللهِ ﷺ فقال: «**ما كانَ حديثٌ بلَغَني عنكم؟**» قال له فُقَهاءُهم أمّا ذوو رأْيِنا فلم يقولوا شيئاً، وأمّا أُناسٌ منّا حَديثةٌ أسنانُهم فقالوا: يَغفِرُ اللهُ لرسولِ الله ﷺ يُعطي قريشاً ويتركُ الأنصارَ، وسُيوفُنا تَقطُرُ من دِمائهم. فقال رسولُ الله ﷺ: «**إني لأُعطي رجالاً حديثٌ عهدُهم بكفر، أما ترضَونَ أن يَذهبَ الناسُ بالأموالِ، وترجعوا إلى رِحالكم برَسولِ الله ﷺ، فواللهِ ما تنقَلِبونَ بِهِ خيرٌ مما يَنقلِبونَ به**». قالوا: بَلى يا رسولَ الله، قد رضينا. فقال لهم: «**إنكم سترَونَ بعدي أثرةً شديدة، فاصبِروا حتّى تَلْقوا اللهَ ورسولَه ﷺ على الحوض**». قال أنسٌ: فلم نصبِر».

٣١٤٧ ـ قوله: (الأدم) جلد تم دباغه.

ـ قوله: (أثرة): بضم الهمزة وسكون المثلثة وبفتحهما لأبي ذر أي إيثاراً لأنفسهم عليكم بالدنيا ولا يجعلون لكم في الأمر من نصيب أهـ من الشارح.

Al-Hasan narrated: «'Amr bin Taghlib told us that Allāh's Apostle (the blessing and peace of Allāh be upon him) got some property or some war prisoners and he distributed them in the above way (i.e. giving to some people to the exclusion of others).

3146 Anas (may Allāh be pleased with him) narrated: «The Prophet (the blessing and peace if Allāh be upon him) said: «I give to Quraish people in order to let them adhere to Islam, for they are near to their life of Ignorance (i.e. they have newly embraced Islam and it is still not strong in their hearts)».

The parts of this hadīth are in: 4333, 4332, 4331, 3793, 37783528, 3147 7441, 6762, 5860, 4337, 4334.

3147 . Madīna (may Allāh be pleased with him)narrated: «When Allah favoured His Apostle (the blessing and peace of Allāh be upon him) with the properties of Hawāzin tritbe as Fai' (booty), he started giving to some Quraishi men even up to one-hundred camels each, whereupon some Ansārī men said about Allah's Apostle:«May Allāh forgive His Apostle! He is giving to (men of) Quraish and leaves us, in spite of the fact that our swords are still dripping blood (of the infidels). When Allāh's Apostle was informed of what they had said, he called the Ansār and gathered them in a leather tent and did not call anybody else along with them. When they gathered Allāh's Apostle came to them and said: «What is the statement which I have been informed, you said: «The learned ones among them replied: «Allāh's Apostle! The wise ones amongst us did not say anything, but the youngsters amongst us said: «May Allāh forgive His Apostle: he gives Quraish and leaves the Ansār in spite of the fact that our swords are still dribbling (wet) with the blood of the infidels». Allāh's Apostle replied: «give to such people as are still close to the period of Infidelity (i.e. they have recently embraced Islam and Faith is still weak in their hearts). Won't you be pleased to see the people go with fortune, while you return with Allāh's Apostle (the blessing and peace of Allāh be upon him) to your houses? By Allāh, what you will return with, is better than what they are rerturning with.» The Ansār replied: «Yes Allāh's Apostle, we are satisfied.» Then he said to them: «You will find after me, others being preferred to you. Then be patient till you meet Allāh and meet His Apostle (the blessing and peace of Allāh be upon him) at Al-Kauthar (i.e. a fount is Paradise).» (Anas added:) But we did not remain patient.

٣١٤٨ ـ **حدثنا** عبدُ العزيزِ بن عبدِ الله الأُوَيسيُّ حدَّثَنا إبراهيمُ بنُ سعدٍ عن صالح عن ابنِ شهابٍ قال: أخبرَني عمر بن محمدِ بنِ جُبَيرِ بنِ مُطعم أنَّ محمدَ بنَ جُبيرٍ قال: أخبرَني جبيرُ بنُ مُطعم أنه بَينا هو معَ رسولِ الله ﷺ ومعَه الناسُ مُقبلاً من حُنَينٍ علِقَتْ رسولَ الله ﷺ الأَعرابُ يَسأَلونهُ حتى اضْطَرُّوهُ إلى سَمُرةٍ فخطِفَتْ رِداءه، فوقَفَ رسولُ الله ﷺ فقال: «أَعطوني ردائي، فلو كانَ عددُ هٰذهِ العِضاهِ نَعَماً لقَسمتهُ بينكم ثمَّ لا تجدونني بَخيلاً ولا كذوباً ولا جَباناً».

٣١٤٩ ـ **حدثنا** يحيىٰ بنُ بُكيرٍ حدَّثَنا مالكٌ عن إسحاقَ بنِ عبدِ الله عن أنسِ بنِ مالكٍ رضيَ الله عنه قال: «كنتُ أَمشي معَ النبيِّ ﷺ وعليهِ بُردٌ نَجْرانيٌّ غَليظُ الحاشيةِ، فأَدركَهُ أَعرابيٌّ فجذَبَهُ جَذبَةً شديدةً حتى نظرتُ إلى صَفحةِ عاتقِ النبيِّ ﷺ قد أَثَّرَتْ بهِ حاشيةُ الرِّداءِ مِن شدَّةِ جذبتهِ ثمَّ قال: مُرْ لي مِن مالِ الله الذي عندَكَ. فالتفتَ إليه فضحِكَ ثمَّ أمرَ لهُ بعَطاء».

[الحديث ٣١٤٩ ـ طرفاه في: ٥٨٠٩، ٦٠٨٨].

٣١٥٠ ـ **حدثنا** عثمانُ بن أبي شَيبةَ حدَّثَنا جريرٌ عن منصورٍ عن أبي وائلٍ عن عبدِ الله رضيَ الله عنه قال: لما كان يومُ حُنينٍ آثرَ النبيُّ ﷺ أُناساً في القِسمةِ: فأَعطىٰ الأَقرعَ بن حابسٍ مائةً منَ الإبلِ. وأَعطىٰ عُيَينةَ مثلَ ذٰلك. وأَعطىٰ أُناساً من أَشرافِ العربِ فآثرَهم يومئذٍ في القِسمة. قال رجلٌ: واللهِ إنَّ هٰذهِ القسمةَ ما عُدِلَ فيها وما أُرِيدَ بها وَجهُ الله. فقلت والله لأُخبِرنَّ النبيَّ ﷺ. فأَتيتُهُ فأَخبرته. فقال: «فمَن يعدلُ إذا لم يعدِلِ الله ورسوله؟ رَحِمَ الله موسىٰ. قد أُوذِيَ بأَكثرَ من هٰذا فصبَر».

[الحديث ٣١٥٠ ـ أطرافه في: ٣٤٠٥، ٤٣٣٥، ٤٣٣٦، ٦٠٥٩، ٦١٠٠، ٦٢٩١، ٦٣٣٦].

٣١٥١ ـ **حدثنا** محمودُ بن غَيلانَ حدَّثَنا أبو أُسامةَ حدَّثَنا هشامٌ قال: أخبرَني أَبي عن

3148 . Jubair bin Mut'im narrated: «That while he was with Allāh's Apostle (the blessing and peace of Allāh be upon him) who was accompanied by the people on their way back from Hunain, the bedouins started begging things of Allāh's Apostle (the blessing and peace of Allāh be upon him) so much so that they forced him to go under a Samura tree where his loose outer garment was snatched away. On that, Allāh's Apostle (the blessing and peace of Allāh be upon him) stood up and said to them: «Return my garment to me. If I had as many camels as these trees, I would have distributed them amongst you; and you will not find me a miser or a liar or a coward».

3149 . Anas bin Malīk (may Allāh be pleased with him) narrated: «While I was walking with the Prophet (the blessing and peace of Allāh be upon him) who was wearing a Najrānī outer grment with a thick hem, a bedouin came upon the Prophet (the blessing and peace of Allāh be upon him) and pulled his garment so violently that I could recognise the impress of the hem of the garment on his shoulder, caused by the violence of his pull. Then the bedouin said: «Order for me something from Allāh's Fortune which you have.» The Prophet (the blessing and peace of Allāh be upon him) turned to him and smiled, and ordered that a gift be given to him.

The parts of this hadīth are in: 5809, 6088.

3150 . 'Abdullah (may Allāh be pleased with him)narrated: «On the day (of the battle) of Hunain, Allāh's Apostle (the blessing and peace of Allāh be upon him) favoured some people in the distribution of the booty (to the exclusion of others); he gave Al-Aqra' bin Hābis one-hundred camels and he gave Uyaina the same amount, and also gave to some of the eminent Arabs, giving them preference in this regard. Then a person came and said: «By Allāh, in this distribution justice has not been observed, nor has Allāh's Pleasure been aimed at» I said (to him): «By Allāh I will inform the Prophet (the blessing and peace of Allāh be upon him) (of what you have said)» I went and informed him, and he said: «If Allāh and His Apostle did not act justly, who else would act justly. May Allāh be merciful to Moses, for he was harmed with more than this, yet he kept patient.»

The parts of this hadīth are in: 3405, 4335, 6100, 6095, 4336, 6336, 6291.

3151 . Asmā bint Abī Bakr (may Allāh be pleased with her) narrated: «I

أسماءَ بنتِ أبي بكر رضيَ الله عنهما قالت: «كنت أنقلُ النّوَى من أرض الزُّبير التي أقطعَه رسولُ الله ﷺ على رأسي. وهيَ مِنّي على ثُلثَي فَرسخٍ».

وقال أبو ضمرةَ عن هشام عن أبيهِ: «أنَّ النبيَّ ﷺ أقطعَ الزُّبيرَ أرضاً من أموالِ بني النَّضيرِ».

[الحديث ٣١٥١ ـ طرفه في: ٥٢٢٤].

٣١٥٢ ـ **حدثني** أحمدُ بن المقدام حدَّثَنا الفُضَيلُ بن سُليمانَ حدَّثَنا موسىٰ بنُ عُقبة قال: أخبرَني نافعٌ عنِ ابنِ عمر رضيَ الله عنهما «أنَّ عمر بن الخَطاب أجْلىٰ اليهودَ والنصارىٰ من أرضِ الحجاز، وكان رسولُ الله ﷺ لما ظَهرَ على أهلِ خَيبرَ أرادَ أن يُخرجَ اليهودَ منها. وكانتِ الأرضُ ـ لما ظَهرَ عليها ـ لليهودِ وللرسولِ وللمسلمين. فسألَ اليهودُ رسولَ الله ﷺ أن يَترُكَهم على أن يَكفُوا العملَ ولهم نِصفُ الثَّمرِ. فقال رسولُ الله ﷺ: «نُقِرُّكُم على ذلكَ ما شِئنا». فأُقِرُّوا، حتىٰ أجلاهم عمرُ في إمارتهِ إلى تَيماءَ وأرِيحا».

٢٠ ـ باب ما يُصِيبُ منَ الطعامِ في أرضِ الحرب

٣١٥٣ ـ **حدثنا** أبو الوليدِ حدَّثنا شعبةُ عن حُميدِ بنِ هلالٍ عن عبدِ الله بنِ مُغفَّل رضيَ الله عنه قال: «كنّا مُحاصِرينَ قصرَ خيبرَ، فرمىٰ إنسانٌ بجرابٍ فيه شحمٌ، فنزوتُ لآخذَه فالتفتُّ فإذا النبيُّ ﷺ، فاستحيَيْتُ منه».

[الحديث ٣١٥٣ ـ طرفاه في: ٤٢٢٤، ٥٥٠٨].

٣١٥٤ ـ **حدثنا** مسدَّدٌ حدَّثنا حمّادُ بن زيدٍ عن أيوبَ عن نافعٍ عنِ ابنِ عمرَ قال: «كنّا نُصيبُ في مَغازينا العسَلَ والعِنبَ، فنأكلُهُ ولا نَرفعُه».

٣١٥٢ ـ قوله: (لما ظهر عليها لليهود وللرسول والمسلمين) ولأبي الوقت وابن عساكر لما ظهر عليها لله وللرسول (شارح).

used to carry the date stones on my head from the land of Az-Zubair which Allāh's Apostle (the blessing and peace of Allāh be upon him) had given to him, and it was at a distance of two-third of a Farsakh from my house.

Hishām's father narrated: «The Prophet (the blessing and peace of Allāh be upon him) gave Az-Zubair a piece of land from the property of Banī An-Nadīr (gained as war booty) .

The parts of this hadith are in: 4225.

3152 . Ibn 'Umar (may Allāh be pleased with him)narrated: «'Umar bin Al-Khattāb expelled all the Jews and Christians from the land of Hijaz. TheProphet (the blessing and peace of Allāh be upon him) after conquering Khaibar thought of expelling the Jews from the land which, after he conquered it, belonged to Allāh, Allāh's Apostle and the Muslim. But the Jews requested Allāh's Apostle (the blessing and peace of Allāh be upon him) to leave them there on the condition that they would do the labour and get half of the fruits (the land would yield). Allāh's Apostle said: «We shall keep you on these terms as long as we wish.» Thus they stayed till the time of 'Umar's Calipthate when he expelled them to Taimā and Arīha.

20 - CHAPTER: The food gained as war booty in the battle field.

3153 . 'Abdullah bin Mughaffal (may Allāh be pleased with him) narrated: « While we were besieging the fort of Khaibar, a person threw a leather container containing fat and I ran to take it, but when I turned I saw the Prophet (the blessing and peace of Allāh be upon him) (standing behind), so I felt embarrassed in front of him.

The parts of this hadīth are in: 4224, 5508.

3154 . Ibn 'Umar (may Allāh be pleased with him) narrated: «In our holy battles, we used to get honey and grapes as war booty which we would eat and would not store.

٣١٥٥ - **حدثنا** موسىٰ بن إسماعيلَ حدَّثنا عبدُ الواحدِ حدَّثنا الشَّيبانيُّ قال: سمعتُ ابنَ أبي أوفىٰ رضي الله عنهما يقول: «أصابَتْنا مَجاعةٌ ليالي خيبر، فلما كان يومُ خيبرَ وقَعْنا في الحمرِ الأهلية فانتحَرْناها، فلما غلَت القُدورُ نادَى مُنادِي رسولِ الله ﷺ: أكفِئوا القُدورَ فلا تطعَموا من لحومِ الحمرِ شيئاً».

قال عبدُ الله: فقلنا إنما نهىٰ النبيُّ ﷺ لأنها لم تخمَّس. قال: وقال آخرونَ حرَّمَها البتةَ.

وسألتُ سعيدَ بنَ جُبَيرٍ فقال: حرَّمها البتة.

[الحديث ٣١٥٥ - أطرافه في: ٤٢٢٠، ٤٢٢٢، ٤٢٢٤، ٥٥٢٦].

3155 . Ibn Abī Aufā (may Allāh be pleased with him) narrated: «We were afflicted with hunger during the besiege of Khaibar, and when it was the day of(the battle of) Khaibar, we slaughtered the donkeys, and when the pots got boiling (with their meat), the Prophet (the blessing and peace of Allāh be upon him) made an announcement that all the pots should be upset and that nobody should eat anything of the meat of the donkeys. We thought that the Prophet prohibited that because the one fifth had not been taken out of the booty (i.e. donkeys). Some people said: «He prohibited eating them for ever.» (The sub-narrator added: «I asked Sa'īd bin Jubair who said: ‹He has made the eating of donkeys' meat illegal for ever.

The parts of this hadīth are in: 5526, 4224, 4222, 4220

بسم الله الرَّحمن الرَّحيم

٥٨ـ كتاب الجزية والموادعة

١ ـ باب الجزية والموادعة، مع أهل الذمة والحرب وقولِ الله تعالى:

﴿قاتِلوا الّذينَ لا يُؤْمنونَ بالله ولا باليَوم الآخرِ ولا يُحَرِّمونَ ما حرَّمَ الله ورسولُهُ ولا يَدِينونَ دِينَ الحقّ منَ الذين أُوتوا الكتابَ حتَّى يُعطُوا الجِزْيَةَ عن يدٍ وهم صاغرون﴾ [التوبة: ٢٩] يعني أَذِلاء. وما جاء في أَخذِ الجزيةِ منَ اليهودِ والنصارَى والمجوسِ والعجم

وقال ابنُ عُيَينَةَ عنِ ابنِ أَبي نَجيحٍ: قلت لمجاهد ما شأْنُ أَهلِ الشام عليهم أَربعةُ دَنانيرَ، وَأَهلُ اليمن عليهم دِينارٌ؟ قال: جُعِلَ ذلكَ مِن قِبَلِ اليسار.

٣١٥٦ ـ **حدثنا** عليُّ بن عبدِ الله قال: حدَّثَنا سفيانُ قال: سمعتُ عَمراً قال: «كنتُ جالساً معَ جابرِ بنِ زيدٍ وعمرِو بنِ أَوسٍ فحدَّثهما بَجالةُ سنةَ سبعين ـ عامَ حجَّ مُصعَبُ بن الزبير بأَهلِ البصرةِ ـ عندَ درج زمزمَ قال: كنتُ كاتباً لجَزْء بنِ مُعاويةَ عمِّ الأَحنفِ، فأَتانا

باب ١ ـ قوله: (أَهل الشام) أي من أَهل الكتاب عليهم في الجزية أَربعة دنانير الخ.

In the name of Allah, the Most Beneficent, the Most Merciful

58 - THE BOOK OF AL-KIZYA (tax)

1 - CHAPTER: Al-Jizya (tax) taken from all non-Muslims living under the protection of the Islamic state taken from the Thimmis, and the stoppage of war for a while with the enemies, and the saying of Allāh (The Exalted and Almighty):

Fight those who believe not
In Allāh nor in the Last Day,
Nor observe the forbiddence of
What Allāh and His Apostle have forbidden.
Nor acknowledge the Religion of Truth
amongst the people of the Scripture
Until they pay the Jizya
With willing submission
And feel themselves subdued. (9: 29)

And what has been said regarding the taking of Jizya from the Jews, Christians, Magians and non-Arab infidels.

Ibn Abī Najīh narrated: «I asked Mujāhid: «Why are the Syrians charged four Dīnārs as Jizya while the Yemenites are charged one Dīnār only?» Mujāhid replied: «This (Jizya) has been fixed on the basis of the degree of propsperity».

3156 . 'Umar (bin Dīnār) narrated: «I was sitting with Jābir bin Zaid and 'Amr bin Aus; and Bajala was narrating to them in 70A.H; the year when Mus'ab bin Az-Zubair was the leader of the pilgrims of Basra. We were sitting at the steps of Zam-zam well and Bajala said: «I was the clerk of Juz' bin Mu'āwiya, Al-Ahnaf's paternal uncle. A letter came from 'Umar bin Al-Khattāb one year before his death; and it was read:
Cancel every marriage contracted

كتابُ عمرَ بنِ الخطابِ قبلَ مَوته بسنة، فَرِّقوا بينَ كلِّ ذي مَحرمٍ منَ المجوسِ. ولم يَكن عمرُ أخذ الجزيةَ منَ المجوس».

٣١٥٧ - حتّى شَهِد عبدُ الرّحمٰنِ بنُ عَوف «أنَّ رسولَ الله ﷺ أخذ الجِزيةَ مِن مَجوسِ هَجَر».

٣١٥٨ - **حدثنا** أبو اليمانِ أخبرَنا شُعيبٌ عن الزُّهريِّ قال: حدَّثني عُروةُ بنُ الزُّبيرِ عن المِسْوَرِ بنِ مَخْرَمَةَ أنه أخبرَهُ أنَّ عمرَو بنَ عَوفٍ الأنصاريَّ - وهوَ حليفٌ لبني عامِرِ بن لُؤَيٍّ، وكان شهدَ بَدراً - أخبرَهُ أنَّ رسولَ الله ﷺ بعثَ أبا عُبيدَة بن الجرّاح إلى البحرَين يأتي بجزْيتها، وكان رسولُ الله ﷺ هو صالح أهلَ البحرَين وأمَّرَ عليهم العلاءَ بن الحضرميِّ، فقدِمَ أبو عبيدةَ بمالٍ منَ البحرَين، فسمِعَتِ الأنصارُ بقدوم أبي عبيدة فوافت صلاةَ الصبح مَعَ النبيِّ ﷺ، فلما صلى بهم الفجرَ انصرفَ، فتعرَّضوا لهُ، فتبسَّمَ رسولُ الله ﷺ حينَ رآهم وقال: «أظُنُّكم قد سمعتم أنَّ أبا عبيدةَ قد جاء بشيء»، قالوا: أجل يا رسولَ الله، قال: «فأبشِروا وأمِّلوا ما يسرُّكم، فوالله لا الفقرَ أخشىٰ عليكم، ولكن أخشىٰ عليكم أن تُبسَطَ عليكم الدنيا كما بُسِطَت على من كان قبلَكم، فتنافَسوها كما تنافَسوها، وتُهلكَكم كما أهلَكَتهم».

٣١٥٩ - **حدثنا** الفَضلُ بن يعقوبَ حدَّثنا عبدُ الله بن جعفرٍ الرَّقيُّ حدَّثنا المعتمرُ بنُ سُليمانَ حدَّثنا سعيدُ بنُ عُبيدِ الله الثَّقفيُّ حدَّثنا بكرُ بن عبدِ الله المُزنيُّ وزيادُ بن جُبيرِ بنِ حيَّة قال: «بعثَ عمرُ الناسَ في أفناءِ الأمصارِ يُقاتِلون المشركين، فأسلَم الهُرمزانُ، فقال: إني مُستشيرُكَ في مَغازيَّ هٰذهِ. قال: نعم، مَثَلُها ومَثَلُ مَن فيها من الناسِ من عدُوِّ المسلمين مَثَلُ طائرٍ لهُ رأسٌ ولهُ جَناحانِ ولهُ رِجْلانِ، فإن كُسِرَ أحدُ الجناحين نهضَتِ الرِّجْلانِ بجناحٍ

٣١٥٦ - قوله: (فرقوا بين كل ذي محرم) أي بينهما زوجية.

٣١٥٨ - قوله: (فوافت): من الموافاة وهو المجيء وذكر الشارح رواية فوافقت من الموافقة.

among the Magians between relatives of close kinship (marriages
Γhat are regarded illegal in Islam:
a relative of this sort being called
(Thu-Mahram)».

'Umar did not take the jizya from the Magian infidels.

3157 . Till Abdur-Rahmān bin 'Auf who testified that Allāh's Apostle (the blessing and peace of Allāh be upon him) had taken the Jizya from the Magians of Hajar.

3158 . 'Amr bin 'Auf Al-Ansārī, narrated: «Who was an ally of Banī 'Āmr bin Lu'ai and one of those who had taken part in (the of) Badr: Allāh's Apostle (the blessing and peace of Allāh be upon him) sent Abū 'Ubaida bin Al-Jarrāh to Bahrain to collect the Jizya. Allāh's Apostle (the blessing and peace of Allāh be upon him) had established peace with the people of Bahrain and appointed Al-'Alā bin Al-Hadramī as their governor. When Abū 'Ubaida came from Bahrain with the money, the Ansār heard of Abū 'Ubaida's arrival which co-incided with the time of the morning prayer with the Prophet. When Allāh's Apostle led them in the morning prayer and finished the Ansār approached him, and he looked at them and smiled on seeing them and said: «I feel that you have heard that Abū 'Ubaida has brought something?» They said: «Ye, O Allāh's Apostle!» He said: «Rejoice and hope for what will please you! By Allāh, I am not afraid of your poverty but I am afraid that you will lead a life of luxury as past nations did, whereupon you will compete with each other for it as they competed for it and it will destroy you as it destroyed them».

3159 . Jubair bin Haıya narrated: « 'Umar sent the Muslims to the great countries to fight the pagans. When Al-Hurmuzān embraced Islam, 'Umar said to him: « I would like to consult you regarding these countries which I intend to invade.» Al-Hurmuzān said: «Yes, the example of these countries and their inhabitants who are the enemies of the Muslims, is like a bird with a head, two wings and two legs; If one of its wings got broken, it would get up over its two legs, with one wing and the head; and if the other wing got broken, it would get

والرأس. فإن كُسِر الجناحُ الآخرُ نهضَت الرِّجْلانِ والرأسُ. وإن شُدِخَ الرأسُ ذهبَتِ الرِّجلانِ والجَناحانِ والرأسُ. فالرأسُ كِسرىٰ والجَناحُ قيصَرُ والجناحُ الآخرُ فارس. فمرِ المسلمينَ فلْيَنفِروا إلى كسرى. وقال بكرٌ وزيادٌ جميعاً عن جُبَيرِ بن حيَّةَ: فنَدبَنا عمرُ. واستعملَ علينا النُّعمانَ بن مُقَرِّن. حتى إذا كنّا بأرضِ العدُوِّ، وخَرَج علينا عاملُ كسرى في أربعينَ ألفاً، فقام ترجمان فقال: ليُكلمني رجُلٌ منكم. فقال المغيرةُ: سَل عما شِئت. قال: ما أنتم؟ قال: نحنُ أُناسٌ منَ العربِ كنّا في شقاءٍ شديد وبلاءٍ شديد. نَمصُّ الجِلدَ والنَّوى من الجوعِ. ونَلبَسُ الوَبَرَ والشَّعَرَ. ونَعبدُ الشجَرَ والحَجَر. فبينا نحنُ كذٰلك إذ بَعثَ ربُّ السَّماواتِ وربُّ الأَرضين ـ تعالىٰ ذِكرهُ وجَلَّتْ عَظَمتُه ـ إلينا نَبيّاً من أنفُسنا نَعرفُ أباهُ وأُمَّه فأمَرَنا نبيُّنا رسولُ ربِّنا ﷺ أن نُقاتلَكم حتى تعبُدوا الله وحده. أو تُؤدُّوا الجزية. وأخبرنا نبينا ﷺ عن رسالةِ رَبنا أنهُ من قُتلَ منّا صار إلى الجنَّة في نعيم لم يرَ مِثلها قطُّ. ومن بقيَ منّا ملكَ رِقابكم». [الحديث ٣١٥٩ ـ طرفه في: ٧٥٣٠].

٣١٦٠ ـ فقال النُّعمانُ: ربما أَشهَدَكَ الله مِثلها مَعَ النبيِّ ﷺ فلم يُندِّمْك ولم يُخزِك ولكني شهِدْتُ القتالَ مع رسولِ الله ﷺ، كان إذا لم يُقاتلْ في أولِ النهارِ انتظرَ حتى تهُبَّ الأرواحُ. وتحضُرَ الصلواتُ».

٣١٥٩ ـ الشدخ: الكسر.

ـ قوله: (ترجمان) بفتح أوله وضمه (شارح).

ـ قوله: (نمص) بفتح الميم في الفرع وأصله. (شارح).

٣١٦٠ ـ قوله: (فقال النعمان) أي مجيباً للمغيرة لما أنكر عليه تأخير القتال وأراد الإشتغال به أول النهار بعد الفراغ من المكالمة مع الترجمان.

up with two legs and a head, but if its head got destroyed, then the two legs, two wings and the head would become useless. The head stands for Khosrau, and one wing stands for Caesar and the other wing stands for Fāris. So, order the Muslims to go towards Khosrau.» So, 'Umar sent us (to Khosrau) appointing An-Nu'mān bin Muqri as our commander. When we reached the land of the enemy, the representative of Khosrau came out with forty-thousand warriors, and an interpreter got up saying: «Let one of you talk to me! Al-Mughīra replied: «Ask whatever you wish.» The other asked: «Who are you?» Al-Mughīra replied: «We are some people from the Arabs we led a hard miserable, disastrous life: we used to suck the hides and the date stones from hunger; we used to wear clothes made up of fur of camels and hair of goats, and to worship trees and stones. While we were in this state. The Lord of he heavens and the Earths, Elevated is His Rememberance and Majestic is His Highness, sent to us from among ourselves a Prophet whose father and mother are known to us. Our Prophet, the Messenger of our Lord (the blessing and peace of Allāh be upon him) has ordered us to fight you till you worship Allāh Alone or give Jizya (i.e. tribute); and our Prophet (the blessing and peace of Allāh be upon him)has informed us that our Lord says:
whoever amongst us is killed
(i.e. martyred) shall go to Paradise
to lead such a luxurious life as he
Has never seen, and whoever amongst us remain alive, shall become your master'.

(Al-Mughīra, then blamed An-Nu'mān for delaying the attack.

3160 . An-Nu'mān said to Al-Mughīra: «If you had participated in a similar battle, in the company of Allāh's Apostle (the blessing and peace of Allāh be upon him) he would not have blamed you for waiting, nor would he have disgraced you. But I accompanied Allāh's Apostle in many battles and it was this custom that if he did not fight early by daytime, he would wait till the wind had started blowing and the time for the prayer was due (i.e. after midday)».

٢ - باب إذا وادعَ الإمامُ مَلِكَ القريةِ، هل يكونُ ذٰلك لِبقيَّتهم؟

٣١٦١ - حدثنا سَهلُ بنُ بكّارٍ حدَّثَنا وُهيبٌ عن عمرِو بنِ يحيى عن عبّاسٍ الساعديّ عن أبي حُميدٍ الساعدي قال: «غزَونا معَ النبيِّ ﷺ تبوكَ، وأهدَى ملكُ أيلةَ للنبيِّ ﷺ بغلةً بيضاءَ، وكَساهُ بُرداً، وكتب له ببحرِهم».

٣ - باب الوصَاةِ بأهلِ ذمةِ رسولِ الله ﷺ، والذمةُ العَهد، والإلُّ القَرابة

٣١٦٢ - حدثنا آدمُ بن أبي إياسٍ حدَّثَنا شُعبةُ حدَّثَنا أبو جَمرةَ قال: سمعتُ جُوَيريةَ بنَ قُدامةَ التميميَّ قال: «سمعتُ عمرَ بنَ الخطابِ رضيَ الله عنه: قلنا أوصِنا يا أميرَ المؤمنين، قال: أُوصيكم بذمةِ الله، فإنهُ ذمةُ نبيِّكم، ورزقُ عِيالكم».

٤ - باب ما أَقطعَ النبيُّ ﷺ منَ البَحرينِ، وما وَعَدَ من مالِ البحرينِ والجزية ولمن يُقسَم الفيءُ والجزيةُ؟

٣١٦٣ - حدثنا أحمدُ بن يونُسَ حدَّثَنا زُهيرٌ عن يحيىٰ بنِ سعيدٍ قال: سمعتُ أنساً قال: دَعا النبيُّ ﷺ الأنصارَ ليكتُبَ لهم بالبحرينِ، قالوا: لا واللهِ حتّى تَكتبَ لإخواننا من قريشٍ بمثلِها، فقالَ: «ذاكَ لهم ما شاءَ الله على ذٰلك يقولون له. قال: فإنكم سَترونَ بعدي أثرةً، فاصبروا حتى تلقَوني على الحوض».

٣١٦٤ - حدثنا عليُّ بن عبدِ الله حدَّثَنا إسماعيلُ بن إبراهيمَ قال: أخبرَني رَوحُ بن القاسم عن محمدِ بنِ المنكدِرِ عن جابرِ بنِ عبدِ الله رضيَ الله عنهما قال: كان

باب ٣ - الوصاة: الوصية.

٣١٦٣ - قوله: أثرة بهذا الضبط وبضم الهمزة وسكون المثلثة كما تقدم.

2 - CHAPTER: If the Imām concludes a truce with the king of a country will peace be observed in regard to all the people of that country?.

3161 . Abū Humaid As-Saīdī (may Allāh be pleased with him) narrated: «We accompanied the Prophet (the blessing and peace of Allāh be upon him) in the invasion of Tabūk and the king of 'Aila presented a white mule and a cloak as a gift to the Prophet. And the Prophet (the blessing and peace of Allāh be upon him) wrote to him a peace treaty allowing him to keep authority over his country.

3 - CHAPTER: The advice to take care of non-Muslims who have a covenant of Allāh's Apostle (the blessing and peace of Allāh be upon him) .

3162 . Juwairiya bin Qudāma heard «At-Tamīmī narrating: «We said to 'Umar bin Al-Khattāb: «O Chief of the Believers! Advice us.» He said: «I advice you to fulfil Allāh's Convention (made with the Thimmis) as it is the convention of your Prophet (the blessing and peace of Allāh be upon him) and the source of the livelihood of your dependents (i.e. the taxes taken from the Thimmis)».

4- CHAPTER: What grants the Prophet (the blessing and peace of Allāh be upon him) and gave from the land of Bahrain and what he promised to give (some people) from the Bahrain, money resources and from Al-Jizya. And to whom should the Faī (i.e. booty gained without fight) and the Jizya be distributed?.

3163 . Yahyā bin Sa'īd narrated: Once the Prophet (the blessing and peace of Allāh be upon him) called the Ansār in order to grant them part of the land of Bahrain. On that they said: «No! By Allāh, we will not accept it unless you grant a similar thing to our Quraishi brothers as well»He said: «That will be their's if Allāh wishes.» But when the Ansār persisted in their request, he said: «After me you will see others given preference over you in this respect (in which case) you should be patient till you meet me at the Tank (of Al-Kauthar)».

3164 . Jārir bin 'Abdullah (may Allāh be pleased with him) narrated: «Allāh's Apostle (the blessing and peace of Allāh be upon him) once said to me: «If the revenue of Bahrain came, I would give you this much and this much.»

رسولُ الله ﷺ قال لي: «لو قد جاءنا مالُ البحرَين قد أعطيتُكَ هٰكذا وهكذا وهكذا». فلما قُبِضَ رسولُ الله ﷺ وجاء مالُ البحرينِ قال أبو بكرٍ: مَن كانت له عندَ رسولِ الله ﷺ عِدَةٌ فلْيَأْتِني، فأتَيتهُ فقلت: إنَّ رسولَ الله ﷺ قد كان قال لي: لو قد جاءنا مالُ البحرين لأعطيتك هٰكذا وهكذا وهكذا. فقال لي: احْثُهْ. فحثَوتُ حَثيةً. فقال لي: عُدَّها. فعَدَدْتُها، فإذا هي خمسُمائةٍ، فأعطاني ألفاً وخَمْسَمائة.

٣١٦٥ ـ **وقال** إبراهيمُ بن طَهمانَ عن عبدِ العزيزِ بن صُهَيبٍ عن أنسٍ «أُتيَ النبيُّ ﷺ بمالٍ من البحرينِ فقال: انثروه في المسجدِ، فكانَ أكثرَ مالٍ أُتيَ به رسولُ الله ﷺ، إذ جاءهُ العبّاسُ فقال: يا رسولَ الله أعطني، فإنّي فادَيت نفسي وفادَيتُ عَقيلاً. فقال: خذ. فحثا في ثوبهِ، ثمَّ ذهبَ يُقِلُّهُ فلم يَستطعْ فقال: أمُر بعضهم يرفعْهُ إليَّ، قال: لا. قال: فارفَعهُ أنتَ عليَّ، قال: لا. فنثر منه ثم ذهب يُقِلُّه فلم يرفعْه فقال: فمُره بعضهم يرفعْه عليَّ، قال: لا، فارفَعْه أنتَ عليَّ، قال: لا. فنثَر ثمَّ احتملَهُ على كاهلِهِ ثم انطلَقَ، فما زالَ يُتبِعهُ بَصَرَهُ حتى خَفِيَ علينا، عَجَباً مِن حِرصهِ، فما قامَ رسولُ الله ﷺ وثَمَّ منها دِرهم».

٥ ـ باب إثم مَن قَتلَ مُعاهِداً بغيرِ جُرمٍ

٣١٦٦ ـ **حدثنا** قيسُ بنُ حفصٍ حدَّثنا عبدُ الواحدِ حدَّثنا الحسنُ بنُ عمرٍو حدَّثنا مجاهدٌ عن عبدِ الله بنِ عمرٍو رضيَ الله عنهما عنِ النبيِّ ﷺ قال: «مَن قَتلَ مُعاهِداً لم يُرِح

٣١٦٤ ـ قوله: (احثه) بضم المثلثة وكسرها وبهاء السكت وقوله: (فحثوت) بالواو وقوله: (حثية) بالياء فأخذ الفعل من لغة والمصدر من أخرى وكذا فعلوا في تداخل اللغتين من كلمتين. قاله الشارح.

باب ٥ ـ قوله: (معاهداً) بفتح الهاء أي ذمياً بغير جرم أي بغير حق.

٣١٦٦ ـ قوله: (يرح) بهذا الضبط وحكي ضم أوله وكسر الراء وفتح أوله وكسر ثانيه أي: لم يشم أهـ من الشارح.

When Allāh's Apostle had died, the revenue of Bahrain came, and Abū Bakr announced: «Let whoever was promised something by Allāh's Apostle come to me.» So, I went to Abū Bakr and said: «Allāh's Apostle said to me: «If the revenue of Bahrain came, I would give you this much and this much.» On that Abū Bakr said to me: «Scoop (money) with both your hands.» I scooped money with both my hands and Abū Bakr asked me to count it: I counted it and it was five-hundred (gold pieces) The total amount he gave me was one thousand and five hundred (gold pieces).

3165 . Anas (may Allāh be pleased with him) narrated: «Money from Bahrain was brought to the Prophet (the blessing and peace of Allāh be upon him). He said: «Spread it in the Mosque». I was the biggest amount that had ever been brought to Allāh's Apostle. In the meantime Al-'Abbās came to him and said: «O Allāh's Apostle! Give me, for I gave the ransom of myself and 'Aqīl.» the Prophet said (to me): «Take» He scooped money with both hands and poured it in his garment and tried to lift it, but he could not and appealed to the Prophet: «Will you order someone to help me in lifting it?» The Prophet said: «No» Then Al-'Abbās said: «Then will you yourself help me carry it?» The Prophet said: «No» Then Al-'Abbās threw away some of the money, but even then he was not able to lift it, and so he again requested the Prophet: «Will you order someone to help me carry it?» The Prophet said: «No» Then Al-'Abbās said: «Then will you yourself help me carry it? The Prophet (The blessing and peace of Allāh be upon him) said: «No» So, Al-'Abbās threw away some more money and lifted it on his shoulder and went away. The Prophet kept on looking at him with astonishment at his greediness till he went out of our right. Allāh's Apostle did not get up from there till not a single Dirham remained from that money.

5 - CHAPTER: The sin of one who kills an innocent person having a treaty with the Muslims.

3166 . 'Abdullah bin 'Amr (may Allāh be pleased with him) narrated: «The Prophet (the blessing and peace of Allāh be upon him) said: «Whoever killed a person having treaty with the Muslims, shall not smell the smell of Paradise

رائحةَ الجنة، وإنَّ ريحَها يُوجَدُ من «سيرةِ أربعين عاماً».

[الحديث ٣١٦٦ ـ طرفه في: ٦٩١٤].

٦ ـ باب إخراجِ اليهودِ من جزيرةِ العرب

وقال عمرُ عنِ النبيِّ ﷺ: «أُقِرُّكم ما أقرَّكم الله».

٣١٦٧ ـ **حدثنا** عبدُالله بنُ يوسفَ حدَّثنا اللَّيثُ قال: حدَّثني سعيدٌ المقبُرِيُّ عن أبيهِ عن أبي هريرةَ رضيَ الله عنه قال: بينما نحنُ في المسجدِ خرجَ النبيُّ ﷺ فقال: «انطلِقوا إلى يهودَ»، فخرَجنا حتى جئنا بيتَ المِدْراس فقال: «أسلِموا تَسلَموا، واعلموا أنَّ الأرضَ للهِ ورسوله، إني أُريدُ أن أُجلِيَكم من هٰذهِ الأرض، فمن يَجدْ منكم بمالهِ شيئاً فلْيَبِعْه، وإلا فاعلَموا أنَّ الأرضَ للهِ ورسوله». [الحديث ٣١٦٧ ـ طرفاه في: ٦٩٤٤، ٧٣٤٨].

٣١٦٨ ـ **حدثنا** محمدٌ حدَّثَنا ابنُ عُيَينةَ عن سُليمانَ بنِ أبي مسلم الأَحْوَلِ سمعَ سعيدَ بنَ جُبَيرٍ سمعَ ابنَ عبّاسٍ رضيَ الله عنهما يقول: يومُ الخميس وما يومُ الخميس. ثمَّ بكىٰ حتّى بَلَّ دمعهُ الحَصىٰ. قلت: يا ابنَ عبّاسٍ ما يومُ الخميس؟ قال: اشتدَّ برسولِ الله ﷺ وَجعُهُ فقال: «ائتوني بِكتفٍ أكتُبْ لكم كتاباً لا تَضِلُّوا بعدَه أبداً». فتنازَعوا. ولا ينبغي عند نبيٍّ تَنازُع. فقالوا: ما لَهُ؟ أهَجرَ؟ استفهِموهُ. فقال: ذَروني، فالذي أنا فيهِ خيرٌ مما تَدْعوني إليه. فأمَرَهم بثلاث قال: أخرِجوا المشركينَ مِن جَزيرةِ العَربِ وأجيزوا الوَفدَ بنحوِ ما كُنتُ أُجيزُهم، والثالثة إما أن سكتَ عنها، وإما أن قالها فنسيتُها» قال سفيان: هذا من قولِ سليمان.

٣١٦٨ ـ قوله: (مما تدعوني إليه) ولأبي ذر مما تدعونني إليه (شارح).

though its smell is perceived from a distance of forty years.».

The parts of this hadīth are in: 6914.

6 - CHAPTER: The expelling of the Jews from the Arabian Peninsula.

'Umar narrated: « That the Prophet (the blessing and peace of Allāh be upon him) said: «(to the Jews): «We shall keep you here as long as Allāh keeps you here.

3167 . Abū Huraira (may Allāh be pleased with him) narrated: «While we were in the Mosque, the Prophet (the blessing and peace of Allāh be upon him) came out and said: «Let us go to the Jews.» We went out till we reached Bait-ul-Makdis. He said to them: «If you embrace Islam, you will be safe. You should know that the earth belongs to Allāh and His Apostle, and I want to expel you from this land. So, if anyone amongst you owns some dear poperty, he is permitted to sell it, otherwise you should know that the Earth belongs to Allāh and His Apostle».

The parts of this hadīth are in: 6944, 7348.

3168 . Sa'id bin Jubair narrated: «That he heard Ibn 'Abbās (may Allāh be pleased with him)saying: «Thursday! And you know not what Thursday is?» After that Ibn 'Abbās wept till the stones on the ground were soaked with his tears. On that I asked Ibn 'Abbās, What is (about) Thursday?» He said: «When the condition (i.e. health) of Allāh's Apostle deteriorated, he said: «Bring me a bone of scapula, so that I may write something for you after which you will never go astray. The people differed in their opinions although it was improper to differ in front of a prophet. They said: «What is wrong with him? Do you think he is delirious? Ask him (to understand his state); The Prophet replied: «Leave me as I am in a better state than what you are asking me to do. Then the Prophet ordered them to do three things saying: «Turn out all the pagans from the Arabian Pedninsula, show respect to all foreign delegates by giving them gifts as I used to do.» The sub-narrator added: «The third order was something beneficial which either Ibn 'Abbās did not mention or he mentioned but I forgot».

٧ - باب إذا غَدَرَ المشركونَ بالمسلمين هل يُعفىٰ عنهم؟

٣١٦٩ - حدثنا عبدُ الله بنُ يوسفَ حدَّثَنا اللَّيثُ قال: حدَّثني سعيدٌ عن أبي هريرة رضيَ الله عنه قال: «لمَّا فُتِحت خيبرُ أُهديَتْ للنبيِّ ﷺ شاةٌ فيها سُمٌّ، فقال النبيُّ ﷺ: «اجْمَعوا لي مَن كان ها هنا من يَهودَ»، فجُمِعوا له، فقال لهم: «إني سائلُكم عن شيء، فهل أنتم صادِقيَّ عنه؟» فقالوا: نعم. قال لهمُ النبيُّ ﷺ: «مَن أبوكم؟» قالوا: فلانٌ. فقال: «كذبتم، بل أبوكم فلان». قالوا: صدَقتَ. قال: «فهل أنتم صادقيَّ عن شيء إن سألتُ عنه؟» فقالوا: نعم يا أبا القاسم، وإن كَذَبْنا عرَفت كذبَنا كما عرَفتَهُ في أبينا. فقال لهم: «مَن أهلُ النار؟» قالوا: نكون فيها يَسيراً، ثمَّ تخلُفونا فيها. فقال النبيُّ ﷺ: «اخسَؤوا فيها، والله لا نَخْلُفكم فيها أبداً». ثمَّ قال: «هل أنتم صادِقيَّ عن شيءٍ إن سألتُكم عنه؟» فقالوا: نعم يا أبا القاسم. قال: «هل جعلتم في هذهِ الشاةِ سُماً» قالوا: نعم. قال: «ما حملَكم على ذلك؟» قالوا أرَدْنا: إن كنتَ كاذِباً نَستَريحُ، وإن كنتَ نَبيّاً لم يَضرَّك».

[الحديث ٣١٦٩ - طرفاه في: ٤٢٤٩، ٥٧٧٧].

٨ - باب دعاءِ الإمام علىٰ مَن نكثَ عَهداً

٣١٧٠ - حدثنا أبو النعمانِ حدَّثنا ثابتُ بن يزيدَ حدَّثنا عاصمٌ قال: سألت أنساً رضيَ الله عنه عنِ القُنوتِ قال: قبل الركوع. فقلتُ إنَّ فلاناً يَزعمُ أنكَ قلتَ بعدَ الرُّكوع، فقال: كذَب. ثمَّ حدَّثنا عنِ النبيِّ ﷺ أنهُ قنَتَ شهراً بعدَ الرُّكوعِ يَدعو على أحياء من بني سُلَيم قال: بَعثَ أربعينَ أو سبعينَ - يَشُكُّ فيه - منَ القُرّاءِ إلى أُناسٍ منَ المشركينَ، فعرَضَ لهم هؤلاء فقتَلوهم، وكان بينَهم وبينَ النبيِّ ﷺ عهدٌ، فما رأيتهُ وَجَدَ على أحدٍ ما وَجَدَ عليهم».

٣١٦٩ - قوله: (سم) بتثليث السين (شارح).

٣١٧٠ - قوله: (فما رأيته وجد على أحد) الخ أي ما رأيته غضب على أحد كغضبه عليهم.

7 - CHAPTER: If the pagans betray the Muslims, may they be forgiven?.

3169 . Abū Huraira (may Allāh be pleased with him) narrated: «When Khaibar was conquered, a roasted poisoned sheep was presented to the Prophet (the blessing and peace of Allāh be upon him) as a gift (by the Jews). The Prophet ordered: «Let all the Jews who have been here, be assembled before me». They Jews were collected and he said (to them): «I am going to ask you a question. Will you tell the truth?» They said: «Yes» The Prophet (the blessing and peace of Allāh be upon him) asked: «Who is your father?» They replied: «So-and-so». He said: «You have told a lie; your father is so-and-so». They said: «You are right.» He said: «Will you now tell me the truth, if I ask you about something?» They replied: «Yes, O Abū-Al-Qāsim; and if we should tell a lie, you can realise our lie as you have done regarding our father.» On that he asked: «Who are the people of the (Hell) Fire?» They said: «We shall remain in the (Hell) Fire for a short period, and after that you will replace us,».The Prophet said: «You may be cursed and humiliated in it! By Allāh, we shall never replace you in it.» Then he asked: «Will you now tell me the truth if I ask you a question?» They said: «Yes, O Abū-Al-Qāsim.» He asked: «Have you poisoned this sheep?»They said: «Yes». He asked: «What made you do so?» They said: «We wanted to know if you were a liar in which case we would get rid of you, or a Prophet in which case the poison would not harm you».

The parts of this hadīth are in: 5777. 4229.

8 - CHAPTER: THe invocation of the Imām against those who break their conventions (with the Muslims).

3170 . 'Āsem narrated: «I asked Anas about the (despair) invocation in the prayer). Anas said: «It should be recited before bowing.» I said: «So-and-so claims that you say that it should be recited after bowing.» He replied: «He is mistaken.» Then Anas narrated to us that the Prophet (the blessing and peace of Allāh be upon him) invoked evil on the tribe of Banī-Sulaim for one month after bowing». Anas further said: «The Prophet had sent 40 or 70 men well-versed in the knowledge of the Qur'ān to some pagans, but the latter fought with them and martyred them, although there was a peace pact between them and the Prophet. I had never seen the Prophet so sorryany worried about anybody as he was about them».

٩ - باب أمانِ النساءِ وجوارِهنّ

٣١٧١ - حدثنا عبدُ الله بنُ يوسفَ أخبرَنا مالكٌ عن أبي النَّضرِ مَولىٰ عمرَ بنِ عُبيدِ الله أن أبا مُرَّةَ مَولى أُمِّ هانىءٍ ابنةِ أبي طالبٍ أخبرَهُ أنَّهُ سمعَ أُمَّ هانىءٍ ابنةَ أبي طالبٍ تقول: «ذهبتُ إلى رسولِ الله ﷺ عام الفتح فوَجدتُه يَغتَسِلُ وفاطمةُ ابنته تَستُرُه، فسلَّمت عليه فقال: «من هذهِ؟» فقلتُ أنا أُمُّ هانىء بنتُ أبي طالب فقال: «مَرحباً بأُمِّ هانىءٍ»، فلما فرَغ مِن غُسلِهِ قام فصلى ثَمانَ ركعاتٍ مُلتحفاً في ثوبٍ واحد. فقلتُ: يا رسولَ الله، زعمَ ابنُ أُمّي عليٌّ أنهُ قاتلٌ رجلاً قد أَجَرْتُهُ، فلانَ ابنَ هُبَيرةَ. فقال رسولُ الله ﷺ: «قد أَجَرْنَا من أجَرْتِ يا أُمَّ هانىء» قالت أُمُّ هانىء: وذلك ضُحى.

١٠ - باب ذمةُ المسلمين وجوارُهُم واحدةٌ، يَسعىٰ بها أدناهم

٣١٧٢ - حدثني محمدٌ أخبرَنا وَكيعٌ عنِ الأَعمشِ عن إبراهيمَ التَّيميِّ عن أبيهِ قال: «خَطَبَنا عليٌّ فقال: ما عندَنا كتابٌ نَقْرَؤُهُ إلا كتابَ الله وما في هذهِ الصحيفةِ، فقال: فيها الجراحاتُ، وأَسنانُ الإبلِ، والمدينة حرمٌ ما بينَ عَيرٍ إلى كذا، فمَن أَحدَثَ فيها حدثاً أو آوىٰ فيها مُحْدِثاً فعليه لعنةُ الله والملائكةِ والناسِ أجمعين، لا يُقبَلُ منه صَرفٌ ولا عَدل، ومَن تولّى غيرَ مَواليه فعلَيه مِثلُ ذلك. وذِمَّةُ المسلمين واحدةٌ، فمَن أخفَرَ مُسلماً فعليهِ مِثلُ ذلك».

٣١٧١ - قوله: (فلان) بالرفع ولأبي ذر بالنصب كما في الشارح ولكل وجهة.

٣١٧٢ - قوله: (إلى كذا) قيل جبل أحد كذا في الشرح.

9 - CHAPTER: The offering of shelter and peace to someone by women.

3171 . Umm Hānī the daughter of Abū Tālib narrated: «I went to Allāh's Apostle (the blessing and peace of Allāh be upon him) on the day of the Conquest of Mecca and found him taking a bath, and his daughter Fātimah was screening him. I greeted him and he asked: «Who is that?» I said: «I Umm Hānī bint Abī Tālib.» He said: «Welcome, O Umm Hānī.» When he had finished his bath, he stood up and offered eight bows while dressed in one garment. I said: «O Allāh's Apostle! My brother 'Alī has declard that he will kill a man to whom I have granted asylum. The man is so-and-so bin Hubaira.» Allāh's Apostle (the blessing and peace of Allāh be upon him) said: «O Umm Hānī! We will grant asylum to the one whom you have granted asylum» (Umm Hānī said: «That (visit) took place in the forenoon.

10 - CHAPTER: The asylum and protection granted by the Muslims should be respected and observed by all of them even if itg is granted by one of the lowest social status.

3172 . Ibrāhīm At-Tamīmī's father narrated: «'Alī delivered a sermon saying: «We have no book to read except the Book of Allāh and what is written in this paper which contains verdicts regarding (relation for) wounds, the ages of the camels (given as Zakāt or as blood money) and the fact that Madina is a sanctuary in between Air mountain to so-and-so (mountain). So, whoever innovates in it a heresy or commits a sin or gives shelter in it, such an innovator will incur the Curse of Allāh, the angels and all the people, and no one of his compulsory or optional good deeds of worship will be accepted. And whoever (freed slave) takes as his master (i.e. befriends) other than his real masters will incur the same (Curse). And the asylum granted by any Muslims, and whoever betrays a Muslim in this respect will incur the same (Curse)».

١١ ـ باب إذا قالوا صَبَأْنا ولم يُحسِنوا أسلمنا

وقال ابن عمرَ: «فجعَلَ خالدٌ يَقتلُ، فقال النبيّ ﷺ: **أبرأُ إليكَ مما صنَعَ خالد**».

وقال عمرُ: إذا قال مَترس فقد آمنَهُ، إنَّ الله يَعلمُ الألسنةَ كلها. وقال: **تكلَّمْ. لا بأس**.

١٢ ـ باب الموادعة والمصالحةِ معَ المشركينَ بالمالِ وغيره، وإثم مَن لم يَفِ بالعهد

وقوله: ﴿وإن جَنَحوا للسَّلْم فاجْنَحْ لها﴾ [الأنفال: ٦١] الآية

جنحوا: طلبوا السلم.

٣١٧٣ ـ **حدثنا** مسدَّدٌ حدَّثَنا بِشرٌ هو ابنُ المفضَّل حدَّثَنا يحيى عن بُشَيرِ بنِ يسارٍ عن سهلِ بنِ أبي حَثْمةَ قال: **انطلَقَ عبدُ الله بنُ سهلٍ ومُحَيِّصَةُ بن مسعودِ بنِ زيد إلى خَيبر، وهي يومئذٍ صُلحٌ، فتفرَّقا، فأتى محيِّصةُ إلى عبدِ الله بنِ سهل وهو يتشحَّط في دمه قتيلاً، فدفنه، ثمَّ قدِمَ المدينةَ فانطلَقَ عبدُ الرَّحمٰنِ بن سهل ومحيِّصةُ وحُوَيِّصة ابنا مسعودٍ إلى النبيِّ ﷺ، فذهبَ عبدُ الرَّحمٰنِ يتكلمُ، فقال: «كبِّرْ كبِّر» ـ وهو أحدثُ القوم ـ فسكتَ، فتكلما، فقال: «أتحلِفون وتستحقُّون قاتِلَكم» ـ أو صاحبَكم ـ قالوا: وكيفَ نَحلِفُ ولم نَشهَدْ ولم نرَ؟ قال: «فتبرِئكم يَهودُ بخمسينَ». فقالوا: كيفَ نأخذُ أيمانَ قومٍ كفّار؟ فعقَلَهُ النبيُّ ﷺ مِن عنده».**

باب ١١ ـ قوله: (صبأنا) أي خرجنا من ديننا إلى دينكم يريدون الإسلام إلا أنهم لم يحسنوا أن يقولوا أسلمنا جرياً منهم على لغتهم من تسميتهم من خرج من دين إلى دين صابئاً.

ـ قوله: مترس فارسية محرفة معناه لا تخف.

٣١٧٣ ـ قوله: (يتشحط) أي يضطرب.

ـ قوله: (كبر كبر) أي قدم الأسن يتكلم (شارح).

ـ قوله: (تستحقون قاتلكم) ولأبي ذر دم قاتلكم (شارح).

ـ (بخمسين) أي بخمسين يميناً.

11 - CHAPTER: If non-Muslims (in war) say: «We renounced and could not say we have embraced Islam), (their claim is accepted).

And Ibn 'Umar said: «Khalid started killing such infidels (thinking that they should have said: «We embrace Islam» to be safe). The Prophet (the blessing and peace of Allāh be upon him) said: «O Allāh! I am clear from what Khalid has done.» 'Umar said: «If one says to another Matars» he is granting him security thereby. Allāh knows all the tongues.» 'Umar said (to Al-Hurmuzān, a Persian leader). Speak there is no harm.» (And that was taken as a sign of granting security.).

12 - CHAPTER: Making peace with the pagans and the reconciliation with them by means of money or other means, and the sin of the person who does not fulfil the terms of the treaty. and Allāh's saying: «But if they (enemy) incline towards peace incline you also to it (8: 61).

3173 . Sahl bin Abī Hathma narrated: «'Abdullah bin Sahl and Muhaiyisa bin Mas'ūd bin Zaid set out to Khaibar, the inhabitants of which had a peace treaty with the Muslims at that time. They parted and later on Muhaiyisa came upon 'Abdullah bin Sahl found him murdered agitating in his blood. He buried him and returned to Madina. 'Abdur-Rahmān bin Sahl, Muhaiyisa and Huwaiyisa, the sons of Mas'ūd came to the Prophet (the blessing and peace of Allāh be upon him) and 'Abdur-Rahmān intended to talk, but the Prophet. They said to him: «Let the eldest of you speak» as 'Abdur-Rahmān was the youngest. 'Abdur-Rahmān kept silent and the other two spoke. The Prophet said: «If you swear as to who has committed the murder, you will have the right to take your right from the murderer.» They said: «How should we swear if we did not witness the murder or see the murderer?» The Prophet said: «Then the Jews can clear themselves from the charge by taking AL-QASAMA (an oath taken by fifth men that it was not they who comitted the murder). They said: «How should we believe in the oaths of infidels?» So, the Prophet himself paid the blood money (of 'Abdullah).

١٣ ـ باب فضل الوفاءِ بالعَهد

٣١٧٤ ـ حدثنا يحيىٰ بنُ بكَير حدَّثَنا اللَّيثُ عن يونُسَ عنِ ابنِ شِهابٍ عن عُبيدِ الله بنِ عبدِ الله بن عتبةَ أنَّ عبدَ الله بنَ عباسٍ أخبرَه أنَّ أبا سفيانَ بنَ حربٍ أخبرَه «أنَّ هِرَقل أرسل إليه في ركبٍ من قُريشٍ كانوا تجاراً بالشام في المدَّةِ التي مادَّ فيها رسولُ الله ﷺ أبا سفيانَ في كفارِ قريش».

١٤ ـ باب هل يُعفىٰ عنِ الذمِّي إذا سَحر؟

وقال ابنُ وَهبٍ أخبرني يونسُ: «عنِ ابنِ شهاب سُئل: أعلىٰ من سَحر من أهلِ العهدِ قتلٌ؟ قال: بلَغنا أنَّ رسولَ الله ﷺ قد صُنِع له ذلك فلم يَقتُلْ من صَنعه، وكان من أهلِ الكتاب».

٣١٧٥ ـ حدثني محمدُ بن المُثنى حدَّثَنا يحيى حدَّثنا هشامٌ قال: حدَّثني أبي عن عائشة أنَّ النبيَّ ﷺ سُحِرَ حتّى كان يُخيَّلُ إليه أنهُ صَنعَ شيئاً ولم يَصنعْه».

[الحديث ٣١٧٥ ـ أطرافه في: ٢٢٦٨، ٥٧٦٣، ٥٧٦٥، ٥٧٦٦، ٦٠٦٣، ٦٣٩١]

١٥ ـ باب ما يُحذَرُ منَ الغدرِ وقوله تعالى:

﴿وإن يُريدوا أن يَخْدَعوكَ فإن حَسْبَكَ الله﴾ الآية [الأنفال: ٦٢]

٣١٧٦ ـ حدثنا الحُميديُّ حدَّثَنا الوليدُ بن مسلمٍ حدَّثَنا عبدُ الله بن العَلاءِ بنِ زَبرٍ قال: سمعتُ بسرَ بن عبيدِ الله أنه سمعَ أبا إدريسَ قال: سمعت عَوفَ بنَ مالكٍ قال: أتيتُ

٣١٧٤ ـ قوله: (تجاراً) بكسر الفوقية وتخفيف الجيم نحو صاحب وصحاب ويجوز ضم الفوقية وتشديد الجيم.

باب ١٥ ـ قوله: (ما يحذر) بضم أوله مخففاً ومثقلاً من الغدر ولأبي ذر ما يحذر من التحذير.

13 - CHAPTER: The excellence fulfilling one's covenant.

3174 . 'Abdullah bin 'Abbās narrated: «That Abū Sufyān bin Harb informed him that Heraculus called him and the members of a caravan from Quraish who had gone to Sha'm as traders, during the truce which Allāh's Apostle (the blessing and peace of Allāh be upon him) had concluded with Abū Sufyān and the Quraish infidels.

14 - CHAPTER: If a Thimmi practises magic, can he be excused? Ibn Shihāb was asked: «If one of those with whom Muslims have made a covenant bewitches people, will he be sentenced to death?» He replied: «We have been informed that Allāh's Apostle (the blessing and peace of Allāh be upon him) was bewitched, yet he did not kill the magician who was from the people of the Scriptures».

3175 . 'Āisha (may Allāh be pleased with her) narrated: «Once the Prophet (the blessing and peace of Allāh be upon him) was bewitched so that he began to imagine that he had done a thing which in fact, he had not done.

The parts of this hadīth are in: 6063, 5766, 5765, 5763, 2268, 6391.

15 - CHAPTER: Caution against treachery; and the statement of Allāh (the Exalted and Almighty):

(O Prophet!) If they intended to
deceive you then verily Allāh is sufficient
for you. He who has
stengthened you with His Aid and
with the believers (8: 62).

3176 . 'Auf bin Malīk narrated: «I went to the Prophet (the blessing and peace of Allāh be upon him) during the invasion of Tabūk while he was sitting in

النبيَّ ﷺ في غزوةِ تَبوك ـ وهوَ في قُبَّةٍ من أَدَم ـ فقال: «اعدُدْ ستاً بين يَدَي الساعة: مَوتي، ثمَ فتحُ بيتِ المَقْدِس، ثمَّ مُوتانٌ يأخذُ فيكم كقعاصِ الغنم، ثمَّ استِفاضةُ المال حتى يعطى الرجلُ مائةَ دينارٍ فيَظَلُّ ساخطاً، ثمَّ فتنةٌ لا يبقى بيتٌ مَن العربِ إلا دخلَتْه، ثمَّ هدنةٌ تكون بينَكم وبينَ بني الأصفرِ فيَغدِرون، فيأتونَكم تحت ثمانينَ غايةً، تحت كلِّ غايةٍ[1] اثنا عشر ألفاً».

١٦ ـ **باب** كيف يُنبَذُ إلى أَهلِ العهدِ؟ وقولُ الله عزّ وجل:
﴿وإما تَخافَنَّ من قومٍ خيانةً فانبِذْ إليهم على سواء﴾ الآية [الأنفال: ٥٨]

٣١٧٧ ـ **حدثنا** أبو اليمانِ أخبرَنا شُعَيبٌ عنِ الزُّهريِّ أخبرَنا حُميدُ بن عبدِ الرَّحمٰنِ أنَّ أبا هريرة رضيَ الله عنه قال: «بَعثَني أبو بكر رضيَ الله عنه فيمن يُؤَذِّنُ يومَ النَّحرِ بمنىً: لا يَحُجُّ بعدَ العام مُشرك، ولا يَطوفُ بالبيتِ عُريان. ويومُ الحجِّ الأكبر يومُ النحر، وإنَّما قيلَ: «الأكبر» من أَجلِ قولِ الناس «الحجُّ الأَصغر» فنَبَذ أبو بكرٍ إلى الناسِ في ذٰلكَ العام، فلم يَحُجَّ عامَ حَجَّةِ الوَداع الذي حجَّ فيه النبيُّ ﷺ مشرك».

٣١٧٦ ـ قوله: (كقعاص الغنم) وهو داء يأخذ الدواب فيسيل من أُنوفها شيء فتموت فجأة كما في الشارح.
(١) ـ قوله: (غاية) أي راية لأنها غاية المتبع إذا وقفت وإذا مشت تبعها أهـ شارح.
باب ٦ ـ قوله: (ينبذ) الخ أي يطرح إليهم عهدهم.
٣١٧٧ ـ الحج الأصغر: أي على العمرة.

a leather tent. He said: «Count six signs that indicate the approach of the Hour: my death, the Conquest of Jerusalem, a plague that will afflict you (and kill you in great numbers) as the plague that afflicts sheep, the increase of wealth to such an extent that even if one is given one-hundred Dīnārs, he will not be satisfied; then an affliction which no Arab house will escape, and then a truce btween you and Banī Al-Asfar (i.e. the Byzantines) who will betray you and attack you under eighty flags under each flag will be twelve thousand solidiers.

16 - CHAPTER: How to revoke a covenant; and the saying of Allāh (the Exalted and Almighty):

If you (Muhammad (the blessing and peace of Allāh be upon him)) fear
treachery from any group (people)
throw back (their covenant) to them
(so as to be) on equal terms; Verily
Allāh likes not the treacherous. (8: 58).

3177 . Abū Huraira (may Allāh be pleased with him) narrated: «Abū Bakr on the day of Immolation, sent me in the company of others to make this announcement: «After this year, no pagan will be allowed to perform the Hajj, and no one will be allowed to perform the circumambulation around the Ka'ba undressed.» And the day of the greatest Hajj) is the day of Immolation and it is called the Greatest because the people call the 'Umra the minor Hajj). Abū Bakr throw back the pagans covenant that year, and there fore, no pagan performed the Hajj in the year of fare well pilgrimage of the Prophet (the blessing and peace of Allāh be upon him).

١٧ - باب إثمِ مَن عاهَدَ ثمَّ غدَر وقولُ الله:

﴿الذين عاهدتَ منهم ثمَّ ينقضونَ عهدَهم في كلِّ مرة، وهم لا يتقون﴾ [الأنفال: ٥٦]

٣١٧٨ - حدثنا قتيبة بنُ سعيدٍ حدَّثنا جريرٌ عنِ الأَعمشِ عن عبدِ الله بنِ مُرَّةَ عن مَسروقٍ عن عبدِ الله بنِ عمرو رضي الله عنهما قال: قال رسولُ الله ﷺ: «أربَعُ خلال مَن كُنَّ فيه كان مُنافقاً خالصاً: مَن إذا حدَّثَ كذَب، وإذا وَعدَ أَخلَفَ، وإذا عاهَدَ غدَر، وإذا خاصمَ فجر. ومَن كانت فيه خَصلةٌ منهنَّ كانت فيهِ خَصلةٌ من النفاق حتى يَدَعَها».

٣١٧٩ - حدثنا محمدُ بن كثير أخبرَنا سُفيانُ عن الأَعمشِ عن إبراهيمَ التَّيميِّ عن أبيهِ عن عليٍّ رضيَ الله عنه قال: ما كتَبنا عن النبيِّ ﷺ إلا القرآن، وما في هٰذهِ الصحيفةِ، قال النبيُّ ﷺ: «المدينةُ حرامٌ ما بين عائرٍ إلى كذا، فمن أَحدثَ حدَثاً أو آوى مُحْدِثاً فعليه لعنةُ الله والملائكةِ والناس أجمعين، لا يُقبَلُ منه عَدلٌ ولا صَرف. وذمَّةُ المسلمينَ واحدةٌ يسعَى بها أدناهم، فمن أخفـر مسـلماً فعليهِ لعنةُ الله والملائكةِ والناسِ أجمعينَ، لا يقبلُ منه صرفٌ ولا عدلٌ. ومَن والى قوماً بغير إذن مَواليه فعليه لعنةُ الله والملائكة والناس أجمعين، لا يُقبلُ منه صَرفٌ ولا عَدل».

٣١٨٠ - قال أبو موسى: حدَّثنا هاشمُ بن القاسمِ حدَّثَنا إسحاقُ بن سعيدٍ عن أبيهِ

٣١٧٩ - قوله: (إلى كذا) وفي المتن الذي عليه الشرح (إلى كدى): وكدى كقرى جبل بمكة وكفتى ثنية بالطائف كما في القاموس فهو غلط كرواية ما بين عير وثور فإن الثور بمكة.

- قوله: «أخفر» الاخفار: نقض العهد.

17 - CHAPTER: The sin of a person who makes a covenant and proves treacherous; and the saying of Allāh (the Exalted and Almighty):

They are house with whom you make a covenant
But they break their covenant every-time
And they do not fear of Allāh (8: 56).

3178 . 'Abdullah bin 'Amr (may Allāh be pleased with him)narrated: «Allāh's Apostle (the blessing and peace of Allāh be upon him) said: «Whoever has (the following) four qualities is a hypocrite:
If he speaks, he tells a lie if he
gives a promise, he breaks it;' if he makes a covenant he proves treacherous; and if he quarrels, he behaves in a very imprudent evil insulting manner (unjust). And whoever has one of these qualities, has one quality of a hypocrite, unless he gives it up».

3179 . 'Alī (may Allāh be pleased with him) narrated: « We did not write anything from the Prophet (the blessing and peace of Allāh be upon him) except the Qur'ān and what is written in this paper, Madina is a sanctuary from (the mountain of) Air to so-and-so; therefore, whoever innovates (in it) a heresy or commits a sin, or gives shelter to such an innovator, will incur the Curse of Allāh, the angels and all the people; and no one of his compulsory or optional good deeds of worship will be accepted. And the asulum granted by any Muslim is to be secured by all the Muslims even if it is granted by one of the lowest social status among them. And whoever betrays a Muslim in this respect will incur the Curse of Allāh, the angels and all the people deeds of worship will not be accepted. And any freed slave who take as masters (befriends) people other than his own real masters who freed him without taking the permission of the latter, will incur the Curse of Allāh, the angels and all the people, and his compulsory and optional good deeds of worship wil not be accepted».

3180 . Sa'id narrated: «Abū Huraira (may Allāh be pleased with him) once said (to the people): «What will your state be when you can get no Dīnār or

عن أَبي هريرةَ رضيَ اللهُ عنه قال: «كيفَ أنتم إذا لم تَجْتبوا دِيناراً ولا دِرهماً؟ فقيل له: وكيفَ ترى ذٰلك كائناً يا أَباهريرةَ؟ قال: إِي والذي نفسُ أَبي هريرةَ بيده، عن قولِ الصادقِ المصدوق. قالوا: عَمَّ ذلك؟ قال: تُنتهَكُ ذِمةُ الله وذمة رسوله ﷺ، فيشُدُّ الله عزَّ وجلَّ قلوبَ أَهلِ الذمةِ فيَمنَعونَ ما في أَيديهم».

١٨ - باب

٣١٨١ - حدثنا عَبدانُ أخبرنا أبو حمزةَ قال: سمعتُ الأَعمشَ قال: «سأَلت أَبا وائل: شهدتَ صِفِّين؟ قال: نعم، فسمعتُ سهلَ بنَ حُنَيفٍ يقول: اتَّهِموا رأْيَكم، رأَيْتُني يومَ أَبي جَنْدَلَ ولو أَستَطيعُ أَن أَردَّ أَمرَ النبيِّ ﷺ لرَدَدْتُهُ، وما وَضَعنا أَسيافَنا على عواتِقِنا لأَمرٍ يُفظِعُنا إلا أَسهَلْنَ بنا إلى أَمرٍ نَعرِفُه غيرَ أَمرِنا هٰذا».

[الحديث ٣١٨١ - أطرافه في: ٣١٨٢، ٤١٨٩، ٤٨٤٤، ٧٣٠٨].

٣١٨٢ - حدثنا عبدُ الله بن محمدٍ حدَّثَنا يحيىٰ بن آدمَ حدَّثنا يزيدُ بن عبدِ العزيزِ عن أَبيهِ حدَّثَنا حَبيبُ بن أَبي ثابتٍ قال: حدَّثني أَبو وائلٍ قال: «كنّا بصِفِّين، فقام سهلُ بنُ حُنَيفٍ فقال: أيها الناس اتهموا أَنفُسَكم، فإنا كنا معَ النبيِّ ﷺ يومَ الحدَيبيةِ ولو نرَى قِتالاً لقاتَلْنا، فجاءَ عمرُ بن الخطابِ فقال: يا رسولَ الله أَلَسْنا على الحقِّ وهم على الباطل؟ فقال: «بَلىٰ». فقال: أَليس قَتلانا في الجنة وقَتلاهم في النار؟ قال: «بلىٰ». قال: فعلى ما نُعطى الدَّنيةَ في دِينِنا؟ أَنرجِعُ ولَمّا يَحكم الله بيننا وبينهم؟ فقال: «يا ابنَ الخطابِ إني رسولُ الله، ولن يُضيعَني اللهُ أَبداً». فانطلق عمرُ إلى أَبي بكرٍ فقال له مثلَ ما قالَ للنبيِّ ﷺ، فقال: إنه رسولُ الله، ولن يُضيعَه الله أَبداً. فنزلَتْ سورة الفتح، فقرأَها رسولُ الله ﷺ على عمرَ إلى آخرِها، فقال عمرُ: يا رسولَ الله أَوَ فتحٌ هو؟ قال: «نعم».

٣١٨٠ - قوله: (لم تجتبوا) من الجباية. أي لم تأخذوا من الجزية والخراج شيئاً.

٣١٨٢ - قوله: (فعلى ما) ولأبي ذر فعلام (شارح).

Dirham(i.e. taxes from the Thimmis)?» On that someone asked him: «What makes you know that this state will take place, O Abū Hūraira?» He said: «By Him in Whose hands Abū Huraira's life is, I know it through the statement of the true and truely inspired one(i.e. the Prophet.» The people asked: «What does the statement say?» He replied: «Allāh and His Apostle's asylum (granted toThimmis, i.e.non-Muslims living in a Muslim territory) will be outraged, and so Allāh, will make the hearts of these Thimmis,o daring that they will refuse to pay the tax they will be supposed ot pay.

18 - CHAPTER:

3181 . Al-A'mash narrated: «I asked Abū Wa'il: «Did you take part in the battle of Siffin?» He said: «yes, and I heard Sahl bin Hunaif (when he was blamed for lack of zeal for fighting) saying: «You'd better blame your wrong opinions. I wish you had seen me on the day of Abū Jandal. If I had had the courage to disobey the Prophet's orders, I would have done suchbetrayal. We had kept our words on our necks and shoulders for a thing which frightened us. And we did so, we found it easter for us, except in the cases of the above battle (of ours).».

The parts of this hadīth are in: 3182, 4189, 4844, 7308.

3182 . Abū Wa'il narrated: «We were in Siffin and Sahl bin Hunaif got up and said: «O people! Blame yourselves! We were with the Prophet (the blessing and peace of Allāh be upon him) on the day of Hudaibiya, and if we had been called to fight, we would have fought. But 'Umar bin Al-Khattāb came and said: «O Allāh's Apostle! Aren't we in the right and our opponents in the wrong?» Allāh's Apostle said: «Yes 'Umar said: «Aren't our killed persons in Paradise and they in Hell?» He said: «Yes 'Umar said: «Then why should we accept hard terms in matters concerning our religion? Shall we return before Allāh judges between us and them?» Allāh's Apostle (the blessing and peace of Allāh be upon him) said: «O Ibn Al-Khattāb! I am the Apostle of Allāh and Allāh will never degrade me. Then 'Umar went to Abū Bakr and told him the same as he had told the Prophet. Then Sūrat-al-Fath (i.e. Victory) was revealed and Allāh's Apostle (the blessing and peace of Allāh be upon him) recited it to the end in from of 'Umar. On that 'Umar asked: O Allāh's Apostle! Was it (i.e. the Hudaibiya Treaty) a victory?»Allāh's Apostle (the blessing and peace of Allāh be upon him) said: «Yes».

٣١٨٣ - **حدثنا** قُتَيبةُ بن سعيدٍ حدَّثَنا حاتمُ عن هشامِ بنِ عُروةَ عن أبيه عن أسماءَ ابنةِ أبي بكرٍ رضيَ الله عنهما قالت: قَدمتْ عليَّ أمي وهيَ مُشركةٌ في عهدِ قريشٍ إذ عاهدُوا رسولَ الله ﷺ ومُدَّتهم مع أبيها، فاستفْتَت رسولَ الله ﷺ فقالت: يا رسولَ الله إنَّ أُمي قَدِمَتْ عليَّ وهيَ راغبة، أَفأَصلُها؟ قال: «نعم، صِليها».

١٩ - باب المصالحةِ على ثلاثةِ أيامٍ أو وَقتٍ معلوم

٣١٨٤ - **حدثنا** أحمدُ بنُ عثمانَ بن حكيم حدثني شُرَيحُ بن مَسلمةَ حدَّثَنا إبراهيمُ بنُ يوسفَ بنِ أبي إسحاقَ قال: حدَّثني أبي عن أبي إسحاقَ قال: حدَّثني البَراءُ رضيَ الله عنه: «أنّ النبيَّ ﷺ لما أَرادَ أن يَعتمرَ أَرسلَ إلى أهلِ مكة يستأذِنهم ليَدخلَ مكة، فاشترَطوا عليه أن لا يُقيمَ بها إلا ثلاثَ ليالٍ، ولا يَدخُلَها إلا بجُلُبّانِ السلاحِ، ولا يَدْعُوَ منهم أَحَداً. قال: فأخذَ يكتب الشرطَ بينهم عليُّ بن أبي طالب، فكتَبَ: هٰذا ما قاضىٰ عليهِ محمدٌ رسولُ الله. فقالوا: لو علمنا أنكَ رسولُ الله لم نمنَعْكَ ولتابَعْناك، ولٰكنِ اكتُبْ: هٰذا ما قاضىٰ عليهِ محمدُ بن عبدِ الله. فقال: «أنا والله محمدُ بن عبدِ الله، وأنا والله رسولُ الله». قال: وكان لا يكتُبُ، قال فقال لعليّ: «امحُ رسولَ الله». فقال عليٌّ: والله لا أَمحاهُ أبداً. قال: «فأَرِنيهِ»، قال: فأراه إياه، فمحاه النبيُّ ﷺ بيدِه. فلما دخلَ ومَضتِ الأيّامُ أَتَوْا علياً فقالوا: مُرْ صاحبَك فلْيَرْتَحِل. فذكرَ ذٰلكَ علي رضيَ الله عنه لرسولِ الله ﷺ، فقال: «نعم». فارتحل.

٢٠ - باب المُوادَعةِ من غيرِ وقت،
وقولِ النبيِّ ﷺ: «أُقِرُّكم على ما أَقرَّكم الله»

٣١٨٤ - قوله: (لا أمحاه) لغة في أمحوه (شارح).

3183 . **Asmā** bint Abī Bakr (may Allāh be pleased with him) narrated: «During the period of the peace treaty of Quraish with Allāh's Apostle (the blessing and peace of Allāh be upon him) my mother, accompanied by her father, came to visit me, and she was a pagan. I consulted Allāh's Apostle (the blessing and peace of Allāh be upon him) «O Allāh's Apostle! My mother has come to me and she desires to receive a reward from me, shall I keep good relation with her?» He said: «Yes keep good relation with her».

19 - CHAPTER: It is permissible to conclude a peace treaty of there days or any other fixed period

3184 . Al-Barā (may Allāh be pleased with him) narrated: «When the Prophet (the blessing and peace of Allāh be upon him) intended to perform the 'Umra he sent a person to the people of Mecca asking their permission to enter Mecca. They stipulated that he would not stay for more than three days and would not enter it except with sheathed arms and would not preach (Islam) to any of them. So 'Alī bin Abī-Tālib started writing the treaty between them. He wrote: «This is what Muhammad, Apostle of Allāh (the blessing and peace of Allāh be upon him) has agreed to». The (Meccans) said: «If we knew that you (Muhammad) are the Apostle of Allāh, then we would not have prevented you and would have followed you. But write, This is what Muhammad bin 'Abdullah has agreed to.....» On that Allāh's Apostle (the blessing and peace of Allāh be upon him) said: «By Allāh, I am Muhammad bin 'Abdullah, and by Allāh, I am the Apostle of Allāh.» Allāh's Apostle (the blessing and peace of Allāh be upon him) used not to write; so he asked 'Alī to erase the expression of Apostle of Allāh. On that 'Alī said: «By Allāh, I will never erase it» Allāh's Apostle said (to 'Alī): «Let me see the paper.» When 'Alī showed him the paper, the Prophet erased the expression with his own hand. When Allāh's Apostle (the blessing and peace of Allāh be upon him) had entered Mecca and three days had elapsed the Meccans came to 'Alī and said: «Let your friend (i.e. Prophet know about it. He said: «Yes» and Anas then he departed.

20 - CHAPTER: To make a peace treaty without a limited period, as the Prophet (the blessing and peace of Allāh be upon him) told (the Khaibar Jews) We will keep you as long as Allāh will keep you».

٢١ - باب طرح جِيَفِ المشركينَ في البئر، ولا يُؤْخَذُ لهم ثَمَن

٣١٨٥ - حدثنا عبدانُ بن عثمانَ قال: أخبرَني أبي عن شعبةَ عن أبي إسحاقَ عن عمرو بن ميمونٍ عن عبدِ الله رضيَ الله عنه قال: «بينا النبيُّ ﷺ ساجدٌ وحَولَهُ ناسٌ من قريشٍ من المشركين إذ جاءهُ عقبةُ بن أبي مُعَيطٍ بسَلَى جَزُورٍ فقذَفَهُ على ظَهرِ النبيِّ ﷺ، فلم يَرفَعْ رأسَه حتّى جاءت فاطمة عليها السلام فأخَذَتْ من ظَهرِهِ ودَعَتْ على مَن صَنَعَ ذلك، فقال النبيُّ ﷺ: «اللّهمَّ عليكَ المَلأَ من قريش، اللّهمَّ عليكَ أبا جهل بنَ هشام وعتبةَ بنَ ربيعةَ وشَيبةَ بن ربيعة وعُقبةَ بنَ أبي مُعَيطٍ وأُمَيَّةَ بنَ خلَفٍ - أو أُبيَّ بنَ خَلَفٍ» - فلقد رأيتهم قُتِلوا يومَ بَدرٍ فأُلقوا في بئرٍ، غيرَ أُمَيَّةَ - أو أُبيِّ - فإنه كان رجلاً ضَخماً، فلما جَرُّوهُ تقطَّعَتْ أوصالُه قبلَ أن يُلقى في البئر».

٢٢ - باب إثمِ الغادرِ للبَرِّ والفاجر

٣١٨٦ ، ٣١٨٧ - حدثنا أبو الوليدِ حدَّثنا شُعبة عن سليمانَ الأعمش عن أبي وائلٍ عن عبدِ الله - وعن ثابتٍ عن أنس - عن النبيِّ ﷺ قال: «لكل غادرٍ لواءٌ يومَ القِيامةِ»، قال أحدُهما: يُنصَبُ - وقال الآخر: يُرى - يومَ القيامةِ يُعرَفُ بهِ.

٣١٨٨ - حدثنا سُليمانُ بن حَربٍ حدَّثنا حمّادُ عن أيوبَ عن نافعٍ عنِ ابنِ عمرَ رضيَ الله عنهما قال: سمعتُ النبيَّ ﷺ يقول: «لكلِّ غادرٍ لواءٌ يُنصَبُ لِغَدْرَتِهِ».

[الحديث ٣١٨٨ - أطرافه في: ٦١٧٧، ٦١٧٨، ٦٩٦٦، ٧١١١].

٣١٨٥ - قوله: (من قريش من المشركين) لأبي ذر وابن عساكر وفي نسخة بإسقاط من أي قريش المشركين من المشركين (شارح).

21 - CHAPTER: The throwing of the dead bodies of the pagans in a well, and no price should be accepted for such dead bodies (in case their families want to take them).

3185 . 'Abdullah (may Allāh be pleased with him)narrated: «While the Prophet (the blessing and peace of Allāh be upon him) was in the state of prostration, surrounded by a group of people from Quraish pagans, 'Uqba bin Abī Mu'ait came and brought the intestines of a camel and threw them on the back of the Prophet. The Prophet did not raise his head from prostration till Fātimah (i.e. his daughter) came and removed those intestines from his back, and invoked evil on whoever had done (the evil deed). Then the Prophet said: «O Allāh! Destroy the Chiefs of Quraish, O Allāh! Destroy Abū Jahl bin Hishām 'Utba bin Rabī'a Shaiba bin Rabī'a, 'Uqba bin Abī Mu'ait, 'Umaiya bin Khalaf (or Ubai bin Khalaf).» Later on I saw all of them killed during the battle of Badr and their bodies were thrown into a well except the body of Umaiya or Ubai, because he was a fat person, and when he was pulled, the parts of his body got seprated before he was thrown into the well.

22 - CHAPTER:The sin of that who betrays whether he betray's a good or a bad person.

3186 - 3187. Anas narrated: «The Prophet (the blessing and peace of Allāh be upon him) said: «Every betrayer will have a flag on the Day of Resurrection». One of the two sub-narrators said that the flag would be fixed, and the other said that it would be shown on the Day of Resurrection, so that the betrayer might be recognised by it.

3188 . Ibn 'Umar (may Allāh be pleased with him) narrated: «The Prophet (the blessing and peace of Allāh be upon him) said: «Every betrayer will have a flag which will be fixed on the Day of Resurrection, and the flag's prominence will be made in order to show the betrayal he commited».

The parts of this hadīth are in: 7111, 6966, 6178, 6177.

٣١٨٩ ـ **حدثنا** عليُّ بن عبدِ الله حدَّثنا جريرٌ عن منصورٍ عن مُجاهِدٍ عن طاوُسٍ عنِ ابنِ عبّاسٍ رضيَ الله عنهما قال: قال رسولُ الله ﷺ يومَ فتح مكة: «لا هِجرةَ، ولكنْ جهادٌ ونيَّة، وإذا استُنفِرتم فانفروا». وقال يومَ فَتح مكةَ: «إنَّ هٰذا البلدَ حَرَّمَهُ الله يومَ خلقَ السَّماواتِ والأَرض، فهو حرامٌ بحُرمةِ الله، وإنه لم يَحلَّ القِتالُ فيه لأَحدٍ قبلي، ولم يَحِلَّ لي إلَّا ساعةً من نهار، فهو حرامٌ بحُرمةِ الله إلى يوم القيامة، لا يُعضَدُ شوكه، ولا يُنفَّرُ صيدُه، ولا يَلتقِطُ لُقطتَهُ إلا من عرَّفها، ولا يُختلىٰ خلاهُ». فقال العبّاس: يا رسولَ الله إلا الإذْخِرَ، فإنه لقَيْنهم ولبُيُوتهم. قال: «إلا الإذخِرَ».

3189 . Ibn 'Abbās (may Allāh be pleased with him) narrated: «Allāh's Apostle (the blessing and peace of Allāh be upon him) said: «On the day of the Conquest of Mecca: «There is no migration now, but there is holy battle and good intentions. And when you are called for the Holy struggle, you should come out at once.» Allāh's Apostle also said: «On the day of the Conquest of Mecca: «Allāh has made this town a sanctuary since the day He created the Heavens and the Earth. So, it is a sanctuary by Allāh's Decree till the Day of Resurrection. Fighting in it was not legal anyone before me, and it was made legal for me only for an hour by daytime. So, it (i.e. Mecca) is a sanctuary by Allāh's Decree till the Day of Resurrection. Its thorny bushes should not be cut, and its game should not be chased, its fallen property should not be picked up except by one who will announce it publicly; and its grass should not be uprooted.» On that Al-'Abbas said: «O Allāh's Apostle! Except the lemon grass, because it is used by the people's goldsmiths and for their houses». On that the Prophet (the blessing and peace of Allāh be upon him)said: «Except the lemon grass.

بسم الله الرَّحمن الرَّحيم

٥٩ـ كتاب بدء الخلق

١ ـ باب ما جاء في قول الله تعالى:

﴿وهو الذي يبْدأُ الخَلْقَ ثمَّ يُعيدُه، وهو أهْونُ عليه﴾ [الروم: ٢٧] قال الرَّبيعُ بن خُثَيم والحسنُ: كلٌّ عليه هَيّن. هيْنٌ وهيِّن: مثلُ لَيْن ولَيِّن، ومَيْت وميِّت.

وضيْقٌ وضيِّق. ﴿أفعيينا﴾: أفأعيا علينا. حِينَ أنشأكم وأنشأ خَلْقَكم. ﴿لغُوب﴾: النَّصَب. ﴿أطواراً﴾: طَوراً كذا، وطَوراً كذا. عَدا طَورَه: أي قَدْرَه.

٣١٩٠ ـ **حدثنا** محمدُ بنُ كثيرٍ أخبرَنا سفيانُ عن جامع بن شدّاد عن صَفْوانَ بنِ مُحْرِزٍ عن عِمرانَ بنِ حُصَين رضيَ الله عنهما قال: «جاءَ نَفَرٌ من بني تميم إلى النبيِّ ﷺ فقال: «يا بني تميم أبشِروا». قالُوا: بَشَّرْتَنا فأعطنا. فتغيرَ وَجهُهُ. فجاءَهُ أهلُ اليَمنِ، فقال: «يا أهلَ اليمنِ آقبَلوا البُشرىٰ إذ لم يَقبَلْها بنو تميم». قالوا: قبِلْنا. فأخذَ النبيُّ ﷺ يحدِّثُ بَدْءَ الخَلْقِ والعَرشِ. فجاءَ رَجُلٌ فقال: يا عمرانُ راحِلَتُكَ تَفلَّتَتْ. لَيتَني لم أقمْ».

[الحديث ٣١٩٠ ـ أطرافه في: ٣١٩١، ٤٣٦٥، ٤٣٨٦، ٧٤١٨].

٣١٩١ ـ **حدثنا** عمرُ بن حفص بنِ غِياث حدَّثَنا أبي حدَّثَنا الأعمشُ حدَّثنا جامعُ بن شدّاد عن صَفوانَ بن مُحرزٍ أنهُ حدَّثهُ عن عِمرانَ بن حُصَين رضيَ الله عنهما قال: «دَخلتُ

باب ١ ـ قوله: (ما جاء) ولأبي ذر وما جاء (شارح).

In the Name of Allah, the Most Gracious, the Most Merciful

59 - THE BOOK OF THE BEGINNING OR CREATION

1 -CHAPTER What is mentioned in the saying Allāh (the Exalted and Almighty) (in this respect):

He Who starts the process of creation; then will repeat it; and this is easy for Him. (30: 27).

Ar-Rabī bin Khuthaim and Al-Hasan said: «Everything is easy for Allāh.».

3190 .Imran bin Husain (may Allāh be pleased with him) narrated: «Some people of Bani Tamim came to the Prophet (the blessing and peace of Allāh be upon him) and he said (to them): «O Banī Tamīm! Rejoice with glad tiding.» They said: «You have given us glad tidings, now give us something.» On hearing that the colour of his face changed. Then the people of Yemen came to him and he said: «O people of Tamin! Accept the good tidings, as Banī Tamīm has refused them»The Yemenites said: «We accept them». Then the Prophet started talking about the beginning of creation and about Allāh's throne. In the meantime a man came saying: «O Imrān! Your she-camel has run away!» (I got up and went away), but I wish I had not left that place (for I missed what Allāh's Apostle (the blessing and peace of Allāh be upon him) had said).

The parts of this hadīth are in: 4386, 4365, 3091, 7418.

3191 . Imrān bin Husain (may Allāh be pleased with him) narrated: «I went to the Prophet (the blessing and peace of Allāh be upon him) and tied my she-

علىٰ النبيِّ ﷺ وعَقَلْتُ ناقتي بالباب. فأتاهُ ناسٌ من بني تميم فقال: «إقبلوا البُشرَى يا بني تميم». قالوا: قد بَشَّرْتنا فأعطنا (مرَّتين). ثمَّ دخلَ عليه ناسٌ من أهلِ اليَمن فقال: «إقبلوا البشرىٰ يا أهلَ اليمن إذ لم يقبلْها بنو تميم». قالوا: قبِلْنا يا رسولَ الله. قالوا: جِئناك نسألُكَ عن هٰذا الأمرِ. قال: «كان الله ولم يكُنْ شيءٌ غيرُه. وكان عَرشُهُ على الماء. وكتبَ في الذِّكر كلَّ شيءٍ. وخَلَقَ السماواتِ والأَرضَ». فنادَى مُنادٍ: ذهبتْ ناقتُكَ يا ابنَ الحصَين. فانطَلَقْتُ فإذا هيَ يَقطَعُ دُونَهـا السَّراب. فوالله لوَدِدْتُ أني كنتُ تركتها».

٣١٩٢ ـ ورَوَى عيسىٰ عن رقبةَ عن قَيس بنِ مُسلمٍ عن طارق بنِ شِهابٍ قال: «سمعتُ عمرَ رضيَ الله عنه يقول: قامَ فينا النبيُّ ﷺ مَقاماً، فأَخبرَنا عن بَدْءِ الخلقِ حتَّى دَخَلَ أهلُ الجنَّةِ مَنازِلَهم وأهلُ النارِ منازِلَهم، حفِظَ ذٰلك من حَفِظَه، ونَسِيَهُ من نَسِيه».

٣١٩٣ ـ **حدثنا** عبدُ الله بنُ أَبي شَيبةَ عن أَبي أَحمدَ عن سُفيانَ عن أَبي الزنادِ عنِ الأعرجِ عن أَبي هريرةَ رضيَ الله عنه قال: «قال رسولُ الله ﷺ: «أُراه يقولُ الله قال: شَتَمَني ابنُ آدمَ». وما ينبغي لهُ أن يشتُمَني ويكذِّبني وما ينبغي له. أما شتمُهُ فقوله: إنَّ لي ولداً وأمَّا تكذيبُهُ فقوله: ليس يُعيدُني كما بَدأني».

[الحديث ٣١٩٣ ـ طرفاه في: ٤٩٧٤، ٤٩٧٥].

٣١٩٤ ـ **حدثنا** قتيبةُ بنُ سعيدٍ حدَّثنا مُغيرةُ بن عبدِ الرَّحمٰن القُرَشيُّ عن أَبي الزِّناد عن الأعرجِ عن أَبي هريرة رضيَ الله عنه قال: قال رسولُ الله ﷺ: «لما قَضىٰ الله الخلقَ كتبَ في كتابهِ، فهو عندَهُ فوقَ العَرشِ: إنَّ رَحْمتي غلَبَتْ غَضَبي».

[الحديث ٣١٩٤ ـ أطرافه في: ٧٤٠٤، ٧٤١٢، ٢٤٥٣، ٧٥٥٣، ٧٥٥٤].

٣١٩١ ـ قوله: (وكتب في الذكر) أي في محل الذكر وهو اللوح المحفوظ اهـ.

ـ قوله: (فإذا هي يقطع الخ) المعنى: فإذا هي يحول بيني وبين رؤيتها السراب اهـ من الشارح.

٣١٩٢ ـ قوله: شتمني ولابن عساكر يستمني وهو المناسب لمعطوفه.

camel at the gate. The people of Banī Tamīm came to the Prophet who said: «O Banī Tamīm! Accept the good tidings.» They said twice: «You have given us the good tidings, now give us something.» Then some Yemenites came to him and he said: «Accept the good tidings, O people of Yemen, for Banī Tamīm refused them». They said: «We have come to ask you about this matter (i.e. the start of creations)». He said: «First of all, there was nothing but Allāh , and (then He created His Throne). His Throne was over the water, and He wrote everything in the Book (in the Heavean) and created the Heavens and the Earth». Then a man shouted: «O Ibn Husain! Your she-camel has gone away!» So, I went away and could not see the she-camel because of the mirage. By Allāh, I wished I had left that she-camel (but not that gathering)..

3193 .'Umar (may Allāh be pleased with him) narrated: «One day the Prophet (the blessing and peace of Allāh be upon him) stood up amongst us for a long period and informed us about the beginning of creation (and talked about everything in detail) till he mentioned how the people of Paradise will enter their places and the people of Hell will enter their places. Some remembered what he had said, and some forgot it.

3192 . Abū Huraira (may Allāh be pleased with him) narrated: «Allāh's Apostle (the blessing and peace of Allāh be upon him) said: «Allāh the Most Superior said:

The son of Adam slights Me, and he should not slight Me, and he disbelieves in Me, and he ought not to do so, As for his slighting Me, it is that he says that I have a son; and his disbelief in Me is explicit in his statement that shall not recreate him as I have created (him) before.» .

The parts of this hadīth are in: 4975, 9474.

3194. Abū Huraira (may Allāh be pleased with him) narrated: «Allāh's Apostle (the blessing and peace of Allāh be upon him) said: «When Allāh completed the creation, He wrote in His Book which is with Him on His Throne, My Mercy overpowers My Anger.».

The parts of this hadīth are in: 7554, 2453, 7412, 7404.

٢ ـ باب ما جاءَ في سَبعِ أَرَضينَ، وقولِ اللهِ تعالىٰ:

﴿اللهُ الذي خَلَق سبعَ سماواتٍ ومِنَ الأرضِ مِثلَهنَّ، يَتنزَّلُ الأمرُ بينهنَّ لتعلَموا أنَّ اللهَ على كلِّ شيءٍ قدير، وأنَّ اللهَ قد أحاط بكلِّ شيءٍ علماً﴾ [الطلاق: ١٢]. ﴿والسَّقفِ المرفوعِ﴾: السماءُ. ﴿سَمْكَها﴾: بناءها. ﴿الحُبُكُ﴾: استواؤها وحُسنها. ﴿وأَذِنَتْ﴾: سمِعَت وأطاعت. ﴿وألْقَت﴾: أخرَجت ما فيها منَ الموتى. ﴿وتَخلَّت﴾ عنهم. ﴿طَحاها﴾ دحاها. ﴿الساهِرة﴾: وجه الأرض، كان فيها الحيوان نومُهم وسهَرُهم.

٣١٩٥ ـ حدثنا عليُّ بنُ عبدِ اللهِ أخبرَنا ابنُ عُلَيَّةَ عن عليِّ بنِ المبارَكِ حدَّثَنا يحيىٰ بنُ أبي كثيرٍ عن محمدِ بنِ إبراهيمَ بن الحارثِ عن أبي سلمةَ بنِ عبدِ الرَّحمٰنِ ـ وكانت بينهُ وبينَ أُناسٍ خصومةٌ في أرضٍ، فدخل على عائشةَ فذكرَ لها ذٰلك ـ فقالت: يا أبا سلمةَ اجتنِبِ الأرضَ، فإن رسولَ اللهِ ﷺ قال: «مَن ظَلَمَ قِيدَ شِبرٍ طُوِّقَهُ من سبعِ أرَضين».

٣١٩٦ ـ حدثنا بشرُ بن محمدٍ قال: أُخبرَنا عبدُ اللهِ عن مُوسى بن عُقبةَ عن سالمٍ عن أبيه قال: قال النبيُّ ﷺ: «مَن أخذَ شيئاً منَ الأرضِ بغيرِ حقِّهِ خُسِفَ بهِ يومَ القِيامة إلى سبعِ أرَضين».

٣١٩٧ ـ حدثنا محمدُ بنُ المثنى حدَّثَنا عبدُ الوَهابِ حدَّثَنا أيوبُ عن محمد بن سيرِينَ عنِ ابنِ أبي بكرةَ رضيَ اللهُ عنه عنِ النبيِّ ﷺ قال: «الزَّمانُ قدِ استَدارَهُ كهيئتِهِ يومَ خلقَ اللهُ السماواتِ والأرضَ. السنةُ اثنا عشرَ شهراً، منها أربعةٌ حُرُم: ثلاثةٌ مُتواليات ـ ذو القعدةِ وذو الحجةِ والمحرَّمُ ـ ورجبُ مضرَ الذي بينَ جُمادَى وشعبان».

باب ٢ ـ قوله: (الحبك) ولأبي ذر وابن عساكر والحبك يريد قوله تعالى: ﴿والسماء ذات الحبك﴾.

ـ قوله: دحاها: أي بسطها.

٣١٩٧ ـ قوله: (استداره) أي الله ولأبي الوقت في فتح الباري: استدار بحذف الضمير (شارح).

2 - CHAPTER: What has been said regarding the seven Earths. And the Statement of Allāh (the Exalted and Almighty):

Allāh Who created seven Heavens, And of the earth the like there of His Commands descend between them that you may Know that Allāh has power Over all things, and that Allāh surrounds (comprehends) all things In (His) Knowledge. (65: 12).

3195 . Muhammad bin Ibrahīm bin Al-Hārith from Abū Salama bin the 'Abdur-Rahmān who had a dispute with some people on a piece of land, and so he went to 'Aisha and told her about it. She said: «O Abū Salama, avoid the land, for Allāh's Apostle (the blessing and peace of Allāh be upon him) said: «Any person who takes even a span of land unjustly shall be encircled with it at the neck down the seven earths.».

3126 . Salem's father narrated: «The Prophet (the blessing and peace of Allāh be upon him) said: «Any person who takes a piece of land unjustly will sink down the seven earths on the Day of Resurrection».

3197 . Abū Bakr (may Allāh be pleased with him) narrated: «The Prophet (the blessing and peace of Allāh be upon him) said: «The division of Times has turned to its original form which was current when Allāh created the Heavens and the Earths. The year is of twelve months, out of which four months are sacred: Three are in succession Thul-Qa'da, Thul-Hijja and Muharram and the (fourth is) Rajab of (the tribe of) Mudar which comes between Jumadi-ath-Thānīyah and Sha'bān.

٣١٩٨ - **حدثنا** عُبَيدُ بنُ إسماعيلَ حدَّثنا أبو أُسامةَ عن هشام عن أبيهِ سعيدِ بنِ زيدِ بن عمرِو بن نفيل: أنه خاصَمتْهُ أرْوَى - في حقٍّ زعمتْ أنه انتقصهُ لها - إلىٰ مَروانَ، فقال سعيدٌ: أنا أنتقص من حقها شيئاً؟ أشهَدُ لسمعتُ رسولَ الله ﷺ يقول: «مَن أخذَ شبراً منَ الأرض ظلماً فإنه يُطوَّقه يومَ القيامةِ من سبع أرضين». قال ابنُ أبي الزِّنادِ عن هشام عن أبيه قال: قال لي سعيدُ بن زيد: «دَخلتُ على النبيِّ ﷺ . .».

٣ - باب في النُّجوم

وقال قتادةُ: ﴿ولقد زيَّنَّا السماءَ الدُّنيا بمصابيح﴾ [الملك: ٥]: خَلقَ هذه النجوم لِثلاثٍ: جعلها زينةً للسماء، ورجوماً للشياطين، وعلاماتٍ يُهتدَى بها، فمن تأوّل فيها بغير ذلكَ أخطأ وأضاعَ نصيبهُ وتكلف ما لا علم لهُ به. وقال ابن عباس: ﴿هشيماً﴾ متغيراً. والأبُّ: مايأكل الأنعامُ. والأنامُ الخلْقُ. برْزَخ: حاجبٌ. وقال مجاهدٌ ﴿ألفافاً﴾: مُلتفَّةً. والغُلبُ: الملتفَّة: فِراشاً: مِهاداً. كقوله: ﴿ولكم في الأَرض مُستَقرّ﴾، ﴿نكِداً﴾: قليلاً.

٤ - باب صفةِ الشمس والقمر

﴿بحُسْبانٍ﴾ قال مجاهدٌ: كحسْبان الرَّحىٰ. وقال غيره: بحسابٍ ومَنازلَ لا يعْدُوانِها. حُسبانٌ: جماعة الحسابِ، مثل شهابٍ وشهبان. ضُحاها: ضوؤُها. أَن تُدركَ القمَر: لا يَسترُ ضَوءُ أَحدِهما ضوءَ الآخر، ولا ينبغي لهما ذلك. سابقُ النهار: يَتطالَبانِ حَثيثان. نَسلخُ: نخرجُ أحدَهما منَ الآخر، ونُجري كلَّ واحدٍ منهما: واهية: وَهْيُها تشقّقُها. أرجائها: ما لم يَنشقّ منها، فهو على حافتيها كقولك: على أرجاءِ البئر. أغْطَش وجَنَّ: أظلم. وقال الحسنُ: كُوِّرَتْ تكوَّرُ حتى يَذهَبَ ضوؤُها. واللَّيلِ وما وَسَقَ: جمعَ من دابَّةٍ. اتَّسَقَ: استوىٰ. بُروجاً: مَنازلَ الشمسِ والقمر. فالحرورُ بالنهارِ معَ الشمسِ. وقال ابنُ عباسٍ: الحرورُ باللَّيلِ، والسَّمومُ بالنهار. يقال: يُولجُ يُكوِّرُ وَليجةً، كلُّ شيءٍ أدخلتَهُ في شيءٍ.

3198 .Sa'īd bin Zaid bin 'Amr bin Nufail narrated: «that Arwa sued him before Marwān for a right, which she claimed, he had deprived her of. On that Sa'īd said: «How should I deprive her of her right? I testify that anyone who-takes a span of land unjustly, his neck will be encircled with it down seven earths on the Day of Resurrection».

3 - CHAPTER: In the Stars

Abu Qatada mentionning Allah's saying:

And we have Adorned the nearest Heaven With lamps (67:5) said: «The creation of these stars is for three purposes, i.e. as decoration of the sky, as missiles to hit the devils, and as signs to guide travellers. So, if anybody tries to find a different interpretation, he is mistaken and just wastes his efforts and troubles himself with what is beyond his limited knowledge (e. g. To send a man over the stars or moon etc. is just wasting of money and energy)».

4 - CHAPTER: The charactiristic of the sun and the moon (moving in a circle)

Mujāhid said: «They move like the handmill»..
«Follow courses (exactly) computed» (55: 5).

Mujahid said: «They move like the hand mill. Another said: «In an account and ranks they donot follow. Accordingly «The plural of account, like meteor and stars. «Splendour» (79: 29); its light «To each the Moon» (36: 40) One doesnot shield the light of the other, and this must not happen. Each (just) swims along» (36: 40) with mutual urgue. «We withdrew» (36: 37). We withdrew one from the other and let it move all alone. «Be flimsy (69: 16) it is a rent asunder. Its parts not even its asunder, and it is on its edge, an your saying: «On the edges of the well. Endow with darkness» (79: 29): Bring to darkness. Al-Hassan said: «Is folded up» (81: 1). It would fold up until its light fades away. «The night and its Homing» (84: 17), a gathering of beast. In her Fulness» (84: 18), to be on the same level. «The Zodiacal signs» (15: 16). The ranks of the sun and moon, Hot wind during day with the sun. Ibn 'Abbas said: «Hot wind a night and how wind in the day. It is said: «Merges» to roll a merger Every thing is mingle in it.

٣١٩٩ ـ **حدثنا** محمدُ بن يوسُفَ حدَّثنا سفيانُ عنِ الأعمشِ عن إبراهيمَ التيميِّ عن أبيه عن أبي ذرٍّ رضي الله عنه قال: «قال النبيُّ ﷺ لأبي ذرٍّ حينَ غَرَبَتِ الشمسُ: «أتدري أين تذهبُ؟» ـ يعني الشمس ـ قلتُ: الله ورسوله أعلمُ، قال: «فإنها تذهبُ حتى تسجُدَ تحتَ العَرْشِ، فتستأذِنَ فيُؤذَنُ لها، ويوشِكُ أن تَسجدَ فلا يُقبَلُ منها، وتستأذِنَ فلا يُؤذن لها، فيقالُ لها ارجعي مِن حيثُ جئتِ، فتَطلُعُ مِن مَغربها». فذٰلك قوله تعالى: ﴿والشمس تَجرِي لمستَقَرٍّ لها، ذٰلك تقديرُ العزيزِ العَليم﴾ [يٰس: ٣٨].

[الحديث ٣١٩٩ ـ أطرافه في: ٤٨٠٢، ٤٨٠٣، ٧٤٢٤، ٧٤٣٣].

٣٢٠٠ ـ **حدثنا** مسدَّدٌ حدَّثنا عبدُ العزيز بن المختارِ حدَّثنا عبدُ الله الداناجُ قال: حدَّثني أبو سَلمةَ بنُ عبدِ الرَّحمنِ عن أبي هريرةَ رضيَ الله عنه عنِ النبيِّ ﷺ قال: «الشمسُ والقمرُ مُكوَّرانِ يومَ القيامة».

٣٢٠١ ـ **حدثنا** يحيىٰ بن سليمان قال: حدَّثني ابنُ وَهبٍ قال: أخبرَني عمرٌو أنَّ عبدَ الرَّحمنِ بنَ القاسم حدَّثَه عن أبيهِ عن عبدِ الله بنِ عمرَ رضيَ الله عنهما أنه كان يُخبرُ عنِ النبيِّ ﷺ قال: «إنَّ الشمسَ والقمرَ لا يَخسِفانِ لموتِ أحدٍ ولا لحياته، ولكنَّهما آيتان من آياتِ الله، فإذا رأيتُموهما فصَلُّوا».

٣٢٠٢ ـ **حدثنا** إسماعيل بن أبي أُويس حدَّثني مالكٌ عن زيدِ بن أسلمَ عن عطاءِ بنِ يسارٍ عن عبدِ الله بن عبّاسٍ رضيَ الله عنهما قال: قال النبيُّ ﷺ: «إنَّ الشمسَ والقمرَ آيتانِ من آياتِ الله، لا يَخسِفانِ لموتِ أحدٍ ولا لحياته، فإذا رأيتم ذٰلك فاذكروا الله».

٣٢٠٣ ـ **حدثنا** يحيىٰ بنُ بُكيرٍ حدَّثنا اللَّيثُ عن عُقَيلٍ عنِ ابنِ شِهابٍ قال: أخبرَني

3199. Abū Tharr (may Allāh be pleased with him) narrated: «The Prophet (the blessing and peace of Allāh be upon him) asked me at sunset: «Do you know where the sun goes (at the time of sunsut)?» I replied: «Allāh and His Apostle know better». He said: «It goes (i.e. travels) till it prostrates itself underneath the Throne, and takes the permission to, again, and it is permitted and then (a time will come when) it will be about to prostrate itself but its prostration will not be accepted, and it will ask permission to go on its course, but it will bot be permitted, but it will be ordered to return whence it has come and so it will rise in the west. And that is the interpretation of the Statement Allāh (the Exalted and Almighty):

And the sun
Runs its fixed course
For a term (decreed) that is
The Decree of (Allāh)
The Exalted in Might,
The All-Knowing. (36: 38).

The parts of this hadīth are in: 7433, 7424, 4803, 4802.

3200 . Abū Huraira (may Allāh be pleased with him) narrated: «The Prophet (the blessing and peace of Allāh be upon him) said: «The sun and the moon will be folded up (deprived of their light) on the Day of Resurrection».

3201 . 'Abdullah bin 'Umar (may Allāh be pleased with him) narrated: «The Prophet (the blessing and peace of Allāh be upon him)said: «The sun and the moon do not eclipse because of someone's death or life (i.e. birth), but they are two signs amongst the Signs of Allāh. So, if you see them (i.e. eclipse), offer the Prayer (of eclipse)».

3202 . 'Abdullah bin 'Abbās (may Allāh be pleased with him) narrated: «The Prophet (the blessing and peace of Allāh be upon him) said: «The sun and the moon are two signs amongst the Signs of Allāh. They do not eclipse because of someone's death or life. So, if you see them (i.e. eclipse), celebrate the Praises of Allāh (i.e. pray).».

3203 . 'Āisha (may Allāh be pleased with her) narrated: «On the day of a

عُروة أنَّ عائشةَ رضيَ الله عنها أخبرَتْه : أنَّ رسولَ الله ﷺ يومَ خَسَفَتِ الشمسُ قام فكبَّر وقرأ قِراءةً طويلةً، ثمَّ رَكَعَ رُكوعاً طويلاً، ثمَّ رفعَ رأسَهُ فقال: سمعَ اللهُ لمن حَمِدَه، وقامَ كما هو فقرأ قراءةً طويلةً وهي أدنىٰ من القراءةِ الأولى، ثمَّ ركعَ رُكوعاً طويلاً وهي أدنىٰ من الركعة الأُولى، ثمَّ سجدَ سُجوداً طويلاً، ثمَّ فعلَ في الرَّكعةِ الآخرةِ مثلَ ذٰلك، ثمَّ سلم وقد تَجلَّتِ الشمسُ، فخطبَ الناسَ فقال في كسوف الشمس والقمر: «إنهما آيتانِ من آياتِ الله، لا يَخسفانِ لموتِ أحدٍ ولا لحياته، فإذا رأيتموهما فافزَعوا إلى الصلاة».

٣٢٠٤ ـ **حدثنا** محمدُ بنُ المثنّى حدَّثنا يحيى عن إسماعيلَ قال: حدَّثني قَيسٌ عن أبي مَسعودٍ رضيَ الله عنه عن النبيِّ ﷺ قال: «الشمسُ والقمرُ لا يَنكسِفانِ لموتِ أَحدٍ ولا لحياته، ولكنَّهما آيتانِ من آيات الله، فإذا رأيتموهما فصلُّوا».

٥ ـ باب ما جاء في قوله تعالىٰ:

﴿وهو الذي يُرسِلُ الرِّياحَ نُشراً بين يَدَي رحمته﴾ [الأعراف: ٥٧]

قاصِفاً: تقصِفُ كلَّ شيء. لواقحَ: مَلاقحَ مُلقِحةً. إعصارٌ: ريح عاصِفٌ تهُبُّ من الأرضِ إلى السماءِ كعمودٍ فيه نار. صِرٌّ: بَرْدٌ. نُشُراً: مُتفرِّقة.

٣٢٠٥ ـ **حدثنا** آدمُ حدَّثنا شعبةُ عن الحكَم عن مجاهدٍ عنِ ابنِ عبّاسٍ رضيَ الله عنهما عنِ النبيِّ ﷺ قال: «نُصِرْتُ بالصَّبا، وأُهلِكَتْ عادٌ بالدَّبور».

٣٢٠٦ ـ **حدثنا** مكيُّ بن إبراهيمَ حدَّثنا ابنُ جُرَيج عن عطاءٍ عن عائشةَ رضيَ الله عنها قالت: كان النبيُّ ﷺ إذا رأىٰ مَخيلةً في السماءِ أقبلَ وأدبرَ ودَخلَ وخرجَ وتغيَّرَ وَجهه، فإذا أمطرَتِ السماءُ سُرِّيَ عنه، فعرفَته عائشة ذلك فقال النبي ﷺ: «وما أَدري! كما قال

٣٢٠١ ـ قوله: (لا يخسفان) بفتح أوله وسكون الخاء وكسر السين ويجوز ضم أوله على أنه متعد (شارح).
باب ٥ ـ قوله: ﴿نشراً﴾ والقراءة: بشراً.

solar eclipse, Allāh's Apostle (the blessing and peace of Allāh be upon him) stood up (to offer the Eclipse prayer). He recited: Allāh is the Greatest recited a long recitation (of Holy Verses), bowed a long bowing, and then he raised his head saying: «Allāh hears him who sends his praises to Him». Then he stayed standing, recited a long recitation again, but shorter than the former, bowed a long bowing, but shorter than the first, performed a long prostration and then performed the second bow in the same way as he had done the first. By the time he had finished his prayer with salutation, the solar eclipse has been over. Then he addressed the people referring to the solar and lunar eclipses saying: «These are two signs amongst the Signs of Allāh, and they do not eclipse because of any-one's death or life. So, if you see them, hasten for the prayer.».

3204 . Abū Mas'ūd (may Allāh be pleased with him)narrated: «The Prophet (the blessing and peace of Allāh be upon him) said: «The sun and the moon do not eclipse because of the death or life of someone, but they are two signs amongst the Signs of Allāh. So, if you see them, offer the Prayer (eclipse)».

5 - CHAPTER: Allāh's saying:

And He Who sends the winds
As heralds of glad going before
His Mercy (rain).........(7: 57).

3205 . Ibn 'Abbās (may Allāh be pleased with him)narrated: «The Prophet (the blessing and peace of Allāh be upon him) said: «I have been made victo-rious with the Sabā (i.e. easterly wind) and the people of Ad were destroyed with the Dabūr (i.e. westerly wind)».

3206 . ' Atā narrated: «'Aisha (may Allāh be pleased with her)said: «If the Prophet (the blessing and peace of Allāh be upon him) saw a cloud in the sky, he would walk to and fro in agitation, go out and come in, and the colour of his face would change, and if it rained, he would feel relaxed»

When 'Āisha alluded to this state of his, the Prophet (the blessing and

قوم: ﴿فلما رأوه عارضاً مُستقبِلَ أوديتهم﴾ الآية [الأحقاف: ٢٤].

[الحديث ٣٢٠٦ ـ طرفه في: ٤٨٢٩].

٦ ـ باب ذكر الملائكة صلوات الله عليهم

وقال أنس: قال عبدُ الله بنُ سلام للنبيِّ ﷺ: إنَّ جبريلَ عليه السلام عدُوُّ اليهودَ منَ الملائكة.

وقال ابنُ عبّاسٍ: ﴿لنحنُ الصافُّون﴾: الملائكة.

٣٢٠٧ ـ **حدثنا** هُدْبة بن خالدٍ حدَّثَنا هَمام عن قَتادةَ. وقال لي خليفة: حدَّثَنا يزيدُ بن زُرَيع حدَّثنا سعيدٌ وهشامٌ قالا: حدَّثنا قَتادةُ حدَّثنا أنسُ بن مالكٍ عن مالكِ بنِ صَعْصَعة رضيَ الله عنهما قال: قال النبيُّ ﷺ: «بَينا أنا عندَ البيت بينَ النائم واليَقْظان ـ وذكرَ يعني رجلاً بينَ الرَّجُلَين ـ فأُتيتُ بِطِسْتٍ من ذَهَبٍ مليءُ حكمةً وإيماناً، فشقَّ منَ النَّحرِ إلى مَراق البطنِ، ثمَّ غُسِلَ البطنُ بماءِ زَمْزَم، ثمَّ مُلِىءَ حكمةً وإيماناً. وأُتيتُ بدابَّةٍ أبيضَ دُونَ البغلِ وفَوقَ الحمارِ البُراقِ، فانطلَقْتُ معَ جبريلَ، حتى أتينا السماءَ الدُّنيا، قيلَ: من هٰذا؟ قال: جبريلُ. قيلَ: مَن معكَ؟ قيلَ: محمدٌ. قيلَ: وقد أُرسِلَ إليهِ؟ قال: نعم. قيل: مرحباً به، ولنعمَ المجيءُ جاء. فأتيت على آدم فسلمتُ عليه فقال: مرحباً بك مِن ابنٍ ونبيّ. فأتَينا السماءَ الثانية. قيلَ: مَن هٰذا؟ قال: جبريلُ. قيلَ: مَن معكَ؟ قال: محمدٌ ﷺ، قيل: أُرسِلَ إليه؟ قال: نعم. قيل: مَرحباً به، ولنِعمَ المَجيءُ جاء. فأتيتُ على عيسَى ويحيىٰ، فقالا: مَرحباً بكَ مِن أخٍ ونبيّ. فأتينا السماءَ الثالثة. قيل: من هٰذا؟ قيلَ: جبريل. قيلَ مَن معكَ؟ قال: محمد. قيلَ: وقد أُرسِلَ إليه؟ قال: نعم. قيلَ: مرحباً به،

٣٢٠٧ ـ قوله: (مراق) بهذا الضبط أصله مراقق وهو ما سفل من البطن ورق من جلده كما في الشارح.

ـ قوله: البراق بالرفع أي هو البراق ويجوز جره بدلاً من دابة واشتقاقه من البرق لسرعة مشيه وكأن الأنبياء يركبونه

peace of Allāh be upon him) said: «I am afraid it will be similar to what happened to some people referred to in the Holy Qur'ān in the following Verse:
Then when they saw it as a dense
cloud coming towards their valleys
they said: « This is a cloud bringing us rain! 'Nay but it is that (torment)
which you were asking to be hastened.... a wind wherein
is severe torment.» (46: 24).

The parts of this hadīth are in: 4829.

6 - CHAPTER: The reference to angels,

Anas said: «'Abdullah bin Salām said to the Prophet (the blessing and peace of Allāh be upon him) Amongst the angels Gabriel is the enemy of the Jews. Ibn 'Abbās said: «Verily we (angels) even we are they who set in ranks (for service), (37: 165) refers to the angels».

3207 . Mālīk bin Sa'sa'ā (may Allāh be pleased with him) narrated: «The Prophet (the blessing and peace of Allāh be upon him) said: «While I was at the House in a state midway between sleep and wakefulness, (an angel recognised me) as the man lying between two men. A golden tray full of wisdom and belief was brought to me and my body was cut open trom the throat to the lower part of the abdomen and then my abdomen was washed with Zam-zam water and (my heart was) filled with wisdom and belief. Al-Burāq, a white animal, smaller than a mule and bigger than a donkey was brought to me and I set out with Gabriel. When I reached the nearest heaven, Gabriel said to the heaven gate-keeper: Open the gate. The gate-keeper asked: «Who is it? He said: «Gabriel» The gate-keeper said: «Who is accompanying you Gabriel said: «Muhammad. The gate-keeper said: Has he been called? Gabriel said: «Yes». Then it was said: «He is welcomed. What a wonderful visit this is! Then I met Adam and greeted him and he said: «You are welcomed, O son and Prophet. Then we ascended to the second heaven it was asked: «Who is it? Gabriel said: «Gabriel». It was said: «Who is with you? He said: «Muhammad (the blessing and peace of Allāh be upon him) it was asked: «Has he been sent for? He said: «Yes». It was said: «He is welcomed. What a wonderful visit this is! Then I met Jesus and Yahya who said: «You are welcomed, O brother and Prophet. Then we ascended to the third heaven. It was asked: «Who is it? Gabriel said: «Gabriel it was asked: «Who is with you? Gabriel said: «Muhammad». It was asked: Has he been sent for? He said: «Yes» it was said: «Gabriel He is welcomed. What a wonderful

ولنِعمَ المجيءُ جاء. فأتيتُ يوسفَ فسلمتُ عليه، فقال: مرحباً بكَ من أخٍ ونبيّ. فأتينا السماءَ الرابعة، قيل من هذا؟ قيل: جبريل. قيل: من معك؟ قيل: محمد ﷺ. قيل: وقد أرسلَ إليه؟ قال: نعم. قيل: مرحباً به ولَنعم المجيءُ جاء. فأتيتُ على إدريسَ فسلمتُ عليه فقال: مَرحباً بك من أخٍ ونبيّ. فأتينا السماءَ الخامسة، قيلَ: مَن هذا؟ قيل: جبريلُ. قيل: ومن معك؟ قيل: محمد. قيل: وقد أُرسلَ إليه؟ قال: نعم. قيل: مَرحباً به ولَنِعم المجيءُ جاء. فأتَينا على هارونَ، فسلمتُ عليه، فقال: مَرحَباً بك من أخٍ ونبيّ. فأتينا على السماءِ السادسةِ، قيل: من هذا؟ قيل جبريلُ. قيل: من معكَ؟ قيل: محمد ﷺ. قيل: وقد أرسلَ إليه؟ مَرحَباً به، ولَنِعْمَ المجيءِ جاء. فأتيتُ على موسىٰ فسلمت فقال: مَرحباً بكَ من أخٍ ونبيّ. فلما جاوزتُ بكى، فقيل: ما أبكاك؟ قال: يا ربِ، هذا الغلامُ الذي بُعِث بعدي يَدخلِ الجنةَ من أُمَّتِهِ أفضلُ ممّا يدخلُ من أُمّتي. فأتينا السماءَ السابعة، قيل: من هذا؟ قيل: جبريل. قيل: من معك؟ قيل: محمد. قيل: وقد أُرسل إليه؟ مَرحباً بهِ ولَنِعم المجيءِ جاء. فأتيتُ على إبراهيم فسلّمتُ فقال: مَرحباً بكَ منِ ابنٍ ونبيّ. فرُفِعَ لي البيتُ المعمورِ، فسألتُ جبريلَ فقال: هذا البيتُ المعمور، يُصلي فيه كلَ يومٍ سبعونَ ألفَ ملك، إذا خرجوا لم يعودوا إليه آخر ما عليهم. ورُفعَت لي سِدْرةُ المنتهىٰ، فإذا نبقُها كأنهُ قِلالُ هَجَر، وورَقُها كأنه آذانُ الفُيول، في أصلها أربعة أنهار: نهرانِ باطنانِ ونهرانِ ظاهران. فسألتُ جبريلَ فقال: أمّا الباطنانِ ففي الجنّة، وأمّا الظاهرانِ: النيلُ والفُرات. ثمّ فُرِضَتْ عليّ خمسون صلاة، فأقبلتُ حتى جئتُ موسىٰ فقال: ما صَنعت؟ قلتُ: فُرِضَتْ عليّ خمسون صلاة. قال: أنا أعلم بالناسِ منكَ، عالجتُ بني إسرائيل أشدَّ المعالجة، وإنَّ أمتكَ لا تُطيق، فارجعْ إلى ربِّكَ فسَلْهُ. فرجَعتُ فسألتُهُ، فجعلها أربعين، ثُمَّ مثلَهُ ثمّ ثلاثين، ثمَّ مثله فجعَل عشرين، ثمّ مثله فجعَل عَشراً. فأتيتُ موسىٰ فقال مثله فجعلَها خمساً: فأتيتُ موسىٰ فقال: ما صنعتَ؟ قلتُ: جعلَها خمساً. فقال مثلهُ: قلتُ:

ـ قوله: (آخر ما عليهم) بنصب آخر على الظرفية أو بالرفع بتقدير ذلك آخر ما عليهم من دخوله (شارح).
ـ قوله: (كأنه قلال هجر) هَجَربفتحات لا ينصرف وفي الفرع صرفه (شارح).

visit his is! said the other. There I met Joseph and greeted him, and he replied: You are welcomed, O brother and a Prophet! Then we ascended to the fourth heaven and again the same questions and answers were exchanged as in the previous heavens. There I met Idris and greeted him. He said: «You are welcomed, O brother and a Prophet. Then we ascended to the fifth heaven and again the same questions and answers were exchanged as in the previous heavens. There I met and greeted O brother and a Prophet. Then we ascended to the sixth heaven and again the same questions and answers were exchanged as in the previous heavens. There I met and greeted Moses who said: «You are welcomed, brother and a Prophet.» When I proceeded on, he started weeping and on being asked why he was weeping, he said: «O Lord! The followers of this youth who was sent after me will enter Paradise in greater number than my followers. Then we ascended to the seventh heaven and again the same questions and answers were exchanged as in the previous heavens. There I met and greeted Abrāham who said: «You are welcomed O son and a Prophet. Then I was shown Al-Bait-ul-Ma'mūr (i.e. Allāh's House). I asked: «Gabriel about it and he said: «This is Al-Bait-ul-Ma'mūr where 70,000 angels perform prayers daily, and when they leave, they never return to it (but always a fresh bath comes into it daily). Then I was shown Sidrat-ul-Muntaha (i.e. a tree in the seventh heaven) and I saw its Nabk fruits which resembled the clay jugs of Hajr (i.e. town in Arabia), and its leaves were like the ears of elephants, and four rivers originated at its root, two of them were apparent and two were hidden. I asked Gabriel about those rivers and he said: «The two hidden rivers are in Paradise, and the apparent ones are the Nile and the Euphrates. Then fifty prayers were enjoined on me. I descended till I met Moses who asked me: «What have you done? I said: «Fifty prayers have been enjoined on me. He said: «I know the people better than you, because I had the hardest experience to bring Banī Israel to obedience. Your followers cannot put up with such obligation. So, return to your Lord and request Him (to reduce the number of prayers). I returned and requested Allāh (for reduction) and He made it forty. I returned and (met Moses) and had a similar discussion, and them returned again to Allāh for reduction and He made it thirty, then twenty, then ten, and then I came to Moses who repeated the same advice. Ultimately Allāh reduced it to five. When I came to Moses again, he said: «What

فسلَّمتُ. فنودي: إني قد أمضيتُ فريضتي. وخففتُ عن عبادي، وأجزي الحَسنة عَشْراً».

وقال هَمام عن قَتادةَ عن الحسن عن أبي هريرةَ رضي الله عنه عنِ النبيِّ ﷺ: «في البيتِ المعمور». [الحديث ٣٢٠٧ ـ أطرافه في: ٣٣٩٣، ٣٤٣٠، ٣٨٨٧].

٣٢٠٨ ـ **حدثنا** الحسنُ بن الرَّبيع حدَّثَنا أبو الأَحْوَص عن الأَعمَش عن زيدِ بن وَهب قال عبدُ الله: حدَّثَنا رسولُ الله ﷺ ـ وهوَ الصادقُ المصدوق ـ قال: «إنَّ أحدَكم يُجمَعُ خلقُهُ في بطن أُمِّهِ أربعينَ يوماً، ثمَّ يكونُ عَلَقةً مثل ذٰلك، ثمَّ يكونُ مُضْغةً مثلَ ذٰلك، ثمَّ يَبعَثُ الله مَلَكاً يُؤمَرُ بأَربَعْ كلماتٍ ويقال لهُ: اكتبْ عَمَلهُ ورزقهُ وشَقيٌّ أو سعيد. ثمَّ يُنفَخُ فيهِ الرُّوحُ، فإنَّ الرجلَ منكم ليَعملُ حتى ما يكون بينهُ وبينَ الجنَّةِ إلا ذِراع، فيَسبِقُ عليه كتـابُه فيَعْمَـلُ بعملِ أهلِ النار. ويَعملُ حتَّى ما يكونُ بينهُ وبينَ النارِ إلا ذراعٌ، فيسبقُ عليه الكتابُ فيَعملِ بعملِ أَهلِ الجنة». [الحديث ٣٢٠٨ ـ أطرافه في: ٣٣٣٢، ٦٥٩٤، ٧٤٥٤].

٣٢٠٩ ـ **حدثنا** محمدُ بنُ سَلامٍ أخبرَنا مَخْلَدٌ، أخبرَنا ابنُ جُرَيج قال: أخبرَني مُوسىٰ بنُ عُقبةَ عن نافعٍ قال: قال أبو هريرةَ رضيَ الله عنه عن النبيِّ ﷺ. وتابعَهُ أبو عاصم عن ابن جُريج قال: أخبرني موسىٰ بنُ عقبةَ عن نافعٍ عن أبي هريرةَ عنِ النبيِّ ﷺ قال: «إذا أَحبَّ الله العبدَ نادَى جبريل: إنَّ الله يُحِبُّ فلاناً فأَحبِبْهُ، فيُحبُّه جبريل. فينادي جبريل في أهلِ السماء: إنَّ الله يُحِبُّ فلاناً فأَحِبُّوهُ، فيحبُّه أَهلُ السماء. ثمَّ يُوضَعُ له القَبول في الأرض». [الحديث ٣٢٠٩ ـ طرفاه في: ٦٠٤٠، ٧٤٨٥].

ـ قوله: (فسلمت) أي فلم أراجعه تعالى.

٣٢٠٨ ـ قوله: (حتى ما يكون) نصب بحتى وما نافية غير مانعة لها من العمل أو رفع وهو الذي في الفرع على أن حتى ابتدائية (شارح).

ـ وقوله: (كتابه) أي الذي كتبه الملك وهو في بطن أمه.

have you done? I said: «Allāh has made it five only. He repeated the same advice but I said that I surrendered (to Allāh's Final Order) Allāh's Apostle (the blessing and peace of Allāh be upon him) was addressed by Allāh, I have decreed My Obligation and have reduced the burden on My slaves, and I shall reward a single good deed as if it were ten good deeds».

The parts of this hadīth are in: 3887, 3430, 3393.

3208 . 'Abdullah (bin Mus'ūd) (may Allāh be pleased with him) narrated: «Allāh's Apostle (the blessing and peace of Allāh be upon him), the true and truely inspired said: «(The matter of the Creation of) a human being is put together in the womb of the mother in forty days, and then he becomes a clot of thick blood for a similar period. Then Allāh sends an angel who is ordered to write four things. He is ordered to write down his (i.e. the new creature's) deeds, his livelihood, his (date of) death, and whether he will be blessed or wretched (in religion). Then the soul is breathed into him. So, a man amongst you may do (good) deeds till there is only a cubit between him and Paradise and then what has been written for him decides his behaviour and he starts doing (evil) deeds characteristic of the people of the (Hell) Fire. And similarly a man amongst you may do (evil) deeds till there is only a cubit between him and the (Hell) Fire, and then what has been written for him decides his behaviour, and he starts doing deeds characteristic of the people of Paradise».

The parts of this hadīth are in: 7ea54, 6594, 3332.

3209. Abū Huraira (may Allāh be pleased with him) narrated: «The Prophet (the blessing and peace of Allāh be upon him) said: «If Allāh loves a person, He calls Gabriel saying, Allāh loves so-and-so; O Gabriel ! Love him, Gabriel would love him and make an announcement amongst the inhabitants of the Heaven: Allāh loves so-and-so, therefore you should love him also, and so all the inhabitants of the Heaven would love him, and then he is granted the pleasure of the people on the earth».

The parts of this hadīth are in: 7485, 6040.

٣٢١٠ ـ **حدثنا** محمدُ حدَّثَنا ابنُ أبي مريمَ أخبرَنا اللَّيثُ حدَّثنا ابنُ أبي جعفرٍ عن محمد بنِ عبدِ الرّحمٰنِ عن عُروةَ بنِ الزُّبيرِ عن عائشةَ رضيَ الله عنها زوجِ النبيِّ ﷺ أنها قالت: سمعتُ رسولَ الله ﷺ يقول: «إنَّ الملائكةَ تنزلُ في العَنان ـ وهو السحابُ ـ فتذكر الأمرَ قُضيَ في السماءِ، فتَسْترقُ الشياطين السمعَ فتسمعُه فتوحيهِ إلى الكُهّانِ، فيكذبونَ معَها مائةَ كذبةٍ من عندِ أنفُسِهم».

[الحديث ٣٢١٠ ـ أطرافه في: ٣٢٨٨، ٥٧٦٢، ٦٢١٣، ٧٥٦١].

٣٢١١ ـ **حدثنا** أحمدُ بنُ يونُسَ حدَّثنا إبراهيمُ بنُ سَعدٍ حدّثنا ابنُ شهابٍ عن أبي سلمةَ والأغرِّ عن أبي هريرةَ رضيَ الله عنه قال: قال النبيُّ ﷺ: «إذا كان يومُ الجمعةِ كان على كلِّ بابٍ من أبوابِ المسجدِ الملائكةُ يكتُبون الأوَّلَ فالأوَّل، فإذا جلسَ الإمامُ طَوَوُا الصحفَ وجاؤوا يستمعونَ الذِّكر».

٣٢١٢ ـ **حدثنا** عليُّ بنُ عبدِ الله حدَّثنا سُفيانُ حدَّثني الزُّهريُّ عن سعيدِ بن المسيَّبِ قال: «مرَّ عمرُ في المسجدِ وحَسّانُ يُنشد فقال: كنت أُنشِدُ فيه وفيهِ من هوَ خيرٌ منك. ثمَّ التفتَ إلى أبي هريرة فقال: أنشُدكَ بالله أسمعتَ رسولَ الله ﷺ يقول: «أجِبْ عني، اللّهمَّ أيِّدْهُ بروحِ القُدسِ؟» قال: نعم».

٣٢١٣ ـ **حدثنا** حفصُ بنُ عمرَ حدَّثنا شُعبةُ عن عَديِّ بنِ ثابتٍ عنِ البَراءِ رضيَ الله عنه قال: قال النبيُّ ﷺ لحسّانَ: «اهجُهمْ ـ أو هاجِهم ـ وجبريل معك».

[الحديث ٣٢١٣ ـ أطرافه في: ٤١٢٣، ٤١٢٤، ٦١٥٣].

٣٢١٤ ـ **حدثنا** موسىٰ بن إسماعيلَ حدَّثنا جريرٌ. ح وحدّثنا إسحاقُ أخبرَنا وَهبُ بن جرير قال: حدَّثَنا أبي قال: سمعتُ حميدَ بنَ هلالٍ عن أنسِ بنِ مالكٍ رضيَ الله عنه قال: «كأني أنظرُ إلى غُبارٍ ساطِعٍ في سِكة بني غُنْم. زاد موسىٰ: مَوكب جبريلَ».

٣٢١٤ ـ قوله: (موكب) برفعه على أنه خبر مبتدأ محذوف تقديره هذا ويجوز فيه النصب والجر أنظر الشارح.

3210 . 'Āisha(may Allāh be pleased with her) narrated: «I heard Allāh's Apostle (the blessing and peace of Allāh be upon him) saying: «The angels descend in the clouds and mention this or that matter decreed in the Heaven. The devils listen secretly to such a matter, come down to inspire the sooth-sayers with it, and the latter would add to it one-hundred lies of their own».

The parts of this hadīth are in: 6213, 5762, 3288, 7561.

3211 . Abū Huraira (may Allāh be pleased with him) narrated: The Prophet (the blessing and peace of Allāh be upon him) said: «On every Friday the angels take their stand at every gate of the mosques to write the names of the people chronologically (i.e. according to the time of their arrival for the Friday prayer), and when the Imam sits (on the pulpit) they fold up their scrolls and get ready to listen to the sermon..

3212. Sa'īd bin Al-Musaīyab: narrated: «'Umar came to the Mosque while Hassan was reciting a poèm. ('Umar disapproved of that). On that Hassān said: I used to recite poetry in this very Mosque in the presence of one (i.e.the Prophet (the blessing and peace of Allāh be upon him) who was better than you. Then he turned towards Abū Huraira and said (to him): «I ask you by Allāh, did you hear Allāh's Apostle (the blessing and peace of Allāh be upon him) saying (to me), Retort on my behalf. O Allāh! Support him (i.e.Hassān) with the Holy Spirit?» Abū Huraira said: «Yes».

3213 . Al-Barā (may Allāh be pleased with him) narrated: «The Prophet (the blessing and peace of Allāh be upon him) said to Hassan:«Lam-poon them (i.e. the pagans) and Gabriel is with you».

The parts of this hadīth are in: 6153, 4124, 4123.

3214 . Jarīr narrated: « as below .

Humaid bin Hilāl narrated: «Anas bin Mālīk (may Allāh be pleased with him)said: «As if I saw a cloud of dust swirling up in the lane of Banī Ghanīm.» Musa added: «That was caused by the procession of Gabriel».

٣٢١٥ ـ **حدثنا** فَرْوَةُ حدَّثَنا عليُّ بنُ مُسهِرٍ عن هشام بن عُروة عن أبيه عن عائشة رضيَ اللهُ عنها: **أنَّ الحارثَ بن هِشام سألَ النبيَّ ﷺ: كيفَ يأتيكَ الوَحيُ؟ قال: «كلُّ ذاكَ يأتيني المَلكُ أحياناً في مثل صَلْصَلةِ الجرَس، فيَفصِمُ عني وقد وَعيت ما قال، وهوَ أشدُّه عليَّ، ويتمثَّلُ لي الملكُ أحياناً رجُلاً فيكلمني، فأعِي ما يقول»**.

٣٢١٦ ـ **حدثنا** آدمُ حدَّثَنا شَيبان حدَّثَنا يحيىٰ بن أَبي كثيرٍ عن أبي سَلمةَ عن أبي هريرةَ رضيَ اللهُ عنه قال: سمعت النبيَّ ﷺ يقول: **«مَن أنفقَ زَوجَينِ في سبيلِ الله دَعته خَزنةُ الجنَّةِ: أيْ فُلُ(١) هَلُمَّ». فقال أبو بكر ذاكَ الذي لا توى عليهِ. فقال النبيُّ ﷺ: «أرجو أن تكونَ منهم»**.

٣٢١٧ ـ **حدثني** عبدُ الله بن محمدٍ حدَّثَنا هِشام أخبرَنا مَعْمَر عنِ الزُّهريِّ عن أبي سَلمةَ عن عائشةَ رضيَ اللهُ عنها: **«أنَّ النبيَّ ﷺ قال لها: «يا عائشة، هذا جبريلُ يَقرأُ عليكِ السلامَ»، فقالت: وعليهِ السلام ورحمةُ الله وبركاته، تَرَى ما لا أرَى. تريد النبيَّ ﷺ»**.

[الحديث ٣٢١٧ ـ أطرافه في: ٣٧٦٨، ٦٢٠١، ٦٢٤٩، ٦٢٥٣].

٣٢١٨ ـ **حدثنا** أبو نُعيم حدَّثَنا عمرُ بن ذرّ. ح. قال: وحدَّثَنا يحيى بن جعفرٍ حدَّثنا وكيعٌ عن عمرَ بنِ ذرٍّ عن أبيه عن سعيدِ بن جُبَيرٍ عنِ ابن عبَّاسٍ رضيَ اللهُ عنهما قال: قال رسولُ الله ﷺ لجبريل: **«ألا تزورُنا أكثرَ مما تزورُنا؟ قال: فنزلَتْ: ﴿وما نتنزَّلُ إلاّ بأمرِ ربِّكَ، له ما بين أيدينا وما خلفَنا﴾»** [مريم: ٦٤].

[الحديث ٣٢١٨ ـ طرفاه في: ٤٧٣١، ٧٤٥٥].

٣٢١٥ ـ قوله: (يأتيني الملك) ولأبي ذر يأتي الملك (شارح).

٣٢١٦ ـ قوله: (زوجين) أي درهمين أو دينارين (شارح).

(١) ـ قوله: (أي فل) يعني يا فلان كأنه صرخة.

3215 . 'Āisha (may Allāh be pleased with her) narrated: «Al Hārith bin Hishām asked the Prophet (the blessing and peace of Allāh be upon him). How does the Divine Inspiration come to you? He replied: «In all these ways: The Angel sometimes comes to me with a voice which resembles the sound of a ringing bell, and when this state abandons me. I remember what the Angel has said, and this type of Divine Inspiration is the hardest on me; and sometimes the Angel comes to me in the shape of a man and talks to me, and I understand and remember what he says»

3216. On the authority of Abu Huraira who narrated:, I heard the Prophet (the blessing and peace of Allah be upon him) said: That who ever spends a couple (of objects) in Allah's Cause, will be called by the gatekeepers of Paradise who will say: «O so-and-so, come on! Abu Bakr said: «Such a person will never perish or be miserable». The Prophet said: «I hope you will be such a person».

3217 . Abū Salama narrated: «'Āisha (may Allāh be pleased with her) said: That the Prophet (the blessing and peace of Allāh be upon him) said to her: «O 'Āisha! This is Gabriel and he sends his (greetings) salutations to you? 'Āisha said: «Salutations (greetings) to him, and Allāh's Mercy and and Blessings be on him,» and addressing the Prophet she said: «You see what I don't see».

The parts of this hadīth are in: 6249, 6201, 3768, 6153.

3218 . Ibn 'Abbās (may Allāh be pleased with him) narrated: «Allāh's Apostle (the blessing and peace of Allāh be upon him): «asked Gabriel: «Why don't you visit us more often than you do? Then the following Holy Verse was revealed (in this respect):

And we (angels) descend not but by
the order of your Lord. To Him Be longs what is before us and what is behinds us, and what is between those two and you Lord was never forgetful (19: 64).

The parts of this hadīth are in: 7455, 4731.

٣٢١٩ ـ **حدثنا** إسماعيلُ قال: حدَّثني سليمانُ عن يونُسَ عن ابنِ شهابٍ عن عُبَيدِ الله بنِ عبدِ الله بنِ عتبةَ بنِ مسعودٍ عنِ ابنِ عبّاسٍ رضيَ الله عنهما أن رسولَ الله ﷺ قال: **«أقرأَني جبريلُ على حَرفٍ، فلم أزَلْ أستزيدهُ حتى انتهى إلى سبعة أحرفٍ»**.

[الحديث ٣٢١٩ ـ طرفه في: ٤٩٩١].

٣٢٢٠ ـ **حدثنا** محمدُ بنُ مقاتلٍ أخبرَنا عبدُ الله أخبرَنا يونُسُ عن الزُّهريِّ قال: حدَّثني عُبيدُ الله بنُ عبدِ الله عنِ ابنِ عبّاسٍ رضيَ الله عنهما قال: **«كان رسولُ الله ﷺ أجْوَدَ الناسِ، وكان أجودَ ما يكون في رمضانَ حينَ يَلقاهُ جبريلُ، وكان جبريل يَلقاهُ في كلِّ ليلةٍ من رمضانَ فيُدارِسهُ القرآنَ. فإن رسولَ الله ﷺ حينَ يَلقاهُ جبريلُ أجْوَدُ بالخير منَ الرِّيح المرسَلة»**. وعن عبدِ الله قال: حدَّثَنا مَعمرٌ بهذا الإسنادِ نحوَه.

ورَوىٰ أبو هريرة وفاطمةُ رضيَ الله عنهما عنِ النبيِّ ﷺ: **«أنَّ جبريلَ كان يُعارِضهُ القرآنَ»**.

٣٢٢١ ـ **حدثنا** قُتَيبة حدَّثَنا ليثٌ عنِ ابنِ شهابٍ أنَّ عمرَ بنَ عبدِ العزيزِ أخَّرَ العَصرَ شيئاً، فقال له عُروة: أما إنَّ جبريلَ قد نَزَلَ فصلَّى أمامَ رسولِ الله ﷺ. فقال عمرُ: أعلَمْ ما تقولُ يا عُروة، قال: سمعت بشيرَ بنَ أبي مَسعودٍ يقولُ: سمعت أبا مسعودٍ يقول: سمعتُ رسولَ الله ﷺ يقول: **«نزَلَ جبريل فأمَّني فصلَّيتُ معه، ثمَّ صلَّيتُ معه، ثمَّ صليت معَه، ثمَّ صليتُ معه، ثمَّ صليت معه، يَحسُبُ بأصابعِهِ خمسَ صلواتٍ»**.

٣٢٢٢ ـ **حدثنا** محمدُ بنُ بَشّارٍ حدَّثَنا ابنُ أبي عَدِيٍّ عن شُعبةَ عن حبيب بن أبي ثابتٍ عن زيدِ بن وهب عن أبي ذرٍ رضيَ الله عنه قال: قال النبيُّ ﷺ: **«قال لي جبريلُ: مَن ماتَ من أُمَّتِكَ لا يشرك بالله شيئاً دخلَ الجنةَ، أو لم يَدخل النار. قال: وإن زنىٰ وإن سرَق؟ قال: وإن»**.

٣٢١٩ ـ قوله: (على حرف) أي لغة أو وجه من الإعراب (شارح).

٣٢٢١ ـ قوله: (اعلم ما تقول يا عروة) أي تأمل ما تقول وتذكر (شارح).

3219 . Ibn 'Abbās (may Allāh be pleased with him)narrated: «Allāh's Apostle (the blessing and peace of Allāh be upon him) said: «Gabriel read the Qur'ān to me in one way (i.e. dialect) and I continued asking him to read it in different ways till he read it in seven different ways».

The parts of this hadīth are in: 4991.

3220 . Ibn 'Abbās (may Allāh be pleased with him) narrated: «Allāh's Apostle (the blessing and peace of Allāh be upon him) was the most generous of all the people, and he used to be more generous in the month of Ramadān when Gabriel used to meet him. Gabriel used to meet him every night in Ramadān to study the Holy Qur'ān carefully together. Allāh's Apostle used to become more generous than the fast wind when he met Gabriel.

3221 . Ibn Shihāb narrated: «Once'Umar bin 'Abdul 'Azīz delayed the Afternoon prayer a little. 'Urwa said to him: «Gabriel descended and led the prayer in front of the Prophet.Then 'Umar said: «O Urwa! Be sure of what you say» 'Urwa said: «I heard Bashīr bin Abī Mas'ūd narrating from Ibn Mas'ūd who heard Allāh's Apostle saying: «Gabriel descended and led me in prayer; I prayed with him again, and prayed with him again, counting with his fingers five prayers».

3222 . Abū Tharr narrated: «The Prophet (the blessing and peace of Allāh be upon him) said: «Gabriel said to me: Whoever amongst your followers die without having worshipped others besides Allāh, will enter Pradise (or will not enter the (Hell Fire).» The Prophet asked: «Even if he has commited illegal sexual intercouse or theft?» He replied: «Even them».

٣٢٢٣ ـ **حدثنا** أبو اليمانِ أخبرَنا شعيبٌ حدَّثَنا أبو الزِّنادِ عنِ الأعرج عن أبي هريرة رضيَ الله عنه قال: قال النبيُّ ﷺ: «الملائكةُ يَتعاقَبون: ملائكةٌ بالليلِ وملائكةٌ بالنهار، ويجتمعونَ في صلاةِ الفجرِ والعصر، ثمَّ يَعرُجُ إليه الذين باتوا فيكم فيسأَلُهم ـ وهو أعلم ـ فيقول: كيف تركتم؟ فيقولون: تركناهم يصلون، وأتيناهم يُصلون».

٧ ـ باب إذا قال أحدكم «آمين» والملائكة في السماء آمين فوافَقَتْ إحداهما الأخرىٰ غُفِرَ له ما تقدَّمَ من ذَنبِه

٣٢٢٤ ـ **حدثنا** محمدٌ أخبرَنا مَخْلدٌ أخبرَنا ابن جُرَيج عن إسماعيلَ بنِ أُميَّةَ أنَّ نافعاً حدَّثه أنَّ القاسمَ بنَ محمدٍ حدَّثهُ عن عائشة رضيَ الله عنها قالت: حَشَوْتُ للنبيِّ ﷺ وسادةً فيها تماثِيلُ كأنها نمرُقة، فجاءَ فقامَ بينَ البابين وجَعلَ يَتغيَّرُ وَجهُهُ، فقلتُ: ما لنا يا رسولَ الله قال: «ما بالُ هذهِ؟» وسادة قلت جَعلتُها لكَ لتَضْطجِع عليها. قال: «أما علمتِ أنَّ الملائكة لا تدخلُ بيتاً فيه صورة؟ وأنَّ من صنعَ الصورةَ يُعذَّبُ يومَ القيامةِ يقول: أَحْيُوا ما خلقتم».

٣٢٢٥ ـ **حدثنا** ابنُ مُقاتلٍ أخبرَنا عبدُ الله أخبرَنا مَعْمرٌ عنِ الزُّهريِّ عن عُبَيدِ الله بنِ عبدِالله أنه سمعَ ابنَ عبّاسٍ رضيَ الله عنهما يقول: سمعتُ أبا طلحة يقول: سمعتُ رسولَ الله ﷺ يقول: «لا تدخلُ الملائكةُ بيتاً فيهِ كلبٌ ولا صورةُ تماثيلَ».

[الحديث ٣٢٢٥ ـ أطرافه في: ٣٢٢٦، ٣٣٢٢، ٤٠٠٢، ٥٩٤٩، ٥٩٥٨].

٣٢٢٦ ـ **حدثنا** أحمدُ حدَّثنا ابنُ وَهبٍ أخبرَنا عمرٌو أنَّ بُكَيرَ بنَ الأشجِّ حدَّثه أنَّ بُسْرَ بنَ سعيدٍ حدَّثهُ أن زيدَ بنَ خالدٍ الجُهَنيَّ رضيَ الله عنه حدَّثهُ ـ ومعَ بُسرِ بنِ سعيدٍ عُبيدُ الله الخَولانيُّ الذي كان في حَجْرِ ميمونةَ رضيَ الله عنها زوج النبيِّ ﷺ ـ حدَّثهما

٣٢٢٣ ـ قوله: (كيف تركتم) وفي فتح الباري زاد أبو ذر عبادي وقوله: تركناهم يصلون الخ في نسخة وهم يصلون (شارح).

3223 . Abū Huraira (may Allāh be pleased with him) narrated: «The Prophet (the blessing and peace of Allāh be upon him) said: «Angels keep on descending from and ascending to the Heaven in turn, some at night and some by daytime, and all of them assemble together at the time of the Dawn and Afternoon prayers. Then those who have stayed with you over-night, ascended unto Allāh Who asks them--- and He Knows the answer better than they--- How have you left My slaves? They reply We have left them praying as we found them praying.

7 - CHAPTER: If anyone of you says «Amer» (during the Prayer at the end of the recitation of Sūrat-al-Fātiha), and the angels in Heaven say the same, and the two sayings co-incide, all his past sins will be forgiven.».

3224 . 'Āisha (may Allāh be pleased with her) narrated: «I stuffed for the Prophet (the blessing and peace of Allāh be upon him) a pillow decorated with pictures (of animals) which looked like small cushion. He came and stood among the people with excitement apparent on his face. I said: «O Allāh Apostle! What is wrong?» He said: «What is this pillow?» I said: «I have prepared this pillow for you, so that you may recline on it» He said: «Don't you know that angels do not enter a house wherein there are pictures; and whoever makes a picture will be a punished on the Day of Resurrection and will be asked to give life to (what he has created)?».

3225 . Abū Talha narrated: «I heard Allāh's Apostle (the blessing and peace of Allāh be upon him) saying: «Angels (of Mercy) do not enter a house wherein there is a dog or a picture of a living creature (a human being or a animal).

The parts of this hadīth are in: 5949, 4002, 3322, 3226, 5958.

3226 . Busr bin Sa'īd narrated: That Zaid bin Khālid Al-Juhanī (may Allāh be pleased with him) narrated to him something in the presence of Sa'īd bin 'Ubaidullāh Al-Khaulānī who was brought up in the house of Maimūna (may

زيدُ بن خالدٍ أنَّ أبا طلحةَ حدَّثهُ أنَّ النبيَّ ﷺ قال: «لا تدخلُ الملائكة بيتاً فيه صورةٌ». قال بُسرٌ: فمرِضَ زيدُ بنُ خالدٍ، فعُدناهُ، فإذا نحنُ في بيتهِ بسترٍ فيهِ تصاوِيرُ، فقلتُ لعُبيدِ الله الخَولانيِّ: ألم يحدِّثْنا في التصاوير؟ فقال: إنه قال: «إلا رَقمٌ في ثوبٍ» ألا سمعتَهُ؟ قلت: لا. قال: بَلىٰ قد ذكر.

٣٢٢٧ ـ **حدثنا** يحيىٰ بنُ سليمانَ قال: حدَّثني ابنُ وَهبٍ قال: حدثني عمرٌو عن سالمٍ عن أبيه قال: «وعدَ النبيَّ ﷺ جبريلُ فقال: إنّا لا ندخلُ بيتاً فيه صورة ولا كلب».

[الحديث ٣٢٢٧ ـ طرفه في: ٥٩٦٠].

٣٢٢٨ ـ **حدثنا** إسماعيلُ قال: حدَّثني مالكٌ عن سُمَيٍّ عن أبي صالح عن أبي هريرةَ رضيَ الله عنه أنَّ رسولَ الله ﷺ قال: «إذا قال الإمامُ سمعَ الله لمن حمِدَه، فقالوا: اللّهمَّ ربَّنا لكَ الحمدُ، فإنه من وافقَ قولُهُ قول الملائكة غُفِرَ لهُ ما تقدمَ من ذَنبِه».

٣٢٢٩ ـ **حدثنا** إبراهيمُ بنُ المنذرِ حدَّثنا محمد بنُ فُلَيح حدَّثَنا أبي عن هلالِ بنِ عليٍّ عن عبدِ الرّحمٰنِ بنِ أبي عَمرةَ عن أبي هريرةَ رضيَ الله عنه عنِ النبيِّ ﷺ قال: «إنَّ أحدَكم في صلاة ما دامتِ الصلاةُ تحبِسهُ، والملائكةُ تقول: اللّهمَّ اغفرْ لهُ وارحَمْه، ما لم يَقُمْ من صلاتهِ أو يُحْدِثْ».

٣٢٣٠ ـ **حدثنا** عليُّ بنُ عبدِ الله حدَّثَنا سفيانَ عن عمرو عن عطاءٍ عن صفوانَ بنِ يَعلىٰ عن أبيهِ قال: «سمعتُ النبيَّ ﷺ يقرأُ على المنبرِ: ﴿ونادَوا يا مَالِكُ﴾ قال سفيانُ في قراءةِ عبدِ الله: ونادَوا يا مالِ». [الحديث ٣٢٣٠ ـ طرفاه في: ٣٢٦٦، ٤٨١٩].

٣٢٣٠ ـ قوله: (يا مال) مرخم حذفت كافه واللام مكسورة ويجوز ضمها (شارح)

Allāh be pleased with her) the wife of the Prophet. Zaid narrated to them that Abū Talha said that the Prophet said: «The Angels (of Mercy) do not enter a house wherein there is a picture.» Busr said: «Later on Zaid bin Khālid fell ill and we called on him. To our surprise we saw a curtain decorated with pictures in his house. I said to Ubaidullāh Al-Khaulānī: Didn't he (i.e. Zaid) tell us about the (prohibition or) pictures? He said: «But he excepted the embroidery on garments. Didn't you hear him? I said: «No» He said: «Yes, he did».

3227 . Sālem's father narrated: «Once Gabriel promised the Prophet (the blessing and peace of Allāh be upon him) (that he would visit him, but Gabriel did not come) and later on he said: «We, angels, do not enter a house which contains a picture or a dog».

The parts of this hadith are in: 5960.

3228 . Abū Huraira (may Allāh be pleased with him) narrated: «Allāh's Apostle (the blessing and peace of Allāh be upon him) said: «When the Imām, during the prayer, says. Allāh hears that who praises Him, say: O Allāh! Our Lord! All the praises are for You, for if the saying of anyone of you coincides with the saying of the angels his past sins will be forgiven».

3229. Abū Huraira (may Allāh be pleased with him) narrated: «The Prophet (the blessing and peace of Allāh be upon him) said: «As long as anyone of you is waiting for the prayer, he is considered to be praying actually, and the angels say: «O Allāh! Be merciful to him and forgive him» (and go on saying so) unless he leaves his place of praying or passes wind (i.e. breaks his ablution)».

3230 . Ya'lī (may Allāh be pleased with him) narrated: «I heard the Prophet (the blessing and peace of Allāh be upon him) reciting the following Verse on the pulpit:
They will call: O Mālī... and Sufyān said that 'Abdullah recited it:
They will call: O Mālī (43: 77).

The parts of this hadith are in: 3266, 4819

٣٢٣١ ـ **حدثنا** عبدُ الله بنُ يوسفَ أخبرَنا ابنُ وَهبٍ قال: أخبرَني يونسُ عنِ ابنِ شهابٍ قال: حدَّثني عروةُ: أنَّ عائشةَ رضيَ الله عنها زَوجَ النبيِّ ﷺ حدَّثَتْهُ أنها قالت للنبيِّ ﷺ: هل أتى عليكَ يومٌ كان أشدَّ من يومِ أُحُدٍ؟ قال: «لقد لَقِيتُ من قومِكِ ما لقيت، وكان أشدَّ ما لقيتُ منهم يومَ العَقَبةِ إذ عَرضتُ نفسي على ابنِ عبد ياليل بنِ عبد كُلال فلم يُجِبْني إلى ما أردْت، فانطلقتُ. وأنا مَهمومٌ، على وَجهِي، فلم أَستفِقْ إلا وأنا بقَرنِ الثَّعالبِ، فرَفَعتُ رأسي، فإذا أنا بسَحابةٍ قد أظلَّتْني، فنظرتُ فإذا فيها جِبريل، فناداني فقال: إنَّ الله قد سمعَ قولَ قومِكَ لك وما رَدُّوا عليك، وقد بعثَ الله إليكَ مَلَكَ الجبالِ لتأمرَهُ بما شِئتَ فيهم، فناداني مَلَكُ الجبال فسلم عليَّ ثم قال: يا محمد، فقال: ذٰلكَ فيما شئتَ، إن شِئتَ أن أُطبِقَ عليهم الأَخْشَبَينِ». فقال النبيُّ ﷺ: «بل أَرجو أن يُخرِجَ الله من أصلابِهم من يَعبُدُ الله وَحْدَهُ لا يُشرِكُ بِهِ شيئاً». [الحديث ٣٢٣١ ـ طرفه في: ٧٣٨٩].

٣٢٣٢ ـ **حدثنا** قُتَيبة حدَّثنا أبو عَوانة حدَّثنا أبو إسحاقَ الشيبانيُّ قال: سأَلتُ زِرَّ بنَ حُبَيشٍ عن قولِ الله تعالىٰ: ﴿فكانَ قابَ قَوسَينِ أَو أَدنىٰ، فأَوحىٰ إلىٰ عبدِهِ ما أَوحىٰ﴾ [النجم: ٩] قال: حدَّثنا ابنُ مسعود أنه رأىٰ جبريلَ لهُ ستُّمائةِ جَناح.

[الحديث ٣٢٣٢ ـ طرفاه في: ٤٨٥٦، ٤٨٥٧].

٣٢٣٣ ـ **حدثنا** حفصُ بنُ عمر حدَّثنا شُعبةُ عنِ الأَعمشِ عن إبراهيمَ عن عَلقمةَ عن عبدِ الله رضيَ الله عنه: ﴿لقد رأى من آياتِ ربِّهِ الكبرَى﴾ قال: «رأىٰ رَفرَفاً أَخضرَ سَدَّ أُفقَ السماء». [الحديث ٣٢٣٣ ـ طرفه في: ٤٨٥٨].

٣٢٣٣ ـ (رفرفاً): بساطاً.

3231 . 'Āisha (may Allāh be pleased with her) that she asked the Prophet (the blessing and peace of Allāh be upon him) narrated: «Have you encountered a day harder than the day (of the battle) of Uhud?» The Prophet replied: «Your tribes have troubled me a lot, and the worst trouble was the trouble on the day of Aqaba when I presented myself to Ibn Abd-Yalail bin Abd-Kulāl and he did not respond to my demand. So I departed, overwhelmed with excessive sorrow ,and proceeded on in puzzlement and could not relax till I found myself at Qarnath-Tha'ālib where I lifted my head towards the sky to see a cloud shading me unexpectedly. I looked up and saw Gabriel in it. He called me saying: «Allāh has heard your people's saying to you, and He has heard their reply to you. Allāh has sent the Angel of the Mountains to you so that you may order him to do whatever you wish to these people. The Angel of the Mountains called and greeted me, and then said: «O Muhammad! order what you wish. If you like, I will let Al-Akh-Shabain (i.e. two mountains) fall on them». The Prophet said: «No but I hope that Allāh will let them beget children who will worship Allāh Alone, and will worship no one besides Him».

3232 . Abū Ishaq-Ash-Shaibānī narrated: «I asked Zir bin Hubaish regarding the Statement of Allāh (the Exalted and Almighty):

And was at a distance
Of but two bow-lengths
Or bin(even) nearer;
So did (Allāh) convey
The Inspiration to His slave (Gabriel)

And then he (Gabriel) (Conveyed) to Muhammad (the blessing and peace of Allāh be upon him)) (53: 9-10).

On that, Zir said: «Ibn Mas'ūd informed us that the Prophet (the blessing and peace of Allāh be upon him) had seen Gabriel with 600 wings».

The parts of this hadith are in: 4856, 4857.

3233 . 'Abdullah (may Allāh be pleased with him)narrated: «regarding in the Verse Indeed he (Muhammad) did see:
Of the Signs of his Lord,
The Greatest! (53: 18).

That the Prophet (the blessing and peace of Allāh be upon him) had seen a green carpet spread all over the horizon of the sky.

The parts of this hadith are in: 4858.

٣٢٣٤ ـ **حدثنا** محمدُ بنُ عبدِ الله بن إسماعيلَ حدَّثنا محمدُ بنُ عبدِ الله الأنصاريُّ عنِ ابنِ عَونٍ أنبأنا القاسمُ عن عائشةَ رضيَ الله عنها قالت: «مَن زعمَ أنَّ محمداً رأى ربَّهُ فقد أعظمَ، ولكنْ قد رأى جبريلَ في صُورته وخَلقهِ سادّاً ما بينَ الأفق».

[الحديث ٣٢٣٤ ـ أطرافه في: ٣٢٣٥، ٤٦١٢، ٤٨٥٥، ٧٣٨٠، ٧٥٣١]

٣٢٣٥ ـ **حدثنا** محمدُ بنُ يوسُفَ حدَّثَنا أبو أُسامةَ حدَّثَنا زكرياءُ بنُ أبي زائدةَ عنِ ابنِ الأشْوعِ عن الشعبيِّ ﷺ عن مسروقٍ قال: «قلتُ لعائشةِ رضي الله عنها: فأينَ قولُه: ﴿ثمَّ دَنا فتدَلَّى، فكانَ قابَ قَوسَين أو أدنىٰ﴾؟ قالت: ذاك جِبريلُ كان يأتيهِ في صورةِ الرَّجُل، وإنما أتاه هٰذهِ المرَّةَ في صورتِهِ التي هيَ صورتهُ، فسَدَّ الأفقَ».

٣٢٣٦ ـ **حدثنا** موسىٰ حدَّثَنا جريرٌ حدَّثنا أبو رَجاء عن سَمُرةَ قال: قال النبيُّ ﷺ: «رأيتُ اللَّيلةَ رجُلينِ أتَياني فقالا: الذي يوقِدُ النارَ مالكٌ خازنُ النار، وأنا جبريلُ، وهٰذا ميكائيل».

٣٢٣٧ ـ **حدثنا** مسدَّدٌ حدَّثنا أبو عَوانةَ عنِ الأعمشِ عن أبي حازمٍ عن أبي هريرةَ رضيَ الله عنه قال: قال رسولُ الله ﷺ: «إذا دعا الرجلُ امرأتَهُ إلى فراشهِ فأبَت، فباتَ غضبانَ عليها، لعنَتها الملائكةُ حتى تُصبحَ». تابعَهُ شُعبةُ وأبو حمزةَ وابن داودَ وأبو معاويةَ عنِ الأعمش. [الحديث ٣٢٣٧ ـ طرفاه في: ٥١٩٣، ٥١٩٤].

٣٢٣٨ ـ **حدثنا** عبدُ الله بن يوسُفَ أخبرَنا اللَّيثُ حدَّثني عُقيلٌ عنِ ابن شهابٍ قال:

٣٢٣٦ ـ قوله: (قالا) ولأبي ذر عن الكشميهني فقالا وعن الحموي والمستملي فقال أي أحدهما (شارح).

3234 . 'Āisha (may Allāh be pleased with her) narrated: «That who claimed that (the Prophet) Muhammad (the blessing and peace of Allāh be upon him) saw his Lord, is committing a great fault, for he only saw Gabriel in his genuine shape in which he was created covering the whole horizon.

The parts of this hadīth are in: 75312, 7380, 4855, 4612, 3235.

3235 . Masrūq narrated: «I asked 'Āisha (may Allāh be pleased with her) narrated: «What about His Statement:

Then he (Gabriel) approached
And came closer
And was at a distance
Of but two bow-lengths
Or (even) nearer?. (53: 8-9).

She replied: «It was Gabriel who used to come to the Prophet (the blessing and peace of Allāh be upon him) in the figure of a man, but on that occasion, he came in his actual and real figure and (he was so huge) that he covered the whole horizon».

3236 . Samura narrated: «The Prophet (the blessing and peace of Allāh be upon him) said: «Last night I saw (in a dream) two men coming to me. One of them said: «The person who lights the fire is Mālik, the gate-keeper of the (Hell) Fire, and I am Gabriel, and this is Michael».

3237 . Abū Huraira (may Allāh be pleased with him) narrated: «Allāh's Apostle (the blessing and peace of Allāh be upon him) said: «If a husband calls his wife to his bed (i.e. to have sexual relation) and she refuses and causes him to sleep in anger, the angels will curse her till the morning».

The parts of this hadīth are in: 5193, 5194

3238 . Jābir bin 'Abdullah (may Allāh be pleased with him) narrated: That

سمعتُ أبا سَلمةَ قال: أخبرني جابرُ بن عبدِ الله رضي الله عنهما أنه سمِعَ النبيَّ ﷺ يقول: «ثمَّ فتَرَ عنّي الوَحيُ فترةً، فبينا أنا أمشي سمعتُ صوتاً منَ السماءِ، فرفعتُ بَصَري قِبَلَ السماءِ فإذا المَلكُ الذي جاءني بحِراءَ قاعدٌ على كرسيٍّ بينَ السماءِ والأرض، فجئثتُ منه حتّى هَويتُ إلى الأرض، فجئتُ أهلي فقلت: زَمِّلوني زَمِّلوني، فأنزَلَ الله تعالى: ﴿يا أيها المدَّثر﴾ إلى قَولهِ: ﴿والرُّجزَ فاهجر﴾. قال أبو سلمةَ: والرجزُ الأوثان».

٣٢٣٩ ـ **حدثنا** محمدُ بنُ بَشّارٍ قال حدَّثَنا غُندَرٌ حدَّثَنا شُعبة عن قَتادةَ. وقال لي خَليفة: حدَّثَنا يزيدُ بنُ زُرَيع حدَّثَنا سعيدٌ عن قَتادةَ عن أبي العاليةِ حدَّثَنا ابنُ عمِّ نبيكم ـ يعني ابنَ عبّاسٍ رضيَ الله عنهما ـ عنِ النبيِّ ﷺ قال: «رأيتُ ليلةَ أُسرِيَ بي موسىٰ رجُلاً آدمَ طُوالاً جَعداً كأنه من رجالِ شَنوءةَ، ورأيتُ عيسىٰ رجُلاً مَربوعاً، مربوعَ الخَلقِ إلى الحُمرةِ والبياضِ، سَبطَ الرأسِ، ورأيتُ مالكاً خازنَ النار، والدَّجالَ في آياتٍ أراهُنَّ الله إياه، فلا تكُنْ في مِرْيةٍ من لقائه. قال أنسٌ وأبو بكرة عنِ النبيِّ ﷺ: تحرسُ الملائكة المدينةَ منَ الدجّال». [الحديث ٣٢٣٩ ـ طرفه في: ٣٣٩٦].

٨ ـ باب ما جاء في صفةِ الجنَّةِ وأنها مخلوقة

٣٢٣٨ ـ قوله: (الذي جاءني بحراء) ولأبي ذر في فتح الباري: الذي قد جاءني بحراء وهو جبريل وحراء بالصرف وعدمه وقوله: قاعد على كرسيّ سقط لغير أبي ذر لفظه قاعد وقوله: فجئثت أي رعبت وللحموي والمستملي: فجثثت بمثلثتين من غير همز أي: سقطت.

he heard the Prophet (the blessing and peace of Allāh be upon him) saying: «The Divine Inspiration was delayed for a short period but suddenly, as I was walking, I heard a voice in the sky, and when I looked up towards the sky, to my surprise, I saw the angel who had come to me in the Hirra Cave, and he was sitting on a chair in between the sky and the earth. I was so frightened by him that I fell on the ground and came to my family and said (to them), Cover me! (with a blanket), cover me! Then Allāh (the Exalted and Almighty) sent the Revelation:

O you wrapped up
(In a blanket)!
Arise and warn!
And you Lord Magnify
And keep pure your garments
And desert the idols». (74: 1-5).

3239 . Ibn 'Abbās (may Allāh be pleased with him)narrated: «The Prophet (the blessing and peace of Allāh be upon him) said: «On the night of my Ascent to the Heaven, I saw Moses who was a tall brown curly-haired man as if he was one of the men of Shan'awa tribe, and I saw Jesus, a man of medium height and moderate complexion inclined to the red and white colours and of lank hair. I also saw Mālik, the gate-keeper of the (Hell) Fire and the antishrist.

amongst the signs which Allāh showed me». (The Prophet (the blessing and peace of Allāh be upon him) then recited the Holy Verse:

So be not you in doubt of meeting him (when you met Moses during the night of Mir'āj over the Heavens) (32: 23).

And Anas and Abu Bakr said from the Prophet (the blessing and peace of Allāh be upon him): The angels will guard Madina from the antichrist (who will not be able to enter the city of Madina)».

8 - CHAPTER: What is said regarding Paradise and the fact that it has already been created (and does exist now).

And Abū Al-'Āliya said: «The people of Paradise will not have menses, urine or spittle. Whenever they are given a thing and then another thing, they will say: We have already been provided with this, for they are given things similar in shape but different in taste. The bunches of fruits will be near to them, and they will pluck fruit as they like. (The rest of the chapter is the interpretation of some of the Quranic words concerning the characteristics of Paradise and the people who live in it.

قال أبو العالية: ﴿مُطَهَّرة﴾: منَ الحيضِ والبول والبُزاق. ﴿كلما رُزِقوا﴾: أُتوا بشيء، ثمَّ أُتوا بآخر. ﴿قالوا هٰذا الذي رُزِقنا من قبلُ﴾: أوتينا من قبل. ﴿وأُوتوا بِهِ متشابهاً﴾: يُشبهُ بعضهُ بعضاً ويختلف في الطعوم. ﴿قطوفها﴾: يَقطِفون كيف شاؤوا ﴿دانية﴾: قريبة. ﴿الأرائكُ﴾: السُّرر. وقال الحسن: النَّضرةُ في الوجوه، والسرورُ في القلب. وقال مجاهد: ﴿سَلْسَبيلاً﴾: حديدةُ الجرْية. ﴿غَولٌ﴾: وجعُ البطنِ. ﴿يُنزَفون﴾: لا تذهبُ عقولهم. وقال ابنُ عبّاسٍ: ﴿دِهاقاً﴾: مُمتلئاً. ﴿كَواعِبَ﴾: نَواهِد. ﴿الرَّحيق﴾: الخمر. ﴿التَّسْنيم﴾: يعلو شرابَ أهلِ الجنة. ﴿خِتامُهُ﴾: طينُه. ﴿مِسكٌ﴾. ﴿نَضّاخَتانِ﴾: فيَّاضتَانِ. يقال: ﴿مَوضونة﴾: منسوجة، منه «وَضِينُ الناقة»(1). و«الكوب» ما لَا أُذُنَ له ولا عُروة، و«الأَباريق» ذواتُ الآذانِ والعُرا. ﴿عُرُباً﴾: مثقَّلةً، واحدُها عَرُوبٌ، مثلُ صَبور وصُبُر، يسميها أهل مكةَ «العَرِبة» وأهلُ المدينة «الغَنِجة» وأهلُ العِراق «الشَّكِلة». وقال مجاهد: ﴿رَوحٌ﴾: جَنَّة ورَخاء. ﴿والرَّيحان﴾: الرِّزق. و﴿المنضود﴾: المَوز. و﴿المخضود﴾: الموقَرُ حَملاً، ويقال أيضاً: لا شَوكَ له. والعُرُب: المحبَّباتُ إلى أزواجهنَّ. ويقال: ﴿مسكوب﴾: جارٍ. و﴿فُرُشٍ مرفوعة﴾: بعضها فوقَ بعض. ﴿لَغواً﴾: باطلاً. ﴿تأثيماً﴾: كَذِباً. ﴿أفنان﴾: أغصان. ﴿وجَنى الجَنَّتَينِ دان﴾: ما يُجتنَى قريب. ﴿مُدْهامَّتان﴾: سَوداوانِ من الرِّيِّ.

٣٢٤٠ ـ **حدثنا** أحمدُ بن يونُسَ حدَّثَنا اللَّيثُ بن سعدٍ عن نافعٍ عن عبدِ الله بنِ عمرَ رضيَ الله عنهما قال: قال رسولُ الله ﷺ: **«إذا مات أَحدُكم فإنهُ يُعرَضُ عليهِ مَقعَدُهُ بالغَداةِ والعَشيِّ، فإن كانَ مِن أهلِ الجنَّة فمن أَهلِ الجنة، وإن كان من أَهلِ النارِ فمن أَهلِ النار».**

٣٢٤١ ـ **حدثنا** أبو الوَليدِ حدَّثنا سَلْمُ بن زَرِيرٍ حدَّثَنا أبو رَجاءٍ عن عِمرانَ بنِ حُصَين

باب ٨ ـ قوله: (يعلو) أي شيء يعلو شرابهم وهو كما جاء في رواية صرف للمقربين ويمزج لأصحاب اليمين أهـ.

(١) ـ (وضين الناقة) هو كالحزام للسرج.

Abù Aliya said: «Pure (and Holy) (2: 25), of menses urine and spit. Every time they are fed (2: 25) they got something then with another.» They say: «why, this is what we were fed with before, we got before. For they are given things in similitude, one resembles the other but is different in taste. «The fruit where of (will hang in bunches» (69, 23) They will reap the way they desire. Low and near (69: 23), near. «Thrones», Beds. Al-Hassan said: «Brightness is on the faces, and happiness is in the heart. Mujahid said: «Salsabil» (76: 18) «Headiness) (37: 47). Ache of the belly. «Intoxication» (37:7) there minds will not be fulfilled. Ibn 'Abbās said: «Full (to the brim) (78: 25). wine. «Tansim» (83: 270. It is higher than the drink of the inhabitants of Paradise. «Seal» (83: 26). Its clay. Musk (83: 26). «In continuous abundance» (55: 66) Flowing' It is said: «Encrusted (with gold and precious stones) (56: 15), woven, of it the belt of the saddle. And the cup with no ear and no button-hole, and the jars with ears and button-holes. Beloved (by nature). Over loaded and one beloved, like patient the people of Mecca call it the beloved, and the people of Madina the coquette, and the people of Iraq the pattern. Mujahid said: «Rest» (56: 89). «And sweet-smelling plants» (55: 12). The livelihood.

Piled one above another» (56: 29». The bananas. «Lot-trees without thorns» (56: 28» No thorns on it. And those beloved to their husbands And it is said: «Flowing constantly» (56: 31). Flowing. «And on Thrones (of Dignity), raised high (65:34). Some of it on each other. «Frivolity» (56: 25) Denied «Taint of ill» (56: 25) Lying. «All kinds (of trees and delight) (55: 48) branches. «The Fruit of the Gardens will be near (and easy of reach) (55: 54). What is reaped is near. «Dark-green in colour (from plentiful watering) (55: 64) Dark of irrigation..

3240 . 'Abdullah bin 'Umar (may Allāh be pleased with him)narrated: «Allāh's Apostle (the blessing and peace of Allāh be upon him) said: «When anyone of you dies, he will be shown his destination both in the morning and in the evening, and if he belongs to the people of Paradise, and if he is from the people of Hell, he will be shown his place in Hell».

3241 . Imrān bin Husain narrated: «The Prophet (the blessing and peace of

عنِ النبيِّ ﷺ قال: «اطَّلَعتُ في الجنةِ فرأيتُ أكثرَ أهلِها الفُقَراءَ، واطَّلعتُ في النارِ فرأيتُ أكثرَ أهلِها النساءَ». [الحديث ٣٢٤١ - أطرافه في: ٥١٩٨، ٦٤٤٩، ٦٥٤٦].

٣٢٤٢ - حدثنا سعيدُ بنُ أبي مَريمَ حدَّثَنا اللَّيثُ قال: حدَّثني عُقيل عنِ ابنِ شِهابٍ قال: أخبرَني سعيدُ بنُ المسيَّبِ أنَّ أبا هريرةَ رضيَ اللهُ عنه قال: بينا نحنُ عندَ رسولُ اللهِ ﷺ إذ قال: «بينا أنا نائمٌ رأيتُني في الجنةِ، فإذا امرأةٌ تَتَوضأُ إلى جانبِ قصرٍ، فقلتُ: لمن هٰذا القصرُ؟ فقالوا: لعُمرَ بنِ الخطَّابِ، فذَكرتُ غيرتَهُ، فولَّيتُ مُدْبِراً. فبكىٰ عمرُ وقال: أعليكَ أغارُ يا رسولَ الله». [الحديث ٣٢٤٢ - أطرافه في: ٣٦٨٠، ٥٢٢٧، ٧٠٢٣، ٧٠٢٥].

٣٢٤٣ - حدثنا حَجّاجُ بنُ مِنهالٍ حدَّثَنا هَمّامٌ قال: سمعتُ أبا عِمرانَ الجَونيَّ يُحدِّثُ عن أبي بكرِ بنِ عبدِ الله بن قيسٍ الأشعريِّ عن أبيهِ أنَّ النبيَّ ﷺ قال: «الخيمة دُرَّةٌ مجوَّفة طولُها في السماءِ ثلاثون ميلاً في كل زاويةٍ منها للمؤمن أهلٌ لا يراهمُ الآخرون».

قال أبو عبدِ الصمدِ والحارثُ بن عُبيدٍ عن أبي عِمرانَ: «ستونَ مِيلاً».

[الحديث ٣٢٤٣ - طرفه في: ٤٨٧٩].

٣٢٤٤ - حدثنا الحُميديُّ حدَّثَنا سفيانُ حدَّثَنا أبو الزِّنادِ عنِ الأعرجِ عن أبي هريرة رضيَ اللهُ عنه قال: قال رسولُ اللهِ ﷺ: «قال الله: أعدَدتُ لِعبادي الصالحينَ ما لا عَينٌ رأتْ، ولا أُذُنٌ سمعت، ولا خطرَ على قلبِ بَشَر. فاقرؤوا إن شِئتم: ﴿فلا تَعلمُ نَفسٌ ما أُخفِيَ لهم مِن قُرَّةِ أَعيُنٍ﴾». [الحديث ٣٢٤٤ - أطرافه في: ٤٧٧٩، ٤٧٨٠، ٧٤٩٨].

٣٢٤٥ - حدثنا محمدُ بنُ مُقاتِلٍ أخبرَنا عبدُ الله أخبرَنا مَعمر عن همّامِ بن مُنبِّهٍ عن

Allāh be upon him) said: «I looked at Paradise and found poor people forming the majority of its inhabitants; and I looked at Hell and saw that the majority of its inhabitants were women.

The parts of this hadīth are in: 6546, 6449, 5198.

3242 . Abū Huraira (may Allāh be pleased with him) narrated: «While we were in the company of the Prophet (the blessing and peace of Allāh be upon him) he said:«While I was asleep, I was myself in Paradise and there I beheld a woman making ablution beside a palace. I asked to whom does this palace belong? Somebody said: «To 'Umar bin Al-Khattāb. Then I remembered 'Umar's jealousy(concerning women) and so I quickly went away from that palace.» (When 'Umar heard this from the Prophet he wept and said: «Do you think it is ikely that I feel jealous because of you, O Allāh's Apostle!?».

The parts of this hadīth are in: 3680, 5227, 7023, 7025.

3243 : 'Abdullah bin Qais Al-Ash'rī narrated: «The Prophet (the blessing and peace of Allāh be upon him) said: «A tent (in Paradise) is like a hollow pearly which is thirty miles in height and on every corner of the tent the believer will have a family that cannot be seen by the others». Abū Imrān narrated in another narration: «(The tent is) sixty miles (in height)».

The parts of this hadith are in: 4879.

3244 . Abū Huraira (may Allāh be pleased with him) narrated: «Allāh's Apostle (the blessing and peace of Allāh be upon him) said: «Allāh'saying: «I have prepared for My Pious slaves things which have never been seen by an eye, or heard by an ear or imagined by human being.

If you wish, you can recite this Verse from the Holy Qur'ān
No soul knows what is kept hidden
(in reserve) for them, of joy as a reward for what they used to do (32: 17).

The parts of this hadīth are in: 4779, 4780, 7498.

3245 . Abū Huraira (may Allāh be pleased with him) narrated: «Allāh's

أبي هريرةَ رضيَ الله عنه قال: قال رسولُ الله ﷺ: «أوَّلُ زُمرةٍ تَلِجُ الجنَّةَ صُورتهم على صورةِ القمرِ ليلةَ البَدر، لا يَبصقُونَ فيها ولا يَمتخِطون ولا يَتغوَّطون. آنِيتهم فيها الذَّهبُ، أمشاطُهم منَ الذَّهَبِ والفِضَّة، ومَجامِرُهم الأُلوَّة، ورشحُهمُ المسك. ولكلِّ واحدٍ منهم زَوجَتانِ يُرَى مُخُّ سُوقِهما مِن وراءِ اللَّحمِ مِنَ الحُسن. لا اختِلافَ بينهم ولا تَباغُض، قُلوبُهم قلب واحد، يُسبِّحونَ الله بُكرةً وعَشِيّاً».

[الحديث ٣٢٤٥ ـ أطرافه في: ٣٢٤٦، ٣٢٥٤، ٣٣٢٧].

٣٢٤٦ ـ **حدثنا** أبو اليمانِ قال أخبرَنا شُعيب حدَّثَنا أبو الزِّنادِ عنِ الأَعرجِ عن أبي هريرةَ رضيَ الله عنه أنَّ رسولَ الله ﷺ قال: «أوَّلُ زُمرةٍ تدخلُ الجنَّةَ على صورةِ القمرِ ليلةَ البدر، والذينَ على إثرِهم كأشدِّ كوكبٍ إضاءةً، قُلوبُهم على قلبِ رجُلٍ واحد، لا اختِلافَ بينَهم ولا تَباغُض، لكلِّ امرئٍ منهم زوجتان: كلُّ واحدةٍ منهما يُرَى مُخُّ ساقِها من وراءِ لحمِها مِنَ الحُسن. يُسبِّحونَ الله بُكرةً وعَشِيّاً. ولا يَسْقَمون، ولا يَمتَخِطون ولا يَبْصُقون. آنيتُهمُ الذَّهبُ والفِضَّة، وأمشاطُهمُ الذهَب، وَقودُ مَجامِرِهم الأَلوَّة ـ قال أبو اليمان: يعني العود ـ ورشحهمُ المِسك».

وقال مجاهد: الإبكارُ أوَّلُ الفجر، والعَشِيُّ مَيلُ الشمسِ أن ـ أُراهُ ـ تَغرُب.

٣٢٤٧ ـ **حدثنا** محمد بن أبي بكرٍ المقدَّميُّ حدَّثنا فُضَيلُ بن سليمانَ عن أبي حازمٍ عن سَهلِ بنِ سعدٍ رضيَ الله عنه عنِ النبيِّ ﷺ قال: «لَيَدخُلَنَّ من أُمَّتي سبعونَ أَلفاً ـ أو سبعمائةِ أَلفٍ ـ لا يدخُلُ أولهم حتَّى يَدخُلَ آخِرُهم، وُجوهُهم على صورةِ القمر ليلةَ البَدر». [الحديث ٣٢٤٧ ـ طرفاه في: ٦٥٤٣، ٦٥٥٤].

٣٢٤٥ ـ قوله: (الألوة) بفتح الهمزة وتضم وبضم اللام وتشديد الواو وحكي كسر الهمزة وتخفيف الواو وفي اليونينية وتسكن اللام قال الأصمعي أراها فارسية عربت العود الهندي الذي يتبخر به أو المراد عود مجامرهم الألوة ويؤيده الرواية الآتية قريباً إن شاء الله تعالى وقود مجامرهم الألوة لأن المراد الجمر الذي يطرح عليه أهـ شارح.

٣٢٤٦ ـ قوله: (وقود) ولأبي ذر في فتح الباري ووقود بزيادة واو العطف (شارح).

Apostle (the blessing and peace of Allāh be upon him) said: «The first group (of people said: «Who will enter Paradise will be (glittering like the moon when it is full. They will not spit or blow their noses or relieve nature. Their utensils will be of gold and their combs of gold and silver; in their censers the aloewood will be used, and their sweat will smell like musk. Everyone of them will have two wives; the marrow of the bones of the wives legs will be seen through the flesh out of excessive beauty. They (i.e. the people of Paradise) will neither have difference nor hatred amongst themselves; their heads will be as if one heart and they will be glorifying Allāh in the morning and in the evening.

The parts of this hadīth are in: 3327, 3254, 3246,.

3246 . Abū Huraira (may Allāh be pleased with him) narrated: « Allāh's Apostle (the blessing and peace of Allāh be upon him) said: «The first batch (of people) who will enter Paradise will be (glittering) like a full moon; and those who will enter next will be (glittering) like the brightest star. Their hearts will be as if the heart of a single man, for they will have no enmity amongst themselves, and everyone of them shall have two wives, each of whom will be so beautiful, pure and transparent that the marrow of the bones of their legs will be seen through the flesh. They will be glorifying Allāh in the morning and evening, and will never fall ill, and they will neither blow their noses, nor spit. Their utensils will be of gold and silver, and their combs will be of gold, and the matter used in their consers will be the aloes-wood, and their sweat will smell like musk».

3247 . Sahl bin Sa'd (may Allāh be pleased with him) narrated: «The Prophet (the blessing and peace of Allāh be upon him) said: «Verily! 70,000 or 700,000 of my followers will enter Paradise altogether;so that the first and the last amongst them will enter at the same time, and their faces will be glittering like the bright full moon.

The parts of this hadīth are in: 6543, 6554.

٣٢٤٨ - **حدثنا** عبدُ الله بنُ محمدٍ الجعفيُّ حدَّثنا يونسُ بنُ محمدٍ حدَّثنا شيبانُ عن قتادةَ قال حدَّثنا أنس رضيَ الله عنه قال: **أُهدِيَ للنبيِّ ﷺ جُبَّةُ سُندُسٍ، وكان ينهى عنِ الحريرِ، فعَجِبَ الناسُ منها، فقال: «والذي نَفسُ محمدٍ بيدِه، لمَنادِيلُ سعدِ بن مُعاذٍ في الجنةِ أحسن من هذا»**.

٣٢٤٩ - **حدثنا** مسدَّدٌ حدَّثَنا يحيى بن سعيدٍ عن سفيانَ حدَّثني أبو إسحاقَ قال: سمعتُ البَراءَ بنَ عازِبٍ رضيَ الله عنهما قال: **أُتِيَ رسولُ الله ﷺ بثَوبٍ من حرير، فجَعَلوا يعجَبون من حُسنهِ ولِينهِ، فقال رسولُ الله ﷺ: «لمَنادِيلُ سَعد بنِ مُعاذٍ في الجنَّة أفضلُ من هذا»**. [الحديث ٣٢٤٩ - أطرافه في: ٣٨٠٢، ٥٨٣٦، ٦٦٤٠].

٣٢٥٠ - **حدثنا** عليُّ بنُ عبدِ الله حدَّثنا سفيانُ عن أبي حازمٍ عن سهل بن سعدٍ الساعديِّ قال: قال رسولُ الله ﷺ **«مَوضعُ سَوطٍ في الجنَّةِ خيرٌ من الدُّنيا وما فيها»**.

٣٢٥١ - **حدثنا** رَوحُ بنُ عبدِ المؤمنِ حدَّثنا يزيدُ بنُ زُرَيعٍ حدَّثنا سعيدٌ عن قَتادةَ حدَّثنا أنسُ بنُ مالكٍ رضي الله عنه عنِ النبيِّ ﷺ قال: **«إنَّ في الجنةِ لشجرةً يَسيرُ الراكبُ في ظِلِّها مائةَ عامٍ لا يَقطعُها»**

٣٢٥٢ - **حدثنا** محمدُ بن سِنانٍ حدَّثنا فُلَيحُ بن سليمانَ حدَّثنا هِلالُ بنُ عليٍّ عن عبدِ الرّحمٰن بنِ عَمْرةَ عن أبي هريرةَ رضيَ الله عنه عنِ النبيِّ ﷺ قال: **«إنَّ في الجنَّةِ لَشجرةً يسيرُ الراكبُ في ظِلِّها مائةَ سنةٍ، واقرَؤوا إن شِئتم: ﴿وظِلٍّ مَمدودٍ﴾»**.

[الحديث ٣٢٥٢ - طرفه في: ٤٨٨١].

٣٢٥٣ - **«ولَقابُ قَوسِ أحدِكم في الجنَّةِ خيرٌ ممَّا طَلَعَت عليهِ الشمسُ أو تَغرُبُ»**.

3248 . Anas bin Malīk (may Allāh be pleased with him)narrated: «A silken cloak was presented to the Prophet (the blessing and peace of Allāh be upon him) and he used to forbid the usage of silk (by men). When the people were fascinated by the cloak, he said: «By Allāh in Whose Hands the life of Muhammad is the handkerchiefs of Sa'd bin Mu'āth in Paradise are better than this».

3249 . Al-Barā bin Āzeb (may Allāh be pleased with him) narrated: «Allāh's Apostle (the blessing and peace of Allāh be upon him) was given a silken garment, and its beauty and delicacy astonished the people. On that Allāh's Apostle said: «No doubt, the handkerchiefs of Sa'd bin Mu'āth in Paradise are better than this».

The parts of this hadīth are in: 3802, 5836, 6640.

3250 . Sahl bin Sa'd Al-Sādī narrated: «Allāh's Apostle (the blessing and peace of Allāh be upon him) said: «A place in Paradise equal to the size of a lash is better than the whole world and whatever is in it».

3251 . Anas bin Malīk (may Allāh be pleased with him)narrated: «The Prophet (the blessing and peace of Allāh be upon him) said: «There is a tree in Paradise (which is so big and huge that) if a rider travels in its shade for one-hundred years, he would not be able to cross it».

3252 . Abū Huraira (may Allāh be pleased with him) narrated: «The Prophet (the blessing and peace of Allāh be upon him) said: «There is a tree in Paradise (which is so big and huge that) a rider could travel in its shade for a hundred years. And if you wish, you can recite:

In shade long extended..... (56: 30)

The parts of this hadīth are in: 4881

3253. And a place in Paradise equal to an arrow bow of on of you, is better than (the whole earth) on which the sun rises and sets».

٣٢٥٤ - **حدثنا** إبراهيمُ بنُ المنذرِ حدَّثَنا محمدُ بن فُلَيحٍ حدَّثَنا أبي عن هِلالٍ عن عبدِ الرَّحمٰنِ بنِ أبي عَمرةَ عن أبي هُريرةَ رضيَ الله عنه عنِ النبيِّ ﷺ قال: **«أولُ زُمرةٍ تدخلُ الجنةَ على صورةِ القمرِ ليلةَ البدر، والذينَ على آثارِهم كأحسنِ كوكبٍ دُرِّيٍّ في السماءِ إضاءَةً، قلوبُهم على قلبِ رجلٍ واحد، لا تَباغُضَ بَينهم ولا تَحاسُد، لكلِّ امرئٍ زوجتانِ منَ الحورِ العِين، يُرَى مُخُّ سُوقِهِنَّ مِن وراءِ العظمِ واللحم»**.

٣٢٥٥ - **حدثنا** حَجّاجُ بنُ مِنهالٍ حدَّثَنا شُعبةُ قال: عديُّ بن ثابتٍ أخبرَني قال: سمعت البراءَ رضيَ الله عنه عنِ النبيِّ ﷺ قال: **«لما ماتَ إبراهيمُ قال: إنَّ له مُرضِعاً في الجنة»**.

٣٢٥٦ - **حدثنا** عبدُ العزيزِ بنُ عبدِ الله قال: حدَّثَني مالكُ بن أَنسٍ عن صَفوانَ بنِ سُلَيمٍ عن عطاءِ بنِ يَسارٍ عن أَبي سعيدٍ الخُدريِّ رضي الله عنه عنِ النبيِّ ﷺ قال: **«إنَّ أهلَ الجنةِ يتراءَون أهلَ الغُرَفِ من فوقِهم كما يتراءون الكوكبَ الدُّرِّيَّ الغابرَ في الأُفقِ منَ المشرقِ أو المغرب، لتَفاضلِ ما بينهم. قالوا: يا رسولَ الله، تلكَ مَنازلُ الأنبياءِ لا يَبلغُها غيرُهم؟ قال: بلىٰ والذي نفسي بيدِه، رجالٌ آمَنوا بالله وصدَّقوا المرسلين»**.

[الحديث ٣٢٥٦ - طرفه في: ٦٥٥٦].

٩ - **باب** صفة أبوابِ الجنَّة

وقال النبيُّ ﷺ: «مَن أنفق زوجين دُعيَ من باب الجنَّة». فيه عُبادة عن النبيِّ ﷺ.

٣٢٥٧ - **حدثنا** سعيدُ بنُ أبي مَريَمَ حدَّثَنا محمدُ بن مطرِّفٍ قال: حدَّثَني أبو حازمٍ عن سهلِ بنِ سعدٍ رضيَ الله عنه عنِ النبيِّ ﷺ قال: **«في الجنَّةِ ثمانيةُ أبواب، فيها باب يُسمَّى الريَّانَ لا يَدخلهُ إلا الصائمون»**.

3254 . **Abū** Huraira (may Allāh be pleased with him) narrated: «The Prophet (the blessing and peace of Allāh be upon him) said: «The first batch (of people) who will enter Paradise, will be (glittering) like the full moon, and the batch next to them will, be (glittering) like the most brilliant star in the sky. Their hearts will be as if the heart of a single man, for they will have neither enmity nor jealousy amongst themselves everyone will have two wives from the houris, (who will be so beautiful, pure and transparent that) the marrow of the bones of their legs will be seen through the bones and the flesh».

3255 . Al-Barā (bin 'Āzeb) (may Allāh be pleased with him) narrated: «The Prophet (the blessing and peace of Allāh be upon him)after the death of his son Ibrāhim, said: «There is a wet nurse for him (i.e. Ibrāhīm) in Paradise».

3256 . Abū Sa'īd Al-Khudri (may Allāh be pleased with him) narrated: «The Prophet (the blessing and peace of Allāh be upon him) said: «The people of Paradise will look at the dwellers of the lofty mansions (i.e. a superior place in Paradise) in the same way as one looks at a brilliant star far away in the East or in the West on the horizon; all that is because of their superiority over one another (in rewards)». On that the people said: «O Allāh's Apostle! Are these lofty mansions the prophets mansions which nobody else can reach?» The Prophet replied: «By Allāh in Whose Hand my life is, some men who believe in Allāh and trust His Apostles (will be able to reach them)».

The parts of this hadīth are in: 6556.

9 - CHAPTER: The characteristics of the gates of Paradise.

The Prophet (the blessing and peace of Allāh be upon him) also said: «If a person spends two different kinds of something (for Allāh's Cause), he will be called from the gates of Paradise.

243257 . Sahl bin Sa'd (may Allāh be pleased with him)narrated: «The Prophet (the blessing and peace of Allāh be upon him) said: «Paradise has eight gates, and one of them is called Ar-Raiyan through which no one will enter but those who observe fasting».

١٠ - باب صفةِ النار وأنها مخلوقة

﴿غسَاقاً﴾: يقال غَسقَتْ عَينُهُ. ويغسِقُ الجرحُ. وكأَنَّ الغساقَ والغَسِيق واحد. ﴿غِسْلِين﴾: كلُّ شيءٍ غَسلْتَه فخرجَ منه شيءٌ فهو غِسْلين، فِعْلِين مِنَ الغَسْل، من الجُرح والدَّبر. وقال عكرمة: ﴿حَصَبُ جهَنَّم﴾: حَطَب بالحبشية. وقال غيره: ﴿حاصباً﴾: الريح العاصف، والحاصب ما ترمي به الريح، ومنه حصَب جهنم: يُرمى به في جهنم. هم حَصَبُها، ويقال: حَصَبَ في الأَرض ذهبَ، والحَصَب مشتقٌّ من حصباء[1] الحجارة. ﴿صديد﴾: قَيحٌ ودمٌ. ﴿خَبَتْ﴾: طفئت. ﴿تُورُون﴾: تَستخرِجون، أَوريتُ: أَوقدتُ. ﴿للمُقوين﴾: للمسافِرين. والقِيُّ[2]: القفر. وقال ابنُ عباس: ﴿صِراطُ الجحيم﴾: سَواءُ الجحيم وَوَسط الجحيم. ﴿لَشَوْباً من حَميم﴾: يُخلَط طعامُهم ويُساط[3] بالحَميم. ﴿زَفيرٌ وشَهيق﴾: صَوتٌ شديد وصوتٌ ضعيف. ﴿وِرْداً﴾: عِطاشاً. ﴿غَيّاً﴾: خُسراناً. وقال مجاهد: ﴿يُسْجَرون﴾: تُوقَدُ بِهِمُ النارُ. ﴿ونحاسٌ﴾: الصفرُ يُصبُّ على رُؤوسِهم. ﴿يُقالُ ذُوقوا﴾: باشروا وجَرِّبوا، وليس هٰذا من ذوقِ الفم. ﴿مارِج﴾: خالص من النار، مَرَجَ الأَميرُ رَعيَّتَهُ إذا خَلَّاهم يَعْدُو بعضُهم على بعض. ﴿مَرِيج﴾: مُلْتبِس. مَرِجَ أَمرُ الناسِ: اختلط. ﴿مَرَجَ البحرَين﴾: مَرَجتَ دابَّتَكَ تَركتَها.

٣٢٥٨ - حدثنا أبو الوَليدِ حدَّثَنا شُعبةُ عن مُهاجِرٍ أَبي الحسنِ قال: سمعتُ زيدَ بنَ وَهبٍ يقول: سمعت أَبا ذَرٍّ رضيَ الله عنه يقول: «كان النبيُّ ﷺ في سَفرٍ فقال: أَبْرِد، ثمَّ قال: أَبرِد، حتى فاءَ الفَيءُ - يعني للتُلول - ثم قال: أَبرِدوا بالصلاة، فإِنَّ شدَّةَ الحرِّ من فَيحِ جَهَنَّم».

باب ١٠ - قوله: ﴿غساقاً﴾ كذا بالتخفيف في الموضعين وفي التنزيل: ﴿هذا فليذوقوه حميم وغساق﴾ قرىء بالتخفيف والتشديد ومثله في ﴿عم يتساءلون﴾ والقراءة عندنا بالتشديد في السورتين.

(١) - قوله: (من حصباء) وروي من الحصباء الحجارة.

(٢) - قوله (والقي: القفر) فاقوى معناه صار فيه فالمقوي: المسافر.

(٣) - قوله: (ويساط) ولأبي ذر في نسخة اخرى: ويحرك اهـ.

10 - CHAPTER: The description of the (Hell) Fire and the fact that it has already been created, and (does exit now) «And a fluid, dark, murky, intensely cold» (78: 25) It is said: «his eyes flowed, and also the wound flowed.

The corruption from the washing of wounds» (69: 36). Everything you wash and somthing flows of it. Two actions of washing of the wound and the anus. Akrama said: «Fuel for Hell (21: 98) It is wood in the Ethiopian language. Other say: «A violent tornado» (17: 68). The violent wind, and the tornado is what you throw with at the wind, and of it the tornado of Hell: What is thrown with in Fire. They are its pebbles. It is said: «Pebbles of the land: Gold It is derives of pebbles.» Fetid (14: 16). Pus and blood. «Shows abatement» (17: 97). Faded away. «Ye kindle» (56: 71). You kindle «The denizens of deserts» (56: 73). For travellers, and jumping. Ibn 'Abbās said: «The way of the (fierce) Fire» (37: 24). All parts of Hell. A mixture made of boiling water» (37: 67) Their food is mingled with boiling water. «The heaving of sighs and sobs» (11: 106). A high sound and a low sound. «Like thirsty cattle driven down to waster» (19: 86). Thirsty «Destruction» (19: 59). Incurring loss. Mujahid said: «Shall they be burned (40: 72). They fuel Fire with them. «A smoke» (55: 35). The fire is poured over their heads. It is said: «Taste ye» (3: 181) Try it. This is not of the taste of the mouth. «Free of smoke» (55: 15). Free of fire. The prince let free his people if he lets them to go to each oter. «A confused state» (50: 5) The people are confused. «He has let free» the two bodies of flowing water» (55: 19) He let his beast free.

3258 . Abū Tharr (may Allāh be pleased with him)narrated: «While the Prophet (the blessing and peace of Allāh be upon him) was on a journey he said (regarding the perfomance of the Noon prayer): «Wait till it (i.e the weather) gets cooler.» He said the same again till the shade of the hillocks extended. The he said: «Delay the (noon) Prayer till it gets cooler, for the severity of heart is due to the increase in the flames of Hell and comes out of its heat».

٣٢٥٩ ـ **حدثنا** محمدُ بنُ يوسفَ حدَّثَنا سفيانُ عَنِ الأَعمشِ عن ذَكوانَ عن أبي سعيدٍ الخُدريِّ رضيَ اللهُ عنه قال: قال النبيُّ ﷺ: «**أبرِدوا بالصلاةِ، فإنَّ شدَّةَ الحرِّ من فَيحِ جهنم**».

٣٢٦٠ ـ **حدثنا** أبو اليمانِ أخبرَنا شُعيبٌ عن الزُّهريِّ قال: حدَّثَنا أبو سلمةَ بن عبدِ الرّحمٰنِ أنهُ سمعَ أبا هريرةَ رضيَ اللهُ عنه يقول: قال رسولُ اللهِ ﷺ: «**اشتكتِ النارُ إلى ربِّها فقالت: ربِّ أكلَ بعضي بعضاً، فأذِنَ لها بنفَسينِ: نفَسٍ في الشتاءِ ونفَسٍ في الصيفِ، فأشدُّ ما تجِدونَ في الحرِّ، وأشدُّ ما تجِدونَ من الزَّمْهرير**».

٣٢٦١ ـ **حدثنا** عبدُ اللهِ بنُ محمدٍ حدَّثَنا أبو عامرٍ هوَ العَقَديُّ حدَّثَنا هَمّامٌ عن أبي جَمرةَ الضُّبَعيِّ قال: كنتُ أُجالسُ ابنَ عبّاسٍ بمكةَ، **فأخذَتني الحُمّى فقال: أبرِدْها عنكَ بماءِ زَمْزَمَ، فإنَّ رسولَ اللهِ ﷺ قال: «الحُمّى من فَيحِ جهنَّمَ، فأبرِدوها بالماءِ، أو قال: بماءِ زمزم. شكَّ همّام»**.

٣٢٦٢ ـ **حدثني** عمرُو بن عبّاسٍ حدَّثَنا عبدُ الرّحمٰنِ حدَّثَنا سفيانُ عن أبيهِ عن عَبايةَ بنِ رِفاعةَ قال: أخبرَني رافعُ بنُ خَديجٍ قال: سمعتُ النبيَّ ﷺ يقول: «**الحُمّى من فَورِ جهنم، فأبردوها عنكم بالماء**». [الحديث ٣٢٦٢ ـ طرفه في: ٥٧٢٦].

٣٢٦٣ ـ **حدثنا** مالكُ بنُ إسماعيلَ حدَّثَنا زُهيرٌ حدَّثَنا هشامٌ عن عُروةَ عن عائشةَ رضيَ اللهُ عنها عنِ النبيِّ ﷺ قال: «**الحُمّىٰ من فَيحِ جهنَّمَ، فأبرِدوها بالماء**».

[الحديث ٣٢٦٣ ـ طرفه في: ٥٧٢٥].

٣٢٦١ ـ قوله: (أبردها) بوصل الهمزة وسكون الموحدة وضم الراء وبقطع الهمزة وكسر الراء وهكذا في جميع ما يأتي.
٣٢٦٢ ـ قوله: (حدّثني) ولأبي ذر حدَّثنا.

3259 . Abū Sa'īd (may Allāh be pleased with him) narrated: «The Prophet (the blessing and peace of Allāh be upon him) said: «Delay the (Noon) Prayer till it gets cooler, for the severity of heart is due to the increase in the flames of Hell and comes out of its heat.

3260 . Abū Huraira (may Allāh be pleased with him) narrated: «Allāh's Apostle (the blessing and peace of Allāh be upon him) said: «The (Hell) Fire complained to its Lord saying: O my Lord! My parts eat up each other. So, He allowed it to take two breaths, one in the winter and he other in summer, and this is the cause of the severe heat and the bitter cold you find (in weather)».

3261 . Abū Jamra Ad-Dab'i narrated: «I used to sit with Ibn 'Abbās in Mecca. Once I had a fever and he said (to me): «Cool you fever with Zam-zam water, for Allāh's Apostle (the blessing and peace of Allāh be upon him) said: «Fever is from the increase in the flames out of its heat; so, cool it with water (or Zam-zam water).

3262 . Rāfi' bin Khadīj narrated: «I heard the Prophet (the blessing and peace of Allāh be upon him) saying: «Fever is from the increase in the flames of the (Hell) Fire; and comes out its heat; so cool it with water.

3263 . 'Āisha (may Allāh be pleased with her) narrated: «The Prophet (the blessing and peace of Allāh be upon him) said: «Fever is from the increase in the flames of the (Hell) Fire and comes out of its heat; so, cool it with water».

The parts of this hadith are in: 5725.

٣٢٦٤ ـ **حدثنا** مسدَّدٌ عن يحيى عن عُبَيدِ الله قال: حدَّثني نافعٌ عنِ ابنِ عمرَ رضيَ الله عنهما عنِ النبيِّ ﷺ قال: **«الحُمى من فيح جهنَّم، فأبردوها بالماء»**.

[الحديث ٣٢٦٤ ـ طرفه في: ٥٧٢٣].

٣٢٦٥ ـ **حدثنا** إسماعيلُ بنُ أبي أُويسٍ قال: حدَّثني مالكٌ عن أبي الزِّنادِ عن الأعرجِ عن أبي هريرة رضيَ الله عنه أن رسولَ الله ﷺ قال: **«نارُكم جُزْءٌ من سبعينَ جُزءاً من نارِ جهنم. قيل: يا رسولَ الله إنْ كانت لكافيةً، قال: فُضِّلت عليهنَّ بتسعةٍ وستينَ جزءاً كلهنَّ مثلُ حرِّها»**.

٣٢٦٦ ـ **حدثنا** قُتَيبةُ بنُ سعيدٍ حدَّثنا سُفيانُ عن عمرٍو سمعَ عطاءً يُخبِرُ عن صَفوانَ بنِ يَعلى عن أبيهِ أنه: «سمعَ النبيَّ ﷺ يَقرأُ على المنبَرِ: **﴿ونادَوا يا مالكُ﴾**».

٣٢٦٧ ـ **حدثنا** عليٌّ حدَّثنا سفيانُ عنِ الأعمشِ عن أبي وائلٍ قال: قيلَ لأسامةَ لو أتيتَ فلاناً فكلَّمتهُ، قال: إنكم لَترَون أني لا أُكلِّمهُ إلّا أُسمِعُكم، إني أُكلِّمهُ في السِّرِّ دُونَ أن أفتحَ باباً لا أكونُ أولَ مَن فتحه، ولا أقولُ لرجُلٍ ـ أنْ كان عليَّ أميراً ـ إنهُ خيرُ الناسِ، بعدَ شيءٍ سمعتهُ من رسولِ الله ﷺ. قالوا: وما سمعتَهُ يقول: قال: سمعتهُ يقول: **«يُجاءُ بالرجُلِ يومَ القيامةِ فيُلقى في النارِ، فتَنْدَلِقُ أقتابهُ[1] في النار، فيدورُ كما يدور الحِمارُ برَحاهُ، فيجتمعُ أهلُ النار عليه فيقولونَ أي فُلانُ ما شأنُكَ؟ أليسَ كنتَ تأمُرُ بالمعروفِ وتَنهى عن المنكر؟ قال: كنتُ آمرُكم بالمعروفِ ولا آتيه، وأنهاكم عن المنكر وآتيه»**، رواهُ غُندَرٌ عن شعبةَ عنِ الأعمشِ. [الحديث ٣٢٦٧ ـ طرفه في: ٧٠٩٨].

٣٢٦٥ ـ قوله: (إن كانت) يعني أن هذه النار لكافية في إحراق الكفار وتعذيب الفجار فما الحاجة إلى نار أشدّ حراً من هذه النار.

٣٢٦٧ ـ قوله: (فلاناً) يعني عثمان أمير المؤمنين.

(١) ـ (الأقتاب) الأمعاء والإندلاق الخروج بسرعة.

3264 . Ibn 'Umar (may Allāh be pleased with him) narrated: «The Prophet (the blessing and peace of Allāh be upon him) said: «Fever is from the increase in the flames of the (Hell) Fire and comes out of its heat; so cool it with water.

The parts of this hadith are in: 5723.

3265 . Abū Huraira (may Allāh be pleased with him) narrated: «Allāh's Apostle (the blessing and peace of Allāh be upon him) said: «Your (ordinary) fire is one of 70 parts of the (Hell) Fire.» Someone asked: «O Allāh's Apostle! This (ordinary) fire would have been sufficient (to torture the unbelievers)». Allāh's Apostle (the blessing and peace of Allāh be upon him) said: «The (Hell) Fire had 69 parts more than the ordinary (Wordly) fire, each part is hot as this (wordly- fire».

3266 . Yala narrated: «That he heard the Prophet (the blessing and peace of Allāh be upon him) on the pulpit reciting:
They called: O Mālik! Mālik is the gate-keeper (angel) of the (Hell) Fire.

3267 . Abū Wa'il narrated: «Somebody said to 'Usāma: «Will you go to so-and-so (i.e. 'Uthmān) and talk to him (i.e. advice him regarding ruling the country)?» He said: «You see that I don't talk to him. Really I talk to (advise) him secretly without opening a gate (of affliction) for neither do I want to be the to open it (i.e. rebellion), nor will I say to a man who is my ruler that he is the best of all the people, after I have heard something from Allāh's Apostle (the blessing and peace of Allāh be upon him). They said: «What have you heard him saying?» He said: «I have heard him saying: A man will be brought on the Day of Resurrection and thrown in the (Hell) Fire, so that his intestines will come out, and he will go around like a donkey goes around a millstone. The people of (Hell) Fire will gather around him and say: «O so-and-so! What is wrong with you? Didn't you use to order us to do good deeds and forbid us to do bad deeds? He will reply: Yes, I used to order you to do good deeds, but I did not do them myself, and I used to forbid you to do bad deeds, yet I used to do them myself.

The parts of this hadīth are in: 7089.

١١ - باب صفةِ إبليس وجنودِهِ

وقال مجاهد: ﴿يُقذَفونَ﴾: يُرمونَ. ﴿دُحوراً﴾: مطرودين. ﴿واصِبٌ﴾: دائم. وقال ابن عباس: ﴿مَدحوراً﴾: مطروداً، يقال: ﴿مَرِيداً﴾: متمرِّداً. بَتَّكَهُ: قَطَّعَهُ. ﴿واستَفزِزْ﴾: استخِفَّ. ﴿بخَيْلِكَ﴾: الفرسانُ. والرَّجْلُ: الرَّجّالة، واحدُها راجل، مثلُ صاحبٍ وصَحب، وتاجرٍ وتَجْر. ﴿لأحتَنِكَنَّ﴾: لأستأصِلن. ﴿قَرين﴾: شيطان.

٣٢٦٨ - حدثنا إبراهيمُ بنُ موسى أخبرَنا عيسى عن هشام عن أبيهِ عن عائشةَ قالت: «سُحِرَ النبيُّ ﷺ». وقال اللَّيثُ: كتبَ إليَّ هشام أنهُ سمِعَهُ ووعاهُ عن أبيهِ عن عائشةَ قالت: «سُحِرَ النبيُّ ﷺ حتى كان يُخيَّلُ إليهِ أنَّهُ يَفعَلُ الشيءَ وما يَفعلهُ، حتى كان ذاتَ يومٍ دَعا ودعا ثم قال: أشعَرتِ أنَّ اللهَ أفتاني فيما فيه شفائي؟ أتاني رجُلانِ فقعَدَ أحدُهما عندَ رأسي والآخرُ عِندَ رِجلَيَّ، فقال أحدهما للآخر: ما وَجَعُ الرجُلِ؟ قال: مَطبوب. قال: ومَن طَبَّهُ؟ قال: لَبيدُ بنُ الأعصمِ. قال: فيماذا؟ قال: في مُشطٍ ومُشاقةٍ[1] وجُفِّ طَلْعةٍ ذَكر. قال: فأينَ هوَ؟ قال: في بئرِ ذَرْوانَ. فخرجَ إليها النبيُّ ﷺ، ثم رجعَ فقال لعائشةَ حينَ رجَعَ: نخلُها كأنهُ رؤوسُ الشياطين. فقلتُ: استخرجتَهُ؟ فقال: لا. أمّا أنا فقد شفاني الله، وخشيتُ أن يُثيرَ ذلكَ على الناسِ شرّاً. ثم دُفِنَتِ البئر».

٣٢٦٩ - حدثنا إسماعيلُ بنُ أبي أُوَيسٍ قال: حدَّثني أخي عن سليمانَ بن بلالٍ عن يحيى بنِ سعيدٍ عن سعيدِ بن المسيَّبِ عن أبي هريرة رضيَ اللهُ عنه أنَّ رسولَ اللهِ ﷺ قال:

باب ١١ ـ قوله: (الفرسان) يعني أن المراد بالخيل في قوله عزّ اسمه ﴿واستفزاز من استطعت منهم بصوتك وأجلب عليهم بخيلك ورجلك﴾ الفرسان وبالرجل الرجالة أي بفرسانك ورجالتك إلا أن القراءة عتدنا ورجلك بكسر الجيم قيل وهو مفرد بمعنى الجمع فهو بمعنى المشاة اهـ.

٣٢٦٨ ـ قوله: سمي المنحور مطبوباً تفاؤلاً.

(١) ـ (المشاقة) ما يستخرج من الكتان وجفّ الطلع وعاؤه إذا جفّ قاله الشارح.

٣٢٦٩ ـ قوله: (مكانها) أي مكان القافية وهي مؤخر الرأس.

11 - CHAPTER: The characteristics of Satan and his soldiers.

And Mujahid said: «But be cast away». They throw (37: 8). «Repulsed» (37: 9) they are expelled. «Under a perpetual» (37: 9) Ibn 'Abbās said: «Expelled (7: 18). Also it is said: «The persistent rebel» (4: 116). He cut it into pieces. «Lead to destruction» (17: 64). Desdain. «With they» (17: 64). Cavalry. «Under my sway all» (17:62) Uproot. «An intinate companions (on the earth» (37: 51) Satan.

3268 . 'Āisha (may Allāh be pleased with her). narrated: «Majic was worked on the Prophet (the blessing and peace of Allāh be upon him) so that he began to fancy that he was doing a thing which he was not actually doing. One day he invoked (Allāh) for a long period and then said: «I feel that Allāh has inspired me as how to cure myself. Two persons cametome (in my dream) and sat, one by my head and the other by my feet. One of them asked the other: What is the ailment of this man?» The other replied: «He has been bewitched. The first asked: «Who has bewitched him?» The other replied: «Lubaid bin Al-A'sam. The first one asked: «What material has he used?» The other replied: «A comb, the hair gathered on it, and the outer skin of the pollen of the male date-palm The first asked: «Where is that? The other replied: «It is the well of Tharwān». So,the Prophet (the blessing and peace of Allāh be upon him) went out towards the well and then returned and said to me on his return. «Its date-palms (the date-palms near the well) are like the heads of the devils.» I asked: «Did you take out those thing with which the majic was worked?» He said: «No, for I have been cured by Allāh and I am afraid that this action may spread evil amongst the people.» Later on the will was filled up with earth.

3269 . Abū Huraira (may Allāh be pleased with him) narrated: «Allāh's Apostle (the blessing and peace of Allāh be upon him) said: «During your sleep,

«يَعقِدُ الشيطانُ على قافيةِ رأسِ أحدِكم ـ إذا هوَ نامَ ـ ثلاثَ عُقَدٍ، يَضربُ على كلِّ عقدةٍ مَكانها: عليكَ ليلٌ طويل، فارقدْ. فإنِ استيقظَ فذَكرَ الله انحلَّتْ عُقدة، فإن توضأَ انحلَّت عقدة، فإن صلَّى انحلَّت عُقدُهُ كلُّها فأَصبحَ نَشيطاً طيِّبَ النَّفسِ، وإلاّ أصبحَ خَبيثَ النفسِ كسلان».

٣٢٧٠ ـ **حدثنا** عثمانُ بنُ أَبي شيبةَ حدَّثَنا جَريرٌ عن منصورٍ عن أَبي وائلٍ عن عبدِ الله رضيَ الله عنه قال: ذُكِرَ عندَ النبيِّ ﷺ رجُلٌ نامَ ليلة حتى أَصبحَ، قال: «ذاكَ رجلٌ بالَ الشيطانُ في أُذُنيه، أو قال: في أُذُنه».

٣٢٧١ ـ **حدثنا** موسىٰ بنُ إسماعيلَ حدَّثَنا همّام عن منصورٍ عن سالمِ بنِ أَبي الجَعدِ عن كُريبٍ عن ابنِ عبّاسٍ رضيَ الله عنهما عنِ النبيِّ ﷺ قال: «أَما إنَّ أَحدَكم إذا أَتىٰ أَهلَهُ وقال: بسمِ الله، اللّهمَّ جَنِّبْنا الشيطانَ وجنِّبِ الشيطانَ ما رزَقتنا، فرُزِقا ولداً، لم يَضُرَّهُ الشيطان».

٣٢٧٢ ـ **حدثنا** محمدٌ أَخبرَنا عَبدةُ عن هشامِ بنِ عُروةَ عن أَبيهِ عنِ ابنِ عمرَ رضيَ الله عنهما قال: قال رسولُ الله ﷺ: «إذا طَلَعَ حاجبُ الشمسِ فدَعوا الصلاةَ حتّى تبرُزَ، وإذا غابَ حاجبُ الشمسِ فدعوا الصلاةَ حتّى تَغيب».

٣٢٧٣ ـ «ولا تَحيَّنوا بصلاتِكم طُلوعَ الشمسِ ولا غُروبَها، فإنها تَطلُعُ بينَ قَرنَي شيطان. أوِ الشيطان، لا أَدري أَيَّ ذٰلكَ قال هشام».

٣٢٧٤ ـ **حدثنا** أبو مَعمَرٍ حدَّثَنا عبدُ الوارثِ حدَّثَنا يونُسُ عن حُمَيدِ بنِ هلالٍ عن أَبي صالحٍ عن أَبي هريرةَ قال: قال النبيُّ ﷺ: «إذا مرَّ بينَ يدَي أَحدِكم شيء وهو يُصلي

٣٢٧٠ ـ قوله: (ليلة) لأَبي ذر ليلة وفي نسخة اخرى: ليله.

٣٢٧٣ ـ (لا تحينوا) أي لا تقصدوا.

Satan knots three knots at the back of the head of each of you, and he breathes the following words at each knot: The night is long, so keep on sleeping. If that person awakes and celebrates the praises of Allāh, then one knot is undone, and when he performs ablution, the second knot is undone, and when he prays, all the knots are undone, and he gets up in the morning lively and gay; otherwise he gets up dull and gloomy».

3270 . 'Abdullah (may Allāh be pleased with him)narrated: «It was mentioned before the Prophet (the blessing and peace of Allāh be upon him) that there was a man who slept the night till morning (after sunrise). The Prophet said: «He is a man in whose ears (or ear) Satan had urinated».

3271 . Ibn 'Abbās(may Allāh be pleased with him) narrated: «The Prophet (the blessing and peace of Allāh be upon him)said: «If anyone of you, when having sexual relation with his wife, says: «In the name of Allāh. O Allāh! Protect us from Satan and prevent Satan from approaching our offspring. You are going to give us, and if he begets a child (as a result of that relation) Satan will not harm it».

3272 . Ibn 'Umar (may Allāh be pleased with him) narrated: «Allāh's Apostle (the blessing and peace of Allāh be upon him) said: «When the (Upper) edge of the sun appears (in the morning), don't perform a prayer till the sun appears in full, and when the lower edge of the sun sets, don't perform a prayer till it sets completely.

3273 . And you should not seek to pray at sunrise or sunset for the sun rises between two sides of the head of the devil (or Satan).

3274 . Abū Sa'īd Al-Khudrī (may Allāh be pleased with him)narrated: «The Prophet (the blessing and peace of Allāh be upon him) said: «When you are praying, somebody intends to pass in front of you, preventing you again; and if

فلْيَمنعْهُ، فإن أبى فليمنعْهُ، فإن أبى فلْيُقاتِلْهُ، فإنما هوَ شيطان».

٣٢٧٥ ـ **وقال** عثمانُ بنُ الهَيثمِ حدَّثنا عوفٌ عن محمدِ بنِ سِيرينَ عن أبي هريرةَ رضيَ اللهُ عنه قال: وَكَلني رسولُ اللهِ ﷺ بحفظِ زكاةِ رمضانَ، فأتاني آتٍ فجعلَ يَحثو منَ الطعام، فأخذتُهُ فقلتُ: لأرفعَنَّكَ إلى رسولِ اللهِ ﷺ ـ فذَكرَ الحديثَ فقال ـ: إذا أَوَيتَ إلى فِراشِكَ فاقرأْ آيةَ الكرسيِّ، لن يَزالَ عليكَ منَ اللهِ حافظ، ولا يَقربُكَ شيطانٌ حتى تُصبح. فقال النبيُّ ﷺ: «صدَقكَ وهوَ كذوب، ذاكَ شيطان».

٣٢٧٦ ـ **حدثنا** يحيى بنُ بُكَيرٍ حدَّثنا الليثُ عن عُقَيلٍ عنِ ابنِ شِهابٍ قال: أخبرَني عُروةُ بنُ الزُّبَيرِ قال أبو هريرةَ رضيَ اللهُ عنه: قال رسولُ اللهِ ﷺ: «يأتي الشيطانُ أحدَكم فيقول: من خَلَقَ كذا؟ مَن خلقَ كذا؟ حتى يقول: مَن خَلقَ ربَّك؟ فإذا بلَغَهُ فَلْيَستَعِذْ باللهِ ولْيَنتَهِ».

٣٢٧٧ ـ **حدثنا** يحيى بنُ بُكَيرٍ حدَّثنا الليثُ قال: حدَّثني عُقَيلٌ عنِ ابنِ شهابٍ قال: حدَّثني ابنُ أبي أَنَسٍ مَولى التَّيميِّينَ أنَّ أباهُ حدَّثهُ أنهُ سمعَ أبا هريرةَ رضيَ اللهُ عنهُ يقول: قال رسولُ اللهِ ﷺ: «إذا دخلَ رمضانُ فُتِّحَتْ أبوابُ الجنةِ وغُلِّقَتْ أبوابُ جهنمَ وسُلسِلَتِ الشياطين».

٣٢٧٨ ـ **حدثنا** الحَميديُّ حدَّثنا سفيانُ حدَّثنا عمرٌو قال: أخبرَني سعيدُ بنُ جُبَيرٍ قال: قلتُ لابنِ عبّاسٍ فقال: حدَّثَنا أُبَيُّ بنُ كعبٍ أنهُ سمعَ رسولَ اللهِ ﷺ يقول: «إنَّ موسى

٣٢٧٥ ـ قوله: (وكلني) روي بالتخفيف أيضاً.

(١) ـ قوله: (لن يزال عليك) لأبي ذر وفي نسخة بإسقاط عليك أي: لن يزال من الله حافظ وقوله: ولا يقربك بهذا الضبط ولأبي ذر بفتح الراء.

٣٢٧٨ ـ قوله: (أمر الله به) للكشميهني وفي نسخة أمره الله بحذف به (شارح).

he insists again fight with him (i.e. prevent him violently e.g. by pushing him violently), because such a person is (like) a devil».

3275 . Muhammad bin Sirin narrated: «Abū Huraira (may Allāh be pleased with him) said: «Allāh's Apostle (the blessing and peace of Allāh be upon him) put me in charge of the Zakāt of Ramādan (i.e. Zakāt-ul-Fitr). Someone came to me and started scooping some of the foodstuff of (Zakāt) with both hands. I caught him and told him that I would take him to Allāh's Apostle (the blessing and peace of Allāh be upon him). Then Abū Huraira told the whole narration and added: «He (i.e. the thief) said: «Whenever you go to your bed recite the Verse of «Al-Kursī» (2: 255) for then a guardian from Allāh will be guarding you, and Satan will not approach you till dawn.» On that the Prophet (the blessing and peace of Allāh be upon him) said: «He told you the truth, though he is a liar, and he himself is Satan».

3276 . Abū Huraira (may Allāh be pleased with him) narrated: « Allāh's Apostle (the blessing and peace of Allāh be upon him) said: «Satan comes to one of you and says: Who created this? Who created that? Until he says: Who created your Lord?». So, when he inspires such a question, one should seek refuge with Allah and give up such thoughts.

3277 . Abū Huraira (may Allāh be pleased with him) narrated: «Allāh's Apostle (the blessing and peace of Allāh be upon him) said: «When the month of Ramadān comes, the gates of Paradise are opened and the gates of the (Hell) Fire are closed, and the devils are chained.

3278 . Ubai bin Ka'b narrated: «That he heard Allāh's Apostle (the blessing and peace of Allāh be upon him) saying: «The Prophet Moses said to his atten-

قال لفتاهُ: آتِنا غَداءنا، قال: أرأَيتَ إذ أَوَينا إلى الصخرةِ فإني نسيتُ الحُوتَ وما أَنسانيهِ إلاّ الشيطانُ أن أذكرَه، ولم يَجِدْ موسىٰ النَّصَبَ حتى جاوزَ المكانَ الذي أَمرَ الله به».

٣٢٧٩ ـ **حدثنا** عبدُ الله بنُ مَسلمةَ عن مالكٍ عن عبدِ الله بن دِينارٍ عن عبدِ الله بنِ عمرَ رضيَ الله عنهما قال: «رأيتُ رسولَ الله ﷺ يُشيرُ إلى المشرقِ فقال: ها إنَّ الفتنةَ ها هنا، إنَّ الفتنةَ ها هُنا، مِن حيثُ يَطلُعُ قَرنُ الشيطان».

٣٢٨٠ ـ **حدثنا** يحيى بنُ جعفرٍ حدَّثَنا محمدُ بن عبدِ الله الأَنصاريُّ حدثني ابنُ جُرَيجٍ قال: أخبرَني عَطاءٌ عن جابرٍ رضيَ الله عنهُ عنِ النبيِّ ﷺ قال: «إذا استَجْنَحَ اللَّيلُ ـ أو كانَ جُنحُ اللَّيلِ ـ فكفُّوا صِبيانَكم فإنَّ الشياطينَ تَنتشرُ حِينَئذٍ، فإذا ذَهبَ ساعةٌ منَ العِشاءِ فخَلُّوهم، وأَغلِقْ بابَكَ واذكُرِ اسمَ الله، وأَطفِىءْ مِصباحَكَ واذكُرِ اسمَ الله، وأَوكِ سِقاءَكَ واذكُرِ الله، وخَمِّرْ إناءَكَ واذكُرِ اسمَ الله ولو تَعرُضُ عليهِ شيئاً».

[الحديث ٣٢٨٠ ـ أطرافه في: ٣٣٠٤، ٣٣١٦، ٥٦٢٣، ٥٦٢٤، ٦٢٩٥، ٦٢٩٦].

٣٢٨١ ـ **حدثنا** محمودُ بنُ غَيلانَ حدَّثَنا عبدُ الرزّاقِ أَخبرَنا مَعْمَرٌ عنِ الزُّهريِّ عن عليِّ بن حُسَينٍ عن صفيةَ بنتِ حُيَيٍّ قالت: كانَ رسولُ الله ﷺ مُعتكفاً، فأَتَيتُهُ أَزورُهُ ليلاً، فحدَّثتُهُ ثم قمتُ فانقلَبْتُ، فقامَ معي لِيَقْلِبَني ـ وكان سكنُها في دارِ أُسامةَ بن زيدٍ ـ فمرَّ رجُلانِ منَ الأَنصارِ، فلما رأَيا النبيَّ ﷺ أَسرَعا فقال النبيُّ ﷺ: «علىٰ رِسلِكما، إنها صفيةُ بنتُ حُيَيٍّ». فقالا: سبحانَ الله يا رسولَ الله. قال: «إنِ الشيطانَ يجري من الإنسانِ مَجرى الدمِ، وإني خَشِيتُ أن يَقذِفَ في قلوبِكما سوءاً. أو قال: شيئاً».

٣٢٨٠ ـ قوله: (إذا استجنح) الليل أي أقبل ظلامه وسقط لفظ الليل لغير أبي ذر.

ـ قوله: (أو كان) ولأبي ذر أو قال أهـ. وجنح الليل طائفة منه.

ـ قوله: (فخلوهم) وفي رواية للسرخسي فحلوهم بضم الحاء المهملة أهـ.

ـ قوله: (تعرض) بضم الراء وتكسر (شارح).

dant: Bring us our meal (18: 62) The latter said: «Did you remember when we took shelter by the rock? I did forget the fish and it was no one but Satan who made me forget to tell you (about) it (18: 63).

Moses did not feel tired that he had crossed the place which Allāh ordered him to go to».

3279 . 'Abḍullah bin 'Umar (may Allāh be pleased with him)narrated: «I saw Allāh's Apostle (the blessing and peace of Allāh be upon him) pointing towards the east saying: «Lo! Afflicions will verily emerge hence. Afflictions will verily emerge hence where the (side of the the head of) Satan appears».

3280 . Jābir (may Allāh be pleased with him)narrated: «The Prophet (the blessing and peace of Allāh be upon him) said: «When the night falls, then keep your children close to you, for the devil spread out then. An hour later you can let them free; and close the gates of your house (at night), and mention Allāh's Name thereupon, and cover your utensils, and mention Allāh's Name thereupon, (and if you don't have something to, cover your utensil) you may put across it something (i.e. a piece of wood etc)».

The parts of this hadīth are in: 6296, 6295, 5624, 5623, 3316, 3304.

3281 Safiya bint Huyay narrated: «While Allāh's Apostle (the blessing and peace of Allāh be upon him) was in seclusion, I called on him at night and having had a talk with him, I got up to depart. He got up also to accompany me to my dwelling place, which was then in the house of Usāma bin Zaid. Two Ansārī men passed by, and when they saw the Prophet they hastened away. He said: (to them) Don't hurry! she is Safiya, the daughter of Huyay (i.e. my wife). They said: «Glorified be Allāh! O Allāh's Apostle! (How dare we suspect you?)» He said: «Satan circulates in the human mind as blood circulates in it, and I was afraid that Satan might throw evil thoughts (or something) into your hearts».

٣٢٨٢ ـ **حدثنا** عَبدانُ عن أبي حمزةَ عنِ الأعمش عن عديِّ بن ثابتٍ عن سليمانَ بنِ صُرَدٍ قال: «كنتُ جالساً معَ النبيِّ ﷺ ورجُلانِ يَستَبّانِ، فأحدُهما احمرَّ وَجهُهُ وانتفخَتْ أوداجُه، فقال النبيُّ ﷺ: «إني لأعلم كلمةً لو قالَها ذَهبَ عنه ما يجِدُ، لو قال: أعوذُ باللهِ من الشيطان ذَهبَ عنه ما يَجدُ. فقالوا له إنَّ النبيَّ ﷺ قال: تعَوَّذْ باللهِ منَ الشيطان، فقال: وهل بي جُنونٌ؟». [الحديث ٣٢٨٢ ـ طرفاه في: ٦٠٤٨، ٦١١٥].

٣٢٨٣ ـ **حدثنا** آدمُ حدَّثنا شعبة حدَّثنا منصورٌ عن سالمِ بنِ أبي الجَعْدِ عن كُرَيبٍ عنِ ابنِ عبّاسٍ قال: قال النبيُّ ﷺ: «لو أنَّ أحدَكم إذا أتىٰ أهلَهُ قال: اللّهمَّ جَنِّبْني الشيطانَ وجنِّبِ الشيطانَ ما رزَقتني، فإن كان بينهما ولدٌ لم يَضُرَّهُ الشيطانُ ولم يُسَلَّطْ عليه».

قال: وحدَّثنا الأعمشُ عن سالمٍ عن كُرَيبٍ عن ابن عبّاسٍ. مثله.

٣٢٨٤ ـ **حدثنا** محمودٌ حدَّثَنا شَبابة حدَّثنا شعبةُ عن محمدِ بنِ زيادٍ عن أبي هريرة رضيَ الله عنه عنِ النبيِّ ﷺ أنَّه صلَّى صلاةً فقال: «إن الشيطانَ عَرَضَ لي فشدَّ عليَّ يَقطعُ الصلاةَ عليَّ، فأمكَنَني اللهُ منه.. فذكرَه».

٣٢٨٥ ـ **حدثنا** محمدُ بن يوسفَ حدَّثنا الأوزاعيُّ عن يحيى بنِ أبي كثيرٍ عن أبي سَلمةَ عن أبي هريرةَ رضيَ اللهُ عنه قال: قال النبيُّ ﷺ: «إذا نُودِيَ بالصلاةِ أدْبرَ الشيطانُ ولهُ ضُراط، فإذا قُضيَ أقبلَ، فإذا ثُوِّبَ بها أدبر، فإذا قُضيَ أقبل حتى يَخطِرَ بين الإنسانِ وقلبِهِ فيقولُ: اذكرْ كذا وكذا، حتىٰ لا يدري أثلاثاً صلّى أم أربعاً، فإذا لم يدرِ ثلاثاً صلّى أو أربعاً سَجَدَ سَجدتَي السَّهْو».

٣٢٨٦ ـ **حدثنا** أبو اليمانِ أخبرَنا شُعيبٌ عن أبي الزِّنادِ عنِ الأعرَجِ عن أبي هريرةَ رضيَ الله عنه قال: قال النبيُّ ﷺ: «كُلُّ بني آدمَ يَطعُنُ الشيطانُ في جَنبيهِ بإصبعيهِ حينَ

3282 . Sulaimān bin Surd narrated: «While I was sitting in the company of the Prophet (the blessing and peace of Allāh be upon him)two abused each other and the face of one of them became red with anger and his jugular veins swelled (i.e. he became furious). On that the Prophet (the blessing and peace of Allāh be upon him) said: «I know a word, the saying of which will cause him to relax, if he does say it. If he says: «I seek Refuge with Allāh from Satan, then all his anger will go away.» Somebody said to him: «The Prophet has said: «Seek refuge with Allāh from Satan.» The angry man said: «Am I mad?».

The parts of this hadīth are in: 6048, 6115.

3283 . Ibn 'Abbās (may Allāh be pleased with him)narrated: «The Prophet (the blessing and peace of Allāh be upon him)said: «If anyone of you, on having sexual relation with his wife, says: «O Allāh! Protect me from Satan, and prevent Satan from approaching the offspring you are going to give me, and if it happens that the lady conceives a child, Satan will neither harm it nor be given power over it».

3284 . Abū Huraira (may Allāh be pleased with him) narrated: «The Prophet (the blessing and peace of Allāh be upon him) offered a prayer and (after finishing) he said: «Satan came in front of me trying persistingly to divert my attention from the prayer, but Allāh gave me the strength to over-power him.».

3285 . Abū Huraira (may Allāh be pleased with him)narrated: «The Prophet (the blessing and peace of Allāh be upon him) said: «When the call for the prayer is pronounced, Satan takes to his heels, passing wind with noise. When the call for the prayer is finished, he comes back. And when the establishment for prayer is pronounced, he again takes to his heels, and after its completion,he returns again to interfere between the (praying) person and his heart, saying to him: Remember this or that thing, till the person forgets whether he has offered three or four bows so if one forgets whether he has prayed three or four bows, he should perform two prostrations of i.e. forgetfulness».

3286 . Abū Huraira (may Allāh be pleased with him) narrated: «The Prophet (the blessing and peace of Allāh be upon him) said: «When any human being is born. Satan touches him at both sides of the body with his two fingers,

يُولَد، غيرَ عيسىٰ ابن مريم ذهبَ يطعُنُ فطعَن في الحِجاب».

[الحديث ٣٢٨٦ ـ طرفاه في: ٣٤٣١، ٤٥٤٨].

٣٢٨٧ ـ **حدثنا** مالكُ بنُ إسماعيلَ حدَّثنا إسرائيلُ عن المغيرةِ عن إبراهيم عن علقمة قال: قدِمتُ الشامَ، قالوا: أبو الدرداء، قال: «أفيكُم الذي أجارهُ اللهُ من الشيطانِ على لسانِ نبيِّه ﷺ».

حدثنا سليمانُ بنُ حربٍ حدَّثنا شعبةُ عن مُغيرةَ وقال: «الذي أجارهُ اللهُ على لسانِ نبيِّه ﷺ، يعني عمّاراً».

[الحديث ٣٢٨٧ ـ أطرافه في: ٣٧٤٢، ٣٧٤٣، ٣٧٦١، ٤٩٤٣، ٤٩٤٤، ٦٢٧٨].

٣٢٨٨ ـ **قال**: وقال الليثُ حدَّثني خالدُ بن يزيدَ عن سعيدِ بنِ أبي هِلالٍ أنَّ أبا الأسودِ أخبرَهُ عن عُروةَ عن عائشةَ رضيَ اللهُ عنها عنِ النبيِّ ﷺ قال: «الملائكةُ تتحدَّثُ في العَنان ـ والعَنانُ الغَمام ـ بالأمرِ يكونُ في الأرض، فتَستمعُ الشياطين الكلمةَ فتقُرُّها في أُذنِ الكاهنِ كما تُقَرُّ القارورة، فيَزيدون معها مائة كِذبةٍ».

٣٢٨٩ ـ **حدثنا** عاصمُ بن عليٍّ حدَّثنا ابنُ أبي ذئبٍ عن سعيدٍ المقبُريِّ عن أبيهِ عن أبي هريرةَ رضيَ اللهُ عنه عنِ النبيِّ ﷺ قال: «التثاؤبُ من الشيطان، فإذا تثاءَبَ أحدُكم فليَرُدَّهُ ما استطاع، فإنَّ أحدَكم إذا قال ها ضحِكَ الشيطانُ».

[الحديث ٣٢٨٩ ـ طرفاه في: ٦٢٢٣، ٦٢٢٦].

٣٢٨٦ ـ قوله: (بإصبعيه) لأبي ذر في الفتح وفي نسخة «بأصبعه» بالأفراد.

٣٢٨٧ ـ قوله: (قدمت الشام) وذكر الشارح عن نسخة زيادة فقلت من ههنا وهي الصواب.

٣٢٨٨ ـ قوله: (أخبره عن عروة) لأبي ذر ولغيره أخبره عروة (شارح).

ـ قوله: (كما تقرّ القارورة) يريد به تطبيق رأس القارورة برأس الوعاء الذي يفرغ منها فيه

except Jesus, the son of Mary whom Satan tried to touch but failed, for he touched the placenta instead».

The parts of this hadīth are in: 3431, 4548.

3287 . 'Ālqama narrated: «I went to Sham and asked: «Who is here? The people said: «Abū Ad-Darda».Abū Darda said: «Is the person whom Allāh has protected against Satan, as Allāh's Apostle (the blessing and peace of Allāh be upon him) said:«Amongst you?»(The sub-narrator, Mughīra said that the person who was given Allāh's Refuge through the tongue of the Prophet (the blessing and peace of Allāh be upon him)was 'Ammar (bin Yāsir).

The parts of this hadīth are in: 3761, 3743, 3742, 6278, 4944, 4943.

3288 . 'Āisha (may Allāh be pleased with her) narrated: « The Prophet (the blessing and peace of Allāh be upon him)said: «While the angels talk over the clouds about things that are going to happen on the earth, the devils hear a word of what they say and pour it in the ears of the sooth-sayer as one pours something in a bottle, and they add one-hundred lies to that (one word)».

3289 . Abū Huraira (may Allāh be pleased with him) narrated: «The Prophet (the blessing and peace of Allāh be upon him)said: «Yawning is from Satan and if anyone of you yawns from Satan and if anyone of you yawns, he should check his yawning as much as possible, for if anyone of you (during the act of yawning) should say: Ha' Satan will laugh at him».

The parts of this hadīth are in: 6223, 622.

٣٢٩٠ - **حدثنا** زكريّاءُ بنُ يحيى حدَّثَنا أبو أُسامةَ قال هشامٌ: أخبرَنا عن أبيهِ عن عائشةَ رضيَ اللهُ عنها قالت: «لما كان يومُ أُحدٍ هُزمَ المشركون، فصاحَ إبليسُ: أي عبادَ الله، أُخراكم، فرجعتْ أولاهم فاجتلَدَت هي وأُخراهم، فنظرَ حُذَيفةُ فإذا هو بأبيهِ اليمانِ، فقال: أي عبادَ الله، أبي أبي. فواللهِ ما احتَجَزوا حتّى قتَلوه فقال حُذيفة: غفرَ اللهُ لكم. قال عروةُ: فما زالت في حُذَيفةَ منه بقيةُ خيرٍ حتىٰ لحقَ باللهِ».

[الحديث ٣٢٩٠ - أطرافه في: ٣٨٢٤، ٤٠٦٥، ٦٦٦٨، ٦٨٨٣، ٦٨٩٠].

٣٢٩١ - **حدثنا** الحسَنُ بنُ الرَّبيعِ حدَّثَنا أبو الأحوصِ عن أشعثَ عن أبيهِ عن مسروقٍ قال: قالت عائشةُ رضيَ اللهُ عنها: سألتُ النبيَّ ﷺ عنِ التِفاتِ الرجلِ في الصلاةِ فقال: «هوَ اختِلاسٌ يختلسه الشيطانُ من صلاةِ أحدِكم».

٣٢٩٢ - **حدثنا** أبو المغيرةِ حدَّثَنا الأوزاعيُّ قال: حدَّثني يحيى بنُ أبي كثيرٍ عن عبدِ اللهِ بنِ أبي قَتادةَ عن أبيهِ عن النبيِّ ﷺ. حدَّثني سليمانُ بن عبدِ الرّحمٰنِ حدَّثَنا الوَليدُ حدَّثَنا الأوزاعي قال: حدَّثني يحيى بن أبي كثيرٍ حدَّثني عبدُ الله بن أبي قَتادةَ عن أبيهِ قال: قال النبيُّ ﷺ: «الرؤيا الصالحة منَ الله، والحُلُمُ منَ الشيطان فإذا حلَمَ أحدُكم حُلماً يَخافُهُ فلْيبصُقْ عن يَسارِهِ ولْيتعوَّذْ باللهِ من شرِّها، فإنها لا تَضرُّه».

[الحديث ٣٢٩٢ - أطرافه في: ٥٧٤٧، ٦٩٨٤، ٦٩٨٦، ٦٩٩٥، ٦٩٩٦، ٧٠٠٥، ٧٠٤٤].

٣٢٩٣ - **حدثنا** عبدُ الله بنُ يوسُفَ أخبرَنا مالكٌ عن سُمَيٍّ مَولىٰ أبي بكرٍ عن أبي صالحٍ عن أبي هريرةَ رضيَ اللهُ عنه أن رسولَ اللهِ ﷺ قال: «مَن قال لا إلٰهَ إلّا اللهُ وحدَهُ لا شريكَ له، له الملكُ وله الحمدُ وهوَ على كلِّ شيءٍ قدير في يومٍ مائةَ مرَّةٍ كانت لهُ عَدلَ عشرِ رِقابٍ، وكُتبَتْ له مائةُ حسنة ومُحيَتْ عنه مائةُ سيئة وكانت له حِرزاً منَ الشيطانِ يومَه

٣٢٩٠ - قوله: (ما احتجزوا) أي ما انفصلوا عنه (شارح).

٣٢٩٣ - قوله: (كانت له عدل) ولأبي ذر: كان أي القول المذكور (شارح).

3290 . Abū Huraira (may Allāh be pleased with him) narrated: «On the day (of the battle) of Uhud when the pagans were defeated Satan shouted: O Slaves of Allāh! Beware of the forces at your back» and on that the Muslims of the front files fought with the Muslims of the back files (thinking they were pagans). Huthaifa looked back to see his father Al-Yamān, (being attacked by the Muslims). He shouted: «O Allāh's Slaves! my father!» By Allāh, they did not stop till they killed him. Huthaifa said: «May Allāh forgive you.» 'Urwa said that Huthaifa continued to do good (invoking Allāh to forgive the killer of his father) till he met Allāh (i.e. died).

The parts of this hadīth are in: 3824, 4065, 6668, 6883, 6890.

3291 . 'Āisha (may Allāh be pleased with her) narrated: «I asked the Prophet (the blessing and peace of Allāh be upon him) about one's looking here and there during the prayer. He replied: «It is what Satan steals from the prayer of any one of you.

3292 . Qatāda narrated: Abū Qatāda from his father narrated: «The Prophet (the blessing and peace of Allāh be upon him) said: A good dream is from Allāh, and a bad or evil dream is from Satan; so if anyone of you has a bad dream of which he gets afraid, he should spit on his left side and should seek Refuge with Allāh from its evil for then it will not harm him».

The parts of this hadīth are in: 6995, 6984, 5747, 7044, 7005, 6996,.

3293 . Abū Huraira (may Allāh be pleased with him) narrated: «Allāh's Apostle (the blessing and peace of Allāh be upon him) said: «If one says one-hundred times in one day: None has the right to be worshipped but Allāh , Alone, Who has no partners, to Him belongs Dominion and to Him belongs all the Praises, and He has power over all things (i.e. Omnipotent) one will get the reward of manumitting ten slaves, one-hundred good deeds will be written in his account, and one-hundred bad deeds will be wiped off or erased from his account, and on that day he will be protected from the morning till evening from

ذلك حتى يُمسِي، ولم يأتِ أحدٌ بأفضلَ مما جاءَ بِهِ إلا أحدٌ عمِلَ أكثرَ من ذلك».

[الحديث ٣٢٩٣ ـ طرفه في: ٦٤٠٣].

٣٢٩٤ ـ **حدَّثنا** علي بنُ عبدِ الله حدَّثنا يعقوبُ بن إبراهيم حدَّثنا أبي عن صالحٍ عن ابنِ شهاب قال: أخبرني عبدُ الحميدِ بن عبدِ الرَّحمٰنِ بن زيدٍ أنَّ محمدَ بن سعدِ بن أبي وقاص أخبرَهُ أنَّ أبا سعدَ بنَ أبي وقاص قال: «استأذنَ عمرُ على رسولِ الله ﷺ وعندَهُ نساءٌ من قريشٍ يُكلِّمنَهُ ويَستكثرنَهُ عاليةً أصواتهنَّ، فلما استأذنَ عمرُ قمنَ يبتدِرْنَ الحجابَ، فأذنَ له رسولُ الله ﷺ ورسولُ الله ﷺ يضحكُ، فقال عمرُ: أضحَكَ الله سِنَّكَ يا رسولَ الله، قال: «عَجِبتُ من هٰؤلاءِ اللاتي كنَّ عندي، فلما سمِعنَ صَوتكَ ابتدرنَ الحجابَ». قال عمر: فأنتَ يا رسولَ الله كنتَ أحقَّ أن يهبْنَ. ثم قال: أي عدوّاتِ أنفُسِهنَّ، أتهبنني ولا تهبنَ رسولَ الله ﷺ؟ قلنَ: «نعم، أنتَ أفظُّ وأغلظ من رسولِ الله ﷺ». قال رسولُ الله ﷺ: «والذي نفسي بيدِهِ، ما لقِيَكَ الشيطانُ قطُّ سالكاً فجّاً إلّا سَلَكَ فجّاً غير فجك».

[الحديث ٣٢٩٤ ـ طرفاه في: ٣٦٨٣، ٦٠٨٥].

٣٢٩٥ ـ **حدَّثنا** إبراهيمُ بنُ حمزةَ قال: حدَّثني ابنُ أبي حازم عن يزيدَ عن محمدِ بنِ إبراهيمَ عن عيسىٰ بن طلحةَ عن أبي هريرةَ رضيَ الله عنه عن النبيِّ ﷺ قال: «إذا استيقظ ـ أُراهُ أحدُكم ـ من مَنامِهِ فتوضَّأَ فليستَنثِرْ ثلاثاً، فإنَّ الشيطانَ يبيتُ على خيشومه».

١٢ ـ **باب** ذكر الجنِّ وثوابِهم وعقابِهم

لقوله: ﴿يا مَعشَرَ الجنِّ والإنسِ ألم يأتِكُم رُسُلٌ منكم يقصُّون عليكم آياتي ـ إلى قوله ـ عما يعملون﴾. ﴿بخساً﴾: نقصاً. وقال مُجاهد: ﴿وجَعلوا بينَهُ وبينَ الجِنَّةِ نسباً﴾:

٣٢٩٥ ـ قوله: (أُراه) أي أظنه وهو ساقط عند أبي ذر كما في الشارح.

Satan, and nobody will be superior to him except one who has done more than that which he has done».

The parts of this hadīth are in: 6403.

3294 . Sa'd bin Abī Waqqās narrated: «Once 'Umar asked the premission to see Allāh's Apostle (the blessing and peace of Allāh be upon him) in whose company there were some Quraishī women who were talking to him and asking him for more finacial support raising their voices. When 'Umar asked permission to enter the women got up (quickly- hurring to screen themselves. When Allāh's Apostle (the blessing and peace of Allāh be upon him) admitted 'Umar, Allāh's Apostle he was smiling. 'Umar asked: «O Allāh's Apostle! Allāh keeps you gay always.» Allāh's Apostle said: «I am astonished at these women who were with me. As soon as they heard your voice, they hastened to screen them selves.» 'Umar said: «O Allāh's Apostle! You have more right to be feared by them.» Then he addressed (those women) saying: «O enemies of your own souls! Do you fear me and not Allāh's Apostle (the blessing and peace of Allāh be upon him)?» They replied: «Yes for you are a fearful and fierce man as compared with Allāh's Apostle On that he said (to 'Umar): «By Him in Whose Hand my life is, whenever Satan sees you taking a road, he follows a road other than yours».

The parts of this hadīth are in: 6085, 3683.

3295 . Abū Huraira (may Allāh be pleased with him) narrated: «The Prophet (the blessing and peace of Allāh be upon him) said: «If anyone of you rouses from sleep and performs the ablution, he should wash his nose by putting water in it and then blowing it out thrice, because Satan has stayed in the upper part of his nose all the night».

12 - CHAPTER: The mentioning of Jinns, their reward and retrubution as is referred to by Allāh's saying:

O you assembly of Jinns and human
being! Didn't Messengers from
among you came to you reciting unto
you My Verses and warning you
of the meeting of this Day of yours?
They will say: We bear witness
against ourselves. It was the life

قال كفّارُ قُريش: الملائكةُ بناتُ الله وأُمهاتُهم بناتُ سَرَواتِ الجِن، قال الله: ﴿ولقد علِمتِ الجِنّةُ إنهم لمُحضَرون﴾: سيُحضَرون للحِساب. ﴿جُندٌ مُحضَرون﴾: عندَ الحِساب.

٣٢٩٦ - حدثنا قُتيبةُ عن مالكٍ عن عبدِ الرَّحمٰنِ بن عبدِ الرَّحمٰنِ بن عبدِ الله بنِ عبدِ الرَّحمٰنِ بن أبي صَعْصَعَةَ الأنصاريِّ عن أبيهِ أنهُ أخبرَه: «أنَّ أبا سعيدٍ الخُدْرِيَّ رضيَ الله عنه قال له: إني أراكَ تُحبُّ الغَنَمَ والبادية، فإذا كنتَ في غَنَمِكَ أو باديتِكَ فأذَّنتَ بالصلاةِ فارفعْ صوتَكَ بالنداء، فإنه لا يَسمَعُ مَدى صَوتِ المؤذِّنِ جِنٌّ ولا إنسٌ ولا شيءٌ إلاّ شهدَ له يومَ القِيامة. قال أبو سعيد: سمعتهُ من رسولِ الله ﷺ».

١٣ - باب قوله عزَّ وجلّ: ﴿وإذ صَرَفنا إليكَ نَفراً مِنَ الجنّ - إلى قولِهِ - أُولٰئكَ في ضَلالٍ مُبين﴾. ﴿مَصرِفاً﴾: مَعدِلاً. ﴿صَرَفنا﴾: أي وجَّهنا.

١٤ - باب قوله تعالى: ﴿وبَثَّ فيها من كلِّ دابةٍ﴾ قال ابن عبّاسٍ: الثُّعبان الحية الذَّكر منها، يُقال الحَيَّاتُ أجناسٌ: الجانُّ والأفاعي والأساوِد. ﴿آخِذٌ بِناصيَتِها﴾ في مُلكِهِ وسُلطانه. يقال: ﴿صافّاتٍ﴾ بُسُطٌ أجنحتَهنَّ. ﴿يَقبِضنَ﴾: يَضرِبنَ بأجنحتِهن.

٣٢٩٧ - حدثنا عبدُ الله بن محمد حدَّثَنا هِشامُ بنُ يوسُفَ حدَّثَنا مَعْمَرٌ عنِ الزُّهريِّ عن سالمٍ عنِ ابنِ عمرَ رضيَ الله عنهما: أنهُ سمع النبيَّ ﷺ يَخطُبُ على المِنبرِ يقول:

باب ١٢ - (سروات الجنّ) ساداتهم.

باب ١٤ - قوله: (في ملكه) بضم الميم في غير اليونينية والذي في اليونينية كسرها (شارح).

of this world that deceived them.
So against themselves they will
bear witness that they were disbelievers.........(6: 130).

Mujāhid said the interpretation of the Verse: And they have invented a relationship between Him and the Jinns; but the Jinns know that they have indeed to appear (before His Judgement(Seat) (37: 158), «The infidels of Quraish said: «The angels are Allāh's Daughters whose mothers are the daughters of the mistresses among the Jinns».

3296 . 'Abdur-Rahmān bin 'Abdullah bin 'Abdur-Rahmān bin Abī Sa'sa Al-Ansārī narrated: «That Abū Sa'īd Al Khudrī said to his father: «I see you are fond of sheep and the desert, so when you want to pronounce the Ādhān , raise your voice with it for whoever will hear the Ādhān whether a human being, or a Jinn, or anything else, will bear witness in favour on the Day of Resurrection.» Abū Sa'id added: «I have heard this from Allāh's Apostle (the blessing and peace of Allāh be upon him).

13 - CHAPTER: The saying of Allāh (the Exalted and Almighty): Behold, we turned towards you

a company of Jinns......(till)
such men (wander) in manifest error. (46: 29-32).

14 - CHAPTER: The saying of Allāh (the Exalted and Almighty): He (i.e. Allāh) scatters every kind of animals through the earth. (2: 164).

3297 . Ibn 'Umar (may Allāh be pleased with him)narrated: «That he heard the Prophet (the blessing and peace of Allāh be upon him) delivering a sermon on the pulpit saying: «Kill snakes and Thū-at-Tufayatain (i.e. snake with two white lines on its back) and al-Abtar (i.e. a snake with a short or mutilated tail) for they destroy the sight of one's eyes and bring about abortion (If a pregnant lady looks at them)»

«اقتُلوا الحيّاتِ واقتلوا ذا الطُّفيَتين والأبترَ، فإنهما يَطمِسانِ البَصرَ ويَستَسْقِطان الحَبَل».

[الحديث ٣٢٩٧ ـ أطرافه في: ٣٣١٠، ٣٣١٢، ٤٠١٦].

٣٢٩٨ ـ «قال عبدُ الله: فبَينا أنا أُطارِدُ حيّةً لأقتُلَها، فناداني أبو لُبابةَ: لا تقتُلْها. فقلتُ: إنّ رسولَ الله ﷺ قد أمرَ بقتلِ الحيّاتِ. فقال: إنهُ نَهى بعدَ ذلك عن ذواتِ البُيوت، وهي العَوامر». [الحديث ٣٢٩٨ ـ طرفاه في: ٣٣١١، ٣٣١٣].

٣٢٩٩ ـ «وقال عبدُ الرزّاقِ عن مَعْمَرٍ: فرآني أبو لُبابةَ، أو زيدُ بنُ الخَطّاب. وتابعَهُ يُونُسُ وابنُ عُيَينةَ وإسحاقُ الكلبيُّ والزُّبَيديُّ. وقال صالحٌ وابنُ أبي حَفصةَ وابنُ مُجمِّعٍ عنِ الزُّهريِّ عن سالمٍ عنِ ابنِ عمرَ: رآني أبو لُبابةَ وزيدُ بنُ الخطاب».

١٥ ـ باب خيرُ مالِ المسلم غَنَمٌ يَتبَعُ بها شَعفَ الجِبال

٣٣٠٠ ـ حدثنا إسماعيلُ بنُ أبي أُوَيس قال: حدَّثني مالكٌ عن عبدِ الرَّحمٰنِ بنِ عبدِ الله بنِ عبدِ الرّحمٰنِ بنِ أبي صَعْصعةَ عن أبيهِ عن أبي سعيدٍ الخُدريِّ رضيَ الله عنهُ قال: قال رسولُ الله ﷺ: «يوشِكُ أن يكونَ خيرَ مالِ الرجلِ غَنمٌ يَتبَعُ بها شَعفَ الجِبال ومَواقِعَ القَطر، يَفِرُّ بِدينه من الفِتَن».

٣٢٩٧ ـ (ذو الطفية) من الحية ما على ظهره خطان أسودان وطغى قلم الشارح فعدل عن السواد إلى البياض والأبتر الذي لا ذنب له والمراد بالحبل: الجنين.

ـ طمس البصر: محو نوره.

٣٢٩٨ ـ قوله: (قال إنه) ولأبي ذر فقال الخ.

٣٣٠٠ ـ قوله: (خير) بنصب خير خبر كان مقدماً ورفع غنم اسمها مؤخراً وفي اليونينية في نسخة غنماً نصب خبرها وخير رفع اسمها ويجوز رفعها على الإبتداء والخبر ويقدر في يكون ضمير الشأن اهـ من الشارح.

ـ (شعف الجبال) أعلاها ورؤوسها.

3298. ('Abdullah bin 'Umar further added): once while I was chasing a snake in order to kill it, Abu Lubaba called me saying: «Don't kill it» I said: Allah's Apostle (the blessing and peace of Allah be upon him) ordered us to kill snakes» He said: «But later on he prohibited the killing of snakes living in the houses (Az-Zuhri said: «Such snakes are called Al-Awamir).

The parts of this hadith are in: 3311, 3313.

3299. This hadith has been reported through a chain of transmitters.

15 - CHAPTER: The best property of a Muslim will be sheep which he takes to pasture on the tops of mountains.

3300 . Abū Sa'īd Al-Khudrī (may Allāh be pleased with him) narrated: Allāh's Apostle (the blessing and peace of Allāh be upon him) said: «There will come a time when the best property of a man will be sheep which he will graze on the tops of mountains and the places where rain falls (i.e. pastures) escaping to protect his religion from afflictions».

٣٣٠١ ـ **حدثنا** عبدُ الله بنُ يوسُفَ أخبرَنا مالكٌ عن أبي الزِّنادِ عنِ الأعرجِ عن أبي هريرةَ رضيَ اللهُ عنه أنَّ رسولَ الله ﷺ قال: **«رأسُ الكفرِ نحوَ المَشرقِ، والفخرُ والخُيَلاءُ في أهلِ الخيلِ والإبلِ، والفدّادِينَ أهلِ الوَبَرِ، والسَّكِينةُ في أهلِ الغَنَمِ»**.

[الحديث ٣٣٠١ ـ أطرافه في: ٣٤٩٩، ٤٣٨٨، ٤٣٨٩، ٤٣٩٠].

٣٣٠٢ ـ **حدثنا** مسدَّدٌ حدَّثَنا يحيى عن إسماعيلَ قال: حدَّثَني قَيسٌ عن عُقْبَةَ بنِ عمرٍو أبي مَسعودٍ قال: أشارَ رسولُ الله ﷺ بيدِهِ نحوَ اليمن فقال: **«الإيمانُ يمانٍ ها هُنا، ألا إنَّ القَسوةَ وغِلَظَ القلوبِ في الفدّادِينَ عندَ أُصولِ أذنابِ الإبلِ حيثُ يَطلُعُ قَرنا الشيطانِ في ربيعةَ ومُضَر»**. [الحديث ٣٣٠٢ ـ أطرافه في: ٣٤٩٨، ٤٣٨٧، ٥٣٠٣].

٣٣٠٣ ـ **حدثنا** قُتَيبة حدَّثَنا اللَّيثُ عن جَعفرِ بنِ رَبيعةَ عنِ الأعرجِ عن أبي هريرةَ رضيَ اللهُ عنه أنَّ النبيَّ ﷺ قال: **«إذا سَمعتم صِياحَ الدِّيكةِ فاسألوا اللهَ من فضلهِ فإنها رأتْ مَلَكاً، وإذا سمعتم نهيقَ الحمار فتعوَّذوا باللهِ من الشيطان فإنه رأى شيطاناً»**.

٣٣٠٤ ـ **حدثنا** إسحاقُ أخبرَنا رَوحٌ قال: أخبرَنا ابنُ جُرَيجٍ قال: أخبرَني عطاءٌ سمعَ جابرَ بنَ عبدِ الله رضيَ اللهُ عنهما قال: قال رسولُ الله ﷺ: **«إذا كان جُنحُ اللَّيلِ ـ أو أمسَيتم ـ فكفُّوا صِبيانكم، فإنَّ الشياطينَ تنتشِرُ حينئذٍ، فإذا ذَهبَتْ ساعةٌ منَ اللَّيلِ فحلُّوهم وأَغلِقوا الأبوابَ واذكروا اسمَ الله، فإنَّ الشيطانَ لا يَفتحُ باباً مُغلَقاً»**. قال وأخبرَني عمرُو بن دِينارٍ سمعَ جابرَ بنَ عبدِ الله نحوَ ما أخبرَني عطاءٌ ولم يَذكر **«واذكروا اسمَ الله»**.

٣٣٠٥ ـ **حدثنا** موسى بنُ إسماعيلَ حدَّثَنا وُهيبٌ عن خالدٍ عن محمدٍ عن أبي هريرةَ

٣٣٠٤ ـ قوله: (فحلوهم) ولأبي ذر فخلوهم بالخاء المعجمة المفتوحة (شارح).

3301 . Abū Huraira (may Allāh be pleased with him) narrated: «Allāh's Apostle (the blessing and peace of Allāh be upon him) said: «The main source of disbelief is in the east. Pride and arrogance are characteristics of the owners of horses and camels, and those bedouins who are busy with their camels and pay no attention to Religion; While modesty and gentleness are the characteristics of the owners of sheep.

The parts of this hadīth are is: 4390, 4389, 4388, 3499.

3302 . Uqba bin 'Umar and Abū Mas'ud narrated:«Allāh's Apostle (the blessing and peace of Allāh be upon him) pointed with his hand towards Yemen ite and said: «True Belief is Yemenite yonder (i.e. the Yemen had True Belief and embraced Islām readily), but sternness and mercilessness are the qualities of those who are busy with their camels and pay no attention to the Religion where the two sides of the head of Satan will appear. Such qualities belong to the tribe of Rabī'a and Mudar.

The parts of this hadīth are in: 5303, 4387, 3498.

3303 . Abū Huraira (may Allāh be pleased with him) narrated: «The Prophet (the blessing and peace of Allāh be upon him) said: «When you hear the crowing of cocks, ask for Allāh's Blessings for (their crowing indicates that) it have seen an angel. And when you hear the braying of donkeys, seek Refuge with Allāh from Satan for (their braying indicates) that they have seen a devil».

3304 . Jābir bin 'Abdullah (may Allāh be pleased with him)narrated: «Allāh's Apostle (the blessing and peace of Allāh be upon him) said: «When night falls (or it is evening) keep your children close to you for the devils spread out at that time. But when an hour of the night elapses, you can let them free. Close the doors and mention the Name fo Allāh, for Satan does not open a closed door».

3305 . Abū Huraira (may Allāh be pleased with him) narrated: «The

رضيَ الله عنه عنِ النبيِّ ﷺ قال: «فُقِدَتْ أُمَّةٌ من بني إسرائيلَ لا يدرى ما فعلَت، وإني لا أراها إلا الفأر: إذا وُضعَ لها ألبانُ الإبلِ لم تشرَب، وإذا وُضِعَ لها ألبانُ الشاءِ شرِبت».
فحدَّثتُ كعباً فقال: أنتَ سمعتَ النبيَّ ﷺ يقولُه؟ قلتُ: نعم. فقال لي مِراراً، فقلتُ: أفأقرأُ التَّوراة؟.

٣٣٠٦ ـ **حدثنا** سعيدُ بنُ عُفير عنِ ابنِ وهبٍ قال: حدَّثني يونُسُ عنِ ابنِ شهابٍ عن عُروةَ يحدِّثُ عن عائشة رضي الله عنها: «إنَّ النبيَّ ﷺ قال للوَزَغ: «الفُوَيسِق». ولم أسمَعْهُ أمَرَ بقَتلِهِ. وزعمَ سعدُ بن أبي وقَّاصٍ أنَّ النبيَّ ﷺ أمرَ بقتله».

٣٣٠٧ ـ **حدثنا** صدقةُ بن الفضلِ أخبرنا ابنُ عُيَينةَ حدَّثنا عبدُ الحميدِ بن جُبَيرِ بن شَيبةَ عن سعيدِ بنِ المسيَّبِ أنَّ أُمَّ شَريكٍ أخبرَتْهُ أنَّ النبيَّ ﷺ أمرَها بقتلِ الأوزاغ».
[الحديث ٣٣٠٧ ـ طرفه في: ٣٣٥٩].

٣٣٠٨ ـ **حدثنا** عُبَيدُ بن إسماعيلَ حدَّثنا أبو أُسامةَ عن هِشامٍ عن أبيهِ عن عائشةَ رضيَ الله عنها قالت: قال رسولُ الله ﷺ: «اقتُلوا ذا الطُّفْيَتين، فإنه يَطْمِسُ البصرَ ويُصيبُ الحبَلَ».
تابَعَهُ حَمّادُ بن سلمةَ: «أخبرَنا أسامة». [الحديث ٣٣٠٨ ـ طرفه في: ٣٣٠٩].

٣٣٠٩ ـ **حدثنا** مسدَّدٌ حدَّثَنا يحيىٰ عن هشامٍ قال: حدَّثني أبي عن عائشة قالت: «أمَرَ النبيُّ ﷺ بقتلِ الأبتَرِ وقال: إنهُ يُصيبُ البصرَ ويُذهِبُ الحبَلَ».

٣٣٠٥ ـ لأنها حلال لبني إسرائيل كلحمها بخلاف لحوم الإبل وألبانها فإنها حرمت عليهم.
ـ قوله: (فقال لي مراراً) ولأبي ذر يعني أن كعباً قال له غير مرة أنت سمعته من النبيّ ﷺ وفي نسخة: قال لي

Prophet (the blessing and peace of Allāh be upon him) said: «A group of Israelites were lost. Nobody knows what they did. But I do not see them except that they were cursed and changed into rats, for if you put the milk of a she-camel in front of a rat, it will not drink it, but if the milk of a sheep is put in front of it, it will drink it» I told this to Ka'b who asked me: «Did you hear it from the Prophet (the blessing and peace of Allāh be upon him)? I said: «Yes». Ka'b asked me the same question several times. I said to Ka'b: «Do I read the Torah? (i.e. I tell you this from the Prophet (the blessing and peace of Allāh be upon him).

3306 . 'Āisha (may Allāh be pleased with her) narrated: «The Prophet (The blessing and peace of Allāh be upon him) called the Salamander, a mischief-doer. I have not heard him ordering that it should be killed.

Sa'd bin Abī Waqqās claims that the Prophet (the blessing and peace of Allāh be upon him) ordered that it should be killed.

3307 . Umm Sharīk narrated: «That the Prophet (the blessing and peace of Allāh be upon him) ordered her to kill Salamanders.

The parts of this hadīth are in: 3359.

3308 . 'Āisha (may Allāh be pleased with her) narrated: «The Prophet (the blessing and peace of Allāh be upon him) said: «Kill the snake with two white lines on its back, for it blinds the one looker and causes abortion (if a pregnant woman looks at it)».

The parts of this hadīth are in: 3309.

3309 . 'Āisha (may Allāh be pleased with her) narrated: «The Prophet (the blessing and peace of Allāh be upon him) ordered that a short-tailed or multi-lated-tailed snake (i.e. Abtar) should be killed, for it blinds the onlooker and causes abortion».

٣٣١٠ - حدثنا عمرو بن عليّ حدَّثَنا ابنُ أَبي عَليّ عن أَبي يونُسَ القُشَيريّ عن ابن أبي مُليكةَ أنَّ ابنَ عمر كانَ يقتلُ الحيّات، ثمَّ نهى قال: «إنَّ النبيَّ ﷺ هدمَ حائطاً لهُ فوَجدَ فيه سِلخَ حيةٍ فقال: «انظروا أينَ هو فنظروا فقال: اقتلوهُ»، فكنتُ أقتلُها لذلك».

٣٣١١ - فلقيتُ أبا لُبابةَ فأخبرَني أنَّ النبيَّ ﷺ قال: «لا تقتلُوا الجِنَّانَ إلاّ كلَّ أبترَ ذي طُفيَتين، فإنه يُسقِطُ الولدَ ويُذهِبُ البصرَ فاقتلُوه».

٣٣١٢ - حدثنا مالكُ بنُ إسماعيلَ حدَّثَنا جريرُ بن حازم عن نافعٍ عن ابن عمرَ أنه كان يَقتلُ الحيات.

٣٣١٣ - فحدَّثهُ أبو لُبابةَ: «أنَّ النبيَّ ﷺ نهى عن قتلِ جِنّانِ البيوت، فأمسكَ عنها».

١٦ - باب إذا وقعَ الذُّبابُ في شرابِ أحدِكم فليَغمِسهُ فإنَّ في أحدِ جَناحَيهِ داءً وفي الآخر شفاءً وخمسٌ في الدَّوابِّ فواسِقُ يُقتلنَ في الحرَم

٣٣١٤ - حدثنا مسدَّد حدَّثَنا يزيدُ بن زُرَيع حدَّثنا مَعمرٌ عنِ الزُّهريّ عن عُروةَ عن عائشةَ رضيَ الله عنها عنِ النبيِّ ﷺ قال: «خمسٌ فَواسِقُ يُقتلنَ في الحرَم: الفأرةُ والعَقربُ والحُدَيّا والغرابُ والكلبُ العَقور».

٣٣١٥ - حدثنا عبدُ الله بنُ مَسلمة أخبرَنا مالكٌ عن عبدِ الله بنِ دينارٍ عن عبدِ الله بنِ عمر رضيَ الله عنهما أَنَّ رسولَ الله ﷺ قال: «خَمسٌ منَ الدوابِّ مَن قَتلهنَّ وهوَ مُحرِمٌ فلا جُناحَ عليه: العَقربُ والفأرة والكلبُ العقورُ والغُرابُ والحِدأة».

٣٣١١ - قوله: (الجنان) بكسر الجيم وتشديد النون جمع جان وهو الحية البيضاء (شارح).

3310 . Abū Mulaika narrated: «Ibn 'Umar used to kill snakes, but afterwards he forbade their killing and said: «Once the Prophet (the blessing and peace of Allāh be upon him) pulled down a wall and saw a cast-off skin of a snake in it. He said: «Look for the snake. They found it and the Prophet (the blessing and peace of Allāh be upon him) said: «Kill it. This was why I used to kill snakes.

3311 . Later on I met Abū Lubāba who told me that the Prophet (the blessing and peace of Allāh be upon him) said: «Do not kill snakes except the short-tailed or mutilated-tailed snake, for it causes abortion (when a pregnant lady looks at it) and blinds (him who looks at it). So Kill it»».

3312 . Nāfi' narrated: «Ibn 'Umar used to kill snakes when.

3313. Abu Lubaba informed him that the Prophet (the blessing and peace of All h be upon him) had forbidden the killing of snakes living in houses, he gave up killing them.

16 - CHAPTER: If a fly falls in the drink of anyone of you, he should dip it (in the drink), for one of its wings has a disease and the other has the curse (antidote for that disease).

Five kinds of animals are mischief doers, which one is allowed to kill even in the Sanctuary.

3314 . 'Āisha (may Allāh be pleased with her) narrated: «The Prophet (the blessing and peace of Allāh be upon him) said: «Five kinds of animals are mischief-doers and can be killed even in the Sanctuary: They are the rat the scorpion the kite, the crow and the rabid dog».

3315 . 'Abdullah bin 'Umar (may Allāh be pleased with him) narrated: «Allāh's Apostle (the blessing and peace of Allāh be upon him) said: «It is not sinful of a person in the state of Ihram to kill any of these five animals: The scorpion. the rat, the rabid dog, the crow and the kite».

٣٣١٦ - **حدثنا** مسدَّدٌ حدَّثَنا حمّادُ بن زيدٍ عن كَثيرٍ عن عطاءٍ عن جابرِ بنِ عبدِ الله رضيَ الله عنهما رَفعَهُ قال: **«خَمِّروا الآنية، وأَوْكوا الأَسقيةَ، وأَجيفوا الأبوابَ، وأكفِتوا صِبيانَكم عندَ المساءِ، فإنَّ لِلجن انتشاراً وخَطْفة، وأطفِئوا المصابيحَ عندَ الرُّقاد فإنَّ الفُوَيسقة ربَّما اجترَّتِ الفتيلة فأحرقَتْ أهلَ البيت»**.

قال ابنُ جُرَيجٍ وحَبيبٌ عن عطاءٍ: «فإنَّ للشَّيطان».

٣٣١٧ - **حدثنا** عبدة بنُ عبدِ الله أخبرنا يحيىٰ بنُ آدمَ عن إسرائيلَ عن منصورٍ عن إبراهيمَ عن عَلقمةَ عن عبدِ الله قال: كنّا مَعَ رسولِ الله ﷺ في غارٍ، فنزلَتْ: ﴿والمُرسَلاتِ عُرفاً﴾ فإنّا لَنتلقّاها من فيه إذ خرجَت حيَّةٌ من جُحرِها، فابتدَرْناها لنقتُلَها، فسبَقَتْنا فدخَلَت جُحرَها، فقال رسولُ الله ﷺ: «وُقِيَتْ شرَّكم كما وُقِيتُم شرَّها». وعن إسرائيلَ عنِ الأعمش عن إبراهيمَ عن عَلقمةَ عن عبدِ الله.. مثله. قال: «وإنّا لَنتلقّاها مِن فيه رَطْبَة». وتابعَهُ أبو عَوانةَ عن مُغيرةَ.

وقال حَفصٌ وأبو معاويةَ وسليمانُ بنُ قَرْمٍ عنِ الأعمشِ عن إبراهيمَ عنِ الأسودِ عن عبدِ الله.

٣٣١٨ - **حدثنا** نصرُ بنُ عليٍّ أخبرَنا عبدُ الأعلىٰ حدَّثنا عُبَيدُ الله بن عمرَ عن نافعٍ عن ابنِ عمرَ رضيَ الله عنهما عنِ النبيِّ ﷺ قال: **«دَخلتِ امرأةٌ النارَ في هِرَّةٍ ربطَتْها، فلم تُطعِمْها، ولم تَدَعها تأكل من خشاش الأرض»**. قال: وحدَّثنا عُبيدُ الله عن سعيدٍ المقبُريِّ عن أبي هريرة رضيَ الله عنه عنِ النبيِّ ﷺ. مثله.

٣٣١٩ - **حدثنا** إسماعيلُ بن أبي أُوَيس قال: حدَّثني مالك عن أبي الزِّنادِ عن الأعرَجِ عن أبي هريرةَ رضيَ الله عنه أنَ رسولَ الله ﷺ قال: **«نزَلَ نبيٌّ منَ الأنبياءِ تحت**

٣٣١٨ - (خشاش الأرض) مثلث الخاء المعجمة حشراتها.

3316 . Jābir bin 'Abdullah (may Allāh be pleased with him)narrated: «The Prophet (the blessing and peace of Allāh be upon him) said: «Cover your utensils and tie your waterskins, close your doors and keep your children close to you at night, as the Jinns spread out a such time and snatch things away. When you go to be, put out your lights, for the mischief-doer (i.e. the rat) may drag away the wick of the candle and burn the dwellers of the house.» 'Ātā said: «The devils» (instead of the Jinns).

3317 . 'Abdullah (may Allāh be pleased with him) narrated: «Once were in the company of Allāh's Apostle (the blessing and peace of Allāh be upon him) in a cave, Sūrat-al-Mursalāt (77) was revealed there, and we were learning it from Allāh's Apostle (the blessing and peace of Allāh be upon him). Suddenly a snake came out of its hole and we rushed towards it to kill it, but it hastened and entered its hole before we were able to catch it. Allāh's Apostle (the blessing and peace of Allāh be upon him) said: «It has been saved from your evil and you have been saved from its evil».

* This hadith has been reported through a chain of transmitters.

3318 . Ibn 'Umar (may Allāh be pleased with him) narrated: «The Prophet (the blessing and peace of Allāh be upon him) said: «A woman entered the (Hell) Fire because of a cat which she had tied, neither giving it food nor setting it free to eat from the vermin of the earth».

3319 . Abū Huraira (may Allāh be pleased with him) narrated: «Allāh's Apostle (the blessing and peace of Allāh be upon him) said: «Once while a Prophet amongst the prophetswastaking a rest underneath a tree, an ant bit him. He, therefore, ordered that his luggage be taken away from underneath that tree

شجرةٍ فلَدَغتهُ نملة، فأمرَ بجَهازِه فأُخرِجَ من تحتِها، ثمّ أمرَ ببيتِها فأُحرِقَ بالنار، فأوحىٰ الله إليهِ: فهلا نملةً واحدةً؟».

١٧ - باب إذا وَقَعَ الذُّبابُ في شَرابِ أَحدِكم فلْيَغْمِسْه فإنَّ في إحدى جَناحَيهِ داءً وفي الأخرىٰ شِفاءً

٣٣٢٠ - **حدثنا** خالدُ بن مَخْلَدٍ حدَّثَنا سُليمانُ بن بِلالٍ قال: حدَّثني عُتبةُ بن مُسلم قال: أخبرني عُبَيْدُ بنُ حُنينٍ قال: سمعتُ أبا هريرة رضيَ الله عنه يقول: قال النبي ﷺ: «إذا وقَعَ الذُّبابُ في شرابِ أحدِكم فليَغمِسْه ثمّ لِيَنزِعْهُ، فإن في إحدى جَناحيهِ داءً والأُخرىٰ شِفاءً». [الحديث ٣٣٢٠ - طرفه في: ٥٧٨٢].

٣٣٢١ - **حدثنا** الحسنُ بنُ الصبّاح حدَّثَنا إسحاقُ الأزرقُ حدَّثَنا عوفٌ عن الحسنِ وابنِ سِيرينَ عن أبي هريرةَ رضيَ الله عنه عن رسولِ الله ﷺ قال: «غُفِرَ لامرأةٍ مُومسةٍ مرَّتْ بكلبٍ على رأسِ رَكِيٍّ يَلهثُ، قال: كادَ يَقتُلهُ العَطَش - فنَزَعَتْ خُفَّها فأوثَقَتْهُ بخمارِها فنزَعَتْ لهُ من الماءِ، فغُفِرَ لها بذلكَ». [الحديث ٣٣٢١ - طرفه في: ٣٤٦٧].

٣٣٢٢ - **حدثنا** علي بن عبد الله حدَّثَنا سفيانُ قال: حفِظتُهُ منَ الزُّهريِّ كما أنكَ ها هنا، أخبرَني عُبَيدُ الله عنِ ابنِ عبّاس عن أبي طلحةَ رضيَ الله عنهم عن النبيِّ ﷺ قال: «لا تدخُلُ الملائكةُ بيتاً فيه كلبٌ ولا صُورة».

٣٣٢٣ - **حدثنا** عبدُ الله بن يوسُفَ أخبرَنا مالكٌ عن نافعٍ عن عبدِ الله بنِ عمرَ رضيَ الله عنهما: «أنَّ رسولَ الله ﷺ أمرَ بقتلِ الكلاب».

٣٣٢٠ - قوله: (ثم لينزعه) ولأبي ذر ثم لينتزعه بزيادة فوقية قبل الزاي (شارح).
٣٣٢١ - الركيّ: البئر قبل أن تطوى، والمومسة: الزانية.

and then ordered that the dwelling place of the ants should be set on fire. Allāh sent on fire. Allāh sent him a revelation:
Wouldn't it have been sufficient
to burn a single ant?».

17 - CHAPTER: If a fly falls in the drink of anyone of you, he should dip it (in the drink), for one of its wings has a disease and the other has the cure for the disease.

3320 . Abū Huraira (may Allāh be pleased with him) narrated: «The Prophet (the blessing and peace of Allāh be upon him) said: «If a house fly falls in the drink of anyone of you, he should dip it (in the drink), for one of its wings has a disease and the other has the cure for the disease».

The parts of this hadīth are in: 5782.

3321 . Abū Huraira (may Allāh be pleased with him) narrated: «Allāh's Apostle (the blessing and peace of Allāh be upon him) said: «A prostitute was forgiven by Allāh, because, passing by a panting dog near a well and seeing that the dog was about to die of thirst, she took off her shoe, and tying it with her head-cover she drew out some water for it. So, Allāh forgave her because of that.

The parts of this hadīth are in: 3467.

3322 . Abū Talha (may Allāh be pleased with him)narrated: «The Prophet (the blessing and peace of Allāh be upon him) said: «Angels do not enter a house which has either a dog or a picture (of animals) in it».

3323 . 'Abdullah bin 'Umar (may Allāh be pleased with him) narrated: «Allāh's Apostle (the blessing and peace of Allāh be upon him) ordered that the dogs should be killed.

٣٣٢٤ ـ **حدثنا** موسىٰ بنُ إسماعيلَ حدَّثَنا همّامٌ عن يحيىٰ حدَّثَني أبو سلمةَ أنَّ أبا هريرةَ رضيَ الله عنه حدَّثه قال: قال رسولُ الله ﷺ: «مَن أمسك كلباً يَنقُصُ مِن عملِهِ كلَّ يومٍ قِيراطٌ، إلا كلبَ حَرثٍ أو كلبَ ماشِيةٍ».

٣٣٢٥ ـ **حدثنا** عبدُ الله بنُ مَسلمةَ حدَّثنا سليمانُ أخبرَني يزيدُ بنُ خُصيفةَ قال: أخبرَني السائبُ بن يَزيدَ سمِعَ سفيانَ بنَ أبي زُهَيرٍ الشَّنَيّ أنهُ سمعَ رسولَ الله ﷺ يقول: «مَن اقْتنىٰ كلباً لا يُغني عنهُ زَرعاً ولا ضَرعاً نَقَصَ مِن عملِهِ كلَّ يومٍ قِيراط». فقال السائبُ: أنتَ سمعتَ هذا من رسولِ الله ﷺ؟ قال: إي وربِّ هٰذهِ القِبلة.

٣٣٢٤ ـ قوله: (أو ماشية) أي غنم.

٣٣٢٥ ـ قوله: (الشنيء) ولأبي ذر: الشنوي وفي نسخة: الشنائي نسبة إلى شنوءة ذكره الشارح

3324 . Abū Huraira (may Allāh be pleased with him) narrated: « Allāh's Apostle (the blessing and peace of Allāh be upon him) said: «If somebody keeps a dog, he loses one carat (of the reward) of his good deeds everyday, except if he keeps it for the purpose of agriculture or for the protection of livestock».

3325 . Sufyān bin Abī Zubair Ash-Shan'ī narrated: «That he heard Allāh's Apostle (the blessing and peace of Allāh be upon him) saying: «If somebody keeps a dog that is neither used for farmword nor for guarding the livestock, he will lose one carat (of the reward) of his good deeds everyday'.

بسم الله الرَّحمٰن الرَّحيم

٦٠ـ كتاب أحاديث الأنبياء

١ ـ باب خَلقِ آدمَ وذُرِّيَّتِهِ

﴿صَلْصال﴾: طينٌ خُلطَ برَمل، فصَلْصَلَ كما يُصَلصِلُ الفَخَّار، ويقال مُنتِنٌ يريدون بـه صَلّ، كما يقال صَرَّ البابُ وصَرْصَر عندَ الإغلاق، مثلُ كبكبته يعني كَببتُه. ﴿فمرَّت به﴾: بها استمرَّ الحملُ فأتمَّتْه. ﴿أن لا تسجُدَ﴾: أن تَسجُدَ.

وقول الله تعالى: ﴿وإذ قال ربُّكَ للملائكةِ إني جاعلٌ في الأرضِ خليفة﴾ [البقرة: ٣٠]. قال ابنُ عبّاسٍ: ﴿لما عليها حافظ﴾: إلا عليها حافظ. ﴿في كَبَد﴾: في شِدَّةِ خَلق. ﴿ورياشاً﴾: المال. وقال غيرهُ: الرِّياش والرِّيشُ واحد وهوَ ما ظهرَ من اللباس. ﴿ما تُمْنُون﴾: النُطفة في أرحامِ النساءِ. وقال مجاهد: ﴿إنهُ على رَجعهِ لقادِر﴾: النُطفة في الإحليل. كلُّ شيءٍ خلقه فهوَ ﴿شفع﴾: السماءُ شفع. ﴿والوترُ﴾: الله عزَّ وجلَّ. ﴿في أحسَنِ تقويم﴾: في أَحسنِ خَلقٍ، ﴿أسفَلَ سافلينَ﴾: إلاّ مَن آمَن. ﴿خُسرٍ﴾: ضلال، ثمَّ استثنىٰ فقال إلاّ مَن آمَن. ﴿لازِب﴾: لازم. ﴿ننشِئكم﴾: في أيِّ خلقٍ نَشاء. ﴿نُسبِّحُ بحمدِك﴾: نُعظِّمكَ. وقال أبو العالية: ﴿فتلقَّى آدمُ مِن ربِّه كلمات﴾: فهوَ قولُهُ: ﴿ربَّنا ظلَمنا أنفُسنا﴾. ﴿فأزَلَّهما﴾: فاستزَلَّهما. و﴿يَتسنَّهْ﴾: يَتغيَّر. ﴿آسِن﴾: متَغيِّر. و﴿المسْنون﴾: المتغيِّر. ﴿حَمأ﴾: جمع حَمْأة وهو الطينُ المتغيِّر. ﴿يخصِفان﴾:

باب ١ ـ قوله: (باب خلق آدم) الخ في نسخة كتاب الأنبياء وفي أُخرى كتاب أحاديث الأنبياء عليهم السلام باب خلق آدم صلوات الله عليه وذريته اهـ من الشارح.

ـ قوله: (يريدون به صلّ) أي فضوعف فاء الفعل فصار صلصل كما يقال صرّ وصرصر وكبّ وكبكب.

In the name of Allah, the Most Beneficent, the Most Merciful

60 - THE BOOK OF THE PROPHETS

1 - CHAPTER: The creation of Adam and his offspring.

Allāh's saying(the Exalted and Glorious): «Behold, they Lord said to the angels: «I well create a vicegerent on earth.» (2:30). Ibn Abbas: «But has a protector over it.» (86:4).» Into toil and struggle.» (90: 4). «Your shame» (7: 26)The money. Others said: «What is shown of clothes. «The (human Seed) that ye throw out (56: 58). The clot in the women's wombls. And Mujahid said: «Surely (God) is able to bring him back (to life)» (86: 8) Everything He created. «By the Even». The sky is even (89: 3) (in number). «And Odd" (89: 3). Allāh (the Exaltedand Almighty). «In the best of moulds» (95: 4). In the best ereation. «(To be) the lowest of the low» (95: 5). But those who believed. «Is in loss» (103: 2). Astray, with an exception, those who believed. «Sticky» (37: 11) «Creating you (again)» (56: 61). In any mould we desire.» We do celebrate thy praise» (2:30). Glorify you. Abu Aliya said: «Then learnt Adam from his Lord (2: 37) His saying: «Our Lord! we have wronged our own souls (7:23). «Make them slip» (2: 36).» They show no signs of age» (2: 259). Change. «Incorruptible» (47: 15) Changeable. «Moulded in shape» (15: 26). The changeable. «Mud» (15: 26). «To sew together» (7: 22). «The leaves of the Garden» (7: 22). «Their shame»

أَخْذُ الخصاف ﴿مِن ورَقِ الجنة﴾ يُؤَلِّفانِ الورقَ ويَخصفان بعضَهُ إلى بعض. ﴿سوآتهما﴾: كناية عن فرجَيهما. ﴿ومَتاع إلى حِين﴾ ها هنا إلى يوم القيامة، الحِين عند العرب: من ساعة إلى ما لا يحصىٰ عددُه. ﴿قَبيلهُ﴾: جِيلهُ الذي هو منهم.

٣٣٢٦ ـ حدثنا عبدُ الله بن محمدٍ حدَّثَنا عبدُ الرزّاقِ عن مَعْمرٍ عن همّامٍ عن أبي هريرةَ رضيَ الله عنه عنِ النبيِّ ﷺ قال: «خَلقَ الله آدمَ وطولهُ سِتُّونَ ذِراعاً، ثمّ قال: اذهَبْ فسلِّمْ على أُولٰئكَ مِنَ الملائكة فاستمِعْ ما يُحيُّونَك، تحيَّتُك وتحيَّةُ ذُرِّيتك. فقال: السَّلام عليكم فقالوا: السلامُ عليكَ ورحمة الله. فزادوهُ: ورحمةُ الله فكلُّ مَن يَدخُل الجنة على صورةِ آدمَ، فلم يزَلِ الخَلقُ يَنقُصُ حتى الآنَ». [الحديث ٣٣٢٦ ـ طرفه في: ٦٢٢٧].

٣٣٢٧ ـ حدثنا قتيبةُ بن سعيدٍ حدَّثَنا جريرٌ عن عُمارةَ عن أبي زُرعةَ عن أبي هريرةَ رضيَ الله عنه قال: قال رسولُ الله ﷺ: «أوَّلُ زُمرةٍ يدخلونَ الجنّةَ على صورةِ القمرِ ليلةَ البَدر، ثمّ الذين يَلونهم على أشدِّ كوكبٍ دُرِّيّ في السماءِ إضاءة، لا يَبولونَ ولا يَتغوَّطون ولا يَتفُلون ولا يمتَخِطون، أمشاطهمُ الذهَبُ ورشحهمُ المسكُ ومَجامِرُهُم الأَلُـوّة، الأَلَنجوجُ عودُ الطِّيبِ، وأزواجهمُ الحورُ العِين على خَلقِ رجُلٍ واحد على صورةِ أبيهم آدمَ ستونَ ذِراعاً في السماء».

قوله: (أخذ الخصاف) كذا بالإضافة وروي أَخذا الخصاف بالتثنية والنصب على المفعولية كما في الشارح.

٣٣٢٦ ـ قوله: (ينقص) أي في الطول والجمال فإذا دخلوها عادوا إلى ما كان عليه آدم من جمال الصورة وطول القامة أفاده الشارح.

٣٣٢٧ ـ (الألنجوج) مفسر بما بعده ولأبي ذرّ الأَنجوج الشارح.

(7: 20). Metonymy for their vulva. «And your means of livelihood for a time» (2:36). From this time to the Day of Resurrection. «And his tribe watch you» (7:27).

3326 . Abū Huraira (may Allāh be pleased with him) narrated: «The Prophet (the blessing and peace of Allāh be upon him) said: «Allāh created Adam, making him 60 cubits tall. When He created him, He said to him:
Go and greet that group of angels
and listen to their reply for it will be
your greeting (salutation) and the
greeting (salutation) of your offspring.

So, Adam said (to the angels) As-Salāmu 'Alaikum (i.e. Peace be upon you) The angels said: «As-Salāmu 'Alaika wa Rahmatu-l-lāhi (i.e. Peace and Allāh's Mercy be upon you). Thus the angels added to Adam's salutation the expression Wa Rahmatu-l-lāhi. Any person who will enter Paradise will resemble Adam (in appearance and figure). People have been decreating in stature since Adam's creation.

3327 . Abū Huraira (may Allāh be pleased with him) narrated: «Allāh's Apostle (the blessing and peace of Allāh be upon him) said: «The first group of people who will enter Paradise, will be glittering like the full moon, and those who will follow them, will glitter like the most brilliant star in the sky . They will not urinate, relieve nature, spit, or have any nasal secretions, their combs will be of gold, and their seat will smell like musk. The aloes-wood will be used in their censers. Their wives will be houris. All of them will took alike and will resemble their father Adam (in stature), sixty cubits tall».

٣٣٢٨ ـ حدثنا مسدَّدٌ حدَّثَنا يحيى عن هشام بن عُروةَ عن أبيهِ عن زينبَ بنتِ أبي سَلمةَ عن أُمِّ سلمةَ: أَنَّ أُمَّ سُليم قالت: يا رسولَ الله إنَّ الله لا يَستحيي منَ الحقّ، فهل على المرأةِ الغسلُ إذا احتلَمت؟ قال: «نعم، إذا رأَتِ الماء». فضَحِكَت أُمُّ سلمةَ فقالت: تَحتلمُ المرأة؟ فقال رسولُ الله ﷺ: «فبما يُشبِهُ الوَلد؟».

٣٣٢٩ ـ حدثنا محمدُ بن سَلامٍ أخبرَنا الفَزاريُّ عن حُمَيدٍ عن أنسٍ رضي الله عنه قال: «بلغ عبدَ الله بنَ سَلامٍ مَقْدَمُ النبيِّ ﷺ المدينةَ، فأتاهُ فقال: إني سائلُكَ عن ثلاثٍ لا يَعلمُهنّ إلا نبيّ، ما أَوَّلُ أشراط الساعة؟ وما أَولُ طعامٍ يأكلهُ أهل الجنةِ؟ ومِن أيِّ شيءٍ يَنزِعُ الولَدُ إلى أبيهِ ومن أيِّ شيءٍ يَنزِعُ إلى أخوالِهِ؟ فقال رسولُ الله ﷺ: **«أخبرَني بهنَّ آنِفاً جبريل»**. قال: فقال عبدُ الله: ذاكَ عدُوُّ اليهود منَ الملائكة فقال رسولُ الله ﷺ: **«أمّا أوَّلُ أشراط الساعةِ فنار تحشُرُ الناس منَ المشرقِ إلى المغرب. وأما أَوَّل طعامٍ يأكلهُ أهلُ الجنةِ فزِيادة كبدِ حُوتٍ، وأما الشَّبَهُ في الولدِ فإنَّ الرجُلَ إذا غَشِيَ المرأةَ فسبقَها ماؤُه كان الشَّبَه له، وإذا سَبَقَ ماؤها كان الشَّبَهُ لها»**. قال: أَشهدُ أنكَ رسولُ الله. ثمَّ قال: يا رسولَ الله، إنَّ اليهودَ قومٌ بُهْتٌ، إن علموا بإسلامي قبلَ أن تسأَلَهم بَهتوني عندك. فجاءت اليهود، ودخل عبدُ الله البَيت، فقال رسولُ الله ﷺ: **«أيُّ رجلٍ فيكم عبدُ الله بن سَلام؟»** قالوا: أَعلَمنا وابن أعلمنا، وأخبرُنا وابنُ أخبرِنا. فقال رسولُ الله ﷺ: **«أفرأيتُم إنْ أسلمَ عبدُ الله؟»** قالوا: أعاذَهُ الله من ذلك. فخرجَ عبدُ الله إليهم فقال: أَشهدُ أنْ لا إلَهَ إلّا

٣٣٢٨ ـ قوله: (الغسل) بفتح الغين في الفرع كأصله (شارح).

٣٣٢٩ ـ قوله: (ما أوّل أشراط الساعة) سقطت لفظة ما عن نسخة الشارح قال ولأبي ذر في فتح الباري قال ما أوّل الخ.

ـ قوله: (قوم بهت) بهذا الضبط وتضم الهاء ايضاً جمع بهيت كقضيب وقضب يعني أنهم مفترون.

3328. Abu Salama narrated: «Umm Salama said: O Allah's Apostle! Allah does not refrain from saying the truth! Is it obligatory for a woman to take a bath after she gets nocturnal discharge? He said: «Yes, if she notices the water (i.e. discharge). Umm Salama smiled and said: «Does a woman get disharge?» Allāh's Apostle (the blessing and peace of Allāh be upon him) said: «Then why does a child resemble (its mother)?».

3329 . Anas (may Allāh be pleased with him)narrated: «When 'Abdullah bin Salama heard of the arrival of the Prophet (the blessing and peace of Allāh be upon him) at Madina, he came to him and said: «I am asking you about three things which nobody knows except a prophet:
What is the first portent of the
Hour?

What is the first portent of the Hour? What will be the first meal taken by the people of Paradise? Why does a child resemble its father, and why does it resemble its maternal uncle?».

Allāh's Apostle (the blessing and peace of Allāh be upon him) said: «Gabriel has just now told me of their answers.» 'Abdullah said: «He (i.e. Gabriel) from amongst all the angels, is the enemy of the Jews» Allāh's Apostle (the blessing and peace of Allāh be upon him) said: «The first portent of the Hour will be a fire that will bring together the people from the east to the west; the first meal of the people of Paradise will be Extra-lobe of fish-liver. As for the resemblance of the child to its parents: If a man has sexual intercourse with his wife and gets discharge first, the child will resemble the father, and if the woman gets discharge first, the child will resemble her»
On that 'Abdullah bin Salam said: «I testify that you are the Apostle of Allāh» 'Abdullah bnin Salam further said: «O Allāh's Apostle! The Jews are liars, and if they should come to know about my conversion to Islam before you ask them (about me), they would tell a lie about me.» The Jews came to Allāh's Apostle and 'Abdullah went into the house Allāh's Apostle and asked (the Jews): «What kind of man is 'Abdullah bin Salam amongst you?» They replied: «He is the most learned person amongst us, and the best amongst us, and the son of the best amongst us.» Allāh's Apostle (the blessing and peace of Allāh be upon him) said: «What do you think if he embraces Islam (will you do as he does)?» The Jews said: «May Allāh save him from it.» Then 'Abdullah bin Salam came out in front of them saying: «I testify that no one has the right to be worshipped but

الله، وأشهدُ أَنَّ محمداً رسولُ الله. فقالوا: شرُّنا وابنُ شرِّنا. ووقعوا فيه».

[الحديث ٣٣٢٩ - أطرافه في: ٣٩١١، ٣٩٣٨، ٤٤٨٠].

٣٣٣٠ - حدثنا بِشرُ بن محمدٍ أخبرَنا عبدُ الله أخبرَنا مَعمرٌ عن همامٍ عن أبي هريرةَ رضيَ الله عنه عنِ النبيِّ ﷺ نحوَه، يَعني: **«لولا بنو إسرائيلَ لم يَخنَزِ اللحم، ولولا حَوّاءُ لم تخُنْ أُنثى زَوجَها»**.

٣٣٣١ - حدثنا أبو كُرَيبٍ وموسى بن حِزامٍ قالا: حدَّثَنا حسينُ بن عليٍّ عن زائدةَ عن مَيسَرَةَ الأَشْجَعيِّ عن أبي حازمٍ عن أبي هريرةَ رضيَ الله عنه قال: قال رسولُ الله ﷺ: **«استوصوا بالنساءِ، فإن المرأةَ خُلِقَت من ضِلَع(١)، وإنَّ أَعْوَجَ شيءٍ في الضِّلَع أَعلاه، فإن ذهبتَ تقيمه كَسَرْته، وإن تركتَه لم يَزَل أَعْوَج، فاستَوصوا بالنساء»**.

[الحديث ٣٣٣١ - طرفاه في: ٥١٨٤، ٥١٨٦].

٣٣٣٢ - حدثنا عمرُ بنُ حَفصٍ حدَّثَنا أبي حدَّثَنا الأعمشُ حدَّثَنا زيدُ بنُ وَهبٍ حدَّثَنا عبدُ الله: حدَّثَنا رسولُ الله ﷺ الصادقُ المصدوق: **«إنَّ أَحدَكم يُجمَعُ في بَطنِ أُمِّهِ أَربَعينَ يوماً، ثمَّ يكونُ عَلَقَةً مثلَ ذلك ثمَّ يكون مُضغةً مثل ذلك، ثمَّ يَبعثُ الله إليهِ مَلَكاً بأَربعِ كلماتٍ: فيُكتَبُ عملُه، وأجَلُه، ورِزقُه، وشَقيٌّ أم سعيد. ثمَّ يُنفَخُ فيهِ الرُّوحُ. فإنَّ الرَّجلَ ليَعملُ بعملِ أهلِ النار حتى ما يكونُ بينَهُ وبينها إلا ذِراع، فيَسبِقُ عليهِ الكتابُ فيَعملُ بعملِ أهلِ الجنَّةِ فيَدخلُ الجنة، وإنَّ الرَّجلَ ليَعملُ بعملِ أهلِ الجنة حتى ما يكونُ بينَه وبينها إلاَّ ذِراع، فيَسبِقُ عليهِ الكتابُ فيَعملُ بعملِ أهلِ النار فيَدخلُ النار»**.

٣٣٣٠ - لم يخنز: أي لم ينتن.

(١) - قوله: (ضلع) بفتح اللام وتسكن (شارح).

Allāh and that Muhammad (the blessing and peace of Allāh be upon him) is Apostle of Allāh.» Thereupon they said: «He is the evilest among us, and the son of the evilest amongst us.» and continued talking badly of him.

The parts of this hadīth are in: 3911, 3938, 4480.

3330 . Abū Huraira (may Allāh be pleased with him) narrated: «The Prophet (the blessing and peace of Allāh be upon him) said: «But for the Israelis, meat would not decay and but for Eve, wives would never betray their husbands».

3331 . Abū Huraira (may Allāh be pleased with him) narrated: «Allāh's Apostle (the blessing and peace of Allāh be upon him) said: «Treat women nicely, for a woman is created from a rib, and the most curved portion of the rib is its upper portion some if you should try to straighten it, it will break; but if you leave it as it is, it will remain crooked. So treat women nicely.

The parts of this hadīth are in: 5186, 5184.

3332 . 'Abdullah (may Allāh be pleased with him)narrated: «Allāh's Apostle (the blessing and peace of Allāh be upon him) the true and truly inspired, said: «The matter of the creation fo everyone of you is collected in the womb of his mother for the first forty days, and then he becomes a clot for another forty days, and then a piece of flesh for another forty days. Then Allāh sends an angel to write four words: He writes the creature's deeds, time of his death, means of his livelihood, and whether he will be wretched or blessed (in religion). Then the soul is breathed into his body. So a man may do deeds characteristic of the people of the (Hell) Fire so much so that there is only the distance of a cubit between him and it, and then what has been written (by the angel) imposes itself, and so he starts doing deeds which are the characteristic of the people of Paradise and enters Paradise. Similarly, a person may do deeds characteristic of the people of Paradise, so much so that there is only the distance of a cubit between him and it, and he starts doing deeds of the people of the (Hell) Fire and enters the (Hell) Fire».

٣٣٣٣ ـ حدثنا أبو النعمان حدَّثنا حمادُ بن زيدٍ عن عُبيدِ الله بن أبي بكرٍ بنِ أنس عن أنسِ بنِ مالكٍ رضيَ الله عنه عن النبيِّ ﷺ قال: «إنَّ الله وكلَ في الرحِمِ ملَكاً فيقول: يا ربِّ نطفة، يا ربِّ عَلَقةٌ يا رب مضغة. فإذا أرادَ أن يَخلُقَها قال: يا ربِ أذَكرٌ أم أُنثىٰ؟ يا ربِّ أشقيٌّ أم سعيد؟ فما الرِّزقُ؟ فما الأَجلُ؟ فيُكتَبُ كذٰلكَ في بطنِ أُمِّه».

٣٣٣٤ ـ حدثنا قيسُ بنُ حفصٍ حدَّثنا خالدُ بنُ الحارث حدَّثنا شُعبة عن أبي عِمرانَ الجَونيِّ عن أنسٍ يرفعُه: «إنَّ الله يقول لأَهْوَنِ أهلِ النارِ عَذاباً: لو أنَّ لكَ ما في الأَرضِ مِن شيءٍ كنتَ تفتَدي به؟ قال: نعم. قال: فقد سألتُكَ ما هو أهوَنُ مِن هٰذا وأنت في صُلبِ آدمَ: أن لا تُشرِكَ بي، فأبيتَ إلا الشرك». [الحديث ٣٣٣٤ ـ طرفاه في: ٦٥٣٨، ٦٥٥٧].

٣٣٣٥ ـ حدثنا عمرُ بن حفصِ بنِ غِياثٍ حدَّثنا أبي حدَّثنا الأَعمشُ قال: حدَّثني عبدُ الله بنُ مرَّةَ عن مسروقٍ عن عبدِ الله رضيَ الله عنه قال: قال رسولُ الله ﷺ: «لا تُقتَلُ نفسٌ ظُلماً إلاّ كانَ على ابنِ آدمَ الأَوَّلِ كِفلٌ من دَمِها، لأنهُ أولُ مَن سنَّ القتل».

[الحديث ٣٣٣٥ ـ طرفاه في: ٦٨٦٧، ٧٣٢١].

٢ ـ باب الأرواحُ جُنودٌ مُجنَّدة

٣٣٣٦ ـ قال: وقال اللَّيثُ عن يحيى بن سعيد عن عَمرةَ عن عائشةَ رضيَ الله عنها قالت: سمعتُ النبيَّ ﷺ يقول: «الأَرواحُ جُنودٌ مُجنَّدة، فما تعارفَ منها ائتلف، وما تناكرَ منها اختلَف».

وقال يحيى بن أيوبَ: حدَّثني يحيىٰ بن سعيد بهذا.

٣٣٣٤ ـ قيل أهون أهل النار عذاباً أبو طالب.

٣٣٣٥ ـ كفل نصيب.

3333 . Anas bin Malik (may Allāh be pleased with him)narrated: «The Prophet (the blessing and peace of Allāh be upon him) said: «Allāh has the angel who say: «O Lord! A drop of discharge (i.e. of semen), O Lord! a clot, O Lord! a piece of flesh. And then, if Allāh wishes to complete the child's creation, the angel will say: «Lord! A male or a female? O Lord! wretched or blessed (in religion)? What will his livelihood be? What will his age be? The angel writes all this while the child is in the womb of its mother».

3334 . Anas (may Allāh be pleased with him) narrated: «The Prophet (the blessing and peace of Allāh be upon him) said: «Allāh will say to that person of the (Hell) Fire who will receive the least punishment. If you had everything on the earth, would you give it as a ransom to free yourself (i.e. save yourself from this Fire)? He will say: «Yes» Then Allāh will say: «While you were in the backbone of Adam, I asked you much less than this i.e.not to worship others besides Me but you insisted on worshipping others besides Me.

The parts of this hadīth are in: 6557, 6538.

3335 . Abdullah (may Allāh be pleased with him) narrated: «Allāh's Apostle (the blessing and peace of Allāh be upon him) said: «Whenever a person is murdered unjustly, part of the responsibilities of the crime is on the first son of Adam for he was the first to commit a murder».

The parts of this hadīth are in: 7321, 6867.

2 - CHAPTER: Souls are like recruited troops (where like soldiers are put together).

3336 .'Āisha (may Allāh be pleased with her) narrated: «I heard the Prophet (the blessing and peace of Allāh be upon him) saying: «Souls are like recruited troops: Those who are of like qualities are inclined to each other, but those who have dissimilar qualities differ».

٣ ـ باب قولِ الله عزَّ وجلَّ:
﴿ولقد أرسلنا نُوحاً إلى قومِهِ﴾ [هود: ٢٥]

قال ابن عباس: ﴿بادِيَ الرأيِ﴾: ما ظَهرَ لنا. ﴿أقْلِعِي﴾: أمسِكي. ﴿وفار التنورُ﴾: نبعَ الماءُ. وقال عِكرمة: وجهُ الأرضِ. وقال مجاهدٌ: ﴿الجُودِيّ﴾: جبلٌ بالجزيرة. ﴿دَأْب﴾: مثلُ حال.

﴿إنا أرسلنا نُوحاً إلى قومِهِ أنْ أنذِر قومَكَ مِن قبل أنْ يأتِيَهُمْ عذابٌ أليم﴾ إلى آخر السورة [نوح: ١ ـ ٢٨]. ﴿واتْلُ عليهم نَبَأَ نُوحٍ إذ قال لقومِهِ يا قومِ إن كان كَبُرَ عليكم مَقامي وتذكيري بآياتِ الله ـ إلى قولِهِ ـ مِنَ المسلمين﴾.

٣٣٣٧ ـ **حدثنا** عَبدانُ أخبرَنا عبد الله عن يونسَ عنِ الزُّهريِّ قال سالمٌ: وقال ابنُ عمرَ رضيَ الله عنهما: قامَ رسولُ الله ﷺ في الناسِ فأثنى على الله بما هو أهله، ثمَّ ذكرَ الدجّالَ فقال: «إني لأُنذِرُكموهُ، وما من نبيٍّ إلا أنذرَهُ قومَه، لقد أنذر نوحٌ قومَه، ولكني أقولُ لكم فيه قولاً لم يَقُلْهُ نبيٌّ لقومِهِ: تعلمونَ أنهُ أعور، وأنَّ الله ليس بأعْوَر».

٣٣٣٨ ـ **حدثنا** أبو نُعَيم حدَّثنا شيبانُ عن يحيىٰ عن أبي سَلمةَ سمعتُ أبا هريرة رضيَ الله عنه قال: قال رسولُ الله ﷺ: «ألا أُحدِّثُكم حديثاً عن الدجّالِ ما حدَّثَ بِهِ نبيٌّ قومَه: إنهُ أعورُ، وإنهُ يَجيءُ معه بمثالِ الجنةِ والنار، فالتي يقولُ إنها الجنةُ هي النار، وإني أُنذِرُكم كما أَنْذَر به نوحٌ قومَه».

٣٣٣٩ ـ **حدثنا** موسىٰ بن إسماعيل حدَّثنا عبدُ الواحدِ بنِ زِيادٍ حدَّثنا الأعمشُ عن أبي صالح عن أبي سعيدٍ قال: قال رسولُ الله ﷺ: «يَجيءُ نوحٌ وأُمتهُ. فيقولُ الله تعالى:

باب ٣ ـ قوله: (وجه الأرض) يعني أن التنور وجه الأرض قوله دأب مثل حال ولأبي ذر دأب حال بإسقاط مثل.

3 - CHAPTER: The saying of Allāh (the Exalted and Almighty):

'And We sent Noah unto his nation ...."(71: 1).

«With the command: Do thou warn thy people before there comes to them a grevious Penalty. «He said: O my people! I am to you a warner, clear and open:, That ye should worship God, Fear Him, and obey me» (71:2-3).

3337 . Ibn 'Umar (may Allāh be pleased with him)narrated: «Once Allāh's Apostle (the blessing and peace of Allāh be upon him) stood amongst the people glorified and praised Allah as he deserves and then mentioned the antichrist saying: «I warn you against him (i.e. the antichrist) and there was no prophet but warned his nation against him. No doubt, Noah warned his nation of him but I tell you about him something of which no Prophet told his nation before me. You should know that his is one-eyed and Allāh is not one-eyed».

3338 . Abū Huraira (may Allāh be pleased with him) narrated: «Allāh's Apostle (the blessing and peace of Allāh be upon him) said: «Shall not I tell you about the antichrist a story of which no Prophet had told his nation? The antichrist is one-eyed and will bring with him what will resemble Hell and Paradise, and what he will call Paradise will be actually Hell; so I warn you (of him) as Noah warned his nation of him».

3339 . Abū Sa'īd (may Allāh be pleased with him) narrated that «Allāh's Apostle (the blessing and peace of Allāh be upon him) said: «Noah and his na-

هل بلَّغتَ؟ فيقولُ: نعم أي ربِّ. فيقولُ لأمتهِ: هل بلَّغكم؟ فيقولون: لا، ما جاءنا من نبي. فيقولُ لنوحٍ مَن يَشهدُ لك؟ فيقول: محمد ﷺ وأُمّتُه، فتشهدُ أنه قد بلغ، وهو قوله جلَّ ذِكرُه: ﴿وكذٰلكَ جعَلناكم أمةً وَسَطاً لتكونوا شُهَداءَ على الناس﴾ [البقرة: ١٤٣] والوَسَطُ العدل.

[الحديث ٣٣٣٩ ـ طرفاه في: ٤٤٨٧، ٧٣٤٩].

٣٣٤٠ ـ حدثني إسحاقُ بن نَصرٍ حدَّثَنا محمدُ بن عُبَيدٍ حدَّثَنا أبو حَيّانَ عن أبي زُرعةَ عن أبي هريرةَ رضيَ الله عنه قال: «كنّا معَ النبيِّ ﷺ في دَعوةٍ، فرُفعَتْ إليهِ الذِّراعُ ـ وكانت تُعجِبهُ. فنَهَس منها نَهْسةً وقال: «أنا سيِّدُ الناس يومَ القيامة. هل تدرونَ بمَن يَجمعُ الله الأوَّلينَ والآخِرينَ في صَعيدٍ واحد، فيُبصرُهُم الناظرُ، ويسمَعهم الداعي، وتَدنو منهمُ الشمسُ، فيقولُ بعضُ الناس: ألا تَرونَ إلى ما أنتم فيه، إلىٰ ما بَلَغكم؟ ألا تنظُرونَ إلى مَن يَشفعُ لكم إلى ربكم؟ فيقول بعضُ الناس: أبوكم آدمُ: فيأتونَهُ فيقولون يا آدمُ أنتَ أبو البشر، خلَقَكَ الله بيدِه، ونَفخَ فيكَ مِن رُوحِه، وأمرَ الملائكةَ فسجَدوا لك، وأسكنَكَ الجنّةَ. ألا تَشفَعُ لنا إلى ربِّك؟ ألا تَرى ما نحن فيه وما بَلَغنا؟ فيقول: ربي غَضِبَ غَضباً لم يَغْضَبْ قبلَهُ مثلَه، ولا يغضَبُ بعدَهُ مِثلَه، ونهاني عنِ الشجَرةِ فعَصيت. نَفْسي نفسي، اذهَبوا إلى غيري، اذهَبوا إلى نوح. فيأتونَ نوحاً فيقولون: يا نوحُ أنتَ أوّلُ الرُّسُلِ إلى أهل الأرض؛ وسَمّاكَ الله عبداً شكوراً. أما تَرى إلى ما

٣٣٤٠ ـ قوله: (فنهس منها نهسة) أي أخذ لحمها من العظم بأطراف أسنانه ولأبي ذر فنهش منها نهشة بالشين المعجمة أي أخذه بأضراسه أهـ من الشارح.

ـ قوله: (هل تدرون بمن) أي بمن يظهر ذلك فما ذكره بيان لسبب ظهور سيادته لا لثبوت سيادته فافهم أهـ سندي وذكر الشارح القسطلاني روايتي بم وثم بدل بمن فانظر.

tion will come (on the Day of Resurrection and Allāh will ask (Noah): «Did you convey (the Message)? He will reply: yes O my Lord! Then Allāh will ask Noah's nation, Did Noah convey My Message to you? They will reply No, no Prophet came to us. Then Allāh will ask Noah, Who stand a witness for you? He will reply Muhammad and his followers (will stand witness for me). So, I and my followers will stand as witnesses for him (that he conveyed Allāh's Message).» That is (the interpretation) of the Statement of Allāh (the Exalted and Almighty):

Thus We have made you a just and the best nation
That you might be witness
Over mankind..........(2: 145).

The parts of this hadīth are in: 4487, 7349.

3340 . Abū Huraira (may Allāh be pleased with him) narrated: «We were in the company of the Prophet (the blessing and peace of Allāh be upon him) at a banquet and a cooked (mutton) forearm was set before him, and he used to like it. He ate a morsel of it and said: «I will be the chief(i.e. best) of all the people on the Day of Resurrection. Do you know how Allah will gather all the first and the last (people) in one level place where an observer will be able to see (all) of them and they will be able to hear the announcer, and the sun will come near to them. Some people will say: «Don't you see in what condition you are and the state to which you have reached? Why don't you look for a person who can intercede for you with you Lord?» Some people will say: Appeal to your father Adam. They will go to him and say?: «O Adam! You are the father of all mankind, and Allāh created you with His Own Hands, and breathed into you of His Spirit, and ordered the angels to prostrate for you, and made you live in Paradise. Will not you intercede for us with you Lord? Don't you see in what (miserable) state we are, and to what condition we have reached?» On that Adam will reply: My Lord is so angry as He has never been before and will never be in the future; (besides) He forbade me (to eat from) the tree, but I disobeyed (Him). (I am worried about)Myself! Myself! Go to somebody else; go to Noah. They will go to to Noah and say: «O Noah! Your are the first amongst the messengers of Allāh to the people of the earth, and Allāh named you a thankful slave. Don't you see in what a (miserable) state we are and to what condition we have

نحن فيه؟ ألا ترى إلى ما بلغنا؟ ألا تشفعُ لنا إلى ربِّك؟ فيقول: ربي غضِبَ اليوم غضباً لم يغضبْ قبلَهُ مثله، ولا يَغضبُ بعدَهُ مثله. نفسي نفْسي، ائتوا النبيَّ ﷺ. فيأتوني، فأسجُدُ تحت العرش، فيقال: يا محمدُ ارفعْ رأسَك، واشفعْ تشفَّعْ، وسَلْ تعْطَه». قال محمدُ بن عُبَيد: لا أحفَظُ سائرَه.

[الحديث ٣٣٤٠ ـ طرفاه في: ٣٣٦١، ٤٧١٢].

٣٣٤١ ـ **حدثنا** نصرُ بنُ عليٍّ بنِ نصرٍ أخبرَنا أبو أحمدَ عن سفيانَ عن أبي إسحاق عنِ الأسودِ بن يزيدَ عن عبدِ الله رضيَ الله عنه: «أنَّ رسولَ الله ﷺ قرَأ: ﴿فهلْ مِن مُدَّكِرٍ﴾ مثلَ قراءَة العامَّة».

[الحديث ٣٣٤١ ـ أطرافه في: ٣٣٤٥، ٣٣٧٦، ٤٨٦٩، ٤٨٧٠، ٤٨٧١، ٤٨٧٢، ٤٨٧٣، ٤٨٧٤].

٤ ـ باب

﴿وإنَّ إلْياسَ لَمِنَ المرسلين، إذ قال لقومهِ ألا تتَّقون أتدعون بعْلاً وتَذرونَ أحسَنَ الخالقين الله ربُّكم وربَّ آبائكم الأوَّلين فكذَّبوه فإنَّهم لمحضَرُونَ إلاَّ عبادَ الله المخلصين وتركنا عليه في الآخِرين﴾ [الصافات: ٢٣]. قال ابنُ عباس: يُذكَرُ بخير. ﴿سلامٌ على آل ياسِين، إنّا كذٰلكَ نجْزي المحسنين، إنهُ من عبادنا المؤمنين﴾ [الصافات: ١٣٠]. يُذكرُ عن ابنِ مسعودٍ وابن عبّاسٍ أنَّ إلياسَ هو إدريس.

reached? Will you not intercede for us with your Lord?» Noah will reply: Today my Lord has become so angry as he had never done before and will never do hereafter. Myself! Go to the Prophet (Muhammad)(the blessing and peace of Allāh be upon him) the people will come to me, and I will prostrate myself underneath Allāh Throne. Then I will be addressed: « Muhammad! Raise your head; intercede for you an intercession which will be accepted, and ask for anything), for you will be given (it)».

The parts of this hadith are in: 3361, 4712.

3341 . 'Abdullah (may Allāh be pleased with him)narrated: «Allāh's Apostle (the blessing and peace of Allāh be upon him) recited (the following Verse) in the usual tone:
Fahal-Min-Muddakir (54: 15).

The parts of this hadīth are in: 4869, 3376, 3345, 4872, 4871, 4870, 4874, 4873.

4 - CHAPTER:

(The saying of Allāh (the Exalted and Almighty):
And verily! Elias wa sone of the Apostles when he said To his people will you not fear Allah? Will you call upon Bal (A well known idol) and forsake the Best of Greators (Allah) Allah, your Lord and the Lord of your fathers of old? But they rejected him, and they will certainly be brought forth (to the punishment) except the chosen slaves of Allah (among them) and we left (blessing) for him among generations (to come) in later times. (37: 123-129)

Ibn 'Abbās (may Allāh be pleased with him)(in his interpretation of the last Verse) said: «He will be talked of well»
And also Allāh's Statement
Peace be upon El-Yāsīn. (Elias)

وإبراهيمَ في السادسة. وقال أنس: فلما مرَّ جبريلُ بإدريسَ قال: مَرحباً بالنبيِّ الصالح والأخ الصالح، فقلتُ مَن هذا؟ قال: هذا إدريس. ثمَّ مررتُ بموسى فقال: مرحباً بالنبي الصالح والأخ الصالح، قلتُ مَن هذا؟ قال: هذا موسى. ثمّ مرَرْتُ بعيسى فقال: مرحباً بالنبي الصالح والأخ الصالح. قلتُ: مَن هذا؟ قال: عيسى. ثمَّ مرَرْتُ بإبراهيمَ فقال: مَرحباً بالنبيِّ الصالح والابنِ الصالح، قلتُ: مَن هذا؟ قال: هذا إبراهيمُ ـ قال: وأخبرَني ابنُ حَزْمٍ أنَّ ابنَ عبّاسٍ وأبا حيَّةَ[1] الأنصاريِّ كانا يقولان: قال النبيُّ ﷺ: ثمَّ عُرِجَ بي حتى ظَهَرْتُ لِمُسْتَوى أسمعُ صَريفَ الأقلام. قال ابنُ حزمٍ وأنسُ بنُ مالكٍ قال النبيُّ ﷺ: فَفرضَ الله عليَّ خمسينَ صلاةٍ، فرَجَعتُ بذلك حتى أمُرَّ بموسى فقال موسى: ما الذي فرضَ على أُمَّتِكَ؟ قلتُ: فرَضَ عليهم خمسين صلاةً، قال: فراجع ربَّك، فإنَّ أُمَّتَكَ لا تُطِيقُ ذلك، فراجَعتُ، فراجَعتُ ربي، فوَضَعَ شَطرَها. فرَجَعتُ إلى موسىٰ فقال: راجِعْ ربَّك، فذَكَرَ مثلهُ فوَضَعَ شَطرها، فرجعتُ إلى موسى فأَخبَرْتهُ فقال: راجِعْ ربَّك، فإنَّ أُمتك لا تَطيقُ ذلك، فرجعت فراجَعتُ ربي فقال: هي خمسٌ وهي خمسونَ، لا يُبَدَّلُ القولُ لدَيَّ، فرَجعتُ إلى موسى فقال: راجِعْ ربَّكَ، فقلتُ: قدِ استحييتُ مِن ربي. ثمّ انطلَقَ حتى أتى السِّدرةَ المنتهىٰ[1]، فغَشِيَها ألوانٌ لا أدرِي ما هي. ثمَّ أُدخِلتُ فإذا فيها جَنابذُ[2] اللُّؤلؤ، وإذا ترابُها المِسك».

٦ ـ **باب** قولِ الله تعالىٰ: ﴿وإلى عادٍ أخاهم هُوداً قال يا قومِ اعبُدوا الله﴾ [هود: ٥٠] وقولِهِ: ﴿إذ أَنذَرَ قومَهُ بالأحقافِ ـ إلى قوله ـ كذٰلكَ نَجزي القومَ المُجرمين﴾

---

(١) ـ قوله: (وأبا حية الأنصاري) ولأبي ذر وابن عساكر وأبا حبة بالموحدة بدل التحتية وهو الصواب (شارح)
قوله: «حتى أمرَّ» ضبط في نسخ بنصب أمر وفي نسخ برفعه والشارح سكت عن كليهما أهـ.

(١) ـ قوله: (أتى السدرة المنتهى) وفي نسخة إلى السدرة المنتهى ولابن عساكر حتى أتى بي سدرة المنتهى (شارح).
(٢) ـ وقوله: (جنابذ) جمع جنبذة وهي: القبة.

and pious Brother! I said: «Who is this? Gabriel said: «He is Idrīs» Then I passed by Moses who said: «Welcome, O pious Prophet and pious Brother! I said: «Who is this? Gabriel said: «He is Moses.Then I passed by Jesus who said: «Welcome, O pious Prophet and pious Brother! I said: «Who is this? He replied: He is Jesus. Then I passed by the Prophet Abraham who said: «Welcome, O pious Prophet and pious son! I said: «Who is this?» Gabriel replied: «He is Abraham».

Ibn 'Abbās and Abū Haiya Al-Ansārī narrated: «The Prophet (the blessing and peace of Allāh be upon him) said: «Then Gabriel ascended with me to a place where I heard the creaking of the pens». Ibn Hazm and Anas bin Malīk state that the Prophet (the blessing and peace of Allāh be upon him) added: «Allāh enjoined fifty prayers on me. When I returned who asked me: «What has Allāh enjoined on your followers? I replied: «He has enjoined fifty prayers on them. On that Moses said to me: «Return to your Lord (and appeal for reductiom), for your followers will not able to bear this. So, I returned to my Lord and asked for some reduction, and he reduced it to half. When I passed by Moses again and informed him about it he once more said to me: «Return to your Lord, for your followers will not be able to bear it I returned to my Lord similarly as before, and half of it was reduced. I again passed by Moses and he said to me. Return to your Lord, for your followers will not be able to bear it. I again returned to my Lord and He said: «We reduced them to five, but (in reward) they are fifty, for my Word does not change. When I again returned to Moses, he again told me to return to my Lord (for further reduction) but I said to him: «I feel shy of asking my Lord now. Then Gabriel took me till we reached Sidra-ul-Muntahā(i.e. Lote tree) which was shrouded in colours undescribable. Then I was admitted into Paradise where I found small tents of pearls and its earth was musk».

6 - CHAPTER: The saying of Allāh (the Exalted and Almighty):

To the 'Ad people
(We sent) Hūd, one
Of their (own) brethren.
He said: «O my people!
Worship Allāh .....» (7: 65)
And Allāh's Statement:
Mention (Hūd) one of 'Ād's (own) brethren:
Behold, he warned his people of Ahqāf......
(Till the end of the Verse....)
And such is Our Recompense

٥ ـ باب ذِكرِ إدريسَ عليهِ السلام

وهوَ جدُّ أبي نوح، ويُقالُ جَدُّ نوح عليهما السلامُ

وقولِ الله تعالى: ﴿ورفَعْناهُ مكاناً عليّاً﴾ [مريم: ٥٧]

٣٣٤٢ ـ **قال** عبدانُ: أخبرنا عبدُ الله أخبرَنا يونسُ عنِ الزُّهريِّ. ح.

٣٣٤٢ ـ **حدثنا** أحمدُ بنُ صالحٍ قال: حدَّثَنا عَنْبَسةُ حدَّثنا يونسُ عنِ ابنِ شِهابٍ قال: قال أنسٌ: كان أبو ذَرٍّ رضيَ الله عنه يُحدِّثُ أنَّ رسولَ الله ﷺ قال: «فُرِجَ عن سقفِ بيتي وأنا بمكةَ، فنزَلَ جِبريلُ ففَرَجَ صَدري، ثمَّ غَسَلَهُ بماء زمزَمَ، ثمَّ جاء بطَسْتٍ من ذهبٍ مُمتلىءٍ حكمةً وإيماناً فأفرَغها في صدري ثم أطبقَهُ، ثمَّ أخذَ بيدي فعَرَجَ بي إلى السماءِ، فلما جاءَ إلى السماءِ الدُّنيا قال جبريلُ لخازِنِ السماءِ: افتحْ. قال: مَن هٰذا؟ قال: هٰذا جِبريلُ، قال: معك أحدٌ؟ قال: معي محمدٌ، قال: أُرسِلَ إليه؟ قال: نعم، فافتح. فلما علَوْنا السماءَ إذا رجلٌ عن يمينِهِ أَسْوِدَةٌ وعن يسارِهِ أسودة، فإذا نظرَ قِبَلَ يمينهِ ضَحِكَ، وإذا نظرَ قِبَلَ شِمالهِ بكى، فقال مَرحَباً بالنبيِّ الصالحِ والابنِ الصالح. قلت: مَن هذا يا جِبريلُ؟ قال: هذا آدم، وهذه الأَسْوِدةُ عن يَمينهِ وعن شِمالِهِ نَسَمُ بَنيهِ، فأهلُ اليمين منهم أهلُ الجنَّةِ، والأسودةُ التي عن شماله أهلُ النار. فإذا نظرَ قِبَلَ يمينه ضَحِكَ وإذا نظرَ قِبلَ شماله بكى. ثمَّ عَرَجَ بي جِبريلُ حتى أتى السماءَ الثانيةَ فقال لخازِنِها: افتَحْ، فقال لهُ خازنها مثلَ ما قالَ الأوَّلُ، ففتحَ. قال أَنس: فذَكرَ أنهُ وَجدَ في السماواتِ إدريسَ وموسى وعيسى وإبراهيمَ، ولم يُثبِتْ لي كيفَ مَنازِلهم، غيرَ أنهُ قد ذَكرَ أنهُ وَجدَ آدَمَ في السماءِ الدنيا

باب ٥ ـ قوله: (نسم بنيه) أي أرواحهم اهـ شارح.

Verily! Thus, do We reward the
good-doers. Verily he was one
Of Our believing slaves». (37: 130-132).

And said Ibn Mas'ūd and Ibn 'Abbās that Elias was Idrīs (himself).

5 - CHAPTER: The reference to Idrīs (may Allāh be pleased with him). He was Noah's great-grand-father, and it is said that he was Noah's grand-father.

The Statement of Allāh (the Exalted and Almighty):
We raised him (i.e. Idrīs) to a very high place. (19: 57).

3392 . This Hadith has been transmitted through a clain of transmitters.

3342 . Anas (may Allāh be pleased with him) narrated: «Abū Tharr used to narrate that Allāh's Apostle (the blessing and peace of Allāh be upon him) had said: «While I was at Mecca, the roof of my house was opened, and Gabriel came out of it with Zam zam water. Then he brought a golden tray full of wisdom and belief, and having poured its contents into my chest, he closed it. Then he took my hand and ascended with me to the heaven. When Gabriel reached the nearest heaven, he said the gate-keeper of the heaven, Open (the gate). The gate-keeper asked: «Who are you? Gabriel answered: Gabriel. He asked: «Is there anyone with you? Gabriel replied Muhammad is with me. He said: «Has he been called? Gabriel said: «Yes. When we were over the heaven, we saw a man with some persons on his right and some on his left. When he looked to the right, he laughed, and when he looked to the left, he wept. He said (to me): Welcome, O pious Prophet and pious Son.» I said: «Who is this, O Gabriel? Gabriel replied: «This is Adam, and the persons on his right and left are the souls of his offspring. The souls on the right are the people of Paradise, and the souls on the left are the people of the (Hell) Fire. So, when he looks to the right, he laughs, and when he looks to the left, he weeps. Then Gabriel ascended with me till he reached the second heaven and said to its gate-keeper. Open (the gate). The gate-keeper said to him the same as the gate-keeper of the first heaven had said: «and he opened the gate.».

Anas added: Abū Tharr mentioned that the Prophet (the blessing and peace of Allāh be upon him) met Idrīs, Moses, Jesus and Abraham over the heavens, but he did not specify their places(i.e. on which heaven each of them was), but he mentioned that he had found Adam on the nearest heaven, and Abraham on the sixth. Anas said: «When Gabriel and the Prophet (the blessing and peace of Allāh be upon him) passed by Idrīs, the latter said: «Welcome, O pious Prophet

[الأحقاف: ٢١] فيه عن عطاء وسُليمانَ عن عائشةَ عن النبيِّ ﷺ. وقولِ الله عزَّ وجلَّ: ﴿وأما عادٌ فأُهلِكوا بريحٍ صَرْصَرٍ﴾ [الحاقة: ٨] شديدةٍ ﴿عاتِية﴾. قال ابن عُيَينة: عَتَتْ على الخُزانِ ﴿سَخَّرها عليهم سبعَ ليالٍ وثمانيةَ أيامٍ حُسوماً﴾ مُتَتابعةً ﴿فترى القومَ فيها صَرْعى كأنَّهم أَعجازُ نَخلٍ خاوِية﴾ أُصولُها، ﴿فهل تَرى لهم من باقية﴾ بقيَّة.

٣٣٤٣ ـ **حدثنا** محمدُ بن عَرْعَرةً حدَّثَنا شعبةُ عنِ الحَكمِ عن مُجاهِدٍ عنِ ابنِ عبّاسٍ رضيَ الله عنهما عنِ النبيِّ ﷺ قال: «**نُصِرتُ بالصَّبا، وأُهلِكَتْ عادٌ بالدَّبور**».

٣٣٤٤ ـ **قال:** وقال ابن كثيرٍ عن سُفيانَ عن أبيهِ عنِ ابنِ أبي نُعْمٍ عن أبي سعيدٍ رضيَ الله عنه قال: «بَعثَ عليٌّ إلى النبيِّ ﷺ بذُهَيبةٍ، فقسَمَها بين الأربعة: الأقرعِ بنِ حابسٍ الحَنظليِّ ثمَّ المجاشِعيِّ، وعُيَينةَ بنِ بَدرٍ الفَزاريِّ، وزيدٍ الطائيِّ ثمَّ أحدِ بني نَبهانَ، وعَلقمةَ بنِ عُلاثةَ العامريِّ ثمَّ أحدِ بني كلابٍ. فغَضِبَت قريشٌ والأنصارُ قالوا: يُعطي صَناديدَ أهلِ نَجدٍ ويَدَعُنا. قال: «**إنما أتألَّفُهم**». فأقبلَ رجلٌ غائرُ العينَينِ مُشرِفُ الوَجنتَينِ ناتىءُ الجبينِ كثُّ اللِّحيةِ مَحلوقٌ فقال: اتَّقِ اللهَ يا محمدُ، فقال: «**مَن يُطعِ اللهَ إذا عَصَيتُ؟ أيأمَنُني اللهُ على أهلِ الأرضِ فلا تأمَنوني؟**» فسأَلَهُ رجلٌ قَتْلَهُ ـ أحسِبُه خالدَ بنَ الوَليد ـ فمنَعَه، فلما ولَّى قال: «**إنَّ من ضِئْضِىءِ هذا ـ أو في عَقِبِ هذا ـ قومٌ يَقرؤُونَ القرآنَ لا**

٣٣٤٤ ـ قوله: (من ضئضيء) ويروى من صنصيء أي من نسل.

For the guilty folk. (46: 21-25).

And also the saying of Allāh (the Exalted and Almighty):
And as for the people of 'Id,
They were destroyed
By a furious wind,
Exceedingly violent;
He made it rage
Against them seven nights
And eight days in succession
So that you days in succession
The (whole) people lying
Prostrate in its (path)
As if they had been
Hollow palm-trees with rotten roots
Tumbled down! (69: 6-7).

3343 . Ibn 'Abbās(may Allāh be pleased with him)narrated: «The Prophet (the blessing and peace of Allāh be upon him) said: «I have been made victorious with As-Sabā (i.e. an easterly wind) and the people of 'Id were destroyed by Ad-Dabūr (i.e. a westerly wind).

3344 . Abū Sa'īd (may Allāh be pleased with him) narrated: «'Ālī sent a piece of gold to the Prophet (the blessing and peace of Allāh be upon him) who distributed it among four persons: Al-Aqrā bin Hābis Al-Hanzalī from the tribe of Mujashi, Uyaina bin Badr Al-Fazārī, Zaid At-Ta'ī who belonged to (the tribe of) Banī Nahbān, and 'Alqama bin Ulatha Al-Āmer who belonged to (the tribe of) Banī Kilāb. Quraish and the Ansār became angry and said: «He (i.e. the Prophet (the blessing and peace of Allāh be upon him)) gives the chiefs of Najd and does not give us.» The Prophet (the blessing and peace of Allāh be upon him) said: «(I give them) so as to attract their hearts (to Islam).» Then a man with sunken eyes, prominent cheeks, a raised forehead, a thick beard and a shaven head, came (in front of the Prophet (the blessing and peace of Allāh be upon him)) and said: «Fear Allah, O Muhammad! The Prophet (the blessing and peace of Allāh be upon him) said: «Who would obey Allāh if I disobeyed Him? (It is fair that) while Allāh has trusted all the people of the earth to me, you do not trust me?» Somebody who, I think was Khālid bin Al-Walīd, requested the Prophet (the blessing and peace of Allāh be upon him) to let him

يُجاوِزُ حَناجِرَهم، يَمْرُقونَ مِنَ الدِّين مروقَ السَّهم مِنَ الرَّمِيَّة، يَقتُلونَ أهلَ الإسلام ويَدَعونَ أهلَ الأوثان، لَئن أنا أدركتُهم لأقتُلَنَّهم قَتلَ عاد».

[الحديث ٣٣٤٤ - أطرافه في: ٣٦١٠، ٤٣٥١، ٤٦٦٧، ٥٠٥٨، ٦١٦٣، ٦٩٣١، ٦٩٣٣، ٧٤٣٢، ٧٥٦٢]

٣٣٤٥ - **حدثنا** خالدُ بن يزيدَ حدَّثَنا إسرائيلُ عن أبي إسحاقَ عنِ الأَسْوَدِ قال: سمعتُ عبدَ الله قال: «سمعتُ النبيَّ ﷺ يقرأُ: ﴿فهل مِن مُدَّكِر﴾».

٧ - باب قِصَّةِ يأجوجَ ومأجوج

وقولِ الله تعالىٰ: ﴿قالوا يا ذا القَرنَينِ إنَّ يأجوجَ ومأجوجَ مُفسِدونَ في الأَرض﴾ [الكهف: ٩٤] وقول الله تعالىٰ: ﴿ويَسألونَكَ عن ذي القرنَين﴾ [الكهف: ٨٣] ﴿قل سأتلوا عليكم مِنْهُ ذِكراً إنّا مكَّنّا له في الأرض وآتيناه من كل شيءٍ سبباً﴾: فأتبع سبباً: طريقاً. إلى قوله: ﴿آتوني زُبرَ الحديدِ﴾ واحدُها زُبرة وهي القطع ﴿حتّى إذا ساوىٰ بينَ الصدَفَين﴾ يُقال عنِ ابنِ عبّاس الجبلَين. والسدَّين: الجبلَين. خَرْجاً أجْراً. ﴿قال انفُخوا حتّى إذا جعلَهُ ناراً قال آتوني أُفرِغْ عليهِ قِطْراً﴾ أصبُبْ عليه رَصاصاً، ويقالُ الحديد، ويقال الصُّفْر، وقال ابن عبّاس: النُّحاس. ﴿فما اسطاعوا أن يَظهروه﴾ يَعلوه، اسطاع: استفعل من طَعت له[1]، فلذلك[2] فتح اسطاعَ يَسطيعُ، وقال بعضهم استطاعَ يستطيعُ. ﴿وما استطاعوا له نَقباً. قال هٰذا رحمةٌ من ربي، فإذا جاء وعدُ ربي جَعلَهُ دَكاءَ﴾ ألزَقهُ بالأرض. وناقة دكاءُ: لا سَنامَ لها. والدَّكداكُ منَ الأرض[3] مِثلُهُ حتى صَلُبَ من الأرض وتَلبَّدَ. ﴿وكان وعدُ ربي

باب ٧ - قوله: (والسدَّين) بضم السين وفتحها لغتان على ما ذكره الشارح والقراءة عندنا الفتح.

(١) - قوله: (من طعت له) وروي أطعت له من الطوع الثلاثي كما في الشارح.

(٢) - قوله: (فلذلك) أي فلأجل حذف التاء ونقل حركتها إلى الهمزة.

(٣) - قوله: (من الأرض) ساقط لأبي ذر وابن عساكر كما في الشارح.

وقوله: (حتى صلب): لأبي ذر وابن عساكر ولغيرهما: بزيادة: (من الأرض) بعد صلب.

chop that man's head off, but he prevented him. When the man left, the Prophet said: «Among the off-spring of this man will be some who will recite the Qur'an but the Qur'ān will not reach beyond their throats (i.e. they will recite like parrots and will not understand it nor act on it), and they will renegade from the religion as an arrow goes through the game's body. They will kill the Muslims but will not disturb the idolaters. If I should live up to their time, I will kill them as the peopl of 'Ād were killed(i.e. I will kill all of them)».

3345 . 'Abdullah (may Allāh be pleased with him)narrated: « I heard the Prophet (the blessing and peace of Allāh be upon him) reciting:

Fahal Min Muddakir.

7 - CHAPTER: The saying Allāh (the Exalted and Almighty):

And they ask you concerning Thul-Qarnain. say:
«I will rehearse to you
Something of his story.»
Verily, We established him
in the earth, and We gave him
the means of every thing (18: 83-84).

حقًّا. وتركنا بعضهم يومَئِذٍ يَموجُ في بعض، حتّى إذا فُتِحَت يَأْجوجُ ومأْجوجُ وهم من كلِّ حدَبٍ ينسِلون﴾ قال قتادة: حُدبُ أكمة. قال رجلٌ للنبيِّ ﷺ: رأيتُ السدَّ[٤] مثلَ البُردِ المحبَّر. قال: «قد رأيتَه».

٣٣٤٦ - حدثنا يحيى بنُ بكير حدَّثَنا اللَّيثُ عن عُقيلٍ عنِ ابنِ شِهابٍ عن عُروةَ بنِ الزُّبيرِ أنَّ زينبَ بنتَ أبي سلمةَ حدَّثَتْهُ عن أُمِّ حبيبةَ بنتِ أبي سفيانَ عن زينبَ بنتَ جحشٍ رضيَ الله عنهنَّ: أنَّ النبيَّ ﷺ دَخلَ عليها فَزِعاً يقول: «لا إلهَ إلاّ الله، ويلٌ للعَربِ من شرٍّ قدِ اقتربَ، فُتحَ اليومَ من رَدْمِ يأجوجَ ومأجوجَ مثلُ هٰذهِ» - وحلَّقَ بإصبَعهِ الإبهامَ والتي تَليها - قالت زينبُ بنت جَحشٍ: فقلتُ يا رسولَ الله أنهلِكُ وفينا الصالحون؟ قال: «نعم، إذا كثُرَ الخبَثُ». [الحديث ٣٣٤٦ - أطرافه في: ٣٥٩٨، ٧٠٥٩، ٧١٣٥].

٣٣٤٧ - حدثنا مُسلمُ بن إبراهيمَ حدَّثَنا وُهَيبٌ حدَّثَنا ابن طاوُسٍ عن أبيه عن أبي هريرةَ رضيَ الله عنه عنِ النبيِّ ﷺ قال: «فتحَ الله من رَدْمِ يأجوجَ ومأْجوجَ مثلَ هٰذهِ، وعقد بيدِه تِسعين». [الحديث ٣٣٤٧ - طرفه في: ٧١٣٦].

٣٣٤٨ - حدثنا إسحاقُ بنُ نَصر حدَّثَنا أبو أُسامةَ عنِ الأَعمشِ حدَّثَنا أبو صالحٍ عنْ أبي سعيدٍ الخُدريِّ رضيَ الله عنه عنِ النبيِّ ﷺ قال: «يقولُ الله تعالىٰ: يا آدمُ. فيقول: لبَّيكَ وسَعدَيك، والخيرُ في يَديك. فيقول: أخرِجْ بعثَ النار. قال: وما بعثُ النار؟ قال: من كلِّ ألفٍ تِسعَمائةٍ وتسعةً وتسعين. فعِندَهُ يَشيبُ الصغير، وتَضَعُ كلُّ ذاتِ حملٍ حَملَها، وترَى الناسَ سُكارَى وما هم بسُكارَى، ولٰكنَّ عذابَ الله شديد». قالوا: يا رسولَ الله، وأيُّنا ذٰلكَ الواحد؟ قال: «أبشِروا فإنَّ منكم رجلًا ومن يأْجوجَ ومأْجوجَ أَلْف. ثمّ قال: والذي

(٤) - قوله: (السد) بفتح السين ولأبي ذر بضمها قاله الشارح.

٣٣٤٦ - قوله: (من ردم) إلخ أي من سدّهما.

٣٣٤٨ - قوله: (رجلًا) ولأبي ذر رجلًا بالنصب ولغيره بالرفع على أنه مبتدأ مؤخر بتقدير ضمير الشأن في أن، أي فإن منكم رجل.

3346 . Zainab bint Jahsh (may Allāh be pleased with him) narrated: «That the Prophet (the blessing and peace of Allāh be upon him) once came to her in a state of fear and said: «No one has the right to be worshipped but Allāh Woe unto the Arabs from a danger that has come near. An opening has been made in the wall of Gog and Magog like this» making a circle with his thumb and index finger. Zainab bint Jahsh said: «O Allāh's Apostle! Shall we be destroyed even though there are pious persons among us?» He said: «Yes when the evil person will increase.

The parts of this hadīth are in: 7135, 7059, 3598.

3347 . Abu Huraira (may Allah be pleased with him) narrated: «The Prophet (the blessing and peace of Allah be upon him) said: «Allah has made an opening in the wall of the Gog and Magog (people) like.» this and he made with his hand 90. (with the help of his fingers).

The parts of this hadith are in: 7136.

3348 . Abu Sa'id Al-Khudri (may Allah be pleased with him) narrated: «The Prophet (the blessing and peace of Allah be upon him) said: «Allah will say (on the Day of Resurrection). O Adam. Adam will reply: Here I am At your service, and all the good is in Your Hand Allah will say: «Bring out the people of the Fire Adam will say: «O Allah! How many are the people of the Fire? Allah will reply: From every one-thousand, take out nine-hundred- and -ninety-nine. At that time children will become hoari headed, every pregnant female will have a miscarriage, and you will see mankind as drunken, yet they will not be drunken, but dreadful will be the Wrath of Allah» The Companions of the Prophet (the blessing and peace of Allah be upon him) asked: «O Allah's Apostle! Who is that (excepted) one? He said: «Rejoice with glad tidings; one person will be from you and one-thousand will be from Gog and Magog.».

نفسي بيدهِ إني أرجو أن تكونوا رُبُعَ أهلِ الجنة. فكبَّرنا. فقال: أرجو أن تكونوا ثُلثَ أهلِ الجنة. فكبَّرنا. فقال: أرجو أن تكونوا نِصفَ أهلِ الجنة. فكبَّرنا فقال: ما أنتم في الناس إلّا كالشَّعرةِ السوداء في جلدِ ثورٍ أبيضَ، أو كشعرةٍ بيضاء في جلدِ ثورٍ أسودَ».

[الحديث ٣٣٤٨ ـ أطرافه في: ٤٧٤١، ٦٥٣٠، ٧٤٨٣].

٨ ـ باب قولِ الله تعالى: ﴿واتَّخذَ الله إبراهيمَ خليلاً﴾ [النساء: ١٢٥]

وقوله: ﴿إنَّ إبراهيمَ كان أمةً قانتاً لله﴾ [النحل: ١٢٠]

وقوله: ﴿إن إبراهيمَ لأوّاه حليم﴾ [التوبة: ١١٤]. وقال أبو مَيسرَةَ: الرحيمُ بلسانِ الحبشة.

٣٣٤٩ ـ **حدثنا** محمدُ بن كثيرٍ أخبرنا سفيانُ حدَّثنا المغيرةُ بن النعمانِ قال: حدَّثني سعيدُ بن جُبير عنِ ابنِ عباس رضيَ الله عنهما عنِ النبيِّ ﷺ قال: «إنَّكم تُحشَرونَ حُفاةً عُراةً غُرْلاً. ثمّ قرأ: ﴿كما بدَأْنا أولَ خلقٍ نُعيدُه، وَعداً علينا، إنا كنّا فاعلين﴾ وأوَّلُ مَن يُكسى يومَ القيامةِ إبراهيمُ. وإنَّ أُناساً من أصحابي أُخِذ بهم ذاتَ الشمالِ، فأقول: أصحابي، أصحابي. فيقال: إنهم لم يزالوا مرتدِّين عَلى أعقابهم منذُ فارقتَهم، فأقول كما

٣٣٤٩ ـ قوله: (عرلاً) أي قلفاً فإن الغرلة كالقلفة ما يقطعه الخاتن.

The Prophet (the blessing and peace of All h be upon him) further said: «By Him in Whose Hand my life is, I hope that you will be one-fourth of the people of Paradise.» We shouted, «Allah is the Greatest!» He added: «I hope that you will be one-third of the people of Paradise.» We shouted. «Allah is the Greatest!» He said: «I hope that you will be half of the people of Paradise.» We shouted, «Allah is the Greatest!» He further said: «You (Muslims) (compared with non-Muslims) are like a black hair in the skin of a white ox or like a white hair in the skin of a black ox (i.e. your number is every small as compared with theirs)».

8 - CHAPTER: The saying of Allāh (the Exalted and Almighty:

For Allāh did take Abraham as a Khalīl. (4: 125)
And His Statement:
Abraham was indeed a nation
obedient to Allāh, worshipping no one but Allāh (Alone). (16: 120)
And His Statement: Verily Abraham
was without doubt forebearing
of faults), and used to invoke Allah
with humility and was repentant (to Allāh).........(11: 75).

3349 . Ibn 'Abbās (may Allāh be pleased with him) narrated: «The Prophet (the blessing and peace of Allāh be upon him) said: «You will be gathered (on the Day of Resurrection) bare-footed naked and not circumiced. He them recited:
As we began the first creation
We shall repeat it:
A promise We have undertaken:
Truly We shall do it. (21: 104)

He added: «The first to be dressed on the Day of Resurrection, will be Abraham, and some of my conpanions will be taken towards the left side(i.e. to the (Hell)) Fire, and I will say: «My Companions! My Companious!! It will be said: «They rengaded from Islam after you left them» Then I will say as the Pious slaves of Allāh (i.e. Jesys) said:
And I was a witness
Over them while I was with them.
When You took me up
You were Watcher over them,
And You are a witness to all things.
If you punish them,

قال العبدُ الصالح: ﴿وكنتَ عليهم شهيداً ما دمتُ فيهم - إلى قوله - الحكيم﴾.

[الحديث ٣٣٤٩ - أطرافه في: ٣٤٤٧، ٤٦٢٥، ٤٦٢٦، ٤٧٤٠، ٥٦٢٤، ٦٥٢٥، ٦٥٢٦].

٣٣٥٠ - **حدثنا** إسماعيلُ بن عبدِ الله قال: أخبرَني أخي عبدُ الحميدِ عن ابن أبي ذِئبٍ عن سعيدٍ المقبُريّ عن أبي هريرة رضيَ الله عنه عنِ النبيِّ ﷺ قال: «**يَلقى إبراهيمُ أباهُ آزَرَ يومَ القيامةِ وعلى وجهِ آزرَ قَتَرَةٌ وغَبَرة، فيقول لهُ إبراهيمُ: ألم أقُلْ لكَ لا تَعصِني؟ فيقولُ أبوهُ: فاليومَ لا أُعصيكَ. فيقولُ إبراهيمُ: يا ربِّ إنكَ وعَدتَني أن لا تُخزِيَني يومَ يُبعَثون، فأيُّ خِزْيٍ أخزىٰ من أبي الأبعَد؟ فيقولُ الله تعالىٰ: إني حرَّمتُ الجنةَ على الكافرين. ثمَّ يُقال: يا إبراهيمُ ما تحتَ رِجلَيك، فيَنظرُ فإذا هو بذِيخٍ مُلْتَطِخ، فيُؤخَذُ بقوائمه فيُلقىٰ في النار**».

[الحديث ٣٣٥٠ - طرفاه في: ٤٧٦٨، ٤٧٦٩].

٣٣٥١ - **حدثنا** يحيى بنُ سليمانَ قال: حدَّثَني ابن وَهبٍ قال: أخبرَني عمرُو أنَّ بُكَيراً حدَّثَهُ عن كُريبٍ مولى ابن عباسٍ رضي الله عنهما قال: «**دخلَ النبيُّ ﷺ البيتَ فَوَجدَ[1] فيه صورةَ إبراهيمَ وصورةَ مريمَ فقال ﷺ: أمَّا هم فقد سمِعوا أنَّ الملائكةَ لا تدخلُ بيتاً فيه صورة، هٰذا إبراهيمُ مصوَّرٌ، فما له يستقسِم**».

٣٣٥٢ - **حدثنا** إبراهيمُ بن موسىٰ أخبرَنا هشامٌ عن مَعْمرٍ عن أيُّوبَ عن عِكرمةَ عنِ ابنِ عباسٍ رضيَ الله عنهما: «**أنَّ النبيَّ ﷺ لما رأى الصُّورَ في البيت لم يَدخلْ حتى أمرَ بها**

٣٣٥٠ - قوله: (الأبعد) أي من رحمة الله تعالى.

- وقوله: «بذيخ» ضَبُع كثير الشعر والأنثى ذيخة.

٣٣٥١ - قوله: (البيت) يعني الكعبة.

(١) - قوله: (فوجد) ولغيره: وجد. وقوله: «أمّا هم» لأبي ذر وابن عساكر ولغيرهما: أما هم.

They are Your slaves
And if You forgive them, Verily,
You, only You are the All-Mighty,
the All-Wise.» (5: 120-121).

The parts of this hadīth are in: 3447, 4625, 4626, 4740, 5624, 6525, 6526.

3350 . Abū Huraira (may Allāh be pleased with him) narrated: «The Prophet (the blessing and peace of Allāh be upon him) said: «On the Day of Resurrection Abraham will meet his father Āzar whose face will be dark and covered with dust. Abraham will say (to him): Didn't I tell you not to disobey me? His father will reply: Today I will not disobey you. Abraham will say: «O Lord! You promised me not to disgrace me on the Day of Resurrection; and what will be more disgraceful to me than cursing and dishonouring my father?» Then Allāh (the Exalted and Almighty) will say (to him): I had forbidden Paradise to the infidels. Then he will be addressed, O Abraham! Look! What is underneath you feet! He will look! What and there he will see a Dhaikh (and animal) blood-stained, which will be caught by the legs and thrown in the (Hell) Fire».

The parts of this hadīth are in: 4768, 4769.

3351 . Ibn 'Abbās (may Allāh be pleased with him)narrated: «The Prophet (the blessing and peace of Allāh be upon him) entered the Ka'ba and found in it the pictures of (Prophet) Abraham and Mary. On that he said: «What is the matter with them(i.e. Quraish)? They have already heard that angels do not enter a house with pictures; yet this is the picture of Abraham. And why is he depicted as he depicted as practising divination by arrows?».

3352 . Ibn 'Abbās (may Allāh be pleased with him) narrated: «When the Prophet (the blessing and peace of Allāh be upon him) saw pictures in the Ka'ba, he did not enter it till he ordered them to be erased. When he saw (the pictures

فَمُحِيت. ورأى إبراهيمَ وإسماعيلَ عليهما السلامُ بأيدِيهما الأزلامُ فقال: قاتَلَهمُ الله، والله إنِ استقْسَما بالأزلامِ قَطُّ».

٣٣٥٣ ـ **حدثنا** عليُّ بنُ عبدِ الله حدَّثَنا يحيى بن سعيدٍ حدَّثَنا عُبَيدُ الله قال: حدَّثَني سعيد بن أبي سعيدٍ عن أبيه عن أبي هريرة رضيَ الله عنه: «قِيلَ يا رسولَ الله من أكرمُ الناس؟ قال: أتقاهُم. فقالوا: ليس عن هٰذا نَسألك، قال: فيوسُفُ نبيُّ الله ابنُ نبيِّ الله ابنُ خليل الله. قالوا: ليس عن هٰذا نسألك. قال: فعَن مَعادِنِ العربِ تسألون؟ خِيارُهم في الجاهلية خيارُهم في الإسلام إذا فقُهوا»[٢].

قال أبو أُسامَةَ ومعتمِرٌ: «عن عُبيدِ الله عن سعيدٍ عن أبي هريرةَ عنِ النبيِّ ﷺ».

[الحديث ٣٣٥٣ ـ أطرافه في: ٣٣٧٤، ٣٣٨٣، ٣٤٩٠، ٤٦٨٩].

٣٣٥٤ ـ **حدثنا** مُؤَمَّلُ حدَّثَنا إسماعيلُ حدَّثَنا عوفٌ حدَّثَنا أبو رَجاءٍ حدَّثَنا سَمُرة قال: قال رسولُ الله ﷺ: «أتاني اللَّيلةَ آتِيانِ، فأتَينا على رجل طويلٍ لا أكادُ أرَى رأسَه طولاً، وإنه إبراهيمُ ﷺ».

٣٣٥٥ ـ **حدثني** بيانُ بن عمرٍو حدَّثَنا النَّضرُ أخبرَنا ابنُ عَونٍ عن مجاهدٍ أنه سمعَ ابنَ عباسٍ رضيَ الله عنهما ـ وذكروا له الدجالَ بينَ عَينَيهِ مكتوبٌ كافرٌ أو كَ ف ر ـ قال: لم أسمَعْهُ، ولكنَّهُ قال: أما إبراهيمُ فانظروا إلى صاحبِكم، وأما موسى فجعْدٌ آدمُ عَلَى جَملٍ أحمرَ مَخْطومٍ بخُلْبةٍ[١]، كأني أنظرُ إليه انحدَرَ في الوادي».

٣٣٥٢ ـ قوله: (إن استقسما) أي ما استقسما.

٣٣٥٣ ـ قوله: (تسألون) ولأبي ذر تسألوني ولابن عساكر تسألوني أهـ.

(٢) ـ قوله: (إذا فقهوا) بهذا الضبط أي إذا صاروا فقهاء ولأبي ذر إذا فقهوا بكسر القاف أي إذا فهموا كما في الشارح.

٣٣٥٥ ـ ك ف ر بفتحات مفرقة قاله الشارح.

(١) ـ قوله: (مخطوم بخلبة) أي مزموم بليفة.

of) Abrahama and Ismael carrying the arrows of divination, he said: «May Allāh curse them (i.e. Quraish!) By Allāh, neither Abraham nor Ismael practised divination by arrows».

3353 . Abū Huraira (may Allāh be pleased with him) narrated: «The people said: «O Allāh's Apostle! Who is the most honourable amongst the people (in Allāh's Sight)?» He said: «The most righteous amongst them.» They said: «We do not ask you about this.» He said: «Then Joseph, Allāh's Prophet, the son of Allāh's Prophet, the son of Allāh's Companion(i.e.Abraham)»They said: «We do not ask you about this.» He said: «Then you want to ask about the descent of the Arabs. Those who were the best in the pre-Islamic period of Ignorance will be the best in Islam provided they comprehend the religious knowledge».

The parts of this hadīth are in: 4689, 3490, 3383, 3374.

3354 . Samura narrated: «Allāh's Apostle (the blessing and peace of Allāh be upon him) said: «Two persons came to me at night (in dream) (and took me along with them). We passed by a tall man who was so tall that I was not able to see his head, and that person was Abraham (the blessing and peace of Allāh be upon him).

3355 . Mujāhid narrated: «That the people mentioned before Ibn 'Abbās that the antichrist would have the word Kāfir, (i.e. unbeliever) or the letters KFR (the root of the Arabic verb disbelieve) on his forhead. I heard Ibn 'Abbās saying: «I did not hear this, but the Prophet (the blessing and peace of Allāh be upon him) said: «If you want to see Abraham, them look at your companion (i.e. the Prophet but Moses was a curly-haired brown man (who used to ride) a red camel, the reins of which was made of fibres of date-palms. As if I were now looking at him descending down a valley.».

٣٣٥٦ ـ **حدثنا** قُتَيبةُ بن سعيدٍ حدَّثنا مُغيرةُ بن عبدِ الرّحمٰنِ القُرشيُّ عن أبي الزِّنادِ عن الأعرج عن أبي هريرة رضيَ الله عنه قال: قال رسولُ الله ﷺ: «اختتن إبراهيمُ عليهِ السلامُ وهو ابنُ ثمانينَ سنةً بالقَدُّوم». تابعه عبدُ الرّحمٰن عن أبي سلمة.

[الحديث ٣٣٥٦ ـ طرفه في: ٦٢٩٨].

حدثنا أبو اليمانِ أخبرَنا شعيبٌ حدَّثنا أبو الزِّناد وقال: «بالقَدُوم» مخففة. تابَعَهُ عبد الرّحمٰنِ بن إسحاق عن أبي الزِّناد. وتابَعَهُ عجلانُ عن أبي هريرةَ. ورواهُ محمدُ بن عمرٍو عن أبي سلمةَ.

٣٣٥٧ ـ **حدثنا** سعيدُ بنُ تَليدٍ الرُّعَينيُّ أخبرَنا ابنُ وَهبٍ قال: أخبرني جريرُ بنُ حازمٍ عن أيوبَ عن محمدٍ عن أبي هريرة رضيَ الله عنه قال: قال رسولُ الله ﷺ: «لم يكذِبْ إبراهيمُ عليه السلامُ إلّا ثلاث كذْبات».

٣٣٥٨ ـ **حدثنا** محمدُ بنُ محبوبٍ حدَّثنا حمادُ بنُ زيدٍ عن أيوبَ عن محمدٍ عن أبي هريرةَ رضيَ الله عنه قال: «لم يَكذِب إبراهيمُ عليه السلامُ إلا ثلاث كذَبات: ثِنتين منهنَّ في ذاتِ الله عزَّ وجلَّ: قولهُ: ﴿إني سَقِيم﴾ وقوله: ﴿بل فَعلهُ كبيرُهم هٰذا﴾ وقال: بَينا هو ذات يوم وسارةُ إذ أتى على جَبّارٍ منَ الجبابرةِ، فقيلَ له: إنّ ها هنا رجلاً معهُ امرأة من أحسَنِ الناسِ، فأرسلَ إليه فسألَهُ عنها فقال: مَن هذهِ؟ قال: أُختي. فأتى سارةَ قال: يا سارةُ ليس على وَجهِ الأرض مؤمنٌ غيري وغيركِ، وإن هذا سألني عنكِ فأخبرتهُ أنّكِ أُختي، فلا تكذِّبيني. فأرسلَ إليها، فلما دخلَتْ عليه ذهبَ يَتناولُها بيدِهِ فأُخِذ. فقال: ادْعِي الله لي ولا أضرُّكِ، فدَعَتِ الله فأُطلِقَ. ثمّ تناوَلها الثانية فأخِذَ مِثلَها أو أشدَّ، فقال: ادعي الله لي ولا

٣٣٥٧ ـ قوله: (كذبات) بفتح الذال وتسكينها في فتح الباري. وفي نسخة: إلا ثلاثاً.

3356 . Abū Huraira (may Allāh be pleased with him) narrated: «Allāh's Apostle (the blessing and peace of Allāh be upon him) said: «Abraham (may Allāh be pleased with him)did his circumcision with an adze at the age of eighty».

The parts of this hadīth are in: 6298.

Abū Az-Zinād narrated: «(as above in Hadīth No): With an adze..

This hadith has been reported a chain of transmitters.

3357 . Abū Huraira (may Allāh be pleased with him) narrated: «Allāh's Apostle (the blessing and peace of Allāh be upon him) said: «Abraham did not tell a lie except on three occasions».

3358 . Abū Huraira (may Allāh be pleased with him) narrated: «Abraham (may Allāh be pleased with him)did not tell a lie except on three occasions. Twice for the Sake of Allāh (the Exalted and Almighty) when he said: «I am sick,» and he said: «(I have not done this but) the big idol has done it.» The (third was) that while Abraham and Sarah (his wife) were going (on a journey), they passed by (the territory of) a tyrant. Someone said to the tyrant: «This man (i.e. Abraham (may Allāh be pleased with him)) is accompanied by a very charming lady» So, he sent for Abraham and asked him about Sarah saying: «Who is this lady?» Abraham said: «She is my sister.» Abraham went to Sarah and said: «O Sarah! There are no believers on the surface of the earth except you and me. This man asked me about you and I have told him that you are my sister, so don't contradict my statement» The tyrant then called Sarah and when she went to him, he tried to take hold her with his hand, but (his hand got stiff and) he was confounded. He asked Sarah: «Pray Allāh for me, and I shall not harm you». So Sarah asked Allāh to curse him and he got cured. He tried to take of her for the second time, but (his hand got as stiff as or stiffer than before and) was more confounded. He again requested Sarah: Pray Allāh for me, and I will not harm you». Sarah asked Allāh again and he became alright. He then called one of his guards (who had brought her) and said: «You have not brought me a hu-

أَضُرُّكِ، فدَعَت فأُطلق. فدَعا بعضَ حَجَبتِهِ فقال: إنكم لم تأتوني بإنسانٍ، إنما أتيتموني بشيطان، فأخدَمَها هاجَر. فأتَتْهُ وهو قائمٌ يُصلي، فأومأ بيدِه: مَهْيَم؟[1] قالت: ردَّ الله كيدَ الكافرِ ـ أوِ الفاجرِ ـ في نَحرِهِ، وأخدَمَ هاجَر. قال أبو هريرةَ: تلك أُمُّكم يا بني ماءِ السماء».

٣٣٥٩ ـ **حدثنا** عُبَيدُ الله بن موسىٰ ـ أو ابنُ سلام عنه ـ أخبرَنا ابنُ جُرَيجٍ عن عبدِ الحميدِ بنِ جُبَير عن سعيدِ بنِ المسيَّب عن أمِّ شُرَيكٍ رضيَ الله عنها: «أنَّ رسولَ الله ﷺ أمر بقتلِ الوَزَغِ وقال: كان ينفُخُ على إبراهيمَ عليهِ السلام».

٣٣٦٠ ـ **حدثنا** عمرُ بن حفصِ بنِ غياثٍ حدَّثَنا أبي حدَّثَنا الأعمشُ قال: حدَّثني إبراهيمُ عن علقمةَ عن عبدِ الله رضيَ الله عنه قال: لما نَزَلَتْ: ﴿الذينَ آمَنوا ولم يَلبِسوا إيمانَهم بظلم﴾ قلنا: يا رسولَ الله، أيُّنا لا يَظلِمُ نفسَه؟ قال: «ليس كما تقولون، ﴿لم يلبسوا إيمانهم بظلم﴾: بشرك. أوَلم تسمَعوا إلى قولِ لقمانَ لابنِه ﴿يا بُنيَّ لا تشرِكْ بالله؛ إنَّ الشركَ لظلمٌ عظيم﴾».

٩ ـ **باب** يَزِفُّون: النَّسَلانُ في المشي

٣٣٦١ ـ **حدثنا** إسحاقُ بنُ إبراهيمَ بن نصرٍ حدَّثَنا أبو أُسامةَ عن أبي حيّانَ عن أبي زُرعة عن أبي هريرة رضيَ الله عنه قال: أُتيَ النبيُّ ﷺ يوماً بلحم، فقال: «إنَّ الله يَجمعُ يومَ

---

(١) ـ قوله: (مهيم) لأبي ذر، أي ما حالك أو ما شأنك ولابن السكن: مهيا، وكلها بمعنى (شارح).

٣٣٥٩ ـ قوله: (وقال) ولأبي ذر قال بحذف الواو.

٣٣٦١ ـ قوله: (باب)، بالتنوين من غير ذكر ترجمة فهو كالفصل من سابقه وعدمه أولى من وجوده فإن تعلق ما بعده بما قبله ظاهر لأن قوله: يزفون أراد به قوله تعالى في قصة إبراهيم عليه السلام، ﴿فأقبلوا إليه يزفون﴾: أي يسرعون فقوله: النسلان في المشي تفسير له على أنّ النسلان معناه الإسراع في المشي يقال: نسل الماشي ينسل من بابي ضرب

man being but have brought me a devil.» The tyrant then gave Hājar as a girl-servant to Sarah. Sarah came back (to Abraham) while he was praying. Abraham, gesturing with his hand, asked: «What has happened?» She replied: «Allāh has spoiled the evil plot of the infidel (or immoral person) and gave me Hājar for service.» (Abū Huraira then addressed his listeners saying: « That (Hājar) was your mother, O Banī Mā-is-Samā (i.e. the Arab, the descendants of Ismael, Hājar's son)».

3359 . Umm Shuraik (may Allāh be pleased with her) narrated: « Allāh's Apostle (the blessing and peace of Allāh be upon him) ordered that the salamander should be killed and said: «It (i.e. the salamander) blew (the fire) on Abraham (may Allāh be pleased with him).

3360 . 'Abdullah (may Allāh be pleased with him) narrated: «When the Verse:

Those who believe and do not confuse their beliefs with injustice (i.e. joining others in worship with Allāh) (6: 83) was revealed. We said: «O Allāh's Apostle! Who amongst us does not do injustice to himself?» He replied: « It is not as you say, for injustice in the Verse and do not confuse their belief with injustice means SHIRK (i.e. joining others in worship with Allāh). Haven't you heard Luqmān's saying to his son, O my son! Join not others in worship with Allāh, Verily joining others in worship with Allāh is indeed a great injustice» (31: 13).

9 - CHAPTER: Hurrying up in walking.

3361 . Abū Huraira (may Allāh be pleased with him) narrated: « One day some meat was given to the Prophet (the blessing and peace of Allāh be upon him) and he said: «On the Day of Resurrection Allāh will gather all the first and

القيامةِ الأوَّلينَ والآخِرينَ في صَعيدٍ واحد، فيُسمِعُهُمُ الداعي وينفِذُهُمُ البصر، وتدنو الشمسُ منهم ـ فذكر حديثَ الشفاعة ـ فيأتون إبراهيمَ فيقولونَ: أنتَ نبيُّ الله وخليله من الأرض، اشفَعْ لنا إلى ربِّك، فيقول ـ فذكر كذباتِهِ ـ نَفْسي نفسي، اذهبوا إلى موسى». تابعَهُ أنسٌ عنِ النبيِّ ﷺ.

٣٣٦٢ ـ **حدثنا** أحمد بن سعيدٍ أبو عبدِ الله حدَّثَنا وَهبُ بن جَريرٍ عن أبيهِ عن أيوبَ عن عبدِ الله بنِ سعيدِ بنِ جُبير عن أبيهِ عنِ ابنِ عبّاسٍ رضيَ الله عنهما عن النبيِّ ﷺ قال: «يَرحمُ الله أُمَّ إسماعيلَ، لولا أنها عَجِلَت لكان زَمزمُ عيناً مَعِيناً».

٣٣٦٣ ـ **قال** الأنصاريُّ حدَّثَنا ابنُ جُرَيجٍ أما كثيرُ بن كثير فحدَّثني قال: «إني وعثمانَ بنَ أبي سليمانَ جُلوسٌ مع سعيدِ بنِ جُبَير فقال: ما هٰكذا حدَّثَني ابنُ عباسٍ، ولكنَّهُ قال: أقبلَ إبراهيمُ بإسماعيلَ وأُمِّهِ عليهمُ السلام ـ وهيَ تُرضِعه ـ معها شَنَّةٌ لم يَرفعْهُ، ثمَّ جاء بها إبراهيمُ وبابنِها إسماعيل».

٣٣٦٤ ـ **حدثنا** عبدُ الله بنُ محمدٍ حدَّثَنا عبدُ الرزّاقِ أخبرَنا مَعْمرٌ عن أيوبَ السَّخْتِيانيِّ وكَثيرِ بن كثير بن المطَّلبِ بن أبي وَداعة ـ يزيدُ أحدُهما على الآخرِ ـ عن سعيدِ بنِ جُبَير قال ابن عبّاسٍ: «أول ما اتخذَ النساءُ المِنطَقَ من قِبَلِ أُمِّ إسماعيلَ اتَّخذَتْ مِنْطقاً لتُعَفِّيَ أثرَها على سارة، ثمَّ جاء بها إبراهيمُ وبابنِها إسماعيلَ. وهيَ تُرضِعُهُ ـ حتى وَضعُهما عندَ البيتِ عند دَوحةٍ فوقَ زَمزَم في أعلى المسجدِ، وليسَ بمكةَ يَومَئذٍ أحد، وليس بها ماءٌ فوَضعَهما هنالك، ووضعَ عندَهما جِراباً فِيهِ تمرٌ وسِقاءً فيهِ ماءٌ، ثمَّ قَفَّى إبراهيمُ مُنطَلِقاً، فتَبِعَتْهُ أُمُّ إسماعيلَ فقالت: يا إبراهيمُ أينَ تَذهَبُ وتترُكنا بهذا الوادي الذي ليس فيه

ونصر نسلاً، ونسلاً ونسلاناً (بالتحريك في الأخيرين) إذا أسرع في مشيه كما في القاموس وغيره. قال تعالى: ﴿إلى ربهم ينسلون﴾ وفي الحديث «عليكم بالنسلان» فضبط الشارح إياه بسكون السين ليس على ما ينبغي أهـ.

٣٣٦٤ ـ (المنطق) ما تشدّه المرأة في وسطها عند الشغل لئلا تعثر في ذيلها وقوله: لتعفي أثرها على سارة أي لتخفيه عليها بالترائي لها بزيّ الخادمة أهـ. (قفى) معناه ولى راجعاً.

the last (people) in one plain, and the voice of the announcer will reach all of them, and one will be able to see them all, and the sun will come closer to them.» (The narrator then mentioned the narration of intercession): «The people will go to Abraham and say: «You are Allah's Prophet and His comrade on the earth. Will wou intercede for us with your Lord?» Abraham will then remember his lies and say: Myself! Myself! Go to Moses».

3362 . Ibn 'Abbās narrated: «The Prophet (The blessing and peace of Allāh be upon him) said: «May Allāh bestow His Mercy on the mother Ismael! Had she not hastened (to fill her water-skin with water from the Zam-zam would have been a stream flowing on the surface of the earth.

3363 . Ibn 'Abbās further added: «(The Prophet) Abraham brought Ismael and his mother (to Mecca) and she was suckling Ismael,. and she had a water-skin with her».

3364 . Ibn 'Abbās (may Allāh be pleased with him) The first lady to use a girdle was the mother of Ismael. She used a girdle so that she might hide her tracks from Sarah. Abraham brought her and her son Ismael while she was suckling him, to a place at the Ka'ba under a tree on the position of Zam-zam, at the highest place in the Mosque. During those days there days there was nobody in Mecca, nor was there any water. So he made them sit over there and placed near them a leather bag containing some dates, and a small water-skin containing some water, and set out homeward. Ismael's mother followed him saying: «O Abraham! Where are you going, leaving us in this valley where there is no person whose company we may enjoy, nor is there anything (to enjoy)?» She re-

إنسٌ ولا شيء، فقالت له ذٰلكَ مِراراً، وجَعلَ لا يَلتفِتُ إليها. فقالت له: آللهُ الَّذي[1] أمرَكَ بهذا؟ قال: نعم. قالت: إذن لا يُضيِّعُنا. ثمَّ رَجعتْ. فانطلَقَ إبراهيمُ حتى إذا كان عندَ الثَّنِيَّةِ حيثُ لا يرونَهُ استقبَلَ بوجهِهِ البيتَ ثمَّ دعَا بهؤلاءِ الكلماتِ ورَفعَ يَدَيهِ فقال: ﴿ربَّنا إني أسكنتُ من ذُرِّيَّتي بوادٍ غيرِ ذي زرعٍ عِنْدَ بيتِكَ المحرَّمِ ـ حتى بلغَ ـ يَشكرُونَ﴾. وجَعلت أُمُّ إسماعيلَ تُرضِعُ إسماعيلَ وتَشربُ من ذٰلك الماء، حتى إذا نَفِدَ ما في السِّقاءِ عَطِشَت وعطِشَ ابنُها، وجعَلت تنظُرُ إليه يتلوَّى ـ أو قال: يتلبَّط ـ فانطلقتْ كراهيةَ أن تَنظُرَ إليه، فوَجدَتِ الصَّفا أقربَ جبلٍ في الأرضِ يَليها، فقامَت عليهِ، ثمَّ استقبَلَتِ الوادِيَ تنظُرُ هل تَرى أحداً، فلم ترَ أحداً، فهبَطت مِنَ الصَّفا، حتّى إذا بَلَغتِ الواديَ رَفعت طَرَفَ دِرعِها، ثمَّ سَعَت سَعيَ الإنسانِ المجهودِ حتى جَاوَزَتِ الواديَ، ثمَّ أَتَتِ المرْوَةَ فقامت عليها ونَظرتْ هل ترَى أحداً، فلم ترَ أحداً، ففعلت ذٰلك سبعَ مراتٍ. قال ابنُ عبّاسٍ قال النبيُّ ﷺ: «فذٰلك سعيُ الناسِ بينهما». فلما أشرَفَت على المروةِ سمعَت صوتاً فقالت: صَهٍ[1] ـ تريدُ نفسَها ـ ثمَّ تسمَّعَتْ أيضاً فقالت: قد أسمعتَ إن كان عندَكَ غِواثٌ[2]، فإذا هيَ بالملَكِ عند مَوضِعِ زَمزم، فبَحَثَ بعقِبِهِ ـ أو قال بجَناحِهِ ـ حتى ظهرَ الماءُ، فجعَلَت تَحوضُهُ وتقول بيدِها هٰكذا، وجَعلت تَغرفُ مِنَ الماءِ في سِقائها وهوَ يَفورُ بعدَ ما تَغرِفُ. قال ابنُ عبّاسٍ قال النبيُّ ﷺ: «يرحَمُ اللهُ أمَّ إسماعيلَ لو تَركَت زمزمَ ـ أو قال: لو لم تغرِفْ من الماءِ ـ لكانتْ زمزمُ عيناً مَعيناً». قال: فشرِبَت وأرضعَتْ ولَدَها، فقال لها المَلَكُ: لا تخافوا الضَّيعةَ، فإنَّ ها هنا بيتَ اللهِ يَبني[3] هٰذا الغُلامُ وأبوه، فإنَّ اللهَ لا يُضيعُ أهلَهُ. وكان البيتُ مرتفعاً منَ الأرضِ كالرابيةِ، تأتيهِ السيولُ فتأْخُذُ عن يمينِهِ وشمالِهِ، فكانت كذٰلكَ حتى مرَّت بهم رُفقةٌ من جُرهُم ـ أو أهلُ بيتٍ من جُرهُم ـ مُقبِلينَ من طريقِ

(١) ـ الذي ساقط لأبي ذر.

(١) ـ قوله: «صه» بهذا الضبط ويروى بسكون الهاء أي أسكتي.

(٢) ـ قوله: غواث بكسر الغين المعجمة ولأبي ذر بضم الغين وقال الحافظ ابن حجر غواث بفتحها للأكثر انظر الشرح.

(٣) ـ قوله: (يبني) بحذف ضمير المفعول وعند الإسماعيلي يبنيه بإثباته (شارح).

peated that to him many times, but he did not look back at her. Then she asked him: Has Allāh ordered you to do so?» He said: «Yes». She said: «Then He will not neglect us, and returned while Abraham proceeded onwards, and on reaching the Thaniya where they could not see him, he faced the Ka'ba, and raising both hands, invoked Allāh saying the following prayers:

O our Lord! I have made some of my offspring dwell in a valley without culivation, by Your Sacred house (Kaba at Mecca) in order, O our Lord, that they may offer prayer.

perfectly. So fill some hearts among men with love towards them, and (O Allāh) provide them with fruits, so that they may give thanks. (14: 37).

Ismael's mother went on suckling Ismael and drinking from the water (she had). When the water in the water-skin, had all been used up, she became thirsty and her child also became thirsty. She started looking at him (i.e. Ismael) tossing in agony; She left him , for she could not endure looking at him, and found that the mountain of Safā was the nearest mountain to her on that land. She stood on it and started looking at the valley keenly so that she might see somebody, but she could not see anybody. Then she descended from the Sa'fā and when she reached the valley, she tucked up her robe and ran in the valley like a person in robe and ran in the valley like a person in destress and trouble, till she crossed the valley and reached the Marwa mountain where she stood and started looking, expecting to see somebody, but she could not see anybody. She repearted that (pursuit between Sa'fā and Marwa) seven times».

The Prophet (the blessing and peace of Allāh be upon him) said: «This is the source of the tradition of the walking of people between them (i.e. Safā and Marwa). When she reached the Marwa (for the last time), she heard a voice and she asked herself to be quiet and listened attentively. She heard th voice again and said: «O (whoever you may be)! You have made me hear your voice; have you got something to help me?» And behold! She saw an angel at the place of Zam-zam digging the earth his hell (or his wing), till water flowed from that place. She started to make something like a basin around it, using her hands in this way, and started filling her water-skin with water with her hands, and the water was flowing out after she had scooped some of it» The Prophet (the blessing and peace of Allah be upon him) added: «May Allah bestow his Mercy on Ismael's mother! Had she let the Zam-zam (flow without trying to control it) (or had she not scooped from that water)(to fill her water-skin), Zam-zam would have been a stream flowing on the surface of the earth.» The Prophet (the blessing and peace of Allāh be upon him) further added: Then she drank (water) and

كَداء(٤)، فنزلوا في أسفَلِ مكة، فرَأوا طائراً عائفاً(٥)، فقالوا: إنَّ هٰذا الطائر لَيَدورُ على ماء، لعهدُنا بهذا الوادي وما فيه ماء، فأرسَلوا جَرياً أو جَرِيَّين فإذا هم بالماء، فرَجَعوا فأخبروهم بالماءِ، فأقبلوا - قال وأمُّ إسماعيلَ عندَ الماء - فقالوا: أتأذَنينَ لنا أن نَنزِلَ عندَكِ؟ فقالت: نعم، ولكنْ لا حقَّ لكم في الماء. قالوا: نعم. قال ابنُ عباسٍ قال النبيُّ ﷺ: «فألفى(٦) ذلكَ أمَّ إسماعيلَ وهي تحبُّ الإنسَ»، فنزَلوا، وأرسلوا إلى أهلِيهم فنزلوا معهم، حتىٰ إذا كان بها أهلُ أبياتٍ منهم، وشبَّ الغُلامُ وتعلَّمَ العربيةَ منهم، وأنفَسَهُم وأعجبَهم حينَ شَبَّ، فلما أدركَ زَوَّجوهُ امرأةً منهم. وماتَت أمُّ إسماعيلَ، فجاءَ إبراهيمُ بعدَ ما تزوَّجَ إسماعيلُ يُطالِعُ تَرِكَتَهُ، فلم يَجِدْ إسماعيلَ، فسأَلَ امرأتَهُ عنه فقالت: خرجَ يبتغي لنا، ثمَّ سألها عن عَيشِهِم وهَيئتِهم فقالت: نحنُ بشَرّ، نحنُ في ضِيقٍ وشدَّة. فشكَتْ إليه. قال: فإذا جاءَ زوجُكِ فاقرئي عليهِ السلامَ وقولي لهُ يُغَيِّرْ عَتبةَ بابه. فلما جاء إسماعيلُ كأنَّهُ آنسَ شيئاً فقال: هل جاءَكم من أحد؟ قالت: نعم، جاءَنا شيخٌ كذا وكذا، فسألَنا عنك فأخبرتُهُ، وسألني كيف عَيشُنا، فأخبرتُهُ أنا في جهدٍ وشِدَّة. قال: فهل أوصاكِ بشيء؟ قالت: نعم، أمرَني أن أقرأَ عليكَ السلامَ، ويقول: غَيِّرْ عتبةَ بابك. قال: ذاكِ أبي، قد أمرَني أن أُفارِقَكِ، الحَقي بأَهلِكِ. فطلَّقَها، وتزوجَ منهم أُخرَى. فلَبِثَ عنهم إبراهيمُ ما شاءَ الله، ثمّ أتاهم بعدُ فلم يَجِدْه، فدخل على امرأتِه فسألها عنه فقالت: خرجَ يَبتغي لنا. قال: كيف أنتم؟ وسألها عن عيشِهِم وهَيئَتِهِم فقالت: نحن بخيرٍ وسَعَة، وأثنَتْ على الله عزَّ وجلَّ.

(٤) - قوله: (كداء) ويروى كدى كهدى وهما ثنيتان بمكة ونص الفيومي على عدم صرف الأول للعلمية والتأنيث.

(٥) - (عائفاً) حائماً و(الجري) الوكيل والرسول.

(٦) - قوله: (فالفى) أي وجد (ذلك) أي الحي الجرهمي وقوله (أنفسهم) أي رغبهم في نفسه ومصاهرته فعل ماض من الأنفاس وهو الترغيب.

(١) - قوله: (لا يخلو عليهما أحد) الخ يعني ليس أحد يخلو أي يعتمد ويداوم على اللحم والماء بغير مكة إلا اشتكى أما في مكة المشرفة فلا فإنهما يوافقانه فيها.

suckled her child. The angel said to her: Don't be afraid of being neglected, for this is the house of Allāh which will be built by this and his father, and Allāh never neglects His people. The House (i.e. Ka'ba) at that time was on a high place resembling a hillock, and when torrents came, they flowed to its right and left. She lived in that way till some companions from the tribe of Jurhum or a family from Jurhum passed by her child, as they (i.e. the Jurhum people) were coming through the way of Kadā. They landed in the lower part of Mecca where they saw a bird that had the habit of flying around water and not leaving it. They said: «This bird must be flying around water, though we know that there is no water in this valley. They sent one or two messengers who discovered the source of water, and returned to inform them of the water. So, they all came (towards the water)»: The Prophet added: Ismael's mother was sitting near the water. They asked her: «Do you allow us to stay with you?» She replied: «Yes, but you will have no right to possess the water. They agreed to that. He further said: «Ismael's mother was pleased with the whole situation as she used to love to enjoy the company of the people. So. they settled there, and later on they sent for their families who came and settled with them so that families became permanent residents there. The child (i.e. Ismael) grew up and learnt Arabic from them, and (his virtues) caused them to love and admire him as he grew up, and when he reached the age of puberty they made him marry a woman from amongst them. After Ismael's mother had died, Abraham came after his marriage in order to see his family that he had left before, but he did not find Ismael there. When he asked Ismael's wife about him, she replied: «He has gone in search of our livelihood. Then he asked her about their way of living and their condition, and she replied: «We are living in misery; we are living in hardship and destitution, complaining to him. He said: «When your husband returns, convey my salutation to him and tell him to charge the threshold of the gate (of his house). When Ismael came, he seemed to have felt something unusual, so he asked his wife. Has anyone visited you?» She replied: «Yes, an old man of so-and-so description came and asked me about you and I informed him, and he asked about our state of living, and I told him that we were living in a hardship and proverty. On that Ismael said: «Did, he advise you anything?» She replied: «Yes, he told me to convey his salutation to you and to tell you to change the threshold of your gate. Ismael said: «It was my father, and he has ordered me to divorce you. Go back to your family. So, Ismael divorced her and married another woman from amongst them (i.e. Jurhum). Then Abraham stayed away form them for a period as long as Allāh wished and called on them again but did not find Ismael. He came to Ismael. She said: «He has gone in search of our livelihood. Abraham asked her: «How are you getting on?» asking her about their sustenance and living. She replied: «We are prosperous and well-off (i.e.

فقال: ما طعامُكم؟ قالتِ: اللَّحمُ. قال فما شرابُكم؟ قالتِ: الماء. قال: اللّهمَّ بارك لهم في اللَّحم والماء. قال النبيُّ ﷺ: «ولم يكن لهم يومَئِذٍ حَبّ»، ولو كان لهم دعا لهم فيه، قال: فهما لا يَخْلو عليهما أحدٌ[1] بغير مكة إلا لم يُوافقاهُ. قال: فإذا جاءَ زوجُكِ فاقرئي عليهِ السلامَ، ومُريه يُثبتُ عتبةَ بابه. فلما جاءَ إسماعيلُ قال: هل أتاكم مِن أحد؟ قالت: نعم، أتانا شيخٌ حسنُ الهيئةِ ـ وأثنت عليهِ ـ فسألني عنكَ فأخبَرْتُه، فسألني كيف عيشُنا فأخبرتُه أنّا بخير. قال: فأوصاكِ بشيءٍ؟ قالت: نعم، هو يقرأُ عليكَ السلامَ، ويأمُرُكَ أن تُثبِتَ عتبةَ بابِك. قال: ذاكِ أبي، وأنتِ العتبةُ، أمَرَني أن أُمسِكَكِ. ثمّ لَبِثَ عنهم ما شاءَ الله، ثمّ جاءَ بعد ذلك وإسماعيلُ يبري نَبْلاً له تحتَ دَوحةٍ قريباً من زَمزَمَ، فلمّا رآهُ قامَ إليه، فصَنَعا كما يَصنَعُ الوالدُ بالوَلَد والوَلَدُ بالوالد. ثمّ قال: يا إسماعيلُ، إنَّ الله أمَرَني بأمر. قال: فاصْنَعْ ما أمَرَكَ ربُّك. قال: وتُعِينُني؟ قال: وأُعِينُك. قال: فإنّ الله أمَرَني أن أبنِيَ ها هنا بيتاً ـ وأشارَ إلى أكمة مُرتفعةٍ عَلَى ما حَوْلَها ـ قال: فعندَ ذلك رفعا القواعدَ من البَيْت، فجعلَ إسماعيلُ يأتي بالحجارةِ وإبراهيم يبني. حتى إذا ارتفَعَ البناءُ جاءَ بهذا الحجَرِ فوضَعَهُ لهُ، فقامَ عليهِ وهو يَبني وإسماعيلُ يُناوِلهُ الحِجارة، وهُما يَقولانِ: ﴿ربّنا تقبَّلْ منّا، إنك أنتَ السميعُ العَليم﴾ قال: فجعَلا يبنيانِ حتى يَدُورا حَولَ البيتِ وهُما يَقولان: ﴿ربَّنا تقبَّلْ منّا، إنكَ أنتَ السميعُ العَليم﴾.

we have everything in abundance). Then she thanked Allāh (the Exalted and Almighty). Abraham said: «What kind of food do you eat?» She said: «Meat. He said: «What do you drink? She said: «Water. He said: «O Allāh! Bless their meat and water.» He added: «At that time they did not have grain, and if they had grain, he would have also invoked Allāh to bless it». The Prophet added: If somebody has only these two things as his sustenance, his health and disposition will be badly affected, unless he lives in Mecca.» He added: «Then Abraham said to Ismael's wife. When you husband comes, give my regards to him and tell him that he should keep firm the threshold of his gate. When Ismael came back, he asked his wife. Did anyone call on you? She replied: «Yes a good-looking old man came to me. «She praised him and added: «He asked about you, and I informed him, and he asked about our livelihood and I told him that we were in a good condition. Ismael asked her: «Did he give you any piece of advice?» She said: «Yes he told me to give his regards to you and ordered that you should keep firm the threshold of your gate. On that Ismael said: «He was my father, and you are the threshold (of the gate). He has ordered me to keep you with me. Then Abraham stayed away from them for a period as long as Allāh wished, and called on them afterwards. He saw Ismael under a tree near Zam-zam, sharpening his arrows. When he saw Abraham, he rose up to welcome him (and they greeted each as a father does with his son or a son does with his father). Abraham said: «O Ismael! Allāh has given me an order. Ismael said: «Do what you Lord has ordered you to do. Abraham asked: «Will you help me? Ismael said: «I will help you». Abraham said: «Allāh has ordered me to build a house here», pointing to a hillock, higher than the land surrounding it». The Prophet (the blessing and peace of Allāh be upon him) added: « Then they raised the foundations of the House (i.e. the Ka'ba) Ismael brought the stones and Abraham was building, and when the walls became high, Ismael brought this stone and put it for Abraham who stood over it and carried on building, while Ismael was handing him the stones, and both of them were saying:

O our Lord! (this service)
from us. Verily, You are the All-Hearing, the All-knowing.».

The Prophet added: « Then both of them went on building and going around the Ka'ba saying:
O our Lord! Accept (this service)
from us, Verily, You are the All-hearing, the ALL-Knowing». (2:L 127).

٣٣٦٥ ـ **حدثنا** عبدُ الله بنُ محمدٍ حدَّثنا أبو عامرٍ عبدُ الملكِ بنُ عمرٍو قال: حدَّثنا إبراهيمُ بنُ نافعٍ عن كثيرِ بنِ كثيرٍ عن سعيدِ بنِ جُبَيرٍ عن ابنِ عبَّاسٍ رضيَ الله عنهما قال: «لما كان بينَ إبراهيمَ وبينَ أهلِهِ ما كان خرجَ بإسماعيلَ وأمِّ إسماعيلَ، ومعهم شَنَّةٌ فيها ماءٌ، فجعلَتْ أُمُّ إسماعيلَ تشرَبُ منَ الشَّنَّةِ فيدِرُّ لبنها على صبيِّها حتى قدِمَ مكةَ فوضعَها تحتَ دَوحةٍ، ثمَّ رَجعَ إبراهيمُ إلى أهلِهِ، فاتبعَتْهُ أُمُّ إسماعيلَ حتى لما بلَغوا كداءَ نادَتهُ مِن ورائِهِ: يا إبراهيمُ إلى من تترُكنا؟ قال: إلى الله. قالت: رضيتُ بالله. قال: فرجعَتْ فجعلَتْ تَشرَبُ منَ الشَّنَّةِ ويدِرُّ لبنُها علَى صبيِّها، حتى لما فنِيَ الماءُ قالت: لو ذَهبتُ فنظرتُ لعلِّي أُحسُّ أحَداً. قال: فذهَبت فصعِدَتِ الصَّفا فنظرت ونظرت هل تُحِسُّ أحداً؟ فلم تحِسَّ أحداً. فلما بَلغتِ الوادي سَعَت وأتتِ المروةَ، ففعلَتْ ذلك أشواطاً، ثمَّ قالت: لو ذَهبتُ فنظرتُ ما فعلَ ـ تعني الصبيَّ ـ فذهَبَتْ فنظرَتْ فإذا هو على حالِهِ كأنَّهُ يَنشغُ[1] للموت، فلم تُقرَّها نفسُها، فقالت: لو ذهبتُ فنظرتُ لعلِّي أُحسُّ أحداً، فذهبتْ فصعِدتِ الصفا فنظرت ونظرت فلم تحِسَّ أحداً، حتى أتمتْ سبعاً، ثمَّ قالت: لو ذَهبتُ فنظرتُ ما فعل، فإذا هي بصَوتٍ، فقالت: أغِثْ إن كان عندَكَ خيرٌ، فإذا جِبريلُ، قال: فقال بعَقِبِهِ هٰكذا، وغمزَ عَقِبَهُ على الأرضِ، قال: فانبثقَ الماء، فدَهَشَت[2] أُمُّ إسماعيلَ فجعلت تَحفِزُ، قال: فقال أبو القاسمِ ﷺ: «لو ترَكتْهُ كان الماء ظاهِراً»، قال: فجعلَت تشرَبُ منَ الماءِ ويَدِرُّ لبنُها على صبيِّها. قال فمرَّ ناسٌ من جُرهُمَ ببطنِ الوادي فإذا هم بطَيرٍ، كأنهم أنكَروا ذاك، وقالوا: ما يَكونُ الطيرُ إلا على ماءٍ، فبعثوا رسولهم فنظر، فإذا هم بالماء، فأتاهم فأخبرَهم، فأتَوا إليها فقالوا: يا أُمَّ إسماعيلَ أتأذَنينَ لنا أن نكونَ معَكِ، أو نَسكُنَ معكِ؟ فبلغَ ابنُها فنكحَ فيهم امرأةً. قال: ثمَّ إنهُ بدا لإبراهيمَ فقال لأهلِهِ: إني مُطَّلِعٌ ترِكتي. قال: فجاءَ فسلَّمَ فقال: أينَ إسماعيلُ؟ فقالتِ امرأتُهُ: ذهبَ يَصيدُ. قال: قولي لَهُ إذا جاء: غيِّرْ عَتبةَ بابك.

٣٣٦٥ ـ قوله: (ما كان) أي من جنس الخصومة التي هي معتادة بين الضرائر.

(١) ـ قوله: (ينشغ) أي يشهق من الصدر أي يعلو نفسه كأنه شهيق من شدة ما يرد عليه.

(٢) ـ قوله: (فدهشت) بفتح الدال والهاء وبكسر الهاء كما في الشارح.

3365 . Ibn 'Abbās (may Allāh be pleased with him)narrated: «When Abraham had differences with his wife (Sarah), (because of her jealousy of Hājar, Ismael's mother), he took Ismael and his mother and went away. They and a water-skin with them contaning some water. She used to drink some water. Ismael's mother used to drink water from the water-skin so that her milk would increase for her child. When Abraham reached Mecca, he made her sit under a tree and afterwards returned home. Ismael's mother followed him, and when they reached Kadā' , she called him from behind: «Abraham! To whom are you leaving us? He replied: «(I am leaving you) to Allāh's (Care).She said: «I am satisfied to be with Allāh. She returned to her place and started drinking water from the water-skin, and her milk increased for her child. When the water had all been used up, she said to herself, I'd better go and look so that I may see somebody. She ascended the Safā mountain and looked, hoping to see somebody, but in vain. When she come down to the valley, she ran till she reached the Marwa moutain. She pursued to and fro (between the two mountains) many times. Then she said to herself: I'd better go and see the state of the child, she went and found it in a state of once on the point of dying. She could not endure to watch it dying and said (to herself): If I go and look, I may find somebody. She went and ascended the Safā mountain and looked for a long while but could not find anybody. Thus she completed seven rounds (fo running) between Safā and Marwa. Again she said (to herself): «I'd better go back and see the state of the child. But suddenly she heard a voice, and she said to that strange voice: Help us if you can offer any help. Lo! It was Gabriel (who had made the voice). Gabriel hit the earth with his heel like this, and so the water gushed out. Ismael's mother was astonished and started digging. (Abū Al-Qāsim) (i.e. the Prophet) said: «If she had left the water, (flow naturally without her intervention): It would have been flowing on the surface of the earth.» Ismael's mother started drinking from the water and her milk increased for her child. Afterwards some people of the tribe of Jurhum, while passing through the bottom of the valley, saw some birds, and that astonished them, and they said: «Birds can only be found at a place where there is water. They sent a messenger who searched the place and found the water, and returned to inform them about it. Then they all went to her and said: «O Ismael's mother! Will you allow us to be with you (or dwell with you)? (And thus they stayed there.) Later on her boy reached the age of puberty and married a lady from them. Then an idea occurred to Abraham which he disclosed to his wife (Sarah) I want to call on my dependents I left (at Mecca). When he went there, he greeted (Ismael's wife) and said: «Where is Ismael? She replied: «He has gone out hunting. Abraham said (to her), When he comes, tell him to change the threshold of his gate. When he came, she told him

فلما جاءَ أخبرَته، قال: أنتِ ذاكِ، فاذهبي إلى أهلِكِ. قال: ثمَّ إنه بَدا لإبراهيمَ فقال لأهلِهِ: إني مَطّلِعٌ تَرِكَتي. قال فجاء فقال: أين إسماعيلُ؟ فقالتِ امرأتُهُ: ذهبَ يَصيدُ، فقالت: ألا تنزِلُ فتطعَمَ وتشرَبَ؟ فقال: وما طعامكم، وما شرابُكم؟ قالت: طعامُنا اللحمُ وشرابُنا الماء ـ قال: اللّهمَّ باركْ لهم في طعامِهم وشرابهم. قال: فقال أبو القاسم ﷺ: «بركةٌ بدعوةِ إبراهيم ﷺ». قال: ثمَّ إنه بَدا لإبراهيمَ فقال لأهله: إني مُطّلِعٌ تَرِكتي، فجاءَ فوافقَ إسماعيلَ من وراءِ زَمزَم يُصلِحُ نَبْلاً له، فقال: يا إسماعيلُ إنَّ ربَّكَ أمرَني أن أبنيَ لهُ بيتاً. قال: أطِعْ ربَّك. قال: إنه أمَرَني أن تُعِينَني عليه، قال: إذَن أفعَلَ ـ أو كما قال. قال: فقاما فجعل إبراهيمُ يبني وإسماعيلُ يُناوِلُهُ الحجارة، ويقولان: ﴿ربَّنا تقبَّلْ منا، إنك أنتَ السميعُ العَليم﴾».

قال: حتى ارتفعَ البناء وضعفَ الشيخ على نقلِ[1] الحجارة فقام على حجر المقام فجعل يناوِلُهُ الحجارة ويقولان: ﴿ربَّنا تقبَّلْ منّا إنَّكَ أنتَ السميع العليم﴾.

١٠ ـ باب

٣٣٦٦ ـ **حدثنا** موسىٰ بنُ إسماعيلَ حدَّثَنا عبدُ الواحدِ حدَّثَنا الأعمشُ حدَّثنا إبراهيمُ التَّيميُّ عن أبيه قال: سمعتُ أبا ذرٍّ رضيَ اللهُ عنه قال: «قلتُ: يا رسولَ الله أيُّ مسجدٍ وُضعَ في الأرض أوَّلَ؟ قال: المسجدُ الحرام. قال: قلت: ثمَّ أيُّ؟ قال: المسجدُ الأقصى. قلتُ: كم كان بينهما؟ قال: أربعون سنة. ثمَّ أينَما أدرَكَتْكَ الصلاةُ بعدُ فصَلِّهْ، فإنَّ الفضل فيه». [الحديث ٣٣٦٦ ـ طرفه في: ٣٤٢٥].

باب ١٠ ـ هكذا وجد في بعض النسخ بدون ترجمة. (١) ـ قوله: (على نقل) ولأبي ذر عن نقل.

٣٣٦٦ ـ قوله: أول بفتح اللام غير منصرف ولأبي ذر بضمها ضمة بناء (شارح).

the same whereupon Ismael said to her: «You are the threshold, so go to you family (i.e. you are divorced). Again Abraham thought of visiting his dependents whom he had left (at Mecca) and he told his wife (Sarah) of his intentions. Abraham came to Ismael's house and asked: «Where is Ismael. Ismael's wife replied: «He has gone out hunting and added: «Will you stay (for some time) and have something to eat and drink? Abraham asked: «What is your food and what is your drink? She replied: «Our food is meat and our drink is water. He said: «O Allāh! Bless their meals and their drink.» Abū Al-Qāsim(i.e. Prophet said: «Because of Abraham's invocation there are blessings (in Mecca)». Once more Abraham thought of visiting his family he had left (at Mecca) so he told his wife (Sarah) of his decision. He went and found Ismael behind the Zam-zam well, mending his arrows. He said: «O Ismael, Your Lord has ordered me to build a house for Him». Ismael said: «Obey (the order of) your Lord». Abraham said: «Allāh has also ordered me that you should help me there.» Ismael said: «Then I will do». So ,both of them rose and Abraham started building (the Ka'ba) while Ismael went on handing him the stones, and both of them were saying: «O our Lord! Accept (this service) from us, verily You are the All-Hearing, the All-Knowing.» (2: 127). When the building became high and the old man (i.e. Abraham) could no longer lift the stones (to such a high position) he stood over the stone the Place and Ismael carried on handing him the stones, and both of them were saying: «O our Lord! Accept (this service) from us, Verily You are All-Hearing. All-Knowing.» (2: 127).

10 -CHAPTER:

3366 . Abū Tharr (may Allāh be pleased with him) narrated: « I said: «O Allāh's Apostle! Which mosque was first built on the surface of the earth?» He said:

«Al-Masjid-ul-Harām (in Mecca).» I said: «Which was built next? » He replied: «The Mosque of Al-Aqsā (in Jerusalem)» I said: «What was the period of construction between the two?» He said: «Forty years» He added: «Whenever the prayer time is due, perform the prayer there, for the best thing is to do so(i.e. prayer in time)».

The parts of this hadīth are in: 3425.

٣٣٦٧ ـ **حدثنا** عبدُ الله بنُ مَسلمةَ عن مالكٍ عن عمرِو بنِ أبي عمرٍو مَولى المطَّلِبِ عن أنس بنِ مالكٍ رضيَ الله عنه: «أنَّ رسولَ الله ﷺ طلعَ له أُحُدُ فقال: هٰذا جبلٌ يُحِبُّنا ونحبُّه، اللّهمَّ إنّ إبراهيمَ حرَّمَ مكةَ، وإني أُحرِّمُ ما بينَ لا بَتَيْها». رواهُ عبدُ الله بن زيدٍ عنِ النبيِّ ﷺ.

٣٣٦٨ ـ **حدثنا** عبدُ الله بن يوسفَ أخبرَنا مالكٌ عنِ ابنِ شهابٍ عن سالمِ بنِ عبدِ الله أنَّ ابنَ أبي بكرٍ أخبرَ عبدَ الله بن عمرَ عن عائشةَ رضيَ الله عنهم زوجِ النبيِّ ﷺ أنَّ رسولَ الله ﷺ قال: «ألم تَرَيْ أنَّ قومَكِ بَنوا الكعبةَ اقتصَروا عن قواعِدِ إبراهيمَ. فقلتُ: يا رسولَ الله ألا تَرُدُّها على قواعدِ إبراهيم؟ فقال: لولا حِدْثانُ قومِكِ بالكفر». فقال عبدُ الله بنُ عمرَ: لَئِن كانت عائشةُ سَمِعَتْ هٰذا من رسولِ الله ﷺ ما أُرَى أنَّ رسولَ الله ﷺ تركَ استِلامَ الرُّكنينِ اللذَينِ يَلِيانِ الحِجْرَ إلا أنَّ البيتَ لم يُتَمَّمْ على قواعِدِ إبراهيم. وقال إسماعيلُ: «عبدُ الله بنِ أبي بكر».

٣٣٦٩ ـ **حدثنا** عبدُ الله بنُ يوسفَ أخبرَنا مالكُ بنُ أنسٍ عن عبدِ الله بنِ أبي بكرِ بنِ محمدِ بنِ عمرِو بن حَزمٍ عن أبيهِ عن عمرو بن سُلَيمٍ الزُّرَقيِّ أخبرَني أبو حُمَيدٍ الساعديُّ رضيَ الله عنه: أنهم قالوا: «يا رسولَ الله كيفَ نصلِّي عليك؟ فقال رسولُ الله ﷺ: قولوا: اللّهمَّ صَلِّ على محمدٍ وأزواجِهِ وذرِّيته كما صلَّيت عَلى آل إبراهيم، وبارِكْ على محمدٍ وأزواجِهِ وذرِّيته كما باركتَ على آلِ إبراهيم، إنَّكَ حميدٌ مَجيد».

[الحديث ٣٣٦٩ ـ طرفه في: ٦٣٦٠].

٣٣٧٠ ـ **حدثنا** قيسُ بنُ حَفص وموسىٰ بنُ إسماعيلَ قالا: حدَّثَنا عبدُ الواحدِ بن زيادٍ حدَّثَنا أبو قرَّةَ مسلم بنُ سالمٍ الهَمْدانيُّ قال: حدَّثني عبدُ الله بن عيسى سمعَ

٣٣٦٩ ـ قوله: عبد الله بن أبي بكر هكذا في الشارح وبعض المتون وفي بعضها عبد الله بن محمد بن أبي بكر.

3367 . Anas bin Malīk (may Allāh be pleased with him) narrated: «When the mountain of Uhud came in the sight of Allāh's Apostle (the blessing and peace of Allāh be upon him) he said: «This is a mountain that loves us and is loved by us. O Allāh! Abraham made Mecca a sanctuary and I make (the area) in between these two mountains (of Madina) a sanctuary».

3368 . 'Āisha (may Allāh be pleased with her) the wife of the Prophet (the blessing and peace of Allāh be upon him) narrated: « Allāh's Apostle (the blessing and peace of Allāh be upon him) said (to her): «Don't you see that when your folk built the Ka'ba, they did not build it on all the foundations built by Abraham?» I said: «O Allāh's Apostle! Why don't we rebuild it on the foundations of Abraham?» He said: «But for the fact that your folk have recently given up infidelity (I would have done so)».

Ibn 'Umar (may Allāh be pleased with him) narrated: «'Āisha must have heard this from Allāh's Apostle (the blessing and peace of Allāh be upon him) for I see that Allāh's Apostle (the blessing and peace of Allāh be upon him) used not to touch the two corners facing Al-Hijr only because the House had not been built on the foundations of Abraham».

3369 . Abū Humaid As-Sā'idī (may Allāh be pleased with him) narrated: «The people asked: «O Allāh's Apostle! How shall we (ask Allāh to) send blessings on you?» Allāh's Apostle (the blessing and peace of Allāh be upon him) replied: «Say: O Allāh! Send Your Mercy on Muhammad (the blessing and peace of Allāh be upon him)and on his wives and on his offspring, as You sent Your Mercy on Abraham's family and send Your Blessings on Muhammad (the blessing and peace of Allāh be upon him) and on his offspring, as You sent Your Blessings on Abraham's family, for You are the Most Praise-worthy, the Most Glorious».

The parts of this hadīth are in: 6360.

3370 . 'Abdur-Rahmān bin Abī Lailā narrated: «Ka'b bin 'Ujrah met me and said: «Shall not I give you a present I got from the Prophet (the blessing and peace of Allāh be upon him)?» 'Abdur-Rahmān said: «Yes give it to me.» I said:

عبدَ الرّحمٰنِ بنَ أبي لَيلىٰ قال: لَقِيني كعبُ بن عُجرةَ فقال: ألا أُهدِي لكَ هَديةً سمعتُها من النبيِّ ﷺ؟ فقلت: بَلىٰ فأَهدِها لي، فقال: سَأَلنا رسولَ الله ﷺ فقلنا: يا رسولَ الله كيف الصلاةُ عليكم أهلَ البيت، فإن الله قد علمنا كيفَ نسلِّم. قال: «قولوا اللّهمَّ صلِّ على محمدٍ وعَلَى آلِ محمدٍ كما صليتَ على إبراهيمَ وعلى آلِ إبراهيمَ إنَّكَ حَميدٌ مَجيد، اللّهمَّ بارِك على محمدٍ وعلى آلِ محمد كما باركتَ على إبراهيم وعلى آلِ إبراهيمَ إنَّكَ حَميدٌ مَجيد». [الحديث ٣٣٧٠ ـ طرفاه في: ٤٧٩٧، ٦٣٥٧].

٣٣٧١ ـ **حدثنا** عثمانُ بن أبي شَيبة حدَّثَنا جريرٌ عن منصورٍ عنِ المِنهالِ عن سعيدِ بنِ جُبَيرٍ عن ابنِ عبّاسٍ رضيَ الله عنهما قال: «كان النبيُّ ﷺ يُعوِّذُ الحسنَ والحسينَ ويقول: إنَّ أباكما كان يعوِّذُ بها إسماعيلَ وإسحاق: أَعوذُ بكلماتِ الله التامَّة، من كلِّ شيطانٍ وهامَّة، ومن كلِّ عينٍ لامَّة».

١١ ـ باب قول الله عز وجل:

﴿وَنبِّئهم عن ضيفِ إبراهيمَ إذ دخلوا عليه﴾ الآية [الحجر: ٥١]

﴿وإذ قال إبراهيمُ: ربِّ أرِني كيفَ تُحيِي الموتىٰ﴾ إلى قوله: ﴿ولكن ليطمَئِنَّ قلبي﴾ الآية [البقرة: ٢٦٠]

٣٣٧٢ ـ **حدثنا** أحمدُ بن صالحٍ حدَّثنا ابن وهبٍ قال: أخبرَني يونُسُ عن ابنِ شهابٍ عن أبي سَلَمةَ بنِ عبدِ الرّحمٰنِ وسعيدِ بن المسيَّبِ عن أبي هريرةَ رضيَ الله عنه أنَّ

٣٣٧٠ ـ قوله: (وآل إبراهيم) ولغير أبي ذر وعلى آل إبراهيم (شارح).

٣٣٧١ ـ قوله: التامة وهامة ولامة بالتاء في الثلاثة والهاء الساكنة أهـ الهامة واحدة الهوام ذوات السموم والعين اللامة هي التي تصيب بسوء أهـ من الشارح.

«We asked Allāh's Apostle (the blessing and peace of Allāh be upon him) saying: «Allāh's Apostle! How should one (ask Allāh to) send blessings on you, the members of the family, for Allāh has taught us how to salute you (in the prayer)?» He said: «say: O Allāh! Send Your Mercy on Muhammad and on the family of Muhammad, as You sent Your Mercy on Abraham and on the family of Abraham, for You are the Most praise-worthy, the Most Glorious. O Allāh! Send Your Blessing on Muhammad and the family of Muhammad, as You sent Your Blessing on Abraham and on the family of Abraham, for You are the Most praise-worthyh, the Most Glorious.»

The parts of this hadīth are in: 4797, 6357.

3371 . Ibn 'Abbās (may Allāh be pleased with him)narrated: «The Prophet (the blessing and peace of Allāh be upon him) used to seek refuge with Allāh for Al-Hasan and Al-Husain and say: «Your forefather (i.e. Abraham) use to seek refuge with Allāh for Ismael and Isaac by reciting the following: O Allāh! I seek refuge with Your Perfect Words from every devil and from poisonous pests and from every evil, harmful, envious eye.».

11 - CHAPTER: Allāh's saying:

And inform them of the guests of Abraham
When Abraham said: «O my Lord!
Show me
How You give life to the dead. (2: 260).

3372 . Abū Huraira (may Allāh be pleased with him) narrated: «Allāh's Apostle (the blessing and peace of Allāh be upon him) said: «We are more liable to be in doubt than Abraham when he said: «My Lord! Show me how You give life to the dead
He (i.e. Allāh) said: «Don't you
believe then?
He (i.e. Abraham) said: «Yes,
but (I ask) in order to be stronger in Faith. (2: 260).

رسولَ الله ﷺ قال: «نحنُ أحقُّ من إبراهيمَ إذ قال: ﴿رَبِّ أَرِني كيفَ تُحيي الموتى. قال: أوَلَم تُؤْمِنْ؟ قال: بَلى ولكنْ ليَطمَئِنَّ قلبي﴾، ويَرحمُ الله لوطاً لقد كان يأْوِي إلى رُكنٍ شديد، ولو لبِثتُ في السجنِ طولَ ما لبثَ يوسُفُ لأجبتُ الداعيَ».

[الحديث ٣٣٧٢ ـ أطرافه في: ٣٣٧٥، ٣٣٨٧، ٤٥٣٧، ٤٦٩٤، ٦٩٩٢].

١٢ ـ باب قولِ الله تعالىٰ:

﴿واذكُرْ في الكتابِ إسماعيلَ إنه كان صادِقَ الوعد﴾ [مريم: ٥٤]

٣٣٧٣ ـ **حدثنا** قُتيبةُ بن سعيدٍ حدَّثنا حاتمٌ عن يزيدَ بنِ أبي عُبَيدٍ عن سَلمةَ بنِ الأكْوَعِ رضيَ الله عنه قال: «مَرَّ النبيُّ ﷺ على نَفَرٍ من أسْلَم يَنتَضِلون، فقال رسولُ الله ﷺ: ارمُوا بني إسماعيلَ فإنَّ أباكم كان رامياً، وأنا معَ بني فلان. قال: فأمسكَ أحدُ الفريقَينِ بأيدِيهم، فقال رسولُ الله ﷺ: ما لكم لا تَرمون؟ فقالوا: يا رسولَ الله نَرمي وأنتَ معَهم؟ قال: ارموا وأنا معكم كلِّكم».

١٣ ـ باب قصَّةِ إسحاقَ بن إبراهيم عليهما السلام

فيهِ ابنُ عمرَ وأبو هريرة عنِ النبيِّ ﷺ

١٤ ـ باب ﴿أم كنتم شُهَداء إذ حضرَ يَعقوبَ الموتُ إذ قال لبنيهِ﴾ إلى قوله: ﴿ونحن له مسلمون﴾ الآية [البقرة: ١٣٣]

٣٣٧٢ ـ قوله: نحن أحقّ من إبراهيم ولأبي ذر نحن أحقّ بالشكّ من إبراهيم (شارح).

And may Allāh send His Mercy on Lot! He wished to have powerful support. If I were to stay in prison for such a long time as Joseph did, I would have accepted the offer (of freedom without insisting on having my guiltlessness declared)».

The parts of this hadīth are in: 3375, 3387, 4537, 4694, 6992.

12 - CHAPTER: The saying Allāh (the Exalted and Almighty):

Also mention in the Book (the story of) Ismael: He was (strictly)
true to what he promised. (19: 54).

3373 . Salama bin Al-Akws (may Allāh be pleased with him) narrated: «The Prophet (the blessing and peace of Allāh be upon him) passed by some persons of the tribe of Aslam practising archery(i.e. the throwing of arrows). He said: «O offspring of Ismael! Practice archery (i.e. arrow-throwing) as your father was a great archer(i.e. arrow-thrower). I am with (on the side of) the son of so-and-so» Hearing that, one of the two teams stopped throwing. Allāh's Apostle (the blessing and peace of Allāh be upon him) asked them: «Why are you not throwing?» They replied: « O Allāh's Apostle! How shall we throw when you are with the opposite team?» He said: «Throw, for I am with you all».

13 - CHAPTER: The story of Isaac, the son of Abraham (may Allāh be pleased with him).

14 - CHAPTER:

Were you witness. When death approached Jacob

Behold, he said to his sons:
What will you worship after me?
They said: «We shall worship your God (Allāh)
And the God of your fathers,
Abraham, Ismael and Isaac,
The One God:
And to Him we surrender (in Islām). (2: 133).

٣٣٧٤ - **حدثنا** إسحاقُ بنُ إبراهيمَ سمعَ المُعتمِرَ عن عُبَيد الله عن سعيدِ بنِ أبي سعيدٍ المَقبُريِّ عن أبي هريرةَ رضيَ الله عنه قال: «قِيلَ للنبيِّ ﷺ: مَن أكرمُ الناس؟ قال: أكرَمُهم أتقاهم. قالوا: يا نبيَّ الله ليسَ عن هٰذا نسألُك. قال: فأكرَمُ الناس يوسُفُ نبيُّ الله ابنُ نبيِّ الله ابنِ نبيِّ الله ابنِ خليل الله. قالوا: ليسَ عن هٰذا نسألُك. قال: فعن معادِنِ العرَب تَسألونني؟ قالوا: نعم. قال: فخِيارُكم في الجاهليةِ خِيارُكم في الإسلام إذا فقِهوا».

١٥ - **باب** ﴿ولُوطاً إذ قال لِقومهِ أتأتونَ الفاحشةَ وأنتم تُبصِرون، أإنكم لتأتونَ الرجالَ شهوةً من دُونِ النساء، بلْ أنتم قومٌ تَجهَلون. فما كان جوابَ قومهِ إلا أن قالوا أخرِجوا آلَ لُوطٍ من قريتِكم إنهم أُناسٌ يَتطهَّرون. فأنجيناهُ وأهلَهُ إلّا امرأتَهُ قدَّرناها من الغابرين، وأمطَرْنا عليهم مطراً فساءَ مطرُ المنذرين﴾ [النمل: ٨٤ - ٨٨].

٣٣٧٥ - **حدثنا** أبو اليمانِ أخبرَنا شُعيبٌ حدَّثَنا أبو الزِّنادِ عنِ الأعرجِ عن أبي هريرةَ رضيَ الله عنه أنَّ النبيَّ ﷺ قال: «يَغفِرُ الله لِلُوطٍ إنْ كان ليأْوِي إلى ركنٍ شديد».

١٦ - **باب** ﴿فلما جاءَ آلَ لَوطٍ المُرسَلون، قال إنكم قومٌ منكَرون﴾ [الحجر: ٦٢]، ﴿برُكنِهِ﴾: بمن معَهُ لأنهم قوَّتُه. ﴿تركَنوا﴾: تميلوا. فأنكَرَهم ونكرهم واستَنْكرهم واحد. ﴿يُهْرَعون﴾: يُسرعون. ﴿دابر﴾: آخر. ﴿صَيحة﴾: هَلَكة. ﴿للمتوسِّمين﴾: للناظرين. ﴿لَبِسَبيل﴾: لَبِطريق.

٣٣٧٤ - قوله: (تسألوني) ولأبي ذر تسألونني.

3374 . Abū Huraira (may Allāh be pleased with him) narrated: «Some people asked the Prophet (the blessing and peace of Allāh be upon him) «Who is the most honourable amongst the people?» He replied: «The most honourable among them is the one who is the most Allāh-fearing» They said: «O Allāh's Apostle! We do not ask about this.» He said: «Then the most honourable person is Joseph, Allāh's Prophet, the son of Allāh's Prophet, the son of Allāh's Khalīl.» They said: «We do not ask about this.» He said: «Then you want to ask me about the Arabș' descent?» They said: «Yes» He said: «Those who were best in the pre-Islamic period, are the best in Islam, if they comprehend (the religious knowledge)».

15 - CHAPTER: And Lot. When he said to his people:

Do you commit the worst sin while
You see (one another doing evil)
Do you approach men in you lust
Instead of women? Nay you are
ignorant people: Drive out the
household of Lot from your town.
Verily these are men who want to be clean, and pure.

But We saved him and house-hold.
Except his wife whom We caused to be
Of those sho stayed behind.
And We sent on them a shower, (of stones) so evil was the shower
Of those who had been warned (27: 54-58).

3375 . Abū Huraira (may Allāh be pleased with him) narrated: «The Prophet (the blessing and peace of Allāh be upon him) said: «May Allāh forgive Lot: He wanted to have powerful support».

16 - CHAPTER: At last, when the messengers (angels) came unto the family of Lot, he said: «Verily you are people unknown to me. (15: 61-62)

Incline (11: 113). «Rushing» (7: 78). «The last remnant» (6: 45). «Blast» (36: 53). «For those who by tokens do understand» (15: 75). «For lookers». «High road» (15: 76).

٣٣٧٦ ـ **حدثنا** محمود حدَّثنا أبو أحمد حدَّثنا سفيان عن أبي إسحاق عن الأسود عن عبد الله رضيَ الله عنه قال: «قرأ النبي ﷺ: ﴿فهل من مدَّكر﴾».

١٧ ـ **باب** قول الله تعالى: ﴿وإلى ثَمودَ أخاهم صالحاً﴾ [الأعراف: ٧٣] وقوله: ﴿كذَّبَ أصحابُ الحِجْر﴾ [الحجر: ٨٠]. الحجرِ موضعُ ثَمود. وأما ﴿حَرث حِجر﴾: حرام، وكلُّ ممنوع فهو حجر، ومنه: ﴿حِجر محجور﴾. والحِجرُ كلُّ بناء بَنيته، وما حَجَرت عليهِ منَ الأرضِ فهو حِجْر، ومنه سُمِّيَ حَطيمُ البيتِ حِجراً، كأنَّ مشتقٌ من محطوم، مثلُ قتيل من مَقتول، ويُقال للأنثى منَ الخيل الحجرُ، ويقال للعقل: حِجر. وحِجىً وأما حَجْرُ اليمامة(١) فهو المنزل.

٣٣٧٧ ـ **حدثنا** الحُميديُّ حدَّثنا سفيانُ حدَّثنا هِشامُ بن عُروةَ عن أبيهِ عن عبدِ الله بنِ زَمعةَ قال: «سمعتُ النبيَّ ﷺ ـ وذَكرَ الذي عَقَرَ الناقة ـ فانتدبَ لها رجُل ذو عزّ ومَنَعةٍ في قومِهِ كأبي زَمعةَ». [الحديث ٣٣٧٧ ـ أطرافه في: ٤٩٤٢، ٥٢٠٤، ٦٠٤٢].

٣٣٧٨ ـ **حدثنا** محمدُ بنُ مِسكينٍ أبو الحسنِ حدَّثنا يحيى بنُ حَسّانَ بنِ حَيّانَ أبو زكريّاءَ حدَّثنا سليمانُ عن عبدِ الله بنِ دِينارٍ عنِ ابنِ عمرَ رضيَ الله عنهما: «أنَّ رسولَ الله ﷺ لما نَزَلَ الحِجْرَ في غزوةِ تبوكَ أمرهم أن لا يَشربوا من بئرِها ولا يَستقوا منها، فقالوا: قد عجنّا منها واستقينا، فأمرهم أن يَطرحوا ذلكَ العجينَ ويُهرِيقوا ذلكَ الماء». ويُروَى عن سَبرةَ بنِ مَعْبدٍ وأبي الشّموس: «إنَّ النبيَّ ﷺ أمرَ بإلقاءِ الطعام». وقال أبو ذَرٍّ عنِ النبيِّ ﷺ: «مَنِ اعتجَنَ بمائه». [الحديث ٣٣٧٨ ـ طرفه في: ٣٣٧٩].

باب ١٧ ـ قوله: (حرام) أي فمعنى هذا الحجر حرام اهـ.

(١) ـ قوله: حجر اليمامة بفتح الحاء وقوله: المنزل: هو قصبة اليمامة، البلد المشهور بين الحجاز واليمن. قاله الحافظ

٣٣٧٨ ـ قوله: (ويهريقوا) أي يريقوا والأصل في الهاء التحريك كما في قوله وأن شفائي عبرة مهراقة انظر المصباح في ري ق.

3376 . 'Abdullah (may Allāh be pleased with him) narrated: «The Prophet (the blessing and peace of Allāh be upon him) recited:
Hal-min-Muddakir (45: 15)
(Is there any that will remember) and avoid evil).

17 - CHAPTER: The saying of Allāh (the Exalted and Almighty):

And unto Thamūd We sent their brother Sālih. (7: 73)
And His Statement:
And the people of Al-Hijr denied the apostles. (15: 80)
Al-Hijr is the land of the tribe of Thamūd.

3377 . 'Abdullah bin Zam'a (may Allāh be pleased with him) narrated: «I heard the Prophet (the blessing and peace of Allāh be upon him) while referring to the person who had cut the legs of the she-camel (of the Prophet Sāhih), saying: « The man who was appointed for doing this job, was a man of honour and power in his nation like Abū Zām'a.

The parts of this hadīth are in: 6042, 5204, 4942,.

3378 . Ibn 'Umar (may Allāh be pleased with him)narrated: «When Allāh's Apostle (the blessing and peace of Allāh be upon him) landed at Al-Hijr during the invasion of Tabūk, he ordered his Companions not to drink water from its well or reserve water from it. They said: «We have already kneaded the dough with its water, and also filled our bags with its water.» On that, the Prophet (the blessing and peace of Allāh be upon him) ordered them to throw away the dough and pour out the water.

The parts of this hadīth are in: 3379.

٣٣٧٩ - **حدثنا** إبراهيمُ بن المنذرِ حدَّثَنا أَنسُ بنُ عياضٍ عن عُبَيدِ الله عن نافعٍ أن عبدَ الله بن عمرَ رضيَ الله عنهما أخبرَهُ «أَنَّ الناسَ نزَلوا مع رسولِ الله ﷺ أرضَ ثمودَ، الحِجرَ، واستقوا مِن بئرِها واعتجنوا بهِ، فأمرَهم رسولُ الله ﷺ أن يُهرِيقوا ما استقوا من بِئْرِها وأن يَعلفوا الإبلَ العجينَ، وأمرَهم أن يَستقوا منَ البئر التي كان تَرِدُها الناقة». تابعَهُ أُسامة عن نافع.

٣٣٨٠ - **حدثنا** محمدٌ أخبرَنا عبدُ الله عن مَعْمَرٍ عن الزُّهريِّ قال: أخبرَني سالمُ بنُ عبدِ الله عن أبيه: «أَنَّ النبيَّ ﷺ لما مرَّ بالحِجر قال: «لا تَدخُلوا مَساكنَ الذين ظَلموا إلا أن تكونوا باكينَ أن يُصيبَكم ما أَصابَهم. ثمَّ تقنَّعَ بردائهِ وهوَ على الرَّحْل».

٣٣٨١ - **حدثني** عبدُ الله بن محمدٍ حدَّثَنا وَهبٌ حدَّثَنا أبي سمعتُ يونُسَ عنِ الزُّهريِّ عن سالمٍ أَنَّ ابنَ عمرَ قال: قال رسولُ الله ﷺ: «لا تَدخُلوا مَساكنَ الذينَ ظَلموا أَنفُسَهم - إلا أن تكونوا باكين - أن يُصيبَكم مثلَ ما أصابَهم».

١٨ - باب ﴿أم كنتم شُهداء إذ حضَرَ يَعقوبَ الموتُ﴾ [البقرة: ١٣٣]

٣٣٨٢ - **حدثنا** إسحاقُ بن منصورٍ أخبرنا عبدُ الصمدِ حدَّثَنا عبدُ الرّحمنِ بن عبدِ الله عن أبيهِ عنِ ابنِ عمرَ رضيَ الله عنهما عن النبيّ ﷺ أنه قال: «الكريمُ ابنُ الكريمِ ابنِ الكريم: يوسُفُ بن يعقوبَ بنِ إسحاق بن إبراهيم عليهم السلام».

[الحديث ٣٣٨٢ - طرفاه في: ٣٣٩٠، ٤٦٨٨].

٣٣٧٩ - قوله: (التي كان) وللكشميهني كانت.

٣٣٨٠ - قوله: الذين ظلموا وفي بعض النسخ زيادة: أنفسهم.

3379 . 'Abdullah bin 'Umar (may Allāh be pleased with him) narrated: «The people landed at the land of Thamud called Al-Hijr along with Allāh's Apostle (the blessing and peace of Allāh be upon him) and they took water from its well for drinking and kneading the dough with it as well. (When Allāh's Apostle heard about it) he ordered them to pour out the water they had taken from its wells and feed the camels with the dough, and ordered them to take water from the wellwhence the she-camel (of Prophet Sālih) used to drink.

3380 . 'Abdullah (bin 'Umar) (may Allāh be pleased with him) narrated: «When the Prophet (the blessing and peace of Allāh be upon him) passed by (a place called) Al-Hijr, he said: «Do not enter the house of those who Were unjust to themselves unless (you enter) weeping, lest you should suffer the same punishment as was inflicted upon them». After that he covered his face with his sheet-cloth while he was on the camel-saddle.

3381 . Ibn 'Umar (may Allāh be pleased with him) narrated: «Allāh's Apostle (the blessing and peace of Allāh be upon him) said: «Do not enter the ruined dwelling of those who were unjust to themselves unless (you enter) weeping, lest you should suffer the same punishment as was infflictedupon them».

18 - CHAPTER: Were you witnesses when death approached Jacob?» (2: 133).

3382 . Ibn 'Umar (may Allāh be pleased with him) narrated: «The Prophet (the blessing and peace of Allāh be upon him) said: «The honourable is the of the honourable, the son of the honourable, the son of honourable,. (i.e. Joseph) the son of Jacob, the son of Isaac, the son of Abraham(may Allāh be pleased with him).

The parts of this hadīth are in: 4688, 3390.

١٩ ـ باب قولِ الله تعالى:
﴿لقد كان في يوسُفَ وإخوَتِهِ آياتٌ للسائلين﴾ [يوسف: ٧]

٣٣٨٣ ـ **حدثني** عُبيدُ بن إسماعيل عن أبي أُسامةَ عن عُبَيدِ الله قال: أخبرَني سعيدُ بنُ أبي سعيدٍ عن أبي هريرةَ رضيَ الله عنه: «سُئِلَ رسولُ الله ﷺ مَن أكرمُ الناسِ؟ قال: أتقاهم لله. قالوا: ليسَ عن هٰذا نَسألُك. قال: فأكرمُ الناسِ يوسُفُ نبيُّ الله ابنُ نبيِّ الله ابنِ نبيِّ الله ابنِ خليلِ الله. قالوا: ليسَ عن هذا نسألُك. قال: فعن معادن العرب تسألوني؟ الناسُ معادن، خيارُهم في الجاهليةِ خيارُهم في الإسلام إذا فقِهوا».

أخبرنا محمد بنُ سَلام أخبرني عَبدةُ عن عُبَيد الله عن سعيدٍ عن أبي هريرة رضيَ الله عنه عنِ النبيِّ ﷺ بهذا.

٣٣٨٤ ـ **حدثنا** بَدَلُ بن المحبَّر أخبرَنا شعبة عن سعدِ بنِ إبراهيمَ قال: سمعتُ عُروةَ بن الزُّبير عن عائشة رضي الله عنها أن النبيَّ ﷺ قال لها: «مُري أبا بكرٍ يُصلِّي بالناس». قالت: إنهُ رجُلٌ أسِيف، متى يَقُم مقامَكَ رَقَّ. فعاد، فعادَت. قال شعبة: فقال في الثالثة ـ أو الرابعةِ ـ: «إنَّكُنَّ صواحِبُ يوسُفَ، مُروا أبا بكر..».

٣٣٨٥ ـ **حدثنا** الربيعُ بن يحيى البَصريُّ حدَّثَنا زائدةُ عن عبدِ الملك بنِ عُمَير عن أبي بُردةَ بن أبي موسىٰ عن أبيه قال: «مَرِضَ النبيُّ ﷺ فقال: مُرُوا أبا بكرٍ فلْيُصَلِّ بالناس. فقالت: إنَّ أبا بكرٍ رجلٌ ـ فقال مثلَهُ، فقالت مثله ـ فقال: مُرُوهُ، فإنّكنَّ صَواحبُ يوسُفَ ـ فأمَّ أبو بكرٍ في حياةِ رسولِ الله ﷺ». وقال حسينٌ عن زائدةَ «رجلٌ رَقيق».

٣٣٨٣ ـ قوله: (تسألوني) بنون وبنونين وفقهوا بضم القاف وكسرها أهـ.

٣٣٨٥ ـ قوله: (رجل) زاد أبو ذرّ في فتح الباري لفظه: (كذا) يعني رجل أسيف (شارح).

19 - CHAPTER: The saying of Allāh (the Exalted and Almighty):

Verily, in Joseph and his brothers
Were signs for seekers (after Truth). .(12: 7).

3383 . Abū Huraira (may Allāh be pleased with him) narrated: « Allāh's Apostle (the blessing and peace of Allāh be upon him) was asked: «Who is the most honourable amongst the people? He replied: «The most Allāh-fearing» The people said: «We do not want to ask you about this.» He said: «The most honourable person is Joseph, Allāh's Prophet, the son of Allāh's Prophet, the son of Allāh's comrade. The people said: «We do not want to ask you about this.» He said: «Then you want to ask me about the origins of the Arabs? People are of various origins. The best in the pre-Islamic period are the best in Islam, provided they comprehened (the religious knownledge)».

This hadith has been reported a chain of transmitters.

3384 . 'Aisha (may Allāh be pleased with her) narrated: « That the Prophet (the blessing and peace of Allāh be upon him) said (to her): «Order Abū Bakr to lead the people in prayer.» She replied: «Abū Bakr is a soft-hearted person and when he stands at your place, he will weep (so he will not be able to lead the prayer). repeated the same order and she gave the same reply. The narrator, Shu'ba said: «That the Prophet (the blessing and peace of Allāh be upon him) said on the third or fourth time: « You are (like) the female companions of Joseph Order Abū Bakr to lead the prayer».

3385 . Abū Mūsa narrated: « When the Prophet (the blessing and peace of Allāh be upon him) fell ill, he said: «Order Abū Bakr to lead the people in prayer.» 'Aisha said: «Abū Bakr is soft-hearted person. The Prophet (the blessing and peace of Allāh be upon him) gave the same order again she again the same reply. He again said: «Order Abū Bakr (to lead the prayer)! You are (like) the female companions of Joseph» Consequently Abū Bakr led the peoplein prayer in the lif-time of the Prophet.

٣٣٨٦ ـ **حدثنا** أبو اليمانِ أخبرَنا شُعيبُ حدَّثَنا أبو الزِّنادِ عنِ الأعرجِ عن أبي هريرةَ رضيَ اللهُ عنه قال: قال رسولُ اللهِ ﷺ: **«اللَّهمَّ أنجِ عَيَّاشَ بنَ أبي ربيعةَ، اللَّهمَّ أنجِ سَلمةَ بنَ هِشامٍ، اللَّهمَّ أنجِ الوَليدَ بن الوَليدِ، اللَّهمَّ أنجِ المستضعَفينَ منَ المؤمنين. اللَّهمَّ اشدُدْ وَطْأَتَك على مُضَرَ، اللَّهمَّ اجْعَلْها سِنِينَ كسِني يوسُفَ»**.

٣٣٨٧ ـ **حدثنا** عبدُاللهِ بن محمد بن أسماءَ ابنِ أخي جُوَيريةَ حدَّثَنا جُوَيريةُ بنُ أسماءَ عن مالكٍ عنِ الزُّهريِّ أن سعيدَ بنَ المسيبِ وأبا عُبيدٍ أخبراه عن أبي هريرةَ رضيَ اللهُ عنه قال: قال رسولُ اللهِ ﷺ: **«يرحَمُ اللهُ لُوطاً، لقد كان يأْوِي إلى رُكنٍ شديد، ولو لبِثْتُ في السجنِ ما لبِثَ يوسفُ ثمَّ أتاني الداعي لأجَبْتُه»**.

٣٣٨٨ ـ **حدثنا** محمدُ بن سلامٍ أخبرَنا ابن فَضِيل حدَّثَنا حُصَينٌ عن شقيق عن مسروقٍ قال: «سألتُ أمَّ رُومان وهي أُمُّ عائشةَ عما قِيل فيها ما قيل قالت: **بينما أنا مع عائشةَ جالستانِ، إذ وَلَجتْ علينا امرأةٌ منَ الأنصارِ وهي تقول: فعلَ اللهُ بفُلانٍ وفعلَ. قالت: فقلتُ: لِمَ؟ قالت: إنه نمى ذِكرَ الحديث، فقالت عائشة: أيُّ حديثٍ؟ فأخبرتها. قالت: فسمِعَهُ أبو بكرٍ ورسولُ اللهِ ﷺ؟ قالت: نعم، فخرَّت مغشيّاً عليها، فما أفاقت إلا وعليها حُمّى بنافِض. فجاءَ النبيُّ ﷺ فقال: «ما لهٰذه؟» قلتُ حُمّى أخذَتْها من أجلِ حديثٍ تحُدِّثَ به. فقعَدَت فقالت: واللهِ لئن حلفتُ لا تُصدِّقونني، ولئنِ اعتذَرتُ لا تعذِرونني، فمثَلي ومَثَلُكم كمَثَلِ يعقوبَ وبَنيه، واللهُ المستعانُ على ما تَصِفون. فانصرَفَ النبيُّ ﷺ، فأنزَلَ اللهُ ما أنزَل، فأخبَرَها فقالت: بحمدِ اللهِ لا بحمدِ أحد»**.

[الحديث ٣٣٨٨ ـ أطرافه في: ٤١٤٣، ٤٦٩١، ٤٧٥١].

٣٣٨٧ ـ قوله: (ابن أخي) ولأبي ذرّ: هو ابن أخي (شارح).

٣٣٨٨ ـ قوله: (نمى) بتخفيف الميم وتشديدهانظر والحديث خبر الأفك.

3386 . Abū Huraira (may Allāh be pleased with him) narrated: «Allāh's Apostle (the blessing and peace of Allāh be upon him) said: «O Allāh! Save 'Aiyyāsh bin Abī Rabī'a (from the unjust treatment of the infidels), O Allāh! Save Salama bin Hishām. O Allāh! Save Al-Walīd, O Allāh! Save the weak amongst the believers. O Allāh! Send Your Punishment on (the tribe of) Mudar. O Allah! Let them suffer from years (of drought) similar to that infflicted during the life-time of Joseph».

3387 . Abū Huraira (may Allāh be pleased with him) narrated: « Allāh's Apostle (the blessing and peace of Allāh be upon him) said: «May Allāh bestow His Mercy on Lot. He wanted to have powrful support. If I were to stay in prison (for a period equal to) the stay of Joseph (in prison) and then the offer of freedom came to me, then I would have accepted it».

3388. Masruq narrated:«I sked Umm Ruman, Aisha's mother about the accusation forged against 'Āisha. She said: «While I was sitting with 'Āisha, an Ansārī woman came to us and said: «Let Allāh condemn such-and-such person. I asked her: Why do you say so?» She replied: «For he has spread the (slanderous) story. 'Āisha said: «What story?»The woman then told her the story. 'Āisha asked: «Have Abū Bakr and Allāh's Apostle (the blessing and peace of Allāh be upon him) heard about it?» She said: «Yes 'Āisha fell down senseless (on hearing that), and when she came to her senses, she got fever and shaking of the body. The Prophet (the blessing and peace of Allāh be upon him) came and asked: «What is wrong with her? I said: «She has got fever because of a story which has been rumoured. 'Āisha got up amd said: «By Allāh! Even if I took an oath, you would not believe in me, and if I forward an excuse, you would not excuse me. My example and your example is just like that example fo Jacob and his sons. Against that which you claim, Allāh (Alone) Whose Help can be sought. left and then Allāh revealed the Verses (concerning the matter), and on that 'Aisha said: «Thanks to Allāh (only) but not to anybody else».

The parts of this hadīth are in: 4691, 4143, 4751.

٣٣٨٩ ـ **حدثنا** يحيىٰ بنُ بُكيرٍ حدَّثنا اللَّيثُ عن عُقَيلٍ عن ابنِ شهابٍ قال: «أخبرَني عُروةُ أنهُ سألَ عائشةَ رضيَ الله عنها زوجَ النبيِّ ﷺ أرأيتِ قولَ الله: ﴿حتَّى إذا استيأسَ الرُّسُل وظنُّوا أنهم قد كُذِّبوا﴾ أو كُذبوا، قالت: بل كذَّبهم قومهم، فقلتُ والله لقدِ استيقنوا أنَّ قومَهم كذَّبوهم وما هو بالظنِّ. فقالت: يا عُرَيةُ، لقدِ استيقنوا بذٰلك. قلتُ: فلعلها «أو كُذِبوا» قالت: معاذَ الله، لم تكن الرُّسُل تظنُّ ذلك بربها، وأما هٰذهِ الآية قالت: هم أتباعُ الرُّسُلِ الذينَ آمنوا بربهم وصدَّقوهم وطال عليهم البلاءُ واستأْخَرَ عنهمُ النصرُ، حتّى إذا استيأسَتْ ممَّن كذَّبهم من قومِهم وظنُّوا أنَّ أَتباعهم[1] كذَّبوهم جاءَهم نصرُ الله». قال أَبو عبدِ الله: ﴿استيأَسوا﴾ استفعلوا[2] من يئستُ، ﴿منه﴾ من يوسفَ ﴿تيأَسوا من رَوحِ الله﴾ معناه الرجاء. [الحديث ٣٣٨٩ ـ أطرافه في: ٤٥٢٥، ٤٦٩٥، ٤٦٩٦].

٣٣٩٠ ـ **أخبرني** عَبدةُ حدَّثنا عبدُ الصمدِ عن عبدِ الرَّحمٰنِ عن أبيهِ عن ابن عمرَ رضيَ الله عنهما أنَّ النبيَّ ﷺ قال: «الكريمُ ابن الكريم ابنِ الكريم ابنِ الكريم يوسفُ بنُ يعقوبَ بنِ إسحاقَ بن إبراهيمَ عليهم السلام».

٢٠ ـ **باب** قولِ الله تعالى: ﴿وأيُّوبَ إذ نادى ربَّهُ أنّي مَسَّنِي الضُّرُّ وأنتَ أَرحَمُ الراحمين﴾. ﴿اركُضْ﴾: اضرِب. ﴿يَركُضون﴾: يَعْدون.

٣٣٩١ ـ **حدثنا** عبدُ الله بن محمدٍ الجُعفيُّ حدَّثنا عبدُ الرزّاقِ أَخبرَنا مَعْمرٌ عن همّامٍ

٣٣٨٩ ـ قوله: فلعلها أَو كذبوا لعلّ كلمة أَو وقعت بدل كلمة قد غلطاً فإنه لا معنى لها هنا اللّهمَّ إلاّ أن يقال إنها بمعنى بل والمعطوف عليه مقدر والتقدير فلعلها لم تكن كذبوا بالتشديد بل كذبوا بالتخفيف أهـ.

(١) ـ قوله: (وظنّوا أن أتباعهم) الخ حاصلة أنهم أيسوا من إيمان المكذبين وظنوا ارتداد المصدقين لما بلغوا منهم البلغين أهـ.

(٢) ـ قوله: استفعلوا وفي بعض الروايات: افتعلوا، والأولى هو الصواب وقد أثبتناه من فتح الباري.

3389 . 'Urwa narrated: «I asked: «'Āisha (may Allāh be pleased with her) the wife of the Prophet (the blessing and peace of Allāh be upon him) about the meaning of the following Verse: (Respite will be granted) until When the apostles give up hope (of their people) and come to suspect that they were denied (by their people).....(12: 110).

'Āisha replied: «Really, their nations did not believe them» I said: «By Allāh! The definite that their nations treated them as liars and it was not a matter of suspecting.» 'Āisha said: «O 'Uraiya (i.e. 'Urwa)! No doubt, they were quite sure about it» I said: «May the Verse be read in such way as to mean that the Apostles thought that Allāh did not help?» 'Āisha said: «Allāh forbid! (Impossible) The Apostles did not suspect their Lord of such a thing. But this Vere in concernned with the Apostles followers who had faith in their Lord and believed in their Apostles and their period of trials was long and Allāh's Help was delayed till the Apostles gave up hope for the conversion of the disbelievers amongst their nation and suspected that even their followers were shaken in their belief, Allāh's Help then came to them».

3390 . Ibn 'Umar (may Allāh be pleased with him) narrated: «The Prophet (the blessing and peace of Allāh be upon him) said: «The honourable, the son of the honourable, the son of the honourable, the son of the honourable (was) Joseph, the son of Jacob, the son of Isaac, the son of Ismael.

20 - CHAPTER: The saying Allāh (the Exalted and Almighty):

And (remember) Job (i.e. Aiyūb)
When he cried to his Lord: Verily
destress has seized me and You are
the Most Merciful of all those who show Mercy. (21: 83).

3391 . Abū Huraira (may Allāh be pleased with him) narrated: «The

عن أبي هريرة عن النبيِّ ﷺ قال: «بَينما أيوبُ يَغتسِلُ عُرياناً خرَّ عليه رِجل جَرادٍ من ذَهب، فجعلَ يَحثي في ثوبه فنادَى ربُّهُ: يا أيوبُ أَلم أَكُنْ أَغنيتُكَ عمّا ترَى؟ قال: بَلىٰ يا ربِّ، ولكنْ لا غِنىٰ لي عن بركَتِك».

٢١ ـ **باب** قولِ الله: ﴿واذكُرْ في الكتاب موسىٰ إنه كان مُخلَصاً وكان رسولاً نبياً. ونادَيناهُ من جانبِ الطُّورِ الأيمَنِ وقرَّبناهُ نَجِيّاً﴾ كلَّمَهُ. ﴿ووَهَبْنا له من رحمتِنا أخاهُ هارونَ نبياً﴾ يقال للواحدِ والإثنين والجميع: نَجِيّ. ويُقال: خلَصوا نجِيّاً اعتزَلوا نجيّاً، والجميعُ أَنْجِيةٌ يتناجَون.

﴿وقال رَجلٌ مؤمنٌ مِن آلِ فِرعَونَ يَكتُمُ إيمانه ـ إلى ـ مَن هو مُسرفٌ كذّاب﴾ [غافر: ٢٨].

٣٣٩٢ ـ **حدثنا** عبدُ الله بن يوسُفَ حدَّثَنا اللَّيثُ قال: حدَّثني عُقَيلُ عن ابن شهابٍ سمعتُ عُروةَ قال: قالت عائشةُ رضيَ الله عنها: «فرجَعَ النبيُّ ﷺ إلى خديجة يَرجُفُ فؤادهُ، فانطلَقَتْ بهِ إلىٰ وَرقةَ بنِ نوفلٍ ـ وكان رجُلاً تنصَّرَ، يَقرَأُ الإنجيلَ بالعربيةِ ـ فقال ورقة: ماذا ترَى؟ فأخبَرَهُ، فقال ورقةُ: هٰذا الناموسُ الذي أَنزَلَ الله على موسىٰ، وإن أدركَني يومُكَ أَنْصُرْكَ نَصراً مُؤزَّراً».

الناموسُ: صاحبُ السرِّ الذي يُطلِعهُ بما يَستُرُه عن غيرِه.

٢٢ ـ **باب** قولِ الله عزَّ وجلَّ:

﴿وهل أَتاكَ حديثُ موسىٰ إذ رأَى ناراً ـ إلى قوله ـ بالوادي المقدَّس طُوًى﴾ [طه: ٩ ـ ١٢] ﴿آنستُ﴾ أَبصَرْتُ ﴿ناراً لعَلِّي آتيكم منها بِقبَسٍ﴾ الآية. قال ابنُ عبّاسٍ

٣٣٩١ ـ قوله: (يحثي) أي يأخذه بيديه جميعاً.

٣٣٩١ ـ قوله: (فنادى ربه) ولأبي ذرّ فناداه ربه.

Prophet (the blessing and peace of Allāh be upon him) said: «While Job was naked, taking a bath, a swarm of gold locusts fell on him and he started collecting them in his garment. His Lord called him: «O Job! Have I not made you too rich to need what you see? He said: «Yes, O Lord! But I cannot dispence with Your Blessing».

21 - CHAPTER: Also mention in the Books Moses: Verily he was chosen.

And he was an Apostle and a Prophet.
And We called him from the right side
Of Mount, and made him to draw near to Us for a talk to him. (19: 51,52).

3392 . 'Āisha (may Allāh be pleased with her) narrated: « The Prophet (the blessing and peace of Allah be upon him) returned to Khadijah while his heart was beating rapidly. She took him to Waraqa bin Naufal who was a Christian convert and used to read the Gospels in Arabic. Waraqa asked (the Prophet (the blessing and peace of Allāh be upon him)): «What do you see?»When he told him, Waraqa said: «That is the same angel whom Allāh sent to (the Prophet) Moses. Should I live till you receive the Divine Message, I will support you strongly».

22 - CHAPTER: The saying of Allāh (the Exalted and Almighty):

Has the story of Moses reached you! when he saw a fire,
he said to his family: Wait; Verily I see a fire; perhpas I can bring you
Some burning brand there from
Or find some guidance at the fire.
But when he came to it (the fire) he was called by name.
O Moses! Verily I am your Lord!
therefore, take off you shoes,
you are in the Sacred Velley Tuwa. (20: 9-12).

﴿المقدَّس﴾: المبارك. ﴿طُوًى﴾: اسم الوادي. ﴿سِيرَتها﴾: حالتَها. ﴿والنُّهى﴾: التُّقى. ﴿بمَلكنا﴾: بأمرنا. ﴿هَوى﴾: شَقِي. ﴿فارغاً﴾: إلا مِن ذِكرِ موسى. ﴿رِدْءاً﴾: كي يصدِّقني، ويقال: مُغِيثاً، أو مُعِيناً. ﴿يَبطُش، ويَبطِش﴾. ﴿يأتمِرون﴾: يتشاورُون. والجِذوة. قطعةٌ غليظةٌ منَ الخَشبِ ليس فيها لهَب. ﴿سنَشُدُّ﴾: سنُعينُك، كلما عزَّزت شيئاً فقد جعلتَ له عَضُداً. وقال غيرُه: كلما لم يَنطِقْ بحرفٍ، أو فيه تَمْتَمة أو فأفأة فهي: ﴿عُقدة﴾. ﴿أزري﴾: ظَهري. ﴿فيُسحِتَكم﴾: فيُهلِكَكم. ﴿المُثْلى﴾: تأنيث الأمثل، يقول: بدِينكم، يقال: خُذِ المثلى خُذِ الأَمْثَل. ﴿ثمَّ ائتوا صفّاً﴾ يقال: هل أتيت الصفَّ اليومَ؟ يَعني المصلَّى الذي يُصلَّى فيه. ﴿فأوجَسَ﴾: أضمرَ خوفاً، فذَهبتِ الواوُ من ﴿خِيفة﴾ لكسرةِ الخاء. ﴿في جُذوعِ النخل﴾: على جُذوع. ﴿خَطْبُك﴾: بالك. ﴿مِساس﴾: مصدرُ ماسَّه مِساساً. ﴿لَنَنْسِفَنَّهُ﴾: لَنُذْرِيَنَّهُ ﴿الضَّحاءُ﴾(١): الحَرّ. ﴿قُصِّيهِ﴾: اتبِعي أثرَهُ، وقد يكون أن نقصَّ الكلامَ ﴿نحنُ نقصُّ عليك﴾. ﴿عن جُنُبٍ﴾ عن بعدٍ، وعن جَنابةٍ وعن اجتِنابٍ واحدٌ. قال مجاهد: ﴿على قَدَرٍ﴾: مَوعِدٍ. ﴿لا تنِيا﴾: لا تضعُفا. ﴿يَبَساً﴾: يابساً. ﴿مِن زِينةِ القوم﴾: الحُلِيِّ الذي استعاروا من آل فِرعَونَ. ﴿فقذفناها﴾: ألقيتُها. ﴿ألقى﴾: صنع ﴿فنَسِيَ﴾ موسى: هم يقولونهُ الرَّبُّ أن لا يَرجِعَ إليهم قولاً في العجل.

٣٣٩٣ - **حدثنا** هُدْبَةُ بن خالدٍ حدَّثنا هَمامٌ حدَّثنا قَتادةُ عن أَنس بن مالكٍ عن مالكِ بن صَعْصعةَ «**أنَّ رسولَ الله ﷺ حدَّثهم عن ليلةِ أُسرِيَ بهِ، حتّى أتى السماءَ الخامسةَ فإذا هارونُ، قال: هٰذا هارونُ فسَلِّمْ عليه، فسلَّمتُ عليه، فرَدَّ ثمّ قال: مرحَباً بالأخ الصالح والنبيِّ الصالح**».

تابَعَهُ ثابتٌ وعبّادُ بن أبي عليٍّ عن أنس عنِ النبيِّ ﷺ.

---

(١) - قوله: الضحاء يعني قوله تعالى ﴿وأنك لا تظمأ فيها ولا تضحى﴾.

- قوله: أن لا يرجع: أي أنه لا يرجع..

«I perceive» (20: 10). I observed a fire, perhaps I can bring you some buring brand therefrom» (20: 10) Ibn 'Abbās said: «The Sacred Valley» (20: 12) Blessed «Tuwa» (20: 12). Th name of the valley . Its former condition (20: 21). «Endued with understanding» (20: 128) Piety. In our power» (20: 87) with our command Perish (20: 81) Destroyed. «Void»» (28: 10) But of remembering Moses. «As a helper» (28: 34) To believe me. «To lay hold» (28: 19). «Are taking counsel» (28: 20). Counseling and the fire brand with no flame. « We will certainly strengthen» (28: 34). We will help you when ever you reprove something you have made an aid for him. Others said: «Whenever he didnot where a letter or murmured it is an impediment (20: 27) My strength. (20: 21). My Back. «Lest He destroys you at conce (20:61). «Most cherished instutions» (20:63)» Then assemble in serried) ranks (20: 64). It is said: «Did you came to the place of prayer. «Conceived» (20: 67). He concealed Fear and then is onmitted from fear (20: 67) «On'trunks of palm-trees» (20: 71). On trunks «Thy case» (20: 95). What is up in your mind «Touch me not»(20: 97). Melt it» (20: 97) «Then sun heat» (20: 119). «Follow him» (28: 11). «We relate to three» (18: 13). « In the character of a stranger» (28:110) Mujahid said: «Hither as ordinaed (20:40). «And staken not, either of you» (20: 42) «Dry » (20: 77). «The weight of the ornaments of the whole people (20: 87). Then threw them (into the Fire) (20: 87). «Suggested» (20: 870. «Has forgotten» (20: 880, Moses: they say: «Lord no saying would return to them in a hurry.

3393 . Malīk bin Sa'sa'a narrated: « Allāh's Apostle (the blessing and peace of Allāh be upon him) talked to his Companions about his Night Journey to the Heavens. When he reached the fifth Heaven, he met Aaron, (Gabriel said to the Prophet (the blessing and peace of Allāh be upon him)) This is Aaron.

The Prophet said: «Gabriel greeted him and so did I, and he returned the greeting saying: Welcome O! Pious Brother and Pious Prophet».

٢٣ ـ باب ﴿وقال رجل مؤمن آمن آل فرعون بكتم إيمانه ـ إلى قوله ـ مسرف كذاب﴾
غافر/ ٢٨

٢٤ ـ باب قولِ الله تعالى:
﴿وهل أتاك حديث موسىٰ ـ وكلم الله موسى تكليماً﴾

٣٣٩٤ ـ **حدثنا** إبراهيمُ بن موسىٰ أخبرَنا هشامُ بن يوسفَ أخبرَنا معْمرٌ عنِ الزُّهريِّ عن سعيدِ بنِ المسيَّبِ عن أبي هريرة رضيَ اللهُ عنه قال: قال رسولُ الله ﷺ: «ليلة أُسرِيَ بي رأيتُ موسىٰ وإذا رجُلٌ ضَربٌ رجلٌ كأنهُ من رجالِ شَنوءَة، ورأيتُ عيسىٰ فإذا هو رجلٌ رَبعة أحمرُ كأنما خرجَ من ديماس(١)، وأنا أشبهُ ولدِ إبراهيم به. ثمَّ أُتيتُ بإناءَينِ في أحدهما لبنٌ وفي الآخرِ خمرٌ فقال: اشرَبْ أيَّهما شئت، فأخذتُ اللبنَ فشربته، فقيل: أخذتَ الفطْرة، أما إنكَ لو أخذتَ الخمرَ غوَتْ أُمتُك».

[الحديث ٣٣٩٤ ـ أطرافه في: ٣٤٣٧، ٤٧٠٩، ٥٥٧٦، ٥٦٠٣].

٣٣٩٥ ـ **حدثني** محمدُ بنُ بَشّارٍ حدَّثنا غُندَرٌ حدَّثنا شعبةُ عن قتادة قال: سمِعت أبا العاليةِ حدَّثنا ابن عم نبيِّكم ـ يعني ابنَ عبّاس ـ عنِ النبيِّ ﷺ قال: «لا ينبغي لعبدٍ أن يقول: أنا خير من يونسَ بن متّى ونسبَهُ إلى أبيهِ».

[الحديث ٣٣٩٥ ـ أطرافه في: ٣٤١٣، ٤٦٣٠، ٧٥٣٩].

٣٣٩٤ ـ قوله: وإذا رجل ولأبي ذر وإذا هو رجل وقوله ضرب أي خفيف اللحم والرجل بكسر الجيم السبط المسترسل الشعر غير جعدة.

(١) ـ الديماس: الحمام.

23 - CHAPTER: And a believing man from among the people of Pharaoh, hiding his belief said: «Would you kill a man because he says: «My Lord is Allāh? And has indeed come to you with clear signs from your Lord And if he be a liar, on him is the sin of his lie but if he is telling the truth, then some of what he warns you of will befall you. Truly Allāh does not guide him who is a transgressor, a liar.» (40: 28).

24 - CHAPTER: The saying of Allāh (the Exalted and Almighty):

Has the story of Moses reached you? (79: 15) and: And to Moses Allāh spoke directly (4: 164).

3394 . Abū Huraira (may Allāh be pleased with him) narrated: « Allāh's Apostle (the blessing and peace of Allāh be upon him) said: «On the night of my Ascension to Heaven, I saw (the Prophet- Moses who was a thin person with lank hair, looking like one of the men of the tribe of Shanu'a and I saw Jesus who was of average height with red face as if he had just come out a bath-foam. And I resemble Prophet Abraham more than any of his offspring does. Then I was given two cups one containing milk and the other wine. Gabriel said: « Drink whichever you like». I took the milk and drank it. Gabriel said: «You have accepted what is natural, (True Religion i.e. Islam) and if you had taken the wine, your followers would have gone astray».

The parts of this hadīth are in: 3396.

3395 . Ibn 'Abbās (may Allāh be pleased with him) narrated: «The Prophet (the blessing and peace of Allāh be upon him) said: «One should not say that I am better than Jonah (i.e. Yunus) bin Matta». So, he mentioned his father Matta. The Prophet (the blessing and peace of Allāh be upon him) mentioned the

٣٣٩٦ ـ وذكر النبيُّ ﷺ ليلةَ أُسرِيَ بهِ فقال: «مُوسىٰ آدَمُ طُوالٌ كأنه من رِجالِ شَنوءة. وقال: عيسىٰ جعدٌ مَربوع، وذكر مالكاً خازِنَ النارِ، وذكر الدجّال».

٣٣٩٧ ـ **حدثنا** عليُّ بنُ عبدِ الله حدَّثنا سُفيانُ حدَّثنا أيوبُ السَّختِيانيُّ عن ابنِ سعيدِ بنِ جُبَير عن أبيهِ عنِ ابنِ عبّاسٍ رضيَ الله عنهما: «أنَّ النبيَّ ﷺ لما قَدِمَ المدينة وَجدَهم يَصومونَ يوماً ـ يعني يومَ عاشوراءَ ـ فقالوا: هٰذا يومٌ عظيم، وهو يومٌ نجّى الله فيه موسىٰ، وأغرَقَ آلَ فِرعون، فصام موسى شُكراً لله. فقال: أنا أَولى بموسى منهم، فصامَه وأمَرَ بصيامه».

٢٥ ـ باب

قولِ الله تعالى: ﴿وواعَدْنا موسى ثلاثينَ ليلةً وأتممْناها بعشرٍ فتمَّ مِيقاتُ ربهِ أربعينَ ليلة. وقال موسى لأخيهِ هارونَ: اخلُفْني في قومي وأصلِحْ، ولا تتبعْ سَبيلَ المفسِدين. ولما جاء موسى لميقاتِنا وكلمهُ ربُّه قال: ربِّ أرِني أنظرْ إليك، قال: لن تراني ـ إلى قوله ـ وأنا أولُ المؤمنين﴾. يقال دَكهُ: زلزلَهُ فدكتا، فدُككْنَ جعل الجبال كالواحدةِ كما قال الله عزّ وجلّ: ﴿إنّ السماواتِ والأرضَ كانَتا رَتقاً﴾ ولم يَقلْ كنَّ رَتقاً: مُلتصِقتَين. ﴿أُشرِبوا﴾ ثوبٌ مشربٌ مصبوغٌ. قال ابن عبّاسٍ: ﴿انبَجَسَت﴾ انفجرَت. ﴿وإذ نَتَقْنا الجبلَ﴾: رفَعنا.

٣٣٩٨ ـ **حدثنا** محمدُ بن يوسفَ حدَّثنا سفيانُ عن عمرِو بنِ يحيىٰ عن أبيهِ عن أبي

night of his Ascention and said: «The Prophet Moses was brown, a tall person as if from the people of the tribe of Shanu'a Jesus was a curly-haired man of moderate height». He also mentioned Malīk the gate-keeper of the (Hell) Fire, and the antichrist.

3397 . Ibn 'Abbās (may Allāh be pleased with him) narrated: «When the Prophet (the blessing and peace of Allāh be upon him) came to Madina he found (the Jews) fasting on the day of 'Āshūrā (i.e. 10th of Muharram). They used to say: «This is a great day on which Allāh saved Moses and drowned the folk of Pharaoh . Moses observed the fact on this day as a sign of gratitude to Allah .» said: «I am closer to Moses that them» So, he observed the fast (on that day) and ordered the Muslims to fast on it.

25 - CHAPTER: The saying of Allāh (the Exalted and Almighty):

We appointed for Moses thirty
nights.......(upto).....
And I am the first of the believers. (7: 142-143).

Allāh's (the Exalted and Almighty) saying: «we appointed for Moses thirty nights, and completed (the period) with ten (more). Thus was completed the term (of communion) with his Lord, forty nights. And Moses had charged his brother Aaron (Before he went up) Act for me amongst mu people : Do right, and follow not the way of those who do mischief. When Moses came to the place appointed by us, and his Lord addressed him, he said: « O my Lord! show (thyself) to me, that I may look upon three. God said: «By means Canst thou see Me (direct) but look upon the Mount: If it abide in its place, them shalt thou see me. When his Lord manifested his glory on the Mount, he made it as dust, and Moses fell down in a swoon. When he recovered his senser he said: «Glory be to Thee! To thee I turn in repentance, and I am the First to believe (7: 142-143).

As Allāh said: «That the heavens and the earth were joined together (as one unit of Creation) (21: 30). He did not say connected to each other. «They had to drink» (2: 93) A dyed garment. Ibn 'Abbās said: «Gushed forth» (7: 160). Burst. «When we shook the Mount» (7: 171).

3398 . Abū Sa'īd (may Allāh be pleased with him) narrated: «The Prophet

سعيدٍ رضيَ اللهُ عنه عن النبيِّ ﷺ قال: «الناسُ يصعَقونَ يومَ القيامةِ فأكونُ أولَ مَن يُفيقُ، فإذا أنا بموسى آخذٌ بقائمةٍ من قوائمِ العرشِ، فلا أدرِي أفاقَ قبلي أم جُوزِيَ بصَعقةِ الطُّورِ».

٣٣٩٩ ـ **حدثني** عبدُ الله بن محمدٍ الجُعْفيُّ حدَّثنا عبدُ الرزّاق أخبرنا معْمرٌ عن همامٍ عن أبي هريرةَ رضيَ اللهُ عنه قال: قال النبيُّ ﷺ: «لولا بنو إسرائيلَ لم يَخنزِ اللحم، ولولا حوّاءُ لم تخنْ أُنثى زوجها الدَّهر».

٢٦ ـ باب طُوفانٍ منَ السيلِ ويقال: للموتِ الكثيرِ: طوفان

﴿القُمَّلُ﴾: الحُمنانُ يُشبِهُ صِغارَ الحَلم. ﴿حَقيق﴾ حقٌّ. ﴿سُقِطَ﴾: كل مَن نَدِمَ فقد سُقِطَ في يده.

٢٧ ـ باب حديثُ الخضرِ مع موسى عليهما السلام

٣٤٠٠ ـ **حدثنا** عمرُو بنُ محمدٍ حدَّثنا يعقوبُ بن إبراهيمَ قال: حدَّثني أبي عن صالحٍ عن ابنِ شهابٍ أن عُبَيدَ الله بنَ عبدِ الله أخبرَهُ: عَنِ ابنِ عبّاسٍ أنَّهُ تمارَى هو والحرُّ بنُ قيسٍ الفَزاريُّ في صاحبِ موسى، قال ابنُ عباسٍ: هو خَضِرٌ، فمرَّ بهما أُبيُّ بن كعبٍ، فدَعاهُ ابنُ عباسٍ فقال: إني تماريْتُ أنا وصاحبي هذا في صاحبِ موسى الذي سألَ السبيلَ إلى لقيِّهِ، هل سمعتَ رسولَ الله ﷺ يذكرُ شأنَه؟ قال: نعم، سمعتُ رسولَ الله ﷺ يقول: «بَينما موسى في مَلإٍ من بني إسرائيلَ جاءَهُ رجلٌ فقال: هل تعلمُ أحداً أعلمَ منك؟

٣٣٩٩ ـ قوله: (حدَّثني) وفي نسخة باب حدَّثني.

باب ٢٦ ـ قوله: (طوفان) يعني قوله تعالى: ﴿وأرسلنا عليهم الطوفان﴾ وقوله: الحلم: القراد العظيم.

باب ٢٧ ـ قوله: حديث الخضر ولأبي ذرّ باب حديث الخضر (شارح).

(the blessing and peace of Allāh be upon him) said: «People will be struck unconscious on the Day of Resurrection and I will be the first to regain consiousness, and behold! There I will see Moses holding one of the legs of Allāh's Throne. I will wonder whether he has become conscious before him or he has been exempt, because of his unconsciousness at the Tur bin (mountain) which he received (on the earth)».

3399 . Abū Huraira (may Allāh be pleased with him) narrated: «The Prophet (the blessing and peace of Allāh be upon him) said: «Were not it for Banī Israel, meat would not decay; and were it not for Eve, no woman would ever betray her husband.»

26 CHAPTER: The Flood, and it is said: for the death . Flood: «Lice» (7: 133). «One whom it is right» (7: 105). «When they repented» (7: 149).

27 CHAPTER: The story of Al-Khadir with Moses (the blessing and peace of Allāh be upon him).

3400 . Ibn 'Abbās narrated that he differed with Al-Fazārī regarding the Companion of Moses. Ibn 'Abbās said that he was Al-Khadir. Meanwhile Ubaī bin Ka'b passed by them and Ibn Abbas called him saying: «My friend and I have differed regarding Moses' Companion whom Moses asked he was to meet. Have you heard Allāh's Apostle. The Prophet (the blessing and peace of Allāh be upon him) mentioning something about him?» He said: «Yes, I heard Allāh's Apostle narrated: saying: «While Moses was siting in the company of some Israelites, a man came and asked (him): «Do you know anyone who is more learned than you?» Moses replied: «No». So, Allāh sent the Divine Inspiration to Moses:

قال: لا. فأوحىٰ الله إلى موسىٰ: بلىٰ عبدُنا خضِرٌ، فسأَل موسىٰ السبيلَ إليه، فجُعِلَ له الحوتُ آية، وقيل له: إذا فَقَدْتَ الحوتَ فارجِعْ فإنك ستلقاهُ، فكان يَتبعُ الحوتَ في البحر، فقال لموسى فتاهُ: أرأيتَ إذ أوَينا إلى الصخرةِ فإني نسيتُ الحوتَ وما أنسانيهِ إلاّ الشيطانُ أن أذكرَه. فقال موسى: ذٰلكَ ما كنّا نَبغِي، فارتدّا على آثارِهما قصَصاً، فوَجَدا خَضِراً، فكان من شأْنِهما الذي قصَّ الله في كتابه».

٣٤٠١ - حدثنا عليُّ بن عبدِ الله حدَّثَنا سفيانُ حدَّثَنا عمرُو بنُ دِينارٍ قال: أخبرَني سعيدُ بنُ جُبَيرٍ قال: «قلتُ لابنِ عبّاسٍ إنَّ نَوفاً البكاليَّ يزعُمُ أن موسىٰ صاحبَ الخضِرِ ليس هو موسى بني إسرائيل، إنما هو موسى آخرُ، فقال: كذَبَ عدوُّ الله، حدَّثنا أُبَيُّ بنُ كعبٍ عنِ النبيِّ ﷺ: أنَّ موسى قام خطيباً في بني إسرائيل فسُئِلَ: أيُّ الناسِ أعلمُ؟ فقال: أنا. فعتِبَ الله عليهِ إذ لم يَرُدَّ العلمَ إليهِ فقال له: بَلى، لي عبدٌ بمَجمَعِ البحرَين هوَ أعلمُ منك. قال: أيْ ربِّ ومن لي بهِ؟ - وربَّما قال سفيان: أيْ ربِّ وكيف لي بهِ؟ - قال: تأْخذُ حُوتاً فتجعلُه في مِكتَلٍ، حيثما فَقدتَ الحوتَ فهوَ ثَمَّ - وربما قال: فهو ثمَّهْ - وأَخذَ حوتاً فجعلهُ في مِكتلٍ ثمَّ انطلَقَ هو وفتاهُ يوشَعُ بن نونٍ حتى أتيا الصخرةَ وضَعا رُؤوسَهما، فرَقدَ موسى، واضطرَبَ الحوتُ فخرَجَ فسقطَ في البحر، فاتَّخذ سبيلَهُ في البحر سرَباً، فأمسَكَ الله عنِ الحوتِ جِريةَ الماءِ فصار مثلَ الطاقِ - فقال: هكذا مثلُ الطاقِ - فانطلَقا يَمشِيانِ بقيةَ ليلتِهما ويومَهما، حتى إذا كان منَ الغدِ قال لفتاهُ: آتِنا غداءَنا لقد لَقينا من سَفرِنا هٰذا نَصَباً. ولم يجد موسى النَّصبَ حتى جاوزَ حيثُ أمرَهُ الله. قال له فتاهُ: أرأَيتَ إذ أوَيْنا إلى الصخرةِ فإني نسِيتُ الحوتَ. وما أنسانِيهِ إلا الشيطانُ أن أذكرَهُ، واتخذَ سَبيلَهُ في البحرِ عَجَباً، فكان

٣٤٠٠ - قوله: نبغي أي نطلبه والقراءة عندنا نبغ بإسقاط الياء اكتفاء بكسرة الغين.

٣٤٠١ - قوله: (البكالي) بكسر الموحدة وتخفيف اللام والكاف على الصواب وضبطه أكثر المحدثين بفتح الموحدة وتشديد الكاف كما في الشارح.

- (المكتل) الزنبيل والسرب المسلك.

- قوله: (ثمه) بزيادة هاء السكت الساكنة أي هناك.

«Yes, Our slave, Khadir (is more learned than you).» Moses asked how to meet him (i.e. Khadir). So the fish made as a sign for him and he was told that when the fish was lost, he should return and there he would meet him. So, Moses went on looking for the sign of the fish in the sea. The servant boy of Moses said to him: «Do you know that when we were sitting by the side of the rock, I forgot the fish, and it was only Satan who made me forget to tell (you) about it». Moses said: «That was what we were seeking after», and both of them returned, following their footmarks and found Khadir; and what happened further to them, is mentioned in Allāh's Book.

3401 . Sa'īd bin Jubair: I said to Ibn 'Abbās said: «Allāh's enemy (i.e. Nauf) has told a lie. Ubaī bin Ka'b told us that the Prophet (the blessing and peace of Allāh be upon him) said: «Once Moses stood up and addressed Banī Isrāel. He was asked who was the most learned man amongst the people. He said: «I». Allāh admonished him as he did not attribute absolute knowledge to Him (Allāh). So, Allāh said to him: «Yes, at the junction of the two seas there is a slave of Mine who is more learned than you». Moses said: «O my Lord! How can I meet him?» Allāh said: «Take a fish and put it in a large basket and you will find him at the place where you will lose the fish». Moses took a fish and put it in a large basket and proceeded along with his (servant) boy, Yūsha' bin Nūn, till they reached the rock where they laid their heads (i.e. lay down). Moses slept, and the fish, moving out of the basket, fell into the sea. It took its way into the sea (straight) as in a tunnel. Allāh stopped the flow of water over the fish and became like an arch with his hands). They travelled the rest of the night, and the next day Moses said to his boy (servant): «Give us our food, for indeed, we have suffered much fatigue in this journey of ours». Moses did not feel tired till he crossed that place which Allāh had ordered him to seek after. He knew that when we were sitting near that rock, I forgot the fish, and none but Satan caused me to forget to tell (you) about it, and it took its course into the sea in an amazing way?» So there was a path for the fish and that astonished them. Moses said: «That was what we were seeking after». So both of them retraced their footsteps till they reached the rock. Moses greeted him and he replied saying: «How do people greet each other in your land?» Moses: «I am Moses». The man asked: «Moses of Banī Isrāel?» Moses said: «Yes, I have come to you so that you may teach me from those things which Allāh has taught you». He said: «O Moses! I have some of the knowledge of Allāh which Allāh has taught me, and which you do not know, while you have some of the knowledge of Allūh which

للحوت سَرَباً ولهما عَجَباً. قال له موسىٰ: ذٰلكَ ما كنا نبغي، فارتَدّا على آثارِهما قَصَصاً ـ رَجَعا يَقُصّانِ آثارَهما ـ حتّى انتَهَيا إلى الصخرةِ، فإذا رجُلٌ مُسَجًّى بثوبٍ، فسلَّمَ موسى، فردَّ عليه فقال: وأنَّى بأرضِكَ السلامُ قال: أنا موسىٰ، قال: موسىٰ بني إسرائيلَ؟ قال: نعم، أتيتُكَ لِتُعَلِّمَني مما عُلِّمتَ رُشداً. قال: يا موسىٰ إني على علمٍ من عِلمِ الله علَّمَنيه الله لا تَعْلَمُهُ، وأنتَ على علمٍ من علمِ الله علَّمَكَهُ الله لا أعلَمُه. قال: هل أَتَّبِعُكَ؟ قال: إنكَ لن تَستَطيعَ معيَ صَبراً، وكيفَ تَصبِرُ على ما لم تُحِطْ بهِ خُبراً ـ إلى قوله ـ إمْراً. فانطلقا يمشِيانِ على ساحلِ البحرِ، فمرَّتْ بهما سفينةٌ كلموهم أن يَحمِلوهم، فعرَفوا الخضِرَ فحملوهُ بغيرِ نَولٍ. فلما ركبا في السفينةِ جاءَ عُصفورٌ فوقَعَ على حرفِ السفينةِ، فنقَرَ في البحرِ نَقرةً أو نَقرتَينِ، قال له الخَضِرُ: يا موسىٰ، ما نَقَصَ عِلمي وعلمُكَ من علمِ الله إلاّ مثلَ ما نقصَ هٰذا العُصفورُ بمنقارِهِ منَ البحر. إذ أخذَ الفأسَ فنزَعَ لَوحاً، فلم يَفجَأ موسىٰ إلا وقد قلَعَ لوحاً بالقَدُّوم، فقال له موسىٰ: ما صَنعتَ؟ قومٌ حَمَلونا بغيرِ نولٍ عَمَدْتَ إلى سفينتِهم فخرَقتَها لتُغرِقَ أهلَها، لقد جئتَ شيئاً إمْراً. قال: ألم أقُلْ لكَ إنكَ لن تستطيعَ معِيَ صَبراً؟ قال: لا تُؤاخِذْني بما نسِيتُ، ولا تُرهِقْني مِن أمري عُسراً. فكانتِ الأولىٰ من موسىٰ نِسياناً. فلما خرَجا من البحرِ مرُّوا بغلامٍ يَلعَبُ معَ الصِّبيانِ، فأخذَ الخضِرُ برأسِهِ فقلَعَهُ بيدِهِ هٰكذا ـ وأومأَ سفيانُ بأطرافِ أصابعِهِ كأنَّهُ يَقطِفُ شيئاً ـ فقال لهُ موسىٰ: ﴿أقَتَلْتَ نَفْساً زكيَّةً بغيرِ نفسٍ؟ لقد جئتَ شيئاً نُكراً. قال: ألم أقلْ لكَ إنكَ لن تَستَطيعَ معِيَ صبراً؟ قال: إن سألْتُكَ عن شيءٍ بعدَها فلا تُصاحِبْني، قد بَلغتَ من لَدُنّي عُذْراً. فانطَلقا حتّى إذ أتَيا أهلَ قريةٍ استَطْعما أهلَها، فأبوا أن يُضيِّفوهما، فوَجَدا فيها جِداراً يُريدُ أن ينقضَّ﴾ مائلاً ـ أومأَ بيدِهِ هكذا، وأشارَ سفيانُ كأنَّهُ يَمسَحُ شيئاً إلى فوقُ، فلم أسمعْ سفيانَ يذكرُ «مائلاً» إلاّ مرَّةً ـ قال: قومٌ أتيناهم فلم يُطعِمونا ولم يُضيِّفونا، عَمَدْتَ إلى حائطهم ﴿لو شئتَ لاتَّخذتَ عليهِ أجراً. قال: هٰذا فِراقُ بيني وبينِكَ، سأُنبِّئُكَ بتأويلِ ما لم تَستطعْ عليهِ صبراً﴾.

ـ قوله: (وأنى) أي وكيف بأرضك السلام وفي رواية وهل بأرضي من سلام كما في الشارح.

ـ قوله: (فلم يفجأ) وفي رواية قال: فلم يفجا وقوله: وقد قلع أي الخضر عليه السلام والقدوم الذي هو آلة النجار.

Allāh has taught you and which I do not know». Moses asked: «May I follow you?» He said: « But you will not be able to remain patient with me for how can you be patient about things which you will not be able to understand?» (Moses said: «You will fing me, if Allāh so wills, truly patient, and I will not disobey you in aught»). So, both of them set out walking along the sea-shore, a boat passed by them and they asked the crew of the boat to take them on board. The crew recongnised Al-Khadir and so they took them on board the boat, a sparrow came and stood on the edge of the boat and dipped its beak once or twice into the sea. Al-Khadir said to Moses,: «O Moses! My knowledge and your knowldege have not decreased Allāh's knowldege except as much as this sparrow has decreased the water of the sea with its beak». Then suddenly Al-Kahdir took an adze and plucked a plank, and Moses did not notice it till he had plucked a plank with the adze. Moses said to him, on board charging us nothing; yet you have intentionally made a hole in their boat so as to drown its passengers. Verily, you have done a dreadful things». Al-khadir replied: «Did not I tell you that you would not be able to remain patient with me?» Moses replied: «Didnot I tell you that you would not be able to remain patient with me?» Moses replied: «Do not blame me for what I have forgotten, and do not be hard upon me for my fault». So, the first excuse of Moses was that in he had forgotten. When they had left the sea, they passed by a boy playing with other boys. Al-Khadirtook hold of the boy's head and plucked it with his hand like this. (Sufyān, the sub-narrator, pointed with his fingertips as if he was plucking some fruit). Moses said to him: «Have you killed any person who has not killed an innocent person. You have really done a horrible thing». Al-Khadir said: «Did notI tell you that you could not remain patient with me?» Moses said: «If I ask you about anything after this, don't accompany me. You have received an excuse from me.» Then both of them went on till they came to some people of a village, and they asked its inhabitants for food but they refused to enteratain them as guests. Then they saw therein a wall which was just going to collapse (and Al-Khadir repaired it just by touching it with his hands). (Sufyān, the sub-narrator, pointed with his hands, illustrating how Al-Khadir

قال النبيُّ ﷺ: «ودِدْنا أنَّ موسىٰ كان صَبَرَ فقَصَّ الله علينا من خبرهما». قال سفيان: قال النبيُّ ﷺ: «يرحمُ الله موسىٰ لو كان صبرَ يُقصُّ علينا من أمرِهما» قال: وقرأ ابن عباس: أمامَهم مَلِكٌ يأخذُ كلَّ سفينة صالحةٍ غَصْباً. وأما الغلامُ فكان كافراً وكان أبواهُ مؤمنينَ. ثم قال لي سفيانُ: سمعتهُ منهُ مرَّتين وحفظتهُ منه. قيل لسفيان: حفظتَهُ قبلَ أن تسمعَهُ من عمرٍو أو تحفَّظتَهُ من إنسان؟ فقال: ممَّن أتحفَّظه، ورواهُ أحدٌ عن عمرٍو غيري؟ سمعتهُ منه مرَّتين أو ثلاثاً وحفِظتهُ منه».

٣٤٠٢ ـ **حدثنا** محمدُ بن سعيدٍ الأَصبهاني أخبرنا ابنُ المبارَكِ عن مَعمرٍ عن همامِ بن مُنبهٍ عن أبي هريرةَ رضيَ الله عنه عنِ النبيِّ ﷺ قال: «**إنَّما سُمِّيَ الخَضِرَ لأنَّه جَلسَ على فروةٍ بيضاء، فإذا هي تهتزُّ من خلفِه خضراء**». قال الحَمويُّ: قال محمدُ بن يوسفَ بن مطر الفربريُّ: حدَّثنا عليُّ بن خَشرَمٍ عن سفيانَ بطوله.

٢٨ ـ باب

٣٤٠٣ ـ **حدثني** إسحاقُ بنُ نَصرٍ حدَّثنا عبدُ الرزّاقِ عن مَعمرٍ عن همامِ بنِ مُنبِّهٍ أنه سمعَ أبا هريرةَ رضيَ الله عنه يقول: قال رسولُ الله ﷺ: «**قيلَ لبني إسرائيلَ: ادخُلوا البابَ سُجَّداً وقولوا حِطَّة، فبدَّلوا ودخلوا يزحفونَ على أستاهِهم وقالوا حَبَّةٌ في شَعرة**».

[الحديث ٣٤٠٣ ـ طرفاه في: ٤٤٧٩، ٤٦٤١].

٣٤٠٤ ـ **حدثنا** إسحاقُ بنُ إبراهيمَ حدَّثنا رَوحُ بنُ عُبادةَ حدَّثنا عَوفُ عن الحَسَنِ

ـ قوله: (يقص) وروى لقَص كما في الشارح.

ـ قوله: من إنسان متعلق بحفظته أو بتحفظته على شكّ في مقول القائل يعني قيل له هل حفظته من إنسان قبل أن تسمعه من عمرو بن دينار فقال ممن أحفظه وهل رواه أحد غيري عن عمرو المذكور أهـ.

٣٤٠٢ ـ قوله: (إنما سمي الخضر) حكى الشارح رواية فتح الراء وضمها وقدّر على الثاني خضراً على أنه مفعول ثان لسمي وقال في قوله: (أنه) ولأبي الوقت وابن عساكر والأصيلي لأنه أي الخضر جلس الخ والفروة جلدة وجه الأرض ووصفها بالبياض لخلوّها عن النبات.

passed his hands over the wall upwards). Moses said: «These are people whom we have called on, but they neither gave us food, nor entertained us as guests, yet you wished, you could have taken wages for it». Al-Khadir said: «Now we must part from each other, and I shall tell you the explanation of those things on which you could not remain patient». The Prophet added: «We wished that Moses could have remained patient by virtue of which Allāh might have told us more about their story». (Syfān, the sub-narrator, said that the Prophet said: «May Allāh bestow his Mercy on Moses! If he had remained patient, we would have been told further about their case».

3402 . Abū Huraira (may Allāh be pleased with him) narrated: The Prophet (the blessing and peace of Allāh be upon him) said: «Al-Khadir was named so because he sat on a barren white land, it turned green with plantation after sitting on it»..

3403. Abū Huraira (may Allāh be pleased with him) narrated: «Allāh's Apostle (the blessing and peace of Allāh be upon him) said: «It was said to Banī Isrāel: «Enter the gate (of the town) with humility (prostrating yourselves) and saying: «Repentance». But they changed the word and entered the lawn crawling on their buttocks and saying: «A wheat grain in the hair».

The parts of this hadīth are in: 4479, 4641.

3404 . Abū Huraira (may Allāh be pleased with him) narrated: «Allāh's

ومحمدٍ وخِلاسٍ عن أبي هريرةَ رضيَ اللهُ عنه قال: قال رسولُ اللهِ ﷺ: «إنَّ موسى كان رجلاً حَيِيّاً سِتِّيراً لا يُرَى من جِلدِهِ شيءٌ استحياءً منه، فآذاهُ مَن آذاه من بني إسرائيلَ فقالوا: ما يستَتِرُ هٰذا التستُّرَ إلاّ من عيبٍ بجِلدِهِ: إمّا بَرَصٌ وإمّا أُدْرَة، وإما آفة. وإنَّ اللهَ أرادَ أن يُبَرِّئَه مما قالوا لموسى، فخلا يوماً وَحدَهُ فوضَعَ ثيابَهُ على الحَجرِ ثمَّ اغتسَلَ، فلما فرَغَ أقبلَ إلى ثيابِهِ ليأْخُذَها، وإنَّ الحجرَ عَدا بثوبِهِ، فأخذ موسى عصاه وطلب الحجر.

فجعل يقول: ثوبي حجر، ثوبي حجر. حتى انتهى إلى ملإٍ من بني إسرائيل فرأوه عرياناً أحسنَ ما خلقَ الله وأبرأه ممّا يقولون وقام الحجر فأخذَ ثوبَهُ فلَبِسهُ وطفق بالحجرِ ضرباً بعصاهُ فواللهِ إنَّ بالحجر لندباً[1] من أثر ضربهِ ثلاثاً أو أربعاً أو خمساً، فذٰلك قولُه: ﴿يا أيُّها الذين آمنوا لا تكونوا كالذين آذَوا موسى فبرأَهُ الله مما قالوا، وكان عندَ الله وجيهاً﴾ [الأحزاب: ٦٩].

٣٤٠٥ ـ حدّثنا أبو الوليدِ حدَّثنا شعبةُ عنِ الأعمشِ قال: سمعتُ أبا وائلٍ قال سمعتُ عبدَ الله رضيَ الله عنه قال: قَسمَ النبيُّ ﷺ قَسْماً، فقال رجلٌ: إنَّ هٰذهِ لقِسمةٌ ما أُريدَ بها وَجهُ الله. فأتيتُ النبيَّ ﷺ فأخبرتهُ، فغضبَ حتى رأيتُ الغضبَ في وجههِ، ثمّ قال: «يرحمُ اللهُ موسى، قد أُوذِيَ بأكثرَ من هذا فصبرَ».

٢٩ ـ باب ﴿يَعكِفونَ على أصنامٍ لهم﴾ [الأعراف: ١٣٨]

﴿متبَّرٌ﴾: خُسرانٌ. ﴿وليُتَبِّروا﴾: يُدمِّروا. ﴿ما عَلوا﴾: ما غَلبوا

٣٤٠٦ ـ حدّثنا يَحيى بن بُكَيرٍ حدَّثنا اللَّيثُ عن يونُسَ عنِ ابنِ شِهابٍ عن أبي سلمةَ بن عبدِ الرَّحمٰنِ أنَّ جابرَ بنَ عبدِ الله رضيَ الله عنهما قال: كنّا معَ رسولِ الله ﷺ

٣٤٠٤ ـ ويروى (أدرة) بفتحتين.

(١) ـ (الندب) كالأثر وزناً ومعنى.

باب ٢٩ ـ قوله: (بياض) بسقوط لا قبل بياض في الفرع كأصله وفي بعض النسخ لا بياض بإثبات لا فيهما ونصب ما بعدهما وزاد السدي ولا سواد ولا حمرة (شارح).

Apostle (the blessing and peace of Allāh be upon him) said: «(The Prophet) Moses was a shy person and used to cover his body completely because of his extensive shyness. Some of Bani of Isräel hurt him what they trust, by saying: «He covers his body in this way only because of some defect in his skin, either leprosy or scrotal hernia, or he has some other defect». Allāh wished to clear Moses of what they said about him, so one day while Moses was in seclusion, he took off his clothes and put them on a stone and started taking a bath. When he had finished the bath, he moved towards his clothes so as to take them, but the stone rolled down with his cloths. Moses took this stick and asked the stone to come back: «O stone! Give me my garment!» Till he reached a group of Banī Isräel who saw him naked then, and found him the best of what Allāh had created, and Allāh cleared him of what they had accused him of. The stone stopped there and Moses took and put his garment on and started hitting the stone with his stick. By Allāh the stone still has some traces the hitting, there four of five marks. This was what Allāh refers to in His Saying: «O you who believe! be you not like those who annoyed Moses, but Allāh cleared him of the (saying) that they had uttered, And he was honourable in Allāh's sight». (33: 69).

3405 . 'Abdullāh (may Allāh be pleased with him) narrated: «Once the Prophet (the blessing and peace of Allāh be upon him) distributed something (among his followers). A man said: «This distribution has not been done (with justice) seeking Allāh's Countenance». I went to the Prophet (the blessing and peace of Allāh be upon him) and told him (of that). He became so angry that I saw the singn of anger on his face. Then he said: «May Allāh bestow His Mercy on Moses, for he was harmed more (in a worse manner) than this; yet he endured patiently».

29 CHAPTER: Allāh's saying: «They came upon a people devoted to some idols, (in worship) they had». (7: 138).

3406 . Jābir bin 'Abdullāh (may Allāh be pleased with him) narrated: We were with Allah's Apostle (the blessing and peace of Allah be upon him) picking the fruits of the 'Arāk trees, and Allāh Apostle (the blessing and peace of Allāh

نَجني الكَباثَ، وإن رسولَ الله ﷺ قال: «عليكم بالأَسْودِ منه فإنه أطيبُه». قالوا: أكنتَ ترعى الغنم؟ قال: «وهل من نبيٍّ إلا وقد رعاها؟».

[الحديث ٣٤٠٦ ـ طرفه في: ٥٤٥٣].

٣٠ ـ باب ﴿وإذ قال موسى لقومهِ إنّ الله يأمُرُكم أن تذبَحوا بقرة﴾ الآية [البقرة: ٦٧]

قال أبو العالية: عَوانٌ النَّصَفُ بينَ البِكر والهرِمة. ﴿فاقِعٌ﴾: صافٍ. ﴿لا ذَلولٌ﴾: لم يُذِلَّها العملُ ﴿تُثِيرُ الأَرضَ﴾: ليست بذلول تُثيرُ الأَرضَ ولا تعملُ في الحرث. ﴿مسلَّمة﴾: منَ العيوب. ﴿لاشِيَةَ﴾: بياضٌ. ﴿صفراءُ﴾: إن شئتَ سَوداء ويقال صفراءُ كقوله: ﴿جِمالاتٌ صُفرٌ﴾. ﴿فادارأتم﴾: اختلفتم.

٣١ ـ باب وفاةِ موسى، وذِكره بعدُ

٣٤٠٧ ـ حدثنا يحيىٰ بنُ موسىٰ حدَّثَنا عبدُ الرزّاقِ أخبرَنا مَعمرٌ عنِ ابنِ طاوسٍ عن أبيهِ عن أبي هريرة رضيَ الله عنه قال: أُرسِلَ ملكُ الموتِ إلى موسى عليهم السلام، فلما جاءهُ صَكَّهُ، فرجَعَ إلى ربهِ فقال: أرسلتَني إلى عبدٍ لا يريدُ الموتَ. قال: ارجِعْ إليهِ فقل له يضَعُ يدَهُ على مَتنِ ثورٍ، فلهُ بما غطتْ يدُهُ بكلِّ شعرةٍ سنة. قال: أي ربِّ، ثمَّ ماذا؟ قال: ثمَّ الموت. قال: فالآن. قال: فسألَ الله أن يُدنِيَهُ منَ الأرضِ المقدَّسةِ رميةً بحجرٍ. قال أبو هريرةَ رضيَ الله عنه: فقال رسولُ الله ﷺ: «لو كنتُ ثمَّ لأريتُكم قبرَهُ إلى جانبِ الطريقِ تحت الكثيبِ الأحمر». قال: وأخبرنا مَعْمرٌ عن همامٍ حدَّثنا أبو هريرة عنِ النبيِّ ﷺ نحوَه.

٣٤٠٨ ـ حدثنا أبو اليمانِ أخبرَنا شعيبٌ عنِ الزُّهريِّ قال: أخبرَني أبو سلمَةَ بن عبدِ الرّحمٰنِ وسعيدُ بن المسيَّبِ أنَّ أبا هريرةَ رضيَ الله عنه قال: استبَّ رجلٌ منَ المسلمينَ

٣٤٠٦ ـ (الكباث) ثمر الأراك.

be upon him) said: «Pick the black fruit, for it is the best». The Companions asked: «Were you a shepherd?» He replied: «There was no Prophet who was not a shepherd».

The parts of this hadīth are in: 5453.

30 CHAPTER: 'And (remember) when Moses said to his people: Verily! Allāh commands you that you slaughter a cow». (2: 67)

Abū Aliyā: «But of middling age (2: 68). Pure and rich in tone» (2: 69). «Not trained» (2:70) «To till the soil» (2: 71) «Without blemish» (2: 71). «A fawn- coloured heifer» (2: 69). «(A string of) yellow camels (marching swiftly)» (77: 33). «And fell into a dispute» (2: 72).

31 CHAPTER: The death of Moses and his remembrance after his death.

3407 . Abū Huraira (may Allāh be pleased with him) narrated: The Angel of Death was sent to Moses (the blessing and peace of Allāh be upon him). When he came to Moses, Moses slapped him on the eye. The Angel returned to his Lord and said: «You have sent me to a slave who does not want die». Allāh said: «Return to him and tell him to up his hand on the back of an ox and for every hair that will come under it, he will be granted one year of life». Moses said: «O Lord! What will happen after that?» Allāh replied: «Then death». Moses said: «Let it come now». Moses then requested Allāh to let him die close to the sacred Land so much so that he would be at a distance of a stone's throw from it». Abū Huraira added: «Allāh Apostle (the blessing and peace of Allāh be upon him) said: «If I were there, I would show you his grave below the red sandhill on the side of the road».

3408 . Abū Huraira (may Allāh be pleased with him) narrated: A Muslim and a Jew quarreled. The Muslims taking an oath, said: «By Him Who has preferred Muhammad (the blessing and peace of Allāh be upon him) over all peo-

ورجُلٌ منَ اليهود، فقال المسلم: والذي اصطفىٰ محمداً ﷺ على العالَمين ـ في قَسَم يُقسِمُ به ـ فقال اليهوديُّ: والذي اصطفىٰ مُوسىٰ على العالَمين. فرفَعَ المسلمُ عندَ ذٰلكَ يدَهُ فلطم اليهوديَّ، فذهبَ اليهوديُّ إلى النبيِّ ﷺ فأخبرَهُ الذي كان من أمرِهِ وأمرِ المسلم، فقال: «لا تخيِّروني على موسىٰ، فإنَّ الناسَ يَصعَقونَ فأكونُ أولَ مَن يُفيقُ، فإذا موسىٰ باطِشٌ بجانبِ العَرْشِ، فلا أدري أكانَ فيمَن صَعِقَ فأفاقَ قَبلي، أو كان ممَّن استثنىٰ الله».

٣٤٠٩ ـ **حدثنا** عبدُ العزيزِ بن عبدِ الله حدَّثَنا إبراهيمُ بن سعدٍ عنِ ابنِ شهابٍ عن حُمَيدِ بن عبدِ الرَّحمٰنِ أنَّ أبا هريرةَ رضيَ الله عنه قال: قال رسولُ الله ﷺ: «احتجَّ آدمُ وموسىٰ، فقال له موسى: أنتَ آدمُ الذي أخرجَتْكَ خطيئتكَ منَ الجنة. فقال لهُ آدَمُ: أنتَ موسىٰ الذي اصطفاكَ الله برسالاتهِ وبكلامهِ ثمَّ تلومُني على أمرٍ قُدِّرَ عليَّ قبل أن أُخلَقَ؟ فقال رسولُ الله ﷺ: فحجَّ آدمُ موسى مرَّتَين».

[الحديث ٣٤٠٩ ـ أطرافه في: ٤٧٣٦، ٤٧٣٨، ٦٦١٤، ٧٥١٥].

٣٤١٠ ـ **حدثنا** مسدَّدٌ حدَّثَنا حُصينُ بنُ نُميرٍ عنْ حُصينِ بنِ عبدِ الرَّحمٰنِ عن سعيدِ بن جُبَيرٍ عنِ ابنِ عبَّاسٍ رضيَ الله عنهما قال: خرجَ علينا النبيُّ ﷺ يوماً قال: «عُرِضَت عليَّ الأُمَمُ، ورأيتُ سَواداً كثيراً سدَّ الأفق، فقيل: هٰذا موسى في قومِه».

[الحديث ٣٤١٠ ـ أطرافه في: ٥٧٠٥، ٥٧٥٢، ٦٤٧٢، ٦٥٤١].

٣٢ ـ باب قولِ الله تعالىٰ:
﴿وضَرب الله مثلاً للذين آمنوا امرأةَ فِرعونَ ـ إلى قوله ـ وكانت منَ القانِتين﴾ [التحريم: ١١]

٣٤١١ ـ **حدثنا** يحيى بن جعفر حدَّثَنا وكيع عن شعبة عن عمرو بن مرة عن مرة الهمداني عن أبي موسى رضي الله عنه قال: قال رسولُ الله ﷺ: «كَمـلَ[١] منَ الرجـالِ كثيرٌ،

(١) ـ قوله: كمل بفتح الميم وتضم (شارح).

ple...!» The Jew said: «By Him Who has preferred Moses over all people». The Muslim raised his hand and slapped the Jew who came to the prophet to tell him what had happened between him and the Muslim. He said: «Don't give me superiority over Moses, for the people will become unconscious (on the Day of Resurrecion) and I will be the first to gain consciousness holding a portion of Allāh's Throne. I will not know if he has been among those people who have become unconscious and that he has gained consciousness before me, or he has been amongst those whom Allāh has exempted.

3409. Abu Huraira (may Allah be pleased with him) narrated: «Allah's Apostle (the blessing and peace of Allāh be upon him) said: «Ādam and Moses argued with each other. Moses said to Ādam: «Your sin drove you from Paradise». Ādam said to him: «You are Moses whom Allāh selected as His Messenger and as the one to whom He spoke directly; yet you blame me for a thing which had already been written in my fate before my creation?» Allāh Apostle (the blessing and peace of Allāh be upon him) said twice: «So, Ādam overpowered Moses».

The parts of this hadīth are in: 4736, 4738, 6614, 7515.

3410 . Ibn 'Abbās (may Allāh be pleased with him) narrated: The Prophet(i.e. (the blessing and peace of Allāh be upon him) came to us and said:«All the nations were displayed in front of me, and I saw a large multitude of people covering the horizon. Somebody said: «This is Moses and his followers».

The parts of this hadīth are in: 5075, 5752, 6742, 6541.

32 CHAPTER: The saying of Allāh: «And Allāh sets forth as an example for those who believe, the wife of Pharaoh... (upto)... And she was one of the obedient»... (66: 11-12).

3411 . Abū Mūsā (may Allāh be pleased with him) narrated: Allāh Apostle (the blessing and peace of Allāh be upon him) said: «Many amongst the men reached (the level of) perfection but none amongst the women reached this level

ولم يَكمُلْ منَ النساءِ إلا آسيةُ امرأةُ فرعونَ ومريمُ بنتُ عِمرانَ، وإنَّ فضلَ عائشةَ على النساءِ كفضلِ الثَّريدِ على سائرِ الطعام».

[الحديث ٣٤١١ ـ أطرافه في: ٣٤٣٣، ٣٧٦٩، ٥٤١٨].

٣٣ ـ باب ﴿إنَّ قارون كان مِن قومِ موسى﴾ الآية ﴿القصص: ٧٦]

﴿لَتَنوءُ﴾: لتثقل. قال ابن عباس: ﴿أُولي القوَّةِ﴾: لا يَرفَعُها العُصبة منَ الرجال. يقال: ﴿الفرِحين﴾: المرِحين. ﴿وَيْكأَنَّ الله﴾ مثلُ ﴿ألم تَرَ أنَّ الله يَبسُطُ الرِّزقَ لِمَن يَشاءُ ويقدِر﴾(٢) يُوسِّعُ عليه ويُضيِّق.

٣٤ ـ باب قولِ الله تعالى:

﴿وإلى مَدْيَنَ أخاهم شُعَيباً﴾ [الأعراف: ٨٥، هود: ٨٤، العنكبوت: ٣٦] إلى أهلِ مَدْينَ، لأنَّ مَدينَ بلد، ومثلهُ: ﴿واسْأَلِ القريةَ﴾(٢) واسأَلِ العِيرَ يَعني أهلَ القريةِ وأهلَ العِيرِ. ﴿وراءكم ظِهْرِيّاً﴾ لم يَلتَفِتوا إليه، يقال إذا لم تُقضَ حاجتهُ: ظَهرْتَ حاجتي، وجعلتَني ظِهريّاً. قال: الظِّهريُّ أن تأخُذَ معكَ دابَّةً أو وعاءً تستظهِرُ به. ﴿مكانتُهم﴾ ومكانُهم واحد. ﴿يَغْنَوا﴾: يَعيشوا. ﴿يَأْيَسُ﴾: يَحزنُ ﴿آسى﴾: أَحْزَنُ. وقال الحسن: ﴿إنكَ لأنتَ الحليم الرشيد﴾ يَستهزِئون بهِ. وقال مجاهد: ﴿لَيْكَةُ﴾: الأَيكة. ﴿يوم الظُّلةِ﴾: إظلالُ العذابِ عليهم.

٣٥ ـ باب قولِ الله تعالى:

﴿وإنَّ يونُسَ لَمِنَ المرسَلين﴾ - إلى قوله - [الصافات: ١٣٩] ﴿وهو مليم﴾ قال مجاهد: مذنب. المشحون: الموقر. ﴿فلولا أنه كان من المسبِّحِين﴾ الآية ﴿فنبذناه

باب ٣٤ ـ قوله: مكانتهم ومكانهم وفي نسخة بجرهما (شارح).

(٢) ـ يوسف: ٨٢ وفي قراءة: ﴿وَسَل﴾.

ـ قوله: يأيس بهذا الشكل ليس لفظاً قرآنياً ومع ذلك لا يوافقه تفسيره فكأن قلم الناسخ أبي أن يطاوعه فكتبه مقلوباً من يأسى كيأبى من أسي إذا حزن وبابه تعب قال تعالى: ﴿فلا تأس فكيف آسى﴾

except Asia, Pharaoh's wife, and Mary, the daughter fo 'Imrān. And no doubt, the superiority of 'Ā'isha to other women is like the superiority of Tharīd (i.e. a meat and bread dish) to other meals».

The parts of this hadīth are in: 3433, 3769, 5418.

33 CHAPTER: Verily karunwas of Moses's people (28: 76).

34 CHAPTER: The saying of Allāh : «And to Madian (people We sent their brother Shu'aib. (7: 85).

«Ask at the town» (12: 82). «Away behind your backs» (11: 92). «(To remain) in their places (36: 67). «Had flourished» (7: 92). «Never give up hope» (12: 87) (12: 31). «Lament» (7: 93). «Thou art the one that for beareth with faults and is right minded (11: 87) Mujahid said: «The wood» (15: 78). «A day of over shadowing gloom» (26: 189).

35 CHAPTER: The saying of Allāh: «And Veriy Jonah was one of the Apostle (upto)... And We sent him to hundred-thousand (men) or more. And they believed; so we gave them comfort for a while». (37: 139-149).

بالعراء﴾ بوجه الأرض ﴿وهو سقيم وأنبتنا عليه شجرة من يقطين﴾ من غير ذات أصل، الدباء ونحوه.

﴿وأرسلناه إلى مائة ألف أو يزيدون، فآمنوا فمتعناهم إلى حين﴾.

﴿ولا تَكُنْ كصاحِبِ الحُوتِ إذ نادَى وهوَ مكظوم﴾ [القلم: ٤٨]، ﴿كظيم﴾: وهو مغموم.

٣٤١٢ ـ **حدثنا** مسدَّد حدَّثنا يحيى عن سفيانَ قال: حدَّثني الأعمشُ ح.

حدثنا أبو نُعَيم حدَّثنا سفيانُ عنِ الأعمشِ عن أبي وائلٍ عن عبدِ الله رضيَ الله عنه عنِ النبيِّ ﷺ قال: «لا يَقولنَّ أحدُكم إني خيرٌ من يونسَ» زاد مسدَّد: «يونسَ بن متّى».

[الحديث ٣٤١٢ ـ طرفاه في: ٤٦٠٣، ٤٨٠٤].

٣٤١٣ ـ **حدثنا** حفصُ بنُ عمرَ حدَّثنا شعبةُ عن قتادةَ عن أبي العاليةِ عنِ ابنِ عبّاسٍ رضيَ الله عنهما عن النبيِّ ﷺ قال: «ما ينبغي لعبدٍ أن يقولَ إني خيرٌ من يونسَ بن متّى. ونسَبَهُ إلى أبيهِ».

٣٤١٤ ـ **حدثنا** يحيى بنُ بُكَيرٍ عنِ اللَّيثِ عن عبدِ العزيزِ بنِ أبي سلمةَ عن عبدِ الله بنِ الفضل عن الأعرج عن أبي هريرةَ رضيَ الله عنه قال: بينما يهوديٌّ يَعرِضُ سِلعتَهُ أُعطِيَ بها شيئاً كرِهَهُ، فقال: لا والذي اصطفى موسى على البشر، فسمعَهُ رجل منَ الأنصارِ فقامَ فلَطمَ وجهَهُ وقال: تقولُ والذي اصطفىٰ موسىٰ على البشرِ والنبيُّ ﷺ بينَ أظهُرِنا؟ فذهبَ إليهِ فقال: أبا القاسمِ، إن لي ذمةً وعهداً، فما بالُ فلانٍ لَطَمَ وَجهي؟ فقال: لم لطمتَ وَجهَهُ؟ فذكرَهُ، فغَضِبَ النبيُّ ﷺ حتّى رُئي في وجههِ، ثمّ قال: «لا تُفضلوا بينَ أنبياءِ الله، فإنهُ يُنفخُ في الصُّورِ فيَصعَقُ مَن في السماواتِ ومَن في الأرضِ إلّا مَن شاءَ الله، ثمَّ يُنفخُ فيهِ أُخرى فأكونُ أولَ مَن بُعِثَ، فإذا موسى آخذٌ بالعرش، فلا أدرِي أَحُوسِبَ

«When to him are rehearsed Our sings: Tales of the Ancients, He cries!» «Verily We have tried them as we tried the people of the Garden when they resolved to gather the fruits of the Garden in the morning».

3412 . 'Abdullāh (may Allāh be pleased with him) narrated: The Prophet (the blessing and peace of Allāh be upon him) said: «None of you should say that I am better than Yūnus (i.e. Jonah)». Musa added: «Jonah bin Matta».

The parts of this hadīth are in: 4603, 4804.

3413 . Ibn 'Abbās (may Allāh be pleased with him) narrated: The Prophet (the blessing and peace of Allāh be upon him) said: «No slave (of Allāh) should say that I am better than Yūnus bin Matta». So the Prophet (the blessing and peace of Allāh be upon him) mentioned his father's name with his name.

3414 . Abū Huraira (may Allāh be pleased with him) narrated: Once while a Jew was selling something, he was offered a price that he was not pleased with. So, he said: «No, by Him Who gave Moses the excellence over all hands being!» Hearing him, an Ansārī man got up and slapped him on the face and said: «You say: By Him Who gave Moses superiority over all human beings although the Prophet (Muhammad) (the blessing and peace of Allāh be upon him) is present amonst us!» The Jew went to the Prophet and said: «O Abū-l-Qāsim! I am under the assurance and contract of security, so what right does so-and-so have to slap me?» Why have you slapped». He told him the whole story. The Prophet became angry, till anger appeared on his face, and said: «Don't give superiority to any Prophet amongst Allāh Prophet became angry, till anger appeared on his face, and said: «Don't give superiority to any prophet amongst Allāh's Prophet, for when the trumpet is blown, everyone on the earth and in the heavens will become unconsious except those whom for the second time, and I will be the first to be resurected to see Moses holding Allāh's Throne. I will not

بِصَعقتِهِ يومَ الطُّور، أم بُعِثَ قبلي».

٣٤١٥ ـ «ولا أَقولُ إِنَّ أَحداً أَفضلُ مِن يونُسَ بن متى».

[الحديث ٣٤١٥ ـ أطرافه في: ٣٤١٦، ٤٦٠٤، ٤٦٣١، ٤٨٠٥].

٣٤١٦ ـ **حدثنا** أبو الوَليدِ حدَّثنا شُعبةُ عن سعدِ بنِ إبراهيمَ سمعت حُميدَ بن عبدِ الرَّحمٰنِ عن أبي هريرةَ رضيَ الله عنه عنِ النبيِّ ﷺ قال: «لا ينبغي لعبدٍ أن يقول أنا خيرٌ من يونسَ بنِ متى».

٣٦ ـ **باب** ﴿واسأَلهم عن القريةِ التي كانت حاضِرةَ البحر إذ يَعْدونَ في السبت﴾ [الأعراف: ١٦٣]: يَتعدَّون، يتجاوزون في السبت ﴿إذ تأْتيهم حِيتانُهم يومَ سَبتِهم شُرَّعاً ـ شَوارِعَ، إلى قوله ـ كونوا قِرَدةً خاسئين﴾.

٣٧ ـ **باب** قولِ الله تعالى: ﴿وآتينا داودَ زَبوراً﴾ [النساء: ١٦٢، الإسراء: ٥٥] ﴿الزُّبُر﴾: الكتب واحدُها زَبور. زَبَرْت: كتبت. ﴿ولقد آتينا داودَ منا فضلاً، يا جبالُ أَوِّبي معه﴾ [سبأ: ١٠ ـ ١١]. قال مجاهد سَبِّحي معه. ﴿والطيرَ، وأَلَنَّا له الحديد، أنِ اعملْ سابغاتٍ﴾: الدروع ﴿وقَدِّرْ في السَّرْدِ﴾ المسامير والحلَقِ، ولا تُدِقَّ المسمارَ فيتسلسل، ولا تعظِّم فيفصم. ﴿أفرِغْ﴾: أنزِلْ. ﴿بسطةً﴾: زيادة وفضلاً. ﴿واعمَلوا صالحاً إني بما تعملونَ بصير﴾.

٣٤١٧ ـ **حدثنا** عبدُ الله بنُ محمدٍ حدَّثنا عبدُ الرزّاقِ أخبرَنا مَعْمرٌ عن هَمام عن أبي هريرةَ رضيَ الله عنه عنِ النبيِّ ﷺ قال: «خُففَ على داودَ عليه السلامُ القرآنُ، فكان يأْمرُ

اب ٣٧ ـ قوله: (ولا تدق) ويروى ولا ترق بالراء بدل الدال أي لا تجعل مسمار الدرع دقيقاً أو رقيقاً حتى يستمسك ولا يتسلسل تسلسل الماء ولا تعظم المسمار حتى لا يكسر الحلقة وهو معنى الفصم أهـ.

know whether the unconsciousness which Moses recieved on the Day of Tur has been sufficient for him, or has he got up before, me.

3415 . And I do not say that there is anybody who is better than Yūnus bin Matta»

The parts of this hadīth are in: 3416, 4604, 4631, 4805.

3416 . Abū Huraira (may Allāh be pleased with him) narrated: The Prophet (the blessing and peace of Allāh be upon him) said: «None should say that I am better than Yūnus bin Matta».

36 CHAPTER: The saying of Allāh: «And ask them (O Muhammad (the blessing and peace of Allāh be upon him)) about the town that was by the sea, when they transgressed in the matter of the Sabbath. When their fish came to them only on the Sabbath day and did nto come... (upto)... Be you apes, despised and rejected». (7: 163-166).

37 CHAPTER: The saying of Allāh : «And to David we gave the Palms (4: 163).

Books of dark prophecies» (3: 184). «We bestowed Grace a foretime on David from ourselves O ye Mountains! sing, ye back the praises of God with him». (34: 10). Mujahid said: «Praise with him». «And ye birds (Also)! And we made the iron soft for him (Commanding)». Make than coats of nail» (34: 10-11). «Balancing well the rings of chain armour» (34: 11). «Pour out on us» (7: 126). «A stature tall» (7: 69).

«And work ye righteousness for be sure I see (clearly) all that ye do (34: 11).

3417 . Abū Huraira (may Allāh be pleased with him) narrated: The Prophet (the blessing and peace of Allāh be upon him) said: «The reciting of the Zabūr (i.e. Psalms) was made easy for David (may Allāh be pleased with him). He used

بدوابِّه فتُسرَجُ، فيقرأُ القرآنَ قبلَ أن تُسرَجَ دوابُّهُ، ولا يأكلُ إلا مِن عملِ يدِه» رواهُ موسى بنُ عُقبةَ عن صفوانَ عن عطاءِ بنِ يَسارٍ عن أَبي هريرةَ رضيَ الله عنه عنِ النبيِّ ﷺ.

٣٤١٨ ـ **حدثنا** يحيىٰ بنُ بُكَيرٍ حدَّثَنا اللَّيثُ عن عُقَيل عنِ ابنِ شِهابٍ أَن سعيدَ بن المسيَّبِ أَخبرَه وأَبا سلمةَ بنَ عبدِ الرَّحمٰنِ أَنَّ عبدَ الله بنَ عمرٍو رضيَ الله تعالى عنهما قال: أُخبرَ رسولُ الله ﷺ أني أقول: والله لَأَصومنَّ النهارَ ولأَقومنَّ اللَّيلَ ما عِشتُ، فقال لَهُ رسولُ الله ﷺ: **«أَنتَ الذي تقول: والله لَأَصومَنَّ النهار ولأَقومنَّ اللَّيلَ ما عِشتُ؟»** قلتُ: قد قلتُه. قال: **«إنكَ لا تَستطيعُ ذٰلك، فصُمْ وأَفطِرْ، وقُم ونَم، وصُم منَ الشهرِ ثلاثةَ أيامٍ فإنَّ الحسنَةَ بعَشرِ أَمثالِها، وذٰلكَ مثلُ صيامِ الدَّهر»**. فقلتُ: إني أُطيقُ أَفضلَ من ذٰلك يا رسولَ الله قال: **«فصُم يوماً وأَفطر يومَين»**. قال: قلتُ: إني أُطيقُ أَفضلَ من ذٰلك». قال: **«فصُم يوماً وأَفطر يوماً، وذلك صيامُ داودَ وهو أَعدلُ الصيام»**. قلتُ: إني أُطيقُ أَفضلَ منه يا رسولَ الله، قال: **«لا أَفضلَ من ذلك»**.

٣٤١٩ ـ **حدثنا** خَلّادُ بن يحيى حدَّثَنا مِسْعَرٌ حدَّثَنا حبيبُ بن أَبي ثابت عن أَبي العباس عن عبدِ الله بن عمرٍو بنِ العاص قال: قال لي رسولُ الله ﷺ: **«أَلم أُنبَأْ أنكَ تقومُ اللَّيلَ وتصومُ النهارَ؟** فقلتُ: نعم. فقال: **فإنكَ إذا فعلتَ ذٰلكَ هَجمَتِ العينُ، ونفِهتِ النفسُ، صُم من كلِّ شهرٍ ثلاثةَ أيامٍ، فذلكَ صومُ الدهر، أو كصوم الدهر.** قلت: إني أَجِدُ بي ـ قال مِسعَر: يعني قوَّة ـ قال: **فصُم صومَ داودَ عليهِ السلام، وكان يصومُ يوماً ويُفطرُ يوماً، ولا يَفرُّ إذا لاقىٰ»**.

٣٨ ـ **باب** أَحبُّ الصلاةِ إلى الله صلاةُ داودَ، وأَحبُّ الصيامِ إلى الله صيامُ داود: كان ينامُ نِصفَ اللَّيلِ، ويقومُ ثُلثَه وينامُ سُدُسَه. ويصوم يوماً ويُفطِرُ يوماً قال عليٌّ: وهو قول عائشةَ: «ما أَلفاهُ السحَرُ عندي إلا نائماً».

٣٤١٩ ـ قوله: (هجمت العين) أي غارت وضعف بصرها ونفهت النفس أي تعبت وكلت (شارح).
باب ٣٨ ـ أي ما وجده السحر.

to order that his riding animals be saddled, and would finish reciting the Zabūr before they were saddled. And he would never eat except from the earnings of his manual work».

3418 . 'Abdullāh bin 'Amr (may Allāh be pleased with him) narrated: Allāh Apostle (the blessing and peace of Allāh be upon him) was informed that I used to say: «By Allāh, I will fast all the days and pray all the nights as long as I live». On that , Allāh Apostle (the blessing and peace of Allāh be upon him) asked me: «Are you the one who says: «I will fast all the days and pray all the nights as long as live?» I said: «Yes, I have said it». He said: «You cannot do that. So fast (sometimes) Pray and sleep. Fast for three days a month for the reward of a good deed is multipied by ten time, and so the fasting of three days a month equals the fasting of a year». I said: «O Allāh's Apostle! I can fast more than that». He said: « There is nothing better than that».

3419 . 'Abdullāh bin 'Amr bin Al-'As (may Allāh be pleased with him) narrated: The Prophet (the blessing and peace of Allāh be upon him) said to me: «I have been informed that you pray all the nights and observe fast all the days; is this true?» I replied: «Yes». He said: «If you do so, your eyes will be weak and you will get bored. So fast three days a month, for his will be the fasting of a whole year». Or equal to the fasting of a whole year». I said: «I find myself able to fast more». He said: «Then fast like the fasting of (the Prophet) David (the blessing and peace of Allāh be upon him) who used to fast on alternated days and wold not flee on facing the enemy».

38 CHAPTER: The most beloved prayer to Allāh was the prayer of (the Prophet) David, and the most beloved fasting to Allāh was the fasting of (the Prophet) of the night and pray for one third of it and sleep one-sixth of it, and he used to fast on alternate days. 'Ā'isha said: «When the Prophet was in my house, he always slept before dawn (after performing the Night Prayer)».

٣٤٢٠ - **حدثنا** قُتيبةُ بنُ سعيدٍ حدَّثَنا سفيانَ عن عمرِو بنِ دِينارٍ عن عمرِو بنِ أوسٍ الثقفيِّ سمعَ عبدَ الله بنَ عمرٍو قال: قال لي رسولُ الله ﷺ: «أَحبُّ الصيامِ إلى الله صيامُ داودَ، كان يصومُ يوماً ويُفطِرُ يوماً. وأحبُّ الصلاةَ إلى الله صلاةُ داودَ، كان ينامُ نِصفَ اللَّيلِ ويقوم ثُلثَه وينام سُدسَه».

٣٩ - **باب** ﴿واذكر عبدَنا داودَ ذا الأَيدِ إنَّهُ أوّاب - إلى قوله - وفصلَ الخِطاب﴾ [ص: ١٧ - ٢٠] قال مجاهد: الفهم في القضاء. ﴿ولا تُشطط﴾: لا تُسرِف. ﴿واهدِنا إلى سواءِ الصراط. إنَّ هذا أخي له تسعٌ وتسعونَ نعجةً - يقال للمرأةِ: نعجة، ويقال لها أيضاً: شاةٌ - ولي نعجةٌ واحدة، فقال: أكفِلنيها﴾ - مثلُ ﴿وكفَلها زكريا﴾: ضمَّها - ﴿وعزَّني﴾: غلبني، صارَ أعزَّ مني، أعزَزْته: جعلتهُ عزيزاً ﴿في الخطاب﴾ يقال: المحاورة. ﴿قال لقد ظَلَمَكَ بسُؤالِ نعجتكَ إلى نِعاجه، وإنَّ كثيراً منَ الخُلَطاءِ﴾ الشُّركاء ﴿ليبغي - إلى قوله - إنما فَتَناهُ﴾ قال ابنُ عباسٍ: اختبرناه. وقرأَ عمرُ: ﴿فتَّناهُ﴾ - بتشديدالتاءُ - ﴿فاستغفرَ ربهُ وخرَّ راكعاً وأَناب﴾.

٣٤٢١ - **حدثنا** محمدٌ حدَّثَنا سهلُ بن يوسفَ قال: سمعتُ العَوّامَ عن مجاهدٍ قال: «قلتُ لابنِ عبّاسٍ أسجد في ص؟ فقرأَ: ﴿ومن ذرِّيتهِ داودَ وسليمانَ - حتى أتى - فبهُداهمُ اقتدِهْ﴾: نبيُّكم ﷺ ممَّن أُمِرَ أن يَقتدِيَ بهم».

[الحديث ٣٤٢١ - أطرافه في: ٤٦٣٢، ٤٨٠٦، ٤٨٠٧].

باب ٣٩ - قوله: ﴿وكفلها زكريا﴾ التلاوة عندنا وكفلها بالتشديد على أنّ الفاعل مقدّر وهو الرب عز إسمه وزكريا مفعول وتحقق المثلية على هذه القراءة فقط فإن الإكفال والتكفيل سيان وأما على قراءة التخفيف فلا مثلية لأن الإكفال لا يماثل الكفالة فحينئذ يكون قول المؤلف ضمها منصوراً فيه ويبقى عليه أيضاً أن زكريا مرفوع ممدوداً على قراءة التخفيف ليس إلا بخلافة على قراءة التشديد فإنه يمدّ ويقصر كما يعلم بالمراجعة إلى التفاسير فلا أدري كيف سكت الشارح عن هذه كلها. مصحح.

3420 . 'Abdullāh bin 'Amr (may Allāh be pleased with him) narrated: «Allāh Apostle (the blessing and peace of Allāh be upon him) said to me: «The Most beloved fasting to Allāh was the fasting of (the Prophet) David who used to fast alternate days. And the most beloved prayer to Allāh was the prayer of David who used to sleep for (the first) half of the night and pray for one third of it and (again) sleep for a sixth of it».

39 CHAPTER: The saying fo Allāh (may Allāh be pleased with him): «And remember our slave David, the man of strength, Verily he was ever Oft-Returning in repentance (towards Allāh)... (upto)... And Sound Judgement in speech And decision». (38: 17-20)

And treat us not with unjstice« (38: 22). «But guide us to the even path this man is my brother: He has nine and ninety ewes» (28: 22-23). It is said to the woman an ewe, or a sheep. «and I have (but) one yet he says: «Commit her to my care» (38: 23). «To the care of Zakariya» (38: 37). «And is (more over harsh to me» (38: 23). «In speech» (38: 23). «(David said: He has undoubtedly wronged thee in demanding thy (single) ewe to be added to his (flock of) ewes: Truly many are the parthers (in business) who wrong each other» (38: 24). «That we had tried him» (38: 24). «He asked frovigeness of his lord, fell down, bowing (in prostration) and turned (to God in repentance». (38: 24).

3421 . Mujāhid narrated: I asked Ibn 'Abbās: «Should we perform a prostration on reciting Surāt-Sād? » He recited (the Surā) including: «And among his progeny. David, Solomon... (upto)... so follow their guidance». (6: 83-91). And then he said; «Your Prophet (the blessing and peace of Allāh be upon him) is amongst those people who have been ordered to follow them (i.e. the preceding apostles).

The parts of this hadīth are in: 4632, 4806, 4807.

٣٤٢٢ ـ **حدثنا** موسى بنُ إسماعيلَ حدَّثَنا وُهَيبٌ حدَّثَنا أيُّوبُ عن عكرمةَ عنِ ابنِ عباسٍ رضيَ اللهُ عنهما قال: «ليس ص من عَزائم السجود، ورأيتُ النبيَّ ﷺ يَسجدُ فيها».

٤٠ ـ **باب** قول الله تعالى: ﴿ووَهَبنا لداودَ سليمانَ، نِعمَ العبدُ إنهُ أوّاب﴾ [صٓ: ٣٠] الراجعُ: المنيب. وقولِهِ: ﴿هَب لي مُلكاً لا ينبغي لأحدٍ من بعدي﴾ [صٓ: ٣٥]. وقولِهِ: ﴿واتَّبعوا ما تتلوا الشياطينُ على مُلكِ سليمانَ﴾ [البقرة: ١٠٢]، ﴿ولسليمانَ الرِّيحَ غُدُوُّها شهرٌ ورواحُها شهر وأَسَلْنا لهُ عينَ القِطرِ﴾ ـ أذَبْنا لهُ عينَ الحديد ـ ﴿ومنَ الجنِّ من يعملُ بينَ يديهِ بإذنِ ربِّهِ ومن يَزِغ منهم عن أمرنا نذقه من عذاب السَّعير يعملون له ما يشاء مِن مَحاريبَ﴾ [سبأ: ١٢] قال مجاهد: بُنيانٌ ما دونَ القُصور ﴿وتماثِيلَ وجِفانٍ كالجوابِ﴾ كالحياضِ للإبل، وقال ابنُ عبّاسٍ: كاجَوبة من الأرض ﴿وقُدورٍ راسياتٍ اعملوا آل داود شكراً وقليل من عبادي الشكور. فلما قَضَينا عليهِ الموتَ ما دَلهم على موتهِ إلّا دابةُ الأرضِ﴾ ـ الأرضةُ ـ ﴿تأكلُ مِنسأته﴾ عصاه ﴿فلما خرَّ ـ إلى قوله ـ المهين﴾ [سبأ: ١٣ ـ ١٤]. ﴿حُبَّ الخيرِ عن ذِكرِ ربِّي﴾. ﴿فطفِقَ مَسحاً بالسُّوقِ والأعناق﴾ يمسحُ أعرافَ الخيلِ وعَراقيبَها. ﴿الأصفاد﴾ الوَثاق. وقال مجاهد: ﴿الصافِنات﴾: صَفَنَ الفرسُ رفع إحدَى رجليهِ حتى تكونَ على طرَف الحافر. ﴿الجيادُ﴾: السِّراعُ. ﴿جَسداً﴾: شيطاناً. ﴿رُخاءً﴾: طَيِّبةً. ﴿حيث أصاب﴾: حيث شاء. ﴿فامنُنْ﴾: أعطِ. ﴿بغيرِ حساب﴾: بغير حَرَج.

٣٤٢٣ ـ **حدثنا** محمدُ بنُ بَشّارٍ حدَّثَنا محمدُ بن جعفرٍ حدَّثَنا شعبةُ عن محمدِ بنِ زِيادٍ عن أبي هريرةَ رضيَ اللهُ عنه عن النبيِّ ﷺ: «إن عِفريتاً منَ الجنِّ تفلَّتَ البارحةَ ليَقطعَ عليَّ صَلاتي، فأمْكَنَني اللهُ منه، فأخذتهُ، فأردتُ أن أربِطَهُ على ساريةٍ من سَواري المسجدِ حتى تنظُروا إليهِ كلُّكم، فذكرتُ دَعوةَ أخي سليمانَ ﴿ربِّ هَبْ لي ملكاً لا ينبغي لأحدٍ من بعدي﴾ فردَدْتهُ خاسئاً» عِفريتٌ: متمرِّدٌ من إنس أو جانٍّ، مثلُ زِبْنيةٍ جماعتُها الزَّبانية.

٣٤٢٣ ـ قوله: (مثل زبنية) المثلية إنما تظهر على قراءة عفرية وهي شاذة أهـ.

3422 . Ibn 'Abbās (may Allāh be pleased with him) narrated: The Prostration in Sura-Sād is not amongst the compulsory prostration, though I saw the Prophet (the blessing and peace of Allāh be upon him) prostrating of reciting it.

40 CHAPTER: The saying of Allāh (may Allāh be pleased with him): «And to David We gave Solomon (for a son). How excellent (a) slave, he was ever Oft-Returing in repentance (to Us)». (38: 30). And His saying: «He said: My Lord! Forgive me and grand me a kingdom such as shall not belong to any other after me». (38: 35). «And they followed what the Devils gave out (falsely) of magic in the life-time of Solomon». (2: 102). And His saying: «And to Solomon (We made) the wind (obedient): Its morning (stride from sunrise till noon) was a month's jouney; And its evening (stride from the noon till sunset) was a month's jouney. (i.e. in one day he could travel two month's journey) And we made a font of motten brass to flow for him; And those were Jinns that worked in front of him. By the Leave of his lord; and if any of them turned. Aside from Our command. We made him taste of the torment of the Blazing Fire. They worked for him what he desired, (making) high rooms. Images, Basons as large as reservoirs and (cooking) cauldrons fixed (in their places): Work you, O family of David. with Thanks! But few of my salves are grateful. Then when we decreed (Solomon's) death. Nothing showed them (Jinns) his death except a little (slowly) gnawing away at his staff: So when he fell down, the Jinns saw plainly that If they had known the unseen, they would not have stayed in the Humiliating torment. (34: 12-14).

3423 . Abū Huraira (may Allāh be pleased with him) narrated: The Prophet (the blessing and peace of Allāh be upon him) said: «A strong demon from the Jinns came to me yesterday suddenly, so as to spoil my prayer, but Allāh enabled me to over power him, and so I caught him and intended to tie him to one of the pillars of the Mosque so that all of you might see him, but I remembered the invocation of my brother Solomon: «And grant me a kingdom such as shall not belong to any other after me». (38: 35) so I let him go cursed».

٣٤٢٤ ـ **حدثنا** خالدُ بنُ مَخلَدٍ حدَّثَنا مُغيرةُ بن عبدِ الرّحمٰنِ عن أبي الزِّنادِ عنِ الأعرجِ عن أبي هريرةَ رضيَ اللهُ عنه عن النبيِّ ﷺ قال: **«قال سليمانُ بن داودَ: لأطوفنَّ اللَّيلةَ على سبعينَ امرأةً تَحمِلُ كلُّ امرأةٍ فارساً يُجاهِدُ في سبيلِ الله. فقال لهُ صاحبه: إن شاءَ الله. فلم يَقُل، ولم تَحمِلْ شيئاً إلا واحداً ساقِطاً أحد شِقَّيهِ. فقال النبيُّ ﷺ: لو قالها لجاهَدوا في سبيلِ الله»**. قال شُعَيبٌ وابنُ أبي الزِّنادِ «تسعينَ» وهو أصحُّ.

٣٤٢٥ ـ **حدثنا** عُمرُ بن حفص حدَّثَنا أبي حدَّثَنا الأعمشُ حدَّثَنا إبراهيمُ التيميُّ عن أبيهِ عن أبي ذَرٍّ رضيَ اللهُ عنه قال: **قلتُ يا رسولَ الله أيُّ مسجدٍ وُضِعَ أول؟ قال: «المسجدُ الحرام»**. قلت: ثمَّ أيٌّ؟ قال: **«ثمَّ المسجدُ الأقصى»** قلتُ: كم كان بينهما؟ قال: **«أربعونَ»**. ثمّ قال: **«حيثُما أدركتكَ الصلاةُ فصلِّ والأرضُ لك مسجد»**.

٣٤٢٦ ـ **حدثنا** أبو اليمانِ أخبرَنا شعيبٌ حدَّثَنا أبو الزِّنادِ عن عبدِ الرّحمٰنِ حدَّثَهُ أنه سمعَ أبا هريرةَ رضيَ اللهُ عنه أنه سمعَ رسولَ الله ﷺ يقول: **«مَثَلي ومَثَلُ الناسِ كمثَلِ رجلٍ استوقَدَ ناراً، فجعَلَ الفراشُ وهٰذهِ الدَّوابُّ تقعُ في النار»**.

٣٤٢٧ ـ **«وقال:** كانتِ امرأتانِ معهما ابناهما، جاء الذئبُ فذهبَ بابنِ إحداهما، فقالت صاحبتها: إنما ذهبَ بابنكِ، وقالتِ الأخرى: إنما ذهبَ بابنكِ. فتحاكمتا إلى داودَ فقضى بهِ للكبرى، فخرَجتا على سليمانَ بنِ داودَ عليهما السلام فأخبرَتاهُ فقال: ائتوني بالسكينِ أشُقُّهُ بينهما. فقالت الصغرى: لا تَفعلْ يَرحمُكَ الله، هوَ ابنُها، فقضىٰ بهِ للصغرىٰ. قال أبو هريرة رضي الله عنه: والله إن سمعتُ بالسكينِ إلا يومَئذٍ، وما كنا نقول إلا المُدْيةُ». [الحديث ٣٤٢٧ ـ طرفه في: ٦٧٦٩].

٣٤٢٤ ـ قوله: (إحدى شقيه) ولأبي ذر والأصيلي أحد شقيه (شارح).

٣٤٢٥ ـ قوله: (أول) بفتح اللام غير منصرف وبضمها صفة بناء لقطعها عن الإضافة (شارح).

3424 . Abū Huraira (may Allāh be pleased with him) narrated: The Prophet (the blessing and peace of Allāh be upon him) said: «Solomon (the son of) David said: «Tonight I will sleep with seventy ladies each of whom will conceive a child who will be a knight fighting for Allāh's Cause». His Companion said: «If Allāh will». But Solomon did not say so; therefore none of those women got pregnant except one who gave birth to a half child: «The Prophet further said: «If the Prophet Solomon had said it (i.e. «If Allāh will») he would have begotten children who would have fought itn Allāh's Cause».

[Shu'aib and Ibn Abī Az-Zinād said: «Ninety (women) is more correct (than seventy)»].

3425 . Abū Tharr (may Allāh be pleased with him) narrated: I said: «O Allāh's Apostle! Which mosque was built first?» He replied: «Al-Masjid-ul-Harām». I asked: «Which (was built) next?» He replied: «Al-Masjid-ul-Aqsā (i.e. Jerusalem)». I asked: «What was the period in between them?» He replied: «Forty (years)». He them added: «Wherever the time for the prayer comes upon you, perform the prayer, for all the earth is a place of worshipping for you».

3426 Abū Huraira (may Allāh be pleased with him) narrated: Allah's Apostle (the blessing and peace of Allāh be upon him) said: My example and the example of the people is like that of a person who lit a fire and let the butterflies and these insects fall in it».

3427 . «There were two women, each of whom had a child with her. A wolf came and took away the child of one of them, whereupon the other said: «If has taken your child». The first they both carried the case before David who judged that the living child be given to the elder lady. So both of them went to Solomon bin David (the blessing and peace of Allāh be upon him) and informed him (of the case). He said: «Bring me a knife so as to cut the child into two pieces and distribute it between them». The younger lady said: «May Allāh be merciful to you! Don't do this, for it is her (i.e. the other lady's) child». So he gave the child to the younger lady».

The parts of this hadīth are in: 6769.

٤١ ـ **باب** قولِ الله تعالىٰ: ﴿ولقد آتينا لُقمانَ الحكمةَ أَنِ اشكُرْ لله ـ إلى قوله ـ إنَّ الله لا يُحبُّ كلَّ مُختالٍ فخور﴾ [لقمان: ١٢ ـ ١٨]. ﴿ولا تُصَعِّرْ﴾: الإعراضُ بالوجه.

٣٤٢٨ ـ **حدثنا** أبو الوَليدِ حدَّثَنا شعبةُ عنِ الأَعمشِ عن إبراهيمَ عن عَلْقمةَ عن عبدِ الله قال: لما نزلَتِ: ﴿الذينَ آمنوا ولم يَلبِسوا إيمانَهم بظلم﴾ [الأنعام: ٨٢] قال أصحابُ النبيِّ ﷺ: أَيُّنا لم يَلبِسْ إيمانَه بظلم؟ فنزلَت: ﴿لا تُشرِكْ بالله، إنَّ الشركَ لَظُلمٌ عظيم﴾ [لقمان: ١٣].

٣٤٢٩ ـ **حدثنا** إسحاقُ أخبرَنا عيسىٰ بنُ يونُسَ حدَّثَنا الأَعمشُ عن إبراهيمَ عن عَلقمةَ عن عبدِ الله رضيَ الله عنه قال: لما نزلَتْ: ﴿الذين آمنوا ولم يَلبِسوا إيمانَهم بظُلم﴾ شقَّ ذٰلكَ على المسلمينَ فقالوا: يا رسولَ الله أَيُّنا لا يَظلِمُ نفسَهُ؟ قال: ليسَ ذٰلك، إنما هو الشركُ، ألم تَسمعوا ما قال لُقمانُ لابنهِ وهوَ يَعِظُه: ﴿يا بُنَيَّ لا تُشرِكْ بالله إنَّ الشركَ لظُلمٌ عظيم﴾.

٤٢ ـ **باب** ﴿واضرِبْ لهم مَثَلاً أَصحابَ القَريةِ﴾ الآية [يٓس: ١٣]

﴿فعزَّزْنا﴾ قال مجاهد: شدَّدْنا. وقال ابنُ عباس: ﴿طائرُكم﴾: مصائبُكم

٤٣ ـ **باب** قولِ الله تعالىٰ: ﴿ذِكرُ رحمةِ ربِّكَ عبدَهُ زكريا، إذ نادىٰ ربَّه نِداءً خَفِياً. قال: ربِّ إني وهنَ العظمُ مني واشتعلَ الرأسُ شيباً ـ إلى قولِه ـ لم نجعلْ لهُ من قبلُ سَمِياً﴾ [مريم: ٣ ـ ٧]. قال ابنُ عباس: مِثلاً. يقال: ﴿رَضياً﴾: مَرضياً. ﴿عِتياً﴾: عَصِياً[1]، عتا يَعتو. ﴿قال ربِّ أنّى يكونُ لي غلامٌ وكانت آمرأتي عاقِراً وقد بلغتُ منَ الكبر عِتياً ـ إلى

باب ٤٢ ـ قوله: (عصياً) بهذا الضبط والصواب بالسين يقال عتا الشيخ يعتو عتياً وعسا يعسو عسياً إذا انتهى سنه وكبر وشيخ عاتٍ وعاسٍ إذا صار إلى حالة اليبس والجفاف أهـ من الشارح.

41 CHAPTER: The saying of Allāh (may Allāh be pleased with him): «And indeed we bestowed wisdom on Luqāmān, saying: Show your gratitude to Allāh, and whosoever gives thanks (to Allāh) he gives thanks for the good of his should. And whoever is ungrateful then verily Allāh is free of all wants, Worthy of all praise. And (remember) when Lūqmān said to his son: When he was advising him «O my son! Join None in worship with Allāh, Verily joining others in worship with Allāh is indeed a great injsutice». (31: 12-13).

3428 . 'Abdullāh (may Allāh be pleased with him) narrated: When the verse: «Those who believe and mix not their beliefs with injustice», was revealed, The Companions of the Prophet (the blessing and peace of Allāh be upon him) said: «Who amongst us has not mixed his belief with injustice?» Then Allāh revealed: «Join None in worship with Allāh Verily joining others in worship with Allāh is indeed a great injustice».

3429 . 'Abdullāh (may Allāh be pleased with him) narrated: When the Verse: «Those who believe and mix not their beliefs with injustice», was revealed, the Muslims felt it very hard on them and said: «O Allāh's Apostle! Who amongst us does not do injustice to himself?» He replied: «The verse does not mean this. But that (injustice) means to associate others in worship to Allāh. Don't you listen to what Luqmān said to his son when he was advising others withAllāh. Verily joining others in worship with Allāh is a great injustice. (31: 13).

42 CHAPTER: «Set forth to them by was of a parable, the (story) of the companions of the village, Behold, there came apostles to it». (36: 13).

43 CHAPTER: The saying of Allāh (may Allāh be pleased with him): «(This is) a mention of the Mercy of your Lord To His slave Zachariah (Zakarīya(. (upto) We have given the same name to none before (him) (19: 2-7). «He said: «O my Lord! How shall I have a son when my wife is barren And I have reached the extreme... (utpo)... (You shall not speak to mankind) for three nights». (19: 8-10). «So he (Zakarīya) came out to his people from the

قولِهِ ـ ثلاثَ لَيالٍ سَوِيّاً﴾ ويقال صحيحاً ﴿فخرَجَ على قومِهِ منَ المِحراب، فأَوحى إليهم أنْ سبِّحوا بُكرَةً وعَشِيّاً﴾. ﴿فأَوحى﴾: فأَشارَ. ﴿يا يَحيى خُذِ الكِتابَ بقُوَّة ـ إلى قولِهِ ـ ويومَ يُبعَثُ حيّاً﴾. ﴿حَفِيّاً﴾: لَطيفاً. ﴿عاقِراً﴾: الذَّكَرُ والأُنثى سَواء.

٣٤٣٠ ـ **حدَّثنا** هُدْبة بن خالدٍ حدَّثَنا همامُ بنُ يحيى حدَّثَنا قَتادةُ عن أنسِ بن مالك عن مالك بنِ صَعْصعةَ: «أَنَّ نبيَّ الله ﷺ حدَّثهم عن ليلة أُسرِيَ بهِ: ثمَّ صَعِدَ حتى أتى السماءَ الثانية، فاستفتح، قيلَ مَن هذا؟ قال: جِبريلُ. قيل: ومَن معك؟ قال: محمدٌ. قيل: وقد أُرسِلَ إليهِ؟ قال: نعم. فلمّا خَلَصتُ فإذا يحيى وعيسىٰ وهما ابنا خالةٍ. قال: هذا يحيىٰ وعيسىٰ، فسلِّمْ عليهما، فسلَّمتُ، فرَدّا، ثمّ قالا: مَرحباً بالأَخِ الصالح والنبيِّ الصالح».

٤٤ ـ **باب** قولِ الله تعالىٰ: ﴿واذكُرْ في الكتابِ مريمَ إذ انتَبَذَتْ مِن أَهلِها مكاناً شَرقيّاً﴾ [مريم: ١٦]، ﴿إذ قالتِ الملائكة يا مريمُ إن الله يُبشِّرُكِ بكلمةٍ﴾ [آل عِمران: ٤٥]. ﴿إنَّ الله اصطفى آدمَ ونوحاً وآلَ إبراهيمَ وآلَ عِمرانَ على العالَمين ـ إلى قولِهِ ـ يَرزُقُ من يشاءُ بغيرِ حساب﴾ [آل عمران: ٣٣]. قال ابنُ عباسٍ: ﴿وآل عمران﴾. المؤمنونَ من آل إبراهيم وآل عمرانَ وآلِ ياسينَ وآلِ محمد ﷺ. يقول: ﴿إن أَولى الناسِ بإبراهيمَ للَّذين اتَّبعوه﴾ [آل عمران: ٦٨] وهمُ المؤمنون، ويقال: ﴿آل يعقوبَ﴾ أهل يعقوب. فإذا صغَّروا: «آل» ثمّ ردُّوهُ إلى الأَصل: قالوا: أُهَيل.

٣٤٣١ ـ **حدَّثنا** أبو اليمانِ أخبرَنا شعيبٌ عنِ الزُّهريِّ قال: حدَّثني سعيدُ بن المسيبِ قال: قال أبو هريرة رضيَ الله عنه: سمعتُ رسولَ الله ﷺ يقول: «ما مِن بَني آدمَ مولودٌ إلّا يَمسُّهُ الشيطان حينَ يولد فيستَهلُّ صارخاً مِن مَسِّ الشيطانِ، غيرَ مريمَ وابنِها. ثمّ يقول أبو هريرة: ﴿وإني أُعِيذُها بكَ وذُرِّيَّتَها مِنَ الشيطانِ الرجيم﴾ [آل عمران: ٣٦]».

باب ٤٣ ـ قوله: (ثم ردوه إلى الأَصل) وسقط لأَبوي ذرّ والوقت لفظ ثم قاله الشارح وهو الأَحسن أهـ.

chamber: He told them by signs to celebrate Allāh's Praises in the morning and in the afternoon (To his son came the Command): O John (Yahyā)! Hold fast the Scripture... (upto)... and the day when he will be raised up To life (again)». (19: 11-15).

3430 . Mālik bin Sa'sa'a narrated that the Prophet (the blessing and peace of Allāh be upon him) talked to them about the night of his Ascension to the Heavens. He said: «(Then Gabriel took me) and rose up till he reached the second heaven where he asked for the gate to be opened, but it was asked: «Who is it?» Gabriel replied: «I am Gabriel». It was asked: «Who is accompanying you?» Has he been called?» He said: «Yes». When we reached the second heaven, I saw Yahyā (i.e. John) and Jesus who were cousnins. Gabriel said: «These are Yahyā and Jesus, so greet them». I greeted them and they returned the greeting saying: «Welcome, O pious Brother and Pious Prophet!».

44 CHAPTER: The saying of Allāh (may Allāh be pleased with him): «And mention in the Book (the story of) Mary, when she withdrew in seclusion from her family to a place facing east». (19: 16). «(Remember) when the angels said: «O Mary! Verily Allāh gives you the glad tidings of a Word from Him». «Allāh did cho se Adam, Noath. the family of abraham, and the family fo Imrān above all the people (of their times)... (utpo)... Verily! Allāh provides sustenance to whom he pleases without counting (3: 33-37). «Ibn 'Abbās said: «The believ ers among the families of Abraham, 'Imrān, Yāsīn and Muhammad (the blessing and peace of Allāh be upon him) (are meant here). Allāh says: «Without doubt, among men, the nearest to Abraham are those who follow him, those who follow him are the believers».

3431 . Sa'īd bin Al-Musaiyab narrated: Abū Huraira (may Allāh be pleased with him) said: «I heard Allāh Apostle (the blessing and peace of Allāh be upon him) saying: «There is none born among the off-spring of Adam, but Satan touches it. A child therefore, cries loudly at the time of birth because of the touch of Satan, except Mary and her child». Then Abū Huraira recited; «And I seek refuge with you for her and for her offspring from the outcast satan. (3: 36).

٤٥ ـ **باب** ﴿وإذ قالتِ الملائكةُ يا مريمُ إنَّ الله اصطفاكِ وطَهَّركِ واصطفاكِ على نساءِ العالَمين. يا مريمُ اقنُتي لربِّكِ واركعي مع الرّاكعين. ذلكَ من أنباءِ الغيبِ نُوحيهِ إليكَ، وما كنتَ لدَيهم إذ يُلقونَ أقلامَهم أيُّهم يَكفُلُ مريمَ، وما كنتَ لدَيهم إذ يَختَصِمون﴾ [آل عمران: ٤٢] يقال: ﴿يكفُلُ﴾: يَضُمُّ. كفَلَها: ضمَّها، مخففة، ليس من كفالةِ الدُّيون وشِبهِها.

٣٤٣٢ ـ **حدثني** أحمدُ بنُ رجاءٍ حدَّثَنا النَّضرُ عن هِشامٍ قال: أخبرَني أبي قال: سمعتُ عبدَ الله بنَ جعفرٍ قال: سمعتُ علياً رضيَ الله عنه يقول: سمعتُ النبيَّ ﷺ يقول: «خيرُ نسائها مريم ابنةُ عِمرانَ، وخيرُ نسائها خديجةُ». [الحديث ٣٤٣٢ ـ طرفه في: ٣٨١٥].

٤٦ ـ **باب** قَوْلِ الله تعالى: ﴿إذ قالتِ الملائكة يا مريمُ إنَّ الله يبشِّرك بكلمة منه اسمه المسيح عيسى ابن مريم ـ إلى قولهِ ـ كُنْ فيكون﴾ [آل عمران: ٤٥ ـ ٤٨]. ﴿يُبَشِّرُكِ﴾: ويَبْشرُكِ واحد. ﴿وَجيهاً﴾: شريفاً. وقال إبراهيم: المسيحُ الصدِّيق. وقال مجاهد: الكهل الحليم. والأَكْمهُ مَن يُبصِرُ بالنهار ولا يُبصِرُ باللَّيل. وقال غيرُه: مَن يولَدُ أعمى.

٣٤٣٣ ـ **حدثنا** آدمُ حدَّثَنا شعبةُ عن عمرِو بنِ مُرَّةَ قال: سمعتُ مُرَّةَ الهَمْدانيَّ يُحدِّثُ عن أبي موسى الأشعري رضي الله عنه قال: قال النبيُّ ﷺ: «فضلُ عائشة على النساء كفضلِ الثَّريد على سائرِ الطعام. كَملَ من الرجالِ كثير، ولم يَكمُلْ مَنَ النساءِ إلا مريمُ بنتُ عِمرانَ وآسيةُ امرأةُ فِرعَونَ».

٣٤٣٤ ـ **وقال** ابنُ وَهبٍ أخبرَني يونُسُ عنِ ابنِ شِهابٍ قال: حدَّثني سعيدُ بن المسيَّبِ أنَّ أبا هريرة قال: سمعت رسولَ الله ﷺ يقول: «نساءُ قريشٍ خيرُ نساءٍ ركِبنَ

باب ٤٥ ـ قوله: (ليس من كفالة الديون وشبهها) لا يخفى أن الكفالة سواء كانت بالمال أو بالنفس من معنى الضمّ أيضاً إذ هي ضمّ ذمة إلى ذمة في المطالبة نعم فرق بين فاعليها فالكفيل الضامن والكافل هو الذي يعول إنساناً وبعضهم لا يفرق بينهما في الفاعل أيضاً أهـ.

45 CHAPTER: «And (remember) when the angels said: «O Mary! Allāh chose you... (utpo)... As to which of them should be charged with the care of Mary». (3: 42-44).

3432 . 'Alī (may Allāh be pleased with him) narrated: I heard the Prophet (the blessing and peace of Allāh be upon him) saying: «Mary, the daughter of Imran, was the best among the women (of the world of her time) and Khadijah is the best amongst the women (of this nation)».

The parts of this hadīth are in: 3815.

46 CHAPTER: The saying of Allāh (may Allāh be pleased with him): «(Remember) when the angels said: «O Mary! Verily Allāh gives you glad tidings» of a word from Him, his name will be Messiah, Jesus, son of Mary... (utpo)... When He has decreed something He says to it only: be! and it is». (3: 45-47).

3433 . Abū Mūsā Al-Ash'arī (may Allāh be pleased with him) narrated: The Prophet (the blessing and peace of Allāh be upon him) said: «The superiority of 'Ā'isha to other ladies is like the superiority of Tharīd (i.e. meat and bread dish) to other meals. Many men reached the level of perfection, but no woman reached such a level except Mary, the daughter of 'Imrān and Asia, the wife of Pharaoh».

3434 . Abū Huraira (may Allāh be pleased with him) narrated: I heard Allāh Apostle (the blessing and peace of Allāh be upon him) saying: «Amongst

الإبل: أحناه[1] على طِفلٍ، وأرعاهُ على زوجٍ في ذات يدِه». يقولُ أبـوهريـرة رضى الله عنه على إثرِ ذٰلكَ: ولم تركبْ مريمُ بنت عِمرانَ بعيراً قطُّ.

تابعه ابنُ أخي الزُّهريّ وإسحاقُ الكلبيُّ عن الزُّهريّ.

[الحديث ٣٤٣٤ ـ طرفاه في: ٥٠٨٢، ٥٣٦٥].

٤٧ ـ **باب** قوله عزَّ وجلَّ: ﴿يا أهلَ الكتاب لا تَغلوا في دينِكم ولا تَقولوا على الله إلا الحقَّ، إنَّما المسيحُ عيسىٰ ابن مريمَ رسولُ الله وكلمته أَلقاها إلى مريمَ ورُوحٌ منه، فآمِنوا باللهِ ورسُلِهِ ولا تقولوا ثلاثةٌ انتهوا خيراً لكم إنما الله إلٰهٌ واحد سبحانَه أنْ يكونَ له ولد، له ما في السماوات وما في الأرض، وكفىٰ بالله وكيلاً﴾ [النساء: ١٧١].

قال أَبو عُبيدٍ: ﴿كلمته﴾ كنْ فكان. وقال غيره: ﴿ورُوحٌ منه﴾: أَحياهُ فجعله روحاً ﴿ولا تقولوا ثلاثة﴾.

٣٤٣٥ ـ **حدثنا** صدَقةُ بن الفضلِ حدَّثَنا الوَليدُ عنِ الأُوزاعيِّ حدَّثني عُميرُ بن هانىءٍ قال: حدَّثني جُنادةُ بن أبي أُميَّةَ عن عُبادةَ رضيَ الله عنه عنِ النبيِّ ﷺ قال: «مَن شهِدَ أن لا إلٰهَ إلاّ الله وحدَهُ لا شريكَ له، وأنَّ محمداً عبدُهُ ورسوله، وأنَّ عيسىٰ عبدُ الله ورسوله وكلمتهُ أَلقاها إلى مريَمَ ورُوحٌ منه، والجنةُ حَقٌّ والنارُ حقٌّ، أدخلَهُ الله الجنةَ على ما كانَ منَ العَمل». قال الوليد: حدَّثني ابنُ جابرٍ عن عُميرٍ عن جُنادَةَ وزاد من أَبوابِ الجنةِ الثمانيةِ أيُّها شاء.

٤٨ ـ **باب** ﴿واذكَرْ في الكتابِ مريمَ إذِ انتبَذَتْ من أَهلها﴾ [مريم: ١٦]. فنبذناهُ: أَلقيناهُ. اعتزَلَت شرقيّاً: مما يلي الشرق. ﴿فأَجاءها﴾: أَفعَلْتُ من جئتُ، ويقال: أَلجأَها

(١) ـ قوله: (أحناه) أي أشفق هذا الجنس وكذا يقال في وأرعاه والقياس أحناهنّ وأرعاهنّ ومعنى ذات اليد المال أهـ
٣٤٣٥ ـ قوله: (والجنة والنار) ضبط في بعض النسخ بالرفع والنصب أهـ قوله أيها بنصب أي وجره (شارح).
باب ٤٧ ـ قوله: (تساقط) بتشديد السين أصله تتساقط وتلاوتنا تساقط بضم أوله من الرباعيّ وقوله نسياً بكسر النون والتلاوة نسياً بفتحها.

all those women who ride camels (i.e. Arabs), the ladies of Quraish are the best. They are merciful and kind to their offspring and the best guardians of their husbands' properties' Abū Huraira added: «Mary bint 'Imrān never rode a camel».

Al-Hadīth: 3434.

The parts of this hadīth are in: 5082, 5365.

47 CHAPTER: The saying of Allāh: «O people of the Scriptures! Do not exceed the limits in your religion... (utpo) nor say of God aught but the turth. Christ Jesus the son of Mary was (no more than) an apostle of God, and His Word, which He bestowed on Mary, and a Spirit and His Apostle from him: So believe in God and His Apostles, say not: «Trinity» desist: It will be better for you: For God is One God: Glory be to Him: (For Exalted is He) above having a son. To Him belong all thing's in the heavens and on earth» (And Enough is Allāh) As disposer of Affairs». (4: 171).

3435.Ubada (may Allah be pleased with him) narrated: The Prophet (the blessing and peace of Allāh be upon him) said: «If anyone testifies that none has the right to be worshipped but Allāh Alone Who has no partners, and that Muhammad is His slave and His Apostle, and that Jesus is Allāh's Slave and His Apsotle and His Word which He bestowed on Mary ; and a soul From Him, and that Paradise is true, and Hellis true, Allāh will admit him into Paradise with the deeds which he has done even if those deeds were few». (Junāda, the subnarrator said: «'Ubāda added: «Such a person can enter Paradise through any of its eight gates he likes»).

48 CHAPTER: The saying of Allāh(may Allāh be pleased with him): «And mention in the Book (the story of) Mary. When she withdrew in seclusion

اضطرها، ﴿تَسَّاقَطْ﴾: تسقُطْ. ﴿قصِيّاً﴾: قاصِياً. ﴿فرِيّاً﴾ عظيماً. قال ابنُ عباسٍ: ﴿نَسِيّاً﴾: لم أكن شيئاً. وقال غيره النسيُّ: الحقير. وقال أبو وائلٍ: علمتْ مريمُ أنَّ التَّقيَّ ذو نُهْيَةٍ حينَ قالت: ﴿إن كنتَ تقيّاً﴾. وقال وكيعٌ عن إسرائيلَ عن أبي إسحاقَ عنِ البَراءِ: ﴿سَرِيّاً﴾ نهرٌ صغير بالسُّريانية.

٣٤٣٦ ـ **حدثنا** مسْلمُ بن إبراهيمَ حدَّثَنا جريرُ بنُ حازِمٍ عن محمدِ بن سِيرينَ عن أبي هريرةَ رضيَ الله عنه عنِ النبيِّ ﷺ قال: «لم يتكلمْ في المهدِ إلا ثلاثة: عيسى. وكان في بني إسرائيل رجلٌ يقال له جُرَيج كان يُصلِّي، جاءتهُ أُمُّه فدَعَتْه، فقال: أُجيبُها أو أُصلِّي؟ فقالت: اللّهمَّ لا تُمِتْه حتى تُرِيَهُ وُجوهُ المومِسات، وكانَ جُرَيجٌ في صَومعته، فتعرَّضَتْ له امرأةٌ فكلَّمتْهُ فأبى، فأتَت راعياً فأمكنَتْهُ من نفسِها، فوَلَدَت غُلاماً، فقالت: مِن جُرَيج، فأتوه فكسروا صَومعَتَهُ وأَنزلوهُ وسبُّوه، فتوضَّأَ وصلَّى، ثمّ أَتى الغُلامَ فقال: مَن أبوكَ يا غُلامُ؟ قال: الراعي، قالوا: نَبني صَومعتَكَ من ذهب؟ قال: لا، إلا من طِين. وكانت امرأةٌ تُرضِعُ ابناً لها من بني إسرائيلَ، فمرَّ بها رجلٌ راكبٌ ذو شارة، فقالت: اللّهمَّ اجعلْ ابني مثلَهُ، فتركَ ثَديها وأَقبلَ على الراكبِ فقال: اللّهمَّ لا تجعلْني مثلَه، ثمَّ أَقبلَ على ثَديِها يَمَصُّه، قال أبو هريرةَ رضيَ الله عنه: كأني أَنظرُ إلى النبيِّ ﷺ يَمصُّ إصبعَه، ثمَّ مرَّ بأَمةٍ فقالت: اللّهمَّ لا تجعَلْ ابني مثلَ هٰذهِ، فتركَ ثَديَها فقال: اللّهُمَّ اجعلني مثلها، فقالت: لم ذاك؟ فقال: الراكبُ جبّارٌ منَ الجبابرة، وهٰذهِ الأَمةُ يقولون: سرقتِ زنيتِ ولم تفعَلْ».

٣٤٣٧ ـ **حدثني** إبراهيمُ بن موسىٰ أخبرَنا هِشامُ عن مَعْمرٍ ح. وحدَّثني محمودُ حدَّثنا عبدُ الرزّاقِ أخبرَنا مَعْمرٌ عن الزُّهريِّ قال: أَخبرَني سعيدُ بن المسيَّبِ عن أَبي هريرة

٣٤٣٦ ـ ذو شارة ذو هيئة حسنة.

from her family...» (19: 16). «Drove her» (19: 23). «It will let fall (19: 25). «Remote» (19: 22). «Amazing» (19: 27). «Ibn 'Abbās said: «A thing forgotten» (19: 23). «If thou dost fear God» (19: 18). «A rivulet« (19: 24).

3436 . Abū Huraira (may Allāh be pleased with him) narrated: The Prophet (the blessing and peace of Allāh be upon him) said: «None spoke in cradle but three: (The first was) Jesus, (the second was) a man from Banī Isrāel called Juraij. While he was offering his prayers. His mother came and called him. He said (to himself): «Shall I answer her or keep on praying?» (He went on praying and did not answer her). His mother said: «O Allāh! Do not let him die till he sees the faces of prostitutes». So while he was in his hermitage, a lady came and sought to seduce him, but he refused. So she went to a shephered and presented herself to him to commit illegal sexual interourse with her and she gave birth to a child and claimed that it belonged to Juraij. The People, therefore, came to him and dismantled his hermitage and expelled him out of it and abused him. Juraij performed the ablution and offered said: «O child! Who is your father?» The child replied: «The shephered». (After hearing this) the people said: «We shall rebuild your hermitage of gold». But he said: «No, of nothing but mud». (The third was the hero of the following story). A lady from Banī Isrāel was nursing her child at her breast when a handsome rider passed by her. She siad: «O Allāh! Make my child like him». On that the child left her breast, and facing the rider said: «O Allāh! Do not make me like him». The child then started sucking her breast again. [(Abū Huraira said: «As if I were now looking at the Prophet (the blessing and peace of Allāh be upon him) sucking his finger (in way of demonstration»)]. After a while they passed by a lady slave and she (i.e. the child's mother) said: «O Allāh! Do not make my child like this (slave girl)!, On that the child left her breast and said: «O Allāh! Make me like her». When rider is one of the tyrants while this slave girl is falsely accused of theft and illegal sexual intercouse».

3437 . Huishām narrated from Ma'mar as below:

Abū Huraira (may Allāh be pleased with him) narrated: The Prophet (the blessing and peace of Allāh be upon him) said: «I met Moses on the night of my

رضيَ الله عنه قال: «قال رسولُ الله ﷺ: ليلةَ أُسرِيَ بي: لقيتُ موسىٰ، قال: فنعتَه فإذا رجلٌ حسبتهُ قال مُضطربٌ رَجِلُ الرأسِ كأنه من رجالِ شَنُوءة. قال: ولقيتُ عيسىٰ، فنعتَه النبيُّ ﷺ فقال: رَبعةٌ أحمرُ، كأنَّما خرج من دِيماسٍ - يعني الحمام - ورأيتُ إبراهيمَ وأنا أشبَه ولدِهِ به. قال: وأُتيتُ بإناءَين أحدُهما لَبن والآخرُ فيهِ خمر، فقيلَ لي: خُذ أيَّهما شئتَ، فأخذتُ اللَّبَنَ فشربتُه، فقيلَ لي: هُدِيتَ الفطرةَ - أو أَصبتَ الفِطرةَ - أما إنكَ لو أخذْتَ الخمرَ غَوتْ أُمَّتُك».

٣٤٣٨ - حدثنا محمدُ بنُ كثيرٍ أخبرَنا إسرائيلُ أخبرنا عثمانُ بنُ المغيرة عن مجاهدٍ عن ابنِ عمر رضيَ الله عنهما قال: قال النبيُّ ﷺ: «رأيتُ عيسىٰ وموسى وإبراهيمَ، فأما عيسىٰ فأحمرُ جَعْدٌ عَريضُ الصدرِ، وأمّا موسىٰ فآدَمُ جَسيمٌ سبطٌ كأنه مِن رجالِ الزُّطّ».

٣٤٣٩ - حدثنا إبراهيمُ بن المنذرِ حدَّثنا أبو ضمرة حدَّثنا موسىٰ عن نافعٍ قال عبدِ الله: ذَكر النبيُّ ﷺ يوماً بينَ ظَهرَي الناسِ المسيحَ الدجّالَ فقال: «إنَّ الله ليس بأعور، ألا إن المسيحَ الدجالَ أعورُ العينِ اليمنى، كأَنَّ عَينَهُ عنبةٌ طافية».

٣٤٤٠ - وأَراني اللَّيلةَ عندَ الكعبةِ في المنام، فإذا رجل آدَمُ كأَحسنِ ما يُرَى مِن أُدْمِ الرجال، تَضرِبُ لِمتُهُ بينَ مَنكِبَيه، رجِلُ الشَّعرِ يَقطُرُ رأسُه ماءً، واضِعاً يَدَيهِ على مَنكبي رجُلَين وهو يطوفُ بالبيت، فقلتُ: من هذا؟ فقالوا: هذا المسيحُ ابن مريم. ثمَّ رأيتُ رجُلاً وراءَهُ جَعداً قَططاً أعوَرَ عينِ اليُمنىٰ كأشبَهِ من رأيتُ بابن قَطَنٍ، واضعاً يَدَيهِ على مَنكبَي رجُلٍ يَطوفُ بالبيتِ، فقلتُ مَن هذا؟ قالوا: المسيحُ الدّجال.

تابعَه عُبَيدُ الله عن نافع.

[الحديث ٣٤٤٠ - أطرافه في: ٣٤٤١، ٥٩٠٢، ٦٩٩٩، ٧٠٢٦، ٧١٢٨].

٣٤٣٧ - قوله: حدثني وفي فتح الباري: حدثنا. وقوله: (أُسري بي) وفي نسخة الشارح أسرى به قال ولأبي ذرّ بي بدل به.

٣٤٣٨ - الزطّ: جنس من السودان أو نوع من الهنود طوال الأجساد.

٣٤٤٠ - قوله: (قططاً) بفتح الطاء وكسرها شديد جعودة الشعر.

Ascension to heaven". The Prophet (the blessing and peace of Allāh be upon him) then described him saying, as I think,: «He was a tall person with lank hair as if he belonged to the people of the tribe of Shanū'a». He further said: «I met Jesus». As he described him saying: «He was one of moderate height and was red-faced as if he had just come out of a bathroom. I saw Abraham whom I resembled more than any of his children did». The Prophet (the blessing and peace of Allāh be upon him) further said: «(That night) I was given two cups; one full of milk and the other full of wine. I was asked to take either of them which I liked, and I took the milk and drank it. On that it was said to me: «You have taken the eight path (religion), If you had taken the wine, your (Muslim) nation would have gone astray».

3438 . Ibn 'Umr (may Allāh be pleased with him) narrated: The Prophet (the blessing and peace of Allāh be upon him) said: «I saw Moses, Jesus and Abraham (on the night of my Ascention to the heavens). Jesus was of red complexion, curly hair and a broad chest. Moses was of brown complexion, straight hair and tall stature as if he from the people of Az-Zutt».

3439 . 'Abdullāh (may Allāh be pleased with him) narrated: The Prophet (the blessing and peace of Allāh be upon him) mentioned the antichrist in front of the people saying: «Allāh is not one-eyed while the anthichrist is blind in the right eye and his eye looks like a bulging out grape.

3440 . While sleeping near the Ka'ba night, I saw in my dream a man of brown colour and his hair was so long that fell between his shoulders. His hair was lank and water was dribbling from his head and he was placing his hands on the shoulders of two men while circumambulating around the Ka'ba. I asked: «Who is this?» They replied: «This is Jesus, son of Mary». Behind him I saw a man who had very curly hair and was blind in the right eye, resembling Ibn Qatan (i.e. an infidel) in appearance. He was placing his hands on the shoulders of a person while performing the circumambulation around the Ka'ba. I asked: «Who is this?» They replied: «The antichist».

The parts of this hadīth are in: 3441, 5902, 6999, 7026, 7128.

٣٤٤١ ـ **حدثنا** أحمدُ بنُ محمدٍ المكيُّ قال: سمعتُ إبراهيمَ بن سعدٍ قال: حدَّثني الزُّهريُّ عن سالمٍ عن أبيهِ قال: لا واللهِ، ما قال النبيُّ ﷺ لعيسى أحمرُ، ولكن قال: **«بينما أنا نائمٌ أطوفُ بالكعبةِ، فإذا رجل آدمُ سَبطُ الشعرِ يُهادَى بينَ رجُلَين يَنطِفُ رأسه ماءً ـ أو يُهراقُ رأسهُ ماءً ـ فقلتُ: مَن هذا؟ قالوا: ابنُ مريمَ، فذهبتُ ألتفِتُ فإذا رجُلٌ أحمرُ جَسيمٌ جعدُ الرأسِ أعورُ عَينهِ اليمنى كأنَّ عينَهُ عنبةٌ طافية، قلت: مَن هذا؟ قالوا: هذا الدجال، وأقربُ الناسِ بهِ شَبهاً ابنُ قَطَن. قال الزُّهريُّ: رجُلٌ من خُزاعةَ هلكَ في الجاهلية»**.

٣٤٤٢ ـ **حدثنا** أبو اليمانِ أخبرَنا شعيبٌ عنِ الزُّهريِّ قال: أخبرَني أبو سَلمةَ أنَّ أبا هريرةَ رضيَ اللهُ عنه قال: سمعت رسولَ اللهِ ﷺ يقول: **«أنا أولى الناسِ بابنِ مريمَ، والأنبياءُ أولادُ عَلَّات ليسَ بيني وبينَهُ نبيٌّ»**. [الحديث ٣٤٤٢ ـ طرفه في: ٣٤٤٣].

٣٤٤٣ ـ **حدثنا** محمدُ بن سِنان حدَّثَنا فُلَيحُ بن سليمانَ حدَّثَنا هِلالُ بن عليٍّ عن عبدِ الرَّحمٰنِ بن أبي عَمرةَ عن أبي هريرةَ رضيَ اللهُ عنه قال: قال رسولُ اللهِ ﷺ: **«أنا أولى الناس بعيسى ابنِ مريمَ في الدُّنيا والآخرة، والأنبياءُ إخوة لِعَلاّتٍ أُمهاتُهم شَتّى ودِينُهم واحد»**. وقال إبراهيمُ بن طهمانَ عن موسى بنِ عُقبةَ عن صَفوانَ بنِ سُلَيمٍ عن عطاءِ بنِ يَسارٍ عن أبي هريرة رضيَ اللهُ عنه قال: قال رسولُ اللهِ ﷺ.

٣٤٤٤ ـ **وحدثني** عبدُ اللهِ بن محمدٍ حدَّثَنا عبدُ الرزّاقِ أخبرَنا مَعمرٌ عن همامٍ عن أبي هريرةَ رضيَ اللهُ عنه عنِ النبيِّ ﷺ قال: **«رأى عيسى ابنُ مريمَ رجُلاً يَسرِق، فقال له: أسرَقتَ؟ قال: كلا واللهِ الذي لا إلهَ إلا هو. فقال عيسى: آمنتُ باللهِ، وكذَّبتُ عيني»**.

٣٤٤١ ـ قوله: (عين اليمنى) كذا بالإضافة ولأبي ذرّ العين اليمنى (شارح).

ـ (يهادى) أي يمشي متمايلاً بينهما.

ـ قوله: (ينطف) بضم الطاء ولأبي ذر بكسرها (شارح).

٣٤٤٢ ـ (علات) أخوة الأب وأخياف أخوة الأمّ. وقوله: أبو سلمة: ابن عبد الرحمن.

3441. Salem narrated from his father: No, By Allāh, the Prophet (the blessing and peace of Allāh be upon him) did not tell Jesus was of red complexion but said: «While I was alseep circumnulation the Ka'ba (in my dream), suddenly I saw a man of brown complexion and lank hair walking between two men, and water was dropping from his head. I asked: Who is this?» The people said: «He is the son of Mary». Then I looked behind and I saw a red-complexioned, fat, curly-haired man blind in the right eye which like a bulging out grape. I asked: «Who is this?» They replied: «This is the antichrist. The one resembled him among the people, was Ibn Qatan». Az-Zuhrī said: «He (i.e. Ibn Qatan) was a man form the tribe Khuza'a who died in the pre-Islamic period»).

3442. Abū Huraira (may Allāh be pleased with him) narrated: «I heard Allāh's Apostle (the blessing and peace of Allāh be upon him) saying: «I am the nearst of all the people to the son of Mary, and all the prophets are paternal brothers, and brothers, and there has been no prophet between me and him (i.e. Jesus)».

3444. Abū Huraira (may Allāh be pleased with him) narrated: «Allāh's Apostle (the blessing and peace of Allāh be upon him) said: «Both in this world and in the Hereafter, I am the nearest of all the people to Jesus, the son of Mary. The Prophets are paternal brothers; their mothers are different, but their religion is one».

3444. Abū Huraira (may Allāh be pleased with him) narrated: «The Prophet (the blessing and peace of Allāh be upon him) said: «Jesus, seeing a man stealing, asked him: «Did you steal?» He said: «No, by Allāh, except Whom there is None who has the right to be worshipped». Jesus said: «I believe in Allāh and suspect my eyes».

٣٤٤٥ ـ **حدثنا** الحُميديُّ حدَّثَنا سفيانُ قال: سمعتُ الزُّهريَّ يقول: أخبرَني عُبَيدُ الله بن عبدِ الله عن ابنِ عباس سمعَ عمرَ رضيَ الله عنه يقولُ على المنبرِ: سمعت النبيَّ ﷺ يقول: «لا تُطْروني كما أَطرَتِ النصارى ابنَ مريمَ، فإنما أنا عبده، فقولوا: عبد الله ورسوله».

٣٤٤٦ ـ **حدثنا** محمدُ بن مقاتلٍ أخبرَنا صالحُ بن حَيٍّ أن رجلاً من أهلِ خُراسانَ قال للشَّعبي: فقال الشعبيُّ أخبرَني أبو بُردةَ عن أبي موسى الأشعريِّ رضيَ الله عنه قال: قال رسولُ الله ﷺ: «إذا أَدَّبَ الرَّجُلُ أَمَتَهُ فأَحسنَ تأْديبَها، وعلَّمها فأَحسنَ تعليمَها، ثمَّ أَعتقها فتزوَّجها كان له أَجرانِ، وإذا آمن بعيسىٰ ثمّ آمَنَ بي فله أَجرانِ، والعبدُ إذا اتَّقى ربَّهُ وأَطاعَ مَواليَهُ فله أَجرانِ».

٣٤٤٧ ـ **حدثنا** محمدُ بنُ يوسفَ حدَّثَنا سفيانُ عن المغيرةِ بنِ النعمانِ عن سعيدِ بنِ جُبَيرٍ عن ابنِ عباسٍ رضيَ الله عنهما قال: قال رسولُ الله ﷺ: «تُحشَرونَ حُفاةً عُراةً غُرلاً. ثمّ قرأ: ﴿كما بَدَأنا أَوَّلَ خلقٍ نُعيدُه وعداً علينا إنا كنا فاعلين﴾ فأَوَّلُ مَن يُكسى إبراهيم. ثم يُؤخَذُ برجالٍ من أَصحابي ذاتَ اليمين وذاتَ الشمالِ، فأقول أَصحابي، فيقال: إنهم لم يَزالوا مُرتدِّينَ على أعقابهم مُنذ فارقتهم، فأقول كما قال العبدُ الصالح عيسى ابنُ مريمَ: ﴿وكنتُ عليهم شهيداً ما دُمتُ فيهم، فلما تَوَفَّيتَني كنتَ أَنتَ الرَّقيبَ عليهم، وأَنتَ على كل شيء شهيد. إن تُعذِّبهم فإنهم عبادُك، وإن تغفِرْ لهم فإنكَ أَنتَ العزيزُ الحكيم﴾».

قال محمد بن يوسُفَ الفِرَبريُّ: ذُكِرَ عندَ أَبي عبدِ الله عن قَبيصةَ قال: «همُ المرتَدُّون الذين ارتدُّوا على عهدِ أَبي بكرٍ، فقاتلَهُم أَبو بكرٍ رضيَ الله عنه».

٣٤٤٦ ـ قوله: (قال للشعبي) وفيه حذف المقول وهو على ما ذكره الشارح إنا نقول عندنا أن الرجل إذا أعتق أم ولده ثم تزوجها فهو كالراكب بدنته فقال الشعبي مجيباً لهذا السؤال أخبرني أبو بردة الخ.

3445. 'Umar narrated: «I heard the Prophet (the blessing and peace of Allāh be upon him) Saying: «do not exaggerate in praising me as the Christians praised the son of Mary. for I am only a slave. So, call me the Slave of Allah and His Apostle».

3446. Abū Musā Al-Ash'arī (may Allāh be pleased with him) narrated: «Allāh's Apostle (the blessing and peace of Allāh be upon him) said: «If a person teaches his slave girl good manners properly, educates her properly, and then manumits and marries her, he will get a double reward. And if a man believes in Jesus and the believes in me, he will get a double reward. And if a slave fears his Lord (i.e. Allāh) and obeys his masters, he too will get a double reward».

3447. Ibn 'Abbās (may Allāh be pleased with him) narrated: «Allāh's Apostle (the blessing and peace of Allāh be upon him) said: «You will be resurrected (and assembled) bare-footed nake and uncircumised». The Prophet (the blessing and peace of Allāh be upon him) then recited the Divine verse: As We began the first creation, We shall repeat it: A promise We have undertaken. Truly We shall do it» (21:104).

He added: «The first to be dressed will be Abraham. Then some of my Companions will be taken to the right and to the left. I will say: «My Companions! 'It will be said: «They had been renegades since you left them'. I will then say what the Pious Slave Jesus, the son of Mary said: «And I was a witness over them while I dwelt amongst them; whem You did take me up, You were the Watcher over them, and You are a witness to all things. If You punish them, they are You slaves, and if you forgive them, You only You are the All-Mighty the All-Wise" (5:117-118).

Qabisa narrated: «Those were the apostles who renegaded from Islam during the Caliphate of Abū Bakr (may Allāh be pleased with him) who fought them».

٤٩ ـ باب نُزولِ عيسى ابن مريمَ عليهما السلام

٣٤٤٨ ـ **حدثنا** إسحاقُ أخبرَنا يعقوبُ بن إبراهيمَ حدَّثَنا أبي عن صالحٍ عنِ ابنِ شهابٍ أنَّ سعيدَ بنَ المسيَّبِ سمعَ أَبا هريرةَ رضيَ الله عنه قال: قال رسولُ الله ﷺ: «والذي نفسي بيدِهِ، لَيُوشِكنَّ أَن ينزلَ فيكُم ابنُ مريمَ حَكَماً عَدْلاً، فيكسِرَ الصليبَ، ويَقتلَ الخنزيرَ، ويَضعَ الجزيةَ، ويَفيضَ المالُ حتى لا يَقبَلَهُ أحد، حتى تكونَ السجدةُ الواحدة خيراً مِنَ الدنيا وما فيها». ثمَّ يقولُ أبو هريرةَ رضيَ الله عنه: واقرَؤوا إن شئتم ﴿وإنْ مِن أهلِ الكتابِ إلا لَيُؤمننَّ بهِ قبلَ مَوتهِ، ويومَ القِيامةِ يكونُ عليهم شهيداً﴾.

٣٤٤٩ ـ **حدثنا** ابنُ بُكَيرٍ حدَّثَنا اللَّيثُ عن يونُسَ عنِ ابنِ شهابٍ عن نافعٍ مَولى أبي قَتادةَ الأَنصاريِّ أنَّ أَبا هريرةَ رضيَ الله عنه قال: قال رسولُ الله ﷺ: «كيفَ أنتم إذا نزلَ ابنُ مريمَ فيكم وإمامُكم منكم».

تابَعَهُ عُقَيلٌ والأوزاعيُّ.

٥٠ ـ باب ما ذُكِرَ عن بني إسرائيل

٣٤٥٠ ـ **حدثنا** موسى بن إسماعيلَ حدَّثَنا أبو عَوانةَ حدَّثَنا عبدُ الملكِ بن عُمَيرٍ عن رِبعيِّ بنِ حِراشٍ قال: قال عُقبةُ بنُ عمرو لحذيفةَ: ألا تحدِّثُنا ما سمعتَ من رسولِ الله ﷺ؟ قال: إني سمعتهُ يقول: «إنَّ معَ الدجالِ إذا خَرجَ ماءً وناراً، فأمَّا التي يرى الناسُ أنها النارُ فماءٌ بارد، وأمَّا الذي يرى الناس أنه ماء بارد فنارٌ تُحرِق. فمن أدركَ ذلك منكم فلْيَقعْ في الذي يرَى أنها نار، فإنه عَذبٌ بارد». [الحديث ٣٤٥٠ ـ طرفه في: ٧١٣٠].

٣٤٤٨ ـ قوله: ويضع الجزية: وفي رواية الكشميهني في فتح الباري: ويضع الجزية. والمعنى أن الدين يصير واحداً فلا يبقى أحد من أهل الذمة يؤدي الجزية. قاله الحافظ.

49 - CHAPTER: The advent (descent) of Jesus, son of Mary (may Allāh be pleased with them)

3448. Abū Huraira (may Allāh be pleased with him) narrated: «Allāh's Apostle (the blessing and peace of Allāh be upon him) said: «By Him in Whose Hand my soul is, surely (Jesus) the son of Mary will soon descend amongst you as a Just Ruler; he will break the Cross and kill the pigs and there will be no Jizya (i.e. taxation taken from nom-Muslim). Money will be in abundance so that nobody will accept it, and a single prostration to Allāh (in prayer) will be better than the whole world and whatever is in it». Abū Huraira added: «If you which, you can recite (this Verse of the Holy Book): And there is none Of the people of the Scriptures (Jesus and Christians) But must believe in him (i.e. Jesus as an Apostle of Allāh and a human being) Before his death; And on the Day of Judgement He will be a witness Against them» (4:159).

3449. Abū Huraira (may Allāh be pleased with him) narrated: «Allāh's Apostle (the blessing and peace of Allāh be upon him) said: «How will you be when the son of Mary (i.e. Jesus) descends amongst you, and he will judge people by the law of the Qur'an and not by the law of Gospel (fateh al-Bari page No.659, Vol.8).

50 - CHAPTER: What has been said about Banī Israel

3450. Rābī' bin Hirāsh narrated: «'Uqba bin 'Amr said to Huthaifa: «Won't you relatre to us of what you have heard from Allāh's Apostle (the blessing and peace of Allah be upon him)?» He said: «I heard him saying: «When the antichrist appears, he will have fire and water along with him. What the people will consider as cold water, will be fire that will burn (things). So, if anyone fall in the thing which will appear to him as fire, for in reality, it will be fresh cold water».

٣٤٥١ - **قال** حذيفة: «وسمعته يقول: إن رجُلاً كان فيمَن كان قبلكم أتاهُ المَلكُ ليَقبِضَ رُوحَه، فقيل له: هل عمِلْتَ من خيرٍ؟ قال: ما أعلَم. قيلَ له: أنظر. قال: ما أعلم شيئاً، غيرَ أني كنتُ أبايعُ الناسَ في الدنيا فأُجازِيهم، فأُنظِرُ الموسِرَ وأتجاوَزُ عنِ المعسِر، فأدخلَهُ الله الجنّة».

٣٤٥٢ - **فقال**: «وسمعته يقول: إن رجلاً حَضَرَهُ الموتُ، فلما يَئِسَ مِنَ الحياةِ أوصى أهله: إذا أنا مُت فاجمَعوا لي حَطَباً كثيراً وأوقِدوا فيه ناراً، حتى إذا أكَلَتْ لحمي وخَلَصَتْ إلى عظمي فـامتحشْت(١)، فخذوها فاطحَنوها ثمّ انظروا يوماً راحاً(٢) فـاذروه في اليمِّ: ففعَلوا. فجمعَه فقال له: لِمَ فعلتَ ذلك؟ قال: من خَشيتِك. فغَفَرَ الله له» قال عُقبة بن عمرو: «وأنا سمعتهُ يقول ذاك، وكان نبّاشاً».

[الحديث ٣٤٥٢ - طرفاه في: ٣٤٧٩، ٦٤٨٠].

٣٤٥٣ ، ٣٤٥٤ - **حدثنا** بِشرُ بن محمدٍ أخبرَنا عبدُ الله أخبرَني مَعْمرٌ ويونُسُ عنِ الزُّهريِّ قال: أخبرَني عُبَيدُ الله بن عبدِ الله أنَّ عائشةَ وابنَ عبّاسٍ رضيَ الله عنهم قالا: لما نُزِل برسولِ الله طَفِقَ يَطرَحُ خميصةً على وجهِهِ، فإذا اغتمَّ كشفَها عن وَجهِهِ فقالَ وهوَ كذلك: **«لعنةُ الله على اليهودِ والنصارَى، اتّخذوا قبورَ أنبيائهم مساجدَ. يُحذِّرُ ما صَنعوا»**.

٣٤٥٥ - **حدثني** محمدُ بن بشّارٍ حدَّثَنا محمدُ بن جعفرٍ حدَّثَنا شُعبةُ عن فُراتٍ القَزّاز قال: سمعتُ أبا حازمٍ قال: قاعَدْتُ أبا هريرة رضيَ الله عنه خَمسَ سِنين، فسمعته يُحدِّثُ

٣٤٥٢ - قوله: (قال): لأبي ذر والذي قال حذيفة. وفي نسخة: فقال.

(١) - قوله: (فامتحشت) بهذا الضبط ولأبي ذر بضم التاء وكسر الحاء أي احترقت (شارح)

(٢) - قوله: (راحاً) كثير الريح.

3451. Huthaifa added: «I also heard him saying: «From among the people precceding yourgeneration, there was a man whom the angel of death visited to capture his soul. (So his soul was captured and when he was resurrected) he was asked if he had done any good dded». He replied: «I don't remember any good deed». He was asked to think it over. He said: «I do not remenber, except that I used to trade with the people in the world and I used to give a respite to the rich and forgive the poor (among my debtors)». So Allāh made him enter Paradise».

3452. Huthaifa further said: «I also heard him saying: «Once there was a man on his death-bed, who, losing every hop of surviving, said to his family: When I die, gather for me a large heap of wood and make a fire (to burn me). When the fire eats my meat and reaches my bones, and when the bones burn, take and crush them into powder and wait for a windy day to throw it (i.e. the powder) over the sea. They did so, by Allāh collected his particles and asked him: «Why did you do so? He relpied: «For fear of You. So Allāh forgave him».

'Uqba bin 'Amr said: «I heard him saying that the Israēlī usd to dig the grave of the dead (to steal their shrouds)».

The parts of this hadīth are in: 3479, 6480.

3453. 3454. 'Aisha and Ibn 'Abbās (may Allāh be pleased with them) narrated: «On his death-bed Allāh's Apostle (the blessing and peace of Allāh be upon him) put a sheet over his face and when he felt hot, he would remove it from his face. While in that state (of putting and removing the sheet) he said: «May Allāh's Curse be on the Jews and the Christians for they build places of worship at the graves of their prophets». (By that) he intended to warn (the Muslim) from what they (i.e. the Jews and Christians) had done.

3455. Abū Huraira (may Allāh be pleased with him) narrated: «The Prophet (the blessing and peace of Allāh be upon him) said: «The Israēlīs used to be ruled and guided by prophets: Whenever a prophet died, another would take over his place. There will be no prophet after me, but there there will be

عنِ النبيِّ ﷺ قال: «كانت بنو إسرائيل تَسوسُهمُ الأنبياءُ، كلما هلكَ نبيٌّ خَلَفه نبيٌّ، وإنهُ لا نبيَّ بعدي، وسيكونُ خُلفاءُ فيكثُرون». قالوا: فما تأمُرنا؟ قال: «فُوا ببيعةِ الأوّلِ فالأوَّلِ، أعطوهم حقّهم، فإنَّ الله سائلُهم عمّا استرعاهم».

٣٤٥٦ ـ **حدثنا** سعيد بن أبي مريم حدَّثَنا أبو غسان قال: حدَّثني زيد بن أسلم عن عطاء بن يسار عن أبي سعيدٍ رضيَ الله عنه أنَّ النبيَّ ﷺ قال: «لَتتَّبِعُنَّ سَنَنَ من كان قبلَكم شِبراً بشِبرٍ وذِراعاً بذِراع، حتى لو سَلَكوا جُحرَ ضَبٍّ لسلكتُموهُ. قلنا: يا رسولَ الله، اليهودَ والنصارَى؟ قال: فمن؟». [الحديث ٣٤٥٦ ـ طرفه في: ٧٣٢٠].

٣٤٥٧ ـ **حدثنا** عِمرانُ بن مَيسَرةَ حدَّثَنا عبدُ الوارثِ حدَّثَنا خالدٌ عن أبي قِلابةَ عن أنسٍ رضيَ الله عنه قال: «ذَكروا النارَ والناقوسَ فذكروا اليهودَ والنصارى، فأُمِرَ بلالٌ أن يَشفَعَ الأذان وأن يُوتِرَ الإقامة».

٣٤٥٨ ـ **حدثنا** محمدُ بن يوسفَ حدَّثَنا سُفيانُ عنِ الأعمشِ عن أبي الضُّحى عن مسروقٍ «عن عائشةَ رضيَ الله عنها كانت تَكرَهُ أن يَجعلَ المصلّي يدَهُ في خاصِرتِهِ وتقول: إنَّ اليهودَ تَفعله».

تابعَهُ شُعبةُ عنِ الأعمش.

٣٤٥٩ ـ **حدثنا** قُتَيبةُ بن سعيدٍ حدَّثَنا ليثٌ عن نافعٍ عنِ ابنِ عمرَ رضيَ الله عنهما عن رسولِ الله ﷺ قال: «إنما أجَلُكم ـ في أجَلِ من خَلا من الأمم ـ ما بينَ صلاةِ العصرِ إلى مغربِ الشمس. وإنما مَثَلُكم ومَثَلُ اليهودِ والنصارى كرجُلٍ استعملَ عُمالاً فقال: مَن يَعملُ لي إلى نصفِ النهار على قيراطٍ قيراط؟ فعملتِ اليهودُ إلى نصفِ النهارِ على قيراط

٣٤٥٦ ـ قوله: (سنن من قبلكم) بفتح السين سبيلهم ومناهجهم (شارح).

Caliphs who will increase in number». The people asked: «O Allāh's Apostle! What do you roder us (to do)?» He said: «Obey the one who will be given the pledge of allegiance first. Fulfil their (i.e. the Caliphs) right, for Allāh will ask them about (any short-comings) in ruling those Allāh has put under thei guardianship».

3456. Abū Sa'īd (may Allāh be pleased with him) narrated: «The Prophet (the blessing and peace of Allāh be upon him) said: «You will follow the wrong ways, of your predecessors so completely and literally that if they should go into the hole of a mastigure, you too will go there». We said: «O Allāh's Apostle! Do you mean the Jews and the Christians?» He replied: «Whom else?» (Meaning, of course, the Jews and the Christians).

The parts of this hadīth are in: 7320.

3457. Anas (may Allāh be pleased with him) narrated: «The people mentioned the fire and the bell (as means proposed for announcing the time of prayer) and by such a suggestion they referred to the Jews and the Christians. But Bilāl was ordered: «Pronounce the words of the Ādhān (i.e. call for the prayer) twice and the Iqāma once only».

3458. 'Āisha (may Allāh be pleased with her) that she used to that one should keep his hands on his flanks while praying. She said that the Jews used to do so.

3459. Ibn 'Umar (may Allāh be pleased with him) narrated: «Allāh's Apostle (the blessing and peace of Allāh be upon him)said: «Your period(i.e. the Muslim's period) in comparison to the periods of the previous nations, is like the period between the 'Afternoon prayer and sunset. And your example in comparison to the Jews and the Christians is like the exmaple of a person who employed some laboures and asked them: «Who will work for me till midday for one carat each?» The Jews worked for half a day for one Qirāt each. The person asked: «Who will do the work for me from midday to the time of the Afternoon (prayer) for one carat each?» The Christians worked from midday till the After-

قيراط. ثمَّ قال: مَن يَعمَلُ لي من نصفِ النهارِ إلى صلاةِ العصرِ على قيراطٍ قيراط؟ فعمِلَتِ النصارىٰ من نصفِ النهارِ إلى صلاةِ العصرِ على قيراطٍ قيراط. ثمَّ قال: من يعمل لي من صلاةِ العصرِ إلى مَغربِ الشمسِ على قيراطينَ قيراطين؟ ألا فأنتُمُ الذينَ يَعملونَ(١) مِن صلاةِ العصرِ إلى مَغرِبِ الشمس على قيراطينِ قيراطين، ألا لكمُ الأَجرُ مرَّتين. فغضِبَتِ اليهودُ والنصارىٰ فقالوا: نحنُ أكثرُ عملاً وأقلُّ عطاءً، قال الله: هل ظلمتكم من حَقِّكم شيئاً؟ قالوا: لا. قال: فإنه فضلي، أُعطِيهِ من شئتُ».

٣٤٦٠ ـ **حدثنا** عليّ بنُ عبدِ الله حدَّثَنا سفيانَ عن عمرٍو عن طاوسٍ عنِ ابنِ عبّاسٍ قال: سمعتُ عمرَ رضيَ الله عنه يقول: قاتلَ الله فلاناً، ألم يَعلَم أنَّ النبيَّ ﷺ قال: «لعنَ الله اليهودَ، حُرِّمَتْ عليهم الشحومُ فجمَّلوها فباعوها». تابعه جابرٌ وأبو هريرةَ عنِ النبيِّ ﷺ.

٣٤٦١ ـ **حدثنا** أبو عاصمٍ الضحاكُ بن مَخْلَدٍ أخبرَنا الأوزاعيُّ حدَّثنا حسانُ بنُ عَطيَّةَ عن أبي كَبشةَ عن عبدِ الله بنِ عمرٍو أنَّ النبيَّ ﷺ قال: «بَلِّغوا عني ولو آيةً، وحدِّثوا عن بني إسرائيلَ ولا حَرَج، ومَن كذَبَ عليَّ مُتعَمِّداً فليتَبوَّأْ مَقعدَهُ مِنَ النار».

٣٤٦٢ ـ **حدثنا** عبدُ العزيزِ بن عبدِ الله قال: حدَّثني إبراهيمُ بنُ سعدٍ عن صالحٍ عنِ ابنِ شهابٍ قال: قال أَبو سلمةَ بنُ عبدِ الرَّحمٰنِ إنَّ أَبا هريرةَ رضيَ الله عنه قال: إنَّ رسولَ الله ﷺ قال: «إنَّ اليهودَ والنصارىٰ لا يَصبغون، فخالِفوهم».

[الحديث ٣٤٦٢ ـ طرفه في: ٥٨٩٩].

٤٣٦٣ ـ **حدثنا** محمدٌ قال: حدثنا حَجاجٌ حدثنا جريرٌ عنِ الحسنِ قال: حدَّثنا

---

(١) ـ قوله: (يعملون) ولأبي ذرّ تعملون بالمثناة الفوقية (شارح).

٣٤٦٠ ـ (جملوا) أذابوا.

٣٤٦٢ ـ قوله: (لا يصبغون) أي شيب الشعر وبابه نفع وقتل كما في المصباح قال وفي لغة من باب ضرب أهـ.

noon prayer for one carat. Then the person asked: «Who will do the work for me from the Afternoon till sunset for twocarat'seach?» The Prophet (the blessing and peace of Allāh be upon him) added: «It is you (i.e. Muslims) who are doing the work from the Afternoon till sunset. so you will have a double reward. The Jews and the Christians got angry and said: «We have done more work but got less wages». Allāh said: «Have I been unjust to you as regards your rights?» They said: «No». So Allāh said: «Then it is My Blessing whihc I bestow on whomever I like».

3460. IbnAbbas (may Allāh be pleased with him) narrated: I heard 'Umar (may Allāh be pleased with him) saying: «May Allāh Curse so-and-so! Doesn't he know that the Prophet (the blessing and peace of Allāh be upon him) said: «May Allāh curse the Jews for, though they were forbidden (to eat) fat, they liquified it and sold it»..

3461. 'Abdullāh bin 'Amr (may Allāh be pleased with him) narrated: The Prophet (the blessing and peace of Allāh be upon him) said: «Convey (my teachings) to the people even if it were a single sentence, and tell others the stories of Banī Isrāel bin which have been taught to you), for it is not sinful to do so. And whoever tells a lie on me intendionally, will surely take his place in the (Hell) Fire»..

3462. Abū Huraira (may Allāh be pleased with him) narrated: Allāh's Apostle (the blessing and peace of Allāh be upon him) said: «The Jews and the Christians do not dye (ther grey hair), so you shall do the opposite of what they do (i.e. dye your grey hair and beards)».

3463. Jundub narrated: Allāh's Apostle (the blessing and peace of Allāh be

جُنْدبُ بن عبدِ الله في هٰذا المسجدِ، وما نَسِينا منذُ حدَّثَنا، وما نَخشى أن يكونَ جُندبٌ كذبَ على رسولِ الله ﷺ قال: قال رسولُ الله ﷺ: «كان فيمَن كان قبلَكم رجُلٌ بهِ جُرحٌ فجزِعَ فأخذَ سكيناً فحزَّ بها يدَه، فما رَقَأَ الدمُ حتى مات، قال الله تعالى: بادَرَني عبدي بنفسِهِ، حَرَّمتُ عليه الجنة».

٥١ - باب حديث أَبرَصَ وأقرعَ وأعمىٰ في بني إسرائيلَ

٣٤٦٤ - **حدثنا** أحمدُ بن إسحاقَ حدَّثَنا عمرُو بن عاصمٍ حدَّثَنا همامٌ حدَّثَنا إسحاقُ بن عبدِ الله قال: حدَّثني عبدُ الرَّحمٰنِ بن أبي عمرةَ أنَّ أبا هريرةَ رضيَ الله عنه حدَّثهُ أنه سمعَ النبيَّ ﷺ. ح.

وحدثني محمدُ حدَّثَنا عبدُ الله بن رجاءٍ اخبرَنا همامٌ عن إسحاقَ بن عبدِ الله قال: أخبرَني عبدُ الرَّحمٰنِ بن أَبي عَمرةَ أن أَبا هريرةَ رضيَ الله عنه حدَّثهُ أَنهُ سمعَ رسولَ الله ﷺ يقول: «إن ثلاثةً في بني إسرائيلَ أَبرَصَ وأَعمىٰ وأَقرَعَ بَدا لله عزَّ وجلَّ أن يَبتَليَهم فبَعثَ إليهم ملَكاً، فأتى الأبرصَ فقال: أيُّ شيءٍ أحبُّ إليك؟ قال: لَونٌ حَسَنٌ وجلدٌ حسَن، قد قَذِرَني الناس. قال: فمسَحهُ فذَهبَ عنه، فأُعطِيَ لوناً حسناً وجِلداً حسناً. فقال: أيُّ المالِ أَحبُّ إليك؟ قال: الإبلُ - أو قال: البقرُ - هو شَكَّ في ذٰلك: إنَّ الأَبرصَ والأَقرعَ قال أَحدُهما: الإِبلُ، وقال الآخرُ: البقر - فأُعطِيَ ناقةً عُشَراءَ، فقال: يُبارَكُ لك فيها. وأَتىٰ الأقرعَ فقال: أيُّ شيءٍ أَحبُّ إليك؟ قال: شَعرٌ حسَنٌ ويَذهَبُ عني هٰذا، قد قَذِرَني الناس. قال فمسَحهُ فذهبَ، وأُعطِيَ شَعراً حسَناً. قال: فأَيُّ المال أَحبُّ إليك؟ قال: البقرُ. قال: فأَعطاه بقرةً حامِلاً، وقال: يُبارَكُ لك فيها. وأَتىٰ الأَعمىٰ فقال: أَيُّ شيءٍ أَحبُّ إليك؟ قال: يردُّ الله إليَّ بَصري فأُبصِرُ به الناسَ. قال: فمسَحهُ، فردَّ الله إليهِ بصرَهُ. قال: فأَيُّ المال

٣٤٦٣ - (حز) قطع (رقأ) انقطع.

٣٤٦٤ - قوله: (بدا لله) أي سبق في علم الله فأراد إظهاره.

- قوله: (أن الأبرص) بفتح الهمزة وكسرها انظر الشارح.

- قوله: (شاة والدا) أي ذات ولد أو حاملاً أهـ.

upon him) said: «Amongst the nations before you there was a man who got a wound, and growing impatient (with its pain), he took a knife, and cut his hand with it and he blood did not stop till he died. Allah (the Exalted and Almighty) said: «My slave hurried to bring death upon himself so I have forbidden him (to enter) Paradise».

51 - CHAPTER: The tale of a leper, a bald man and a blind man.

3464. Abū Huraira (may Allāh be pleased with him) narrated that he heard Allāh's Apostle (the blessing and peace of Allāh be upon him) saying: «Allāh willed to test three Isrāelīs who were a leper, a blind man and a bald-headed man. So, he sent them an angel who came to the leper and said: «What thing do you like most?» He replied: «Good colour and good skin, for the people have a strong aversion to me.

The angel touched him and his illness was cured, and he was given a good colour and beautiful skin. The angel asked him: «What kind of property do you like best?» He replied: «Camels (or cows)». (The narrator is in doubt, for either the leper or the bald-headed man demanded camels and the other demanded man demanded camels and the other demanded cows). So he (i.e. the leper) was given a pregnant she-camel, and the angel said (to him): «May Allāh bless you in it».

The angel then went to the bald-headed man and said: «What thing do you like most?» He said: «I like good hair and wish to be cured of this disease, for the people feel repulsion for me». The angel touched him and his illness was cured, and he was given good hair. The angel asked (him): «What kind of property do you like best?» He replied: «Cows». The angel gave him a pregnant cow and said: «May Allāh bless you in it».

The angel went to the blind man and asked: «What thing do you like best› He said: «(I like) that Allāh may restore my eye-sight to me so that I may see the people». The angel touched his eyes and Allāh gave him back his eye-sight. The angel asked him: «What kind of property do you like best?» he replied: «Sheep». The angel gave him a pregnant sheep. Afterwards, all the three pregnant animals gave birth to young ones, and preopagated so much that one of the (three) men had a heard of camels filling a valley, and one had a herd of cows filling a valley, and one had a flock of sheep filling a valley. Then the angel, disguised in the shape and appearance of a leper, went to the leper and said: «I am a poor man,

أحبُّ إليكَ؟ قال: الغَنَمُ، فأعطاهُ شاةً والداً، فأُنتِجَ هٰذانِ وَوَلَّدَ هٰذا، فكان لهذا وادٍ مِن إبِلٍ، ولهذا وادٍ من بقر، ولهذا وادٍ منَ الغَنَمِ. ثمَّ إنه أتىٰ الأَبرصَ في صورتِهِ وهيئتِهِ فقال: رجلٌ مِسكينٌ تقطَّعتْ بـه الجبالُ في سَفـره فلا بَلاغَ اليومَ إلا بالله ثمَّ بكَ، أسأَلكَ ـ بالذي أعطاكَ اللونَ الحسنَ والجِلدَ الحسن والمالَ ـ بَعيراً أَتبلَّـغُ بـه في سَفري. فقال له: إنَّ الحقوقَ كثيرة. فقال له: كأنّي أعرِفك، ألم تكن أبرصَ يَقذَرُكَ الناس، فقيراً فأعطاكَ اللهُ؟ فقال: لقد ورِثتُ لكابرٍ عن كابر[1]. فقال: إن كنتَ كاذباً فصيَّركَ اللهُ إلى ما كنتَ. وأتىٰ الأَقرعَ في صورته وهيئتِهِ، فقال له مثلَ ما قال لهذا، فردَّ عليهِ مثل ما ردَّ عليه هذا، فقال: إن كنتَ كاذباً فصيَّرَكَ اللهُ إلى ما كنتَ. وأتىٰ الأَعمىٰ في صورته فقال: رجلٌ مِسكينٌ وابن سبيل وتقطَّعَت بِهِ الحبالُ في سفره، فلا بلاغَ اليومَ إلا باللهِ ثمَّ بك، أسأَلك بالذي ردَّ عليك بصرَكَ شاةً أَتبلغُ بها في سفري. فقال: قد كنتُ أعمى فردَّ اللهُ بصري، وفقيراً فقد أغناني، فخذْ ما شئتَ، فواللهِ لا أَجهَدُكَ اليومَ بشيءٍ أخذتَهُ لله. فقال: أَمسِكْ مالَكَ، فإنما ابتُلِيتُم، فقد رضيَ اللهُ عنك، وسَخِطَ على صاحبَيك».

[الحديث ٣٤٦٤ ـ طرفه في: ٦٦٥٣].

٥٢ ـ باب ﴿أم حسبتَ أنَّ أصحابَ الكهفِ والرَّقيمِ﴾

﴿الكهف﴾: الفتحُ في الجبل. ﴿والرَّقيم﴾: الكتاب. ﴿مرقوم﴾: مكتوب. من الرقْم. ﴿رَبَطنا على قلوبهم﴾: أَلهمناهم صبراً. ﴿شَطَطاً﴾: إفراطاً. ﴿الوَصِيد﴾: الفِناءُ، وجمعهُ وَصائدُ ووُصُد، ويقال: الوَصيد الباب. ﴿مُؤصَدَة﴾: مُطْبَقة، آصَدَ البابَ وأوصدَ ﴿بَعثناهم﴾: أحييناهم. ﴿أزكىٰ﴾: أكثرُ رَيْعاً. ﴿فضرَبَ اللهُ على آذانهم﴾: فناموا

ـ قوله: (هذان) أي صاحبا الإبل والبقر وهذا أي صاحب الغنم أهـ قوله من الغنم ولأبي ذرّ من غنم (شارح).

(١) ـ قوله: (لكابر عن كابر) ولأبي ذرّ كابراً عن كابر (شارح).

who has lost all means of livelihood while an a journey. So none will satisfy my need except Allāh and then you. In the Name of Him Who has given you such nice colour and beautiful skin, and so mcuh property, I ask you: to give me a camels so that I may reach my destination. The man replied: «I have many obligations (so I cannot give you)».

The angel said: «I think I know you, were you not a leper to whom the people had a strong aversion» Weren't you a poor man, and then Allāh gave you (all this property)». He replied: «(This is all wrong), I got this property through inheritance from my fore-fathers». The angel said: «If you are telling a lie, then let Allāh make you as you were before».

Then the angel, disguised in the shape and appearance of a bald man, went to the bald man and said to him the same as he told the first one, and he too answered the same as the first one did. The angel said: «If you are telling a lie, then let Allāh make you as you were before».

The angel, disguised in the shape of a blind man, went to the blind man and said: «I am a poor man and a traveller, whose means of livelihood have been exhausted while on a journey. I have nobody to help me except Allah, and after Him, you yourself. I ask you in the Name of Him who has given you back your eye-sight to give me a sheep, so that with its help, I may complete my journey». The man said: «No doubt, I was blind was poor and Allah made me rich; so take anything you wish from my property. By Allah I will not praise you for leaving anything bin you need) of my property which you may take for Allah's sake»..

The parts of this hadīth are in: 6650

52- CHAPTER: Or dost thou reflect that the Companions of the Cave and of the «Insription». (18: 9)».

The cave (18: 9). The opening in the mountain. «And other Inscription» (18: 9) The Holy Book. «(Fully) inxcribed» (83: 9) «We gave stength to their hearts (18: 140enormity»(18:14). «On the threshold» (18: 18) «Vaulted over (all round)» (90: 20). «We drew (a veil) over their ears (18: 110.

«Guessing at the umknown» (18: 22). Mujahid said: «Turning away from them» (18: 17).

The angel replied: «Keep your property with you. Yu (i.e..3 men) have been tested and Allāh is pleased with you and is angry with yout two companions».

﴿رَجماً بالغيب﴾: لم يَستَبن. وقال مجاهد: ﴿تقرِضُهم﴾: تتركهم.

٥٣ ـ باب حديثُ الغار

٣٤٦٥ ـ **حدثنا** إسماعيلُ بن خليلٍ أخبرَنا عليُّ بن مُسهِرٍ عن عُبَيدِ الله بن عمرَ عن نافعٍ عنِ ابنِ عمر رضيَ الله عنهما أنَّ رسولَ الله ﷺ قال: **«بَينما ثلاثةُ نفرٍ ممَّن كان قبلَكم يمشون إذ أصابهم مَطَر، فأَوَوا إلى غارٍ فانطبَقَ عليهم، فقال بعضُهم لبعضٍ: إنهُ واللهِ يا هؤلاءِ لا يُنجيكم إلا الصِّدق، فلْيَدْعُ كلُّ رجُلٍ منكم بما يَعلم أنهُ قد صَدَقَ فيه. فقال واحدُ منهم: اللّهمَّ إن كنتَ تَعلمُ أنهُ كان لي أجيرٌ عمِلَ لي على فَرقٍ من أرُزٍ، فذهبَ وتركَهُ، وأني عمَدْتُ إلى ذلكَ الفرقِ فزرَعتهُ، فصار مِن أمرِهِ أني اشتريتُ منهُ بقراً، وأنه أتاني يَطلبُ أجرَهُ، فقلتُ له: اعمَدْ إلى تلكَ البقرِ فسُقْها، فقال لي: إنما لي عندكَ فرقٌ من أرُزٍ. فقلتُ له: اعمَدْ إلى تلك البقرِ، فإنها مِن ذلكَ الفرَقِ. فساقَها. فإن كنتَ تعلم أني فعلتُ ذلكَ مِن خَشيتك ففرِّج عنا. فانساخت عنهمُ الصخرة. فقال الآخرُ: اللّهمَّ إن كنتَ تعلمُ كان لي أبَوانِ شَيخانِ كبيران، وكنتُ آتيهما كلَّ ليلةٍ بلَبَنِ غنمٍ لي، فأبطأْتُ عليهما ليلةً، فجئتُ وقد رقَدا؛ وأهلي وعِيالي يتضاغونَ منَ الجُوع، فكنت لا أسقيهم حتى يَشرَبَ أبواي، فكرِهتُ أن أُوقظهما، وكرِهتُ أن أدَعهما فيستكنا لشَربتِهما، فلم أزَلْ أنتظِرُ حتى طلعَ الفجرُ. فإن كنتَ تعلمُ أن فعلتُ ذلك مِن خَشيتكَ ففرِّجْ عنّا. فانساخَت عنهمُ الصخرةُ حتى نَظَروا إلى السماءِ. فقال الآخر: اللّهمَّ إن كنتَ تعلم أنه كان لي ابنةُ عمٍّ من أحبِّ الناسِ إليَّ، وأني راوَدْتُها عن نفسِها فأبَتْ إلا أن آتِيَها بمائةِ دِينارٍ، فطلَبتُها حتى قدَرْتُ، فأتيتُها بها فدَفَعتُها إليها، فأمكنَتْني مِن نفسِها، فلما قعَدْتُ بينَ رِجلَيها فقالتِ اتَّقِ اللهَ ولا تَفُضَّ الخاتَمَ إلا بحقِّه، فقُمتُ وتركتُ المائةَ دينـار. فإن كنتَ تَعلمُ أني فعلتُ ذلكَ مِن خَشيَتِكَ ففرِّجْ عنّا، ففرَّجَ الله عنهم فخرَجوا».**

باب ٥٣ ـ غير موجود في بعض النسخ وأثبتناه من فتح الباري.

٣٤٦٥ ـ انسخت: انشقت.

ـ قوله: (كان لي) وللأصيلي أنه كان لي (شارح).

ـ قوله: (فيستكنا) أي يلبثا في كنها وروي فيستكنا من الإستكانة وهو الضعف والمسكنة أنظر الشارح.

ـ وروي المائة الدينار.

(Allāh's saying: «Or do you reflect that the Companions of the cave and of the inscription (were wonders amongst Our Signs)?» (18: 9).

53 - CHAPTER: The tale of cave.

3465. Ibn 'Umar (may Allāh be pleased with him) narrated: Allāh's Apostle (the blessing and peace of Allāh be upon him) said: «Once three persons (from the previous nations) were travelling, and suddenly it started raining and they took shelter in a cave. The entrance of the cave got closed while they were inside. They said to each other: «O you! Nothing can save you except the truth, so each of you should askAllah's Help by referring to such an extend as he thinks he did sincerely (i.e. just for gaining Allāh's pleasuer)». So one of them said: «O Allāh! You Know that I had a labourer who worked for me for one Faraq (i.e. three measures) of rice, but he departed, leaving it (i.e. his wages). I sowed that Faraq of rice and with its yield I bought cows (for him). Later one when he came to me asking for his wages, I said (to him): «Go to those cows and drive them away». He said to em: «But you have to pay me only a Faraq of rice». I said to him: «Go to those cows and take them, for they are the product of that Faraq (of rice)». So he drove them. O Allāh! If You consider that I did that for fear of You, kindly remove the rock. The rock shifted a bit from the mouth of the cave. The second one said: «O Allāh, You know that I had old parents whom I used to provide with the milk of my sheep every night. One night I was delayed and when I came, they had slept, while my wife and children were crying with hunger. I used not to let them (i.e. my family) drink unless my parents had drunk first. So I disliked to wake them up and (also) disliked that they should sleep without drinking it, I kept on wanting (for them to wake) till it dawned. O Allāh! If You consider that I did that for fear of You, kindly remove the rock? So the rockshiftedandtheycouldseetheskythroughit.The (third) one said: «O Allāh! You know that I had a cousin (i.e. my paternal uncle's daughter) who was most beloved to me and I souhgt to seduce her, but she refused, unless I paid her one-hundred Dinārs (i.e. gold pieces). So I collected the amount and brought it to her, and she allowed me to sleep with her. But when I sat between her legs, she said: Fear Allah, and do not deflower me but legally». I got up and left the hundred Dinārs (for her). O Allāh! If You, Kindly remove the rock? So Allāh saved them and they came out (of the cave)» (This hadith indicates that one can only ask Allāh for help directly or through his performed good deeds. But to ask Allāh through dead of absent prophets, saints, spirits, holy men, angles, etc. is absolutely forbidden in Islām and it is a kind of disbelief.

٥٤ ـ باب

٣٤٦٦ ـ **حدثنا** أبو اليَمانِ أخبرَنا شُعيبٌ حدَّثَنا أبو الزِّناد عن عبدِ الرَّحمٰنِ حدَّثهُ أنهُ سمعَ أبا هريرةَ رضيَ اللهُ عنه أنه سمعَ رسولَ اللهِ ﷺ يقول: «**بَينا امرأةٌ تُرضِعُ ابنَها إذ مَرَّ بها راكبٌ وهيَ تُرضِعُهُ فقالت: اللّهمَّ لا تُمِتِ ابني حتى يكونَ مثلَ هٰذا. فقال: اللّهمَّ لا تجعَلْني مثلَهُ. ثمَّ رجعَ في الثَّدْي. ومُرَّ بامرأةٍ تجرَّرُ ويُلعَبُ بها، فقالت: اللّهمَّ لا تجعلِ ابني مِثلَها. فقال: اللّهمَّ اجعَلْني مثلَها. فقال: أما الرّاكبُ فإنه كافر، وأما المرأةُ فإنهم يقولونَ لها: تَزني، وتقول: حَسبيَ الله. ويقولون: تَسرق، وتقول: حسبيَ الله**».

٣٤٦٧ ـ **حدثنا** سعيدُ بن تَليدٍ حدَّثَنا ابنُ وَهبٍ قال: أخبرَني جَريرُ بن حازمٍ عن أيوبَ عن محمدِ بن سِيرينَ عن أبي هريرةَ رضيَ اللهُ عنه قال: قال النبيُّ ﷺ: «**بينما كلبٌ يُطِيفُ بركيَّةٍ كادَ يَقتلُهُ العطشُ إذ رأَته بَغِيٌّ من بغايا بني إسرائيلَ، فنزَعَتْ مُوقَها فسقتْه، فغُفِرَ لها به**».

٣٤٦٨ ـ **حدثنا** عبدُ اللهِ بنُ مَسلمةَ عن مالكٍ عنِ ابنِ شهابٍ عن حُميدِ بنِ عبدِ الرَّحمٰنِ أنه: سمعَ مُعاويةَ بنَ أبي سفيانَ ـ عامَ حجَّ ـ على المنبَرِ، فتناوَلَ قُصَّةً من شَعرٍ ـ كانت في يدِي حَرَسيّ ـ فقال: يا أهلَ المدينةِ، أينَ عُلَماؤُكم؟ سمعتُ النبيَّ ﷺ يَنهىٰ عن مثلِ هٰذهِ ويقول: «**إنما هَلَكَتْ بنو إسرائيلَ حينَ اتَّخذَها نِساءهم**».

[الحديث ٣٤٦٨ ـ أطرافه في: ٣٤٨٨، ٥٩٣٢، ٥٩٣٨].

٣٤٦٩ ـ **حدثنا** عبدُ العزيزِ بن عبدِ اللهِ حدَّثَنا إبراهيمُ بن سعدٍ عن أبيه عن أبي سَلمةَ عن أبي هريرةَ رضيَ اللهُ عنه عنِ النبيِّ ﷺ قال: «**إنه قد كان فيما مضىٰ قبلَكم منَ الأُمم**

٣٤٦٧ ـ قوله: (موقها) أي خفها أو جرموقها أفاده الشارح.

٣٤٦٨ ـ قوله: (قصة) أي قطعة من شعر الناصية أهـ.

ـ قوله: (حين اتخذها) ولأبي ذرّ حين اتخذ هذه (شارح).

54 - CHAPTER

3466. Abū Huraira (may Allāh be pleased with him) narrated: «Tht he heard Allāh's Apostle (the blessing and peace of Allāh be upon him) saying: «While a lady was nusring her child, a rider passed by and she said: «O Allāh! Don't let my child die till he becomes like this (rider)». The child said: «O Allāh! Don't make me like like him, and then returned to her breast (sucking it). (After a while) they passed by a lady who was being pulled and teased (by the people). The child's mother said: «O Allāh! Do not make my child like her». The child said: «O Allāh! Make me like her». Then he said: «As for the rider, he is an infidel while the lady is accused of illefal sexual intercourse (falselu) and she says: It is sufficient that Allāh knows the truth».

3467 . Abū Huraira (may Allāh be pleased with him) narrated: The Prophet (the blessing and peace of Allāh be upon him) said: «While a dog was going around a well and was about to die of thrist, an Israel prostitute saw it and took off her shoe and watered it. So Allāh forgave her because of that good deed».

3468 . Humaid bin 'Abdur-Rahmān narrated that he heard Mu'āwīya bin Abī Sufyān (talking) on the pulpit in the year when he performed the Hajj. He took a truft of hair that was in the hand of an orderly and said: «O people of Madīna! Where are your learned men? I heard the Prophet (the blessing and peace of Allāh be upon him) forbidding such a thing as this (i.e. false hair) and he used to say: «The Isrāelīs were destroyed when their ladies practised this habit (of using false hair to lengthen their locks)»..

The parts of this hadīth are in: 3488, 5932, 5938.

3469 . Abū Huraira (may Allāh be pleased with him) narrated: The Prophet (the blessing and peace of Allāh be upon him) said: «Amongst the people preceding you there used to be «Muhaddithūn» (i.e. persons who can guess things

محدَّثون، وإنه إن كان في أُمَّتي هٰذِهِ منهم فإنه عمرُ بن الخطاب».

[الحديث ٣٤٦٩ ـ طرفه في: ٣٦٨٩].

٣٤٧٠ ـ **حدثنا** محمدُ بنُ بشارٍ حدَّثنا محمدُ بن أبي عديٍّ عن شعبةَ عن قتادةَ عن أبي الصدِّيقِ الناجيِ عن أبي سعيدٍ رضيَ الله عنه عنِ النبيِّ ﷺ قال: «كان في بني إسرائيلَ رجُلٌ قتلَ تسعةً وتسعينَ إنساناً، ثمّ خرجَ يسأَلُ، فأتى راهِباً فسأَلهُ فقال له: هل مِن توبة؟ قال: لا، فقتله: فجعلَ يَسأل، فقال له رجلٌ ائتِ قريةَ كذا وكذا، فأدركهُ الموتُ فَناءَ بصَدرهِ نحوَها، فاختصَمتْ فيه ملائكةُ الرحمةِ وملائكةُ العذاب، فأوحىٰ الله إلى هٰذهِ أَنْ تَقرَّبي، وأَوحىٰ إلى هٰذهِ أَن تَباعَدي، وقال: قِيسوا ما بينهما، فوُجِدَ إلى هٰذهِ أَقربَ بشِبر، فغُفِرَ له».

٣٤٧١ ـ **حدثنا** عليُّ بن عبدِ الله حدَّثنا سفيانُ حدَّثنا أبو الزِّنادِ عنِ الأعرجِ عن أبي سَلمةَ عن أبي هريرةَ رضيَ الله عنه قال: صلَّى رسولُ الله ﷺ صلاةَ الصبحِ ثمَّ أقبلَ على الناسِ فقال: «بينا رجلٌ يسوقُ بقرةً إذ ركِبَها فضربَها، فقالت: إنا لم نُخلقْ لهذا، إنما خُلِقنا للحَرْثِ، فقال الناسُ: سُبحانَ الله، بقرةٌ تكلَّمُ؟ فقال: فإني أُومِنُ بهذا أنا وأبو بكرٍ وعمرُ. وما هما ثَمَّ. وبينما رجلٌ في غنمهِ إذ عَدا الذِّئبُ فذهبَ منها بشاةٍ، فطلَبَ حتى كأنه استنقذَها منه، فقال له الذئبُ: هٰذا استنقذْتَها منّي، فمن لها يومَ السَّبُعِ، يومَ لا راعيَ لها غيري؟ فقال الناسُ: سُبحانَ الله، ذِئبٌ يتكلم؟ قال: فإني أُومنُ بهذا أنا وأبو بكرٍ وعمرُ. وما هما ثمَّ».

٣٤٧٠ ـ قوله: (يسأل) أي عن أعلم أهل الأرض.

ـ قوله: (فناء) بنون ومدّ وبعد الألف همزة أي مال وحكى فنأى بوزن سعى أي بعد كما في الشارح.

٣٤٧١ ـ قوله: (فقال فإني) ولأبوي ذرّ والوقت قال فإني (شارح).

ـ قوله: (هذا) أي يا هذا أو المراد هذا اليوم كما في الشارح.

that come true later on, as if those persons have been inspired by a divine power), and if there are any such persons amongtst my followers, it is 'Umar bin Al-Khattāb».

3470 . Abū Sa'īd A l-Khudrī (may Allāh be pleased with him) narrated: The Prophet (the blessing and peace of Allāh be upon him) said: «Amongst the men of Banī Isrāel there was a man who had murdered ninety-nine persons. Then he set out asking (whether his repentace could be accepted or not). He came upon a monk and asked him if his repentance could be accepted. The monk replied in the negative and so the man killed him. He kept on asking till a man advised him to go to such and such village (So he left for it) but death overtook him on the way. While dying, he turned his chest towards that village (where he had hopped his repentance would be accepted), and so the angels of mercy and the angels of punishment quarrelled amongst themselves regarding him. Allāh ordered the village (towards which he was going) to come closer to him, and ordered the village (whence he had come), to go far away, and then He ordered the angels to measure the distances between his body and the two villages. Whe he was found to be one span closer to the village (he was going to), he was forgiven».

3471. Abu Huraira (may Allah be pleased with him) narrated: Once Allah Apostle (the blessing and peace of Allāh be upon him) offered the morning prayer and then faced the people and said: «While a man was driving a cow he suddenly rode over it and beat it. The cow said: «We have not been created for this, but we have been created for ploughing». On that the people said astonishingly: «Glorified be Allāh! A cow speaks!» The Prophet (the blessing and peace of Allāh be upon him) said: «I believe this, and Abū Bakr and 'Umar too. believe it, although neither of them was present there. While a person was amongst his sheep, a wolf attacked and took one of the sheep. The man chased the wolf till he saved it from the wolf, where upon the wolf said: You have saved it from me; but who will guard it on the day of the wild beasts when there will be no shephered to guard them except me (because of riots and afflictions)?». The people said surprisingly: «Glorified be Allāh! A wolf speaks!» The Prophet (the blessing and peace of Allāh be upon him) said: «But I believe this, and Abū Bakr and 'Umar too, believe this, although neither of them was present there».

وحدَّثنا عليٌّ حدَّثنا سفيانُ عن مِسعَرٍ عن سعدِ بنِ إبراهيمَ عن أبي سَلمةَ عن أبي هريرةَ رضيَ الله عنه عنِ النبيِّ ﷺ بمثلِه.

٣٤٧٢ ـ **حدثنا** إسحاقُ بن نَصرٍ أخبرَنا عبدُ الرزّاقِ عن مَعمرٍ عن همامٍ عن أبي هريرةَ رضي الله عنه قال: قال النبي ﷺ: **«اشترى رجلٌ مِن رجلٍ عَقاراً له، فوجدَ الرجلُ الذي اشترى العَقارَ في عَقارِه جَرَّةً فيها ذهب؛ فقال له الذي اشترى العَقارَ: خُذ ذَهَبكَ مني، إنما اشتريتُ منكَ الأرضَ ولم أَبْتَعْ منكَ الذهب. وقال الذي له الأرضُ: إنما بعتُكَ الأرضَ وما فيها، فتحاكما إلى رجلٍ، فقال الذي تحاكما إليه: أَلَكُما وَلدٌ؟ قال أحدهما: لي غُلامٌ، وقال الآخرُ: لي جاريةٌ، قال: أنكِحوا الغُلامَ الجاريةَ، وأنفقوا على أنفُسِهما منه، وتصدَّقا»**.

٣٤٧٣ ـ **حدثنا** عبدُ العزيزِ بن عبدِ الله قال: حدَّثني مالكٌ عن محمدِ بنِ المنكَدر. وعن أبي النضرِ مولى عمرَ بنِ عُبَيدِ الله عن عامرِ بنِ سعدِ بنِ أبي وَقّاصٍ عن أبيهِ أنهُ سمعَهُ يَسألُ أُسامةَ بنَ زيدٍ: ماذا سمعتَ من رسولِ الله ﷺ في الطاعون؟ فقال أُسامة: قال رسولُ الله ﷺ: **«الطاعونُ رِجسٌ أُرسل على طائفةٍ من بني إسرائيل ـ أو على من كان قبلَكم ـ فإذا سمعتم به بأرضٍ فلا تَقدَموا عليه، وإذا وقعَ بأرضٍ وأنتم بها فلا تخرُجوا فِراراً منه»** قال أبو النضر: **«لا يُخرِجكم إلا فِراراً منه»**.

[الحديث ٣٤٧٣ ـ طرفاه في: ٥٧٢٨، ٦٩٧٤].

٣٤٧٤ ـ **حدثنا** موسى بنُ إسماعيلَ حدَّثنا داودُ بن أبي الفُرات حدَّثنا عبدُ الله بن بُرَيدَةَ عن يحيى بنِ يَعْمَر عن عائشةَ زوجِ النبيِّ ﷺ قالت: **«سأَلتُ رسولَ الله ﷺ عنِ الطاعون، فأَخبرَني أنهُ عذابٌ يَبعثهُ الله على مَن يشاء، وأَنَّ الله جعلَهُ رحمةً للمؤمنين، ليسَ مِن أحدٍ يَقعُ الطاعون فيَمكثُ في بلدِهِ صابراً محتسِباً يعلم أنهُ لا يُصيبهُ إلا ما كتبَ الله له إلا كانَ له مثلُ أجرِ شهيد»**. [الحديث ٣٤٧٤ ـ طرفاه في: ٥٧٣٤، ٦٦١٩].

٣٤٧٣ ـ قوله: (إلاّ فِراراً منه) لعل العبارة الصحيح (لا يخرجكم الفرار منه) بلا الناهية.

3472. Abu Huraira (may Allah be pleased with him) narrated: Allah's Apostle (the blessing and peace of Allāh be upon him)said: «A man bought a piece of land from another man, and the buyer found an earthenware jar filled with gold in the land. The buyer said to the seller: «Take your gold, as I have bought only the land from you,. The (former) owner of the land said: «I have sold you the land with eveything in it». So both of them took their case before a man who asked: «Do you have children?» One of them said: «I have a boy». The other said: «I have a girl». The man said: «Marry the girl to the boy and spend the money on both of them and give the rest of it in charity».

3473.Usama bin Zaid (may Allah be pleased with him) narrated: Allah's Apostle (the blessing and peace of Allāh be upon him) said: «Plague was a means of torture sent on a group of Israēlīs (or on some people before you). So if you hear of its spread in a land, don't appoach it, and if a plague should appear in a land where you are present, then don't leave that land in order to run away from it (i.e. plague)».

The parts of this hadīth are in: 5728, 6974.

3474 . 'Ā'isha (may Allāh be pleased with her) the wife of the Prophet (the blessing and peace of Allah be upon him) narrated: I asked Allah's Apostle (the blessing and peace of Allāh be upon him) about the plague. He told me that it was a punishment sent by Allāh on whom he wished, and Allāh made it a source of mercy for the believers, for if one in the time of an epidemic plague, stays in his country patiently hoping for Allāh's Reward and believing that nothing will befall him except what Allāh has written for him, he will get the reward of a martyr».

٣٤٧٥ ـ **حدثنا** قُتيبةُ بن سعيدٍ حدَّثَنا ليثٌ عنِ ابنِ شهابٍ عن عروةَ عن عائشة رضيَ الله عنها: **أنَّ قريشاً أهمَّهم شأنُ المرأةِ المخزوميةِ التي سَرَقَت، فقالوا: ومَن يكلِّمُ فيها رسولَ الله ﷺ؟ فقالوا: ومَن يَجترِئ عليه إلا أسامةُ بنُ زيد حِبُّ رسولِ الله ﷺ؟ فكلمهُ أُسامةُ، فقال رسولُ الله ﷺ: «أتشفَعُ في حدٍّ من حُدودِ الله؟» ثمّ قام فاختطَبَ ثمّ قال: «إنما أهلكَ الذين قبلَكم أنهم كانوا إذا سرق فيهمُ الشريفُ تركوه، وإذا سرق فيهمُ الضعيفُ أقاموا عليهِ الحدَّ. وايْمُ الله لو أنَّ فاطمةَ بنتَ محمدٍ سَرَقَت لقطعتُ يدَها»**.

٣٤٧٦ ـ **حدثنا** آدمُ حدَّثَنا شعبةُ حدَّثَنا عبدُ الملكِ بنُ مَيسرَةَ قال: سمعتُ النَّزّالَ بنَ سَبرةَ الهلاليَّ عنِ ابنِ مسعودٍ رضيَ الله عنه قال: **سمعتُ رجُلاً قرأَ آيةً وسمعتُ النبيَّ ﷺ يَقرأُ خِلافَها، فجئتُ بهِ النبيَّ ﷺ فأخبَرتُه، فعَرفتُ في وَجههِ الكَراهيةَ وقال: كِلاكُما مُحسِنٌ، ولا تختلِفوا، فإنَّ مَن كانَ قبلَكم اختَلَفوا فهلَكوا»**.

٣٤٧٧ ـ **حدثنا** عُمرُ بنُ حفص حدَّثَنا أبي حدَّثَنا الأعمشُ قال: حدَّثَني شَقيقٌ قال عبدُ الله: **كأني أنظرُ إلى النبيِّ ﷺ يَحكي نبياً منَ الأنبياءِ ضربَهُ قومُهُ فأدمَوْه، وهوَ يَمسَحُ الدَّمَ عن وجههِ ويقول: «اللّهمَّ اغفِرْ لقومي فإنهم لا يَعلمون»**.

[الحديث ٣٤٧٧ ـ طرفه في: ٦٩٢٩].

٣٤٧٨ ـ **حدثنا** أبو الوَليدِ حدَّثَنا أبو عَوانةَ عن قَتادةَ عن عُقبةَ بن عبدِ الغافرِ عن أبي سعيدٍ رضيَ الله عنه عنِ النبيِّ ﷺ: **«أنَّ رجُلاً كانَ قبلَكم رَغَسهُ الله مالاً، فقال لبَنيهِ لما حُضِرَ: أيَّ أبٍ كنتُ لكم؟ قالوا: خيرَ أبٍ. قال: فإني لم أعملْ خيراً قطُّ، فإذا مُتُّ**

(١) ـ قوله: (فقالوا) وفي بعض الروايات: فقال بالإفراد.

٣٤٧٨ ـ قوله: (رغسه الله مالاً) أي أعطاه إياه ووسع له فيه وقوله: لما حضر، أي حضره الموت.

3475 . 'Āisha (may Allāh be pleased with her) narrated: The people of Quraish worried about the lady from Banī Makhzūm who had committed theft. They asked: «Who will intercede for her with Allāh's Apostle (the blessing and peace of Allāh be upon him)?» Some said: «No one dare to do so except Usama bin Zaid, the beloved one to Allāh's Apostle (the blessing and peace of Allāh be upon him) » When Usāma spoke about that to Allāh's Apostle (the blessing and peace of Allāh be upon him) Allāh's Apostle (the blessing and peace of Allāh be upon him) said (to him): «Do you try to intercede for somebody in a case connected with Allāh's Prescribed Punishments?» Then he got up and delivered a sermon saying: «What destroyed the nations preceding you, was that if a noble amongst them stole, they would forgive him, and if a poor person amongst them stole, they would inflict Allāh's Legal punishment on him. By Allāh, if Fātimah, the daughter of Muhammad (the blessing and peace of Allāh be upon him) stole, I would cut off her hand».

3476 Ibn Mas'ūd (may Allāh be pleased with him) narrated: «I heard a person reciting a (Quranic) Verse in a certain way, and I had heard the Prophet (the blessing and peace of Allāh be upon him) reciting the same Verse in a different. So I took him to the Prophet (the blessing and peace of Allāh be upon him) and informed him of that, but I noticed the sign of disapproval on his face, and then he said: «Both of you are correct, so don't differ, for when the nations before you differed, they were destroyed».

3477 . 'Abdullah (may Allāh be pleased with him) narrated: As if I saw the Prophet (the blessing and peace of Allāh be upon him) talking about one of the prophets whose nation had beaten him and caused him to bleed, while he was cleaning the blood off his face saying: «O Allāh! Forgive my nation, for they have no knowledge».

The parts of this hadīth are in: 6929.

3478 . Abū Sa'īd (may Allāh be pleased with him) narrated: The Prophet (the blessing and peace of Allāh be upon him) said: «Amongst the people preceding your age, there was a man whom Allāh had given lot of money. While he was in his death-bed, he called his sons and said: «What type of father have I been to you? They replied: «You have been a good father». They replied: «You

فأحرقوني، ثمَّ اسحَقوني ثمَّ ذَرُّوني في يومٍ عاصِف. ففعلوا. فجمعَهُ الله عزَّ وجلَّ فقال: ما حملك؟ قال: مخافَتُك. فتلقَّاهُ برحمته». وقال مُعاذ: حدَّثنا شعبةُ عن قَتادةَ قال: سمعتُ عُقبةَ بن عبدِ الغافر سمعتُ أبا سعيدٍ الخُدْريَّ عنِ النبيِّ ﷺ».

[الحديث ٣٤٧٨ ـ طرفاه في: ٦٤٨١، ٧٥٠٨].

٣٤٧٩ ـ **حدثنا** مسدَّدٌ حدَّثنا أبو عَوانة عن عبدِ الملكِ بن عُميرٍ عن رِبعيِّ بنِ حِراش قال: قال عُقبة لحُذَيفة: ألا تُحدِّثُنا ما سمعتَ منَ النبيِّ ﷺ؟ قال: سمعته يقول: «إنَّ رجلاً حضرَهُ الموتُ لما أَيِسَ منَ الحياةِ أوصى أهلَهُ: إذا مُتُّ فاجمَعوا لي حطباً كثيراً، ثمَّ أُورُوا ناراً، حتى إذا أكلتْ لحمي وخلصت إلى عظمي فخُذوها فاطحَنوها فذرُوني في اليمِّ في يومٍ حارٍّ ـ أو راحٍ ـ فجمَعَهُ الله فقال: لِمَ فَعلتَ؟ قال: خَشيتَكَ. فغفرَ له». قال عُقبة: وأنا سمعته يقول: حدَّثنا موسى حدَّثنا أبو عَوانة حدَّثنا عبدُ الملكِ وقال: «في يومٍ راحٍ».

٣٤٨٠ ـ **حدثنا** عبدُ العزيزِ بنُ عبدِ الله حدَّثنا إبراهيمُ بنُ سعدٍ عنِ ابن شهابٍ عن عُبيدِ الله بن عبدِ الله بنِ عُتبة عن أبي هريرة رضيَ الله عنه أنَّ رسولَ الله ﷺ قال: «كان الرجلُ يُداينُ الناس، فكان يقولُ لفَتاهُ: إذا أتيتَ مُعسِراً فتجاوَزْ عنه، لعلَّ الله أن يَتجاوَزَ عنا. قال: فلَقيَ الله فتجاوزَ عنه».

٣٤٨١ ـ **حدثني** عبدُ الله بنُ محمدٍ حدَّثنا هشامٌ أخبرَنا مَعْمرٌ عنِ الزُّهريِّ عن حُميدِ بنِ عبدِ الرَّحمنِ عن أبي هريرةَ رضيَ الله عنه عنِ النبيِّ ﷺ قال: «كان رجلٌ يُسرِفُ على نفسِه، فلما حضرَهُ الموت قال لبنيهِ: إذا أنا مُتُّ فأحرِقوني، ثمّ اطحَنوني، ثمّ ذروني في الريح، فوالله لئن قَدَرَ الله عليَّ ليُعذِّبَنِّي عذاباً ما عذَّبَهُ أحداً. فلما ماتَ فُعِلَ بهِ ذلك، فأمرَ الله تعالى الأرضَ فقال: اجمَعي ما فيكِ منه، ففعلَتْ، فإذا هو قائم، فال: ما حملَك

٣٤٧٩ ـ قوله: (خشيتك) أي لخشيتك.

٣٤٨١ ـ قوله: (لئن قدر عليّ ربي) قول بلا روية للدهشة.

have been never done a single good deed; so when I die, burn me, crush my body, and scatter the resulting ashes on a windy day». His sons did accordingly, Allāh (the Exalted and Almighty) gathered his particles and asked (him): «What made you do so?» He replied: «Fear of You». So Allāh bestowed His Mercy upon him».

The parts of this hadīth are in: 6481, 7508.

3479 . Ribī' bin Hirāsh narrated: 'Uqba said to Huthaifa: «Won't you narrate to us what you heard from Allāh's Apostle (the blessing and peace of Allāh be upon him)?» Huthaifa said: «I heard him saying: «Death approached a man and when he had no hope of surviving, he said to his family: «When I die, gather for me much wood and build a fire (to burn me). When the fire has eaten my flesh and reached my bones, take the bones and grind them and scatter the resulting powder in the sea on a hot (or windy) day». (That was done). But Allāh collected his particles and asked (him): «Why did you do so?» He replied: «Because I am afraid of you». So Allāh forgave him».

'Abdul Mālik narrated as the above, saying: «On a windy day».

3480 . Abū Huraira (may Allāh be pleased with him) narrated: Allāh's Apostle (the blessing and peace of Allāh be upon him) said; «A man used to give loans to the people and used to say to his servant: «If the debtor is poor, forgive him, so that Allāh may forgive us». So when he met Allāh (after his death), Allāh forgave him».

3481 . Abū Huraira (may Allāh be pleased with him) narrated: The Prophet (the blessing and peace of Allāh be upon him) said: «A man used to do sinful deeds, and when death came to him he said to his sons: «After my death, burn me and then crush me, and scatter the powder in the air, for by Allāh, if Allāh has control over me, He will give me such a punishment as he has never given to anyone else». When he died, his sons did accordingly. Allāh ordered the earth saying: «Collect what you hold of his particles». It did so, and behold! There was the man standing. Allāh asked (him): «What made you do what you did?» He re-

على ما صَنعت؟ قال: يا ربِّ خَشْيَتُك حملتني. فغفرَ له» وقال غيرُه: «مخافَتُك يا رب».

[الحديث ٣٤٨١ ـ طرفه في: ٥٧٠٦].

٣٤٨٢ ـ **حدثني** عبدُ الله بنُ محمدِ بن أسماءَ حدَّثَنا جُوَيرية بنُ أسماءَ عن نافع عن عبدِ الله بنِ عمرَ رضيَ الله عنهما أنَّ رسولَ الله ﷺ قال: «**عُذِّبَت امرأةٌ في هِرَّةٍ رَبَطَتْها حتى ماتَتْ فدخَلَتْ فيها النارَ، لا هيَ أطعَمَتْها ولا سقَتْها إذ حبَسَتها ولا هيَ تركَتها تأكلُ من خَشاشِ الأرض**».

٣٤٨٣ ـ **حدثنا** أحمدُ بن يونُسَ عن زُهَيرٍ حدَّثَنا مَنصورٌ عن رِبعيِّ بنِ حِراشٍ حدَّثَنا أبو مسعودٍ عُقبة قال: قال النبيُّ: «**إنَّ مما أدركَ الناسُ من كلام النبوَّة: إذا لم تَستحيِ فافعلْ ما شِئت**». [الحديث ٣٤٨٣ ـ طرفاه في: ٣٤٨٤، ٦١٢٠].

٣٤٨٤ ـ **حدثنا** آدمُ حدَّثَنا شُعبةُ عن منصورٍ قال: سمعت رِبعيَّ بنَ حِراشٍ يُحدِّثُ عن أبي مسعود قال: قال النبيُّ ﷺ: «**إنَّ مما أدركَ الناسُ من كلامِ النُّبوَّةِ، إذا لم تَسْتَحيِ فاصنَعْ ما شئت**».

٣٤٨٥ ـ **حدثنا** بِشرُ بن محمدٍ أخبرَنا عُبيدُ الله أخبرَنا يونسُ عن الزُّهريِّ أخبرَني سالمٌ أنَّ ابنَ عمرَ حدَّثَه أنَّ النبيَّ ﷺ قال: «**بينما رجلٌ يَجُرُّ إزارَهُ من الخُيَلاءِ خُسِفَ به، فهو يَتَجلجَلُ في الأرض إلى يومِ القِيامة**». تابعه عبدُ الرّحمٰنِ بن خالد عنِ الزُّهريّ.

[الحديث ٣٤٨٥ ـ طرفه في: ٥٧٩٠].

٣٤٨٢ ـ (خشاش الأرض) حشراتها.

٣٤٨٤ ـ قوله: (تستحي) بسكون الحاء وكسر التحتية وفي الفرع كسر الحاء مخففة وعلامة جزمه حذف الياء (شارح).

٣٤٨٥ ـ يتجلجل أي يسيخ مع اضطراب شديد.

plied: «O my Lord! I was afraid of You». So Allāh forgave him».

Another narrator said: «The man said: «Because I am afraid You, O Lord!».

The parts of this hadīth are in: 5706.

3482 . 'Abdullah bin 'Umar (may Allāh be pleased with him) narrated: Allāh's Apostle (the blessing and peace of Allāh be upon him) said: «A lady was punished because of a cat which she had imprisoned till it died. She entered the (Hell) fire because of it, for she neither gave it food nor water as she had imprisoned it, nor set it free to eat from the vermin of earth».

3483 . Abū Mas'ūd 'Uqba narrated: The Prophet (the blessing and peace of Allāh be upon him) said: «One of the sayings of the prophets which the people have got, is: «If you are not ashamed do whatever you like».

The parts of this hadīth are in: 6120, 3484.

3484 . Abū Mas'ūd (may Allāh be pleased with him) narrated: «The Prophet (the blessing and peace of Allāh be upon him) said: «One of the saying of the prophets which the people have got is: «If you do not feel ashamed, do whatever you like».

3485 . Ibn 'Umar (may Allāh be pleased with him) narrated: The Prophet (the blessing and peace of Allāh be upon him) said: «While a man was walking-,dragging his dress with pride, he was caused to be swallowed by the earth and will go on sinking in it till the Day of Resurrection».

The parts of this hadīth are in: 5790.

٣٤٨٦ ـ **حدثنا** موسى بنُ إسماعيلَ حدَّثَنا وُهيبٌ قال: حدَّثني ابن طاوُسٍ عن أبيهِ عن أبي هريرةَ رضيَ الله عنه عنِ النبيِّ ﷺ قال: «نحنُ الآخِرونَ السابقونَ يومَ القيامة، بَيْدَ كلُّ أمةٍ[(١)] أوتوا الكتابَ مِن قبلنا وأُوتينا من بعدِهم. فهذا اليومُ الذي اختلَفوا فيه، فغداً لليهودِ، وبعدَ غدٍ للنصارى».

٣٤٨٧ ـ «على كلِّ مسلمٍ في كلِّ سبعةِ أيامٍ يومٌ يَغسِلُ رأسَه وجسدَه».

٣٤٨٨ ـ **حدثنا** آدمُ حدَّثنا شعبة حدَّثنا عمرو بن مرَّةَ سمعتُ سعيدَ بنَ المسيَّبِ قال: «قَدِمَ معاوِيةُ بن أبي سفيانَ المدينةَ آخِرَ قَدْمةٍ قدِمَها فخَطَبنا فأَخرجَ كبَّةً من شَعَر فقال: ما كنتُ أرى أنَّ أحداً يفعلُ هذا غيرَ اليهود، وإنَّ النبيَّ ﷺ سماه الزُّور. يعني الوِصالَ في الشَّعر». تابعَهُ غُندَرٌ عن شعبةَ.

(١) ـ قوله: (بيد كلّ أُمة) أي غير أنهم كما جاء في حديث آخر وانظر الشارح لإعراب كلّ بالرفع.

3486 . Abū Huraira (may Allāh be pleased with him) narrated: The Prophet (the blessing and peace of Allāh be upon him) said: «We are the last (to come) but we will be the foremost on the Day of Resurrection though the former nations were given the Book (i.e. Scripture) before us, and we were given the Holy Book after them. This (i.e. Friday) is the day about which they differed. So the next day (i.e. Saturday) was prescribed for the Jews and the day after it (i.e. Sunday) for the Christians. It is incumbent on every Muslim to wash his head and body on a Day (i.e. Friday) (at least) in every seven days».

3488 . Sa'īd bin Al-Musaiyab narrated: When Mu'āwīya bin Abī Sufyān came to Madīna for the last time, he delivered a sermon before us. He took out a tuft of hair and said: «I never taught that someone other than the Jews would do such a thing (i.e. use false hair). The Prophet (the blessing and peace of Allāh be upon him) named such a practice, 'Az-Zur (i.e. falsehood)», meanning the use of false hair

بسم الله الرَّحمن الرَّحيم

٦١ - كتاب المناقب

١ - باب وقولِ الله تعالىٰ:

﴿يا أيُّها الناسُ إنا خلَقْناكم من ذكَرٍ وأُنثىٰ وجعَلْناكم شعوباً وقبائلَ لِتَعارَفوا، إنَّ أكرَمَكم عند الله أتقاكم﴾ [الحجرات: ١٣]. وقولِهِ: ﴿واتَّقوا الله الذي تساءَلون به والأرحامَ، إنَّ الله كان عليكم رَقيباً﴾ [النساء: ١].

وما ينهى عن دَعوَى الجاهليةِ. الشعوبُ: النسبُ البعيد، والقبائل دونَ ذٰلك.

٣٤٨٩ - **حدثنا** خالدُ بن يَزيدَ الكاهليُّ حدَّثَنا أبو بكرٍ عن أبي حَصِينٍ عن سعيدِ بنِ جُبَير عن ابنِ عباسٍ رضيَ الله عنهما: ﴿وجعلناكم شعوباً وقبائلَ لتَعارَفوا﴾ قال: الشعوبُ القبائل العظام. والقبائلُ: البطونُ».

٣٤٩٠ - **حدثنا** محمدُ بن بشارٍ حدَّثنا يحيى بن سعيدٍ عن عُبَيدِ الله قال: حدَّثني سعيدُ بن أبي سعيدٍ عن أبيهِ عن أبي هريرةَ رضيَ الله عنه قال: قيلَ: يا رسولَ الله مَن أكرمُ الناس؟ قال: «أتقاهم». قالوا: ليسَ عن هٰذا نسأَلك. قال: «فيوسف نبيُّ الله».

٣٤٩١ - **حدثنا** قيسُ بن حفصٍ حدَّثنا عبدُ الواحدِ حدَّثنا كُلَيبُ بنُ وائلٍ قال: حدَّثتني رَبيبةُ النبيِّ ﷺ زينبُ ابنة أَبي سَلَمةَ قال: قلتُ لها: «أرأَيتِ النبيَّ ﷺ أكان مِن مُضَرَ؟ قالت: فممَّن كان إلاّ مِن مُضَرَ؟ من بني النضرِ بنِ كنانة».

[الحديث ٣٤٩١ - طرفه في: ٣٤٩٢].

In the Name of Allāh, the Most Gracious, the Most Merciful

61 - BOOK OF VIRTUES (and the merits of Allāh's Apostle)

1 - CHAPTER: The saying of Allāh (the Exalted and Almighty): «O Mankind! We created you from a single (pair) of a male and a female, and made you into nations and tribes, that you may know one another. Verily, the most honourable of you in the Sight of Allāh, is that (believer) who is best in religion and best in good deeds. Verily! Allāh is All-Knowing All-Aware (49: 13). And Allāh's saying: «Fear Allāh, through whom you demand your mutual (rights), and not to cut the relations of the womb (kinship), Surely Allāh is ever a watcher over you (4: 1). The prohibition of bad customs of the Period of Ignorance

3489 . Ibn 'Abbās (may Allāh be pleased with him) narrated regarding the Verse: «And (We) made you into Shu'ūb and Qabā'il... (49: 13). That Shu'ūb means the big Oabā'il (i.e. nations) while the Qabāil (i.e. tribes) means the branch tribes.

3490 . Abū Huraira (may Allāh be pleased with him) narrated: Once Allāh's Apostle (the blessing and peace of Allāh be upon him) was asked: «Who is the most honourable amongst the people?» He said: «The most righteous (i.e. Allāh-fearing) amongst you». They said: «We do not ask you about this». He said: «Then Joseph, the Prophet of Allāh».

3491 . Kulaib bin Wā'il narrated: I asked Zainab bint Abī Salama (i.e. daughter of the wife of the Prophet (the blessing and peace of Allāh be upon him)): «Tell me about the Prophet (the blessing and peace of Allāh be upon him): Did he belong to the tribe of Mudar?» She replied: «Yes, he belonged to the tribe of Mudar and was from the offspring of An-Nadr bin Kināna».

The parts of this hadīth are in: 3492.

٣٤٩٢ ـ **حدثنا** موسى حدَّثَنا عبدُ الواحدِ حدَّثنا كليبٌ حدَّثَتْني رَبيبةُ النبيِّ ﷺ ـ وأظنُّها زينبَ ـ قالت: نَهى رسولُ الله ﷺ عن الدُّبّاءِ والحنتمِ والمقيَّرِ والمزَفَّت. وقلتُ لها: أَخبِريني، النبيُّ ﷺ ممَّن كان، مِن مُضرَ كان؟ قالت: فممَّن كان إلّا من مُضَر، كان مِن ولَدِ النَّضرِ بنِ كِنانة».

٣٤٩٣ ـ **حدثني** إسحاقُ بنُ إبراهيمَ أخبرَنا جَريرٌ عن عُمارةَ عن أبي زُرعةَ عن أبي هريرةَ رضيَ اللهُ عنه عن رسولِ الله ﷺ قال: **«تجِدونَ الناسَ مَعادِنَ: خِيارُهم في الجاهليةِ خِيارُهم في الإِسلامِ إذا فقِهوا، وتجدون خيرَ الناس في هٰذا الشأنِ أَشدَّهم له كراهيةً»**.

[الحديث ٣٤٩٣ ـ طرفاه في: ٣٤٩٦، ٣٥٨٨].

٣٣٩٤ ـ **«وتجدونَ شرَّ الناسِ ذا الوَجهينِ: الذي يأتي هٰؤلاءِ بوَجهٍ، ويأتي هٰؤلاء بوجه»**. [الحديث ٣٤٩٤ ـ طرفاه في: ٦٠٥٨، ٧١٧٩].

٣٤٩٥ ـ **حدثنا** قتيبةُ بن سعيدٍ حدَّثَنا المغيرةُ عن أبي الزِّنادِ عنِ الأعرجِ عن أبي هريرةَ رضيَ اللهُ عنه أنَّ النبيَّ ﷺ قال: **«الناسُ تَبعٌ لقُريشٍ في هٰذا الشأنِ: مُسلِمُهم تبعٌ لمسلِمِهم، وكافِرُهم تبعٌ لكافرِهم»**.

٣٤٩٦ ـ **«والناسُ معادِنُ: خِيارُهم في الجاهليةِ خِيارُهم في الإِسلام إذا فقِهوا، تجدون مِن خيرِ الناس أشدَّهم كراهيةً لهذا الشأن حتى يَقعَ فيه»**.

٣٤٩٢ ـ قوله: (والمقير) أي المطلي بالقار وهو الزفت فيكون قوله: والمزفت تكراراً والرواية الصحيحة والنقير كما تقدم.

٣٤٩٣ ـ قوله: (في هذا الشأن) أي في الولاة خلافة أو إمارة (شارح).

٣٤٩٦ ـ قوله: (إذا فقهوا) ولأبي ذر: إذا فقهوا بكسر القاف في الموضعين كما في الشارح وقد مرّ مراراً أهـ.

ـ قوله: (أشدهم) كذا في الفرع والذي في اليونينية: أشدّ الناس مصلحة وشطب على قوله هم (شارح).

3492 . Kulaib narrated: I was told by the foster daughter (i.e. daughter of the wife of the Prophet (the blessing and peace of Allah be upon him)) who, I think, was Zainab, that the Prophet (the blessing and peace of Allah be upon him) forbade the utensils (of wine called) Ad-Dubba, Al-Hantam, Al-Muqaiyar and Al-Muzaffat. I said to her: «Tell me to which tribe the Prophet (the blessing and peace of Allah be upon him) belonged: Was he from the tribe of Mudar?» She replied: «He belonged to the tribe of Mudar and was from the offspring of An-Nadr bin Kinana».

3493 . Abū Huraira (may Allāh be pleased with him) narrated: Allāh's Apostle (the blessing and peace of Allāh be upon him) said: «You see that the people are of different natures. Those who were the best in the pre-Islamic period, are also the best of Islām if they comprehend religious knowledge. You see that the best amongst the people in this respect (i.e. ambition of ruling) are those who hate it most.

The parts of this hadīth are in: 3496, 3588.

3494 . And you see that the worst among people is the double faced (person) who appear to these with one face and to the others with one face and to the others with another face (i.e. hypocrite)».

The parts of this hadīth are in: 6058, 7179.

3495 . Abū Huraira (may Allāh be pleased with him) narrated: The Prophet (the blessing and peace of Allāh be upon him) said: «The tribe of Quraish has precedence over the people in this connection (i.e. the right of ruling). The Muslims follow the Muslims amongst them, and the infidels follow the infidels amongst them.

3496 . People are of different natures: The best amongst them in the pre-Islamic period are the best in Islām provided they comprehend the religious knowledge. You will find that the best amongst the people in this respect (i.e. of ruling) is he who hates it (i.e. the idea of ruling) most, till he is given the pledge of allegiance». Ka'ba,and Shā'm was called so because it is situated to the left of the Ka'ba.

٣٤٩٧ - **حدثنا** مُسدَّدٌ حدَّثنا يحيى عن شُعبةَ حدَّثني عبدُ الملكِ عن طاوُسٍ عنِ ابنِ عبّاسٍ رضى الله عنهما ﴿إلا المَودَّةَ في القُربى﴾ قال: فقال سعيدُ بن جُبَيرٍ: قُربى محمدٍ ﷺ، فقال إنَّ النبيَّ ﷺ لم يكن بطنٌ من قريشٍ إلا ولهُ فيهِ قَرابة، فنزلت عليه، إلا أن تَصِلوا قرابةَ بيني وبينكم» [الحديث ٣٤٩٧ - طرفه في: ٤٨١٨].

٣٤٩٨ - **حدثنا** على بن عبدِ الله حدَّثَنا سفيانُ عن إسماعيلَ عن قيسٍ عن أَبي مسعودٍ يَبلُغُ به النبيَّ ﷺ قال: «مِن ها هُنا جاءَتِ الفِتَنُ نحوَ المشرقِ، والجَفاءُ وغِلَظُ القلوبِ في الفَدّادينَ أهلِ الوَبَرِ عند أُصولِ إذنابِ الإبلِ والبَقرِ في ربيعةَ ومُضر».

٣٤٩٩ - **حدثنا** أبو اليمانِ أخبرَنا شُعيبٌ عنِ الزُّهريِّ قال: أَخبرَني أَبو سلمَةَ بنُ عبدِ الرّحمنِ أنَّ أَبا هريرة رضي الله عنه قال: سمعتُ رسولَ الله ﷺ يقولُ: «الفخرُ والخُيَلاءُ في الفدّادينَ أهلِ الوَبَرِ، والسَّكينةُ في أَهلِ الغنمِ، والإيمانُ يمانٍ والحكمةُ يمانية». قال أبو عبد الله. سُميت اليمنَ لأنها عن يمينِ الكعبة، والشامَ عن يَسار الكعبة، والمشأَمة الميسرة، واليد اليُسرَى: الشؤمىٰ، والجانبُ الأَيسرُ الأَشأَم.

٢ - باب مناقب قُرَيش

٣٥٠٠ - **حدثنا** أبو اليمانِ أخبرَنا شُعيبٌ عنِ الزُّهريِّ قال: كان محمدُ بن جُبير بنِ مُطعمٍ يُحدِّثُ انه بلغَ معاويةَ - وهو عندَهُ في وَفدٍ من قُرَيشٍ - أَنَّ عبدَ الله بنَ عمرو بن العاصِ يُحدِّثُ أنه سيكون ملِكٌ من قحطانَ، فغضِبَ معاوية، فقام فأَثنى على الله بما هو أهلهُ ثم قال: أما بعدُ فإنه بلغني أَنَّ رجالاً منكم يتحدَّثون أَحاديثَ ليست في كتابِ الله، ولا تُؤثَرعن رسولِ الله ﷺ، فأُولئكَ جُهّالُكم، فإيّاكم والأَمانيَّ التي تُضِلُّ أَهلَها، فإني سمِعتُ

٣٤٩٧ - قوله: (فنزلت عليه) ولأبي ذرّ: فيه قال الشارح وهذا لم ينزل إنما نزل معناه وهو قوله: ﴿إلّا المودة في القربى﴾.

3497. Tawus narrated from Ibn Abbas: The Quranic verse: «Except to him who is kind to me for my kinship to you» (42:23).

Said b.Jubair said: (The verse implies) the kinship of Muhammad. Ibn Abbas said: «There was not a single house of Quraish but had a kinship to the Prophet (the blessing and peace of Allah be upon him) and so the above Verse was revealed in this connection, and its interpretation is: O Quraish! You should keep, good relation between me (Muhammad) and you.

The parts of this hadith are in: 48183.

3498.Abu Masud narrated: The Prophet (the blessing and peace of Allah be upon him) said: From his side (the east), affliction will appear. Rudeness and lack of mercy are characteristics of the rural bedouins who are busy with their camels and cows. Such are the tribes of Rabia and Mudar.

3499.Abu Huraira narrated: I heard Allah's Apostle (the blessing and peace of Allah be upon him) saying: Pride and arrogance are charateristics of the rural bedouins while calmness is found among the awners of sheep. Belief is Yemenite, and wisdom is also Yemenite (they are known for their true belief and wisdom). Abu Abdullah (Al-Bukhari) said: Yemen was called so because it is situated to the right of the Kaba and Sham was called so because it is situated to the left of the Kaba.

2 - CHAPTER: Virtues of Quraish

3500 . Muhammad bin Jubair bin Mut'im narrated: That while he was with a delegation from Quraish to Mu'āwīya, the latter heard the news that 'Abdullah bin 'Amr bin Al-'As said that there would be a king from the tribe of Qahtān. On that Mu'āwīya became angry, got up and then praised Allāh as he deserves; and said: «Now then, I have heard that some men amongst you narrate things which are neither in the Holy Book, nor have been told by Allāh's Apostle (the blessing and peace of Allāh be upon him). Those men are the ignorant amongst you. Beware of such hopes as made the people go astray, for I heard Allāh's Apostle (the blessing and peace of Allāh be upon him) saying: «Authority of rul-

رسولَ الله ﷺ يقول: «إنَّ هٰذا الأمرَ في قريشٍ، لا يُعادِيهم أحدٌ إلّا كبَّهُ الله على وجهه، ما أقاموا الدِّين». [الحديث ٣٥٠٠ ـ طرفه في: ٧١٣٩].

٣٥٠١ ـ **حدثنا** أبو الوَليدِ حدَّثَنا عاصمُ بن محمدٍ قال: سمعتُ أبي عنِ ابنِ عمرَ عنِ النبيِّ ﷺ قال: «لا يزال هٰذا الأمرُ في قُرَيشٍ ما بقيَ منهمُ اثنان».

[الحديث ٣٥٠١ ـ طرفه في: ٧١٤٠].

٣٥٠٢ ـ **حدثنا** يحيى بنُ بكَير حدَّثَنا اللَّيثُ عن عُقيلٍ عنِ ابنِ شِهابٍ عنِ ابنِ المسيَّبِ عن جُبَير بن مُطْعم قال: مَشيتُ أنا وعثمانُ بن عفّانَ فقال: يا رسولَ الله أعطيتَ بني المطَّلِبِ وتركتَنا، وإنما نحنُ وهم منكَ بمنزلةٍ واحدة. فقال النبيُّ ﷺ: «إنما بنو هاشمٍ وبنو المطلب شيءٌ واحد».

٣٥٠٣ ـ **وقال** اللَّيثُ حدَّثني أبو الأسودِ محمدٌ عن عُروةَ بن الزُّبَيرِ قال: ذهبَ عبدُ الله بن الزُّبير مع أُناسٍ من بني زُهرةَ إلى عائشةَ، وكانت أَرقَّ شيءٍ عليهم، لقرابتِهم من رسولِ الله ﷺ. [الحديث ٣٥٠٣ ـ طرفاه في: ٣٥٠٥، ٦٠٧٣].

٣٥٠٤ ـ **حدثنا** أبو نُعيمٍ حدَّثنا سفيان عن سعد ح.

قال يعقوبُ بن إبراهيمَ: حدَّثنا أبي عن أبيهِ قال: حدَّثني عبدُ الرّحمٰنِ بن هُرْمُزَ الأعرجُ عن أبي هريرة رضيَ الله عنه قال: قال رسولُ الله ﷺ: «قُرَيشُ والأنصارُ وجُهَينةُ ومُزَينةُ وأَسلمُ وأَشجعُ وغِفارُ مَواليَّ، ليس لهم مولًى دُونَ الله ورسوله».

[الحديث ٣٥٠٤ ـ طرفه في: ٣٥١٢].

٣٥٠٣ ـ قوله: (أرقّ شيء) زاد أبو ذرّ عليهم (شارح).

ing will remain with Quraish, and whoever bears hostility to them, Allāh will destroy him as long as they abide by the laws of the religion».

The parts of this hadīth are in: 7139.

3501 . Ibn 'Umar (may Allāh be pleased with him) narrated: The Prophet (the blessing and peace of Allah be upon him) said: «Authority of ruling will remain with Quraish, even if only two of them remained».

The parts of this hadīth are in: 7140.

3502 . Jubair bin Mutim narrated: I and 'Uthman bin 'Affan (may Allah be pleased with him) went (to the Prophet (the blessing and peace of Allah be upon him)) and he said: «O Allah's Apostle! You have property to Bani Al-Muttalib and did not give us, although we and they are of the same degree of relationship to you». The Prophet (the blessing and peace of Allah be upon him) said: «Only Bani Hashim and Bani al-Muttalib are one entity (as regards to family status)».

3503 . 'Urwa bin Az-Zubair narrated: 'Abdullah bin Az-Zubair went with some women of the tribe of Banī Zuhra to 'Āisha who used to treat them nicely because of their relation to Allāh's Apostle (the blessing and peace of Allāh be upon him).

The parts of this hadīth are in: 3505, 6073.

3504 . Abū Huraira (may Allāh be pleased with him) narrated: Allāh's Apostle (the blessing and peace of Allāh be upon him) said: «The tribe of Quraish, the Ansār, the (people of the tribe of) Juhiana, Muzaina, Aslam, Ashja; and Ghifār are my disciples and have no protectors excpect Allāh and His Apostle».

The parts of this hadīth are in: 3512.

٣٥٠٥ ـ **حدثنا** عبدُ الله بن يوسُفَ حدَّثنا اللَّيثُ قال: حدَّثني أبو الأَسودِ عن عُروةَ بن الزُّبير قال: «كان عبدُ الله بنُ الزُّبيرِ أحب البَشَر إلى عائشةَ بعدَ النبيِّ ﷺ وأبي بكر، وكان أبرَّ الناسِ بها، وكانت لا تُمسك شيئاً مما جاءها من رزق الله تصدَّقت. فقال ابنُ الزُّبَير: ينبغي أن يُؤْخَذَ على يَدَيها، فقالت: أَيُؤْخَذُ على يدَي؟ عليَّ نَذرٌ إن كلَّمتُه. فاستَشفَعَ إليها برجالٍ من قُريش، وبأخوالِ رسول الله ﷺ خاصةً، فامتَنَعت. فقال له الزُّهريون أخوالُ النبيِّ ﷺ ـ منهم عبدُ الرّحمٰنِ بنُ الأسودِ بن عبدِ يَغوثَ والمِسْوَرُ بن مَخرَمَةَ ـ إذا استأْذَنّا فاقتحِمِ الحجابَ، ففعَل، فأرسلَ إليها بعَشرِ رِقابٍ، فأعتَقَتهم، ثمّ لم تزَل تُعتِقُهم حتىٰ بلَغَت أربعين، وقالت: وَدِدْتُ أني جعلت ـ حين حَلَفْتُ ـ عملاً[1] أعمله فأفرُغَ منه».

٣ ـ باب نزَلَ القُرآنُ بلسانِ قُرَيشٍ

٣٥٠٦ ـ **حدثنا** عبدُ العزيز بنُ عبدِ الله حدَّثَنا إبراهيمُ بن سعدٍ عنِ ابن شهابٍ عن أنسٍ: «أَن عثمان دعا زيدَ بن ثابتٍ وعبدَ الله بن الزُّبير وسعيدَ بنَ العاصِ وعبدَ الرّحمٰنِ بنَ الحارثِ بن هشام فنَسخوها في المصاحفِ، وقال عثمانُ للرهْطِ القرشيينَ الثلاثةِ: إذا اختلفتم أنتم وزيدُ بن ثابتٍ في شيءٍ منَ القرآن فاكتبُوهُ بلسانِ قريشٍ فإنما نزلَ بلسانِهم. ففعلوا ذلك». [الحديث ٣٥٠٦ ـ طرفاه في: ٤٩٨٤، ٤٩٨٧].

٤ ـ باب نِسبةِ اليمنِ إلى إسماعيلَ

منهم أسلمُ بنُ أفصىٰ بنِ حارثةَ بنِ عمرِو بن عامرٍ من خُزاعةَ.

٣٥٠٧ ـ **حدثنا** مسدَّدٌ حدَّثنا يحيىٰ عن يزيدَ بنِ أبي عُبيدٍ حدَّثنا سلمةُ رضيَ الله عنه

٣٥٠٥ ـ قوله: (تصدّقت) في بعض النسخ إلّا تصدقت وهو الظاهر.

(١) ـ قوله: (عملاً) أي معيناً لا نذراً مطلقاً لكي أطمئن عند الإيفاء وهو مفعول جعلت.

355 . 'Urwa bin Az-Zubair narrated that 'Abdullah bin Az-Zubair was the most beloved person to 'Āisha excluding the Prophet (the blessing and peace of Allāh be upon him), and Abū Bakr, and he in his turn, was the most devoted to her. 'Āisha used not to spend it in charity. ('Abdullāh) bin Az-Zubair said: «'Āisha heard this), she said protestingly: «Shall I be stopped from doing so? I vow that I will never talk to 'Abdullah bin Az-Zubair». On that, Ibn Az-Zubair asked some people from Quraish and particularly the two uncles with her, but she refused (to talk to him). Az-Zuhiryūn, the uncles of the Prophet (the blessing and peace of Allāh be upon him), including 'Abdur-Rahman bin Al-Aswad bin 'Abd Yaghūth and Al-Miswar bin Makhrama said to him: «When we ask for the permission to visit her, enter her house along with us (without taking her leave)». He did accordingly (and she accepted their intercession). He sent her ten slaves whom she manumitted as an expiation for (not keeping) her vow. 'Āisha manumitted more slaves for the same purpose till she manumitted forty slaves. She said: «I wish I had specified what I would have done in case of not fulfilling my vow when I made the vow, so that I might have done it easily».

3 - CHAPTER: The Qur'ān was revealed in the language of Quraish.

3506 Anas (may Allāh be pleased with him) narrated: 'Uthmān called Zaid bin Thābit,'Abdullah bin Az-Zubair, Sa'īd bin Al-Ās and 'Abdur-Rahmān bin Al-Hārith bin Hishām, and then they wrote the manuscrips of the Holy Qur'ān in the form of book in several copies. 'Uthmān said to the three Quraishī persons: «If you differ with Zaid bin Thabit on any point of the Qur'an, then write it in the language of Quraish, as the Qur'ān was revealed in their language». So they acted accordinly. (Zaid bin Thābit was an Ansārī and not from Quraish).

The parts of this hadīth are in: 4984, 4987.

4 - CHAPTER: The descent of the Yemenites from Ismael. Among such Yemenites are the tribe of Aslam bin Afsa bin Hāritha bin 'Amir from Khuzā'a

3507 . Salama (may Allāh be pleased with him) narrated: Allāh's Apostle (the blessing and peace of Allāh be upon him) passed by some people from the

قال: خرجَ رسولُ اللهِ ﷺ على قومٍ من أَسلَمَ يَتناضلونَ بالسوقِ فقال: «ارموا بني إسماعيل، فإنَّ أباكم كان رامياً، وأنا مَعَ بني فلان - لأحدِ الفريقَين - فأمسَكوا بأيديهم. فقال: ما لهم؟» قالوا: وكيفَ نَرمي وأنتَ مع بني فلان؟ قال: «ارموا، وأنا معكم كلِّكم».

٥ - باب

٣٥٠٨ - **حدثنا** أبو مَعْمَر حدَّثنا عبدُ الوارثِ عن الحسينِ عن عبدِ اللهِ بنِ بُرَيدة حدَّثني يحيى بن يَعْمَر أنَّ أبا الأسودِ الدِّيليَّ حدَّثهُ عن أبي ذرٍّ رضيَ اللهُ عنه أنه سمِعَ النبيَّ ﷺ يقول: «ليس مِن رجُلٍ ادَّعى لغيرِ أبيهِ - وهو يَعلمهُ - إلا كفرَ، ومَن ادعى قوماً ليس لهُ فيهم نسبٌ فلْيَتبوَّأْ مَقعدهُ من النار». [الحديث ٣٥٠٨ - طرفه في: ٦٠٤٥].

٣٥٠٩ - **حدثنا** عليُّ بن عيَّاشٍ حدَّثنا حَريزٌ قال: حدَّثني عبدُ الواحدِ بن عبيدِ الله النصريُّ قال: سمعت واثلةَ بنَ الأسقَع يقول: قال رسولُ اللهِ ﷺ: «إن من أعظم الفِرى أن يدعى الرجلُ إلى غيرِ أبيه، أو يُريَ عينَهُ ما لم ترَ، أو يقول على رسولِ اللهِ ﷺ ما لم يقل».

٣٥١٠ - **حدثنا** مسدَّدٌ حدَّثنا حَمّادٌ عن أبي جَمرةَ قال: سمعتُ ابنَ عباسٍ رضيَ اللهُ عنهما يقول: قَدِمَ وَفدُ عبدِ القيس على رسولِ اللهِ ﷺ فقالوا: يا رسولَ اللهِ إنَّ هذا الحيَّ من ربيعةَ، قد حالَتْ بيننا وبينَكَ كُفّارُ مُضر، فلسنا نخلُصُ إليكَ إلاّ في كلِّ شهرٍ حَرام، فلو أمرتَنا بأمرٍ نأخُذُه عنك، ونُبلِّغه مَن وراءَنا. قال ﷺ: «آمُرُكم بأربعٍ وأنهاكم عن أربعٍ: الإيمانِ باللهِ شهادةِ أن لا إلٰهَ إلاّ الله، وإقامِ الصلاةِ، وإيتاءِ الزكاةِ، وأن تُؤدُّوا إلى اللهِ خُمُسَ ما غَنِمْتم. وأنهاكم عنِ الدُّباء، والحَنتَمِ، والنَّقِير (١)، والمزفَّت».

٣٥٠٨ - قوله: (الديليّ) المعروف في نسبة أبي الأسود أن يقال الدؤلي وأما الديليّ فنسبة إلى الديل قبيلة أُخرى كما في تاج العروس.

٣٥٠٩ - قوله: (الفرى) مقصوراً جمع فرية وهي الكذب.

(١) - (النقير): ما ينقر في أصل النخلة.

tribe of Aslam practising archery. He said: «O children of Ismael! Throw (arrows), for your father was an archer. I am on the side of Banī so-and so», meaning one of the two teams. The other team stopped throwing, whereupon the Prophet (may Allāh be pleased with him) said: «What has happened to them?» They replied: «How shall we throw while you are with Banī so-and-so?» He said: «Throw, for I am with all of you».

5 - CHAPTER:

3508 . Abū Tharr (may Allāh be pleased with him) narrated: The Prophet (the blessing and peace of Allāh be upon him) said: «If somebody claims to be son of any other than his real father knowingly, he but disbelieves in Allāh, and if somebody claims to belong to some folk to whom he does not belong, let such a person take his place in the (Hell) Fire»

3509 . Wāthila bin Al-Asqa' narrated: Allāh's Apostle (the blessing and peace of Allāh be upon him) said: «Verily, one of the worst lies is to claim falsely to be son of someone other than one's real father, or to claim to have had a dream one has not had, or to attribute to me what I have not said».

3510 . Ibn 'Abbās (may Allāh be pleased with him) narrated: The delegates of 'Abd-ul-Qais came to Allāh's Apostle (the blessing and peace of Allāh be upon him) and said: «O Allāh's Apostle! We are from the tribe of Rabi'a and the infidels of Mudar tribe stand between us and you, so that we cannot come to you except in the Sacred Months. Thereupon we would like you to give us some instructions which we may follow and convey to our people staying behind us». The Prophet (the blessing and peace of Allāh be upon him) said: «I order you to observe four things and forbid you (to do) four things:

(I order you) to believe in Allāh testifying that None has the right ot be worsipped except Allāh; to offer the prayer perfectly; to pay the Zakāt; and to give one-fifth of the war booty to Allāh. And I forbid you to use Ad-Dubba, Al-Hantam, An-Naqīr and Al-Muzaffat». (These are names of utensils in which alcoholic drinks were served).

٣٥١١ ـ **حدثنا** أبو اليمانِ أخبرَنا شُعَيبٌ عنِ الزُّهريِّ عن سالمٍ أنَّ عبدَ الله بنَ عمرَ رضيَ الله عنهما قال: سمعتُ رسولَ الله ﷺ يقولُ وهوَ على المنبر: «**ألا إنَّ الفِتنة ها هنا ـ يشيرُ إلى المشرقِ ـ من حيثُ يطلعُ قرنُ الشيطان**».

٦ ـ **باب** ذِكر أسلمَ وغِفارَ ومُزينةَ وجُهَينةَ وأَشجَع

٣٥١٢ ـ **حدثنا** أبو نُعَيم حدَّثنا سُفيان عن سعد بنِ إبراهيمَ عن عبدِ الرّحمٰنِ بن هُرمُزَ عن أبي هريرةَ رضيَ الله عنه قال: قال النبيُّ ﷺ: «**قُرَيشٌ والأَنصارُ وجُهَينة ومُزَينة وأسلَم وغِفارُ وأشجَعُ مَوالِيَّ، ليس لهم مَولًى دُونَ الله ورسوله**».

٣٥١٣ ـ **حدثني** محمدُ بن غرَيرٍ الزُّهريُّ حدَّثنا يَعقوبُ بن إبراهيمَ عن أبيهِ عن صالحٍ حدَّثنا نافعٌ أنَّ عبدَ الله أخبرَهُ: أن رسولَ الله ﷺ قال على المنبرِ: «**غِفارُ غَفرَ الله لها، وأسلَمُ سالَمها الله، وعُصَيَّةُ عصَتِ الله ورسولَه**».

٣٥١٤ ـ **حدثنا** محمدٌ أخبرَنا عبدُ الوَهابِ الثَّقفيُّ عن أيوبَ عن محمدٍ عن أبي هريرَةَ رضيَ الله عنه عن النبيِّ ﷺ قال: «**أَسلَمُ سالمها الله، وغِفارُ غفرَ الله لها**».

٣٥١٥ ـ **حدثنا** قَبيصة حدَّثنا سفيانُ، وحدَّثني محمد بن بَشّارٍ حدَّثنا ابن مَهديّ عن سفيانَ عن عبدِ الملكِ بن عُمَيرٍ عن عبدِ الرّحمٰنِ بن أبي بكرةَ عن أبيهِ قال النبيُّ ﷺ: «**أرأيتم أن كان جُهَينةُ ومُزَينة وأسلمُ وغِفارُ خيراً من بني تَميمٍ وبني أسدٍ ومن بني عبدِ الله بن غطَفانَ ومن بني عامر بن صَعصَعة؟**» فقال رجلٌ: خابوا وخسِروا. فقال: «**هم خيرٌ من بني تميم ومن أسدٍ ومن بني عبدِ الله بن غَطفانَ ومن بني عامرِ بن صَعصَعةَ**».

[**الحديث** ٣٥١٥ ـ طرفاه في: ٣٥١٦، ٦٦٣٥].

٣٥١٦ ـ **حدثنا** محمدُ بنُ بشارٍ حدَّثنا غُندَرٌ حدَّثنا شُعبةُ عن محمدِ بن أبي يَعقوبَ

٣٥١٦ ـ قوله: (تابعك) بالتاء والموحدة كذا لأبي ذر والوقت ولغيره: بايعك بالموحدة والتحتية (شارح).

3511. 'Abdullah bin 'Umar (may Allāh be pleased with him) narrated: I heard Allāh's Apostle (the blessing and peace of Allāh be upon him) on the pulpit saying: «Verily, affliction (will start) from here». pointing towards the east: «Whence the side of the head of Satan comes out».

6 - CHAPTER: The mentioning of the tribes of Aslam, Ghifār, Muzaina, Juhaina, and Ashja'

3512 . Abū Huraira (may Allāh be pleased with him) narrated: The Prophet (the blessing and peace of Allāh be upon him) said: «The tribes of Quraish, Al-Ansār, Juhaina, Muzaina, Aslam, Ghifār and Ashja' are my helpers, and they have no protector (i.e. Master) except Allāh and His Apostle».

3513 . 'Abdullah (bin 'Umar (may Allāh be pleased with him)) narrated: While Allāh's Apostle (the blessing and peace of Allāh be upon him) was on the pulpit, he said: «May Allāh forgive the tribe of Ghifār! And may Allāh save the tribe of Aslam! The tribe of 'Usaiya have disobeyed Allāh and His Apostle».

3514 . Abū Huraira (may Allāh be pleased with him) narrated: The Prophet (the blessing and peace of Allāh be upon him) said: «May Allāh save the tribe of Aslam, and may Allāh forgive the tribe of Ghifār!».

3515 . Abū Bakra (may Allāh be pleased with him) narrated: The Prophet (the blessing and peace of Allāh be upon him) said: «Do you think that the tribes of Juhaina, Muzaina, Aslam and Ghifār are better than the tribes of Banī Tamīm, Banī Asad, Banī Abdullāh bin Ghatafān and Banī 'Āmer bin Sa'sa'a?» A man said: «They were unsuccessful and losers». The Prophet (the blessing and peace of Allāh be upon him) added: «(Yes). they are better than the tribes of Banī Tamīm, banī Asad, Banī 'Abdullah bin Ghatafān and Banī 'Āmir bin Sa'sa'a»..

The parts of this hadīth are in:

3516 . Abū Bakra (may Allāh be pleased with him) narrated: Al-Aqra' bin

قال: سمعت عبدَ الرّحمٰنِ بنَ أبي بكرةَ عن أبيهِ: أن الأقرعَ بنَ حابسٍ قال للنبيِّ ﷺ: إنما تابعَكَ سُرّاقُ الحجيجِ من أسلمَ وغِفار ومُزَينةَ ـ وأحسِبه وجُهَينة، ابن أبي يعقوبَ شك ـ قال النبيُّ ﷺ: «أرأيت أن كان أسلمُ وغِفارُ ومُزَينة وأحسِبهُ وجُهينة خيراً من بني تميمٍ ومن بني عامرٍ وأسدٍ وغَطفَانَ خابوا وخَسِروا؟ قال: نعم. قال: والذي نفسي بيدِه إنهم لأَخْيَرُ منهم».

٣٥١٦م ـ **حدثنا** سليمانُ بن حربٍ عن حَمادٍ عن أيوبَ عن محمدٍ عن أبي هريرةَ رضيَ الله عنه قال: «قال: أسلمُ وغِفار وشيءٌ من مُزَينة وجهَينة، أو قال: شيءٌ من جُهينةَ أو مزَينة ـ خيرٌ عندَ الله ـ أو قال: يوم القِيامةِ ـ من أسدٍ وتميمٍ وهَوازِنَ وَغَطفانَ».

٧ ـ **باب** ذِكر قَحطانَ

٣٥١٧ ـ **حدثنا** عبدُ العزيزِ بن عبدِ الله قال: حدَّثني سليمانُ بن بِلالٍ عن ثورِ بنِ زيدٍ عن أبي الغَيثِ عن أبي هريرةَ رضيَ الله عنه عنِ النبيِّ ﷺ قال: «لا تقومُ الساعةُ حتىٰ يَخرجَ رجلٌ من قحطانَ يسوقُ الناسَ بعصاهُ». [الحديث ٣٥١٧ ـ طرفه في: ٧١١٧].

٨ ـ **باب** ما يُنهىٰ من دَعوَى الجاهليةِ

٣٥١٨ ـ **حدثنا** محمدٌ أخبرَنا مَخْلَدُ بن يزيدَ أخبرنا ابنُ جُريجٍ قال: أخبرَني عمرُو بن دِينار أنهُ سمع جابراً رضيَ الله عنه يقول: غَزَونا معَ النبيِّ ﷺ وقد ثابَ معهُ ناسٌ من المهاجرينَ حتىٰ كثُروا، وكان منَ المهاجرينَ رجلٌ لَعّابٌ فكسَعَ أنصارياً، فغضِبَ الأنصاريُّ غضباً شديداً حتىٰ تَداعَوا، وقال الأنصاريُّ: يا للأنصار، وقال المهاجريُّ: يا للمَهاجرِين. فخرجَ النبيُّ ﷺ فقال: «ما بالُ دَعوَى أهلِ الجاهلية؟ ثمّ قال: ما شأنُهم؟» فأُخبرَ بكَسعةِ المهاجريِّ الأنصاريَّ. قال: فقال النبيُّ ﷺ: «دَعُوها فإنها خبيثة». وقال

Habis said to the Prophet (the blessing and peace of Allāh be upon him): «Nobody gave you the pledge of allegiance but the robbers of the pilgrims (i.e. those who used to rob the pilgrims) from the tribs of Aslam, Ghifār, Muzaina». (Ibn Abī Ya'qūb is in doubt whether Al-Aqra' added: «And Juhaina)». The Prophet (the blessing and peace of Allāh be upon him) said: «Don't you think that the tribes of Aslam, Ghifār, Muzaina (and also perhaps) Juhaina are better thatn the tribes of Banī Tamīm, Banī 'Āmer, Asad, and Ghatafān?» Somebody said: «They were unsuccessful and losers!» The Prophet (the blessing and peace of Allāh be upon him) said: «Yes, by Him in Whose Hand. my life is, they (i.e. the former) are better than they (i.e. they latter)».

3516 . Abū Huraira (may Allāh be pleased with him) said: «(The Prophet (the blessing and peace of Allāh be upon him) said): «(The people of) Banī Aslam, Ghifār and some people of Muzaina (or some people of Juhaina of Muzaina) are better in Allāh's Sight (or on the Day of Resurrection) than the tribes of Asad, Tamīm, Hawāzin and Ghatafān».

7 - CHAPTER: The mentioning of Qahtān tribe

3517 . Abū Huraira (may Allāh be pleased with him) narrated: The Prophet (the blessing and peace of Allāh be upon him) said: «The Hour will not be established unless a man from the tribe of Qahtān appears, driving the people with his stick».

The parts of this hadith are in: 7117

8 - CHAPTER: What is forbidden of the custom of the pre-Islamic period

3518 . Jābir (may Allāh be pleased with him) narrated: We were in the company of the Prophet (the blessing and peace of Allāh be upon him) in an invasion. A large number of emigrants joined him and among the emigrants there was a person who used to play jokes (or play with spears); so he (jokingly) stroked an Ansari man on the hip. The Ansārī got so angry that both of them called their people. The Ansārī said: «Help, O Ansār!» And the emigrant said: «Help, OEmigtant».The Prophet (the blessing and peace of Allāh be upon him) came out and said: «What is wrong with the people of this call of the Ignorant people?» Then he said: «What is the matter with them?» So he was told about the stroke of the Emigrant to the Ansārī. The Prophet (the blessing and peace of Allāh be upon him) said: «Stop this (i.e. appeal for help) for it is an evil call».

عبدُ الله بن أُبَيّ ابنُ سَلولَ: أَقد تَداعَوا علينا؟ لأن رَجعنا إلى المدينةِ ليُخرِجنَّ الأعزُّ مِنها الأذلَّ. فقال عمرُ: ألا نقتلُ يا رسولَ الله هذا الخبيثَ؟ لعبدِ الله: فقال النبيُّ ﷺ: «لا يتحدَّثُ الناسُ أنهُ كان يَقتلُ أصحابَه». [الحديث ٣٥١٨ ـ طرفاه في: ٤٩٠٥، ٤٩٠٧].

٣٥١٩ ـ **حدثنا** ثابتُ بن محمدٍ حدَّثَنا سفيانُ عنِ الأعمشِ عن عبدِ الله بنِ مُرَّةَ عن مسروقٍ عن عبدِ الله رضيَ الله عنه عنِ النبيِّ ﷺ. وعن سُفيانَ عن زُبَيْدٍ عن إبراهيمَ عن مسروقٍ عن عبدِ الله عنِ النبيِّ ﷺ قال: «ليس منّا مَن ضربَ الخُدودَ وشَقَّ الجُيوبَ ودعا بدَعوَى الجاهلية».

٩ ـ باب قصةِ خُزاعة

٣٥٢٠ ـ **حدثنا** إسحاقُ بنُ إبراهيمَ حدَّثَنا يحيى بنُ آدمَ أخبرَنا إسرائيلُ عن أبي حَصينٍ عن أبي صالحٍ عن أبي هريرةَ رضيَ الله عنه أنَّ رسولَ الله ﷺ قال: «عمرُو بن لُحَيِّ بنِ قَمعةَ بن خِندِفَ أبو خُزاعة».

٣٥٢١ ـ **حدثنا** أبو اليَمانِ أخبرَنا شُعيبٌ عنِ الزُّهريِّ قال: سمعتُ سَعيدَ بنَ المسيَّبِ قال: «البَحيرةُ التي يُمنعُ دَرُّها للطَّواغيت ولا يَحلُبها أحدٌ من الناس. والسائبةُ التي كانوا يُسيِّبونها لآلهتِهم فلا يُحملُ عليها شيء».

قال: وقال أبو هريرةَ قال النبيُّ ﷺ: «رأيتُ عمرَو بنَ عامرِ بنِ لُحَيٍّ الخزاعيَّ يَجُرُّ قُصْبَهُ في النار، وكان أولَ مَن سَيَّبَ السوائب». [الحديث ٣٥٢١ ـ طرفه في: ٤٦٢٣].

٣٥١٩ ـ قوله: (ثاب) أي اجتمع أو رجع كذا في الشارح قوله لعاب أي مزاح وقوله فكسع أنصاريا يقال كسعه إذا ضرب دبره إما بيده أو بصدر قدمه كما في القاموس فتفسير الشارح الكسع بالضرب تسامح أهـ.

(١) ـ قوله: (دعوها) يعني دعوى الجاهلية أهـ.

(٢) ـ قوله: (لأن) بألف مهموزة بعد اللام المفتوحة ولأبي ذر لين بياء تحتية بدل الألف أهـ شارح.

٣٥٢٠ ـ قوله: (قصبه) أي أمعاءه.

'Abdullah bin Ubaī bin Salūl (a hypocrite) said: «The emigrants have called and (gathered against us); so when we return to Madīna, surely, the more honourable people will expel therefrom the meaner». Upon that 'Umar said: «O Allāh's Prophet! Shall we not kill this evil person (i.e. 'Abdullah bin Ubaī bin (Salūl)?» The Prophet (the blessing and peace of Allāh be upon him) said: «(No). lest the people should say that Muhammad kills his Companions».

The parts of this hadith are in: 4905, 4907.

3519 . 'Abdullah (bin Ma'ūd) (may Allāh be pleased with him) narrated: The Prophet (the blessing and peace of Allāh be upon him) said: «Whoever slaps his face or tears the bosom of his dress, or calls the calls of the Period of Ignorance, is not from us».

9 - CHAPTER: The story of Khuza'a

3520 . Abū Huraira (may Allāh be pleased with him) narrated: Allāh's Apostle (the blessing and peace of Allāh be upon him) said: «'Amr bin Lubai bin Qam'a bin Khindif was the father of Khuza'a».

3521 . Sa'īd bin Al-Mussaiyab narrated: Al-Bahīra was animal whose milk was spared for the idols and other deities, and so nobody was allowed to milk of it. As-Sā'iba was an animal which they (i.e. infidels) used to set free in the names of their gods so that it would not be used for carrying anything. Abū Huraira (may Allāh be pleased with him) said: «The Prophet (the blessing and peace of Allāh be upon him) said: I saw 'Amr bin 'Āmer Luha- Al-Khuzā'ī dragging his intestines in the (Hell) Fire, for he was the first man who started the custom of releasing animals (for the sake of false gods)».

The parts of this hadith are in: 4623

١٠ - **باب** قصة إسلام أبي ذر الغفاري رضي الله عنه

١١ - **باب** قصةِ زَمزَم

٣٥٢٢ - **حدثنا** زيدٌ هو ابن أَخْزَمَ قال أَبو قتيبةَ سَلْمُ بنُ قتيبةَ حدَّثني مُثنّى بنُ سعيدٍ القصيرُ قال: حدَّثني أَبو جمرةَ قال: «قال لنا ابن عبّاس: **أَلا أُخبرُكم بإسلام أَبي ذرٍّ؟** قال: قلنا: بَلى. قال: قال أَبو ذر: كنت رجلاً من غِفارٍ، فبلَغَنا أَنَّ رجلاً قد خرج بمكة يزعُمُ أَنَّهُ نبيّ، فقلتُ لأَخي: انطلِقْ إلى هٰذا الرجلِ، كلمهُ وأْتِني بخبره. فانطَلَقَ فلَقِيَه ثمَّ رجَعَ، فقلت: ما عندَكَ؟ فقال: والله لقد رأَيتُ رجُلاً يأْمُرُ بالخير، وينهىٰ عنِ الشر. فقلت له: لم تَشفِني مِنَ لخبر، فأَخذتُ جِراباً وعَصاً. ثمَّ أَقبلتُ إلى مكةَ فجعلت لا أَعرفهُ، وأَكرَهُ أن أَسأَلَ عنه، وأَشرَبُ من ماءِ زمزَمَ وأَكونُ في المسجدِ. قال: فمرَّ بي عليٌّ فقال: كأَنَّ الرجُلَ غَريب؟ قال: قلت: نعم. قال: فانطلِقْ إلى المنزلِ. قال: فانطلَقتُ معهُ لا يَسأَلُني عن شيءٍ ولا أُخبِرُه. فلما أَصبَحتُ غَدَوتُ إلى المسجدِ لأَسأَل عنهُ، وليس أَحدٌ يخبرُني عنه بشيء. قال: فمرَّ بي عليٌّ فقال: أَما نـالَ للرجُـلِ يعرِفُ منزِله بعد؟ قال: قلت: لا. قال: انطلِقْ معي، قال: فقال: ما أَمرُك، وما أَقدمَكَ هٰذهِ البلدةَ؟ قال: قلتُ له: إن كتمتَ عليَّ أَخبرتُك. قال: فإني أَفعلُ. قال: قلتُ له: بَلَغَنا أَنه قد خرَجَ ها هنا رجلٍ يزعُمُ أَنهُ نبيّ، فأَرسلتُ أَخي ليكلمَهُ، فرجعَ ولم يَشفِني مِنَ الخبر، فأَردتُ أَن أَلقاهُ. فقال له: أَما إنكَ قد رَشَـدْتَ. هذا وجهي إليه، فاتَّبِعْني، أَدخُلْ حيثُ أَدْخُلُ، فإني إن رأَيتُ أَحداً أَخافهُ عليكَ قمتُ إلى الحائط كأَني أُصلِحُ نَعلي، وامضِ أَنتَ. فمَضىٰ ومَضَيتُ معه، حتى دَخلَ ودخلت معه على النبيِّ ﷺ، فقلتُ له: اعرِضْ عليَّ الإسلامَ، فعَرَضَهُ، فأَسلمتُ مَكاني. فقال لي: «**يا أَبا ذَرّ. اكتُمْ هٰذا الأَمرَ، وارجِعْ إلى بَلَدِكَ، فإذا بَلَغَكَ ظهورُنا فأَقبِلْ**». فقلتُ: والذي بَعَثَكَ بالحقّ لأَصرُخَنَّ بها بينَ أَظهُرِهم. فجاءَ إلى المسجدِ وقرَيشٌ فيهِ فقال: يا مَعشرَ قرَيش، إني أَشهدُ أَن لا إلٰهَ إلّا الله، وأَشهدُ أَنَّ محمداً عبدُهُ ورسوله.

- قوله: (أَما نال) قال الشارح أما أن يعني أما جاء الوقت الذي يعرف الرجل فيه منزله.
- قوله: (رشدت) ضم الراء وكسر المعجمة والذي في اليونينية فتح الراء ولأَبي ذر رشدت بفتحهما (شارح).

10 - CHAPTER: The story of the conversion of Abū Tharr Al-Ghifārī to Islām

11 - CHAPTER: The Story of Zam-zam

3522 . Abū Jamra narated: Ibn 'Abbās said to us: «Shall I tell you the story of Abū Tharr's conversion to Islam?» We said: «Yes». He said: «Abū Tharr said: I was a man from the tribe of Ghifār. We heard that a man had appeared in Mecca, claiming to be a Prophet. I said to my brother: «Go to that man and talk to him and bring me his news». He set out, for him and returned. I asked him: «What is the news with you?» He said: «By Allāh , I saw a man enjoining what is good and forbidding what is evil». I said to him: «You have not satisfied me with this little information». So, I took a waterskin and a stick and proceeded towards Mecca. Neither did I know him (i.e. the Prophet (the blessing and peace of Allāh be upon him)), nor did I like to ask anyone about him. I kept on drinking Zam-Zam water and staying in the Mosque. Then 'Alī passed by me and said: «It seems you are a stanger?» I said: «Yes». He proceeded to his house and I accompaied him. Neither did he ask anything, nor did I tell him anything. Next morning I went to the Mosque to ask about the Prophet (the blessing and peace of Allāh be upon him) but no-one told me anything about him. Alī passed by me again and asked: «Hasn't the man recognised his dwelling place yet?» I said: «No». He said: «Come along with me». He asked me: «What is your business? What has brought you to his town?» I said to him»: If you keep my secret: I will tell you». He said: «I will do». I said to him: «We have heard that a person has appeared here, claiming to be a Prophet. I sent my brother to speak to him and when he returned he did not bring a satisfactory report: So I thought of meeting him pesonally». 'Ālī said (to Abā Tharr): «You have reached your goal; I am going to him just now, so follow me, and wherever I enter, enter after me. If I should see someone who may cause you trouble, I will stand near a wall pretending to mend my shoes (as a warning), and you should go away then». 'Alī proceeded and I accompanied him till he entered a place, and I entered with him to the Prophet (the blessing and peace of Allāh be upon him) to whom I said: «Present (the principle of) Islam to me». When he did, I embraced Islam immediately. He said to me: «O Abū Tharr! Keep your conversion as a secret and return to you town: and when you hear of our victory, return to us». I said: «By Him who has sent you with the Truth, I will announce my conversion to Islam publicly amongst them (i.e. the infidels)». Abū Tharr went to the Mosque, where some people from Quraish were present, and said: «O folk of Quraish! I testify that None has the right to be worshipped except Allāh, and I (also) testify that Muhammad is Allāh's Slave and His Apostle. (Hearing that) the Quraishī men

فقالوا: قوموا إلى هٰذا الصابِىء، فقاموا: فضُرِبتُ لأَموتَ، فأدركني العباسُ فأكبَّ عليَّ، ثمَّ أقبلَ عليهم فقال: وَيلَكم، تقتلونَ رجلاً مـن غِفـار، ومَتْجَرُكم وممرُّكم على غِفار؟ فاقلَعوا عني. فلمّا أن أَصبحتُ الغدَ رَجعتُ فقلت مثلَ ما قلتُ بالأمس. فقالوا: قوموا إلى هٰذا الصابىء، فصُنع مثلَ ما صُنِعَ بالأَمس، وأدركني العبّاسُ فأكبَّ عليَّ وقال مثلَ مقالتِهِ بالأمس. قال: فكان هٰذا أوَّلَ إسلامِ أبي ذَرٍّ رحمه الله». [الحديث ٣٥٢٢ - طرفه في: ٣٨٦١].

١٢ - باب قصة زَمزمَ وجهلِ العرب

٣٥٢٣ - حدثنا سليمان بن حرب، حدَّثَنا حمادُ، عن أَيّوب، عن محمّد، عن أبي هُريرة رضيَ الله عنهُ قال: أَسلم وغِفار من مُزَينةَ وجُهَيْنَةَ - أَو قال: شيءٌ من جُهَيْنةَ أو مُزَينة خيرٌ عندَ الله أَو قَالَ) يومَ القِيامَةِ من أَسَد وتَميم وهَوازِن وغَطْفان.

٣٥٢٤ - حدثنا أبو النُّعمانِ حدَّثَنا أبو عَوانةَ عن أبي بِشْرٍ عن سعيدِ بنِ جُبَيرٍ عن ابنِ عبّاسٍ رضيَ الله عنهما قال: «إذا سرَّكَ أَنْ تعلمَ جهلَ العربِ فاقرأْ ما فوقَ الثلاثين ومائةٍ من سورة الأنعام: ﴿قد خَسِرَ الذين قَتَلوا أولادهم سَفَهاً بغير عِلمٍ - إلى قوله - قد ضلُّوا وما كانوا مُهتدِين﴾».

١٣ - باب مَن انتَسبَ إلى آبائهِ في الإسلامِ والجاهلية

وقال ابنُ عمرَ وأبو هريرةَ عنِ النبيِّ ﷺ: «إنَّ الكريمَ ابنَ الكريم ابنِ الكريم ابنِ الكريم يوسُفُ بن يَعقوبَ بنِ إسحاقَ بن إبراهيمَ خليلِ الله». وقال البَراءُ عنِ النبيِّ ﷺ: «أنا ابنُ عبدِ المطَّلِب».

ـ قوله: (غفار) بالصرف وعدمه (شارح).

٣٥٢٣ ـ قوله: (سالم) بألف بعد السين والذي في اليونينية رفرعها بغير ألف وسكون اللام بعد الفتح أهـ من الشارح.

said: «Get at this Sabi (i.e. Muslim)!» They got up and beat me nearly to death. Al-'Abbās saw me and threw himself over me to protect me. He then faced them and said: «Woe to you! You want to kill a man from the tribe of Ghifār, although you trade and your communications are through the territory of Ghifār?» They therefore left me. The next morning I returned (to the Mosque) and said the same as I have said on the pervious day. They again said: «Get at this Sābī!» I was treated in the same way as on the pervious day, and again Al-'Abbās found me and threw himself over me to protect me and told them the same as he had said the day before». So, that was the conversion of Abū Tharr (may Allāh Merciful to him) to Islām».

The parts of this hadīth are in: 3861.

12 CHAPTER: The story of Zam-zam and the ignorance of the Arabs

This story has been reported a chain of transmitters.

2752 . Ibn 'Abbās (may Allāh be pleased with him) narrated: If you wish to know about the ignorance of the Arabs, refer to Sūrat-al-An 'ām, after Verse No: 130: «Indeed lost are they who have killed their children from folly without knowledge and have forbidden that which Allāh has provided for them inventing a lie againt Allah. They have indeed gone astray and were not guided». (6: 141).

13 - CHAPTER: Whoever related himself to his forefathers either in Islam or in the pre-Islamic period

Ibn 'Umar and Abū Huraira (may Allāh be pleased with him) narrated: The Prophet (the blessing and peace of Allāh be upon him) said: «The honourable, the son of the honourable, the son of the honourable, the son of the honourable, i.e. Joseph, the son of Jacob, the son of Isaac, the son of Abraham, the Companion of Allāh».

Al-Barā' (may Allāh be pleased with him) narrated: The Prophet (the blessing and peace of Allāh be upon him) said: «I am the son of 'Abdūl-Muttalib».

٣٥٢٥ - **حدثنا** عمرُ بنُ حَفص حدَّثنا أبي حدَّثنا الأعمشُ قال: حدثنا عمرُو بنُ مُرَّةَ عن سعيدِ بنِ جُبَيرٍ عنِ ابنِ عبّاسٍ رضيَ الله عنهما قال: «لما نزَلَتْ: ﴿وأَنذِرِ عَشيرَتَكَ الأَقرَبين﴾ [الشعراء: ٢١٤] جَعلَ النبيُّ ﷺ يُنادي: «يا بَني فِهْرٍ، يا بَني عَدِيّ»، ببطونِ قُريش».

٣٥٢٦ - **وقال** لنا قَبيصةُ: أخبرَنا سُفيانُ عن حَبيبِ بنِ أبي ثابتٍ عن سعيدِ بنِ جُبَيرٍ عنِ ابن عبّاس قال: «لما نزَلَت: ﴿وأَنذِرْ عَشِيرَتَكَ الأَقرَبين﴾ جَعَلَ النبيُّ ﷺ يَدعوهم قَبائلَ قبائلَ».

٣٥٢٧ - **حدثنا** أبو اليمانِ أخبرنا شعيبٌ أخبرَنا أبو الزِّنادِ عنِ الأعرجِ عن أبي هريرةَ رضيَ الله عنه أنَّ النبيَّ ﷺ قال: «يا بني عبدِ مناف، اشتَرُوا أنفُسَكم منَ الله. يا بني عبدِ المطَّلب، اشترَوا أنفُسكم من الله. يا أمَّ الزُّبَيرِ بن العَوَّام عمةَ رسولِ الله، يا فاطمة بنتَ محمدٍ، اشتَرِيا أنفُسَكما منَ الله، لا أملِكُ لكما منَ الله شيئاً سَلاني من مالي ما شِئتُما».

١٤ - باب ابنُ أُختِ القومِ منهم، ومَولى القومِ منهم

٣٥٢٨ - **حدثنا** سليمانُ بنُ حربٍ حدَّثَنا شعبةُ عن قَتادَةَ عن أنسٍ رضيَ الله عنه قال: دَعا النبيُّ ﷺ الأنصارَ فقال: «هل فيكم أحدٌ مِن غيرِكم؟» قالوا: لا. إلا ابنُ أُختٍ لنا. فقال رَسولُ الله ﷺ: «ابنُ أُختِ القومِ منهم».

١٥ - باب قصةِ الحَبش، وقولِ النبيِّ ﷺ: «يا بني أرفِدة»

٣٥٢٩ - **حدثنا** يحيى بنُ بُكيرٍ حدَّثنا اللَّيثُ عن عُقَيلٍ عن ابن شهابٍ عن عروةَ عن

٣٥٢٥ - قوله: (لبطون قريش)، في نسخة ببطون قريش.

3525 . Ibn 'Abbās (may Allāh be pleased with him) narrated: When the Verse: «And warn your tribe of near kindred». (26: 214) was revealed, the Prophet (the blessing and peace of Allāh be upon him) started calling (the 'Arab tribes): «O Banī Fihr, O Banī 'Adī: «Mentioning first the various branch tribes of Quraish.

3526 . Ibn 'Abbās (may Allāh be pleased with him) narrated: When the Verse: «And warn your tribe of near kindred» (26: 214) was revealed. The Prophet (the blessing and peace of Allāh be upon him) started calling every tribe by its name.

3527 . Abū Huraira (may Allāh be pleased with him) narrated: The Prophet (the blessing and peace of Allāh be upon him) said: «O Banī 'Abd Munāf! Buy (same yourselves from Rice-Hell) yourselves from Allāh O Banī 'Abdul-Muttalib! Buy yourselves from Allāh; O mother of Az-Zubair bin Al-'Awwām, the aunt of Allāh's Apostle (the blessing and peace of Allāh be upon him), and O Fātimah bint Muhammad! Buy yourselves from Allāh, for I cannot defend you before Allāh. You (both) can ask me from my property as much as you like».

14 - CHAPTER: The son of some people's sister is considered as belonging to, the same people; and the freed slave of some people belongs to those people (who have freed him)

2728 . Anas (may Allāh be pleased with him) narrated: The Prophet (the blessing and peace of Allāh be upon him) sent for the Ansār (and when they came), he asked: «Is there any stranger amongst you?» They said: «No, except the son of our sister». Allāh's Apostle (the blessing and peace of Allāh be upon him) said: «The son of the sister of some people belongs to them».

15 - CHAPTER: The story of the Ethiopians and the saying of the Prophet (the blessing and peace of Allāh be upon him): «O Banī Arfida!»

3529 . 'Āisha narrated that during the Minā days, Abū Bakr (may Allāh be

عائشةَ أنَّ أبا بكرٍ رضيَ الله عنه دخلَ عليها وعندَها جاريتانِ في أيامِ مِنىً تُدَفِّفانِ وتَضرِبانِ، والنبيُّ ﷺ مُتغشٍ بثوبهِ، فانتهرهما أبو بكرٍ، فكشفَ النبيُّ ﷺ عن وجههِ فقال: «دَعْهما يا أبا بكرٍ، فإنها أيامُ عيد. وتلكَ الأيامُ أيامُ مِنَى».

٣٥٣٠ ـ **وقالت** عائشةُ: «رأيتُ النبيَّ ﷺ يَستُرني وأنا أنظرُ إلى الحبشةِ وهم يَلعبون في المسجد، فزجرهم عمرُ فقال النبيُّ ﷺ: «دَعهم، أمناً بني أرفِدةَ». يعني من الأمنِ».

١٦ ـ **باب** مَن أحبَّ أن لا يُسَبَّ نَسبه

٣٥٣١ ـ **حدثني** عثمانُ بن أبي شيبة حدَّثَنا عبدةُ عن هشامٍ عن أبيهِ عن عائشةَ رضيَ الله عنها قالت: «استأذَنَ حسانُ النبيَّ ﷺ في هِجاءِ المشركينَ، قال: كيفَ بنَسبي؟ فقال حسَّانُ: لأسُلَّنَّكَ منهم كما تُسَلُّ الشعرةُ منَ العجين».

وعن أبيهِ قال: «ذهبتُ أسُبُّ حسانَ عندَ عائشةَ فقالت: لا تَسُبَّهُ، فإنَّهُ كان ينافح[1] عن النبيِّ ﷺ». [الحديث ٣٥٣١ ـ طرفاه في: ٤١٤٥، ٦١٥٠].

قال أبو الهيثم: نفحت الدابّة إذا رمحت بحوافرها ونفحه بالسيف إذا تناوله من بعيد.

٣٥٢٩ ـ قوله: (تدففان وتضربان) وفي نسخة العيني تغنيان بدل تدففان وتضربان.

٣٥٣٠ ـ فتح الفاء في (أرفدة) مرجوح والكسر هو الأكثر.

٣٥٣١ ـ قوله: (لا تسبه) بضم الموحدة ولأبي ذر بفتحها (شارح).

(١) ـ (ينافح) يدافع.

pleased with him) came to her, while there were two girls with her, beating drums, and the Prophet (the blessing and peace of Allāh be upon him) was (lying) covering himself with his garment. Abū Bakr rebuked the two girls, but the Prophet (the blessing and peace of Allāh be upon him) unconvered his face and said: «O Abū Bakr Leave them, for these are the days of Id (festival)». Those days were the days of Minā.

3530 . 'Āisha added: «I was being screened by the Prophet (the blessing and peace of Allāh be upon him) while I was watching the Ethiopains playing in the Mosque. 'Umar rebuked them, but the Prophet (the blessing and peace of Allāh be upon him) said: «Leave them. O Banī Arfida! Play, (for) you are in peace».

16 - CHAPTER: Whoever liked that his ancestors not be abused

3531 . 'Āisha (may Allāh be pleased with her) narrated: Once of the Prophet (the blessing and peace of Allāh be upon him) to lampoon (i.e. compose satirical poetry defaming) the infidels. The Prophet (the blessing and peace of Allāh be upon him) said: What about the fact that I have common descent with them?» Hassān replied: «I shall take you out of them as a hair is taken out of dough».

'Urwa narrated: I started abusing Hassān in front of 'Āisha, where upon she said: «Don't abuse him, for he used to defend the Prophet (the blessing and peace of Allāh be upon him) (with his peotry)».

The parts of this hadīth are in: 6150, 4145.

١٧ - باب ما جاءَ في أسماءِ رسولِ الله ﷺ، وقولِ الله عزَّ وجلّ:

﴿محمد رسولُ الله، والذين معَهُ أَشِدّاءُ على الكفّار﴾ [الفتح: ٢٩].

وقولِه: ﴿من بَعدي اسمهُ أحمد﴾ [الصَّفّ: ٦]

٣٥٣٢ - حدثنا إبراهيمُ بنُ المنذرِ قال: حدَّثني مَعْنٌ عن مالكٍ عنِ ابنِ شهابٍ عن محمدِ بنِ جُبيرِ بنِ مُطعمٍ عن أبيهِ رضيَ الله عنه قال: قال رسولُ الله ﷺ: «لي خمسة أسماء: أنا محمد، وأنا أحمدُ، وأنا الماحي الذي يمحُو الله به الكفرَ، وأنا الحاشرُ الذي يُحشَرُ الناسُ على قدمي، وأنا العاقب». [الحديث ٣٥٣٢ ـ طرفه في: ٤٨٩٦].

٣٥٣٣ - حدثنا علي بنُ عبدِ الله حدَّثَنا سفيانُ عن أبي الزِّنادِ عنِ الأعرجِ عن أبي هريرةَ رضيَ الله عنه قال: قال رسولُ الله ﷺ: «ألا تعجَبونَ كيفَ يَصرِفُ الله عني شَتْمَ قُرَيشٍ ولعْنَهم؟ يَشتِمونَ مُذَمَّماً، ويَلعَنونَ مُذَمَّماً، وأنا محمدٌ».

١٨ - باب خاتَمِ النَّبِيِّين ﷺ

٣٥٣٤ - حدثنا محمدُ بنُ سِنانٍ حدَّثَنا سَليمُ بن حيّان حدَّثَنا سعيدُ بن مِيناءَ عن جابرِ بن عبدِ الله رضيَ الله عنهما قال: قال النبيُّ ﷺ: «مَثَلي وَمَثَلُ الأنبياء كرجلٍ بَنىٰ داراً فأكملَها وأحسنَها، إلا مَوضعَ لَبِنةٍ، فجعلَ الناسُ يَدخُلونها ويَتعَجَّبونَ ويقولون: لَولا مَوضِعُ اللَّبِنة».

٣٥٣٥ - حدثنا قُتيبةُ بنُ سعيدٍ حدَّثَنا إسماعيلُ بنُ جعفرٍ عن عبدِ الله بنِ دِينارٍ عن أبي

٣٥٣٤ - قوله: (ميناء) كذا بعدم الصرف والميناء مفعال ومحل ذكره في كتب اللغة و ن ى و أن ذكره صاحب القاموس في م ى ن أيضاً.

17 - CHAPTER: What has been said about the names of Allāh's Apostle (the blessing and peace of Allāh be upon him) And the saying of Allāh (the Exalted and Almighty): «Muhammad is the Apostle of Allāh and those who are with him, are severe against the unbelievers» (48: 29) And his statement: «(And giving glad tidings of an Apostle) to come after, whose name shall be Ahmād, (the second name of Prophet) Muhammad (the blessing and peace of Allāh be upon him)) (61: 6)

2732 . Jubair bin Mutim (may Allāh be pleased with him) narrated: Allāh's Apostle (the blessing and peace of Allāh be upon him) said: «I have five names: I am Muhammad and Ahmad; I am Al-Māhī through whom Allāh will eliminate infidelity; I am Al-Hāshir who will be the first to be resurected, the people being resurrected thereafter: and I am also Al-'Āqib (i.e. no prophet will appear after me)».

The parts of this hadīth are in: 4896.

3533 . Abū Huraira (may Allāh be pleased with him) narrated: Allāh's Apostle (the blessing and peace of Allāh be upon him) said: «Doesn't it astonish you how Allāh protects me from the abusing and cursing of Quraish? They abuse Muhammad and curse Muhammad while I am Muhammad (and not Mudhammam)».

18 - CHAPTER: The last of all the prophets

2734 . Jābir bin 'Abdullah (may Allāh be pleased with him) narrated: The Prophet (the blessing and peace of Allāh be upon him) said: «My similitude in comparison with the other prophets is that of a man who has built a house completely and excellently except for a place of one brick.When the people enter the house, they admire its beauty but say: «But for the place of this brick (how splendid the house will be!)».

3535 . Abū Huraira (may Allāh be pleased with him) narrated: Allāh's

صالح عن أبي هريرةَ رضيَ الله عنه أنَّ رسولَ الله ﷺ قال: «إنَّ مَثلي ومَثَل الأنبياءِ مِن قَبلي كمثَل رجُلٍ بنى بيتاً فأحسنَهُ وأجملَهُ، إلا مَوضِعَ لَبِنةٍ من زاويةٍ، فجعلَ الناسُ يطوفونَ به ويعجَبونَ له ويقولون: هَلاّ وُضِعَت هٰذه اللَّبنةُ؟ قال: فأنا اللَّبِنة، وأنا خاتمُ النَّبيين».

١٩ - باب وفاةِ النبيِّ ﷺ

٣٥٣٦ - حدثنا عبدُ الله بن يوسُفَ حدَّثَنا اللَّيثُ عن عُقَيلٍ عن ابن شهابٍ عن عُروةَ بنِ الزُّبير عن عائشةَ رضيَ الله عنها: «أنَّ النبيَّ ﷺ تُوُفِّيَ وهوابنُ ثلاثٍ وستين».

وقال ابنُ شهابٍ: وأخبرَني سعيدُ بنُ المسيَّبِ مِثلَه.

[الحديث ٣٥٣٦ - طرفه في: ٤٤٦٦].

٢٠ - باب كُنْيةِ النبيِّ ﷺ

٣٥٣٧ - حدثنا حَفصُ بنُ عمر حدَّثَنا شُعبةُ عن حُمَيدٍ عن أنسٍ رضيَ الله عنه قال: كان النبيُّ ﷺ في السُّوقِ، فقال رجُلٌ: يا أَبا القاسمِ، فالتفَتَ النبيُّ ﷺ فقال: «سَمُّوا باسمي، ولا تكْتَنوا بكنْيتي».

٣٥٣٨ - حدثنا محمدُ بن كثير أخبرَنا شعبةُ عن منصورٍ عن سالمٍ عن جابرٍ رضي الله عنه عنِ النبيِّ ﷺ قال: «تَسمَّوا باسمي، ولا تكْتَنوا بكنْيتي».

٣٥٣٩ - حدثنا عليُّ بنُ عبدِ الله حدَّثَنا سُفيانُ عن أيُّوبَ عنِ ابن سيرِينَ قال: سمعتُ أبا هريرة يقول: قال أبو القاسمِ ﷺ: «سَمُّوا باسمي، ولا تَكْتَنوا بكنْيتي».

٢١ - باب

٣٥٤٠ - حدثنا إسحاقُ بنُ إبراهيمَ أخبرَنا الفَضلُ بنُ موسىٰ عنِ الجُعَيدِ بنِ عبدِ الرَّحمٰنِ: رأيتُ السائبَ بنَ يزيدَ ابنَ أربعٍ وتسعين جَلداً مُعتَدلاً فقال: قد علمتُ ما

Apostle (the blessing and peace of Allāh be upon him) said: «My similitude in comparison with the other who has built a house nicely and beautifully, except for a place of one brick in a corner. The people go about and wonder at its beauty, but say: «Would that this brick be put in its place!» So I am that brick, and I am the last of the Prophets».

19 - CHAPTER: The death of the Prophet (the blessing and peace of Allāh be upon him)

2736 . 'Āisha (may Allāh be pleased with her) narrated: The Prophet (the blessing and peace of Allāh be upon him) died when he was sixty-three years old.

The parts of this hadīth are in: 4466.

20 - CHAPTER: The nickname the Prophet (the blessing and peace of Allāh be upon him)

2737 . Anas (may Allāh be pleased with him) narrated: While the Prophet (the blessing and peace of Allāh be upon him) was in the market, a man called (somebody): «O Abū-l-Qāsim!» The Prophet (the blessing and peace of Allāh be upon him) turned to him and said: «Name yourselves after me but do not call yourselves by my nickname».

3538 . Jābir (may Allāh be pleased with him) narrated: The Prophet (the blessing and peace of Allāh be upon him) said: «Name yourselves after me, but do not call yourseves by my nickname.

3539 . Abū Huraira (may Allāh be pleased with him) narrated: Abū-l-Qāsim (the blessing and peace of Allāh be upon him) said: «Name yourselves after me, but do not call yourselves by my nickname.

21 - CHAPTER:

2740 . Al-Ju'aid bin 'Adbur-Rahmān narrated: I saw As-Sā'ib bin Yazıd when he was ninety-four years old, quite strong and of straight figure. He said: «I know that I enjoyed my hearing and seeing powers only because of the in-

مُتِّعتُ به - سمعي وبصري - إلا بدُعاءِ رسولِ الله ﷺ. إنَّ خالتي ذَهبَت بي إليه فقالت: يا رسولَ الله إنَّ ابنَ أُختي شاكٍ، فادعُ اللهَ له. قال فدعا لي ﷺ».

٢٢ - باب خاتمِ النُّبُوَّة

٣٥٤١ - حدثنا محمدُ بنُ عُبَيد الله حدَّثنا حاتمٌ عنِ الجُعَيدِ بنِ عبدِ الرَّحمٰنِ قال: سمعتُ السائبَ بنَ يزيدَ قال: «ذَهَبَتْ بي خالتي إلى رسولِ الله ﷺ فقالت: يا رسولَ الله إنَّ ابنَ أُختي وَجِع، فمسحَ رأسي، ودعا لي بالبَرَكةِ، وتَوَضأَ فشربتُ من وَضوئِه، ثمَّ قمتُ خلفَ ظهرِهِ فنظَرتُ إلى خاتمِ النبوَّة بينَ كَتِفَيه».

قال ابن عُبَيدِ الله(١): الحجْلةُ من حجلِ الفَرَسِ الذي بين عَينَيه. قال: إبراهيمُ بنَ حَمزةَ: «مِثلَ زِرِّ الحجَلةِ».

٢٣ - باب صِفةِ النبيِّ ﷺ

٣٥٤٢ - حدثنا أبو عاصمٍ عن عمرَ بنِ سعيدِ بن أبي حُسينٍ عن ابن أبي مُليكةَ عن عُقبةَ بن الحارثِ قال: «صلَّى أبو بكرٍ رضيَ الله عنه العصر ثمَّ خرَجَ يمشي، فرأى الحسَنَ يَلعبُ معَ الصبيانِ، فحمَلهُ على عاتقهِ وقال: بأَبي شبيهٌ بالنبيِّ، لا شبيهٌ بعليٍّ، وعليٌّ يَضحكُ». [الحديث ٣٥٤٢ - طرفه في ٣٧٥٠].

٣٥٤٣ - حدثنا أحمدُ بن يونُسَ حدَّثنا زُهَيرٌ حدَّثنا إسماعيلُ عن أبي جُحَيفةَ رضيَ الله عنه قال: «رأيتُ النبيَّ ﷺ، وكان الحسنُ يُشبِهُه». [الحديث ٣٥٤٣ - طرفه في: ٣٥٤٤].

٣٥٤٠ - قوله: (سمعي) بدل من الضمير الذي قبله وبصري عطف على ما قبله.

(١) - قوله: (قال ابن عبيد الله) الخ تفسيره لما هو مذكور في الطريق الآخر من قوله مثل زرِّ الحجلة لكن في هذا التفسير نظر أنظر الشارح.

vocation of Allāh's Apostle (the blessing and peace of Allāh be upon him). My aunt took me to him and said: «O Allāh's Apostle! My nephew is sick; will you invoke Allāh for him?» So he invoked (Allāh) for me».

22 - CHAPTER: The seal of Prophet-hood

2741 . As-Sā'ib bin Yazid narrated: My aunt took me to Allāh's Apostle (the blessing and peace of Allāh be upon him) and said: «O Allāh's Apostle! My nephew is sick». The Prophet (the blessing and peace of Allāh be upon him) passed his hands over my head and blessed me. Then he performed ablution and I drank the remaining water, and standing behind him, I saw the seal in between his shoulders».

23 - CHAPTER: The description of the Prophet (the blessing and peace of Allāh be upon him)

2742 . 'Uqba bin Al-Hārith narrated: (Once) Abū Bakr (may Allāh be pleased with him) offered the Afternoon prayer and then went out walking and saw Al-Hasan playing with the boys. He lifted him on his shoulders and said: «Let my parents be sacrificed for your sake! (You) resemble the Prophet (the blessing and peace of Allāh be upon him) and not 'Alī», while 'Alī was smiling.

The parts of this hadīth are in: 3750.

3543 . Abū Juhaifa (may Allāh be pleased with him) narrated: I saw the Prophet (the blessing and peace of Allāh be upon him): and Al-Hasan resembled him.

The parts of this hadith are in: 3544

٣٥٤٤ ـ **حدثنا** عمرُو بنُ عليّ حدَّثنا ابنُ فُضَيلٍ حدَّثنا إسماعيلُ بنُ أبي خالدٍ قال: سمعتُ أبا جُحَيفةَ رضيَ الله عنه قال: «رأيتُ النبيَّ ﷺ وكان الحسنُ بنُ عليٍّ عليهما السلامُ يُشْبِهه. قلتُ لأبي جُحيفةَ: صِفْهُ لي. قال: كان أبيضَ قد شَمِطَ. وأَمَرَ لنا النبيُّ ﷺ بثلاثَ عشرةَ قَلوصاً. قال فقُبِضَ النبيُّ ﷺ قبلَ أن نَقبِضَها».

٣٥٤٥ ـ **حدثنا** عبدُ الله بنُ رَجاءٍ حدَّثنا إسرائيلُ عن أبي إسحاقَ عن وَهبٍ أبي جُحيفةَ السُّوائيِّ قال: «رأيتُ النبيَّ ﷺ، ورأيتُ بياضاً من تحتِ شفتهِ السُّفلى العَنفقة».

٣٥٤٦ ـ **حدثنا** عِصامُ بن خالدٍ حدَّثنا حَريزُ بن عثمانَ أنه: سأَلَ عبدَ الله بنَ بُسْرٍ صاحبَ النبيِّ ﷺ قال: «أرأيتَ النبيَّ ﷺ كان شَيخاً؟ قال: كان في عَنفقتهِ شَعَراتٌ بِيض».

٣٥٤٧ ـ **حدثنا** ابنُ بُكَيرٍ قال: حدَّثني اللَّيثُ عن خالدٍ عن سعيدِ بنِ أبي هلال عن رَبيعةَ بن أبي عبدِ الرحمنِ قال: سمعتُ أنسَ بن مالكٍ يَصِفُ النبيَّ ﷺ قال: كان رَبعةً منَ القَومِ، ليسَ بالطويلِ ولا بالقَصِير، أزهرَ اللَّون، ليس بأبيضَ أَمْهَقَ ولا آدَمَ، ليس بجَعْدٍ قَطِطٍ ولا سَبِطٍ رَجِل. أُنزِلَ عليهِ وهو ابنُ أربعينَ، فلَبِثَ بمكةَ عشرَ سنينَ يُنزَلُ عليه، وبالمدينةِ عشرَ سنين، وقُبِضَ وليسَ في رأسِهِ ولحيتِه عشرونَ شعرةً بيضاء. قال ربيعة: فرأيتُ شَعَراً من شَعرِهِ فإذا هوَ أحمرُ، فسألت، فقيل: أحمرُ منَ الطِّيب».

[الحديث ٣٥٤٧ ـ طرفاه في: ٣٥٤٨، ٥٩٠٠].

٣٥٤٨ ـ **حدثنا** عبدُ الله بن يوسفَ أخبرَنا مالكُ بن أنسٍ عن ربيعةَ بنِ أبي عبدِ الرّحمٰنِ عن أنسِ بنِ مالكٍ رضيَ الله عنه أنه سمعه يقول: «كان رسولُ الله ﷺ ليس بالطويلِ البائنِ ولا بالقصير، ولا بالأبيضِ الأَمْهَقِ وليس بالآدم، وليس بالجَعْدِ القَطِطِ ولا

٣٥٤٤ ـ (القلوص): الأنثى من الإبل.

٣٥٤٨ ـ قوله: (القطط) بفتح الطاء وكسرها وقوله ولا بالسبط بسكون الموحدة ولأبي ذر بكسرها (شارح).

3544 . Ismā'īl bin Abī Khālid narrated: I heard Abū Juhaifa (may Allāh be pleased with him) saying: «I saw the Prophet (the blessing and peace of Allāh be upon him), and Al-Hasan bin 'Alī resembled him». I said to Abū Juhaifa: «Describe him for me». He said: « He has white hair. He promised to give us thirteen young she-camels, but he expired before we could get them».

3545 . Wahb, Abū Juhaifa As-Sawwi narrated: I saw the Prophet (the blessing and peace of Allāh be upon him) and saw some white hair below his lower lip above the chin.

3546 . Harīz bin 'Uthmān narrated that he asked 'Abdullah bin Busr (i.e. the Companion of the Prophet (the blessing and peace of Allāh be upon him)): «Did you see the Prophet (the blessing and peace of Allāh be upon him) when he was old?» He said: «He had a few white hairs between the lower lip and the chin».

3547 . Rabī'a bin Abī 'Abdur-Rahmān narrated: I heard Anas bin Mālik describing the Prophet (the blessing and peace of Allāh be upon him) saying: «He was of medium height amongst the people, neither tall nor short; he had a rosy colour, neither absolutely white nor deep brown; his hair was neither completely curly nor quite lank. Divine Inspiration was revealed to him when he was forty years old. He stayed ten years in Mecca receiving the Divine Inspiration, and stayed in Madinā for ten more years. When he expired, he had scarcely twenty white hairs in his head and beard».

Rabī'a said: «I saw some of his hairs and it was red. When I asked about that, I was told that it turned red because of scent».

The parts of this hadīth are in: 3548, 5900.

3548 . Anas (may Allāh be pleased with him) narrated: Allāh's Apostle (the blessing and peace of Allāh be upon him) was neither very tall nor short, neither absolutely white nor deep brown. His hair was neither curly nor lank. Allāh sent

بالسَّبْط. بعثَهُ الله على رأسِ أربعينَ سَنةً، فأقامَ بمكةَ عشرَ سنينَ وبالمدينةِ عشرَ سنين، فتوفاهُ الله وليس في رأسهِ ولحيتهِ عشرون شعرةً بيضاء».

٣٥٤٩ ـ **حدثنا** أحمدُ بن سعيدٍ أبو عبدِ الله حدَّثَنا إسحاقُ بن منصورٍ حدَّثنا إبراهيمُ بن يوسفَ عن أبيه عن أبي إسحاقَ قال: سمعتُ البَراء يقول: «**كان رسولُ الله ﷺ** أحسنَ الناسِ وجهاً، وأحسنَه خَلقاً، ليس بالطويلِ البائنِ ولا بالقصير».

٣٥٥٠ ـ **حدثنا** أبو نُعيمٍ حدَّثَنا هَمامٌ عن قَتادةَ قال: «**سألتُ أنساً: هل خَضَبَ النبيُّ ﷺ** قال: لا، إنما كان شيءٌ في صُدْغيه». [الحديث ٣٥٥٠ ـ طرفاه في: ٥٨٩٤، ٥٨٩٥].

٣٥٥١ ـ **حدثنا** حَفصُ بن عمرَ حدَّثنا شعبة عن أبي إسحاقَ عن البَراءِ بن عازِبٍ رضيَ الله عنهما قال: «**كان النبيُّ ﷺ مَربوعاً بَعيدَ ما بين المنكِبَين، لهُ شَعَرٌ يَبلُغُ شَحمةَ أُذنيه، رأيتُه في حُلَّةٍ حمراءَ لم أرَ شيئاً قطُّ أحسَنَ منه**». وقال يوسفُ بن أبي إسحاقَ عن أبيهِ «إلى منكِبَيه». [الحديث ٣٥٥١ ـ طرفاه في: ٥٨٤٨، ٥٩٠١].

٣٥٥٢ ـ **حدثنا** أبو نُعيمٍ حدَّثنا زُهَيرٌ عن أبي إسحاقَ قال: «سُئلَ البَراءُ: **أكانَ وجهُ النبيِّ ﷺ مثلَ السَّيفِ؟ قال: لا، بل مثلَ القمر**».

٣٥٥٣ ـ **حدثنا** الحسنُ بن منصورٍ أبو عليٍّ حدَّثَنا حَجّاجُ بن محمدٍ الأعورُ بالمَصِّيصَةِ حدَّثنا شُعبةُ عن الحكمِ قال: سمعتُ أبا جُحَيفةَ قال: «**خرجَ رسولُ الله ﷺ**

٣٥٤٩ ـ قوله: (خلقاً) بضم الخاء المعجمة وسكون اللام كذا في الفرع وفي اليونينية بفتح الخاء المعجمة وسكون اللام وفي غيرها بضم الخاء واللام أنظر الشارح.

٣٥٥١ ـ قوله: (بعيداً ما بين المنكبين) كذا في نسخة الشارح والمحفوظ في الشمائل الشريفة بعيد ما بين بالإضافة.

٣٥٥٣ ـ قوله: (المصيصة) بفتح الميم والصاد المهملة المشددة الأولى وتخفيف الثانية مفتوحة كذا في الفرع وفي أصله بالتخفيف مع فتح الميم كذا في الشارح وفي القاموس أن المصيصة كسفينة ولا تشدد مدينة بناها أبو جعفر المنصور على نهر جيحان أهـ.

him (as an Apostle) when he was forty years old. Afterwards he resided in Mecca for ten years and in Madīna for ten more years. When Allāh took him unto Him, there was scarcely twenty white hairs in his head and beard.

3549 . Al-Barā (may Allāh be pleased with him) narrated: Allāh's Apostle (the blessing and peace of Allāh be upon him) was the handsomest of all the people, and had the best appearance. He was neither very tall nor short.

3550 . Qatāda narrated: I asked Anas: «Did the Prophet (the blessing and peace of Allāh be upon him) dye (his) hair)?» He said: «No, for there were only a few white hairs on his temples».

The parts of this hadīth are in: 5894, 5895.

3551 . Al-Barā' (may Allāh be pleased with him) narrated: The Prophet (the blessing and peace of Allāh be upon him) was of moderate height having broad shoulders (long) hair reaching his ear-lobes. Once I saw him in a red cloak and I had never seen a more handsome persons before».

The parts of this hadīth are in: 5848, 5901.

3552 . Abū Ishāq narrated: Al-Barā was asked: «Was the face of the Prophet (the blessing and peace of Allāh be upon him) (as bright) as a sword?» He said: «No, but (as bright) as a moon».

3553 . Abū Juhaifa (may Allāh be pleased with him) narrated: Once Allāh's Apostle (the blessing and peace of Allāh be upon him) went to Al-Bathā'a at

بالهاجِرةِ إلى البَطحاءِ فتوضأَ ثمَّ صلَّى الظُّهرَ رَكعتَينِ والعصرَ رَكعتَينِ وبينَ يديهِ عَنَزةٌ». قال شعبة: وزادَ فيه عَونٌ عن أبيهِ أبي جُحيفةَ قال: «كان يَمُرُّ من وَرائها المرأةُ. وقامَ الناسُ فجعلوا يأخذونَ يدَيه فيمسحونَ بهما وُجوهَهم، قال: فأخذتُ بيدِهِ فوَضَعتُها على وَجهي، فإذا هي أبردُ من الثَّلجِ وأطيبُ رائحةً من المسك».

٣٥٥٤ ـ **حدثنا** عَبْدانُ أخبرنا عبدُ الله أخبرَنا يونسُ عنِ الزُّهريِّ قال: حدَّثني عُبَيدُ الله بن عبدِ الله عنِ ابنِ عباسٍ رضيَ الله عنهما قال: «**كان النبيُّ ﷺ** أجودَ الناسِ، وأجودَ ما يكونُ في رمضانَ حينَ يَلقاهُ جِبريلُ، وكان جبريلُ عليه السلام يَلقاهُ في كلِّ ليلةٍ من رمضانَ فيُدارِسهُ القرآنَ، فلَرسولُ الله ﷺ أجوَدُ بالخيرِ من الرِّيحِ المرسَلة».

٣٥٥٥ ـ **حدثنا** يحيى حدَّثنا عبد الرزّاقِ حدَّثنا ابنُ جُرَيجٍ قال: أخبرَني ابنُ شهابٍ عن عُروةَ عن عائشةَ رضيَ الله عنها: «**أنَّ رسولَ الله ﷺ** دخلَ عليها مسروراً تبرقُ أساريرُ وَجهِهِ فقال: ألم تَسمعي ما قال المُدْلِجيُّ لزيدٍ وأُسامةَ ـ ورأى أقدامَهما ـ: إنَّ بعضَ هٰذه الأقدامِ مِن بعضٍ». [الحديث ٣٥٥٥ ـ أطرافه في: ٣٧٣١، ٦٧٧٠، ٦٧٧١].

٣٥٥٦ ـ **حدثنا** يحيى بنُ بُكَيرٍ حدَّثنا اللَّيثُ عن عُقيلٍ عنِ ابنِ شِهابٍ عن عبدِ الرَّحمٰنِ بنِ عبدِ الله بن كعب أنَّ عبدَ الله بنَ كعبٍ قال: سمعتُ كعبَ بن مالكٍ يُحدِّثُ حينَ تخلَّفَ عن تبوكَ قال: فلما سلَّمتُ على رسولِ الله ﷺ وهو يبرُقُ وَجهُهُ من السُّرورِ، وكان رسولُ الله ﷺ إذا سُرَّ استنارَ وجهُهُ حتىٰ كأنه قطعةُ قمرٍ، وكنّا نعرِفُ ذٰلك منه».

٣٥٥٧ ـ **حدثنا** قُتَيبةُ بنُ سعيدٍ حدَّثنا يَعقوبُ بنُ عبدِ الرَّحمٰنِ عن عمرٍو عن سعيدٍ المقبُريِّ عن أبي هريرةَ رضيَ الله عنه أنَّ رسولَ الله ﷺ قال: «**بُعِثتُ من خيرِ قرونِ بني آدمَ**

٣٥٥٤ ـ قوله: (وأجود) بالنصب وبالرفع من الشارح.

٣٥٥٥ ـ قوله: (تبرق) الخ أي تضيء وتستنير خطوط وجهه التي على جبهته.

noon, performed the ablution, and offered a two bows the noon prayer and a two-bows of the Afternoon prayer while a spearheaded stick was planted before him and the passersby were passing in front of it. (After the prayer), the people got up and held the hands of the Prophet (the blessing and peace of Allāh be upon him) and passed them on their faces. I also took his hand and kept it on my face and noticed that it was colder than ice, and its smell was nicer than musk.

3554 . Ibn 'Abbās (may Allāh be pleased with him) narrated: The Prophet (the blessing and peace of Allāh be upon him) was the most generous of all the people, and he used to become more generous in Ramadān when Garbiel met him. Gabriel (the blessing and peace of Allāh be upon him) used to meet him every night during Ramadān to revise the Qur'ān with him. Allāh's Apostle (expert: in recognising whether somebody is the son of another by his examining his physical features then used to be more generous than the fast wind(in causing good).

3555 . 'Āisha (may Allāh be pleased with her) narrated that Allāh's Apostle (the blessing and peace of Allāh be upon him) came to her in a happy mood with his features glittering with joy, and said: «Have not you heard what the Qāif has said about Zaid and Usāma? He saw their feet and remarked. These belong to each other». (i.e. They are father and son».

The parts of this hadīth are in: 6771, 6770, 3731.

3556 . 'Abdullah bin Ka'b narrated: I heard Ka'b bin Malik talking after his failure to join (the invasion of) Tabūk. He said: «When I greeted Allāh's Apostle (the blessing and peace of Allāh be upon him) whose face was glittering with happiness; for whenever Allah's Apostle (the blessing and peace of Allah be upon him) was happy, his face used to glitter, as if it was a piece of the moon, and we used to recognise it (i.e. his happiness from his face».

3557 . Abū Huraira (may Allāh be pleased with him) narrated: Allāh's Apostle (the blessing and peace of Allāh be upon him) said: «I have been sent

قرناً فقرناً حتى كنتُ مِنَ القرنِ الذي كنتُ منه».

٣٥٥٨ ـ **حدثنا** يحيى بنُ بُكَيرٍ حدَّثنا اللَّيثُ عن يونسَ عن ابنِ شهابٍ قال: أخبرَني عُبيدُ الله بن عبد الله بن عتبة عن ابن عباسٍ رضي الله عنهما «أنَّ رسولَ الله ﷺ كان يَسْدِلُ شعرَه، وكان المشركون يَفرُقونَ رؤوسَهم فكان أهلُ الكتابَ يَسدِلونَ رؤوسَهم، وكان رسولُ الله ﷺ يُحبُّ مُوافقةَ أهلِ الكتابِ فيما لم يُؤْمَرْ فيه بشيءٍ، ثمَّ فَرَقَ رسولُ الله ﷺ رأسَه». [الحديث ٣٥٥٨ ـ طرفاه في: ٣٩٤٤، ٥٩١٧].

٣٥٥٩ ـ **حدثنا** عَبْدانُ عن أبي حمزةَ عنِ الأعمشِ عن أبي وائلٍ عن مَسروقٍ عن عبد الله بن عمرٍو رضيَ الله عنهما قال: لم يَكنِ النبيُّ ﷺ فاحِشاً ولا مُتفحِّشاً، وكان يقول: «إنَّ من خِيارِكم أحسَنَكم أخلاقاً». [الحديث ٣٥٥٩ ـ أطرافه في: ٣٧٥٩، ٦٠٢٩، ٦٠٣٥].

٣٥٦٠ ـ **حدثنا** عبدُ الله بنُ يوسفَ أخبرَنا مالكٌ عن ابن شهابٍ عن عروةَ بن الزُّبير عن عائشةَ رضيَ الله عنها أنها قالت: «ما خُيِّرَ رسولُ الله ﷺ بينَ أمرَين إلا أخذَ أيسَرَهما ما لم يكن إثماً، فإن كان إثماً كان أبعدَ الناسِ منه، وما انتقم رسولُ الله ﷺ لنفسِه، إلاّ أن تُنتهَكَ حُرمةُ الله فيَنتَقِمَ لله بها». [الحديث ٣٥٦٠ ـ أطرافه في: ٦١٢٦، ٦٧٨٦، ٦٨٥٣].

٣٥٦١ ـ **حدثنا** سليمانُ بنُ حرب حدَّثنا حمادُ عن ثابتٍ عن أنسٍ رضيَ الله عنه قال: «ما مَسِسْتُ حريراً ولا دِيباجاً ألينَ من كفِّ النبيِّ ﷺ، ولا شَمِمْتُ ريحاً قطُّ ـ أو عَرْفاً قطُّ ـ أطيبَ من ريحِ ـ أو عَرَفِ ـ النبيِّ ﷺ».

٣٥٥٨ ـ قوله: (يسدل) بهذا الضبط ويجوز ضم الدال أي يرسل شعر ناصيته على جبهته أهـ قوله يفرقون بكسر الراء وضمها.

(as an Apostle) in the best of all the generations of Ādam's offspring since of Creation».

3558 . Ibn 'Abbās (may Allāh be pleased with him) narrated: Allāh's Apostle (the blessing and peace of Allāh be upon him) used to let his hair hang down while the infidels used to part their hair. The people of the Scriptures were used to letting their hair hang down and Allāh's Apostle (the blessing and peace of Allāh be upon him) liked to follow the people of the Scriptures in the matters about which he was not instructed otherwise. Then Allāh's Apostle (the blessing and peace of Allāh be upon him) parted his hair.

The parts of this hadīth are in: 3944, 5917.

3559 . 'Abdullah bin 'Amr (may Allāh be pleased with him) narrated: The Prophet (the blessing and peace of Allāh be upon him) never used bad language (neither a «Fahish» nor a Mutafahish). He used to say: «The best amongst you are those who have the best manners and character».

The parts of this hadīth are in: 3759, 6029, 6035.

3560 . 'Āisha (may Allāh be pleased with her) narrated: When ever Allāh's Apostle (the blessing and peace of Allāh be upon him) was given the choice of one of two matters, he would choose the easier of the two, as long as it was not sinful to do so, but if it was sinful to do so, he would not approach it. Allāh's Apostle (the blessing and peace of Allāh be upon him) never took revenge (over anybody) for his own sake but (he did) only when Allāh's Legal Bindings were outraged in which case he would take revenge for Allāh's Sake.

The parts of this hadīth are in: 6126, 6786, 6853.

3561 . Anas (may Allāh be pleased with him) narrated: I have never touched silk or Dībāj (i.e. thick silk) softer than the palm of the Prophet (the blessing and peace of Allāh be upon him) than his sweat of the Prophet (the blessing and peace of Allāh be upon him).

٣٥٦٢ ـ حدثنا مسدَّدُ حدَّثنا يحيىٰ عن شُعبة عن قَتادةَ عن عبدِ الله بنِ أبي عُتبةَ عن أبي سعيدٍ الخُدْرِيِّ رضيَ الله عنه قال: «كان النبيُّ ﷺ أَشدَّ حياءً منَ العَذراءِ في خِدْرِها».

[الحديث ٣٥٦٢ ـ طرفاه في: ٦١٠٢، ٦١١٩].

حدثنا محمدُ بن بَشّارٍ حدَّثنا يحيىٰ وابنُ مَهديّ قالا: حدَّثنا شُعبة مثلَه، «وإذا كَرِهَ عُرِفَ في وجهه».

٣٥٦٣ ـ حدثني عليُّ بن الجَعدِ أخبرَنا شُعبة عنِ الأَعمشِ عن أبي حازمٍ عن أبي هريرةَ رضيَ الله عنه قال: «ما عابَ النبيُّ ﷺ طعاماً قطُّ، إن اشتهاهُ أَكلَه، وإلاّ تركَه».

[الحديث ٣٥٦٣ ـ طرفه في: ٥٤٠٩].

٣٥٦٤ ـ حدثنا قُتيبةُ بن سعيدٍ حدَّثنا بكرُ بن مُضَرَ عن جعفر بن ربيعةَ عنِ الأعرجِ عن عبدِ الله بن مالكٍ ابنِ بُحَينةَ الأَسْديِّ قال: «كان النبيُّ ﷺ إذا سَجدَ فَرَّجَ بينَ يَدَيه حتىٰ نَرَى إبطَيهِ».

قال: وقال ابن بُكيرٍ حدَّثنا بكر: «بياضَ إبطَيهِ».

٣٥٦٥ ـ حدثنا عبدُ الأعلى بنُ حمّادٍ حدَّثنا يزيدُ بن زُرَيعٍ حدَّثنا سعيدٌ عن قتادةَ أنَّ أنساً رضيَ الله عنه حدَّثهم «أنَّ رسولَ الله ﷺ كان لا يَرفَعُ يدَيهِ في شيءٍ من دُعائهِ إلاّ في الاستسقاء فإنهُ كان يرفعُ يديه حتىٰ يُرَى بَياضُ إبطَيه». وقال أبو موسىٰ: دَعا النبيُّ ﷺ ورفَعَ يدَيْه.

٣٥٦٦ ـ حدثنا الحسنُ بنُ الصبّاح حدَّثنا محمدُ بن سابقٍ حدَّثنا مالكُ بن مِغْوَلٍ قال: سمعتُ عونَ بنَ أبي جُحَيفةَ ذكرَ عن أَبيهِ قال: «دُفِعتُ إلى النبيِّ ﷺ وهو بالأَبطحِ في

٣٥٦٤ ـ قوله: (ابن بحينة) بإثبات ألف ابن لأنها أم عبد الله فهي صفة له لا لمالك وقوله الأسدي بفتح الهمزة وسكون السين (شارح).

3562 . Abū Sa'īd Al-Khurī (may Allāh be pleased with him) narrated: The Prophet (the blessing and peace of Allāh be upon him) was shier than a veiled virgin girl.

The parts of this hadīth are in: 6102, 6119.

Shu'ba narrated a smilar Hadīth with this addition: And if he (i.e. the Prophet (the blessing and peace of Allāh be upon him) disliked something, the sign of aversion would appear on his face.

3563 . Abū Huraira (may Allāh be pleased with him) narrated: The Prophet (the blessing and peace of Allāh be upon him) never criticised any food (presented to him), but he would eat it if he liked it; atherwise, he would leave it (without expressing his dislike).

The parts of this hadīth are in: 5409.

3564 . 'Abdullah bin Mālik bin Buhaina Al-Asdī narrated: When the Prophet (the blessing and peace of Allāh be upon him) prostrated, he used to keep his arms so widely apart that we used to see his armpits. (The sub-narrator, Ibn Bukair said: «The whiteness of his armpits»).

3565 . Anas (may Allāh be pleased with him) narrated: Allāh's Apostle (the blessing and peace of Allāh be upon him) did not raise his hands' in his invocations except in the Istisqa (i.e. invoking Allāh for the rain) in which he used to raise his hands so high that one could see the whiteness of his armpits. (Note: It may he that Anas (the blessing and peace of Allāh be upon him) did not see the Prophet(the blessing and peace of Allāh be upon him) raising his hands, but it is narrated that the Prophet (the blessing and peace of Allāh be upon him) used to raise his hands for invocations other than Istisqa.

3566 . Abū Juhaifa (may Allāh be pleased with him) narrated: By chance I went to the Prophet (the blessing and peace of Allāh be upon him) at noon while

قُبةٍ كان بالهاجرةِ، خَرجَ بلالٌ فنادَى بالصلاةِ، ثمَّ دَخلَ فأَخرَجَ فضلَ وَضوءِ رسولِ الله ﷺ فوقعَ الناسُ عليهِ يأخذونَ منه، ثمَّ دخلَ فأخرجَ العَنزَةَ، وخرجَ رسولُ الله ﷺ، كأني أَنظرُ إلى وَبيصِ ساقَيْهِ، فركزَ العَنزَةَ ثمّ صلَّى رَكعَتَين، والعصرَ رَكعتَين، يَمرُّ بينَ يدَيه الحمارُ والمرأةُ».

٣٥٦٧ ـ **حدثنا** الحسنُ بنُ الصبّاحِ البزارُ حدَّثَنا سفيانُ عن الزُّهريِّ عن عُروةَ عن عائشةَ رضي الله عنها «أنَّ النبيَّ ﷺ كان يُحدِّثُ حديثاً لو عَدَّهُ العادُّ لأحصاه».

[الحديث ٣٥٦٧ ـ طرفه في: ٣٥٦٨].

٣٥٦٨ ـ **وقال** اللَّيثُ حدَّثني يونسُ عن ابنِ شهابٍ أنه قال: أخبرني عروةُ بنُ الزُّبَيرِ عن عائشةَ أنها قالت: «ألا يعجبُكَ أبو فلانٍ جاء فجلَسَ إلى جانبِ حجرتي يُحدِّثُ عن رسولِ الله ﷺ يُسْمِعني ذلك، وكنت أُسبِّحُ، فقام قبلَ أن أَقضيَ سُبحتي، ولو أدركتُهُ لرَدَدْتُ عليه، إنَّ رسولَ الله ﷺ لم يكن يَسرُدُ الحديثَ كسَرْدِكم».

٢٤ ـ باب كان النبيُّ ﷺ تَنامُ عينُهُ ولا يَنامُ قلبُه

رواهُ سعيدُ بن مِيناء عن جابرٍ عنِ النبيِّ ﷺ

٣٥٦٩ ـ **حدثنا** عبدُ الله بن مَسلمةَ عن مالكٍ عن سعيدٍ المقبُريِّ عن أَبي سَلمةَ بنِ عبدِ الرَّحْمٰنِ أنهُ سأَلَ عائشةَ رضيَ الله عنها: كيفَ كانت صلاةُ رسولِ الله ﷺ في رمضانَ؟ قالت: ما كان يَزيد في رمضانَ ولا غيرِه على إحدَى عشرةَ ركعة: يُصلِّي أَربعَ ركعاتٍ فلا تسألْ عن حُسنِهنَّ وطُولهنّ، ثمّ يصلِّي أربعاً فلا تسألْ عن حسنهنّ وطولهن، ثمّ يُصلِّي ثلاثاً. فقلتُ: يا رسولَ الله تَنامُ قبلَ أن تُوتِرَ؟ قال: «تَنامُ عَيني ولا يَنامُ قلبي».

٣٥٦٦ ـ الوبيص: البريق. وقوله: ثم صلى وفي نسخة أخرى بزيادة الظهر قبل ركعتين.

he was at Al-Abtah (resting) in a tent. Bilāl came out (of the tent) and pronounced the Ādhān for the prayer, and entering again, he brought out the water which was left after Allāh's Apostle (the blessing and peace of Allāh be upon him) had performed the ablution. The people rushed to take some of the water. Bilāl again went in and brought out a spear-headed stick, and then Allāh's Apostle (the blessing and peace of Allāh be upon him) came out. As if I were now looking at the whiteness of his leg. Bilāl fixed the stick and the Prophet (the blessing and peace of Allāh be upon him) offered a two bows of Noon prayer and a two-bows of Afternoon prayer, while women and donkeys were passing in front of the Prophet (the blessing and peace of Allāh be upon him) (beyond the stick).

3567 . 'Āisha (may Allāh be pleased with her) narrated: The Prophet (the blessing and peace of Allāh be upon him) used to talk so clearly that if somebody wanted to count the number of his words, he could do so.

3568 . 'Urwa bin Az-Zubair narrated: 'Āisha (may Allāh be pleased with her) said (to me): «Don't you wonder at Abū so-and-so who came and sat by my dwelling and started relating the traditions of Allāh's Apostle (the blessing and peace of Allāh be upon him) intending to let me hear that, while I was performing an optional prayer. He left before I finished my optional prayer. Had I found him still there. I would have said to him: «Allāh's Apostle (the blessing and peace of Allāh be upon him) never talked so quickly and vaguely as you do».

24 - CHAPTER: The eyes of the Prophet (the blessing and peace of Allāh be upon him) used to sleep, but his heart used not to sleep. Jābir narrated it from the Prophet (the blessing and peace of Allāh be upon him)

2769 . Abū Salama bin 'Abdur-Rahmān narrated that he asked 'Āisha (may Allāh be pleased with her: «How was the prayer of Allāh's Apostle (the blessing and peace of Allāh be upon him) in the month of Ramadān?» She replied: «He used not to pray more than eleven bows whether in Ramadān or in any other month. He used to offer four bows... Let alone their beauty and length, and then four bows... Let alone their beauty and length. Afterwards he would offer three bows. I said: «O Allāh's Apostle! Do you go to bed before offering the Witr prayer?» He said: My eyes sleep, but my heart does not sleep».

٣٥٧٠ ـ **حدثنا** إسماعيلُ قال: حدَّثني أخي عن سُليمانَ عن شَريكِ بنِ عبدِ الله بنِ أبي نَمِرٍ: «سمعتُ أنسَ بنَ مالكٍ يُحدِّثنا عن ليلةَ أُسرِيَ بالنبيِّ ﷺ من مسجدِ الكعبة: **جاءَهُ ثلاثةُ نفرٍ** قبلَ أن يُوحى إليه ـ وهو نائمٌ في المسجدِ الحرام ـ فقال أوَّلُهم: **أيُّهم هو؟ فقال أوسَطُهم**: هوَ خيرُهم. وقال آخِرُهم: خذوا خيرَهم فكانتْ تلك. فلم يَرَهم حتىٰ جاؤوا ليلةً أُخرىٰ فيما يَرىٰ قلبُه، والنبيُّ ﷺ نائمةٌ عَيناه ولا يَنام قلبُه، وكذلك الأنبياءُ تنام أعينهم ولا تنام قلوبهم. فتولاّهُ جبريل، ثمَّ عَرَجَ به إلى السماء».

[الحديث ٣٥٧٠ ـ أطرافه في: ٤٩٦٤، ٥٦١٠، ٦٥٨١، ٥٧١٧].

٢٥ ـ باب علاماتِ النُّبوَّةِ في الإسلام

٣٥٧١ ـ **حدثنا** أبو الوَليدِ حدَّثنا سَلْمُ بن زَرِيرٍ سمعت أبا رجاءٍ قال: حدَّثَنا عِمرانُ بن حُصَينٍ أنَّهم كانوا معَ النبيِّ ﷺ في مَسِيرٍ فأَدْلَجوا ليلتَهم، حتىٰ إذا كان وجهُ الصُّبح عَرَّسوا. فغَلَبَتهم أعينُهم حتى ارتفَعتِ الشمسُ، فكانَ أولَ من استيقَظَ من منامِهِ أبو بكرٍ ـ وكان لا يوقظُ رسولُ الله ﷺ من مَنامِه حتىٰ يستيقِظَ ـ فاستيقَظ عمرُ، فقعدَ أبو بكرٍ عندَ رأسِهِ فجعلَ يكبِّرُ ويرفعُ صوتَه حتىٰ استيقَظَ النبيُّ ﷺ فنزَلَ وصلَّى بنا الغَداةَ، فاعتزَلَ رجلٌ من القوم لم يصلِّ معنا، فلمّا انصرفَ قال: «**يا فلانُ ما يمنعكَ أن تصلِّيَ معنا؟**» قال: أَصابتني جَنابة، فأمرَهُ أن يتيمَّمَ بالصَّعيدِ ثمَّ صلَّى، وجَعَلني رسولُ الله ﷺ في رَكوبٍ بينَ يَدَيه وقد عَطِشنا عَطشاً شديداً، فبينما نحنُ نَسيرُ إذا نحن بامرأةٍ سادِلةٍ رجلَيها بينَ مَزادَتينِ، فقلنا لها: أينَ الماءُ؟ فقالت: إنه لا ماءَ. فقلنا: كم بينَ أهلِكِ وبينَ الماءِ؟ قالت:

٣٥٧١ ـ قوله: (عرَّسوا) أي نزلوا للإستراحة.

ـ وقوله: (وجعلني) وروي: وعجلني أي أمر لي بالتعجيل أهـ.

ـ الركوب: مفتوح الراء ما يركب من الدوابّ ويروى في ركوب بضم الراء على أنه جمع راكب كشاهد وشهود أهـ.

3570 . Sharīk bin 'Abdullah bin Abī Namr narrated: I heard Anas bin Mālik telling us about the night when the Prophet (the blessing and peace of Allāh be upon him) was made to travel from the Ka'ba Mosque. Three persons (i.e. angels) came to the Prophet (the blessing and peace of Allāh be upon him) before he was divinely inspired (as an Apostle), while he was slepping in Al-Masjid-ul-Harām. The first (of the three angels) said: «Which of them is he?» The second said: «He is the best of them». That was all that happened then, and he did not see them till they came at another night and he perceived their presence with his heart, for the eyes of the Prophet (the blessing and peace of Allāh be upon him) were closed when he was asleep, but his heart was not asleep (not unconscious). This is characteristic of all the prophets: Their eyes sleep but their hearts do not sleep. Then Gabriel took charge of the Prophet (the blessing and peace of Allāh be upon him) and ascended along with him to the Heaven.

The parts of this hadīth are in: 4964, 5610, 6581, 5717.

25 - CHAPTER: The signs of Prophet-hood in Islam

3571 . Imrān bin Husain narrated that they were with the Prophet (the blessing and peace of Allāh be upon him) on a journey. They travelled the whole night, and when dawn approached, they took a rest and sleep overwhelmed them till the sun rose high in the sky. The first to get up was Abū Bakr. Allāh's Apostle (the blessing and peace of Allāh be upon him) used not to be awakened from his sleep, but he would wake by himself. 'Umar woke up and then Abū Bakr sat by the side of the Prophet's head and started saying: «Allah is the Greatest», raising his voice till the Prophet (the blessing and peace of Allāh be upon him) woke up, (and after travelling for a while) he dismounted and led us in the morning prayer. A man amongst the people failed to join us in the prayer. When the Prophet (the blessing and peace of Allāh be upon him) had finished the prayer, he asked (the man): «O so-and-so! What prevented you from offering the prayer with us?» He from offering the prayer with us?» He replied: «I am in a ritual impure state». Allāh's Apostle (the blessing and peace of Allāh be upon him) ordered him to perform Tayamman with clean earth. The man then offered the prayer. Allāh's Apostle (the blessing and peace of Allāh be upon him) ordered me and a few others to go ahead of him. We had become very thirsty. While we were on our way (looking for water), we came across a lady (riding an animal) hanging her legs between two water-skins. We asked her: «Where can we get water?» She replied: «Oh! There is no water». We asked: «How far is your house from the water?» She replied: «A distance of a day and a

يومٌ وليلة. فقلنا: انطلِقي إلى رسولِ الله ﷺ. قالت: وما رسولُ الله؟ فلم نُمَلِّكْها مِنْ أمرِها حتى استقبلنا بها النبيَّ ﷺ، فحدَّثَتْه بمثلِ الذي حدَّثتنا، غيرَ أنها حدثته أنها مُؤْتِمة[١]، فأمر بمزادَتيها فمسح في العَزلاوَيـنِ، فشَرِبنا عِطاشاً أربعين رجلاً حتى رَوِينا، فملأنا كلَّ قِربةٍ مَعَنا وإداوةٍ غيرَ أنهُ لم نَسْقِ بَعيراً، وهي تكادُ تَنِضُّ من المِلْءِ. ثم قال: هاتوا ما عِندَكم، فجمع لها مِنَ الكِسَرِ والتمرِ حتى أتت أهلَها قالت: لَقِيتُ[٢] أسْحرَ الناسِ، أو هو نبيٌّ كما زَعموا؟ فهدَى الله ذاكَ الصِّرمَ بتلكَ المرأة، فأسلَمتْ وأسلَموا».

٣٥٧٢ ـ **حدثنا** محمدُ بنُ بَشّار حدَّثَنا ابنُ أبي عَدِيّ عن سعيدٍ عن قتادَةَ عن أنسٍ رضيَ الله عنه قال: «أُتِيَ النبيُّ ﷺ بإناءٍ وهوَ بالزَّوْراءِ، فوَضعَ يدهُ في الإناءِ فجعلَ الماء يَنبعُ مِن بينِ أصابعهِ، فتوضَّأَ القومُ. قال قَتادةُ قلتُ لأنسٍ: كم كنتم؟ قال: ثلاثَمائةٍ، أو زُهـاءَ ثلاثِمائةٍ».

٣٥٧٣ ـ **حدثنا** عبدُ الله بنُ مَسلمةَ عن مالكٍ عن إسحاقَ بن عبدِ الله بنِ أبي طلحة عن أنسِ بنِ مالكٍ أنه قال: «رأيتُ رسولَ الله ﷺ وحانَتْ صلاةُ العصرِ، فالتُمِسَ الوَضوء فلم يَجِدوه، فأُتِيَ رسولُ الله ﷺ بوضوءٍ فوَضعَ رسولُ الله ﷺ يدهُ في ذلكَ الإناءِ فأمرَ الناسَ أن يتوضَّؤوا منه، فرأيتُ الماء يَنبعُ من تحتِ أصابعهِ، فتوضأَ الناسُ حتى توضؤوا من عندِ آخرهم».

(١) ـ (مؤتمة) ذات أيتام.

ـ وقوله: (في العزلاوين) يروى بالباء بدل في والعزلاء: فم المزادة الأسفل والجمع العزالي بفتح اللام وكسرها كما في المصباح.

(٢) ـ قوله: (لقيت) وجد في بعض النسخ: أتيت.

٣٥٧٢ ـ (الزوراء): موضع بالمدينة قرب المسجد أهـ قاموس.

ـ قوله: زهاء: مقدار.

night travel». We said: «Come on the Allāh's Apostle (the blessing and peace of Allāh be upon him)». She asked: «What is Allāh's Apostle (the blessing and peace of Allāh be upon him)?» So we brought her to Allāh's Apostle (the blessing and peace of Allāh be upon him) against her will, and she told him what she had told us before and added that she was the mother of orphans. So the Prophet (the blessing and peace of Allāh be upon him) ordered that her two waterskins be brought and he rubbed the mouths of the water-skins. As we also filled all our water-skins and other utensils with water, but we did not water the camels. The waterskin was so full that it was almost about to burst. The Prophet (the blessing and peace of Allāh be upon him) then said: «Bring what (foodstuff) you have». So some dates and pieces of bread were collected for the lady, and when she went to her people, she said: «I have met either the greatest magician or a prophet as the people claim». So Allāh guided the people of that village through that lady. She embraced Islam and they all embraced Islam.

3572 . Anas (may Allāh be pleased with him) narrated: A bowl of water was brought to the Prophet (the blessing and peace of Allāh be upon him) while he was at Az-Zawrā'. He placed his hand in it and the water started flowing among his fingers. All the people performed ablution (with that water).

Qatāda asked Anas: «How many people were you?» Anas replied: «Three-hundred or nearly three- hundred».

3573 . Anas bin Mālik (may Allāh be pleased with him) narrated: I saw Allāh's Apostle (the blessing and peace of Allāh be upon him) at the time when the Afternoon prayer was due. Then the people were searching for water for ablution but they could not find any. Then some water was brought to Allāh's Apostle (the blessing and peace of Allāh be upon him) and he placed his hand in the pot and ordered the people to perform the ablution with the water. I saw water flowing from underneath his fingers and the people started performing the ablution till all of them did it.

٣٥٧٤ ـ **حدثنا** عبدُ الرَّحمٰنِ بنُ مُبارَكٍ حدَّثنا حَزْمٌ قال: سمعتُ الحسنَ قال: حدَّثنا أنسُ بنُ مالكٍ رضيَ اللهُ عنه قال: «خرجَ النبيُّ ﷺ في بَعضِ مَخارجِه ومعهُ ناسٌ من أصحابِه، فانطلقوا يَسيرون، فحضرتِ الصلاةُ فلم يَجِدوا ماءً يتوضؤون. فانطلَقَ رجلٌ منَ القوم فجاءَ بقَدَحٍ من ماءٍ يسير، فأخذَهُ النبيُّ ﷺ فتوضأ، ثمَّ مدَّ أصابعَهُ الأربعَ على القَدَح، ثمّ قال: قوموا فتوَضؤوا، فتوضأَ القومُ حتى بلَغوا فيما يُريدونَ من الوَضوءِ، وكانوا سَبعين أو نحوَه».

٣٥٧٥ ـ **حدثنا** عبدُ اللهِ بنُ مُنيرٍ سمعَ يزيدَ أخبرَنا حُميدٌ عن أنسٍ رضيَ اللهُ عنه قال: «حضرتِ الصلاةُ، فقامَ مَن كان قريبَ الدارِ منَ المسجدِ يَتوضأ، وبقيَ قومٌ. فأُتِيَ النبيُّ ﷺ بمِخْضَبٍ من حجارةٍ فيه ماءٌ، فوضَعَ كفَّه فصَغُرَ المخضَبُ أن يَبسُطَ فيهِ كَفَّهُ، فضمَّ أصابعَهُ فوضَعَها في المخضَبُ، فتوضأَ القومُ كلُّهم جميعاً. قلتُ: كم كانوا؟ قال: ثمانون رجلاً».

٣٥٧٦ ـ **حدثنا** موسىٰ بنُ إسماعيلَ حدَّثنا عبدُ العزيزِ بنُ مسلمٍ حدَّثنا حُصينٌ عن سالمِ بنِ أبي الجَعْدِ عن جابرِ بنِ عبدِ اللهِ قال: «عَطِشَ الناسُ يومَ الحُديبيةِ والنبيُّ ﷺ بين يديهِ رُكْوَةٌ، فتوضأ فجهشَ الناسُ نحوهُ فقال: «ما لكم؟» قالوا: ليس عندنا ماءٌ نتوضأُ ولا نشرَبُ إلا ما بين يديكَ. فوضعَ يدهُ في الرُّكوةِ، فجعلَ الماء يَثُورُ بين أصابعِهِ كأمثالِ العُيون. فشرِبنا وتوضَّأنا. قلتُ: «كم كنتم؟» قال: لو كنّا مائةَ ألفٍ لَكفانا، كنّا خمسَ عشرةَ مائة». [الحديث ٣٥٧٦ ـ أطرافه في: ٤١٥٢، ٤١٥٣، ٤١٥٤، ٤٨٤٠، ٥٦٣٩].

٣٥٧٥ ـ (المخضب) كمنبر شبه الإجانة تغسل فيها الثياب والمخضب: المركن ومنه الحديث أنه قال في مرضه الذي مات فيه: «أجلسوني في مخضب واغسلوني» كذا في تاج العروس.

٣٥٧٦ ـ قوله: (ركوة) بتثليث الراء إناء صغير من جلد يشرب فيه وقوله: فجهش الناس أي أسرعوا إلى الماء متهيئين لأخذه و ـ قوله: (يثور) بالثاء المثلثة ولأبي ذرّ عن الكشميهني يفور بالفاء قاله الشارح.

3574 . Anas bin Mālik (may Allāh be pleased with him) narrated: The Prophet (the blessing and peace of Allāh be upon him) went out on one of his journeys with some of his Companions. They went on walking till the time of the prayer became due. They could not find water to perform the ablution, and then stretched his four fingers on to the pot and said (to the people): «Get up to perform the ablution». They started performing the ablution till all of them did it, and they were seventy or so persons.

3575 . Humaid narrated: Anas bin Mālik (may Allāh be pleased with him) said: «Once the time of the prayer became due and the people whose houses were close to the Mosque went to their houses to perform ablution. While the others reamined (sitting there). A stone pot containing water was brought to the Prophet (the blessing and peace of Allāh be upon him), who wanted to put his hand in it, but it was too small for him to spread his hand in it, and so he had to bring his fingers together before putting his hand in the pot. Then all the people performed the ablution (with that water)». I asked Anas: «How many persons were they». He replied: «There were eighty men».

3576 . Sālem bin Abī Aj-Ja'd narrated: Jābir bin 'Abdullah (may Allāh be pleased with him) said: «The people became very thirsty on the day of Al-Hudiabiya (Treaty). A small pot containing some water was in front of the Prophet (the blessing and peace of Allāh be upon him) and when he had finished the ablution, the people rushed towards him. He asked: «What is wrong with you?» They replied: «We have no water either for performing ablution or for drinking except what is present in front of you». So he placed his hand in that pot and the water started flowing among his fingers like springs. We all drank and performed ablution (from it)». I asked Jābir: «How many were you?» He replied: «Even if we had been one-hundred-thousand, it would have been sufficient for us, but we were fifteen-hundred.

The parts of this hadīth are in: 4152, 4153, 4154, 4840, 5639.

٣٥٧٧ ـ **حدثنا** مالكُ بنُ إسماعيل حدَّثَنا إسرائيلُ عن أبي إسحاقَ عن البَراءِ قال: «كنّا يومَ الحُديبية أربعَ عشرة مائة، والحُديبيةُ بئرٌ، فنزَحْناها حتىٰ لم نترُكْ فيها قطرةً، فجلس النبيُّ ﷺ على شَفيرِ البئرِ، فدعا بماءٍ فمضْمَضَ ومجَّ في البئرِ، فمكَثْنا غيرَ بعيدٍ، ثم استقينا حتىٰ روِينا ورَوَتْ ـ أو صَدَرَتْ ـ ركائبُنا». [الحديث ٣٥٧٧ ـ طرفاه في: ٤١٥٠، ٤١٥١].

٣٥٧٨ ـ **حدثنا** عبدُ الله بنُ يوسفَ أخبرنا مالكٌ عن إسحاقَ بنِ عبد الله بنِ أبي طلحةَ أنه سمعَ أنسَ بن مالكٍ يقول: «قال أبو طلحةَ لأُمِّ سُليمٍ: لقد سمعتُ صوتَ رسولِ الله ﷺ ضعيفاً أعرِفُ فيه الجوعَ، فهل عندَكِ من شيءٍ؟ قالت: نعم. فأخرجتْ أقراصاً مِن شعيرٍ، ثمَّ أخرجت خِماراً لها فلفَّتِ الخبزَ ببعضه، ثم دسَّتْهُ تحتَ يدي ولاثَتْني ببعضهِ ثمَّ أرسلَتْني إلى رسولِ الله ﷺ، قال: فذهبتُ به فوجدتُ رسولَ الله ﷺ في المسجد ومعهُ الناسُ، فقمتُ عليهم، فقال لي رسولُ الله: «آرسلَكَ أبو طلحة؟» فقلتُ: نعم قال: «بطعامٍ؟» قلتُ: نعم. فقال رسولُ الله ﷺ لمن معهُ: «قوموا». فانطَلق وانطلَقتُ بين أيديهم حتىٰ جئتُ أبا طلحةَ فأخبرتُه، فقال أبو طلحةَ: يا أُمَّ سُلَيمٍ قد جاءَ رسولُ الله ﷺ بالناسِ، وليسَ عندَنا ما نُطعِمُهم. فقالت: الله ورسولهُ أعلم. فانطلَقَ أبو طلحة حتىٰ لَقِيَ رسولَ الله ﷺ، فأقبَلَ رسولُ الله ﷺ وأبو طلحةَ معَهُ، فقال رسولُ الله ﷺ: «هَلُمِّي يا أُمَّ سُلَيمٍ ما عندَكِ، فأتَتْ بذلكَ الخبزِ، فأمرَ بهِ رسولُ الله ﷺ ففُتَّ، وعَصَرَتْ أُمُّ سُلَيمٍ عُكَّةً فأدَمَتْهُ، ثم قال

٣٥٧٧ ـ قوله: (فمكثنا) بفتح الكاف وضمها وقوله: وروت صوابه ورويت كبقيت إلاّ أنّ الشارح ضبطه كذا.

و ـ قوله: (أو صدرت) أي أو قال بدل رويت صدرت والصدور ضدّ الورود وقوله: ركائبنا فاعل على أحد الفعلين على شك الراوي وهي جمع ركاب ويروى ركابنا والرِّكاب الإبل واحدتها راحلة.

٣٥٧٨ ـ قوله: (دسته تحت يدي) أي أخفته تحت إبطي وقوله: ولاثتني ببعضه أي لفتني ببعض الخمار على رأسي اتقاء الحرّ.

ـ قوله: هلمي لأبي ذرّ عن الكشميهني وفي رواية: (هلم) على لغة غير أهل الحجاز فإن لغتهم ما حكاه سبحانه في كتابه العزيز بقوله: ﴿والقائلين لإخوانهم هلمّ إلينا﴾ أهـ وقوله: (عكة) بضم العين إناء من جلد يجعل فيه السمن والعسل.

و ـ (فأدمته): أي جعلته أداماً للمفتوت ويجوز في همزته المدّ كما في المصباح المنير.

3577 . Al-Barā' (may Allāh be pleased with him) narrated: We were one-thousand and four-hundred persons on the day of Al-Hudaibiya (Treaty). Al-Hudaibiya was a well. We drew out its water not leaving even a single drop. The Prophet (the blessing and peace of Allāh be upon him) sat at the edge of the well and asked for some water with which he rinsed his mouth an then he threw it out into the well. We stayed for a short while and then drew water from the well and quenched our thirst, and even our riding animals drank water to their satisfaction.

The parts of this hadīth are in: 4150, 4151.

3578 . Anas bin Mālik (may Allāh be pleased with him) narrated: Abū Talha said to Umm Sulaim: «I have noticed feebleness in the voice of Allāh's Apostle (the blessing and peace of Allāh be upon him) which I think, is caused by hunger. Have you got any food?» She said: «Yes». She brought out some loaves of barley and took out a veil belonging to her, and wrapped the bread in part of it and put it under my arm and wrapped part of the veil round me and sent me to Allāh's Apostle (the blessing and peace of Allāh be upon him). I went carrying it and found Allāh's Apostle (the blessing and peace of Allāh be upon him) in the Mosque sitting with some people, when I stood there, Allāh's Apostle (the blessing and peace of Allāh be upon him) asked: «Has Abū Talha sent you?» I said: «Yes». He asked: «With some food?» I said: «Yes». Allāh's Apostle (the blessing and peace of Allāh be upon him) then said to the men around him: «Get up!» He set out (accompanied by them) and I went ahead of them till I reached Abū Talha and told him (of the Prophet's visit). Abū Talha said: «O Umm Sulmain! Allāh's Apostle (the blessing and peace of Allāh be upon him) is coming with the people and we have no food to feed them». She said: «Allāh and His Apostle know better». So Abū Talha went out to receive Allāh's Apostle (the blessing and peace of Allāh be upon him). Allāh's Apostle (the blessing and peace of Allāh be upon him) came along with Abū Talha. Allāh's Apostle (the blessing and peace of Allāh be upon him) said: «O Umm Sulaim! Bring whatever you have». She brought the bread which Allāh's Apostle (the blessing and peace of Allāh be upon him) ordered to be broken into pieces. Umm Sulaim poured on

رسولُ الله ﷺ فيه ما شاءَ اللهُ أنْ يقولَ. ثم قال: «ائْذَنْ لعَشَرةٍ»، فأَذِنَ لهم، فأَكلوا حتىٰ شبِعوا ثمّ خرجوا، ثمَّ قال: «ائذَنْ لعشرَةٍ»، فأذِنَ لهم، فأَكلوا حتىٰ شبِعوا ثم خرجوا، ثمّ قال: «ائذَنْ لعشرةٍ»، فأذِنَ لهم، فأَكلوا حتىٰ شبِعوا ثمّ خرجوا. ثمّ قال: «ائذَنْ لعشرةٍ»، فأكل القومُ كلُّهم حتى شبِعوا، والقومُ سبعونَ أوْ ثمانونَ رجُلاً».

٣٥٧٩ ـ **حدّثني** محمدُ بن المثنّى. حدَّثَنا أبو أحمدَ الزُّبَيريُّ حدَّثنا إسرائيل عن منصورٍ عن إبراهيمَ عن عَلقمةَ عن عبدِ الله قال: «كنّا نعدُّ الآياتِ بَركَةً، وأَنتم تَعُدُّونها تَخويفاً، كنّا معَ رسولِ الله ﷺ في سفَرٍ فقلَّ الماء، فقال: «اطلُبوا فَضلةً مِن ماءٍ»، فجاؤوا بإناءٍ فيه ماءٌ قليل، فأَدخلَ يدَهُ في الإناءِ ثمّ قال: «حَيَّ على الطَّهورِ المبارَك، والبركةُ من الله»، فلقد رأيتُ الماءَ يَنبُعُ من بينِ أَصابعِ رسولِ الله ﷺ، ولقد كنّا نَسمعُ تَسبيحَ الطعامِ وهوَ يؤكَل».

٣٥٨٠ ـ **حدثنا** أبو نُعيم حدَّثنا زكرياءُ قال: حدَّثني عامرٌ قال: حدَّثني جابرٌ: «أنَّ أَباهُ تُوفّيَ وعليهِ دَينٌ، فأَتيتُ النبيَّ ﷺ فقلتُ: إنَّ أَبي تَرَكَ عليه دَيناً، وليس عندي إلاّ ما يُخرِجُ نخلهُ، ولا يَبلُغُ ما يُخرجُ سِنينَ ما عليه، فانطَلِقْ معي لِكَيْ لا يُفحِشَ عليَّ الغُرَماء. فمشى حول بَيْدرٍ من بيادرِ التمرِ فدَعا، ثمّ آخر، ثمّ جلسَ عليهِ فقال: «انزِعوهُ»، فأَوفاهُم الذي لهم، وبَقيَ مثلُ ما أَعطاهم».

٣٥٨١ ـ **حدثنا** موسى بنُ إسماعيل حدَّثَنا مُعتَمِرٌ عن أبيهِ حدَّثَنا أبو عثمانَ أنهُ حدَّثهُ عبدُ الرّحمٰنِ بنُ أبي بكرٍ رضيَ الله عنهما: «أنَّ أَصحابَ الصُّفَّةِ كانوا أُناساً فُقَراءَ، وأَنَّ النبيَّ ﷺ قال مرَّةً: مَن كان عندَهُ طعامُ اثنين فلْيَذهَبْ بثالث، ومَن كان عندَهُ طعامُ أَربعةٍ فلْيَذهَبْ بخامسٍ أَو سادس. أَو كما قال. وإنَّ أَبا بكرٍ جاء بثلاثةٍ، وانطلَقَ النبيُّ ﷺ بعشرة،

٣٥٨٠ ـ قوله: (يفحش) بضم الياء وكسر الحاء أو بفتح أوله وضم ثالثه أفاده الشارح.

٣٥٨١ ـ قوله: (ثلاثة) كذا بالنصب ولأبي ذرّ بثلاثة وهي رواية مسلم كما في الشارح.

them some butter from an oil skin. Then Allāh's Apostle (the blessing and peace of Allāh be upon him) recited what Allāh wished him to recite, and then said: «Let ten persons come (to share the meal)». Ten persons were admitted, ate their full and went out. Then he again said: «Let another ten do the same». They were admitted, ate their fill and went out. Then he again said: «Let another ten persons (do the same)». They were admitted, ate their fill and went out. Then he said: «Let another ten presons, come». In short, all of them ate their fill, and they were seventy or eighty men.

3579 . 'Abdullah (may Allāh be pleased with him) narrated: We used to consider miracles as Allāh's Blessings, but you people consider them to be a warning. Once we were with Allāh's Apostle (the blessing and peace of Allāh be upon him) on a journey, and we ran short of water. He said: «Bring the water remaining with you». The people brought a utensil containing a little water. He placed his hand in it and said: «Come to the blessed water, and the Blessing is from Allāh». I saw the water flowing from among the fingers of Allāh's Apostle (the blessing and peace of Allāh be upon him), and no doubt, we heard the meal glorifying Allāh, when it was being eaten (by him).

3580 . Jābir (may Allāh be pleased with him) narrated: My father had died in debt. So I came to the Prophet (the blessing and peace of Allāh be upon him) and said: «My father (died) leaving unpaid debts, and I have nothing except the yield of his date-palms; and their yield for many years will not cover his debts. So please come with me, so that the creditors may not misbehave with me». The Prophet(the blessing and peace of Allāh be upon him) went round one of the heaps of dates and invoked (Allāh), and then did the same with another heap and sat on it and said: «Measure (for them)». He paid them their rights and what remained was as much as had been paid to them.

3581 .'Abdur-Rahmān bin Abī Bakr (may Allāh be pleased with him) narrated: The companions of suffa were poor people. The Prophet (the blessing and peace of Allāh be upon him) once said: «Whoever has food enough for two persons, should take a third one (from among them), and whoevrer has food enough for four persons, should take a fifth or sixth (or said something similar)». Abū Bakr brought three persons while the Prophet (the blessing and peace of

وأبو بكرٍ ثلاثة، قال: فهو أنا وأبي وأُمي، ولا أدري هل قال امرأتي وخادمي بينَ بيتنا وبين بيتِ أبي بكر، وأنَّ أبا بكرٍ تعشىٰ عندَ النبيِّ ﷺ، ثمَّ لبثَ حتىٰ صلَّى العِشاءَ، ثمَّ رَجَعَ فلبِثَ حتىٰ تعشىٰ رسولُ الله ﷺ فجاءَ بعدَ ما مضىٰ منَ الليلِ ما شاءَ الله. قالت له امرأتُهُ ما حَبَسَكَ عن أضيافِكَ ـ أو ضيفِكَ ـ؟ قال: أَوَعشَّيتِهِم؟ قالت: أَبَوا حتىٰ تجيءَ، قد عَرَضوا عليهم فغلبوهم. فذهبتُ فاختبَأتُ. فقال: يا غُنْثَر ـ فجدَّعَ وسبَّ ـ وقال: كلوا. قال: لا أَطعَمُهُ أبداً. قال: وآيمُ الله ما كنَّا نأخذُ منَ اللُّقمةِ إلّا رَبا مِن أَسفلِها أكثرُ منها، حتىٰ شَبِعوا وصارت أكثرَ مما كانت قبلُ. فنظرَ أبو بكرٍ فإذا شيءٌ أَو أكثرُ، فقال لامرأتِهِ: يا أُختَ بني فِراس. قالت: لا وقُرَّةِ عيني، لَهِيَ الآنَ أكثرُ مما قبلُ بثلاثِ مرّاتٍ. فأكلَ منها أبو بكرٍ وقال: إنما كان الشيطانُ ـ يعني يمينه ـ ثم أكلَ منها لقمةً، ثم حَمَلَها إلى النبيِّ ﷺ فأصبحَتْ عندَه. وكان بينَنا وبينَ قَومٍ عهدٌ، فمضى الأَجلُ ففرَّقنا اثنا عشرَ رجُلاً مع كلِّ رجلٍ منهم أُناسٌ الله أعلمُ كم معَ كلِّ رجلٍ، غيرَ أنهُ بَعثَ معهم، قال: أكلوا منها أجمعون، أو كما قال.

وغيرُهُم يقول: «فعرفنا» مِنَ العِرافة.

٣٥٨٢ ـ **حدثنا** مسدَّدٌ حدَّثنا حمّادٌ عن عبدِ العزيزِ عن أنسٍ. وعن يونُسَ عن ثابتٍ عن أنسٍ رضيَ الله عنه قال: «أَصابَ أَهلَ المدينةِ قحطٌ على عهدِ رسولِ الله ﷺ، فبينا هوَ

ـ قوله: (أوعشيتهم) ولأبي ذر: أوما عشيتهم بزيادة ما النافية وهي الصواب أهـ.
ـ وقوله: (يا غنثر) أي يا جاهل.
ـ قوله: (ففرقنا اثنا عشر رجلاً) بألف على لغة من يجعل المثنى كالمقصور في أحواله وفي رواية مسلم اثني عشر وهو ظاهر أي جعلناهم فرقاً من التفريق على أن يكون الضمير المرفوع فيه للنبيِّ ﷺ ونا مفعوله. وفي رواية: فعرفنا أي جعلهم عرفاء نقباء على بقية أصحابهم.
٣٥٨٢ ـ (الكراع): جماعة الخيل.

Allāh be upon him) took ten. And Abū Bakr with his three family members (who were I, my father and my mother) the sub-narrator is in doubt whether 'Abdur-Rahmān said: «My wife and my servant who was common for both my house and Abū Bakr's house»). Abū Bakr took his supper with the Prophet (the blessing and peace of Allāh be upon him) and stayed there till he offered the evening prayers. He returned and stayed till Allāh's Apostle (the blessing and peace of Allāh be upon him) took his supper. After a part of the night had passed, he returned to his house. His wife said to him:«What has detained you from your guests?» He said: «Have you served supper to them?» She said: «They refused (to take supper- until you come. They (i.e. some members of the household) presented the meal to them but they refused (to eat)." I went to hide myself and he said: «O Ghunthar!» He invoked Allāh to cause my ears to be cut and he rebuked me. He said: «Do eat!» and added: «I will never eat the meal». By Allāh, whenever we took a handful of the meal, the meal grew from underneath more than that handful till everybody ate to his satisfaction; yet the remaining food was more than the original meal. Abū Bakr saw that food was as much as or more than the original amount. He called his wife: «O sister of Banī Firās!» She said: «O pleasure of my eyes.The food has been tripled in quantity». Abū Bakr then started eating thereof and said: «It (i.e. my oath not to eat) was because of Satan». He took a handful from it, and carried the rest of it to the Prophet (the blessing and peace of Allāh be upon him). So that food was with the Prophet (the blessing and peace of Allāh be upon him). There was a treaty between us and some people, and when the period of that treaty had elapsed, he divided us into twelve groups, each being headed by a man. Allāh knows how many men were under the command of each leader. Anyhow, the Prophet (the blessing and peace of Allāh be upon him) surely sent a leader with each group. Then all of them ate of that meal.

3582 . Anas (may Allāh be pleased with him) narrated: Once during the lifetime of Allāh's Apostle (the blessing and peace of Allāh be upon him), the People of Madina suffered from drought. So while the Prophet (the blessing and peace of Allāh be upon him) was delivering a sermon on a Friday, a man got up

يَخطُبُ يومَ جمعةٍ إذ قام رجلٌ فقال: يا رسولَ الله، هَلَكَتِ الكُراعُ، هَلَكَتِ الشاءُ، فادعُ الله يَسقِينا. فمدَّ يديه ودَعا. قال أنسٌ: وإنَّ السماءَ كمِثلِ الزُّجاجة. فهاجَتْ ريحٌ أنشأَتْ سَحاباً، ثمَّ اجتمعَ، ثمَّ أرسلَتِ السماءُ عَزالِيَها، فخرَجنا نخوضُ الماءَ حتى أتَيْنا مَنازِلَنا، فلم نَزَلْ نُمطَرُ إلى الجمعةِ الأخرى. فقامَ إليه ذٰلكَ الرجلُ ـ أو غيرُه ـ فقال: يا رسولَ الله، تَهدَّمَتِ البُيوتُ، فادعُ الله يَحبِسْهُ. فتبسَّمَ ثمَّ قال: «حوالَينا ولا علَينا». فنَظَرْتُ إلى السحابِ يتصدَّعُ حولَ المدينةِ كأنَّهُ إكليل».

٣٥٨٣ ـ **حدثنا** محمدُ بن المثنى حدَّثنا يحيى بنُ كثيرٍ أبو غسّان حدَّثنا أبو حفصٍ واسمه عمرُ بن العلاءِ أخو أبي عمرو بن العلاء، قال: سمعتُ نافعاً عن ابنِ عمرَ رضيَ الله عنهما: «كان النبي ﷺ يخطُبُ إلى جِذعٍ، فلما اتخذَ المنبرَ تحوَّلَ إليه، فحنَّ الجذعُ، فأتاهُ فمسحَ يدَهُ عليه». وقال عبد الحميدِ أخبرنا عثمانُ بن عمرَ أخبرَنا مُعاذُ بن العلاء عن نافعٍ بهذا. ورواه أبو عاصمٍ عن ابنِ أبي رَوّادٍ عن نافعٍ عن ابنِ عمرَ عن النبي ﷺ.

٣٥٨٤ ـ **حدثنا** أبو نعيمٍ حدَّثنا عبدُ الواحد بنُ أيمنَ قال: سمعتُ أبي عن جابرِ بنِ عبدِ الله رضي الله عنهما: «أنَّ النبيَّ ﷺ كان يقومُ يومَ الجمعةِ إلى شجرةٍ أو نخلةٍ، فقالتِ امرأةٌ من الأنصار ـ أو رَجُلٌ ـ: يا رسولَ الله ألا نجعلُ لكَ مِنبراً؟ قال: إن شِئتم. فجعلوا له مِنبَراً. فلما كانَ يومُ الجمعةِ دُفعَ إلى المنبر، فصاحتِ النخلةُ صِياحَ الصبيّ، ثمَّ نزلَ النبيُّ ﷺ فضمَّهُ إليه، تَئنُّ أنينَ الصبيِّ الذي يُسكَّنُ. قال: كانت تبكي على ما كانت تسمعُ من الذِّكرِ عندها».

ـ قوله: (يسقينا) كذا بإثبات الياء مع قوله الآتي يحبسه بالجزم أهـ. وقوله: كمثل وجد في نسخ: لمثل باللام المفتوحة.

ـ قوله: (أرسلت السماء عزاليها) إشارة إلى شدة وقع المطر على التشبيه بنزوله من أفواه المزادات فإن العزلاء على ما تقدم مثناة في فم المزادة الأسفل.

٣٥٨٤ ـ قوله: (دفع) ولأبي ذرّ رفع بالراء بدل الدال.

saying: «O Allāh's Apostle! The horses and sheep have perished. Will you invoke Allāh to bless us with rain?»The Prophet (the blessing and peace of Allāh be upon him) lifted both his hands and invoked. The sky at that time was as clear as glass. Suddenly the wind blew, raising clouds that gathered together, and it started raining heavily. We came out (of the Mosque) waiting through the flowing water till we reached our homes. It went on raining till the next Friday, when the same man or some other man stood up and said: «O Allāh's Apostle! The houses have collapsed; please invoke Allāh to withhold the rain». On that the Prophet (the blessing and peace of Allāh be upon him) smiled and said: «O Allāh, (let it rain) around us and not on us». I then looked at the clouds to see them separating forming a sort of a crown around Madina.

3583 . Ibn 'Umar (may Allāh be pleased with him) narrated: The Prophet (the blessing and peace of Allāh be upon him) used to deliver his sermons while standing beside a trunk of a date-palm. When he had the pulpit made, he used it instead. Thr trunk stated crying and the Prophet (the blessing and peace of Allāh be upon him) went to it, rubbing his hand over it (to stop its crying).

3584 . Jābir bin 'Abdullāh (may Allāh be pleased with him) narrated: The Prophet (the blessing and peace of Allāh be upon him) used to stand by a tree or a date-palm on Friday. Then an Ansārī woman or man said: «O Allāh's Apostle! Shall we make a pulpit for you?» He replied: «If you wish». So they made a pulpit for him and when it was Friday, He proceeded towards the pulpit (for delivering the sermon). The date-palm, cried like a child! The Prophet (the blessing and peace of Allāh be upon him) descended (the pulpit) and embraced it while it continued moaning like a child being quietened. The Prophet (the blessing and peace of Allāh be upon him) said: «It was crying for (missing) what it used to hear of religious knowledge given near to it».

٣٥٨٥ ـ **حدثنا** إسماعيلُ قال: حدَّثني أخي عن سُليمانَ بنِ بِلالٍ عن يحيىٰ بنِ سعيدٍ قال: أخبرني حفصُ بنُ عُبيدِ الله بنِ أنسِ بنِ مالكٍ أنه سمعَ جابرَ بنَ عبدِ الله يقول: «**كان المسجدُ مسقوفاً على جُذوعٍ من نخلٍ، فكان النبيُّ ﷺ إذا خطبَ يقوم إلى جِذْعٍ منها، فلما صُنعَ لهُ المنبرُ وكان عليهِ فسمعنا لذلكَ الجِذعَ صَوتاً كصوتِ العِشارِ، حتىٰ جاء النبيُّ ﷺ فوضعَ يدَهُ عليها، فسكنت**».

٣٥٨٦ ـ **حدثنا** محمدُ بن بَشّار حدَّثَنا ابنُ أبي عديٍّ عن شُعبةَ. وحدَّثني بِشرُ بن خالدٍ حدَّثَنا محمدٌ عن شُعبةَ عن سليمانَ سمعتُ أبا وائلٍ يُحدِّثُ عن حذيفةَ: «**أَنَّ عمرَ بنَ الخطابِ** رضيَ الله عنه قال: أيُّكم يحفظُ قولَ رسولِ الله ﷺ في الفتنةِ؟ فقال حُذيفةُ: أنا أحفَظُ كما قال. قال: هاتِ، إنكَ لجَريء. قال رسولُ الله ﷺ: «**فتنةُ الرجلِ في أهلِه ومالِهِ وجارِهِ تُكفِّرُها الصلاةُ والصدقةُ والأمرُ بالمعروفِ والنهيُ عنِ المنكرِ**» قال: ليست هٰذهِ، ولكنِ التي تموجُ كموجِ البحرِ، قال: يا أميرَ المؤمنين لا بأسَ عليكَ منها، إن بينَكَ وبينها باباً مغلقاً. قال: يُفتحُ البابُ أو يُكسَر؟ قال: لا، بل يكسر، قال: ذلكَ أحرىٰ أن لا يُغلق. قلنا: علِمَ البابَ؟ قال: نعم، كما أَنَّ دُونَ غدٍ اللَّيلة. إني حدَّثْتُهُ حديثاً ليسَ بالأَغاليط. فهِبْنا أن نسألَهُ، وأمرْنا مسروقاً فسألَهُ فقال: «**مَنِ البابُ؟ قال: عمر**».

٣٥٨٧ ـ **حدثنا** أبو اليمانِ أخبرَنا شعيبٌ حدَّثَنا أبو الزِّنادِ عنِ الأعرجِ عن أبي هريرةَ عنِ النبيِّ ﷺ قال: «**لا تقومُ الساعةُ حتىٰ تُقاتِلوا قوماً نِعالُهم الشَّعَر، وحتىٰ تُقاتلوا التركَ صِغارَ الأعيُنِ حُمرَ الوُجوهِ ذُلْفَ الأُنوفِ كأنَّ وُجوهَهُمُ المجانُّ المطْرَقة**».

٣٥٨٥ ـ قوله: (العشار) جمع العشراء كنفساء وهي: الناقة التي أتى على حملها عشرة أَشهر.

٣٥٨٧ ـ (ذلف الأنف) ذلفاً من باب تعب قصر وصغر فالرجل: أذلف والأنثى: ذلفاء والجمع: ذلف مثل أحمر وحمراء وحمر كذا في المصباح والفطوسة تطامن قصبة الأنف وانتشارها والصفة أفطس في الرجل وفطساء في المرأة والجمع فطس كذلف.

3585 . Anas bin Mālik narrated that he heard Jābir bin 'Abdullāh (may Allāh be pleased with him) saying: «The roof of the Mosque was built over trunks of date-palms working as pillars. When the Prophet (the blessing and peace of Allāh be upon him) delivered a sermon, he used to stand by one of those trunks till the pulpit was made for him, and he used it instead. Then we heard the trunk sending a soul like of a pregnant she-camel. The Prophet (the blessing and peace of Allāh be upon him) then came to it, and putting his hand over it, he silenced it».

3586 . Abū Wā'īl narrated from Huthaifa: Once 'Umar bin Al-Khattāb (may Allāh be pleased with him) said: «Who amongst you remembers the statement of Allāh's Apostle (the blessing and peace of Allāh be upon him) regarding the afflictions?» Huthaifa replied: «I remember what he said exactly». 'Umar said: «Tell (us), you are really a daring man!» Huthaifa said: «Allāh's Apostle (the blessing and peace of Allāh be upon him) said: «A man's afflictions (i.e. wrong deeds) concerning his relation to his family, his property and his neighbours are expiated by his prayer, giving in charity and enjoining what is good and forbiddeng what is bad». 'Umar said: «I don't mean these affliction but the down like waves of the sea». Huthaifa replied: «O Chief of the Believer! You need not fear those (afflictions) as there is a closed door between you and them». 'Umar asked: «Will that door be opened or broken?» Huthaifa replied: «No, it will be broken» 'Umar said: «Then it is very likely that the door will not be closed again». Later on the people asked Huthaifa: «Did 'Umar know what that door meant?» He said: «Yes, 'Umar knew it as everyone knows that there will be night before the morning. I narrated to 'Umar an authentic narration, not lies». We dared not ask Huthaifa; therefore we requested Masrūq who asked him: « What does the dorr stand for?» He said: «'Umar».

3587 . Abū Huraira (may Allāh be pleased with him) narrated: The Prophet (the blessing and peace of Allāh be upon him) said: «The Hour will not be established till you fight a nation wearing hairy shoes, and till you fight the Turks, who will have small eyes, red faces and flat noses: and their faces will be like flat shields.

٣٥٨٨ ـ «وتجدونَ من خير الناس أشدَّهم كراهيةً لهٰذا الأمرِ حتى يَقعَ فيه. والناسُ معادِنُ: خِيارُهم في الجاهليةِ خِيارُهم في الإِسلام».

٣٥٨٩ ـ «ولَيَأتِيَنَّ على أحدِكم زمانٌ لأنْ يَراني أحبُّ إليه من أن يكونَ لهُ مِثلُ أهله وماله».

٣٥٩٠ ـ **حدثنا** يحيىٰ حدَّثَنا عبدُ الرزّاقِ عن مَعْمرٍ عن هَمام عن أبي هريرةَ رضيَ اللهُ عنه أنَّ النبيَّ ﷺ قال: **«لا تقومُ الساعةُ حتىٰ تقاتلوا خُوزاً وكرمانَ من الأعاجم، حُمرَ الوجوهِ فُطسَ الأنوفِ صِغارَ الأعين كأنَّ وجوهَهُمُ المجانُ المطرَقة، نعالهمُ الشَّعَر»**. تابعهُ غيرُهُ عن عبد الرزّاق.

٣٥٩١ ـ **حدثنا** عليُّ بنُ عبدِ الله حدَّثَنا سفيانُ قال: قال إسماعيلُ أخبرَني قيسٌ قال: «أتينا أبا هريرةَ رضيَ اللهُ عنه فقال: صحبتُ رسولَ الله ﷺ ثلاثَ سِنينَ لم أكنْ في سِنِيَّ أحرَصَ على أن أعيَ الحديثَ مني فيهنّ، سمعتهُ يقولُ ـ وقال هٰكذا بيده ـ: **«بينَ يدَي الساعةِ تُقاتلونَ قَوماً نِعالهمُ الشَّعر، وهو هٰذا البارَز»** وقال سفيانُ مرَّةً: وهم أهلُ البازِر».

٣٥٩٢ ـ **حدثنا** سُليمانُ بن حَربٍ حدَّثَنا جَريرُ بن حازِم سمعتُ الحسَنَ يقول: حدَّثَنا عمرُو بن تغلِبَ قال: سمعتُ رسولَ الله ﷺ يقول: **«بينَ يدي الساعةِ تقاتلون قوماً يَنتعِلون الشَّعَر، وتقاتلونَ قوماً كأنَّ وُجوهَهمُ المجانُّ المطْرَقة»**.

٣٥٩٣ ـ **حدثنا** الحكَمُ بن نافعٍ أخبرنا شُعيبٌ عنِ الزُّهري قال: أخبرَني سالمُ بنُ عبدِ الله أنَّ عبدَ الله بن عمرَ رضيَ اللهُ عنهما قال: سمعتُ رسولَ الله ﷺ يقول: **«تقاتِلُكمُ اليهودُ، فتُسلَّطونَ عليهم، حتى يقولَ الحجرُ: يا مسلمُ، هٰذا يهوديٌّ ورائي فاقتُلْه»**.

٣٥٩٠ ـ قوله: (وكرمان) بفتح الكاف وكسرها وسكون الراء.

٣٥٩١ ـ قوله: (البارز) بتقديم الراء المفتوحة وتكسر على الزاي المعجمة يعني البارزين لقتال أهل الإسلام وقوله: أهل البازر بتقديم الزاي المفتوحة وتكسر على الراء المهملة والمعروف الأوّل ما أهـ من الشارح.

3588 . And you will find that the best people are those who hate responsibility of ruling most of all till they are chosen to be the rulers. And the people are of different natures: The best in the pre-Islamic period are the best in Islam.

3589 . A time will come when any of you will love to see me rather than to have his family and property doubled».

3590 . Abū Huraira (may Allāh be pleased with him) narrated: The Prophet (the blessing and peace of Allāh be upon him) said: «The Hour will not be established till you fight with the Khuth and the Kirmān from among the non-Arabs. They will be of red faces, flat noses and small eyes; their faces will look like flat shields, and their shoes will be of hair».

3591 .Abū Huraira (may Allāh be pleased with him) narrated: I enjoyed the company of Allāh's Apostle (the blessing and peace of Allāh be upon him) for three years, and during the other years of my life, never was I so anxious to understand the (Prophet's) traditions as I was during those three years. I heard him saying, beckoning with his hand in this way: «Before the Hour you will fight with people who will have hairy shoes and life in Al-Bāriz». (Suffyān, the subnarrator once said: «And they are the people of Al-Bāzir»).

3592 . 'Umar bin Taghlib narrated: I heard Allāh's Apostle (the blessing and peace of Allāh be upon him) saying: «Near the Hour you will fight with people who will wear hairy shoes; and you will also fight people with flat faces like shields».

3593 . 'Abdullāh bin 'Umar (may Allāh be pleased with him) narrated: I heard Allāh's Apostle (the blessing and peace of Allāh be upon him) saying; «The Jews will fight with you, and you will be given victory over them so that a stone will say: «O Muslim! There is a Jew behind me; kill him!».

٣٥٩٤ ـ **حدثنا** قُتيبةُ بن سعيد حدَّثنا سفيانُ عن عمرٍو عن جابرٍ عن أبي سعيدٍ رضيَ الله عنه عنِ النبيِّ ﷺ قال: «يأتي على الناسِ زَمانٌ يَغزُونَ، فيقال: فيكم مَن صَحِبَ الرسولَ ﷺ؟ فيقولون: نعم، فيُفتَحُ عليهم. ثمَّ يَغزونَ. فيقال لهم: هل فيكم مَن صَحِبَ مَن صحبَ الرسولَ ﷺ؟ فيقولون: نعم، فيُفتَح لهم».

٣٥٩٥ ـ **حدثني** محمدُ بن الحَكَمِ أخبرَنا النَّضرُ أخبرَنا إسرائيلُ أخبرَنا سعدُ الطائيُّ أخبرَنا مُحِلُّ بن خَليفةَ عن عَدِيِّ بن حاتمٍ قال: «بَينا أنا عندَ النبيِّ ﷺ إذ أتاهُ رجُلٌ فشَكا إليهِ الفاقَةَ، ثمَّ أتاهُ آخرُ فشَكا إليه قَطعَ السبيل، فقال: «يا عَدِيُّ، هل رأيتَ الحِيرةَ؟» قلت: لم أرَها، وقد أُنبِئتُ عنها. قال: «فإن طالَتْ بكَ حَياةٌ لتَرَيَنَّ الظَّعينةَ تَرتَحِلُ منَ الحِيرةِ حتىٰ تطوفَ بالكعبةِ لا تخافُ أحداً إلا الله» ـ قلتُ: فيما بيني وبينَ نفْسي فأينَ دُعّارُ طَيِّءٍ الذينَ قد سَعَّروا البلادَ؟ ـ «ولَئنْ طالَتْ بكَ حياةٌ لتُفتَحنَّ كُنوزُ كِسرَى». قلتُ: كِسرَى بن هُرمُزَ؟ قال: كِسرَى بنِ هُرمُزَ. ولئنْ طالت بكَ حياةٌ لَتريَنَّ الرجلَ يُخرجُ مِلْءَ كفِّهِ من ذهبٍ أو فضةٍ يَطلُبُ مَن يَقبلهُ منهُ فلا يَجِدُ أحداً يَقبلهُ منه. ولَيلقَيَنَّ اللهَ أحدُكم يومَ يَلقاهُ وليسَ بينَهُ وبينهُ ترجمانٌ يُترجِمُ لهُ، فيقولَنَّ: ألم أبعَثْ إليكَ رسولاً فيُبلِّغكَ؟ فيقول: بلىٰ. فيقول: ألم أُعطِكَ مالاً وأُفْضِلْ عليكَ؟ فيقول: بلىٰ. فينظرُ عن يَمينه فلا يَرىٰ إلا جهنَّم، وينظرُ عن يَسارهِ فلا يَرى إلا جهنمَ». قال عَدِيٌّ: سمعتُ النبيَّ ﷺ يقول: «اتَّقُوا النارَ ولو بشِقَّةِ تَمرةٍ، فمن لم يَجِدْ شِقَّةَ (١) تمرةٍ فبكلمةٍ طيِّبةٍ». قال عديٌّ: فرأيتُ الظعينةَ ترتحلُ منَ الحِيرةِ حتىٰ تطوفَ بالكعبةِ لا تخافُ إلّا الله، وكنتُ فيمن افتتحَ كنوزَ كسرَى بنِ هُرمُزَ، ولئنْ طالت بكم حياةٌ لَتَرَوُنَّ ما قال النبيُّ أبو القاسم ﷺ: يُخرِجُ مِلءَ كفه».

٣٥٩٥ ـ قوله: (دعار طيىء) الخ أي قطاع الطريق من هذا الحي الذين أوقدوا نار الفتنة في البلاد.

(١) ـ قوله: (بشقة تمرة) ولأبي ذر عن الكشميهي والحمويّ في فتح الباري بشق تمرة بحذف تاء التأنيث بعد القاف (شارح).

3594 . Abū Sa'īd Al-Khudrī (may Allāh be pleased with him) narrated: The Prophet (the blessing and peace of Allāh be upon him) said: «A time will come when the people will wage holy war, and it will be asked: «It there any amongst you who has enjoyed the company of Allāh's Apostle (the blessing and peace of Allāh be upon him)?» They will say: «Yes». And then victory will be bestowed upon them. They will wage holy war again, and it will be wage holy war again, and it will be asked: «Is there any among you who has asked: «Is there any among you who has enjoyed the company of the companions of Allāh's Apostle (the blessing and peace of Allāh be upon him)?» They will say: «Yes». And then victory will be bestowed on them».

3594 . 'Adī bin Hātim (may Allāh be pleased with him) narrated: While I was in the city of the Prophet (the blessing and peace of Allāh be upon him), a man came and complained to him of destitution and poverty. Then another man and complained of a robbery (by highwaymen). The Prophet (the blessing and peace of Allāh be upon him) said: «'Adī! Have you been to Al-Hīra?» I said: «I haven't been to it, but was informed about it». He said: «If you should live for a long time, you will certainly see that a lady in a Hawdaj travelling from Al-Hīrā will (safely reach Mecc and) perform the the circumambulation around the Ka'ba, fearing none but Allāh». I said to myself: «What will happen to the robbers of the tribe of Tai who have spread evil through out the country?» The Prophet (the blessing and peace of Allāh be upon him) further said: «If you should live long, the treasures of Khosrau will be opened (and taken as spoils)». I asked: «You mean Khosrau, son of Hurmuz?» He said: «Khosrau, son of Hurmuz; and if you should live long, you will see that one will carry a handful of gold or silver and go out looking for a person to accept if from him. And any of you, when meeting Allāh, will meet Him without needing an interpreter between him and Allāh to interpret for him, and Allāh will say to him: «Didn't give your wealth and do you favours?» He will say: «Yes». Then he will look to his right and see nothing but Hell, and look to his left and see nothing but Hell».

Adī further said: «I heard the Prophet (the blessing and peace of Allāh be upon him) saying: «Save yourself from the (Hell) Fire even with half a date (to be given in charity) and if you do not find a half date, then with a good pleasant word». Adi added: (later on) I saw a lady in a Hawdaj travelling from Al-Hira till she performed the circumambulation around the Ka' be, fearing none but Allāh. And I was one of those who opened (conquered) the treasures of Khosrau, son of Hurmuz. If you should live long, you will see what the Prophet Abū-I-Qāsim (the blessing and peace of Allāh be upon him) had said: «A person will come out with a handfrul of gold...etc» .

حدثني عبدُ الله بن محمدٍ حدَّثنا أبو عاصمٍ أخبرَنا سَعدانُ بن بشرٍ حدَّثنا أبو مجاهدٍ حدَّثنا مُحِل بن خَليفة سمعتُ عَديّاً: «كنتُ عندَ النبيِّ ﷺ».

٣٥٩٦ ـ **حدثني** سعدُ بن شُرَحبيل حدَّثنا ليثٌ عن يزيدَ عن أبي الخير عن عُقبةَ بنِ عامرٍ: «عنِ النبيِّ ﷺ خرجَ يوماً فصلَّى على أهلِ أُحُدٍ صَلاتَه على الميّتِ، ثمَّ انصرفَ إلى المنبرِ فقال: إني فرَطُكم، وأنا شَهيدٌ عليكم. إني واللهِ لأنظرُ إلى حَوضي الآن، وإني قد أُعطيتُ خزائنَ مَفاتيحِ الأرض، وإني والله ما أخافُ بَعدي أن تُشرِكوا، ولكن أخافُ أنْ تنافَسوا فيها».

٣٥٩٧ ـ **حدثنا** أبو نُعَيم حدَّثنا ابن عُيَينةَ عن الزُّهريِّ عن عُروةَ عن أُسامةَ رضيَ الله عنه قال: أشرفَ النبيُّ ﷺ على أُطمٍ من الآطام فقال: «هل تَرَونَ ما أرى؟ إني أرَى الفتنَ تقعُ خِلالَ بيوتِكم مواقعَ القَطْر».

٣٥٩٨ ـ **حدثنا** أبو اليمانِ أخبرَنا شعيبٌ عنِ الزُّهريِّ قال: حدَّثني عُروة بنُ الزُّبيرِ أن زينبَ ابنةَ أبي سلمةَ حدَّثَتْهُ أنَّ أُمَّ حَبيبةَ بنتَ أبي سفيانَ حدَّثَتْها عن زينبَ بنتِ جَحش: أنَّ النبيَّ ﷺ دَخلَ عليها فزِعاً يقول: «لا إلهَ إلاّ الله، وَيلٌ للعرَبِ من شرٍّ قدِ اقترَب: فُتِحَ اليومَ مِن ردمِ يأجوجَ ومأجوجَ مثلُ هذا. وحلَّقَ بإصبعِه وبالتي تليها». فقالت زينبُ: فقلتُ يا رسولَ الله أنهلِكُ وفينا الصالحون؟ قال: «نعم، إذا كثُرَ الخَبَث».

٣٥٩٩ ـ وعنِ الزُّهريِّ حدَّثتني هندُ بنتُ الحارثِ أنَّ أُمَّ سَلمةَ قالت: استيقظَ النبيُّ ﷺ فقال: «سُبحانَ الله ماذا أُنزِلَ من الخزائنِ، وماذا أُنزِلَ منَ الفتن».

٣٦٠٠ ـ **حدثنا** أبو نُعَيم حدَّثنا عبدُ العزيزِ بنُ أبي سلمـةَ بنِ الماجِشـونِ عن

٣٥٩٧ ـ قوله: (على أطم من الآطام) وفي نسخة من آطام المدينة أي على حصن من حصون أهل المدينة (شارح).

This hadīth has been transmitted through a chain of transmitters.

3596 . 'Uqba bin 'Amr (may Allāh be pleased with him) narrated: The Prophet (the blessing and peace of Allāh be upon him) once came out and offered the funeral prayer for the martyer of Uhud and proceeded to the pulpit and said: «I shall be your predecessor and a witness on you, and I am really looking at my sacred Fount now and no doubt, I have been given the keys of the treasures of the world. By Allāh, I am not afraid that you will worship others along with Allāh, but I am afraid that you will envy and fightone another for worldly fortunes».

3597 . Usāma (may Allāh be pleased with him) narrated: Once the Prophet (the blessing and peace of Allāh be upon him) stood on one of the high buildings (of Madina) and said: «Do you see what I see? I see affliction pouring among your houses like raindrops».

3598 . Zainab bint Jahsh narrated that the Prophet (the blessing and peace of Allāh be upon him) came to her in a state of fear saying: «None has the right to be worshiped but Allāh! Woe to the Arabs because of evil that has come near Today a hole has been made in the wall of Gog and Magog as large as this», pointing with two of his fingers making a circle. Zainab said: «I said: «O Allāh's Apostle! Shall we be destroyed though amongst us there are pious people?» He said: Yes, if evil increases».

Umm Salama (may Allāh be pleased with her) narrated: The Prophet (the blessing and peace of Allāh be upon him) woke up and said: «Glorified be Allāh! What great treasures have been sent down, and what great afflictions have been sent down!.

3600 . Sa'sa'a narrated: Abū Sa'īd Al-Khudrī (may Allāh be pleased with

عبدِ الرّحمٰنِ بنِ أبي صَعصعةَ عن أبيهِ عن أبي سعيدٍ الخُدْريِّ رضيَ الله عنهُ قال: قال لي: إني أراكَ تحبُّ الغنَمَ وتتخِذُها، فأصلِحْها وأصلِح رُعاتَها، فإني سمعتُ رسولَ الله ﷺ يقول: «**يأتي على الناس زمانٌ تكونُ الغنمُ فيه خيرَ مالِ المسلم يَتبَعُ بها شَعَفَ الجبال - أو سَعفَ الجبال - في مَواقعِ القَطرِ، يَفرُّ بدِينِهِ منَ الفتَن**».

٣٦٠١ - **حدثنا** عبدُ العزيز الأُوَيسيُّ حدَّثنا إبراهيمُ عن صالح بن كيسانَ عنِ ابنِ شهابٍ عنِ ابنِ المسيَّب وأبي سلمة بن عبدِ الرّحمٰنِ أنَّ أبَا هريرةَ رضيَ الله عنه قال: قال رسولُ الله ﷺ: «**ستكونُ فِتَنٌ القاعدُ فيها خيرٌ منَ القائم، والقائمُ فيها خيرٌ منَ الماشي، والماشي فيها خير من الساعي، ومن يَشرَّفَ لها تَستشرِفْهُ، ومَن وجَدَ ملجَأً أو مَعاذاً فلْيَعُذْ به**». [الحديث ٣٦٠١ - طرفاه في: ٧٠٨١، ٧٠٨٢].

٣٦٠٢ - وعنِ ابنِ شهابٍ حدَّثني أبو بكرِ بن عبدِ الرّحمٰنِ بن الحارثِ عن عبدِ الرّحمٰنِ بن مُطيع بنِ الأَسودِ عن نوفلِ بن معاوية مثل حديثِ أبي هُريرةَ هٰذا، إلّا أنَّ أبا بكرٍ يزيدُ: «**منَ الصلاةِ صلاةٌ من فاتَتْهُ فكأنما وُتِرَ أهلَهُ ومالَه**».

٣٦٠٣ - **حدثنا** محمدُ بن كثيرٍ أخبرَنا سفيانُ عن الأعمشِ عن زَيد بن وَهبٍ عنِ ابنِ مسعود عن النبيِّ ﷺ قال: «**ستكونُ أَثرَةٌ وأُمورٌ تُنكِرونها. قالوا: يا رسولَ الله فما تأْمُرنا؟ قال: تُؤَدُّونَ الحقَّ الذي عليكم، وتسأَلونَ الله الذي لكم**».

[الحديث ٣٦٠٣ - طرفه في: ٧٠٥٢].

٣٦٠٠ - قوله: (رعامها) بضم الراء وتخفيف العين المهملتين ماء يسيل من أنوفها وفي نسخة: رغامها بالغين المعجمة وهو التراب فكأنه قال في الأول داو مرضها وفي الثاني أصلح مرابضها: وشعف الجبال: رؤوسها والسعف بالسين المهملة. جرائد النخل ولا معنى له هنا أهـ من الشارح.

٣٦٠١ - قوله: (ومن تشرّف) وفي رواية ومن يشرف أي من تطلع لها دعته إلى الوقوع فيها.

٣٦٠٢ - قوله: (وتر أهله وماله) أي نقص هو أهله وماله وسلبهما فبقي بلا أهل ومال وروي فيهما الرفع والأكثر على النصب وقوله: (أثرة) بفتح الهمزة والمثلثة وبضمها وسكون المثلثة كما في الشارح ومعناها الإستبداد والإختصاص بالأموال فيما حقه الإشتراك أهـ.

him) said to me: «I notice that you like sheep and you keep them; so take care of them and their food, for I have heard Allāh's Apostle (the blessing and peace of Allāh be upon him) saying «A time will come upon the people when the best of a Muslim's property will be sheep, which he will take to the tops of mountains and to the places of rainfalls in order to save his religion from afflictions».

3601 . Abū Huraira (may Allāh be pleased with him) narrated: Allāh's Apostle (the blessing and peace of Allāh be upon him) said: «There will be afflictions at the time of which the sitting person will be better than the standing one, and the standing one will be better than the walking, and the walking will be better than the running. And whoever will look towards those afflictions, they will overtake him, and whoever will find a refuge or a shelter, should take refuge in it»..

The parts of this hadīth are in: 7081, 7082.

3602 . The name narration is reported by Abū Bakr, with the addition: «(The Prophet (the blessing and peace of Allāh be upon him) said): «Among the prayers there is a prayer the missing of which will be one like losing one's family and property».

3603 . Ibn Mas'ūd (may Allāh be pleased with him) narrated: (the blessing and peace of Allāh be upon him) said: «Soon others will be preferred to you, and there will be things which you will not like». The Companions of the Prophet (the blessing and peace of Allāh be upon him) asked: «O Allāh's Apostle! What do you order us to do (in this case)?» He said: «(I order you) to give the rights that are on you and to ask your rights from Allāh».

The parts of this hadīth are in: 7052.

٣٦٠٤ - **حدثنا** محمدُ بنُ عبدِ الرّحيم حدَّثنا أبو مَعمرٍ إسماعيلُ بن إبراهيمَ حدَّثنا أبو أُسامةَ حدَّثنا شعبةُ عن أبي التَّياح عن أبي زرعةَ عن أبي هريرةَ رضيَ اللهُ عنه قال: قال رسولُ اللهِ ﷺ: **«يُهلِكُ الناسَ هذا الحيُّ من قُريش. قالوا: فما تأمُرُنا؟ قال: لو أنَّ الناسَ اعتَزَلوهم»**.

قال محمودٌ حدَّثنا أبو داودَ أخبرَنا شعبةُ عن أبي التيّاح سمعتُ أبا زرعةَ.

[الحديث ٣٦٠٤ - طرفاه في: ٣٦٠٥، ٧٠٥٨].

٣٦٠٥ - **حدثنا** أحمدُ بن محمدٍ المكيُّ حدَّثنا عمرُو بن يحيى بنِ سعيدٍ الأُمَويُّ عن جدِّه قال: كنتُ مع مروانَ وأبي هريرةَ فسمعتُ أبا هريرةَ يقول: سمعتُ الصادقَ المصدوقَ يقول: **«هلاكُ أُمّتي على يَدَي غِلمةٍ من قُريش»**. فقال مَروان، غِلمة؟ قال أبو هريرةَ: إن شئتَ أن أُسمِّيَهم، بني فلانٍ وبني فلان».

٣٦٠٦ - **حدثنا** يحيى بنُ موسى حدَّثنا الوليدُ قال: حدَّثني ابنُ جابرٍ قال: حدَّثني بُسْرُ بن عُبيدِ الله الحضرميُّ قال: حدَّثني أبو إدريسَ الخولانيُّ أنه سمعَ حُذيفةَ بن اليمانِ يقول: كان الناسُ يسألونَ رسولَ الله ﷺ عنِ الخير، وكنتُ أسألُهُ عن الشرِّ مخافةَ أنْ يُدرِكَني. فقلتُ: يا رسولَ الله، إنّا كنّا في جاهليةٍ وشرّ، فجاءَنا الله بهذا الخير، فهل بعدَ هذا الخيرِ من شرّ؟ قال: **«نعم»**. قلتُ: وهل بعدَ هذا الشرّ من خير؟ قال: **«نعم وفيه دَخَن»**، قلتُ: وما دَخَنُه؟ قال: **«قومٌ يَهدُون بغيرِ هَدْيي، تعرِفُ منهم وتُنكِر»**. قلتُ: فهل بعدَ ذلك الخيرِ من شرّ؟ قال: **«نعم دُعاةٌ إلى أبوابِ جهنم، مَن أجابهم إليها قذَفوهُ فيها»**. قلتُ: يا رسولَ الله صِفْهم لنا. فقال: **«هم مِن جِلدتِنا، ويتكلمونَ بألسِنتِنا»**. قلتُ: فما تأمُرُني إن أدركَني ذلك؟ قال: **«تلزَمُ جماعَةَ المسلمين وإمامَهم»**. قلتُ: فإن لم يكنْ لهم جماعةٌ ولا إمام؟ قال: **«فاعتزِلْ تلكَ الفِرَقَ كلَّها، ولو أنْ تَعَضَّ بأصلِ شجرةٍ حتى يُدرِكَكَ الموتُ وأنتَ على ذلك»**. [الحديث ٣٦٠٦ - طرفاه في: ٣٦٠٧، ٧٠٨٤].

٣٦٠٥ - قوله: (فقال مروان غلمة) أي يكونون أُمراء وفي طريق آخر: فقال مروان لعنة الله عليهم غلمةً.

٣٦٠٦ - قوله: (دخن) أي كدر يعني أنه ليس خيراً محضاً ولكن يكون معه شوب وكدورة.

3604 . Abū Huraira (may Allāh be pleased with him) narrated: Allāh's Apostle (the blessing and peace of Allāh be upon him) said: «This branch from Quraish will ruin the people». The Companions of the Prophet (the blessing and peace of Allāh be upon him) asked: «What do you order us to do (then)?» He said: «I would suggest that the people keep away from them».

The parts of this hadīth are in: 3605, 7058.

3605. Said Al-Umawi narrated: I was with Mrwan and Abu Huraira. I heard Abū Huraira saying: «I heard the trustworthy, truly inspired one (i.e. the Prophet (the blessing and peace of Allāh be upon him)) saying: «The destruction of my followers will be brought about by the hands of some youngsters from Quraish». Marwān asked: «Youngsters?» Abū Huraira said: «If you wish, I would name them: They are the children of so- and-so and the children of so-and-so.

3606 . Huthaifa bin Al-Yamān narrated: The people used to ask Allāh's Apostle (the blessing and peace of Allāh be upon him) about good, but I used to ask him about evil for fear that it might overtake me. Once I said: «O Allāh's Apostle! We were in ignorance and in evil and Allāh has bestowed upon us the present of good; will there be any evil after this good?» He said: «Yes». I asked: «Will there be good after that evil?» He said: «Yes, but it would be tained with Dakhan (i.e. evil)». I asked: «What will it Dakhan be?» He said: There will be some people who will lead (people) according to principles other than my tradition. You will see their actions and disapprove of them». I said: «Will there by any evil after that good?» He said: «Yes, there will be some people who will invite others to the doors of Hell, and whoever accepts their invitaion to it will be thrown in [it (by them)». I said: «O Allāh's Apostle! Describe those people to us». He said: «They will belong to us and speak our language». I asked: «What do you order me to do if such a thing should take place in my life?» He said: «Adhere and take place in my life?» He said: «Adhere to the group of Muslims and their Chief». I asked: «If there is neither a group (of Muslims) nor a chief (what shall I do)?» He said: «Keep away from all those different sects, even if you had to bite (i.e. eat) the root of a tree, till you meet Allāh while you are still in that state».

The parts of this hadīth are in: 3607, 7084.

٣٦٠٧ - **حدثنا** محمدُ بن المثنى حدَّثني يحيى بن سعيدٍ عن إسماعيلَ حدَّثني قيسٌ عن حُذيفة رضيَ الله عنه قال: «**تعلَّمَ أصحابي الخيرَ، وتعلَّمتُ الشرَّ**».

٣٦٠٨ - **حدثنا** الحكَمُ بن نافعٍ حدَّثَنا شُعيبٌ عنِ الزُّهريِّ قال: أخبرني أبو سَلمةَ بنُ عبدِ الرَّحمٰنِ أنَّ أبا هريرة رضيَ الله عنه قال: قال رسولُ الله ﷺ: «**لا تقومُ الساعةُ حتى يَقتتلَ فِئتانِ دعواهُما واحدة**».

٣٦٠٩ - **حدثنا** عبدُ الله بنُ محمدٍ حدَّثَنا عبدُ الرزّاقِ أخبرَنا مَعْمرٌ عن هَمامٍ عن أبي هريرةَ رضيَ الله عنه عنِ النبيِّ ﷺ قال: «**لا تقومُ الساعةُ حتى يَقتتلَ فئتانِ فيكون بينهما مَقتَلةٌ عظيمة، دَعواهما واحدة. ولا تقومُ الساعة حتى يُبعثَ دجالونَ كذّابونَ قريباً من ثلاثين، كلُّهم يَزعُمُ أنه رسولُ الله**».

٣٦١٠ - **حدثنا** أبو اليمانِ أخبرَنا شُعيبٌ عنِ الزُّهريِّ قال: أخبرني أبو سلمةَ بنُ عبدِ الرَّحمٰنِ أنَّ أبا سعيدٍ الخُدريَّ رضيَ الله عنه قال: «بينما نحن عندَ رسولِ الله ﷺ - وهو يَقسِمُ قسماً - إذ أتاهُ ذو الخُوَيصرةِ وهورجلٌ من بني تميمٍ فقال: يا رسولَ الله اعدِلْ. فقال: «**ويلَك، ومن يعدلُ إذا لم أعدِل، قد خِبت وخسرت إن لم أكُنْ أعدِل**». فقال عمر: يا رسولَ الله، ائذَنْ لي فيهِ فأضرِبَ عُنقَه، فقال: «**دَعهُ فإن لهُ أصحاباً يَحقِرُ أحدُكم صلاتَهُ مع صلاتهم، وصيامَهُ مع صيامِهم، يَقرَؤُون القرآنَ لا يُجاوزُ تَراقيَهُم، يَمرُقونَ منَ الدينِ كما يَمرُقُ السهمُ منَ الرمية، يُنظَرُ إلى نَصلهِ فلا يوجَدُ فيهِ شيء، ثم يُنظَرُ إلى رِصافهِ**

٣٦٠٨ - قوله: (فئتان) كذا في نسخة العيني في الموضعين وهو الصواب وفي نسخة القسطلاني فيهما (فتيان) مضبوطاً بصيغة الجمع وهو تصحيف.

٣٦١٠ - قوله: (خبت وخسرت) بفتح التاء فيهما مع جواز الضمّ لكن الفتح أشهر وأوجه أهـ شارح.

(١) - (نصل السهم) حديدته و(رصافه): أوتاره و(نضيه): قدحه يعني عوده و(قذذه): أرياشه التي عليه أي ينظر إلى هذه الأشياء فلا يرى في واحد منها أثر الدم. (قد سبق الفرث) وهو ما يجتمع في الكرش و(الدم) بحيث لم يتعلق به منها شيء وخرجا بعده و(البضعة): القطعة من اللحم و(تدردر): معناه تتحرك تذهب وتجيء أصله تتدردر وضبطه العيني من الدردرة.

3607 . Huthaifa (may Allāh be pleased with him) narrated: My Companions learned (something about) good (through asking the Prophet (the blessing and peace of Allāh be upon him)), while I learned (something about) evil.

3608 . Abū Huraira (may Allāh be pleased with him) narrated: Allāh's Apostle (the blessing and peace of Allāh be upon him) said: «The Day of (Judgement) will no be established till there is a war between two groups whose claims (or religion) will be the same».

3609 . Abū Huraira (may Allāh be pleased with him) narrated: The Prophet (the blessing and peace of Allāh be upon him) said: «The Hour will not be established till there is a war between two groups among whom there will be a great number of casualties, though the claims, (or religion) of both of them will be one and the same. And the Hour will not be established till there appear thirty liars, all of whom will be claiming to be the messengers of Allāh.

3610 . Abū Sa'īd Al-Khudrī (may Allāh be pleased with him) narrated: While we were with Allāh's Apostle (the blessing and peace of Allāh be upon him) who was distributing (i.e. some property), there came Thu-l Khuwaisira, a man from the tribe of Banī Tamīm and said: «OAllāh's Apostle! Do justice». The Prophet (the blessing and peace of Allāh be upon him) said: «Woe to you! Who could do justice if I did not? You would be a desperate loser if I did not do justice» 'Umar said: «O Allāh's Apostle! Allow me to chop his head off». The Prophet (the blessing and peace of Allāh be upon him) said: «Leave him, for he has companions who pray and fast in such a way that you will consider your fasting negligible in comparison to theirs. They recite Qur'ān but it does not go beyond their throats (i.e. they do not act on it) and they will desert Islām as an arrow goes through a victim's body, so that the hunter, on looking at the arrow's blade, would see nothing on it; he would look at its Risāf and see nothing: he would look at its Nadi and see nothing, and he would at its Quthath (Risaf, Nadi and Quthath are parst of the arrow) and see nothing (neither meat not blood),

فما يوجَدُ فيهِ شيء، ثمَّ يُنظرُ إلى نَضِيِّهِ ـ وهو قِدْحهُ ـ فلا يوجَدُ فيه شيء، ثمَّ يُنظَرُ إلى قُذَذِهِ فلا يوجَد فيهِ شيء، قد سَبَقَ الفرثَ والدَّمَ، آيتهم رجلٌ أسودُ إحدى عَضُدَيهِ مثل ثَدْيِ المرأة، أو مثلُ البَضْعةِ تدَرْدَرُ، ويَخرُجونَ على حين فُرقةٍ[٢] منَ الناس». قال أبو سعيدٍ: فأشهدُ أني سمعتُ هٰذا الحديثَ من رسولِ الله ﷺ، وأشهدُ أنَّ عليَّ بنَ أبي طالبٍ قاتلَهم وأنا معه، فأمرَ بذلكَ الرجُل فالتمسَ فأُتيَ به، حتى نظرتُ إليهِ على نعتِ النبيِّ ﷺ الذي نَعَتَه».

٣٦١١ ـ **حدثنا** محمدُ بنُ كثيرٍ أخبرَنا سفيانُ عنِ الأعمش عن خَيثَمةَ عن سُوَيدِ بنِ غَفَلةَ قال: قال عليٌّ رضيَ الله عنه: إذا حدَّثتُكم عن رسولِ الله ﷺ فلأنْ أخِرَّ منَ السماءِ أحَبُّ إليَّ من أن أكذِبَ عليه، وإذا حدَّثتكم فيما بيني وبينكم فإنَّ الحربَ خَدْعة. سمعتُ رسولَ الله ﷺ يقول: «يأتي في آخرِ الزمانِ قومٌ حُدَثاءُ الأسنانِ، سُفَهاءُ الأحلامِ، يقولونَ مِن خيرِ قولِ البريَّة، يَمرُقونَ منَ الإسلامِ كما يمرُقُ السهمُ منَ الرمية لا يجاوزُ إيمانهم حناجرَهم فأينما لقيتموهم فاقتلوهم، فإنَّ قتلَهم أجراً لمن قتلهم يومَ القيامة».

[الحديث ٣٦١١ ـ طرفاه في: ٥٠٥٧، ٦٩٣٠].

٣٦١٢ ـ **حدثني** محمدُ بنُ المثنىٰ حدَّثني يحيى عن إسماعيلَ حدَّثَنا قيسٌ عن خَبّابِ بنِ الأرَتِّ قال: شكَونا إلى رسولِ الله ﷺ ـ وهو مُتَوسِّدٌ بُردَةً له في ظِلِّ الكعبةِ ـ قلنا له: ألا تستنصِرُ لنا، ألا تدعو الله لنا؟ قال: «كان الرَّجلُ فيمن قبلَكمُ يُحفَرُ له في الأرضِ فيُجعلُ فيه، فيُجاء بالميشارِ فيوضعُ على رأسهِ فيُشقُّ باثنتَينِ، وما يَصُدُّهُ ذٰلك عن دِينه،

(٢) ـ قوله. (على حين فرقة) أي على زمان افتراق وروي: على خير فرقة بكسر الفاء وهو الظاهر وعليه شرح العيني.

٣٦١١ ـ قوله: أخِرّ من الخرور: السقوط.

٣٦١٢ ـ قوله: (بالميشار) بكسر الميم وسكون التحتية وبالنون موضعها وقوله: (ليتمن) من التمام وروى ليتمنّ من الإتمام مع نصب الأمر كما في الشارح.

for the arrow has been too fast even for the blood and exretions to smear. The sign by which they will be recognised is that among them there will be a black man, one of whose arms will resemble a woman's beast or a lump of meat moving loosely. Those people will appear when there are differences amongst the people». I testify that I heard this narration from Allāh's Apostle (the blessing and peace of Allāh be upon him) and I testify that 'Alī bin Abī Tālib fought with such people, and I was in his company. He ordered that the man (described by the Prophet (the blessing and peace of Allāh be upon him)) should be looked for. The man was brought and I looked at him and noticed that he looked exactly as the Prophet (the blessing and peace of Allāh be upon him) had described him.

3611 . 'Ālī (may Allāh be pleased with him) narrated: I relate the traditions of Allāh's Apostle (the blessing and peace of Allāh be upon him) to you, for I would rather fall from the sky than attribute something to him falsely. But when I tell you a thing which is between you and me, then no doubt, war is guile. I heard Allāh's Apostle (the blessing and peace of Allāh be upon him) saying: «In the last days of this world there will appear some young foolish people who will use (in their claim) the best speech of all people (i.e. the Qur'ān) and they will abandon Islām as an arrow going through the game. Their belief will not go beyond their throats (i.e. they will have practically no belief), so wherever you meet them, kill them, for he who kills them shall get a reward on the Day of Ressurrection».

The parts of this hadīth are in: 5057, 6930.

3612 . Khabbāb bin Al-Arat narrated: We complained to Allāh's Apostle (the blessing and peace of Allāh be upon him) (of the persecution inflicted on us by the infidels) while he was sitting in the shade of the Ka'ba, leaning over his Burd (i.e. covering sheet). We said to him: «Would you help us? Would you pray to Allāh for us?» He said: «Among the nations before you a (believing) man would be put in a ditch that was dug for him, and a saw would be put over his head, and he would be cut into two peices; yet that (torture) would not make

ويُمشَطُ بأمشاطِ الحديدِ ما دُونَ لحمهِ من عظمٍ أو عَصَب، وما يَصدُّهُ ذٰلكَ عن دِينه. واللهِ لَيُتمَّنَّ هذا الأمرَ حتىٰ يَسيرَ الراكبُ من صنعاءَ إلى حَضْرَمَوتَ لا يخافُ إلاّ الله، أوِ الذِّئبَ على غنمه، ولٰكنَّكم تستعجِلون». [الحديث ٣٦١٢ ـ طرفاه في: ٣٨٥٢، ٦٩٤٣].

٣٦١٣ ـ **حدثنا** عليُّ بن عبدِ الله حدَّثنا أزهرُ بن سعدٍ حدَّثنا ابنُ عَونٍ قال: أنبأني موسى بن أنس عن أنسِ بنِ مالكٍ رضيَ الله عنه: أنَّ النبيَّ ﷺ افتقدَ ثابتَ بنَ قَيسٍ، فقال رجلٌ: يا رسولَ الله أنا أعلمُ لكَ عِلمَه. فأتاهُ فوجَدَهُ جالساً في بيتِهِ منكساً رأسه، فقال: «ما شأنُك؟» فقال: شرٌّ، كان يَرفَعُ صوتَهُ فوقَ صوتِ النبيِّ ﷺ فقد حَبِطَ عمله وهو من أهلِ الأرض. فأتى الرجلُ فأخبرَهُ أنهُ قال كذا وكذا. فقال موسى بنُ أنسٍ: فرجَعَ المرَّةَ الآخِرة بِبشارةٍ عظيمة، فقال: اذهبْ إليهِ فقلْ لهُ: «إنكَ لستَ من أهلِ النارِ، ولكن من أهلِ الجنة». [الحديث ٣٦١٣ ـ طرفه في: ٤٨٤٦].

٣٦١٤ ـ **حدثني** محمدُ بنُ بَشّارٍ حدَّثنا غُندَرٌ حدَّثنا شُعبةُ عن أبي إسحاقَ سمعت البَراءَ بنَ عازبٍ رضيَ اللهُ عنهما: قرأَ رجلٌ الكهفَ وفي الدار الدّابَة، فجعلَتْ تَنفِر، فسلَّمَ، فإذا ضَبابةٌ غَشِيَتْه، فذكرَهُ للنبيِّ ﷺ فقال: «اقْرَأْ فُلانُ، فإنها السَّكينةُ نَزَلت للقرآن، أو تنزَّلت للقرآن». [الحديث ٣٦١٤ ـ طرفاه في: ٤٨٣٩، ٥٠١١].

٣٦١٥ ـ **حدثنا** محمدُ بنُ يوسفَ حدَّثنا أحمد بن يزيدَ بن إبراهيمَ أبو الحسنِ

٣٦١٣ ـ قوله: (كان يرفع صوته) فيه عدول عن التكلم أي الغيبة.

٣٦١٥ ـ قوله: (حين سريت مع) قوله أسرينا لغتان جمع بينهما عازب والصديق رضي الله عنهما ومعناهما السير في الليل قوله: وبسطت عليه لأبي ذر وفي نسخة: لفظه فيه بدل عليه.

him give up his religion. His boys would be ruined with iron combs that would remove his flesh from the bones and nerves, yet that would not make him abandon his religion. By Allāh, this religion (i.e. Islām) will prevail till a traveller from San'tā' (in Yemen) to Hadramut fears none but Allāh, or a wolf as regards his sheep, but you (people) are hasty».

The parts of this hadīth are in: 3852, 6943.

3613 . Anas bin Mālik (may Allāh be pleased with him) narrated: The Prophet (the blessing and peace of Allāh be upon him) noticed the absence of Thābit bin Qais. A man said: «O Allāh's Apostle! I shall bring you his news». So he went to him and saw him sitting in his house drooping his head (sadly). He asked: Thābit: «What's the matter?» Thābit replied: «An evil situation: A man used to raise his voice over the voice of the Prophet (the blessing and peace of Allāh be upon him) and so all his good deeds have been annulled and he is from the people of Hell». The man went back and told the Prophet (the blessing and peace of Allāh be upon him) that Thābit had said so-and-so. (The sub-narrator, Mūsā bin Anas said: «The man went to Thābit again with glad tidings)» The Prophet (the blessing and peace of Allāh be upon him) said to him: «Go and say to Thābit». You are not from the people of Fire, but from the people of Paradise».

The parts of this hadīth are in: 4846.

3614 . Al-Barā bin 'Āzeb (may Allāh be pleased with him) narrated: A man recited Sūrat-al-Kahf (in his prayer) and in the house there was a (riding) animal which got frightened and started jumping. The man finished his prayer with the salutation, but behold! A mist or a cloud hovered over him. He informed the Prophet (the blessing and peace of Allāh be upon him) of that and the Prophet (the blessing and peace of Allāh be upon him) said: «O so-and-so! Recite, for this (mist or cloud) was a sign of peace descending for the recitation of Qur'ān».

The parts of this hadīth are in: 4839, 5011.

3615 . Al-Barā bin 'Āzeb narrated: Abū Bakr (may Allāh be pleased with

الحرّاني حدَّثنا زُهَير بن معاوية حدَّثنا أبو إسحاق سمعتُ البراءَ بنَ عازبٍ يقول: «جاء أبو بكرٍ رضيَ الله عنه إلى أبي في منزلِهِ فاشترى منهُ رَحلاً، فقال لعازِبٍ: ابعثْ ابنكَ يَحمِلْهُ معي، قال: فحملته معه، وخرجَ أبي ينتقدُ ثمنَهُ، فقال له أبي: يا أبا بكرٍ حدِّثْني كيف صنعتما حين سَرَيتَ معَ رسولِ الله ﷺ؟ قال: نعم، أسرَينا لَيلَتَنا ومِنَ الغَدِ حتى قامَ قائمُ الظهيرةِ، وخَلا الطريقُ لا يمرُّ فيه أحد، فرُفِعَتْ لنا صخرةٌ طويلةٌ لها ظِلٌّ لم تَأْتِ عليه الشمسُ فنزلْنا عندَه، وسَوَّيتُ للنبيِّ ﷺ مكاناً بيدي يَنامُ عليه، وبَسطْتُ عليه فروةً وقلتُ: نَمْ يا رسولَ الله وأنا أَنْفُضُ لكَ ما حولكَ. فنامَ. وخرجتُ أَنفُضُ ما حولَهُ، فإذا أنا براعٍ مُقبلٍ بغنمه إلى الصخرةِ يُريدُ منها مثلَ الذي أرَدْنا. فقلت: لِمن أنتَ يا غُلامُ؟ فقال: لِرَجلٍ من أهلِ المدينةِ ـ أو مكةَ ـ قلتُ: أفي غنمكَ لبَنٌ؟ قال: نعم. قلت: أفتحلِبُ؟ قال: نعم. فأخذَ شاةً، فقلتُ: انفضِ الضَّرعَ مِنَ التُّرابِ والشَّعَرِ والقَذَى. قال: فرأيتُ البَراءَ يضربُ إحدَى يديهِ على الأخرى يَنفُضُ. فحلبَ في قَعبٍ كُثْبةً من لبنٍ، ومعي إداوةٌ حَملتُها للنبيِّ ﷺ يرتوي منها يشربُ ويتوضَّأ، فأتيتُ النبيَّ ﷺ، فكرِهتُ أنْ أُوقِظَهُ، فوافقْتُهُ حِينَ استيقظَ، فصَبَبتُ مِنَ الماءِ على اللَّبنِ حتى بردَ أسفلَه، فقلتُ: آشرَبْ يا رسولَ الله، قال فشَرِبَ حتى رَضِيتُ. ثمَّ قال: «ألم يَأنِ للرَّحيلِ؟» قلتُ: بلى. قال: فارتحلْنا بعدَ ما مالَتِ الشمسُ، واتَّبعَنا سُراقةُ بن مالكٍ، فقُلت: أُتينا يا رسولَ الله، فقال: «لا تحزَنْ، إنَّ الله معَنا». فدَعا عليه النبيُّ ﷺ فارتطَمتْ بهِ فرَسُهُ إلى بَطنِها ـ أُرَى في جَلَدٍ مِنَ الأرضِ، شكَّ زُهَيرٌ ـ فقال: إني أُراكما قد دَعوتما عليَّ، فادعُوَا لي، فالله لكما أنْ أردَّ عنكما الطَّلبَ. فدَعا لهُ النبيُّ ﷺ، فنَجا. فجعلَ لا يَلقَى أَحداً إلا قال: كفَيتُكُم ما هُنا، فلا يَلقَى أحداً إلا ردَّهُ، قال: وَوفَى لنا».

ـ قوله: (فقلت لمن) ولأبي ذر فقلت له لمن.

ـ قوله: (في قعب) هو القدح من الخشب وقوله: كثبة أي شيئاً قليلاً.

ـ قوله: (فارتطمت به فرسه) أي غاصت به قوائمها في جلد أي صلب من الأرض قوله: **(فالله لكما) مبتدأ وخبر أي** ناصر لكما وحافظكما وقوله: (أن أردّ) أي لأن أردّ.

him) came to my father who was at home and purchased a saddle from him. He said: to Āzeb: «Tell your son to carry it with me». So I carried it with him and my father followed us so as to take the price (of the saddle). My father said: «O Abū Bakr! Tell me what happened to you on your right journey with Allāh's Apostle (the blessing and peace of Allāh be upon him) (during Migration)». He said: «Yes, we travelled the whole night and also the next day till midday, when nobody could be seen on the way (because of the serve heat). Then there appeared a long rock having shade beneath it, and the sunshine had not come to it yet. So we dismounted there and I levelled a place and covered it with an animal hide or dry grass for the Prophet (the blessing and peace of Allāh be upon him) to sleep on (for a while). I then said: «Sleep, O Allāh's Apostle, and I will guard you». So he slept and I went out to guard him. Suddenly I saw a shephered coming with his sheep to that rock with the same intention we had had when we came to it. I asked (him). To whom do you belong? O boy?» He replied: «I belong to a man from Madīna or Mecca». I said: «Do your sheep have milk?» He said: «Yes». I said: «Will you milk for us?» He said: «Yes». He caught hold of a sheep and I asked him to clean its teat from dust, hairs and dirt. (The sub-narrator said that he saw Al-Barā striking one of his hands with the other, demonstrating how the shepherd removed the dust). The shepherd milked a little milk in a wooden container and I had a leather container which I carried for the Prophet (the blessing and peace of Allāh be upon him) to drink and perform the ablution. I went to the Prophet (the blessing and peace of Allāh be upon him) hating to awake him, but when I reached there, the Prophet (the blessing and peace of Allāh be upon him) had already awakened: So I poured water over the middle part of the milk container, till the milk was cold. Then I said: «Drink, O Allāh' s Apostle!» He drank till I was pleased. Then he asked: «Has the time for our departure come?» I said: «Yes». So we departed after midday. Surāqa bin Mālik followed us and Allāh's Apostel!» He said: «Don't grieve for Allāh is with us». The Prophet (the blessing and peace of Allāh be upon him) invoked evil on him (i.e. Surāqa) and so the legs of his horse sank into the earth upto its belly. (The sub-narrator. Zuhair is not sure whether Abū Bakr said: «(It sank) into solid earth)». Surāqa said: «I see that you have invoked evil on me. Please invoke good on him, and by Allāh, I will cause those who are seeking after you to return. The Prophet (the blessing and peace of Allāh be upon him) invoked good on him and he was saved. Then whenever he met somebody on the way, he would say: «I have looked for him here in vain so he caused whomever he met to return Thus Surāqa fulfilled his promise».

٣٦١٦ ـ **حدثنا** مُعلَّى بنُ أَسَدٍ حدَّثنا عبدُ العزيزِ بنُ مختارٍ حدَّثنا خالدٌ عن عِكرمةَ عنِ ابنِ عبَّاسٍ رضيَ اللهُ عنهما: **أَنَّ النبيَّ ﷺ دخلَ على أعرابيٍّ يَعودُه، قـال: وكان النبيُّ ﷺ إذا دَخلَ على مريضٍ يعودُهُ قال: «لا بأسَ، طَهورٌ إن شاءَ الله». فقال له: «لا بأسَ، طَهورٌ إن شاءَ الله». قال: قلت: طَهورٌ؟ كلّا، بل هي حُمَّى تفورُ ـ أَو تثورُ ـ على شيخٍ كبيرٍ، تزيرُه القُبور. فقال النبيُّ ﷺ: «فنَعَم إذاً»**.

[الحديث ٣٦١٦ ـ أطرافه في: ٥٦٥٦، ٥٦٦٢، ٧٤٧٠].

٣٦١٧ ـ **حدثنا** أبو مَعْمَرٍ حدَّثنا عبدُ الوارثِ حدَّثَنا عبدُ العزيزِ عن أَنسٍ رضيَ اللهُ عنه قال: **«كان رجلٌ نَصرانياً فأسلم وقرأَ البقرةَ وآلَ عِمران، فكان يَكتُبُ للنبيِّ ﷺ، فعادَ نَصرانياً، فكانَ يقول: ما يدري محمدٌ إلا ما كتبتُ له، فأَماتَهُ الله، فدفنوه، فأَصبحَ وقد لفَظَتْهُ الأَرض، فقالوا: هذا فعلُ محمدٍ وأَصحابِهِ لما هَرَبَ منهم نَبَشوا عن صاحبِنا فأَلقوهُ. فحفَروا له فأَعمقوا، فأَصبحَ وقد لفَظَتْه الأَرض، فقالوا: هذا فعلُ محمدٍ وأَصحابِهِ نَبشوا عن صاحبِنا لما هربَ منهم فأَلقوهُ خارجَ القبر، فحفروا له وأَعْـمَقُوا له في الأَرض ما استطاعوا، فأَصبحَ قد لَفَظَتْهُ الأَرض، فعلِموا أنه ليسَ منَ الناسِ فأَلقوه»**.

٣٦١٨ ـ **حدثنا** يحيى بنُ بُكيرٍ حدَّثَنا اللَّيثُ عن يونُسَ عنِ ابن شهابٍ قال: وأَخبرَني ابنُ المسيَّبِ عن أَبي هُريرةَ أنه قال: قال رسولُ اللهِ ﷺ: **«إذا هلكَ كِسرَىٰ فلا كِسرىٰ بعدَه، وإذا هلكَ قيصرُ فلا قَيصرَ بعدَه. والذي نفسُ محمدٍ بيدِهِ لتُنْفِقُنَّ كنوزَهما في سبيلِ الله»**.

٣٦١٦ ـ قوله: (تزيره) من أزاره إذا حمله على الزيارة (شارح).

٣٦١٧ ـ قوله: (فأعمقوا) ولأبي ذر فأعمقوا له في الأرض ما استطاعوا فأصبح

ـ قوله: (خارج القبر) ساقط من بعض نسخ المتن موجود في متن الشارح.

3616 . Ibn 'Abbās (may Allāh be pleased with him) narrated: The Prophet (the blessing and peace of Allāh be upon him) paid a visit to a sick bedouin. The Prophet (the blessing and peace of Allāh be upon him). When he was visiting a patient, used to say: «No harm will befall you! May Allāh cure you!! May Allāh cure you!» So the Prophet (the blessing and peace of Allāh be upon him) said to the cure you. «No harm will befall you. May Allah cure you: «No harm will befall you. May Allāh cure you!» The bedouin said: «You say, may Allāh cure me? No, for it is a fever which boils in (the body of) and old man, and will lead him the grave». The Prophet (the blessing and peace of Allāh be upon him) said: «Yes, then may it be as you say».

The parts of this hadīth are in: 5656, 5662, 7470.

3617 . Anas (may Allāh be pleased with him) narrated: There was a Christain who embraced Islām and read Sūrat-al-Baqara and Al-Imrān and he used to write (the revelations) for the Prophet (the blessing and peace of Allāh be upon him). Later on he returned to Christianity again and he used to say: «Muhammad knows nothing but what I have written for him». Then Allāh caused him to die, and the people buried him, but in the morning they saw that the earth had thrown his body out. They said: «This is the act of Muhammad and his Companions. They dug the grave of our companion and took his body out of it because he had run away from them». They again dug the grave deeply for him, but in the morning they again saw that the earth had thrown his body out. They said: «This is an act of Muhammad and his Companions. They dug the grave of our companion and threw his body outside it, for he had run away from them». They dug the grave for him as deep as they could, but in the morning they again saw that the earth had thrown his body out. So they believed that what and befallen him was not done by human beings and had to leave him thrown (on the ground).

3618 . Abū Huraira (may Allāh be pleased with him) narrated: Allāh's Apostle (the blessing and peace of Allāh be upon him) said: When Khosrau perishes, there will be no (more) Khosrau after him, and when Caesar preishes, there will no more Caesar after him. By Him in Whose Hand Muhammad's life is, you will spend the treasures of both of them in Allāh Cause».

٣٦١٩ ـ **حدثنا** قبيصةُ أخبرنا سُفيانُ عن عبدِ الملكِ بنِ عُمَيرٍ عن جابر بن سَمُرَة رفعهُ قال: **«إذا هلكَ كِسرَى فلا كِسرَى بعدَه وإذا هلكَ قَيصر فلا قَيصرَ بعدَه ـ وذكرَ وقال ـ: لتُنفِقُنَّ كنوزَهما في سبيل الله»**.

٣٦٢٠ ـ **حدثنا** أبو اليمانِ حدَّثَنا شُعيبٌ عن عبدِ الله بنِ أبي حسينٍ حدَّثنا نافعُ بنُ جُبَيرٍ عنِ ابن عبّاسٍ رضيَ الله عنهما قال: «قدِمَ مُسَيلمة الكذّابُ على عهدِ رسول الله ﷺ فجعلَ يقول: إن جَعلَ لي محمدٌ الأمرَ مِن بعدِهِ تَبِعْته، وقَدِمَها في بَشَرٍ كثيرٍ مِن قومِه، فأقبلَ إليهِ رسولُ الله ﷺ ومعه ثابتُ بنُ قيسِ بن شَمّاسٍ ـ وفي يدِ رسولِ الله ﷺ قِطعةُ جَريدٍ ـ حتى وقف على مُسيلمةَ في أصحابِهِ فقال: لو سألتَني هٰذه القطعةَ ما أعطيتكها، ولن تعدُوَ أمرَ الله فيك، ولَئن أدبرتَ لَيعقِرَنك الله، وإني لأراكَ الذي أُرِيتُ فيكَ ما رأيتُ».

[الحديث ٣٦٢٠ ـ أطرافه في: ٤٣٧٣، ٤٣٧٨، ٧٠٣٣، ٧٤٦١].

٣٦٢١ ـ فأخبرَني أبو هريرة أنَّ رسولَ الله ﷺ قال: **«بَينما أنا نائم رأيتُ في يَدَيَّ سِوارين من ذهب فأهمَّني شأنُهما، فأُوحيَ إليَّ في المنامِ أنِ انفُخْهما، فنفختُهما، فطارا. فأوَّلتُهما كذّابَين يَخرُجان بَعدي، فكان أحدُهما العَنسيَّ، والآخرُ مُسَيلمةَ الكذّابَ صاحِبَ اليمامة»**. [الحديث ٣٦٢١ ـ أطرافه في: ٤٣٧٤، ٤٣٧٥، ٤٣٧٩، ٧٠٣٤، ٧٠٣٧].

٣٦٢٢ ـ **حدثنا** محمدُ بنُ العَلاءِ حدَّثَنا حمّادُ بن أُسامةَ عن بُرَيدِ بن عبدِ الله بن أبي بُردةَ عن جدِّهِ أبي بُردةَ عن أبي موسى أُراهُ عنِ النبيِّ ﷺ قال: **«رأيتُ في المنامِ أني أُهاجِرُ من مكةَ إلى أرضٍ بها نخلٌ، فذهبَ وَهَلي إلى أنها اليمامةُ أو هَجَرٌ، فإذا هيَ المدينةُ يَثرب، ورأيتُ في رُؤيايَ هٰذهِ أني هَزَزْتُ سيفاً فانقطعَ صَدرُه، فإذا هوَ ما أُصيبَ من**

٣٦٢٠ ـ (وقدمها) في بشر كثير: أي قدم المدينة.

ـ وقوله: ليعقرنك الله: أي ليقتلنك.

٣٦٢٢ ـ (الوهل): الوهم.

3619 . Jābir bin Samura narrated: The Prophet (the blessing and peace of Allāh be upon him) said: «When Khosrau perishes, there will be no more Khosrau after him, and when Caesar perishes, there will be no more Caesar after him». The Prophet (the blessing and peace of Allāh be upon him) also said: «You will spend the treasures of both of them in Allāh's Cause.

3620 . Ibn Abbās (may Allāh be pleased with him) narrated: Musailamā-Al-Kaththāb (i.e. the liar) came in the life-time of Allāh's Apostle (the blessing and peace of Allāh be upon him) with many of his people (to Madīna) and said: «If Muhammad makes me his successor, I will follow him». Allāh's Apostle (the blessing and peace of Allāh be upon him) went up to him with Thābit bin Qais bin Shams: And Allāh's Apostle (the blessing and peace of Allāh be upon him) was carrying a piece of a date--palm leaf in his hand. He stood before Musailamā (and his companions) and said: «If you asked me even this piece (of a leaf), I would not give it to you. You cannot avoid the fate you are destined to by Allāh. If you reject Islām. Allāh will destroy you. I think that you are most probably the same person whom I have seen in the dream».

The parts of this hadīth are in: 4272, 4278, 7033, 7461.

3621 . Abū Huraira told me that Allāh's Apostle (the blessing and peace of Allāh be upon him) said: «While I was sleeping. I saw (in a dream) two gold bracelet round my arm, and that worried me too much. Then I was instructed divinely in my dream to blow them off and so I blew them off, and they flew away. I interpreted the two bracelets as symbols of two liars who would appear after me. And so one of them was Al-'Anasi and the other was Musailamā Al-Kaththab (the liar) from Al-Yamāma».

The parts of this hadīth are in: 4374, 4375, 4379, 7034, 7037.

3622 . Abū Mūsā (may Allāh be pleased with him) narrated; The Prophet (the blessing and peace of Allāh be upon him) said: «In a dream I saw myself migrating from Mecca to a place having plenty of date trees. I thought that it was Al-Yamāma or Hajar, but it came to be Madina i.e. Yathrib. In the sword and its blade got broken. It came to symbolize the defeat which the Muslims suffered

المؤمنينَ يوم أُحُدٍ، ثمَّ هَزَزْتُه بأُخرَى فعادَ أحسنَ ما كان، فإذا هوَ ما جاءَ الله به منَ الفتح واجتماع المؤمنين. ورأيت فيها بقراً والله خيرٌ[1]، فإذا همُ المؤمنونَ يومَ أُحدٍ، وإذا الخيرُ ما جاءَ الله به منَ الخير وثوابِ الصدقِ الذي آتانا الله بعدَ يوم بدر».

[الحديث ٣٦٢٢ ـ أطرافه في: ٣٩٨٧، ٤٠٨١، ٧٠٣٥، ٧٠٤١].

٣٦٢٣ ـ **حدثنا** أبو نُعَيم حدَّثَنا زكريّاء عن فراسٍ عن عامرٍ عن مَسروقٍ عن عائشة رضي الله عنها قالت: «أَقبَلَتْ فاطمةُ تمشِي كأنَّ مِشيَتَها مشيُ النبيِّ ﷺ، فقال النبيُّ ﷺ: «مَرحباً يا ابنتي»، ثمَّ أجلَسَها عن يَمينه ـ أو عن شِمالِه ـ ثمَّ أسرَّ إليها حَديثاً فبكَت، فقلتُ لها: لِمَ تبكينَ؟ ثمَّ أسرَّ إليها حديثاً فضحِكَتْ، فقلتُ: ما رأيتُ كاليوم فرَحاً أقربَ من حزن، فسألتُها عما قال. فقالت: ما كنتُ لأُفشِيَ سِرَّ رسولِ الله ﷺ، حتى قُبِضَ النبيُّ ﷺ فسألتُها.

[الحديث ٣٦٢٣ ـ أطرافه في: ٣٦٢٥، ٣٧١٥، ٤٤٣٣، ٦٢٨٥].

٣٦٢٤ ـ «**فقالت**: أسرَّ إليَّ أنَّ جبريلَ كان يُعارِضني القرآنَ كلَّ سنةٍ مرةً، وإنهُ عارَضني العامَ مرَّتين ولا أراهُ إلا حضرَ أَجلي، وإنكِ أوَّلُ أهلِ بيتي لحاقاً بِي، فبكيتُ. فقال: أما ترضَين أن تكوني سيدةَ نساءِ أهلِ الجَنَّة! أو نساءِ المؤمنين ـ فضحِكتُ لذلك».

[الحديث ٣٦٢٤ ـ أطرافه في: ٣٦٢٦، ٣٧١٦، ٤٤٣٤، ٦٢٨٦].

٣٦٢٥ ـ **حدثنا** يحيى بن قَزَعةَ حدَّثَنا إبراهيمُ بن سعدٍ عن أبيهِ عن عُروةَ عن عائشةَ رضيَ الله عنها أنها قالت: «دَعا النبيُّ ﷺ فاطمةَ ابنتَهُ في شَكواهُ الذي قُبِضَ فيه، فسارَّها

(١) ـ قوله: (والله خير) بالرفع أي وصنع الله بالمقتولين خيرٌ لهم من مقامهم في الدنيا وفي نسخة والله بالجرّ على القسم لتحقيق الرؤيا ومعنى خير بعد ذلك على التفاؤل من تأويل الرؤيا وقوله: ما جاء الله به من الخير لأبي ذر وفي نسخة: ما جاء الله من الخير.

٣٦٢٤ ـ قوله: (إنّ جبريل) بكسر همزة إنّ (شارح).

from on the Day of Uhud. I moved the sword again, and it became normal as before, and that was the symbol of the victory Allāh bestowed upon Muslims and their gathering together. I saw Cows in my dream, and by Allāh, that was a blessing, and they symbolised the believers on the Day of Uhud. And the blessing was the good Allāh bestowed upon us and the reward of true beleief which Allāh gaves us after the day of Badr.

The parts of this hadīth are in: 3987, 4081, 7035, 7041.

3623 . 'Āisha (may Allāh be pleased with her) narrated: Once Fātimah came walking and her gait resembled the gait of the Prophet (the blessing and peace of Allāh be upon him). The Prophet (the blessing and peace of Allāh be upon him) said: «Welcome, O my daughter!» Then he made her sit on his right or on his left side, and then he told her a secret and she started weeping. I asked her: «Why are you weeping?» He again told her a secret and she started laughing. I said: «I never saw happiness so near to sadness as I saw today». I asked her what the Prophet (the blessing and peace of Allāh be upon him) had told her. She said: «I would never disclose the secret of Allāh's Apostle (the blessing and peace of Allāh be upon him)». When the Prophet (the blessing and peace of Allāh be upon him) died, I asked her about it.

The parts of this hadīth are in: 3625, 3715, 4433, 6285.

3624 . She replied: «(The Prophet (the blessing and peace of Allāh be upon him) said): «Every year Gabriel used to revise the Qur'ān with me once only, but this year he has done so twice. I think this portends my death, and you will be the first of my family to follow me. So I started weeping. Then he said: «Don't you like to be the mistress of all the ladies of Paradise or the mistress of all the lady believers?» So I laughed for that».

The parts of this hadīth are in: 3626, 3716, 4434, 6286.

3625 . 'Āisha (may Allāh be pleased with her) narrated: The Prophet (the blessing and peace of Allāh be upon him) in his fatal illness, called his daughter Fātimah and told her a secret because of which she started weeping. Then he called her and told her another secret, and she started laughing. When I asked her about that, she replied: The Prophet (the blessing and peace of Allāh be upon him) told me that he would die in his fatal illness, and so I wept, but then he

بشيءٍ فبكَتْ، ثمَّ دَعاها فسارَّها فضَحِكت، قالت فسألتُها عن ذلك».

٣٦٢٦ - «**فقالت**: سارَّني النبيُّ ﷺ فأخبرَني أنَّهُ يُقبض في وَجعِهِ الذي تُوُفِّيَ فيهِ فبكَيتُ، ثمَّ سارَّني فأخبرَني أني أوَّلُ أهلِ بيتِهِ أَتبَعُهُ فضحِكت».

٣٦٢٧ - **حدثنا** محمدُ بن عَرْعَرَة حدَّثَنا شعبةُ عن أبي بِشْر عن سعيدِ بنِ جُبَيرٍ عنِ ابنِ عبَّاسٍ قال: «كانَ عمرُ بنُ الخطابِ رضيَ الله عنه يُدني ابنَ عبَّاسٍ، فقالَ لهُ عبدُ الرَّحمٰنِ بن عوفٍ: إنَّ لنا أبناءً مِثلَهُ؛ فقال: إنهُ مِن حيث تعلم، فسأَل عمرُ ابنَ عبّاسٍ عن هذه الآية: ﴿إذا جاءَ نصرُ الله والفَتح﴾ فقال: أجلُ رسولِ الله ﷺ أعلَمهُ إياه، قال ما أعلم منها إلا ما تَعلم».

[الحديث ٣٦٢٧ - أطرافه في: ٤٢٩٤، ٤٤٣٠، ٤٩٦٩، ٤٩٧٠].

٣٦٢٨ - **حدثنا** أبو نُعَيم حدَّثَنا عبدُ الرَّحمٰن بنُ سليمانَ بن حنظلة ابن الغَسيل حدَّثنا عِكرمةُ عنِ ابنِ عباسٍ رضيَ الله عنهما قال: خرجَ رسولُ الله ﷺ في مرضه الذي مات فيه بمِلْحَفةٍ قد عَصَّبَ بعِصابةٍ دَسماءَ حتى جلس على المنبرِ فحمِدَ اللهَ وأثنى عليهِ ثمَّ قال: «**أما بعدُ فإنَ الناسَ يكثرون ويقلُّ الأنصار، حتى يكونوا في الناس بمنزلة الملح في الطعام، فمن وَلِيَ منكم شيئاً يَضرُّ فيه قوماً ويَنفعُ آخرين فلْيَقبلْ من مُحسنِهم ويتجاوَزْ عن مُسيئهم. فكان آخرَ مجلسٍ جلس فيه النبيُّ ﷺ**».

٣٦٢٩ - **حدثني** عبدُ الله بنُ محمدٍ حدَّثَنا يحيى بن آدمَ حدَّثَنا حسينٌ الجُعفيُّ عن أبي موسى عنِ الحسنِ عن أبي بكرة رضيَ الله عنه قال: أخرجَ النبيُّ ﷺ ذاتَ يوم الحسنَ فصَعِدَ بِهِ المنبرِ فقال: «ابني هٰذا سيِّد، ولعلَّ الله أن يُصلحَ به بينَ فِئَتين منَ المسلمين».

٣٦٢٧ - قوله: (إنه من حيث تعلم) وروي: إنه من كنت تعلم.

secretly told me that from amongst his family. I would be the first to join him and so I laughed».

3626. Fatimah narrated: The Prophet (the blessing and peace of Allah be upon him) told me in secret that he is dying in his ailment, in which he died in, so I wept. Then he told me in secret that I will be the first to follow me of his family, so I laughed.

3627 . Sa'īd bin Jubair narrated from Ibn 'Abbās (may Allāh be pleased with him): «Umar bin Al-Khattāb (may Allāh be pleased with him) used to treat Ibn 'Abbās very favourably.'Abdu-Rahmān bin Auf said to him: «We also have sons that are equal to him (but you are partial to him)». Umar said: It is because of his knowledge». Then Umar asked Ibn Abbas about the interpretation of the Verse».«When come the Help of Allāh and the conquest (of Mecca) (110: 1) Ibn 'Abbās said: «It portended the death of Allāh's Apostle (the blessing and peace of Allāh be upon him) which Allāh had informed him of.» 'Umar said: «I do not know from this verse but what you know.

The parts of this hadīth are in: 4294, 4430, 4969, 4970.

3628 . Ibn 'Abbās (may Allāh be pleased with him) narrated Allāh's Apostle (the blessing and peace of Allāh be upon him) in his fatal illness, came out, wrapped with a sheet, and his head was wrapped with an oiled bandage. He sat on the pulpit, and praising and glorifying Allāh, he said: «Now then, people will increase but the Ansār will decrease in number, so much so that they, compared with the people, will be just like the salt in the meals. So, if any of you should take over the authority by which he can either benefit some people or harm some others, he should accept the goodness of the good people (i.e. Ansār) doers.» That was the last gathering which the Prophet (the blessing and peace of Allāh be upon him) attened.

3629 . Abū Bakr (may Allāh be pleased with him) narrated: Once the Prophet (the blessing and peace of Allāh be upon him) brough out Al-Hassan and took him up the pulpit along with him and said: «This son of mine is a Saiyid (ie.. chief) and I hope that Allāh will help him bring about reconciliation between two Muslim groups».

٣٦٣٠ ـ **حدثنا** سليمان بن حربٍ حدَّثَنا حمادُ بن زيدٍ عن أيوبَ عن حميدِ بن هلالٍ عن أنسِ بن مالكٍ رضيَ الله عنه «أنَّ النبيَّ ﷺ نعى جَعفراً وزيداً قبلَ أن يجيءَ خبرُهم، وعيناه تذرِفان».

٣٦٣١ ـ **حدثنا** عمرُو بن عبّاسٍ حدَّثَنا ابنُ مَهدِيّ حدَّثنا سفيانُ عن محمدِ بن المنكدرِ عن جابرٍ رضيَ الله عنه قال: قال النبيُّ ﷺ: «هل لكم من أنماط؟» قلت: وأنّى يكون لنا الأَنماط؟ قال: «أما إنَّهُ سيكون لكم الأَنماط. فأَنا أَقول لها ـ يعني امرأتَهُ ـ أَخِّري عنا أنماطَكِ، فتقول: أَلم يَقُلِ النبيُّ ﷺ: إنَّها ستكون لكمُ الأَنماط، فأَدَعُها».

[الحديث ٣٦٣١ ـ طرفه في: ٥١٦١].

٣٦٣٢ ـ **حدثني** أَحمدُ بن إسحاقَ حدَّثَنا عُبَيدُ الله بن موسى حدَّثنا إسرائيلُ عن أَبي إسحاقَ عن عمرو بن ميمونٍ عن عبدِ الله بنِ مسعودٍ رضيَ الله عنه قال: «انطلَقَ سعدُ بن مُعاذٍ مُعتمِراً، قال: فنزَل على أُميَّةَ بنَ خلفٍ أَبي صفوانَ، وكان أُميةُ إذا انطلقَ إلى الشام فمرَّ بالمدينةِ نزلَ على سعدٍ، فقال أُميةُ لسعدٍ: انتظِرْ حتى إذا انتصفَ النهارُ وغفلَ الناسُ انطلقتَ فطفتَ؟ فبينا سعدٌ يطوف إذا أبو جهل، فقال: مَن هٰذا الذي يطوف بالكعبةِ؟ فقال سعدٌ: أنا سعد. فقال أبو جهلٍ: تطوفُ بالكعبةِ آمناً وقد آويتم محمداً وأصحابَه؟ فقال: نعم. فتلاحيا بينهما. فقال أُميةُ لسعدٍ: لا ترفع صوتكَ على أَبي الحكم، فإنهُ سيِّدُ أَهلِ الوادي. ثمّ قال سعد: والله لئن منعتَني أنْ أَطوفَ بالبيت لأَقطعنَّ متجرَكَ بالشام. قال: فجعل أُميةُ يقول لسعدٍ: لا ترفَعْ صوتَك ـ وجعلَ يُمسِكُهُ ـ فغضِبَ سعدٌ فقال: دَعْنا عنك، فإني سمعتُ محمداً ﷺ يزعم أنه قاتِلُك. قال: إيّايَ؟ قال: نعم. قال: والله ما يكذِبُ محمد إذا حدَّث. فرجَعَ إلى امرأتِهِ فقال: أَما تعلمين ما قال لي أَخي اليَثربيُّ؟ قالت: وما قال؟ قال: زعمَ أنه سمِعَ محمداً يزعمُ أنه قاتلي. قالت: فوالله ما يكذب محمدٌ. قال: فلما

٣٦٣٢ ـ قوله: (انطلقت فطفت) بضم التاء وفتحها فيهما انظر الشارح.

ـ قوله: (فتلاحيا) أي فتخاصم سعد وأبو جهل وتنازعا (شارح).

3630 . Anas bin Mālik (may Allāh be pleased with him) narrated: The Prophet (the blessing and peace of Allāh be upon him) had informed us of the death of Ja'far and Zaid before the news of their death reached us, and his eyes were shedding tears.

3631 . Jābir (may Allāh be pleased with him) narrated: (Once) the Prophet (the blessing and peace of Allāh be upon him) said: «Have you got carpets?» I replied: «Whenever can we get carpets» He said: «But you shall soon have carpets». I used to say to my wife: «Remove your carpets from my sight», but she would say: «Didn't the Prophet (the blessing and peace of Allāh be upon him) tell you that you would soon have carpets?» So I would give up my request.

3632 . 'Abdullah bin Mas'ūd (may Allāh be pleased with him) narrated: Sa'd bin Mu'āth came to Mecca with the intention of performing 'Umra, and stayed at the house of Umaiya bin Khālid Abī Safwān, for Umaiya himself used to stay at Sa'd's house when he passed by Madīna on his way to Shā'm. Umaiya said to Sa'd: «Will you wait till midday when the people are (at their homes), then you may go and perform the circumambulation around the Ka'ba?» So, while Sa'd was going around the Ka'ba, Abū Jahl came and asked: «Who is that who is performing circumambulation? Sa'd replied: «I am Sa'd» Abu Jahl said: «Are you circumamnulating around Ka'ba safely although you have given refuge to Muhammad and his Companions?» Sa'd said: «Yes», and they started quarrelling. Umaiya said to Sa'd: «Don't shout at Abī-l-Hakam (ie.e. Abū Jahl), for he is the chief of the valley (of Mecca)». Sa'd then said (to Abū Jahl). «By Allāh, if you prevent me from performing the circumambulation around the Ka'ba, I will spoil your trade with Shā'm» Umaiya kept on saying to Sa'd: «Don't raise your voice». and kept on taking hold of him. Sa'd became furious and said: (to Umaiya): «Be away from me, for I have heard Muhammad(the blessing and peace of Allāh be upon him) saying that he will kill you». Umaiya said: Will he kill me?» Sa'd said: «When Muhammad says a thing, he never tells a lie». Umaiya went to his wife and said to her: «Do you know what my brother from Yathrib (i.a. Madīna) has said to me?» She said: «What has he said» He said: «He claims that he has heard Muhammad claiming that he will kill me». She said:« By Allāh! Muhammad never tells a lie». So when the infidels started to

خرجوا إلى بدرٍ وجاء الصريخ قالت له امرأتهُ: أما ذكرتَ ما قال لك أخوك اليثربيُّ؟ قال: فأرادَ أن لا يخرُجَ فقال له أبو جهل: إنك من أشرافِ الوادي، فسرْ يوماً أو يومَين، فسار معهم يومَين، فقتلَهُ الله». [الحديث ٣٦٣٢، طرفه في: ٣٩٥٠].

٣٦٣٣ ـ **حدثنا** عبدُ الرّحمٰنِ بنُ شَيبةَ حدَّثَنا عبدُ الرّحمٰنِ بن المغيرةِ عن أبيهِ عن موسى بن عقبةَ عن سالم بن عبد الله عن عبد الله رضي الله عنه أنّ رسولَ الله ﷺ قال: «رأيت الناس مجتمعين في صعيد فقامَ أبو بكرٍ فنزع ذَنوباً أو ذَنوبَين وفي بعض نزعهِ ضعفٌ والله يَغفِرُ له، ثم أخذَها عمرُ فاستحالَتْ بيدِهِ غَرْباً. فلم أرَ عبقرِياً في الناسِ يَفري فَرِيَّه(٢)، حتى ضرَبَ الناسُ بعَطَنٍ».

وقال همامٌ: عن أبي هريرة عنِ النبيِّ ﷺ: «فنَزَعَ أبو بكرٍ ذَنوبَين».

[الحديث ٣٦٣٣ ـ أطرافه في: ٣٦٧٦، ٣٦٨٢، ٧٠١٩، ٧٠٢٠].

٣٦٣٤ ـ **حدثنا** عباسُ بن الوَليدِ النَرسِيُّ حدَّثَنا معتمرٌ قال: سمعتُ أبي حدَّثَنا أبو عثمانَ قال: أُنبِئتُ أنّ جبريلَ عليه السلامُ أتى النبيَّ ﷺ وعنده أُمُّ سلمةَ فجعلَ يحدِّثُ ثم قام، فقال النبيُّ ﷺ لأمِّ سلمةَ: «مَن هذا» ـ أو كما قال ـ قالت: هذا دِحية. قالت أُمُّ سلمة. ايمُ الله ما حسبته إلا إياهُ، حتى سمعت خطبةَ نبيِّ الله ﷺ يخبرُ عن جِبريل، أو كما قال: قال: فقلتُ لأبي عثمان: ممن سمعتَ هذا؟ قال: من أُسامةَ بن زيد.

[الحديث ٣٦٣٤ ـ طرفه في: ٤٩٨٠].

ـ (الصريخ): المستغيث.

٣٦٣٣ ـ وقوله: (فنزع) أي أخرج الماء من البئر للإستقاء (ذنوباً) دلواً مملوءاً ماءً من كبار الدلاء والغرْب أكبر منه.

ـ وقوله: (ضعف) بهذا الضبط وفي بعض الروايات ضعف بلفظ الماضي من الباب الخامس كما في الشارح.

(١) ـ قوله: (يفري فريه) أي يقطع قطعه وأصله التخفيف كالرمي والفري بالتشديد: من قولهم: وهو يفري الفري أي يأتي بالعجب في عمله كما في القاموس.

ـ وقوله: (حتى ضرب الناس بعطن) أي وجدوا مناخاً واستراحوا والعطن للإبل كالوطن للناس.

proceed for Badr (Battle) and declared war (against the Muslims), his wife said to him: «Don't you remember what your brother from Yathrib told You?» Umaiya decided not to go but Abū Jahl said to him: «You are from the nobles of the valley (fo Mecca), so you should accompany us for a day or two». He went with them and thus Allāh got him killed.

3633 . 'Abdullah (may Allāh be pleased with him) narrated: Allāh's Apostle (the blessing and peace of Allāh be upon him) said: «I saw (in a dream) the people assembled in a gathering, and then Abū Bakr got up and drew one or two buckets of water (from a well) but there was weakness in his drawing. May Allāh forgive him. Then 'Umar took the bucket and in his hands it turned into a very large bucket. I had never seen anyone amongst the people who could draw the water as strongly as! Umar till all the people drank their fill and watered their camels that knelt down there.

3634 . Abū 'Uthmān narrated: I got the news that Garbiel came to the Prophet (the blessing and peace of Allāh be upon him) while Umm Salama was present, Gabriel started talking (to the Prophet (the blessing and peace of Allāh be upon him) and then left. The Prophet (the blessing and peace of Allāh be upon him) said to Umm Salama: (Do you know) who it was?» (or a similar question). She said: «It was Dihya (a handsome person amongst the Companions of the Prophet (the blessing and peace of Allāh be upon him)». Later on Umm Salama said: «By Allāh! I thought he was none but Dihya, till I heard the Prophet (the blessing and peace of Allāh be upon him) talking about Gabriel in his sermons». (The sub-narrator asked 'Uthmān: «From where have you heard this narration?» He replied: «From Usāma bin Zaid»).

٢٦ - باب قول الله تعالىٰ:
﴿يعرفونَهُ كما يعرفون أبناءَهم، وإنَّ فريقاً منهم ليَكتُمونَ الحقَّ وهم يَعلمون﴾ [البقرة: ١٤٦]

٣٦٣٥ - **حدثنا** عبدُ الله بن يوسُفَ أخبرَنا مالكُ بن أَنس عن نافع عن عبدِ الله بنِ عمرَ رضيَ الله عنهما: «أنَّ اليهودَ جاؤوا إلى رسولِ الله ﷺ فذكروا له أنَّ رجلاً منهم وامرأةً زنَيا. فقال لهم رسولُ الله ﷺ: «ما تجدون في التوراةِ في شأنِ الرجم؟» فقالوا: نفضَحُهم ويُجلَدون. فقال عبدُ الله بن سلام: كذبتم، إنَّ فيها الرَّجم. فأتوا بالتوراةِ فنَشروها، فوضعَ أحدُهم يدَهُ على آيةِ الرجم، فقرأ ما قبلها وما بعدَها. فقال له عبدُ الله بن سَلام: ارفعْ يدَكَ، فرفعَ يدَهُ، فإذا فيها آيةُ الرَّجم؛ فقالوا: صدَقَ يا محمدُ، فيها آية الرجم. فأمرَ بهما رسولُ الله ﷺ فرُجما. قال عبدُ الله: فرأيتُ الرجلَ يَجنأ على المرأةِ يَقيها الحجارةَ».

٢٧ - باب سُؤال المشركين أن يُريَهم النبيُّ ﷺ آيةً، فأراهمُ انشِقاق القمر

٣٦٣٦ - **حدثنا** صدَقةُ بن الفضلِ أخبرَنا ابنُ عُيينةَ عنِ ابن أبي نَجيحٍ عن مجاهدٍ عن أبي مَعْمرٍ عن عبدِ الله بن مسعودٍ رضي الله عنه قال: انشقَّ القمرُ على عهدِ النبيِّ ﷺ شِقّتينِ، فقال النبيُّ ﷺ: «اشهَدوا».

[الحديث ٣٦٣٦ - أطرافه في: ٣٨٦٩، ٣٨٧٠، ٤٨٦٤، ٤٨٦٥].

٣٦٣٥ - قوله: (يجنأ) أي يكبّ ولأبي ذر يحني أي يعطف.

٣٦٣٦ - قوله: شقتين بكسر الشين وتفتح أي لشين (شارح).

26 - CHAPTER: The saying of Allāh (the Exalted and Almighty): «They (Jews and Christians) recognise him (Muhammad (the blessing and peace of Allāh be upon him)) as they recognise their own sons; But some of them conceal the truth knowingly (the qualities of Prophet Muhammad(the blessing and peace of Allāh be upon him) which are written in Torah or (Gospel) (2: 146)

3635 . 'Abdullah bin 'Umar (may Allāh be pleased with him) narrated: The Jews came to Allāh's Apostle (the blessing and peace of Allāh be upon him) and told him that a man and a woman from amongst them had committed illegal sexual intercourse. Allāh's Apostle (the blessing and peace of Allāh be upon him) said to them: «What do you find in the Torah (old Testament) about the legal punishment by to death (stoning)?» They replied: «(But) we announce their crime and lash them. 'Abdullah bin Salem said: «You are telling a lie; Torah contains the order of stoning». They brought and opened the Torah and one of them placed his hand on the Verse of stoning and read the verses preceding and following it. 'Abdullah bin Salem said to him: «Lift you hand» When He lifted his hand, the verse of stoning was written there. They said: «Muhammad has told the truth; the Torah has the verse of stoning to death». The Prophet (the blessing and peace of Allāh be upon him) then gave the order that both of them should be stoned to death. ('Abdullah bin 'Umar said: «I saw the man leaning over the woman to shelter her from the stones».

27 - CHAPTER: The demand of the pagans to the Prophet (the blessing and peace of Allāh be upon him) to show them a miracle. The Prophet (the blessing and peace of Allāh be upon him) showed them the splitting of the moon

3636 . 'Abdullah bin Mas'ūd (may Allāh be pleased with him) narrated: During the lifetime of the Prophet (the blessing and peace of Allāh be upon him) the moon was split into two part and on that the Prophet (the blessing and peace of Allāh be upon him) said: «Bear witness (to this)».

The parts of this hadīth are in: 3869. 3870, 4864, 4865.

٣٦٣٧ - **حدثني** عبدُ الله بنُ محمدٍ حدَّثنا يونسُ حدَّثنا شيبانُ عن قتادةَ عن أنسِ بن مالك رضيَ الله عنه ح. وقال لي خليفة: حدَّثنا يزيدُ بن زُرَيع حدَّثنا سعيدٌ عن قتادة عن أنسٍ أنه حدَّثهم: **«أنَّ أهلَ مكةَ سألوا رسولَ الله ﷺ أن يُريَهم آيةً، فأراهمُ انشقاقَ القمر»**.

[الحديث ٣٦٣٧ - أطرافه في: ٣٨٦٨، ٤٨٦٧، ٤٨٦٨].

٣٦٣٨ - **حدثني** خلفُ بنُ خالدٍ القُرَشي حدَّثنا بكر بنُ مُضَرٍ عن جعفر بن ربيعة عن عِراكِ بن مالكٍ عن عُبَيدِ الله بن عبدِ الله بن مسعودٍ عنِ ابنِ عباس رضيَ الله عنهما: **«أنَّ القمرَ انشق في زمانِ النبيِّ ﷺ»**. [الحديث ٣٦٣٨ - طرفاه في: ٣٨٧٠، ٤٨٦٦].

٢٨ - باب

٣٦٣٩ - **حدثنا** محمدُ بنُ المثنى حدَّثنا معاذٌ قال: حدَّثني أبي عن قتادة حدَّثنا أنسٌ رضيَ الله عنه: **«أنَّ رجُلَين من أصحابِ النبيِّ ﷺ خرجا من عند النبيِّ ﷺ في ليلةٍ مُظلمةٍ ومعهما مثلُ المصباحَين يُضيئانِ بينَ أيديهما، فلما افترَقا صار مع كلِّ واحدٍ منهما واحدٌ حتى أتى أهله»**.

٣٦٤٠ - **حدثنا** عبدُ الله بنُ أبي الأسودِ حدَّثنا يحيى عن إسماعيلَ حدَّثنا قَيسٌ سمعتُ المغيرةَ بن شُعبةَ عن النبيِّ ﷺ قال: **«لا يَزالُ ناسٌ مِن أُمَّتي ظاهرينَ، حتىٰ يأتيَهم أمرُ الله وهم ظاهرون»**. [الحديث ٣٦٤٠ - طرفاه في: ٧٣١١، ٧٤٥٩].

٣٦٤١ - **حدثنا** الحُميديُّ حدَّثنا الوَليدُ قال: حدَّثني ابنُ جابرٍ قال: حدَّثني عُمَيرُ بن هانىءٍ أنه سمِعَ معاويةَ يقول: سمعتُ النبيَّ ﷺ يقول: **«لا يَزالُ من أُمَّتي أُمةٌ قائمةٌ بأمرِ الله لا يَضرُّهم مَن خذَلَهم ولا مَن خالَفَهم، حتىٰ يأتيَهم أمرُ الله وهم على ذٰلك»**. قال عُمَير: فقال مالكُ بنُ يُخامِرَ: قال مُعاذٌ: «وهم بالشام»، فقال معاوية: هٰذا مالكٌ يزعمُ أنه سمعَ مُعاذاً يقول: «وهم بالشام».

٣٦٣٧ - قوله: حدثني وفي فتح الباري: حدثنا وفي التالي في الموضعين.

3637 . Anas (may Allāh be pleased with him) narrated that the Meccan people requested Allāh's Apostle (the blessing and peace of Allāh be upon him) to show them a miracle, and so he showed them the splitting of the moon.

The parts of this hadīth are in: 3866, 4867, 4868.

3638 . Ibn 'Abbās (may Allāh be pleased with him) narrated: The moon was split into two parts during the lifetime of the Prophet (the blessing and peace of Allāh be upon him).

The parts of this hadīth are in: 3870, 4866.

28 - CHAPTER:

3639 . Anas (may Allāh be pleased with him) narrated: Once two men from the Companions of Allāh's Apostle (the blessing and peace of Allāh be upon him) went out of the house of the Prophet (the blessing and peace of Allāh be upon him) on a very dark night. They were accompanied by two things that resembled two lamps lighting the way in front of them, and when they parted, each of them was accompanied by one of those two thing (lamps) till they reached their homes.

3640 . Al-Mughīra bin Shu'ba narrated: The Prophet (the blessing and peace of Allāh be upon him) said: «Some of my followers will remain victorious (and on the right faith) till the Last Day comes, and they will still be victorious».

3641 . Mu'awiya (may Allāh be pleased with him) narrated: I heard the Prophet (the blessing and peace of Allāh be upon him) saying: «A group of people amongst my followers will remain obedient to Allāh's orders and they will them or who will oppose them, till Allāh's Order (the Last Day) comes upon them while they are still on the right path».

٣٦٤٢ ـ **حدثنا** عليُّ بن عبدِ الله حدَّثَنا سفيانُ حدَّثنا شَبيبُ بن غَرْقَدةَ قال: سمعتُ الحَيَّ يتحدّثون عن عروةَ: «أنَّ النبيَّ ﷺ أعطاهُ دِيناراً يشتري له بهِ شاةً، فاشترىٰ له بهِ شاتَينِ، فباع إحداهما بدِينارٍ، فجاءَ بدِينـارٍ وشاةٍ، فدَعا لهُ بالبَركةِ في بيعهِ، وكان لوِ اشترَىٰ الترابَ لرَبحَ فيه».

قال سفيانُ كان الحسن بنُ عُمارةَ جاءنا بهذا الحديثِ عنه قال: سمعَهُ شَبيب من عُروَةَ، فأَتيتُه، فقال شبيب: إني لم أَسمعْهُ من عروة، قال: سمعتُ الحيَّ يُخبرونَهُ عنه».

٣٦٤٣ ـ ولكنْ سمعتهُ يقول: سمعتُ النبيَّ ﷺ يقول: «الخيرُ مَعقودٌ بنَواصِي الخيلِ إلى يومِ القيامة»، قال: وقد رأَيتُ في دارهِ سبعينَ فرَساً. قال سفيانُ: «يَشترِي لهُ شاةً كأَنَّها أُضْحيَّة».

٣٦٤٤ ـ **حدثنا** مسدَّد حدَّثَنا يحيى عن عُبَيدِ الله قال: أَخبرَني نافعٌ عنِ ابن عمرَ رضيَ الله عنهما أنَّ رسولَ الله ﷺ قال: «الخيلُ معقودٌ في نواصِيها الخيرُ إلى يوم القِيامة».

٣٦٤٥ ـ **حدثنا** قَيسُ بن حفصٍ حدَّثَنا خالدُ بن الحارث حدَّثَنا شُعبةُ عن أَبي التَّياحِ قال: سمعتُ أَنسَ عنِ النبيِّ ﷺ قال: «الخَيلُ معقودٌ في نَواصِيها الخير».

٣٦٤٦ ـ **حدثنا** عبدُ الله بنُ مَسْلمةَ عن مالكٍ عن زيدِ بن أَسلمَ عن أَبي صالح السمّانِ عن أَبي هريرةَ رضيَ الله عنه عنِ النبيِّ ﷺ قال: «الخيلُ لثلاثة: لرجُلٍ أَجر، ولرجلٍ سِتر، وعَلى رجُلٍ وِزر. فأَما الذي له أجر فرجلٌ ربَطها في سبيلِ الله، فأَطالَ لها في مَرجٍ أو روضة، وما أَصابَتْ في طِيَلِها منَ المرجِ أَوِ الرَّوضةِ كانت له حسَنات، ولو أَنها قطعَتْ طِيَلَها فاستنَّتْ شرَفاً أَو شَرَفَين كانت أَرواثُها حسنَاتٍ له، ولو أَنَّها مرَّت بنهرٍ فشربَت ولم

٣٦٤٦ ـ (المرج): موضع الكلأ و(طيلها): حبلها المربوطة فيه والإستنان العدو بمرح ونشاط و(شرفاً أو شرفين): شوطاً أو شوطين أهـ.

3642 . 'Urwa narrated that the Prophet (the blessing and peace of Allāh be upon him) gave him one Dīnār so as to buy a sheep for him. 'Urwa bought two sheep for him with the money. Then he sold one of the two sheep for one Dīnār, and brought one dinar and sheep to the Prophet (the blessing and peace of Allāh be upon him). On that the Prophet (the blessing and peace of Allāh be upon him) invoked Allāh to bless him in his deals. So 'Urwa used to gain (from any deal) evein if he bought dust.

3643 . 'Umar said: «I heard Allāh's Apostle (the blessing and peace of Allāh be upon him) saying: «There is always goodness in horses till the Day of Resurrection». (The sub-narrrator added: «I saw seventy horses in 'Urwa's house») (Sufyān said: The Prophet (the blessing and peace of Allāh be upon him) asked Urwa to buy a sheep for him as a sacrifice»).

3644 . Ibn 'Umar (may Allāh be pleased with him) narrated: Allāh's Apostle (the blessing and peace of Allāh be upon him) said: «There is always goodness in horses till the Day of Resurrection.

3645 . Anas (may Allāh be pleased with him) narrated: The Prophet (the blessing and peace of Allāh be upon him) said: «There is always goodness in horses».

3646 . Abū Huraira (may Allāh be pleased with him) narrated: The Prophet (the blessing and peace of Allāh be upon him) said: «A horse may be kept for one of three purposes: for a man it may be a source of reward: for another it may be a means of living: and for a third it may be a burden (a source of committing sins). As for the one for whom it is source of reward,he is the one who keeps his horse for the sake of the Holy struggle in Allāh's Cause; he ties it with a long rope on a pasture or in a garden. So whatever its rope allows it to eat, will be regarded as good rewardable deeds (for its owner). And if it breaks off its rope and jumps over one or two hillocks even its dung will be considered amongst his good deeds. And if it passes by a river and drinks water from it, that will be considered as good deeds (for his benefit) even if he has had no intention of watering it. A horse is a shelter for the one who keeps it so that he may earn his living honestly and takes it as a refuge to keep him from following illegal ways (for gaining

يردْ أن يَسقِيَها كان ذٰلك له حسَنات. ورجلٌ ربَطَها تَغَنِّياً وتستُّراً وتَعفُّفاً ولم يَنسَ حقَّ الله في رقابها وظُهورِها، فهيَ لهُ كذٰلكَ سِتر. ورجلٌ ربَطَها فخراً ورِياءً ونِـواءً لأهـل الإسلامِ فهيَ وِزر». وسُئلَ رسولُ الله ﷺ عن الحُمرِ فقال: «ما أُنزِلَ عَليَّ فيها إلاّ هٰذهِ الآية الجامعة الفـاذَّة: ﴿فمن يَعمَلْ مِثقـالَ ذَرَّةٍ خيـراً يَرَه، ومَن يَعمـل مِثقـالَ ذَرَّةٍ شـرّاً يـرَه﴾. [الزلزلة: ٧ ـ ٨].

٣٦٤٧ ـ **حدثنا** عليُّ بنُ عبدِ الله حدَّثَنا سُفيانَ حدَّثَنا أيُّوبُ عن محمدٍ سمعتُ أنسَ بنَ مالكٍ رضيَ الله عنه يقول: «صَبَّحَ رسولُ الله ﷺ خَيبرَ بُكرةً وقد خرَجوا بالمَساحي، فلما رأوهُ قالوا: محمدٌ والخَميسُ، فَأَجلَوْا إلى الْحِصنِ يَسعونَ، فرفعَ النبيُّ ﷺ يدَيهِ وقال: الله أكبر، خربَتْ خَيبَرُ، إنا إذا نزَلنا بساحةِ قومٍ فساءَ صباحُ المنذَرين».

٣٦٤٨ ـ **حدثنا** إبراهيمُ بنُ المنذرِ حدَّثَنا ابنُ أبي الفُدَيكِ عنِ ابنِ أبي ذِئبٍ عن المقبُريِّ عن أبي هريرة رضيَ الله عنه قال: «قلتُ: يا رسولَ الله إني سمعتُ منكَ حديثاً كثيراً فأنساهُ قال ﷺ: «ابسُط رِداءَك»، فبسطتُهُ، فغرَفَ بيدَيهِ فيه ثمّ قال: «ضُمَّهُ»، فضممْتهُ، فما نَسيتُ حديثاً بعد».

ـ قوله: (وتستراً) بفوقية مفتوحة قبل المهملة في الفرع وغيره وفي اليونينية وغيرها وستراً بإسقاط الفوقية (شارح).
ـ قوله: (نواءً) معاداة.

money), and does not forget the rights of Allāh (i.e. paying the Zakāt and allowing others to use it for Allāh's Sake). But a horse is a burden (and a source of committing sins) for him who keeps it out of pride and pretence and with the intention of harming the Muslims». The Prophet (the blessing and peace of Allāh be upon him) was asked about donkeys. He replied: «Nothing has been revealed to me concerning them except this comprehensive Verse (which covers evrything): «Then anyone who has done an atoms has done and atoms (or small ant's) weight Of evil, shall see it!» (99L 7-8).

3647 . Anas bin Mālik (may Allāh be pleased with him) narrated: Allāh's Apostle (the blessing and peace of Allāh be upon him) reached Khaibar in the early morning and the people of Khaibar came out with their spades, and when they saw the Prophet (the blessing and peace of Allāh be upon him) they said: «Muhammad and his army!» and returned hurriedly to take refuge in the fort. The Prophet (the blessing and peace of Allāh be upon him) raised his hands and said: «Allāh is Greatest! Khaibar is ruined! If we approach a nation, then miserable is the morning of those who are warned».

3648 . Abū Huraira (may Allāh be pleased with him) narrated: I said: «O Allāh's Apostle! I hear many narrations from you but I forget them». He said: «Spread your covering sheet». I spread my sheet and he moved both his hands as if scooping something and emptied them in the sheet and said: «Wrap it». I wrapped it round my body, and since them I have never forgotten a single Ḥadīth .

money), and does not forget the rights of Allah (i.e. paying the Zakat and allowing others to use it for Allah's Sake). But a horse is a burden (and a source of committing sins) for him who keeps it out of pride and pretence and with the intention of harming the Muslims». The Prophet (the blessing and peace of Allah be upon him) was asked about donkeys. He replied: «Nothing has been revealed to me concerning them except this comprehensive Verse (which covers everything): «Then anyone who has done an atoms has done and atoms (or small ant's) weight Of evil shall see it» (99, 7-8)».

3047. Anas bin Malik (may Allah be pleased with him) narrated: Allah's Apostle (the blessing and peace of Allah be upon him) reached Khaibar in the early morning and the people of Khaibar came out with their spades, and when they saw the Prophet (the blessing and peace of Allah be upon him) they said: «Muhammad and his army!» and returned hurriedly to take refuge in the fort. The Prophet (the blessing and peace of Allah be upon him) raised his hands and said: «Allah is Greatest! Khaibar is ruined! If we approach a nation, then miserable is the morning of those who are warned».

3048. Abû Huraira (may Allah be pleased with him) narrated: I said: «O Allah's Apostle! I hear many narrations from you but I forget them». He said: «Spread your covering sheet». I spread my sheet and he moved both his hands as if scooping something and emptied them in the sheet and said: «Wrap it». I wrapped it round my body, and since then I have never forgotten a single Hadith.